KB202751

장 칼뱅,

퇴계를 만나다

장 칼뱅, 퇴계를 만나다
: 영성(靈性)에 관한 동서양의 대화

2023년 9월 30일 초판 1쇄 발행

지은이 | 김광묵
펴낸이 | 김영호
펴낸곳 | 도서출판 동연
등 록 | 제1-1383호(1992. 6. 12.)
주 소 | 서울시 마포구 월드컵로 163-3
전 화 | (02)335-2630
전 송 | (02)335-2640
이메일 | yh4321@gmail.com
인스타그램 | https://www.instagram.com/dongyeon_press

ISBN 978-89-6447-950-6 93200

영성靈性에 관한 동서양의 대화

김광묵 지음

장 칼뱅, 퇴계를 만나다

동연

머리글

기독교 신앙은 예수 그리스도의 복음에 그 뿌리를 두고 있습니다. 그 복음은 하나님의 아들이 사람이 되어 이 땅에 오셨고 인류의 모든 죄를 대신 짊어지고 십자가에 달려 돌아가셨으며 장례를 치른 지 3일 만에 부활하셨는데, 그분이 바로 하나님께서 보내신 참된 메시아라는 사실을 증언합니다. 이러한 복음은 사람과 그가 속한 세상을 살리기 위한 하나님의 구원에 관한 소식이요, 그런 의미에서 그것은 곧 생명의 소식입니다. 그래서 복음은 모든 이들에게 들려져야 할 복된 소식입니다. 사람이 알아들을 수 없는 복음은 스치는 바람일 뿐입니다. 예수 그리스도께서는 사람들에게 들려지는 그 생명의 복음이 되기 위해 사람이 되셨습니다. 이것은 삼위일체 하나님의 구원 역사입니다.

그런데 이 구원의 복음이 19세기 말 한반도에 전해졌습니다(개신교회적 시각). 하나님께서 한민족을 특별한 은혜 가운데로 부르신 사건이라고 할 수 있습니다. 그리하여 이 땅에는 성령 하나님의 은총으로 한민족 종교·문화적 영성이라는 독특한 채널을 통해 예수 그리스도의 생명의 복음을 들은 이들에 의해 한국 교회(개신교회)가 세워졌고, 벌써 150여 년의 역사를 이어오고 있습니다. 참으로 삼위일체 하나님의 놀라운 은혜가 아닐 수 없습니다. 이것은 우리 민족이 그분을 찬양해야 할 가장 큰 이유라고 할 수 있습니다. 그렇지만 오늘날 교회 안팎에서 들려오는 소리는 그다지 아름답지 못한 것들도 섞여 있습니다. 그 원인은 우리가 잠시 하나님의 말씀에 제대로 귀를 기울이지 않았거나, 민족적으로 암울한 그 시대에 생명의 빛으로 다가온 예수 그리스도의 복음을 온 마음으로 들었던 선배들의 영성을 망각한 까닭일 수도 있습니다. 말하자면 한국 교회가 우리 민족만의 독특한 영성의 채널을 통해 들려주신 그 생생한 하나님의 말씀의 순수한 맛을 잃어버렸다는 얘기이지요.

졸저는 바로 여기에 대한 깊은 고민과 몸부림으로 써 내려간 하나의 선문답禪問答입니다. 이것은 필자의 학위 논문을 바탕으로 그 내용을 대폭 수정·보완한 것이지만, 사실상 필자가 신학을 시작하면서부터 가져왔던 깊은 내면적인 물음인 '하나님의 말씀이 우리 민족의 가슴에 어떻게 들려오는가?' 또는 '우리는 하나님의 말씀을 어떻게 듣고 어떻게 실천하고 있는가?'에 대한 일종의 자문자답이라고 할 수 있습니다.

특히 필자는 퇴계의 고장에서 태어나 자라나는 가운데, 퇴계의 정신적인 영향력을 깊이 받았을 뿐만 아니라 혈통적으로는 퇴계의 외손이기도 합니다. 더욱이 퇴계의 도산서원은 필자의 유년 시절의 놀이터인 동시에 마음의 안식처요, 퇴계의 정신을 함양하는 사상적 고향입니다. 그리하여 퇴계의 사상은 단지 학문적인 관심사 이전에 이미 어려서부터 하나의 정신적인 저류로서 필자의 내면 깊이에 도도하게 흘러왔다고 할 수 있습니다. 그러다가 하나님의 은혜로 크리스천이 되었고, 목사이자 신학자가 되어서 목회 현장을 누비는 가운데 어려서부터 마음에 살아 있는 퇴계의 사상과 신학 공부 과정에서 접하게 된 칼뱅의 신학 사상이 필자의 내면에서 만나게 됐습니다. 이를테면 필자의 내면적 실존에서 칼뱅과 퇴계가 만나게 된 것입니다. 필자는 이 만남이 결코 우연한 것이 아니라, 예수 그리스도의 십자가의 은혜 안에서 성령의 능력으로 이뤄진 삼위일체 하나님의 거룩한 구원 역사라고 고백하고 싶습니다.

졸저는 바로 이러한 필자의 신학적 단상인 동시에, 목회 현장과 신학교 강단에서 고민하고 숙고한 바를 밖으로 표출한 것입니다. 물론 이것이 보수적인 입장에 서 있는 분들에게는 이해하기 어려울 수 있고, 반대로 진보적인 입장에 서 있는 분들에게는 지나치게 보수적으로 보일 수도 있습니다. 그렇지만 한국 교회라는 독특한 해석학적 현상에 대해, 삼위일체 하나님의 특별한 은총을 통하여 복음과 한국 종교 문화적 영성의 만남에 의한 사건이라는 점은 부인할 수 없을 것입니다. 우리 선배들은 자신이 의식했든 그렇지 못했든 간에 당시 사회의 종교·문화적 주류이던 유교 문화적 영성의 바탕에서 복음을 이해하였고, 그것을 자신들의 신앙과 신학에 반영해 왔습니다. 따라서 장로교인들의 경우 그 내면에 자연스럽게 칼뱅과 퇴계의 만남이 이루어졌다고 할 수 있습니다. 게다가 이 문제는 감리교인들과 성결교인들에게도 어느 정도까지는 확대될 수 있습니다. 왜냐하면 감리교회와 성결교회는 비록 웨슬레의 영성을 따르지만, 그 웨슬레의 영성 역시 칼뱅의 영성과의 만남에서 형성된 것임을 간과할 수 없기 때문입니다. 사실 16세기의 유럽에서 루터와 칼뱅의 영향이 미치지 않은 곳이 어디 있었을까요?

아무튼, 필자는 한국 교회라는 드넓은 호수에다 감히 이 작은 조약돌을 던짐으로써 이것이 한국 그리스도인들로 하여금 한국 교회적 영성을 새롭게 이해하고 한동안 흐트러졌던 마음을 새롭게 가다듬으며, 이 시대를 위한 하나님의 새로운 부르심에 기쁨으로 응답하도록 일깨우는 일종의 '넛지'(Nudge) 역할을 하게 되기를 바랄 뿐입니다. 그렇지만 미리 전제할 것은 필자는 장 칼뱅의 하나님의 절대 주권 사상에 전적으로 동의하며, 그가 남긴 신학적 유산들은 오늘날의 목회 현장에 여전히 유용함을 인정한다는 점입니다. 그리고 장로교회의 목사로서 개혁 신학이 지향해온 중요한 신학적 가치들을 소중히 여기고 있습니다.

하지만 그럼에도 불구하고 소위 칼뱅주의적 전통이 추구하는 신 중심의 칼뱅 신학이 아닌, 그의 경건의 영성과 인간 이해에 관심하는 것은 신 중심 일변도의 칼뱅 신학이 놓쳐버린 칼뱅 신학의 중요한 유산들의 가치에 대한 관심 때문입니다. 그리고 또한 16세기의 칼뱅 신학이 오늘의 삶의 자리에도 여전히 의미 있는 신학이 되게 하려는 열정 때문이기도 합니다. 만약 신학이 단지 과거적 삶의 자리에 고착된 채로 남아 있다면, 그것은 더 이상 무의미한 논쟁거리에 불과할 것입니다. 게다가 귀한 신학적 유산들이 우리의 무지와 무관심으로 인해 역사 속의 골동품으로 전락한다면, 오늘의 신학도들의 책임이 크지 않을까요? 특히 개혁 교회는 개혁된 교회이기도 하지만 계속해서 개혁을 추구하는 교회가 아니던가요? 이러한 개혁적 원리는 신학 분야에 분명하게 적용되어야 할 것입니다. 신학은 과거 유산에 대한 단순하고도 맹목적인 답습이 아니라 그것을 바탕으로 새로운 현실에서 제기되는 신학적인 문제들과의 대화를 위한 부단한 몸부림이 되어야 하기 때문입니다.

본서의 제1장은 본서의 방향과 성격에 대한 개괄적인 내용을 담았고, 제2장은 장 칼뱅의 삶의 신학으로서의 경건에 관한 내용으로서, 그의 하나님과 인간에 대한 이해를 바탕으로 그의 경건의 의미와 성격을 세부적으로 다루었습니다. 제3장은 퇴계 이황의 삶의 철학으로서의 경敬에 대한 이해를 담았는데, 그의 경 철학의 바탕이 되는 하늘天과 인간人에 관한 내용을 기반으로 그의 경 철학의 의미와 성격에 관한 내용을 담았습니다. 제4장은 본서의 핵심적인 부분으로서, 2장과 3장에서 고찰한 내용을 바탕으로 양자의 경건敬虔 사상에 대한 비교와 대화에 관한 부분을 다루고 있습니다. 제5장은 칼뱅의 신학과 퇴계의 유학에 대한 이해를 바탕으로 하는 한국 영성 신학에 대한 담론입니다. 여기서는 학문 간의 경계선이 무의미해지고 모든 것을 통전적으로 바라보려는 이 시대에 영성을 기반으로 하는 서양의 신학과 동양의 철학의 만남은 시대적인 요청인 동시에, 이 시대의 신학도들과 목회자들에게 한국 교회라는 독특한 해석학적 현실 앞에서 한국 신학의 방향을 묻고 있습니다. 이 물음은 곧 한국 교회의 목회 현장과 직결되는 문제이며, 오늘의 신학이 숙고해야 할 문제이기도 합니다.

머리글을 마치면서 오늘까지 목회와 신학 연구의 과정에서 만난 수많은 분의 사랑을 기억하고 싶습니다. 특히 신학적 측면에서 크게 은혜를 입은 여러 스승님, 곧 참된 신학이 무엇인가를 가르쳐 주신 이명웅 교수님(학부 지도교수), 신학의 깊이를 알게 해주신 김광식 교수님(석사과정 지도교수), 그리고 조직 신학의 방법론과 그 방향을 일깨워주신 김흡영 교수님(박사과정 지도교수)께 감사를 드립니다. 특별히 이 책의 전체적인 틀과 학문적 방법론 그리고 많은 신학 용어들이 김흡영 교수님의 가르침에 의존하고 있음을 미리 밝힙니다.

그리고 무엇보다 오늘까지 무던히도 참고 인내하며 못난 사람을 위해 모든 것을 아끼지 않은 사랑하는 아내 박경자님에게 이 책을 바침으로써 그간의 수고와 희생을 기립니다. 또한 믿음직한 아들과 며느리, 언제나 기쁨이 되어주는 딸과 사위에게 고마움을 전하며, 오늘도 변함없이 무릎 꿇어 기도하시는 어머니께 큰절을 올립니다. 가족들의 희생과 격려가 없었던들 오늘의 필자가 있을 수 없기 때문입니다.

끝으로 필자가 공부하는 과정을 곁에서 지켜봐 준 부천 평화교회 성도들과 오늘 함께 기도하며 섬기는 오산 찬양교회 성도들 역시 언제까지나 기억하고 싶은 얼굴들입니다. 특히 연구 과정을 위해 섬기신 평화교회 이경미 집사님과 오산 찬양교회 김은주 권사님과 그 가정에도 깊은 감사를 드립니다. 그리고 무엇보다 어려운 상황에도 불구하고 기꺼이 출판을 맡아주신 도서출판 동연의 김영호 대표님과 임직원들께도 깊은 감사를 전합니다.

2023년 5월

김광묵

차례

1 장

책을 열면서

I. 왜 이 글을 쓰는가?

기독교는 2천여 년 전 유대 땅에 오신 나사렛 예수를 구세주(그리스도)로 고백하며, 그분의 가르침을 구원과 인생에 대한 참된 진리로 수용한다. 따라서 기독교의 모든 교리와 실천은 한 분 예수 그리스도에게 집중된다. 성서에 따르면, 그분은 하나님의 아들이지만 자신을 비우고 사람이 되어 이 세상에 오셨고(성육신), 사람과 세상의 구원을 위해 친히 자신을 십자가에 내어주셨으며, 그 희생의 죽음 후 3일 만에 부활하셨다. 성서는 그 예수를 그리스도로 믿는 이들에게 하나님의 구원 은총이 주어지며, 그분의 영이신 성령의 감화를 통해 참된 사람으로서 살아가게 된다고 말한다. 그런 의미에서 그분은 참으로 "길이요, 진리요, 생명"이라는 것이다(요 14:6). 기독교 신앙과 신학은 이 예수 그리스도의 존재와 역사적인 사역 전체를 삼위일체 하나님의 자기 계시 사건인 동시에 사람과 세상에 대한 구원 사건으로 수용하며, 그 내용을 기독교 케리그마, 즉 복음(the Gospel)의 핵심으로 제시한다.

그런데 그 복음은 진공 상태가 아닌, 구체적인 역사·종교·문화적 상황에서 살아가는 사람들에게 선포된다. 이에 따라 인간의 역사·종교·문화적 맥락은 복음을 수용하는 과정에서 매우 중요한 영성적 채널로서 작용한다. 이러한 사실은 이미 예수 그리스도의 성육신 사건에서 드러난다. 곧 그분은 2천여 년 전 유대인의 종교·문화적 삶의 자리에서 탄생하셨고, 유대인의 역사적 삶의 현장에서 활동하셨으며, 바로 거기서 십자가에서 죽임을 당하신 후 3일 만에 부활하심으로써 하나님의 구원을 이루셨다. 그런데 그렇게 유대인의 종교·문화적 채널을 통해 선포된 그 원초적 복음은 유대인의 역사·종교·문화권을 넘어 그레코-로마의 역사·종교

· 문화권에 전해졌고, 그것은 또다시 더욱 다양한 역사 · 종교 · 문화적 영성을 가진 이들에게 전해지는 과정에서 다양한 해석학적 사건을 일으키게 되었다. 그리하여 예수 그리스도의 복음의 본질은 그대로이지만 그에 대한 신앙적 표현 양식은 종교 · 문화적 영성의 특성에 따라 다양한 형태를 이루었고, 문화권마다 독특한 기독교 공동체를 형성하게 되었다.[1] 이 현상에 대해, 우리는 "하나님의 아들 예수 그리스도는 유대인의 역사 · 종교 · 문화적 영성 안에 원초적으로 성육신하셨고, 다양한 역사 · 종교 · 문화적 영성이라는 채널을 통하여 각 민족에게 새롭게 다가오신다"고 정리할 수 있다. 이는 한국적 상황에서도 마찬가지다. 우리는 유대인이 아니라 한국 역사 · 종교 · 문화적 영성을 지닌 한국인으로서 복음을 접하게 된다는 것이다.[2]

그렇다면 한국인은 누구인가? 오늘날 세계가 지구촌(Global Village)화

---

1 기독교 신앙의 뿌리인 구약성서는 고대 서아시아의 다양한 종교·문화들과의 관계에서 발전되었고(H. Ringgren, *Israelitsche Religion*, 김성애 역, 『이스라엘 종교사』, 서울: 성바오로출판사, 1990; C. F. Whitley, *The Genius of Israel*, Philo Press, Amsterdam, 1969; 김이곤, "토착화 신학의 성서적 전거," 『예수·민중·민족』, 서울: 한국 신학 연구소, 1992, 94-104), 이것은 신약성서의 경우도 마찬가지다(E. Lohse, *Umwelt des Neuen Testaments*, Göttingen: Vandenhoeck & Ruprecht, 1971; H. C. Kee, *Understanding the New testament*, Prentice-Hall, 1983). 특히 신약성서 안에도 다양한 기독교 공동체의 흔적이 보인다(서중석, 『복음서 해석』, 서울: 대한기독교서회, 1991; 『복음서의 예수와 공동체의 형태』, 서울: 이레서원, 2007 등을 참조하라).

2 김광식은 토착화 신학적 시각에서, 유대 종교·문화적 영성 안에 성육하신 예수 그리스도는 오늘 복음으로써 한국인의 종교·문화적 영성 안으로 다가오신다면서, 한국인의 그리스도인 됨은 곧 한국적 종교·문화적 정체성 안에서 그리스도인 됨을 뜻한다고 본다(Kwang Shik Kim, "Simul Christianus et Paganus," *Theologische Zeitschrift*, Universität Basel, Jahrgang 54, 1998, 241-244). 김흡영 역시 "우리는 한국인과 그리스도인이 동시에 될 수 있어야 한다. 참된 그리스도인이 된다는 것은 참된 한국인이 되는 것이고, 참된 한국인이 된다는 것은 참된 그리스도인이 된다는 것이어야 한다"고 말한다(김흡영, 『도의 신학』, 서울: 다산글방, 2001, 31).

된 현실에서, "누가 한국인인가?"를 밝히는 것은 쉽지 않다. 다만 편의상 한국인이란 의식·무의식적으로 전해져 오는 한민족韓民族의 종교·문화적 전통을 수용하는 가운데 한민족의 삶의 터전인 한반도에 거주하는 주류적 민중을 의미하는 정도로 정리하는 것이 좋을 듯하다. 그런데 한국인에 대한 집합 개념인 한민족은 일찍부터 그 심층에 깊이 자리 잡은 샤머니즘적 영성을 바탕으로 교차적으로 유·불·선儒·佛·仙의 영향을 받으면서, 그 나름대로 독특한 종교·문화적 영성[3] 즉, 종교-문화적 매트릭스(the Religio-Cultural Matrix)를 형성해 왔다.[4] 그리하여 한국 사회에는 일찍부터

---

3 일반적으로 영성이란, 일종의 집단 무의식(collective unconscious: C. G. Jung)과 연관된, 한국인의 무의식적 심층에 자리한 선험적이면서도 공통적 주제를 담고 있는 종교·문화적 특성을 뜻한다(이재훈, "한국인의 집단 무의식과 한국 기독교," 기독교사상편집부 편, 『한국의 문화와 신학』, 서울: 대한기독교서회, 1993, 45-55). 그러나 신학적 의미에서 영성은 "하나님 중심의 진솔한 삶"을 뜻한다(김명용, 『이 시대의 바른 기독교 사상』, 서울: 장로회신학대학교출판부, 2001, 60; 최윤배, 『깔뱅신학 입문』, 서울: 장로회신학대학교출판부, 2012, 721-729).

4 매트릭스(the matrix)란 모체, 기반, 자궁, 지형, 주형 등의 의미로서, 1999년 SF영화 <매트릭스>에 의해 대중화됐지만, 김흡영은 *Wang Yang ming and Karl Barth: A Cunfucian-Christian Dialogue* (Durhan: University of Press of America, 1996)에서, "종교-문화적 매트릭스"(the religio-cultural matrix)라는 용어를 주조, 신유학이 동아시아의 종교·문화의 모태 역할을 하고 있음을 밝혔다(Heup Young Kim, 2). 여기서는 그의 용어를 차용한다. 그동안 종교·문화적 모체인 한국 종교·문화적 영성과 기독교의 대화에 있어, 다양한 논의들이 있었다. 무교적 영성과의 대화에는 유동식의 『韓國宗教와 基督教』(서울: 대한기독교서회, 1965); 『韓國巫教의 歷史와 構造』(서울: 연세대학교출판부, 1975); 『民俗宗教와 韓國文化』(서울: 현대사상사, 1977); 『道와 로고스』(서울: 대한기독교출판사, 1978); 『風流神學으로의 旅路』(서울: 전망사, 1988); 『風流道와 韓國神學』(서울: 전망사, 1992); 『風流道와 韓國의 宗教思想』(서울: 연세대학교출판부, 1997) 등이 있고, 불교적 영성과의 대화에는 변선환의 『변선환 종교 신학』(서울: 한국 신학 연구소, 1996); 유재신의 『佛教와 基督教의 比較硏究』(서울: 대한기독교출판사, 1985); 길희성의 『보살 예수』(서울: 현암사, 2004)가 있고, 유교적 영성과의 대화에는 윤성범의 『基督教와 韓國思想』(서울: 대한기독교서회, 1964); 『韓國的 神學』(서울: 선명문화사, 1972); 『孝』(서울: 서울문화사, 1974) 등이 있다. 그리고 한국적 영성에 대한 다양한 논의에는 김경재의 『韓國文化

다른 문화권에서는 발견하기 어려운 독특한 종교·문화적 양상이 자리하게 되었다. 그것은 다양한 종교들이 사회 각 분야에서 별 무리 없이 공존하는 종교 다원적 상황이다.

이러한 현상은 특히 가족 공동체 안에서도 나타난다. 가령 한국의 가정들에는 할아버지는 유교를 숭상하고 할머니와 어머니는 불교나 무속을 수용하는 반면 아버지는 비종교인이고 자녀들은 기독교인인 경우가 적지 않다. 말하자면 가족 공동체 안에 종교 다원적 상황이 전개되고 있다는 것이다. 게다가 이런 양상은 과거 왕실 안에도 존재했었다. 왕은 유교적 정치이념에 근거하여 나라를 통치해 나갔으나, 왕실 내명부는 은밀하게 불교 혹은 무속적 신앙을 신봉하는 특이한 상황이 비일비재했다. 그리고 그러한 양상은 귀족 가문들도 크게 다르지 않았다. 이처럼 한국 사회는 일찍부터 종교 다원적 상황이라는 독특한 종교·문화적 매트릭스를 형성해 왔다는 점에서, 이 땅에 전래된 기독교는 처음부터 그렇게 종교·문화적으로 복잡한 상황에서 자신의 정체성을 찾아 나가야만 했었다.

그렇지만 기독교는 단지 기존 종교들에 대한 새로운 대체물이거나 또 하나의 정신적 위안자로서 존재하기보다는, 기존의 종교·문화적 요소들과 꾸준히 대화하면서 한민족을 위한 구원 종교로 자리매김해 왔다. 이 과정에서 그리스도의 복음은 한국인으로 하여금 처음부터 한국인인 동시에 그리스도인(*Simul Christianus et Coreanus*), 즉 한국인과 그리스도인이라는 이중적 정체성을 견지하게 했다.[5] 말하자면 우리는 한국인이라는 독특한 종교·문화적 영성의 바탕에서 예수 그리스도를 구주로 믿고 고백

神學』(서울: 한국 신학 연구소, 1983)과 한국 기독교문화연구소 편, 『한국 기독교와 신앙』(서울: 풍만, 1988) 등이 있다.

5 김광묵, 『한국 신학의 두 뿌리』(서울: 동연, 2021), 500.

한다는 것이다. 그런 의미에서 한국인이 고백하는 기독교 신앙은 한국적 기독교 신앙이요, 이에 따라 교회 공동체 역시 한국인의 영성적 특성을 지니고 있다. 따라서 한국 교회의 독특한 신앙적 영성에 대한 올바른 이해를 위해서는 기독교 영성과 한국 종교·문화적 영성의 해석학적 만남에 관한 연구가 필수적이다.[6]

그렇다면 왜 기독교(칼뱅)와 유교(퇴계)의 만남의 문제인가? 이에 대해, 19세기 말 프로테스탄트 기독교 전래 당시 한국 사회(조선 사회)의 주류적 종교·문화가 유교儒教 혹은 유학儒學이었고, 그에 따라 한국인의 중심적 가치관 역시 유교적 전통을 바탕으로 형성되어왔다는 사실에서, 기독교 복음은 처음부터 유교적 영성과의 만남을 갖게 되었다는 점을 이 논의의 단초로 삼는다. 한반도에서 유학은 삼국 시대부터 정치이념으로 영향을 끼쳐왔지만, 그것이 본격적인 정치적 기반으로 등장한 것은 조선 왕조부터였다. 그리고 이때부터 유학은 사회 전반의 생활 문화 양식을 위한 정신적 바탕으로 자리 잡게 되면서, 하나의 철학적 이념이 아니라 일종의 종교적 가치를 제시하는 유교로 등장하게 되었다.

다시 말해서 유교는 비록 불교처럼 특정 제의 장소(사찰)에서 대중적 종교 제의(법회)를 수행하지는 않지만(향교가 그 역할을 다소 수행하였다), 마치 고려 사회가 불교적 가치관에 삶의 뿌리를 두었듯이 조선 사회가 유교적 가치관을 삶의 바탕으로 삼게 되자, 한국인의 삶의 자리는 유교적 영향력으로 채색되기에 이르렀다. 이처럼 삼국 시대 이래 한반도의 주된 통치 이념으로 자리매김하면서 오랜 세월 한국인의 심성에 깊이 뿌리내려온 유교적 가치관은 조선 왕조를 거치면서 그 뿌리가 더욱 깊어지게

---

6 여기서 **한국 교회**는 편의상 프로테스탄트 기독교(개신교회)에 대한 통칭이며, 양자를 구별할 경우는 각각 **천주교회** 혹은 **개신교회**로 표기한다.

되었다. 이러한 상황에 전래된 기독교 복음은 유교적 종교·문화와의 실존적 대화가 불가피했던 것이다.[7]

그런데 19세기 말 한국 사회에서의 기독교 복음과 유교의 만남에는 또 다른 맥락이 존재한다.[8] 공자(孔子, BC 551~479)에게서 시작된 유교는 시류를 따라 다양하게 변천되었고 한반도에도 여러 학설이 전해졌지만, 여말선초麗末鮮初의 특별한 정치적 상황에 따라 천인합일天人合一의 원리에 바탕을 둔 경천애인敬天愛人적 가치관을 지향하는 성리학적 유교(주자학: 신유학)가 통치 이념으로 수용됨으로써, 성리학이 조선 사회의 표준적 가치관으로 자리 잡게 된 것이다. 이러한 조선 유학의 흐름은 조선 중기의 퇴계 이황退溪 李滉(1501~1570)에게서 절정을 이뤘으며, 그때부터 조선의 성리학적 유교 곧 신유학新儒學은 직·간접적으로 퇴계의 영향 아래에 있게 되었다.[9] 이런 맥락에서 하나님을 사랑하고 이웃을 자신처럼 사랑하는

---

7 물론 그렇다고 무교나 불교 영향력이 약화된 것은 아니었다. 무교는 여전히 한국인의 종교·문화적 영성의 바탕으로 남아있고, 불교 역시 큰 세력을 유지하고 있다. 그렇지만 근세 약 500년간 한국 사회를 지배해온 것은 유교적 영성이었고, 이에 따라 한국인의 의식 구조가 유교적 종교·문화의 영향을 크게 받았으며, 이것은 사회 지도층에게 더욱 그러했다. 따라서 한국 사회는 여전히 종교 다원적 상황이지만, 그럼에도 불구하고 유교적 종교·문화가 한국인의 가치관의 중심을 이루고 있다.

8 통상 천주교회는 이승훈의 영세(1784)를, 개신교회는 미 북장로교 의료 선교사 알렌(H.N. Allen)의 입국(1884) 혹은 언더우드(H.G. Underwood, 미 북장로교)와 아펜젤러(H.G. Appenseller, 미 북감리교)의 입국(1885)을 전래 시점으로 보나, 실제로는 만주에서 활동하던 스코틀랜드 연합장로교회의 매킨타이어(J. MacIntyre)와 로스(J. Ross)를 통해 기독교에 입문한 서북 청년들에 의해 1879년부터 서북 지방 전도가 이뤄졌고, 특히 1882년부터는 번역된 성서로써 전도에 착수, 선교사 입국 이전에 황해도에 <솔내교회>가 설립되는 등 자주적 교회로서 출발했다(한국 기독교역사연구소, 『한국 기독교의 역사』I, 서울: 기독교문사, 1995, 127-156).

9 금장태는 퇴계에 대해, '조선 시대의 사회 이념이던 도학 사상(道學思想)을 이론적으로 확고하게 정립함으로써 도학의 철학적 수준에 새 지평을 열었으며, 한국 유학의 특성과 방향 정립에 결정적 역할을 했다'고 평가한다(금장태, 『퇴계의 삶과 철학』, 서울: 서울대학교출판부,

신앙적 가치관敬天愛人을 내용으로 하는 기독교 복음은 전래 시부터 경천애인적 가치관을 표방하는 퇴계의 신유학과 만나게 되었고, 결국 퇴계의 성리학이 한국 교회의 신앙 형태에 적잖은 영향력을 끼쳤다고 볼 수 있다. 이러한 측면에서 우리는 퇴계의 성리학적 유학과 기독교 신학과의 만남을 주목하게 된다. 말하자면, 외견상 그리고 내용적 구조상으로 서로 공명하는 경천애인적 가치관(경건)을 표방하는 종교 사상(영성) 간의 만남 문제가 바로 기독교 복음과 성리학적 유교와의 만남이라는 것이다.[10]

그렇다면 양자의 만남에 대해, 기독교 신학에서는 왜 장 칼뱅(Jean Calvin, 1509~1564)이 등장하는가? 이것은 무엇보다 칼뱅 계통의 장로교회

2003, 3). 조선 사회의 성리학 수용과 발전 과정에 대해서는, 김충열, "朝鮮朝 性理學의 形成과 그 政脈"(「大同文化硏究」 제13집, 1979), 8-20; 김항수, "16세기 士林의 性理學 理解"(「한국사론」 제7집, 1981), 122-177; 유명종, "朝鮮時代의 性理學派"(『한국사상사』, 한종만박사 회갑기념논문집 간행위원회 편, 익산: 원광대출판부, 1991), 1-22.

10 사실 기독교와 유교의 만남에 대한 문제는 로마 가톨릭교회의 예수회 선교사로서 중국에서 활동한 마테오 리치(Matteo Ricci, 1552-1610)의 『천주실의(天主實義)』에서 그 효시를 찾아볼 수 있고, 그 후 그의 후계자들을 통해 전해진 자료들을 바탕으로 서구에서는 라이프니츠(G.W. Leibniz, 1646-1716)가 더 구체적으로 기독교와 유학의 대화를 펼쳤다(G.W. Leibniz, 이동희 편역, 『라이프니츠가 만난 중국』, 서울: 이학사, 2003). 특히 최근 한국 유학자들과 신학자들에 의한 기독교와 유학의 대화에 대한 논의들이 활발하게 전개되고 있다. 그들에는 **금장태**("다산의 사천학과 서학 수용," 「철학 사상」 제16집, 2003, 977-1016), **김승혜**("종교: 한국 유교의 종교학적 이해와 서술을 위한 제안," 「국학연구」 제3집, 2003, 331-368), **김치완**("다산의 상제관과 서학의 상제관," 「교회사 연구」 제39집, 2011, 163-197), **김형찬**("조선 유학의 리 개념에 나타난 종교적 성격 연구," 「철학 연구」 제39집, 2010, 67-99), **문석윤**("유교와 기독교," 「헤겔 연구」 제8집, 1999, 1-18), **배요한**("이퇴계와 이수정의 종교성에 대한 비교 연구," 「장신논단」 제45집, 2013, 233-258), **송성진**("율곡의 신유학적 인간론과 신학적 만남," 「신학과 세계」 제45집, 2002, 141-161), **송영배**("기독교와 유교의 충돌과 대화의 모색," 「철학과 현실」 1997, 153-180), **양명수**(『퇴계 사상의 신학적 이해』, 서울:이화여자대학교출판부, 2016), **이광호**("상제관을 중심으로 본 유학과 기독교의 만남," 「유학 사상 연구」 제19집 2011, 534-566), **한형조**("주자 神學 논고 시론," 「한국 실학 연구」 제8권, 2004, 153-182), **황상희**("퇴계 사상의 종교성에 관하여," 「퇴계학보」 제141집, 2017, 5-38) 등이 있다.

가 한국 사회에서 영향력이 가장 큰 교회로 성장했다는 결과적 상황에서 출발한다.[11] 이는 아무래도 칼뱅 계통의 기독교가 한국 종교·문화적 상황에 뿌리를 가장 잘 내렸음을 뜻하는 것이고, 결국 칼뱅 계통의 기독교와 퇴계 유학의 만남이 한국 교회라는 독특한 종교·문화적 공동체를 형성해온 하나의 주요 바탕이 되었음을 의미한다. 바로 이러한 맥락에서 우리는 칼뱅적 기독교와 퇴계적 유교와의 만남을 주목하게 된다. 즉, 퇴계 계통의 유교 문화가 주류를 이룬 한국 사회에서 칼뱅 계통의 기독교가 크게 융성했다는 사실 하나만으로도, 양자 간의 만남 문제는 연구 가치가 충분하다는 것이다. 더욱이 기독교나 유교 모두 그 내용에 있어서 경천애인적 가치관을 표방하지만, 사실상 칼뱅과 퇴계만큼 이 가치관에 충실한 사상가는 드물다는 점에서, 한반도에서 두 사람의 사상적 만남은 그만큼 큰 의의와 가치를 가지고 있다고 할 것이다.

그렇지만 이들의 만남은 단순한 비교 연구로는 풀어내기 어렵다. 왜냐

11 한국 장로교회는 짧은 기간에 모교회라 할 수 있는 미국 장로교회보다 많은 교인 수를 보유하고 있다. 이런 현상은 선교 역사상 유래를 찾기 어려울 정도다. 이에 대해 특히 칼뱅 신학적 영향에서 원인을 찾는 이들이 적잖다(연규홍, "한국 장로교회의 칼빈 신학 사상 이해에 관한 연구," 한신대학교 대학원 박사학위논문, 1995). 그 외 한국 장로교회의 성장에 미친 칼뱅 신학 사상에 대한 문제들을 다룬 것들은 다음과 같은 것들이 있다. H. M. Conn, "Studies in the Theology of the Korean Presbyterian Church: An Historical Outline" (*Westminster Theological Journal* vol. 29-30); Yung-Jae Kim, *Der Protestantismus in Korea und die Calvinistische Tradition—Eine geschitliche Untersuchung über Entstehung und Entwickiung der presbyterianischen Kirche in Korea* (Frankfurt: Peter Lang, 1981); Nam-Sik Kim, "A Study on the Mission Principles and Theology of the Presbyterian Church in Korea" (Dissert., Reformed Theological Seminary, 1985); Young-Gwan Kim, *Karl Barth's Reception in Korea* (Bern: Peter Lang, 2003), 11-105; Jae-Buhm Hwang, "The Influence of John Calvin and Calvinism in Korea under Japanese Rule and the Early Korean Presbyterian Church in Korea," 「교회와 사회적 책임」(조직신학자전국대회자료집, 2009, 186-196).

하면, 양자는 처음부터 전혀 다른 사상적 바탕에서 출발하기 때문이다. 즉, 칼뱅의 신학이 신적 축점(a viewpoint of Divinity)에서 출발한다면 퇴계의 성리학은 인간적 축점(a viewpoint of Humanity)에서 시작한다는 점에서,[12] 양자는 처음부터 입사각이 다르다. 따라서 칼뱅적 기독교와 퇴계적 유교의 만남에는 특별한 해석학적 맥락을 전제할 수밖에 없는데,[13] 낯선 종교 사상들 간의 만남에는 단순한 비교와 이해를 넘어서는 지평 융합(*Horizontverschmelzung*)적 해석 과정이 존재하기 때문이다.[14] 즉, 해석자는 새로운 종교 사상을 수용하기 전에 그것을 자신의 실존적 이해의 지평에서 나름의 해석 과정을 갖는데, 이때 자신의 실존적 지평과 새로운 사상적 지평 간의 융합이 발생한다는 것이다. 그런데 칼뱅과 퇴계의 만남에서의 실존적 해석 과정에 등장하는 중요한 핵심 주제가 바로 칼뱅에게는 경건(*pietas*), 퇴계에게는 경敬이다.[15] 그리하여 각자의 출발점은 다르지만

12 신적 축점(a viwepoint of Divinity)과 인간적 축점(a viewpoint of Humanity)이란 어디에 신학적 중심(초점/단초)을 두느냐에 대한 말로서, 김광식의 사상에서 유래한다.

13 한국 사회에 칼뱅의 신학 사상이 수용되는 과정은 사실상 장로교의 전래와 맥락을 거의 같이한다. 연규홍은 한국 교회의 칼뱅 신학 사상 수용과정을 ①선교사들에 의한 이식시기(1884-1933), ②주체적 이해를 위한 분쟁 시기(1934-1959), ③한국 정치-사회적 맥락에서의 적용 시기(1960-1980), ④교회 일치를 위한 대화 시기(1981-1995)로 구분하면서, 한국 교회에는 칼뱅 사상이 괄목할 만한 교회 성장의 주요 요인으로 작용한 긍정적 측면도 있지만, 다양한 시각이 빚어낸 갈등으로 인해 수차에 걸친 장로교단의 분열을 가져온 부정적 측면이 함께 있음을 지적한다(연규홍, 1995, 6-8; 11-86).

14 해석 과정에 대해 D. Tracy는 "우리는 이해하기 위해서 해석해야 한다. … 우리가 인식하든 인식하지 못하든 간에 참된 인간이 된다는 것은 곧 능숙한 해석자가 되는 것을 의미한다"면서, 오늘날 철저하게 다원적이고 모호한 탈근대적 상황에서 신학이란 '기독교 내의 다원적 전통들의 차이성 속의 유사성 그리고 기독교 밖의 다원적 종교 전통들의 차이성 혹은 유사성 속에서 기독교의 메시지가 어떻게 상대적 적절성을 지닌 방식으로 이해되고 설명되어야 하는가?'에 달려있음을 역설한다(D. Tracy, *Plurality and Ambiguity*, Chicago: The University of Chicago Press, 1987, 1-46). 물론 **지평 융합**이 양자의 해석학적 만남에 대한 모든 것을 설명할 수는 없다.

칼뱅의 경우는 경건에서, 퇴계의 경우는 경에서 서로에게 다가설 수 있는 열린 창(窓)으로서 근본 메타포(the Root Metaphor)가 등장한다는 것이다.[16]

물론 한국 사회에 기독교가 전래되는 과정에서 발생한 종교·문화적 측면에서의 해석학적 문제에 관하여, 단순히 칼뱅과 퇴계의 만남이라는 주제로 일괄 환원하는 것에 대해서는 적잖은 한계가 존재할 수 있다.[17] 특히 한반도에는 일찍부터 장로교와 함께 전래된 감리교회와 성결교회, 그리고 후발 주자들인 침례교와 오순절교회 등 다양한 교파들이 함께 활동해 왔고, 더욱이 칼뱅의 입장을 따르는 장로교회들조차도 칼뱅주의 일색으로만 흘러가는 것이 아니기 때문이다. 다시 말해서, 장로교회가 주로 칼뱅의 신학적 원리를 따르는 데 반해 감리교회와 성결교회는 주로

---

15 특히 한국에서의 양자의 만남은 학문적 언급 이전에 한국인의 실존적 영성 안에서 발생한 선험적인 해석학적 현상이다. 물론 칼뱅의 경건(*pietas*)과 퇴계의 경(敬)은 근본적으로 다르지만, 둘 다 **참된 인간화**를 지향하는 패러다임이라는 점에서 편의상 **경건**(敬虔)이라는 말을 사용할 것이다. 다만 양자를 따로 언급할 필요시는 각각 칼뱅의 경건, 퇴계의 경으로 표기할 것이다.

16 메타포(metaphor)란 은유(隱喩) 혹은 암유(暗喩)를 뜻하는 비유법으로서, 일반적으로 행동, 개념, 물체 등이 지닌 특성을 다른 말로 대체하여 간접적이며 암시적으로 나타내는 방법이다(민중서림, 『엣센스 국어사전』 제4판, 서울: 민중서림, 1996, 766 참조). 김흡영은 *Wang Yang-ming and Karl Barth*에서 양명(王陽明, 1472-1529)의 수신론과 바르트(K. Barth, 1886-1968)의 성화론의 핵심 개념(誠/Agape)을 축약하는 의미로서 **근본 메타포**(the root metaphor)로 명명했다(Heup Young Kim, 10). 여기서는 이 용어를 칼뱅과 퇴계의 사상적 주제의 핵심을 축약하는 의미로 사용하되, 칼뱅의 경우는 경건(*pietas*), 퇴계의 경우는 경(敬)으로 특정하게 된다.

17 김영관은 한국에서의 기독교와 유교의 독특한 만남을 기술하면서, 한국적 유교가 한국 기독교 공동체 형성과 칼 바르트 신학 수용에 중요한 역할을 했다고 본다(Young-Gwan Kim, 2003, 325-327). 이에 비해 김영일은 기독교 신관과 윤리 교훈 등과 유학 사상 사이에 어떤 유사성이 한국인에게 기독교에 대한 접근을 용이하게 했고, 그것이 한국 기독교의 성장에 큰 영향을 주었다고 본다(김영일, 『丁若鏞의 上帝思想』, 서울: 경인문화사, 2003; "韓國敎會成長과 儒敎文化," 「한국 기독교학회 제37차 정기학술대회자료집」 上. 2008. 192-206).

웨슬리의 신학적 원리를 따른다. 하지만 양자는 모두 칼뱅의 신학이나 웨슬리의 신학이라는 테두리를 넘어서 끊임없이 새로운 신학적 지평을 열어가고 있다. 따라서 한국 교회를 단순히 칼뱅의 기독교와 퇴계의 성리학적 유교와의 만남 문제로 환원하려는 태도에는 분명히 한계가 있다.[18] 그렇지만 역시 한국 사회에서 칼뱅의 신학적 원리를 따르는 장로교회가 주류를 이루고 심지어 감리교회와 성결교회 및 오순절교회 들도 교회 정치적 측면에서는 칼뱅의 장로 제도를 일부 수용하고 있다는 점에서,[19] 외견상 한국 교회는 사실상 장로교회 일색이라고 할 수 있다. 그런 측면에서 칼뱅과 퇴계의 대화 문제는 그 나름의 가치와 의의를 갖게 된다.

나아가 양자의 만남을 경건敬虔이라는 주제로 다루는 것 역시 중요한 의미가 있다. 경건 문제는 일반적으로 절대자에 대한 원초적 경험과 연관된 것으로서,[20] 인간이 절대자에 대한 종교적·초월적 경험을 바탕으로

---

18 더욱 흥미로운 것은 초기 한국감리교신학자 윤성범이 칼 바르트(K. Barth)의 신학을 수용했다는 점이다. 그런데 그는 바르트뿐 아니라 불트만(R. Bultman)도 함께 수용하여, 양자 사이에서 고민하기도 했다(『基督教와 韓國思想』, 11-38). 윤성범의 신학 사상에 대한 구체적인 논의는 김광묵, 『한국 신학의 두 뿌리』(2021), 151-325.

19 본래 감리교회는 전통적으로 감독제를 취해왔으나, 한국 감리교회의 경우 장로제를 겸비한다는 점에서 한국 감리교회의 정체(政體)는 사실상 장로교회의 제도를 수용하고 있으며, 사상적으로도 웨슬리가 칼뱅의 전통을 일부 수용했다는 점에서 장로제는 사실 감리교에서도 그리 낯설지는 않다.

20 오토(R. Otto)에 따르면, 이것은 **누멘적 감정**(*das numinose Gefühl*)으로서 종교 내면에 본래적 핵심으로 살아 있는 성스러운 것(*das Heilige*)이다. 그는 슐라이어마허(F.D.E Schleiermacher)와 함께, 교리적 주지주의나 도덕주의적 종교 이해가 일방적으로 종교의 합리적 측면만을 강조하고 초월적 측면을 등한시함으로써 종교의 생명력이 상실된 것을 비판하지만, 한편으로는 그를 넘어 비교종교학적 안목에서 동서양의 종교체험을 자유로이 활용하는 가운데 훨씬 더 구체적이고 정교한 종교체험을 분석한다. 그에 따르면, 종교란 근본적으로 자류적인(*sui generis*) 성스러움의 체험에 근거하며, 결코 사변적인 것이 아니다. 종교는 일차적으로 성스러운 것의 자기 현현과 그것을 감지하는 인간의 체험 그리고 그것을 가능케 하는 인간 내면의 어떤 선험적(*a priori*) 요소에 근거한다는 것이

절대자 앞에서 실존 현실을 자각함으로써 철저한 인간화(the Radical Humanization)[21] 혹은 본질적 인간화(the Essential Humanization)를 지향하는 수신(修身-퇴계) 혹은 성화(聖化-칼뱅)의 삶을 향한 메커니즘을 형성한다. 따라서 경건 문제는 그들 사상의 근본 메타포(the Root Metaphor)를 이룰 뿐 아니라, 그들의 종교를 살아 있게 만드는 영성이라고 할 수 있다. 따라서 한국적 영성 이해를 위해서는 칼뱅의 경건(*pietas*)과 퇴계의 경사상敬思想의 만남에 의해 형성된 한국 교회적 경건(영성)의 실체를 주목할 필요가 있다.

이러한 측면에서 이 연구는 칼뱅의 기독교적 경건과 퇴계의 성리학적 유교의 경에 대한 체계적 이해를 바탕으로 양자 간의 실존적 대화를 시도한다. 그리고 이를 통해 한국 종교·문화적 맥락에서 이뤄진 해석학적 지평 융합 과정으로서의 한국적 영성에 대한 바른 이해를 추구하고, 이를 바탕으로 한국 교회적 영성의 실체를 들여다보려고 한다.[22] 그렇지만

다(R. Otto, Das Heilige, 길희성 역, 『성스러움의 의미』, 왜관: 분도출판사, 2003, 참조).

21 **철저한 인간화**(radical humanization)란, 김흡영이 *Wang Yang-ming and Karl Barth: A Cunfucian-Christian Dialogue*(1996)에서 사용한 용어로서, 실존적 인간 현실을 극복하여 하나님께서 창조하신 본래적 인간성 회복을 지향함을 뜻한다. 특히 **철저한**(radical)이라는 말은 라틴어 뿌리(*radix*)에서 유래됐고, 본래성 혹은 근원성의 의미를 담고 있다(김흡영, 2001, 187, 각주 22).

22 가다머(H.G. Gadamer)에 따르면, 해석학이란 해석자가 스스로를 전통 안에 제한시키지 않고 자신의 지평을 확대하여 타 지평과 융합하는 것이다. 여기서 **지평**(*Horizont*)은 "특정한 관점에서 보이는 모든 것을 포괄하는 시야(*Gesichtskreis*)"를 뜻하며, "이해란 우리가 스스로 존재한다고 생각하는 이러한 지평들의 융합이다"(H.G. Gadamer, *Truth and Method*, trans. G. Barden & J. Cumminge, New York: The Crossroad, 1982, 245, 246). 곧 하나의 이해가 발생할 때 텍스트 지평(저자 지평)과 해석자 지평(독자 지평)이 각자의 특수성을 극복하고 융합을 통해 더 고차원적 보편성을 획득하게 되는데, 이것을 가다머는 **지평 융합**이라 부른다. 특히 김경재에 따르면, 지평 융합은 혼합이 아니라 지평들 간의 창조적·실존적 대화와 이해를 뜻한다. 이에 따라 선교 역시 기존 문화에 대

이 연구는 칼뱅이나 퇴계 어느 한쪽의 우월성에 의미를 두지 않는다. 그보다는 양자 간의 실존적 이해를 지향하는 종교 내적 대화(Intrareligious Dialogue)를 통해[23] 한국인의 심성에 자리한 영성의 본질을 밝혀내고, 그것을 기반으로 한국 교회의 영성에 대한 새로운 이해를 추구함에 이 연구의 근본 취지가 있다. 이를 위해 우리는 양자의 경건(영성)에 대한 심층적 이해에 집중하되, 칼뱅의 경건 이해를 위해서는 그가 남긴 『성서 주석』과 『기독교 강요(*Institutes of Christian Religion*)』를 주 텍스트로 삼을 것이다. 또한 퇴계의 경敬 사상에 대한 이해를 위해서는 그의 유고들을 편집한 『퇴계전서退溪全書』를 주 텍스트로 한다. 특히 그의 사상이 집대성된 『성학십도聖學十道』를 중심으로 양자 간의 대화를 시도할 것이다.

그렇지만 한편 양자의 경건(*pietas*) 혹은 경敬 사상에 대한 심도 있는 이해를 위해서는 양자의 사상이 뿌리를 내리고 있는 근원적 바탕에 관한 탐구가 요청된다. 칼뱅의 경건은 무엇보다 하나님과의 관계 안에 있는

한 제거나 배제를 바탕으로 하는 기독교의 종교·문화에 대한 이식 혹은 대치 행위가 아닌, 서로 간의 심층적·실존적 이해를 통한 성장과 성숙을 뜻한다(김경재, 『解釋學과 宗教神學』, 서울: 한국 신학 연구소, 1994, 53-66; A.C. Thiselton, *The Two Horizon*, Grand Rapids: W. B. Eerdmans Publishing, 1980, 참조). 그런데 지평 융합이라는 용어가 오해를 불러올 수 있기에, 여기서는 단지 **칼뱅과 퇴계의 사상 간의 만남 문제**에 제한적으로만 사용한다. **복음**과 **종교·문화적 영성** 간의 만남에서의 지평은 또 다른 의미를 갖기 때문이다. 곧 복음이 특정 종교·문화와 만날 때, 복음은 단지 하나의 지평이 아닌, **구원의 절대적 진리**로 작용하기 때문에 지평 융합 문제는 일반화할 수 없다.

23 파니카는 종교들 사이의 대화에 대해, **종교 간의 대화**(interreligious dialogue)와 **종교 내적 대화**(intrareligious dialogue)로 구분한다. 전자의 경우 만남의 장은 **종교와 종교 사이**(*inter*)로서, 마치 만남의 장이 대화 참여자의 종교 밖이라는 인상을 주기 쉽다. 그러나 후자의 경우는 만남의 장이 대화 참여자의 **종교 내부**(*intra*)에 있다는 점에서, 자기 종교와는 무관한 객관적-비종교적 대화가 아닌 당사자의 종교적 실존 안에서의 대화를 뜻한다(R. Panikkar, *The Intrareligious Dialogue*, 김승철 역, 『종교 간의 대화』, 서울: 서광사, 1992, 90-107).

인간이 하나님을 향해 갖게 되는 원초적인 내면적 태도를 함의한다는 점에서, 칼뱅의 하나님에 대한 이해와 그 하나님 앞에 서 있는 인간 존재에 관한 분석을 요청하게 된다. 퇴계의 경 사상 또한 하늘天과의 관계 안에 있는 인간의 자아 발견과 수신에 대한 태도를 함의한다는 점에서, 하늘과 사람에 대한 근본적인 이해를 요청하게 된다. 사실 경건이나 경 사상 둘 다 사람됨의 문제(성화/수신)이다. 결국 동·서양 모두 하나님/하늘天과의 관계 안에 자리하는 인간 존재와 그 삶의 문제로 환원된다는 점에서, 경건 혹은 경에 대한 문제는 하나님/하늘과 인간에 대한 문제를 함께 들여다봐야 한다. 따라서 필자는 경건(*pietas*) 혹은 경敬을 언급하기 전에 하나님/하늘과 인간의 문제를 들여다보고, 양자의 대화 문제 역시 이 주제들과 함께 펼쳐가려고 한다.

II. 어떻게 쓸 것인가?

본 연구는 칼뱅과 퇴계의 사상에 대한 단순한 비교나 번역의 차원을 넘어서, 하나의 신학적 해석 작업을 지향한다.[1] 그런데 이것이 참으로 한국적 영성 신학 정립을 위한 작업이 되려면, 김흡영의 지적처럼 "적어도 한국적인 종교·문화적 맥락에서 그들을 어떻게 이해할 것인가?"라는 측면에서 일차적인 "비판적 해석"이 필요하고, 그 바탕에서 서로를 바라보는 대칭적 비교 분석이 필요하다.[2] 물론 여기에는 기본적으로 서구 신학적 지원이 요청되지만, 그것 또한 단순한 번역 작업을 넘어서 두 단계의 작업이 더 필요하다. 우선 서구적인 시각에 뿌리를 둔 해석 체계를 적절히 이해하기 위해서 한국인인 동시에 기독교인(*Simul Christianus et Coreanus*)이라는 우리의 실존적 바탕에서 해석학적 전(前)이해를 검토해야 하며, 서로를 깊이 이해하기 위한 진지한 종교 내적 대화(Intrareligious Dialogue)가 필요하다. 특히 종교 내적 대화는 자신의 종교와 타 종교를 동일 선상에 놓고 객관적으로 바라보는 것이 아니라(종교 간의 대화), 자신의 종교적 시각으로써 상대방을 바라보는 실존적 태도를 지향한다. 그리고 그렇게 할 때 진지한 대화가 가능하다고 본다. 실존적 대화를 배제한 피상적 비교 연구만으로는 상대방에 대한 올바른 이해가 불가능하기 때문이다. 그리

1 트레이시는 "우리는 이해하기 위하여 해석해야 한다는 사실을 발견한다. 우리는 심지어 이해하기 위하여 '해석으로서의 이해 과정' 그 자체를 해석해야 한다는 사실을 발견할 수도 있다"면서, 이러한 해석의 계기들은 이미 모든 개인들의 삶에서 충분히 발생할 수 있음을 주장한다. 그리하여 결국 "이해하는 것은 해석하는 것이며, 잘 행동하는 것은 어떤 행동을 요구하는 상황을 해석하는 것이고, 바로 그 행동을 위한 올바른 전략을 해석하는 것"이라고 역설한다 (D. Tracy, 1994, 7-9).

2 김흡영(2001), 27.

고 김흡영의 제안처럼 전(前)이해를 바탕으로 "서구적 종교·문화적 지평과 한국적 종교·문화적 지평이라는 해석학적 지평들 사이의 지평 융합을 시뮬레이션해 보는 작업"이 필요하다.[3] 그렇다면 어떤 방식으로 접근할 것인가?

이에 대해, 우선 파울 틸리히(P. Tillich)의 상관관계적 방법론(Method of Correlation)과[4] 피터 하지슨(P. C. Hodgson)의 구성 신학적 방법론(Method of Constructive Theology)을 주목할 필요가 있다.[5] 틸리히의 경우, 전통적 방법론을 넘어 인간의 종교·문화적 맥락을 신학적 자원으로 수용하는 가운데 실존 상황에 주목함으로써 현대 신학을 위한 새 장을 열었다는 점에서는 긍정적 측면이 있다. 그러나 기독교(Text)와 문화(Context) 사이의 간격을 전제한다는 점에서, 그는 사실상 그 간격 메우기에 본질적인 관심이 있었다. 또한 그가 비록 양자 간의 대화를 위해 실존적 상황(Existential Context)에 관심을 두기는 하지만, 문제는 텍스트(Text) 자체를 성서보다

---

3 *Ibid*.

4 P. Tillich, *Systematic Theology*, 유장환 역, 『조직신학』I(서울: 한들출판사, 2001), 13-21.

5 하지슨의 구성 신학은 포스트-모던적 상황이 몰고 온 신학 위기 극복 방법론으로서 "신에 대한 근원적, 계시적 경험의 바탕 위에서 그리고 현대 문화적 도전의 맥락 안에서 성서와 전통이 제공하는 자원들로부터 기독교적 언어와 실천 의미에 대한 새로운 전망을 건설하는 것"을 뜻하며, 모든 신학적 구성 안에서 계시와 경험, 성서와 전통 그리고 상황과 맥락이 상호 작용함을 통해 신학은 끊임없이 자신을 개혁해 나가게 된다. 이러한 구성 신학에서 맥락과 상황은 매우 중요하다. 신학은 진공 상태가 아닌, 특정한 문화·종교적 맥락에서 이뤄지기 때문이다. 그러므로 문화적 맥락에 대한 논의가 신학의 출발이자 핵심이므로, 신학적 맥락화(contextualizing)가 구성 신학의 필요조건이다(김흡영, 2001, 71-86; "한국 조직신학 50년: 간문화적 고찰," 『신학 연구 50년』, 서울: 이화여자대학교출판부, 2003, 114-115; P. C. Hodgson & Robert H. King, ed. *Christian Theology: An Introduction to Its Traditions and Task*, Philadelphia: Fortress Press, 1994). 구성 신학에 대한 더 자세한 논의는 김흡영, "최근 포스트-모던 구성 신학의 한국 신학적 평가"(「宗教研究」 제13집, 1997), 175-212.

서구 신학 혹은 서구 철학적 전통에 더 무게를 두었다는 점에서 신-인간-우주적인 **통전적** 패러다임(Theo-anthropo-cosmic integrated Paradigm)을 끌어내기에는 부족한 측면이 있다.[6] 신학은 사실상 텍스트(the Text: 성서)와 콘텍스트(Context: 인간실존)와의 끊임없는 대화이지만, 틸리히의 경우 텍스트로서의 성서보다 콘텍스트로서의 인간 문화에 더 큰 비중을 둔다는 점이 문제로 떠오르게 된다.

이에 비해 하지슨은 종교·문화에 대한 해석학적 방법론에 관심을 기울인다는 점에서는 진일보하지만, 그 역시 서구적 전통에 뿌리를 둔 엘리트 중심적 인식론의 한계를 벗어나지 못한다는 점에서[7] 한국적 영성 신학을 담아내기에는 한계가 있다. 특히 한국 기독교가 경험하는 종교적 위기는 서구 신학자들이 인식하는 종교-상대주의적 위기와는 차원이 다

---

6 '신-인간-우주'(theos-anthropos-cosmos)는 '파니카'의 용어로서, 그는 '신·인간·지구'는 실재를 구성하는 축소될 수 없는 세 영역이라고 정의했다(R. Panikkar, *The cosmothenandric Experience: Emerging Religious Consciousness*, Maryknoll, N.Y.: Oribis Book, 1993). 김흡영은 여기에 새로운 의미를 부여하여 '신-인간-우주적인 **통전적** 패러다임'을 제시했다. 그는 유교적 세계관이 인간-우주적 비전(anthropo-cosmic vision)임에 비해 서구 기독교적 세계관이 신-역사적(theohistoric vision)이라는 점에서, 한국적 신학 구성을 위해서는 양자 간의 해석학적 지평 융합을 통한 새로운 패러다임 구성이 필요함을 역설한다는 시각에서 그것을 제시하였다(Heup Young Kim, 175-178; 2001, 83). 이것은 하지슨의 구성 신학적 맥락을 수용하는 가운데 해방적 추구, 생태적 추구, 대화적 추구를 통합하는 변형된 헤겔(G. F. Hegel)적 방법론과 맥이 통한다(P. C. Hodgson, *Wind of the Spirit: A Constructive Christian Theology*, Kentucky: Westminster/John Knox Press, 1994, 10).

7 하지슨의 방법론은 세 가지 특징을 갖는다. 첫째, 해석학적 순환 요소를 Text-Context라는 이중적 구분에서 탈피하여 Text를 근원 경험과 표현으로 세분하고, 근원 경험(프리-텍스트), 텍스트, 콘텍스트로 이루어진 삼중적 구조로 발전시켰다. 둘째, 비판적 신앙으로서 구성 신학의 해석학적 순환을 복음주의의 Text에서 Context로 나아가는 일방적 관계로부터 상호적 관계로 전환시켰다. 셋째, 틸리히의 방법론을 보완, 이론적 상관관계가 아닌 비판적 Praxis의 상관관계로 수정했다. 그러나 적잖은 공헌에도 불구하고 이것을 한국적 상황에 그대로 적용하는 것은 부적절하다(김흡영, 2001, 96).

르다. 한국 사회에는 오래전부터 유·불·선이 공존해 왔고 그것이 이미 한국인의 영성적 바탕을 이루고 있다는 점에서, "한국 사회에서 종교 간의 문제는 더는 인식론적 선택의 문제가 아니라 실존적 공존과 종교-신학적 내용의 문제"라는 시각으로 신중하게 접근할 필요가 있기 때문이다.[8]

그렇다면 한국 종교·문화적 바탕에서 칼뱅과 퇴계 사이의 대화를 위한 유용한 방법론은 무엇인가? 이에 대해, 김흡영은 서구 신학적 패러다임이라 할 수 있는 로고스-프락시스 모형(Logos-Praxis Paradigm)의 전통에 뿌리를 두는 가운데, 동양적 영성을 토대로 평화-생명-상생 패러다임을 추구하는 도道의 신학적 모형(*Theo-Tao paradigm*)을 제시하였다.[9] 그에 따르면, "동양에서 도道는 하늘과 땅과 사람天·地·人을 아우르는 개념으로서, 한자어 달릴 착辶과 머리 수首로 이뤄진 독특한 글자인바 주체體와 운용用 그리고 존재(Being)와 과정(Becoming)을 포괄하는 개념"이라는 것이다.[10] 말하자면, "도(Tao)는 움직이는 주체(Acting being)이자 과정의 존재(Being in Becoming)이며, 존재(Logos)의 근원인 동시에 우주 변화(Praxis)의 길이자 힘"이다. 이러한 "도道는 어느 하나로 환원될 수 없으며, 일종의

8 *Ibid*., 93.

9 김흡영, 『道의 신학』 II(서울: 동연, 2012), 147-171.

10 도(道)는 동양인의 정신세계에서 궁극적 실재를 의미한다. 이는 서양의 존재 개념에 비할 수 있지만, 사실 그보다 깊은 의미를 담고 있다. 서양의 존재 개념은 형이상학적 유(有: *Sein*)에 머물지만, 동양의 도는 존재론적 무(無: *Nichts*)개념이다. 그런데 무(無)는 단순히 없음(empty)이 아닌 유(有)보다 더 근원적 개념이다. 그래서 유에 대한 무의 우월성이 살아 있다. 도덕경(道德經) 40장 <去用篇>은 "反者道之動 弱者道之用 天下萬物生於有 有生於無"라고 말함으로써 무에서 유가 나옴을 역설한다. 이렇게 보면 도(道)는 무(無)로서 모든 존재의 근원이며, 만물 조화 원리인 동시에 생명의 힘이다. 도의 신학적 해석학은 바로 이러한 도의 존재론적 해석 원리에 입각할 때 본의가 살아날 수 있다(김광식, "道의 存在論的 解釋," 『토착화와 해석학』, 서울: 대한기독교출판사, 1991, 166-196).

궁극적·절대적 존재와 그러한 존재에 의한 작용과 조화를 포괄하는 의미를 지닌다. 이처럼 로고스나 프락시스 어느 한쪽으로 환원될 수 없는 도는 프락시스의 변혁을 타고 흐르는 살아 있는 로고스이자 궁극적인 길인 동시에 살아 있는 실재(Living Reality)이다. 또한 지행합일知行合一을 통해 광대한 우주의 변화와 조화를 지향하는 생명의 사회·우주적 궤적에 따라 변화적 프락시스를 구현하는 살아 있는 우주적인 생명의 힘이자 원리"라는 것이다.[11]

이러한 도의 통전적이며 조화로운 시각에서 접근하는 도-패러다임(Tao-paradigm)을 바탕으로 한 통전적인 해석학을 김흡영은 도道의 해석학이라고 부른다. 즉, 도의 해석학이란 이른바 '위로부터의 신학'(K. Barth), 혹은 '아래로부터의 신학'(P. Tillich)이라는 서구 신학적 패러다임 또는 해방 신학, 여성 신학, 흑인 신학 등 단편적 구조에 머무는 전통적 신학 패러다임을 뛰어넘어 존재(Being: Logos)와 행동(Acting: Praxis)을 동시에 포괄한다. 또한 동서양의 영성을 아우르는 상생과 조화를 지향하는 가운데 신학·과학·영성을 통전하는 신학, 이른바 진정한 통전적 신학(Logo-Praxis Theology)을 펼치기 위한 기반이 되는 해석학을 의미한다.[12]

사실 서구에서도 중세 스콜라주의 이전에는 신학(*Theologia*)이란 다름 아닌 교리(*theoria*)와 실천(*praxis*) 혹은 학문과 영성을 포괄하는 개념이지 않았던가? 그리고 신학과 과학이 함께 있지 않았던가? 하지만 중세 로마 가톨릭교회의 스콜라주의가 교리는 신학교에 두고 실천적 개념인

---

11 김흡영(2001), 355-357. 특히 노자(老子)는 『道德經』 첫머리에서 "道可道 非常道 名可名 非常名"(도라고 말한 도는 이미 참된 도가 아니며, 명명한 이름은 이미 참된 이름이 아니다)이라고 말함으로써 도(道)에 대한 어떤 정의도 불가능함을 표명한 바 있다.

12 *Ibid.*, 356-360.

영성은 수도원으로 보냄으로써 교리와 영성(실천)을 분리하였다. 그 결과 중세 로마 가톨릭교회는 생명이 없는 교리만의 신학을 지향했으며, 결국 기독교 신앙 자체를 화석화하는 오류를 범하였다. 그렇지만 유명론(Nominalism: William of Ockham)의 등장과 르네상스 인문주의의 도래가 스콜라주의의 붕괴를 가져왔고, 마침내 근대주의(Modernism)가 등장하면서 신학과 과학의 분리까지 초래하지 않았던가? 이러한 기독교 신학의 모순은 종교 개혁 신학에 이르러, 로마 가톨릭교회의 신학적·영성적 현실을 극복하고 개혁하는 가운데 비로소 살아 있는 기독교 영성을 새롭게 추구하는 방향으로 흐를 수 있게 되었다.

이러한 도의 해석학은 특히 신약성서 요한복음에서 그 뿌리를 찾는다. 사도 요한은 예수 그리스도의 성육신 사건을 "말씀이 육신이 되어 우리 가운데 거하시매 우리가 그의 영광을 보니, 아버지의 독생자의 영광이요, 은혜와 진리가 충만하더라"(요 1:14)고 설명한다. 그리고 1장 1절에서는 "태초에 말씀이 계시니라. 이 말씀이 하나님과 함께 계셨으니 이 말씀은 곧 하나님이시니라"고 진술하고 있다. 곧 예수 그리스도의 오심은 하나님 말씀의 성육신인바 그분은 존재(Being)와 사역(working), 곧 말씀(Logos)과 행동(Action)이 분리되지 않고 인격과 삶이 일치를 이루신다. 이러한 자신에 대해 예수 그리스도는 "나는 길이요, 진리요, 생명이라"('Εγώ είμι ἡ ὁδός καὶ ἡ ἀλήθεια καὶ ἡ ζωή)고 말씀하셨다(요 14:6). 특히 '나는 길'이라고 말씀한 그 길이라는 말은 한자어로 도道를 뜻한다. 더욱이 과거에 한글 성서는 요한복음 서두의 선언, "태초에 말씀이 계시니라"('Εν άρχῆ ἦν ὁ λόγος)를 "태초에 도道가 있었다"로 번역하기도 하였다. 로고스를 도로 번역한 것이다. 이처럼 요한복음은 예수 그리스도를 도道와 관련하여 이해한다는 점에서 도의 신학 혹은 도의 해석학은 성서와 맥을 같이하며,

무엇보다 예수 그리스도와 그분의 복음에 대한 동양적 이해에 중요한 모티브를 제공한다고 할 것이다.

요컨대 도의 해석학은 예수 그리스도의 복음에 대한 동양적 이해를 지향하는바 그러한 관점에서 성서를 새롭게 읽어나갈 때, 하나님의 생명의 로고스인 예수 그리스도는 인간의 길人道과 하늘길天道이 만나는 합일점이요, 인간성의 완성이며聖人 참된 인간성의 도로서 오늘 우리에게 새롭게 다가오시게 된다.[13] 이에 본 연구는 틸리히의 상관관계적 방법론과 하지슨의 구성 신학적 방법론의 조명을 받으면서 김흡영이 제시한 학문적 방법론인 도의 해석학, 즉 교리적 정론(Orthodoxy)과 실천적 정행(Orthopraxy)을 통전하는 신학적 해석학을 바탕으로 칼뱅의 경건 신학과 퇴계의 경 철학과의 대화를 시도함으로써 이 시대를 위한 한국 교회적 영성 신학을 수립하려고 한다.

---

13 Heup Young Kim(1996), 180-188. 특히 김흡영은 김지하의 '우금치 현상 모티브'(김지하, 『생명』, 솔출판사, 1992, 188-192)를 '신기(神氣)의 해석학'으로 부르면서 '도의 해석학'의 화두를 찾는다(김흡영, 2001, 342-350). 이 모델은 비록 직접적인 연관성은 없지만 다석에게서도 일종의 전거를 찾을 수 있는데, 다석 사상은 이른바 천·지·인을 아우르는 가온찍기(ㄱ·ㄴ)의 해석학으로 부를 수 있다. 가온찍기는 얼나(참된 나)의 자각을 일컫는 다석의 독특한 영성론이자 불교의 돈오(頓悟)에 해당된다(이기상, "태양을 꺼라!—존재 중심의 사유로부터의 해방—다석 사상의 철학사적 의미," 김흥호 외, 『다석 유영모의 동양사상과 신학』, 서울: 솔, 2002, 38-71; 김흡영, 『가온찍기』, 서울: 동연, 2013, 34-38).

III. 어떤 시각인가?

그동안 성장 일변도로 달려온 한국 교회의 신학적 상황은 서구 부흥 신학의 영향을 깊이 받은 구원론 중심의 교리 규명과 한국 사회적 현실에 응답하려는 맘모니즘(Mammonism)적인 번영 신학(Prosperity Theology)에 뿌리를 두면서 더 근본적인 한국인의 종교·문화적 영성에 냉담해 온 결과, 한국적 영성 신학 정립이라는 중대한 과제를 등한시해 왔다. 그러나 아무리 서구 신학이 득세할지라도 복음과 한국적 영성 간의 만남에서 발생하는 해석학적인 실존을 막을 수는 없다.

왜냐하면, 복음은 유·불·선 등 전통 종교들, 특히 유교가 여전히 한국 사회의 가치관의 주류를 형성하고 있는 한국적 종교·문화적 맥락을 바탕으로 하는 한국인들의 심성을 향해 그 진솔한 응답을 요구하기 때문이다.[1] 더욱이 한국 교회 안에는 초기부터 한국인의 영성에서의 유교적 영향력을 중시하여 유교와 기독교와의 대화를 시도하는 가운데, 그 나름대로 기독교 복음을 유학적 시각에서 이해하려는 시도들이 적지 않았다. 이러한 대화의 형태는 역사적인 흐름에 따라 다음과 같은 것들이 있다.[2]

---

1 뚜 웨이밍은 "한반도에서 오랜 역사를 이어온 조선은 중국과 그 주변 여러 나라 중 의심할 바 없이 가장 철저하게 유교화된 국가"라고 말한다(Tu Wei-ming, ed., *Confucianism in a Historical Perspective*, Singapore: The Institute of East Asian Philosophies, 1989, 35).

2 파니카는 종교 간의 대화를 배타주의(exclusivism), 포괄주의(inclusivism), 평행주의(parallelism) 등으로 분류했으나(R. Panikkar, 1992, 19-26 참조), 여기서는 기독교-유교의 대화적 바탕에서 보유론적 시각, 변증·성취론적 시각, 해석학적 시각 등으로 분류한다.

1. 보유론적 시각[3]

한국인에 의한 기독교와 유교의 대화에 관한 노력을 언급하기 전에 먼저 중국에서 이뤄진 성과들을 살필 필요가 있다. 이것은 훗날 한국인들에 의한 종교 내적 대화에 적잖은 단초를 제공하기 때문이다. 중국에서 이뤄진 유교-기독교의 대화 중 기록상 최초의 것은 천주교회의 예수회 선교사 마테오 리치(Matteo Ricci, 1552~1610)의 『천주실의天主實義』(1603)이다. 그는 유교와 기독교 간의 대화를 바탕으로 기독교의 주요 사상들을 유교적 언어로 논변하였는데,[4] 이것이 조선에 반입되면서 당시 조선 사회의 정치적 재야인사들인 이른바 북학파에게 서학西學에 관해 눈을 돌리게 했다. 그 뒤 역시 같은 예수회 선교사 디에고 판토하(Diego de Pantoja, 1571~1618)의 『칠극七克』 역시 조선 사회에 적잖은 반향을 불러왔다.[5]

---

3 **보유론**이란 종교 현상적으로 서로 다른 두 종교를 하나로 결합하려는 태도로서, 유교의 진리를 그대로 보존하면서도 그것을 더욱 심도 있게 기독교적 진리에 연결하려는 입장을 뜻한다. 그리하여 기독교는 유교에서 부족하거나 불분명한 진리를 더 확실하게 하거나 보충하는 종교 사상으로 이해하려고 한다. 이러한 태도는 18세기 조선 사회에서 기독교에 대해 호의적이었던 서학자들의 주된 입장이었다(주재용, 『한국 그리스도교 사상사』, 서울: 대한기독교서회, 1998, 21-22).

4 마테오는 儒者와 基督者 간의 대화 형식을 빌려 기독교적 세계관과 창조설을 제시함으로써 동양에 획기적인 사상적 변혁을 추구한다(Matteo Riccio, 『天主實義』, 송영배 외 5인 공역, 서울: 서울대학교출판부, 2007). 한국에서의 천주실의에 대한 최초의 언급은 이수광(1563~1628)의 『지봉유설』(芝峰類說, 1614)이다(민경배, 『韓國基督教會史』, 서울: 연세대학교출판부, 1994, 51). 『천주실의』를 기반으로 한 서학의 전래 과정과 당시 조선 사회의 대처에 대한 더 자세한 연구는 금장태의 『조선 후기 儒教와 西學』(서울: 서울대학교출판부, 2003)과 김영일의 『丁若鏞의 上帝思想』(2003, 15-64)를 들 수 있다. 특히 김영일은 『天主實義』에 나타난 상제 사상을 통한 경천애인(敬天愛人)의 실천적 에토스가 조선 유학자들로 하여금 천주 신앙 수용에 결정적인 영향을 미쳤다고 본다.

5 『七克』에 대한 연구들에는, 유 토마스, "조선 후기 천주교의 수용과 갈등: 『七克』을 중심으로"(동국대교육대학원 석사학위논문, 1994); 윤인영, "초기 천주교 서적이 조선 천주교회

그러나 『천주실의』나 『칠극』 모두 선교 초기의 종교·문화적 장벽을 감안하고서도 서구적-비교종교학적 차원에서 머물렀다는 점에서는 아쉬움이 있다.[6] 물론 그들의 저작이 한국 천주교회의 형성이라는 귀한 역사적 사건을 위한 도화선이 되었다는 점은 아무리 강조해도 지나치지 않을 것이다. 게다가 18세기 말 그들의 저작물을 바탕으로 하여 한국 그리스도인에 의한 최초의 신학적 저작이 출현하였다는 사실은 더욱 놀라운 일이다. 그 첫째 작품이 바로 광암 이벽廣巖 李檗(1754~1786)의 『성교요지聖敎要旨』이다. 그는 온통 성리학적 질서로 통용되고 있던 조선 사회에 천주교의 씨앗을 뿌리는 데에 크게 공헌했는데,[7] 주요 유교적 명제들로써 기독교 교리들을 해석하는 가운데 특히 예수 그리스도를 유학의 성誠과 연결하였다.[8] 예수 그리스도야말로 유학의 인간 이상인 성인聖人됨을 성취한 존재라는 것이다. 그는 유학자였지만 서학에 눈을 돌린 뒤 마침내 서학을 종교로 신봉하게 되었고, 정약용, 정약전, 권철신 등 당대 선비들에게 전교하는 등 최초의 세례자 이승훈李承薰(1756~1801)과 함께 한국 천주교의 초석

성립에 미친 영향: Diego de Pantoja의 『칠극』을 중심으로"(경남대대학원 석사학위논문, 2001) 등이 있다.

6 민경배(1994), 51-53.

7 광암의 저작에는 『성교요지』 외 『천주공경가』도 있는 것으로 알려진다. 광암의 저작은 『만천유고』에 수록되어 전해지는데, 이성배는 『만천유고』의 발문이 무극관인(無極觀人)이라는 이름으로 서명된 것으로 보아 정약용(丁若庸, 호는 茶山, 176-1836)에 의한 것이라고 본다(이성배, 『유교와 그리스도교』, 왜관: 분도출판사, 1990, 53). 물론 유학계에서는 천주교와 다산의 연관성 자체를 경계한다.

8 『성교요지』 26장, 광암은 특히 기독교 신앙의 길을 정도(正道) 혹은 성(誠)의 길로 표현하면서, 그리스도를 유학의 성과 연결하고 있다(이성배, 1990, 93-94). 이러한 태도는 훗날 윤성범의 『한국적 신학』에서 다시 등장하게 된다(윤성범, 1972; 김광묵, 2021). 그런데 최근 천주교회 내에서 한 신부가 광암의 저작에 대해 위작설을 제기하고 나서면서 적잖은 논란이 되고 있다(「가톨릭신문」 제2903호-2014. 07.13; 제2905호-2014. 07.27; 제2907호-2014. 08.10; 제2908호-2014. 08. 17).

을 놓았다는 점에서 한국 최초의 목회자요 신학자로 불릴만하다. 그러나 『성교요지』 역시 『천주실의』의 범주에서 크게 벗어나지 못하는, 이른바 보유론保儒論적 한계에 머물러 있다. 다만 보유론적 시각은 한국인들이 기독교 메시지에 쉽게 접근할 수 있는 바탕을 제공했다는 점에서는 그 나름대로 긍정적 측면이 있다.[9]

2. 변증 · 성취론적 시각

초기 한국 개신교 신학자와 목회자들은 선교사들의 청교도적 근본주의에 심취하였음에도 불구하고 그 심성 바탕은 어디까지나 유교적 영향 아래에 있었다. 왜냐하면, 그들은 유교적 가치관이 팽배한 사회에서 성장했을 뿐만 아니라 목회 현장 또한 유교적 영향력이 강한 사회였기 때문이다. 특히 초기에는 『성서』조차 유교적 용어들을 빌려서 번역했다는 점에서 지도자들의 사역 현장 전체가 유교적 토양이었다고 할 수 있다. 그렇지만 초기의 한국 개신교 지도자들은 18세기 유학자들이나 초기 천주교인들과는 달리, 보유론적 한계를 넘어서 기독교적 시각에서 전통 종교들을 비판하고 기독교 진리를 변호하려는 일종의 변증신학적 시각을 지니고

9 기독교와 유교의 만남 문제는 비단 동양의 관심만은 아니었다. 마테오 리치 등의 저작들과 유학에 대한 이해는 당시 서구 사회에도 이미 적잖은 반향을 불러왔다. 동서양의 사상의 만남에 큰 관심을 가졌던 대표적인 인물이 라이프니츠(G.W. Leibniz, 1646-1716)이다(이동희 편역, 『라이프니츠가 만난 중국』, 서울: 이학사, 2003 참조). 현금에 라이프니츠와 유학의 만남에 관한 연구가 활발하다. 그들은 안종수("라이프니츠와 유학," 「철학 연구」 제97집, 2006, 117-141; "理에 대한 말브랑슈와 라이프니츠의 견해," 「철학 논총」 제48집, 2007, 207-228; "마테오 리치의 이기관," 「철학 논총」 제60집, 2010, 37-58; "라이프니츠와 중국철학," 「철학 논총」 제73집, 2013, 159-182), 변규룡("라이프니츠의 철학과 중국 사상 논고," 「성곡 논총」 제28집, 1997, 125-161), 이동희("라이프니츠에 있어서 중국 철학 수용 과정에 대한 연구," 「철학 연구」 제58집, 2002, 187-206) 등이다.

있었다. 이것은 특히 개항과 더불어 봇물 터지듯 밀려 들어온 서구 문물이 서서히 전통적 가치관들과 충돌을 일으키는 가운데 서구 문물과 함께 전래된 기독교에 대한 물음들이 쇄도하던 시대적 분위기와 연관된 문제였다고 볼 수 있다.

이러한 상황에서 기독교와 유교의 대화를 적극적으로 시도한 최초의 신학자가 바로 탁사 최병헌濯斯 崔炳憲(1858~1927)이다. 그는 본래 유학자였으나 1888년 감리교선교사 아펜젤러(H.G. Appenzeller)를 통해 기독교에 입문했고 1902년에 목사가 되었다. 그리고 그의 뒤를 이어 정동교회貞洞教會의 담임목사와 성서 번역 위원으로 활동했다.[10] 탁사의 고민은 '기독교 복음을 동양의 종교와 문화적 맥락에서 어떻게 이해하느냐?'의 문제였다. 그것은 유·불·선의 종교·문화적 영성에 심취한 한민족에게 기독교가 어떻게 참된 구원의 진리가 될 수 있느냐는 근원적 물음이었고,[11] 자연히 그의 신학은 변증적 성격을 띠게 되었다.[12] 그는 한국 최초의 신학 잡지 「신학월보」에 "성산유람기"(1907)와 "죄 도리"(1910)를 발표하였고, 특히 「신학세계」에 종합적 변증론인 "만종일련"을 연재하였다(1916~1920).[13] 이러한 그의 변증론은 역사적 현상으로 나타난 제 종교들을 "성서 안에 있는

---

10 유동식, 『韓國神學의 鑛脈』(서울: 전망사, 1986), 71-74; 『한국 감리교회 사상사』 (서울: 전망사, 1993), 191-201.

11 주재용(1998), 42.

12 유동식은 탁사의 신학을 '종교 신학' 혹은 '종교 변증론'으로 봤으나(유동식, 1993, 191-216), 현대적 의미의 '종교 신학'에 이르지는 못했고 종교 변증론 정도로 보는 것이 옳다. 현대 신학에서 종교 신학은 단순한 변증론이 아닌, 종교·문화적 맥락에서의 종교 내적 대화를 통한 해석학을 추구하기 때문이다.

13 "성산유람기"는 『성산명경』(聖山明鏡, 1912), "만종일련"은 『萬宗一臠』(1922)으로 출판됐다. 탁사 신학에 관한 자세한 연구는 송길섭, 『한국 신학사상사』(서울: 대한기독교출판사, 1987), 231ff.; 최병헌에 대한 사료는 김인수, 『史料, 韓國基督教思想史』(서울: 장로회신학대학교출판부, 2003)를 참조하라.

예수 그리스도의 복음을 가리키는 '예비적 진리'로 평가하고 그 척도에서 유교와 불교의 오류와 한계를 비판하는" 방식을 취했다. 결국 "성서에 증언된 예수 그리스도의 진리"가 타 종교들을 판단하는 절대 기준이기에,[14] 모든 종교는 오직 기독교를 통해 진리의 참된 실현을 이룬다는 일종의 성취론成就論이었다. 이러한 변증·성취론 역시 기독교가 한국 사회에 정착하는 데에 매우 중요한 역할을 했다고 볼 수 있다.

3. 해석학적 시각

이처럼 한국에서의 유교-기독교의 대화 노력에는 보유론, 변증론, 성취론에 이르기까지 다양한 형태가 있지만, 대개 양자에 대한 진지한 이해보다는 단순한 유비론적 차원에 머물고 있다.[15] 이는 유학과 신학에 대한 단순 비교 혹은 피상적-서구 신학적 시각에서 접근했기 때문이다.[16] 탁사 이후 유교-기독교 대화의 장을 연 이는 윤성범尹聖範(1916~1980)이었다. 그는

14 주재용(1998), 43.

15 양자에 대한 유비론 혹은 비교종교학적 접근은 자칫 한쪽을 우월한 위치에 놓거나 양자를 평준화하는 오류에 빠질 수 있다. 그 결과는 한쪽을 정점으로 하는 종교사를 재구성하거나 혹은 모든 종교를 어떤 철학적 이념 밑에 종속시킬 수 있기 때문이다(김광식, "종교다원주의와 토착화,"「현대와 신학」 제18집, 1994, 18-32).

16 외국 학자들 중에서 기독교와 유교 간의 대화에 관심하는 이들이 많다. 가령 줄리아 칭(J. Ching, *Confucianism and Christianity*, Tokyo: Sophia University, 1977; *Christentum und Chinesische Religion*, München & Zürich: Pieper, 1988)과 칼톤(M. C. Kalton, *To become a Sage: The Ten Diagrams on Sage Learning by Yi Toegye*, N. Y.: Columbia University, 1988) 그리고 윙칫 찬(Wing-tsit Chan, *Neo-Confucianism*, Hanover N.H.: Oriental Society, 1969)과 드 바리(Wm Theodore De Bary, *Neo-Confucian Orthodoxy and the Learning of the Mind-and-Heart*, N.Y.: Columbia University Press, 1981) 등을 들 수 있다. 그리고 현금에도 여기에 관심하는 한국 신학자들도 적지 않지만 대개 유비론적 차원이라는 점에서 아쉬움이 있다.

1960년대에 유동식柳東植(1922~2022)과 함께 한국 신학계에 이른바 토착화 신학 논쟁을 이끌었는데, 우리의 고유한 전통과 종교를 올바르게 인식하고 그 바탕 위에 주체성 있는 신앙을 새롭게 세울 것을 천명했고, 이러한 신학적 사색을 구체화하기 위해 단군 신화에서 기독교 삼위일체론적 흔적을 찾으려 했던바 이것이 치열한 논쟁으로 번졌다.[17] 그 후 1970년대에 들어서 윤성범은 더 구체적으로 유교와의 대화에 심취하는데,[18] 이것이 제2차 토착화 신학 논쟁을 불러왔다. 그가 "한국 교회는 서구 신학적 예속에서 벗어나야 한다"면서 제시한 신학적 과제는 한국인의 문화적, 정신적 전통에 서구 신학적 전통을 가미함으로써 우리 전통을 되살리려는 것이었다.[19] 그는 한국 유교의 핵심을 율곡 이이李珥(1536~ 1584)의 성誠으로 이해하면서 이른바 성誠의 해석학을 천명했다. 그의 결론은 예수 그리스도가 곧 성이요 하나님의 본질이며 말씀이었다.[20] 이러한 성의 신학은 종교다원적 상황에서 기독교-유교 대화를 통해 한국인들에게 기독교 진리를 더 쉽게 전달하려는 선교적 목적을 내포한다는 점에서, 다분히 직관적 변증법이자 천재 미학적 변증론이었다. 그렇지만 한편 그의 한국적 신학은 한국 그리스도인으로서의 실존적 자기 인식과 관계된 것이었으며, 하나님의 구원 역사에 대한 한국인으로서의 학문적인 응답과 신앙 고백적 성격을 지닌다는 점에서 일종의 해석학적 구성 신학의 초기 단계였다

---

17 토착화 논쟁에 대한 구체적인 논의는, 김광식, 『土着化와 解釋學』(1991), 13-112; 김광묵, 『한국 신학의 두 뿌리』(2021), 58-93.

18 이 시기에 발표된 논문들은 "韓國의 神槪念 生成"(「기독교사상」, 1969, 6); "韓國的 神學-名 誠의 神學"(「기독교사상」, 1970. 11); "韓國的 神學-誠의 神學"(「기독교사상」, 1971. 3); "韓國的 神學-基督論"(『홍현설박사회갑기념논문집』, 1971); "誠의 神學이란 무엇인가?"(「기독교사상」, 1973. 2) 등을 들 수 있다.

19 윤성범(1972), 12.

20 *Ibid*., 13-18.

고 할 것이다.[21]

윤성범 이후 유교와의 대화는 제3세대 신학자들인 이정배, 이은선, 김승혜, 박종천 등이 그 학맥을 이었다.[22] 이정배는 성리학의 철학적 개념들을 신학적으로 이해하려는 입장에서 유교-기독교 대화를 시도해 왔다.[23] 이러한 그의 관점은 윤성범의 학맥을 이을 뿐만 아니라 그를 넘어 더 깊은 해석학적 지평을 열었다. 이은선은 양명학을 기점으로 유교와의 대화를 시도하면서, 특히 기독교 이후 시대의 기독론을 유교적 시각에서 모색한다. 즉, 예수 그리스도의 초월적 신성과 배타적 유일성을 형이상학의 틀 안에서 설명하는 기독교를 넘어 그의 역사적 삶正行과 현재적 활동聖靈을 중시하는 아래로부터의 기독론을 유교적으로 재구성한다. 이것은 양자의 대화를 개종이나 선교 목적에 두지 않고, 오히려 유교적 에토스를 새롭게 발견하여 현실과 유리되지 않는 기독교 대안 문화를 정초하는 가운데 기독교의 자기 변화를 촉구하려는 것이다. 그리하여 이은선은

21 김흡영(2003), 164; 김광묵(2021), 151-325.

22 유교와 기독교의 대화에 대해 편의상 '보유론적 입장'을 제1세대(이벽), '성취론적 입장'을 제2세대(최병헌)라 한다면, 제3세대는 이른바 '해석학적 입장'이라 할 것이다. 이렇게 보면 윤성범의 경우는 2.5세대라고 할 수 있고(이정배, "유교와 기독교의 대화, 그 한국적 전개-평가와 전망을 중심으로," 「神學과 世界」 제49호, 2004. 봄, 참조), '기초 단계의 해석학적 시각'에 서 있다고 할 것이다. 실제로 윤성범은 자신의 신학을 '직관적 변증법'이라고 불렀지만, 그것이 무엇인지는 명확히 밝히지 않았다. 더구나 그의 노선은 바르트와 불트만 사이에서 갈등하는 형식이다(김광식, 1991, 81-95).

23 이정배의 학위논문은 "한국 기독교토착화의 빛에서 본 신 유교와 개신교 사이의 구조와 문제점들"(*Strukturen und Probleme des Neukonfuzianismus und des Neuproestantismus im Blick auf die Indigenization des Christentums in Korea*, 1986)"로서, 선대 유학(공자)에 기초하여 13세기와 16세기의 중국과 한국에서 전개된 신유학(주희, 퇴계)과 종교 개혁은 계속되어야 한다는 시각에서, 19세기 신개신교 사유 구조들을 각기 그 전통과의 문제사적 관점에서 살핌으로써 그에 내재된 공동의 사유 구조들과 문제점들을 제시했다(이정배, 『토착화와 생명문화』, 서울: 종로서적, 1991, 7).

기독교적 입장에서 보는 '유교적 기독교'만이 아니라 유교적 입장에서 보는 '기독교적 유교'를 표방한다.[24]

김승혜는 로마 가톨릭적 시각으로 유교 경전을 읽으면서 공자孔子의 삶에서 예수의 길을 찾는다. 그에 따르면 공자의 교훈이 하늘을 공경하는 마음으로 자신을 닦고修己以敬 자신을 닦아 남을 편안하게 하며修己安人, 나아가 자신을 닦아 백성 전체를 편안케 하는修己安百姓 것이라는 점에서 기독교 신앙과 통한다는 것이다.[25] 곧 김승혜는 은총이 자연을 완성한다는 로마 가톨릭 신학적 기반 위에서 공자를 신神을 향해 가는 존재로 바라본다. 이런 차원에서 김승혜는 『논어論語』를 이해하는 것이 곧 한국 기독교 토착화의 초석이라고 본다.[26] 결국, 김승혜는 로마 가톨릭 신학자답게 마테오 리치의 보유론적 포괄주의를 계승하지만 단순한 포괄주의를 넘어서 양자의 수렴점을 찾아가는 새로운 길을 찾는다.[27]

그런데 윤성범과 같은 시대에 전혀 다른 시각에서 양자의 대화를 시도한 이가 있었다. 바로 다석 류영모多夕 柳永模(1890~1981)이다. 외견상 그는 이정배의 말대로 "이은선의 다원주의적(유교적) 기독론과 김승혜의 수행적 구도자의 관점을 함께 엮어 포괄적인 유교적 신학 체계를 구성했다"고 말할 수 있지만,[28] 사실 그에게는 이런 분석 자체가 어울리지 않는다. 오히려 그는 소위 토종적 시각에서 유교를 기독교로 혹은 기독교를 유교로

24 이은선, 『유교 기독교 그리고 페미니즘』(서울: 지식산업사, 2003), 18-46.

25 김승혜, "인간화를 통한 해방: 유교적 자유의 추구,"「종교 신학 연구」 제4집(1991), 115-142.

26 이정배(2004), 93-95.

27 이에 대해서는, 김승혜의 『논어의 그리스도교적 이해』(서울: 영성생활, 2002)를 참조하라.

28 이정배(2004), 95.

해석했다.[29] 이러한 그의 해석학은 단지 인식론적 차원이 아니라 일상에서 흘러나오는 살아 있는 해석학이었다. 다석은 정통 교의에 얽매인 기독교가 아닌 성서의 본래적 맥락에 가까운 기독교를 추구했으며, 결국 유·불·선을 아우르는 기독교를 제시하였다.[30] 이러한 다석의 입장을 필자는 가온찍기(ㄱ·ㄴ)의 해석학으로 부르고 싶다. 그에게 있어서 가온찍기는 천·지·인을 아우르는 얼나(참된 나)의 자각自覺을 의미하는 독특한 영성론에 해당하는 말이기 때문이다.[31] 특히 다석은 유교(공자)의 핵심 사상을 "몸의 나를 죽이고 얼의 나 곧 영원한 생명, 절대 존재를 얻는 일"로 이해했다. 유교의 수신修身이란 바로 얼나의 체득을 위한 자신과의 엄격한 싸움을 뜻하는 것이고, 그것이 곧 하나님께 지극한 효를 실천한 예수 그리스도의 삶이라고 생각했다. 그리하여 그는 철저한 금욕을 실천하면서 자신을 희생 제물로 내어놓는 십자가의 도를 실천하였다.[32] 그런 점에서 그는 십자가에 대한 유교적 이해孝를 바탕으로 한 해석학적 전거를 마련하였으며 유교를 자신 속에 체화體化하여 기독교 신앙을 새롭게 구성하려 했다.[33]

---

29 김흡영(2003), 152-153.

30 다석의 기독교 이해는 유교를 핵으로 재구성한 것으로 볼 수 있고, 그는 실제로 유교적 예수상에 가까이 접근한다. 가령 그는 하나님과 예수의 관계를 부자유친으로 보았다. "예수는 하느님께 지극한 효심을 품고 오롯이 효(孝)를 행한 효자였던 까닭에 마침내 하느님의 아들 그리스도가 되셨다"는 것이다. 그리고 "우리도 예수처럼 하느님을 섬기는 효심과 효행을 일삼으면 능히 그리스도가 될 수 있다"고 말한다(다석학회 편, 『다석강의』, 서울: 현암사, 2006, 6). 이러한 시각은 오해도 살 수 있지만 예수의 유일성을 고백한다는 점에서, 그는 예수의 유일성과 보편성을 동시에 견지한다고 볼 수 있다(최인식, 『다원주의 시대의 교회와 신학』, 서울: 한국 신학 연구소, 1996, 251-301).

31 김흡영은 다석에게서 탈서구 신학을 위한 패러다임을 발견하면서, 다석의 한국 신학적 통찰을 세계 신학적 지평에 자리매김(가온찍기)할 수 있는 가능성을 찾았다(2013, 386-410).

32 이정배(2004), 95-96.

33 김홍호, "유영모, 기독교의 동양적 이해," 『다석 유영모의 동양 사상과 신학』(서울: 솔,

그러나 다석의 유교적 기독교는 서구적 사고방식으로 훈련된 현대인들에게는 사실상 난해하며, 특히 혼합주의라는 오해를 살 수 있다. 그뿐 아니라 다석적 기독교는 실천에 있어서, 개별성은 강하지만 공동체를 지향하는 기독교의 실천적 보편성을 제시하기 어렵다는 데에 난점이 있다. 성서적 기독교 영성은 하나님과의 관계 및 이웃과의 관계를 아우르는 수직-수평적 영성이라는 통전적인 성격을 갖고 있기 때문이다. 따라서 다석처럼 개별적인 기독교 영성에 머무는 듯한 시각은 성서적 영성과는 다소 거리가 있을 수밖에 없다.

요컨대, 기독교 신학은 절대자에 대한 신앙 현상을 해명코자 하는 지성적 신앙 운동 곧 이해를 추구하는 신앙(*fides quaerens intellectum*: St. Anselmus)이다. 그런데 이러한 신학은 복음과 특정한 종교·문화와의 만남이라는 독특한 맥락을 전제한다는 점에서 진지한 해석학적 사고를 요청한다. 그리고 여기에는 또한 종교 내적 대화(Intrareligious Dialogue)라는 실존적 대화 형식이 고려되어야 한다. 그뿐 아니라, 그것은 로고스-프락시스(Logos-Praxis) 통합적 패러다임을 지향하는 해석학을 요청한다. 지금까지 한국에서의 양자의 대화를 위한 노력은 많은 결실을 맺었지만 대부분 로고스-패러다임이나 프락시스-패러다임 어느 한쪽에 치우치는 경향이 적지 않다. 가령 윤성범의 경우, 여전히 로고스-패러다임을 지향한다고 볼 수 있다. 다만 다석의 경우는 독특하게 양 패러다임을 동시에 지향하려는 통전적 태도가 엿보인다는 점에서 한국 교회가 다시 주목해야 할

2002), 11-37; 다석학회(2006); Heup Young Kim, "The Word Made Flesh: A Korean Perspective on Ryu Young-Mo's Christotao," *One Gospel-Many Cultures: Case Studies and Reflection on Cross-Cultural Theology, Currents of Encounter*(Radopi Publishing, 2003)을 참조하라.

듯하지만, 문제는 사실상 그 실체가 불분명하고 더구나 전술한 바와 같이 신학으로서의 보편성이 약하다는 난점이 있음을 지적하지 않을 수 없다.

이제 한국 교회에는 로고스와 프락시스 양자를 통합하는 새로운 신학적 모델이 요청된다. 그리고 이러한 맥락에서 유교-기독교의 대화를 위한 해석학적 시각이 기대될 수밖에 없다. 한국 기독교인에게 있어서 신앙적 실존은 한국적 상황이라는 독특한 해석학적 맥락을 전제하게 된다. 왜냐하면, 한국에서 유교는 이미 한국인의 문화·언어적 모체(the Cultural-Linguistic Matrix)를 이루고 있기 때문이다. 즉, 한국 기독교인의 실존 자체가 유교적 종교·문화적 맥락에 머문다는 점에서,[34] 한국에서 양자 간의 대화란 단순한 인식론-환원주의적 대화가 아니라 유교인인 동시에 그리스도인(*Simul Confucianus et Christianus*)이라는 독특한 신앙적 실존 내에서의 만남이기 때문이다.[35] 김흡영은 이러한 맥락에서 유교-기독교의 대화를 시도했

34 린드백(G.A. Lindbeck)은 종교를 세 차원으로 정의한다. 명제적(propositional) 유형, 경험-표현적(experiential-expressive) 유형, 문화-언어적(cultural- linguistic) 유형 등이다. 그중 린드백은 문화-언어적 유형이 가장 바람직하다고 본다. 문화-언어적 유형은 종교를 생활과 사고가 총체적으로 조성하고 있는 문화적이고 언어적인 틀(framework) 또는 매개체(medium), 즉 문화·언어적 아프리오리로 정의한다. 이 유형은 유교의 특성을 이해하는 데 도움을 준다. 한자 문화권을 이룩한 유교는 동양인들에게는 오늘도 두말할 것도 없이 문화·언어적 틀이며, 아프리오리로서 그들의 삶 속에 살아 있다(김흡영, "인과 아가페," 「神學思想」 제84집, 1994, 138).

35 김광식 역시 한국인의 종교·문화적 심성에서의 복음에 대한 이해를 토착화 신학적 관점에서 고민했다. 그 고민들은 "Christological Foundation and Pneumatological Actualization"(*KJOST*, 1997); "Koreanische Auseinandersetzung mit Postmodernismus und Religionspluralismus"(*YJOT*, 1997); "Nonduality of God and Earth"(*KJOST*, 1998); "Nonduality of Body and Earth: four Model of Indigenization"(*YJOT*, 1998); "Nonduality of Faith and Earth"(*KJOST*, 1999); "Nonduality of Novum and Earth"(*YJOT*, 1999) 등에서 드러난다. 이러한 고민은 "기독교인인 동시에 이방인"(simul Christianus et Peganus)이라는 독특한 해석학적 틀을 창안케 했다. 이것은 루터의 "의인인 동시에 죄인"(*simul justus et peccator*)에서 얻은 통찰에 기인한 토착화 신학적 해석

다. 그는 특히 왕수인王守仁(호는 陽明 1472~1529)과 칼 바르트(Karl Barth, 1886~1968)의 사상을 비교하면서 동아시아 그리스도인을 위한 유교적 기독론(Confucian Christology)을 탐색했다.[36] 그는 양명의 핵심 개념인 양지良知를 바르트의 주요 개념인 그리스도의 인간성(*humanitas Christi*)에 유비시키고 치양지致良知를 성령의 인도와 연결하면서, 예수 그리스도를 유교가 오랫동안 추구해온 인(仁/道)의 완성자(the Tao), 군자(the Sage), 양지의 완성자, 곧 철저한 인간화를 지향하는 성인으로 해석한다.[37] 특히 김흡영에게 있어서 유교는 한국인의 자기 실존 내의 문화-언어적 모체로서, 기독교와의 만남을 위해서는 진지한 비평적·신학적 성찰이 요구될 수밖에 없다. 이런 맥락에서 양자의 대화는 교리적 범주를 넘어 종교 신학으로 나타나며, 이것은 더 나아가 한국 신학의 범주를 넘어 동아시아 기독교 종교 신학 구성을 위한 **구체적-보편적 접근**(Concretive-Universal Approach)을 가능케 한다.[38] 그에게 있어 유교와 기독교는 이질적 문화-언어적 모체

틀이다. 그에 따르면 원시 유대-기독교인이 기독교인인 동시에 유대인이었듯이, 오늘 우리는 기독교인 동시에 이방인이라는 것이다. 즉, 과거 유대인이 유대 종교·문화적 영성 안에서 기독교인이었듯이, 우리 또한 한국 종교·문화적 영성 안에서 기독교인일 수밖에 없다는 것이다(Kwang Shik Kim, "Simul Christianus et Paganus," 1998, 241-244).

36 김흡영의 학위논문은 "Sanctification and Self Cultivation: A Study of Karl Barth and Confucianism"(Graduate Theological Union, Berkeley, 1992)이고, 이것은 전술한 대로, *Wang Yang-Ming And Karl Barth: A Confucian-Christian Dialogue* (Lanham, New York, London: University Press of America, 1996)로 출판되었고, 최근 한국어로 번역되었다(김흡영, 『왕양명과 칼 바르트: 유교와 그리스도교의 대화』, 서울: 예문서원, 2020).

37 Heup Young Kim(1996). 이러한 그의 도의 신학적 해석학은 "인과 아가페"(「神學思想」, 1994)에서 더 구체적으로 드러나며, *Christ & the Tao*(Hong Kong: Clear-Cut Publishing and Printing Co, 2003)에서 더욱 분명해진다.

38 **구체적-보편적 접근**(concretive-universal approach)이란, 김흡영이 *Wang Yang-ming and Karl Barth*에서 밝힌 유교-기독교 간의 대화를 위한 방법을 의미한다. 그것은 단순

(the Religio-Cultural Matrix)가 아니라 이미 신학자 자신의 실존 안에서 하나의 문화-언어적 모체로 존재하는 실체였다. 이러한 한국 종교·문화적 상황에서 또한 자신의 실존적 영성에서, 김흡영은 유교-기독교 영성의 대화를 지향하는 통합적·대화적 패러다임으로서 도道의 해석학을 구성했다.

이러한 김흡영의 해석학은 칼뱅의 신학 사상과 퇴계의 성리학적 유교 사상과의 대화를 위한 유용한 방법론으로 운용될 수 있다. 16세기 종교개혁 신학자 칼뱅의 경우, 그가 창시한 장로교회와 그의 신학적 영향력에 의한 개혁 신학적 전통이 한국 교회와 사회에 지대한 공헌을 남겼다. 같은 16세기의 유학자 퇴계 역시 유학의 제 학설들을 정리함으로써 한국 유학의 도학적 정통성을 확립하고 한국인의 정신 문화적 가치관 형성에 크게 공헌했다. 따라서 양자는 한국 기독교 사상사와 한국 유학 사상사에 매우 중요한 영성적 단초를 제공한다. 그런데 그들이 궁극적으로 추구한 학문적 목표가 인간 문제라는 공통적 기반을 형성하고 있다는 점에서, 양자의 대화는 이미 필요충분조건을 함의하고 있다.[39] 본 논의는 위에서 언급한

한 학문적 흥미를 위함이 아니라 신앙의 실천과 연계된 중요한 신학적-실천적 과제로 다가와야 하며, 한국 교회라는 특정한 공동체를 지향하는 신앙적 당위성을 내포해야 함을 의미한다(Heup Young Kim, 1996, 5-6).

39 김흡영은 "존 칼빈과 이 퇴계의 인간론에 대한 비교 연구"에서 양자 간 대화의 핵심은 '철저한 인간화'에 있다고 보았다(김흡영, 2006, 231-291). 물론 일차적으로는 유교-기독교의 만남이 '천(天: 상제)-하나님'의 문제 곧 신인식(神認識) 문제라 할 수 있고, 이것은 결국 경천애인(敬天愛人)을 지향하는 삶의 에토스로 승화될 수 있으며 한국 교회의 성장에 큰 영향을 끼쳤다고 말할 수 있다(김영일, 2008, 192-206). 그러나 성리학 특성상 궁극적으로 천(天)보다 인간 문제에 관심이 클 수밖에 없고, 칼뱅 역시 인간 문제에 큰 관심이 있었다. 칼뱅에게 있어서 하나님은 어디까지나 인간과 그 세계를 구원하시는 하나님이다. 이러한 측면에서 양자의 대화는 인간론으로 귀결될 수 있다. 그래서 김흡영은 양자 간의 대화를 인간학적 차원에서 접근한다. 그렇지만 퇴계가 바라보는 인간은 천명의 담지자라는 점에서 근본적으로 하늘(天)과의 관계 안에 있는 인간이었고, 칼뱅 역시 하나님과의 관계 안에 있는 인간 곧 하나님의 형상을 입은 인간이라는 점에서 양자의 대

도의 신학적 시각을 하나의 방법론적 원리로 수용하는 가운데 진행될 것이며, 기독교-유교적 영성적 특성을 드러내는 한국 기독교 영성 이해를 위한 전초 작업으로서도 그 의의를 갖게 될 것이다.

화에는 하나님/하늘에 대한 논의를 바탕으로 진행하게 된다. 그리고 이러한 천인(天人) 관계 혹은 신인(神人) 관계를 이어주는 중요한 메타포가 바로 경(敬)/경건(敬虔)의 문제이다(특히 본 연구는 김흡영의 글, "존 칼빈과 이 퇴계의 인간론에 대한 비교 연구"에서 주요 모티브를 얻었음을 밝힌다).

IV. 요약과 정리

기독교는 하나님의 자기 계시인 예수 그리스도를 통한 복음을 종교·문화적 모체라는 독특한 채널(영성)로써 해석하는 가운데, 지역마다 독특한 영성 공동체를 형성해 왔다. 이것은 한국 사회적 맥락에서도 마찬가지였다. 한국 사회는 일찍부터 다원적인 종교·문화적 모체를 형성해왔지만, 기독교 전래 당시의 종교·문화적 흐름은 단연 유교, 그것도 퇴계의 성리학이 강세를 띠고 있었다.[1] 그 상황에서 자연스레 기독교와 유교와의 대화가 이뤄졌다. 이것은 초기 기독교 지도자들의 많은 수가 유학자 출신이었다는 측면에서도 설명이 가능하다. 그들은 성리학의 한계에 대한 극복의 길을 서학에서 찾으려 했고, 그 과정에서 천주교회에 입문했던 것이다. 조선 말에 전래된 개신교회(특히 장로교)의 경우도 역시 자연스레 유학과의 관계 속에서 전도 사역을 펼치게 되었는데, 이 과정에서 퇴계의 유학 사상과의 조우가 이루어지게 되었다.

특히 이때 장로교회의 경우, 칼뱅주의적 영성으로 훈련받은 선교사들의 신학적 성향 때문에 한국 장로교회는 칼뱅주의적 특성을 띠게 되었다. 결국 장로교회는 칼뱅의 신학과 퇴계 사상과의 실존적인 대화가 이뤄지는 독특한 영성적 맥락을 이루게 된 것으로 보인다. 그런데 칼뱅 신학은 대체로 신神지식 중심의 논의가 주류를 이루지만 그 신 지식은 결국 인간을 구원하시는 하나님에 관한 것인바 그의 신학적 관심에는 신적 측면과

---

1 조선 유학은 크게 퇴계의 학풍을 따르는 영남학파와 율곡의 학풍을 따르는 기호학파로 양분된다. 그럼에도 불구하고, 퇴계의 영향력은 조선의 정치·사상 전반에 걸쳐 지대했다. 율곡 또한 비록 퇴계의 성리설에 반대는 하였지만, 퇴계의 학문 자세가 지닌 깊이와 인품의 고매함을 깊이 존중하는 데는 다름이 없었다(금장태, 『朝鮮前期의 儒學思想』, 서울: 서울대학교출판부, 2003, 299-300).

인간적 측면이 함께 자리하는 특성을 띠고 있다. 다시 말해서 칼뱅의 신학이 이른바 하나님 절대주의를 지향하는 특성을 함의하지만, 한편으로는 그 하나님 앞에서 있는 인간에 관한 관심 곧 경건한 인간성을 추구하는 방향에 서 있기도 하다. 그런 면에서 칼뱅의 신학은 하나님에 관한 지식과 인간에 대한 지식이 쌍벽을 이루고 있다고 할 것이다. 그리고 그러한 하나님과의 관계 안에 있는 인간에게 절실히 요구되는 태도가 바로 경건(*pietas*)이다.

이것은 퇴계의 경우도 유사하다. 유학은 근본적으로 휴머니즘이라는 점에서, 퇴계의 관심 역시 인간 문제[2] 즉, 하늘天로부터 품수된 인간성을 완성해나가는 성인 됨의 길에 궁극적 관심이 있다. 그렇지만 그 인간은 하늘上帝과의 관계에 있는 존재이다. 이렇게 보면 칼뱅과 퇴계는 함께 인간학적 패러다임에 관심을 보인다는 점에서 나름대로 공통분모를 드러낸다. 이에 따라 인간학적 필드에서 서로 간의 대화의 가능성이 엿보인다. 그렇지만 양자 모두 그러한 인간에 대해 무엇보다 하나님(칼뱅) 혹은 하늘(퇴계)과의 관계 안에 있는 존재로 이해한다는 점에서, 양자의 대화는 하나님과 하늘天에 대한 문제를 바탕으로 이뤄져야 한다는 것이다.

특히 주목할 것은 두 사람 모두 한 사람은 동양, 다른 한 사람은 서양이라는 공간적인 상황만 달랐을 뿐, 시간적으로는 16세기라는 동일한 시대

---

2 칼뱅은 『기독교 강요』 저술 목적에 대해 "단지 어떤 초보적인 내용들을 제시함으로써 그것에 의해 종교에 열심을 가진 사람들이 참된 경건에 도달하게 하는 것"이라고 밝혔다(J. Calvin, *The Institutes of Christian Religion*, ed. J.T. McNeil, tr. F.L. Battles, Philadelphia: The Westminster Press, 1960). 그리하여 칼뱅 신학은 신에 관한 진술과 인간에 관한 진술이 함께 중심축을 이루고 있다(김흡영, 2001, 236). 퇴계의 경우도 마찬가지이다. 그의 성리학 자체가 이미 성학(聖學)으로서 자기완성의 길을 표명한다는 점에서 역시 인간 문제가 중심이다(이상은, 『퇴계의 생애와 학문』, 서울: 예문서원, 2002, 47). 그렇지만 그 인간은 하늘을 숭상하는 존재이다.

·역사적 상황에서 활동했다는 점이다. 역사적으로 16세기는 동양이나 서양 모두 큰 변화의 시대였다. 그런 실존적 상황에서 그들의 사상이 형성되었고 각자 자신들이 속한 사회에 큰 영향력을 끼쳤으며 지금도 여전히 적지 않은 변화의 힘으로 작용하고 있다는 사실에서, 그들의 뜨거운 심장이 남긴 발자취에 대해 오늘의 세대가 다시 주목할 이유가 있다고 할 것이다. 특히 칼뱅의 기독교와 퇴계의 성리학은 적지 않은 세월 동안 이미 한국 종교·문화적 영성의 장에서 깊은 만남을 이루어왔고, 그 결과가 한국 교회의 큰 성장으로 드러난 점은 매우 중요하다.[3] 즉, 양자의 만남은 인위적·학문적 차원에 앞서 한국 교회의 신앙과 삶이라는 실존 현장에서 구체적이고 실제적으로 이뤄졌다는 데에 더 큰 의미가 있다. 이것은 곧 양자의 대화가 인간적인 의식과 의지적 노력 이전에 하나님의 은혜 안에서 이뤄졌다고 말할 수 있다. 이러한 현상에 대해 다소간 의미의 차이는 있지만, 김광식은 성령의 역사로서의 토착화라는 말을 사용하기도 했다.[4] 따라서 칼뱅과 퇴계의 대화는 단순히 양자의 사상에 대한 비교 차원을 넘어 실존적·해석학적 관점이 요청된다.

그렇다면, 왜 경건敬虔(*pietas*)의 문제인가? 양자의 학문적·실천적 목표는 근본적으로 하나님 앞에서 경건한 인간성 완성(칼뱅)과 천명을 받은 인간성 완성(퇴계)인데, 그러한 목표의 실현을 위한 중요한 모티브(Motive) 혹은 계기(Momentum)가 바로 경건이기 때문이다. 그리고 그들의

3 한국 교회 성장 원인에 대해 샤머니즘과 불교의 영향력도 중요하다(유동식, 1965). 그러나 기독교 전래 당시의 사회적 가치관은 유교적 색채가 강했다는 점에서, 유교 쪽에서 성장 원인을 찾는 것이 옳을 것이다(김영일, 2003, 1-12). 특히 유교적 관습에 깊은 뿌리를 둔 대가족 혹은 씨족 중심의 공동체는 기독교 확산에 좋은 바탕이 되었다(Young-Gwan Kim, 2003, 26-42).

4 김광식(1991), 23.

그 사상적 에토스(Ethos)는 칼뱅의 경우 장로교회라는 큰 흐름을 형성했고, 퇴계의 경우 조선 성리학적 유교儒教라는 열매로 드러났다. 이는 양자의 경건에 관한 논의들이 단지 하나의 학문적 주제로서 그치는 것이 아니라 인간과 인간사회에 대한 변화의 힘이라는 실천적 에너지 즉, 영성(Spirituality)으로서 작용함을 뜻하며, 그것이 한국이라는 역사·문화적 맥락에서 한국 교회라는 독특한 공동체를 형성해왔고 오늘까지도 그 생생한 영향력을 발휘하고 있기 때문이다.

따라서 양자의 경건 사상은 단지 상아탑 속에 갇혀 버린 16세기라는 과거의 역사적인 유물이 아니라, 오늘의 한국적 영성 신학 구성을 위해 반드시 주목해야 할 필수 과제라 할 수 있다. 그렇지만 한편, 칼뱅의 경건(*pietas*) 사상이나 퇴계의 경敬 사상은 진공 상태에서 나온 개념이 아니다. 그것은 자신들의 실존적인 삶의 경험을 통해 원숙의 경지에 도달했으며, 특히 그들의 사상적 뿌리는 무엇보다 하나님(the God-칼뱅) 혹은 하늘(天-퇴계)과의 관계 안에 있는 인간 됨의 문제로부터 흘러나온 독특한 개념이라는 점에서 양자에 관한 연구는 자연스레 하나님(the God) 혹은 하늘天에 대한 문제와 인간 존재에 관한 문제를 그 바탕으로 요청하게 된다. 그리고 이러한 연구에 대한 지향점은 결국 한국 기독교인으로서의 일상적인 삶의 영성 구현에 궁극적이고 구체적인 의미와 의의를 두게 된다.

2 장

칼뱅의 경건 신학: 하나님 · 인간 · 경건

I. 서설(prolegomena)

장 칼뱅(J. Calvin, 1509~1564)은 프랑스 출신의 제2세대 종교 개혁자로서, 제1세대인 마르틴 루터(M. Luther, 1483~1546)와 마르틴 부처(M. Bucer, 1491~1551) 그리고 울리히 츠빙글리(H. Zwingli, 1484~1531) 등을 계승하는 가운데 하나님의 절대 주권과 성령에 의한 성화를 강조한 신학자였다. 1세대 종교 개혁자들이 로마 가톨릭교회와의 투쟁 속에서 갓 탄생한 개신교회(Protestant Christianity)의 신학적 기반을 세우는 데 힘썼다면, 칼뱅은 선배들이 닦아놓은 터전 위에 실존적-실천적 지식(Existential-Practical Knowledge) 곧 경건한 지식(Pious Knowledge)과 경건에 관한 지식(Knowledge on *pietas*)을 정립해 나감으로써 신자들의 실제적인 삶의 현장에 가까이 다가서는 목회적인 신학을 제시하였다. 더욱이 그는 단지 신학이라는 학문만을 추구한 것이 아니라 실제 목회 현장에서 목회적 실천을 성실하게 수행해나간 한 사람의 신실한 목회자이기도 하였다. 이러한 그의 목회 신학적 섬김은 중세 교회 이후 제도적 교회에 의해 교권에 종속되어 버린 기독교 영성을 새롭게 회복시키는 계기가 되었고, 메마르고 화석화된 기독교 신앙에 새로운 활기를 불어넣는 데에 크게 이바지했을 뿐만 아니라 유럽 사회의 개혁과 변화를 위한 생생한 에너지로 작용하였다.

이러한 칼뱅의 신학을 이끌어가는 근본적인 바탕에는 하나님神 · 인간人間 · 경건敬虔이라는 세 가지의 중요한 신학적 주제가 살아 있다. 그렇지만 이 주제들은 따로 분리되어 있지 않고, 칼뱅의 신학 자체가 하나님 앞에서의 경건한 인간성의 실현을 지향한다는 점에서 유기적으로 연결되어있다. 이것은 이미 칼뱅의 대표적인 저서인 『기독교 강요』의 저술 취지에서도 분명하게 드러난다.[1] 그리하여 칼뱅의 신학은 절대자 하나님을 드러내는 동시에 그 하나님 앞에 서 있는 인간 존재의 본질과 실존을 조명함으로써 자신을 향한 하나님의 은총과 소명에 응답하는 존재로서의 경건한 인간성의 실현에 그 의의가 있다. 이제 이러한 칼뱅의 신학적 함의에 대해서 더 구체적으로 살펴보기로 하자.

1. 칼뱅 신학의 특성

칼뱅 신학의 중심 주제에 대해 많은 논란이 있지만, 빌헬름 니젤(W. Niesel) 이래로 기독론 중심적 시각이 많은 주목을 받는다.[2] 그러나 에드워드 도위(E.A. Dowey)는 칼뱅이 창조주 하나님에 대한 지식과 구속주 하나님에 대한 지식이라는 이중 구조를 갖는다고 보았다.[3] 이양호는 칼뱅의

---

1 칼뱅은 『기독교 강요』의 저술 목적에 대해 이렇게 진술한다. "*Christianae Religionis Institutio, totam fere pietatis summa, & quicquid est in doctrina salutis cognitu necessarium, complectens: omnibus pietatis studiosis lectu dignissimum opus, ac recens editum*(『기독교 강요』, 전적으로 완벽한 경건에 대한 요리서(要理書), 구원론에서 필수적으로 인식해야 할 것을 포함함: 경건에 열정적인 모든 사람이 읽을 최고의 가치를 가진 최신작품)." 그리하여 칼뱅은 『기독교 강요』가 지향하는 주요 목표가 "경건"(pietas)임을 강조한다.

2 칼뱅 신학의 중심 주제에 대해 많은 논의가 이뤄졌다. '형식적-변증법적 합리주의'(H. Bauke), '하나님의 영광' 혹은 '주권'(H. Weber, O. Ritschl), '그리스도'(W. Kolfhaus, E. Emmen, M. Dominice, P. Jacobs), '창조와 구속'(F. Wendel), '성령'(B.B. Warfield), '교회'(B.C. Milner, Jr.) 등이다(W. Niesel, *Die Theologie Calvins*, 이종성 역, 『칼빈의 신학』, 서울: 대한기독교서회, 1991, 9-21; 이양호, 『칼빈, 생애와 사상』, 서울: 한국 신학 연구소, 2001, 48-73). R.A. Muller도 많은 정보를 제공한다(*The Unaccommodated Calvin: Studies in the Foundation of a Theological Tradition*, 이은선 역, 『진정한 칼뱅신학』, 서울: 나눔과 섬김, 2003). 그렇지만 니젤은 "칼빈이 그의 신학에서 말하는 모든 가르침은 우리가 지적하는 대로 예수 그리스도 안에 나타난 신의 계시의 증거를 듣게 하려는 목적만을 갖는다"면서, 기독론 중심적 이해를 견지한다(W. Niesel, 104).

3 E.A. Dowey, *The Knowledge of God in Calvin's Theology*(New York: Colombia University Press, 1964), 238.

신학은 구속주 하나님에 대한 지식을 중심으로 창조주 하나님에 대한 지식이 주변을 이루는 이중적 동심원 구조를 이루는 가운데 "하나님, 그리스도, 성령이 중심적 위치를 차지한다"는 점에서, 성부·성자·성령, 삼위일체 하나님에게 중심이 있다고 봤다.[4] 최근에는 칼뱅의 신학에 대해 구원론, 교회론, 성령론의 틀에서 연구하려는 경향도 있다. 또한 칼뱅 당시의 다른 이들의 사상과의 비교에 관심을 두는 모습도 눈에 띈다.[5] 그런데 윌리엄 부스마(W.J. Bouwsma)는 독특하게 신학자로서의 칼뱅보다 한 인간으로서의 칼뱅에 많은 관심을 갖는다.[6]

그렇지만 칼뱅의 사상 체계를 어떤 주제로 단순화하는 것은 자칫 환원주의적 오류에 빠질 가능성이 있다. 그래서 프랑수아 방델(F. Wendel)은 어떤 하나의 중심 이념을 바탕으로 칼뱅의 신학 사상 전체를 보려는 태도를 비판하면서, "칼뱅은 특정한 체계를 의도하지 않았다"고 주장한다.[7] 사실 칼뱅에게서 어떤 정형화된 신학 체계를 찾는 것은 그리 간단한 문제가 아니다. 더욱이 한 신학자의 방대한 사상을 하나의 주제로 수렴하는 것 자체가 온당치 못하다. 그렇지만 칼뱅의 방대한 사상을 이해하기 위해 편의상 그의 사상을 떠받치고 있는 어떤 구조적 기반을 고려하는 것은 불가피하다. 왜냐하면, 어떤 사상가든 자신의 사상을 그려내는 근본적인 바탕이 있기 마련이기 때문이다. 그래서 칼뱅의 사상을 연구하기에 앞서 그의 신학적 중심 주제보다는 사상의 구조적 기반을 찾는 것이 중요하다.

---

4 이양호(2001), 51, 68-73.

5 최윤배, 『깔뱅신학 입문』(2012), 101.

6 아에 대해 W.J. Bouwsma, *John Calvin: A Sixteenth Century Portrait*(New York: Oxford University Press. 1988)를 참조하라.

7 F. Wendel, *Calvin: Sources et Évolution de sa Pensée religieuse*, 김재성 역, 『칼빈, 그의 신학 사상의 근원과 발전』(일산: 크리스찬다이제스트, 2002), 9-12.

이것은 특히 그의 사상이 집대성된 『기독교 강요』에서 시작하는 것이 우리의 연구에 유익할 것이다. 칼뱅은 다음과 같은 말로써 『기독교 강요』를 시작한다.

> 거룩한 교리의 대부분은 다음의 두 부분으로 구성된다. 즉, 하나님에 대한 지식과 우리 자신에 대한 지식이다(1536, 초판).[8]

> 우리가 소유한 대부분의 지혜 곧 참되고 건전한 지혜(*vera demum ac solida sapientia*)는 두 부분으로 구성된다. 그것은 곧 하나님에 관한 지식과 우리 자신에 대한 지식이다(1559, 최종판).[9]

즉, 칼뱅은 자신의 『기독교 강요』가 하나님에 관한 지식과 인간에 관한 지식이라는 두 핵심 주제를 바탕으로 이뤄졌음을 밝힌다. 그런데 칼뱅에게서 지식이란 단순히 머리만을 스치고 지나가는 사변적인 지식(Noetic Knowledge)이 아니라 사람의 내면에 깊이 살아 있는 실존적 지식(Existential Cognition)에 가깝다.[10] 곧 그에게 있어서 '신이란 무엇인가?' 또는 '신은 어디에 존재하는가?'라는 따위의 질문은 공허할 뿐이다. 오히려 그는 그런 사색가들을 호되게 꾸짖는다(*Inst.*, I/1-2). 또한 '인간이란 무엇인가?'라는 질문도 마찬가지다. 그의 관심은 하나님 앞에서 인간은 누구인가?에 대한 것이었다(*Inst.*, I/2-2). 결국 칼뱅에게 있어서 참된 지식이란 항상 창조주

8 J. Calvin, *The Institutes of Christian Religion*(1536), trans. F.L. Battles (Atlanta: John Knox Press, 1975), I-1/1(이하 '*Inst.*, 1536'로 본문에 표기).

9 J. Calvin, *Inst.*(1559), I/1-1(이하 연도 표기 없이 '*Inst.*'로 본문에 표기).

10 E.A. Dowey(1964), 3, 26.

· 인간 · 자연(우주)과의 관계에서 비롯된 실존적 지식이고, 그것조차 인간의 지혜에 의한 것이 아닌 하나님의 은총(계시)에 의한 지식이다. 즉, 그에게 있어서 지식이란 "단순히 머리를 스치고 지나가는"(*Inst.*, I/5-9) 객관적이고 사변적인 어떤 것이 아니라 하나님의 은총에 대한 전인격적 응답을 통해 얻어지는 실존적-실천적 지식인바 그것은 곧 경건한 지식이고 경건(*pietas*)에 관한 지식을 의미한다. 칼뱅은 바로 이것을 말하기 위해 필생의 저작인 『기독교 강요』를 저술했다. 이러한 사실은 『기독교 강요』 초판(1536)을 소개하는 표지 문구에서 이미 선명하게 드러난다.

> *Christianae Religionis Institutio, totam fere pietatis summa, & quicquid est in doctrina salutis cognitu necessarium, complectens: omnibus pietatis studiosis lectu dignissimum opus, ac recens editum*(『기독교 강요』, 전적으로 완벽한 경건에 대한 요리서要理書, 구원론에서 필수적으로 인식해야 할 것을 포함함: 경건에 열정적인 모든 사람이 읽을 최고의 가치를 가진 최신 작품).

즉, 칼뱅 사상의 진수인 『기독교 강요』는 다름 아닌 경건 대전(*pietatis summa*)이라는 것이다. 그런 면에서 칼뱅은 "경건의 범주 안에서 신학을 하기로 결심한" 사람이었다.[11] 사실 그는 다른 얘기를 할 여유도, 이유도 없었다. 그는 하나님의 영광으로 빛나는 "지극히 아름다운 세계라는 극장(*theatrum*)에서 찬란한 하나님의 사역들(*Dei operibus*)"을 바라보는 "경건한 즐거움"을 누리기에도 바쁜 사람이었다(*Inst.*, I/14-20). 이러한 사실은

11B. A. Gerrish, *Grace and Gratitude: The Eucharistic Theology of John Calvin* (Minneapolis: Fortress Press, 1993), 18.

칼뱅 스스로가 『기독교 강요』의 대주제인 하나님에 관한 지식과 인간에 관한 지식은 곧바로 경건 문제에 깊은 뿌리를 두고 있음을 천명하는 셈이다.

왜냐하면, 칼뱅의 신 지식은 하나님을 향한 경건이 그 바탕을 이루고, 인간에 관한 지식 역시 경건한 인간상人間像을 지향하기 때문이다. 이러한 그의 태도는 비단 수많은 저작에서만이 아니라 그의 실존적 삶에도 상응한다.[12] 그런 측면에서 칼뱅에게는 경건한 삶이 아니면 모든 것이 무의미했고, 경건을 목적으로 하는 학문이 아니면 그저 무의미한 논쟁거리에 불과했다. 다음과 같은 칼뱅의 주장은 더욱 많은 것을 시사한다.

> **그리스도인의 삶 전체는 일종의 경건을 향한 갈망(*quaedam pietatis meditatio*)이어야 한다. 왜냐하면, 우리는 거룩한 삶(*sanctificationem*)을 위해 부르심을 받았기 때문이다(*Inst.*, III/19-2).**

요컨대, 우리는 칼뱅의 사상 세계를 아우르는 근본적인 사고의 틀을 경건(*pietas*)이라는 말로 특정할 수 있으며,[13] 칼뱅의 주요 신학적 목표 역시 경건한 삶의 구축을 위한 신학적·실존적 봉사에 있었던 것으로 보인다. 즉, 칼뱅의 사상적 바탕에는 항상 경건이라는 강력한 저류低流가 흐른

---

12 리스는 "그의 신학은 성경에 대한 주석이었다. 그것은 기독교 공동체가 행하는 신학적 반성의 빛에 비춰서 기독인의 경험과 생활을 지도하는 것이었다. 칼빈은 설득을 통해 인간 생활을 변화시키기 위해 기록을 남겼고, 이 목적으로 그는 아주 분명하게 신학을 기술했다. 또한 그는 자신의 강도 높은 직접적 체험과 신학적 헌신에서부터 신학을 전개했다. 이런 이유로 그의 신학 방법론은 그가 직접 가진 기독교적 체험이라는 신비 안에 감춰져 있다"고 말한다(J. H. Leith, *John Calvin's Doctrine of the Christian Life*, 이용원 역, 『칼빈의 삶의 신학』, 서울: 한국장로교출판사, 1996, 23).

13 이경용 역시 칼뱅의 『기독교 강요』는 그의 영성 곧 경건이라는 시각에서 읽어야 함을 주장한다(이경용, 『칼빈과 이냐시오의 영성』, 서울: 대한기독교서회, 2010, 55-56).

다는 점에서, 그의 신학에서 하나님 앞에서의 경건을 제외하면 모든 것이 무의미해진다. 그런 의미에서 칼뱅의 경건은 그의 신학 사상 전체의 성격과 방향을 말해주는 핵심적이고 근본적인 메타포(the Centric-Root Metaphor)라고 말할 수 있고, 이에 따라 칼뱅에 관한 연구는 그의 경건 사상에 바탕을 두어야 할 것이다. 그렇지만 우리는 그의 경건에 관한 논의를 펼치기 전에 그 경건의 지향점으로서 살아 계시는 하나님에 관한 지식과 경건의 실천자로서의 인간에 관한 지식을 먼저 언급하지 않을 수 없다. 따라서 본 연구는 칼뱅의 신학을 떠받치고 있는 중요한 세 가지 주제라 할 수 있는 하나님과 인간 그리고 양자에 대한 지식을 통합하고 기독교 신앙의 실천적인 차원을 지향하는 패러다임인 경건 문제에 역점을 두게 된다.

2. 칼뱅의 패러다임 전환[14]

종교 개혁 신학은 로마 가톨릭 신학으로부터 패러다임 전환을 이뤘고 그 효시는 마르틴 루터(M. Luther)의 사상에서 드러나는데, 특히 그의 칭의론(Justification)에 기인한다고 볼 수 있다. 루터를 계승한 루터교회(Lutheran Church)의 고전적 신앙 고백인 <아우구스부르크 신앙 고백>(Augsburg Confession, 1530)은 믿음과 칭의의 관계를 이렇게 말한다. "인간

14 '**패러다임 전환**'(paradigm shift)은 쿤(T.S. Kuhn)의 *The Structure of Scientific Revolution*(Chicago: 1962)에 처음 등장하는데, 패러다임이란 한 집단의 공통적 사고를 위한 함축적 준거 틀을 뜻한다. 쿤은 과학 분야의 주요 업적은 연구자가 기존의 전통과 사고방식을 파괴함으로써 가능했음을 역설하면서, 이것을 패러다임 전환(paradigm shift)이라고 불렀다. 이것은 본래 자연 과학적 용어지만, 오늘날에는 사고 틀, 시각(관점), 세계관 등의 의미로 사용되고, 신학에는 한스 큉이 도입하였다(H. Küng & D. Tracy, *Theologie-wohin?*, Benziger Verlag, 1984).

은 그들 자신의 능력과 공적과 행위에 의해 하나님 앞에서 의롭다 함을 받을 수 없다. 정반대로 인간은 십자가에서의 죽음을 통하여 인간의 죄를 대속하신 예수 그리스도의 공로에 의해 죄를 용서받으며 은혜의 자리로 받아들여짐을 믿을 때, 그 믿음을 통하여 그리스도의 공로에 의하여 값없이 의롭다 함을 받는다. 이 믿음은 우리 자신의 견지에서 볼 때, 하나님께서 의를 전가하신 것이다." 루터는 성서에서 이 놀라운 진리를 재발견하였다.[15] 루터의 신학적 출발점은 '거룩하신 하나님 앞에서 죄인이 어떻게 의롭게 될 수 있는가?'에 있었다. 따라서 그에게는 칭의보다 중요한 문제가 없었고, 그래서 그의 신학적 관심은 하나님과의 관계 안에 있는 인간이었다. 이 관계는 인간은 비록 죄인이지만 하나님은 그 인간을 의롭다고 선언하시는 분이요 그들을 위한 구세주라는 사실에 의해 규정되는데, 이 실존적인 이중테마 즉, 인간의 죄와 구속이 바로 루터의 신학 주제였다.[16] 이러한 루터의 시각은 자연히 칭의론(구원론)에 중심이 있었고, 하나님의 말씀에 대한 인식 역시 율법과 복음이라는 이중적 구조와 순서를 이루고 있었다. 곧 그의 칭의론은 전적으로 율법과 복음의 관계 문제에 대한 해설이었다. 루터는 <성서와 관련된 서문들>에서 다음과 같이 언급한다.

우리는 한편으로 구약은 하나님의 율법과 계명을 담고 있는 책임을 분명하고

---

15 C. Brown, *Philosophy & The Christian Faith*(Downers Grove: IVP, 1979), 40. 루터의 수도 생활 동기는 죽음에 대한 준비, 즉 하나님 앞에서 의로운 사람이 되는 데 있었다. 이를 위해 그는 철저한 금욕 생활을 했으나 하나님의 거룩하심과 의로우심에 대한 두려움만 더할 뿐이었다. 그러다 『로마서 강해』 중에 이신칭의의 진리를 만났다(J. L. Gonzalez, *a History of Christian Thought* III, 이형기·차종순 공역, 『基督教思想史』 III, 서울: 대한예수교장로회총회출판국, 1988, 45-51).

16 P. Althaus, *Die Theologie Martin Luthers*, 구영철 역, 『마르틴 루터의 신학』(서울: 성광문화사, 1994), 29.

명확하게 마음에 새겨두어야 한다. 또한 구약은 하나님의 율법과 계명을 지켰거나 지키지 못한 사람들의 기록을 보존하고 있다. 다른 한편으로 신약은 하나님이 약속하신 복음을 담고 있는 책으로서 그것을 믿거나 믿지 않았던 사람들의 기록이다. 그러므로 우리는 신약이 한 권의 책임과 마찬가지로 오직 하나의 복음이 있다는 것을 확신할 수 있다.[17]

루터에 따르면, 하나님의 말씀은 율법과 복음이라는 이중적 형태로 다가온다. 신학의 의의는 순수한 교리 보존을 위해 양자의 본질과 의미를 정확히 규명하며 그 참된 관계를 바르게 인식함에 달려있다. 율법은 창조를 통해 선천적으로 모든 사람의 마음에 기록되었다. 율법은 인간을 향한 하나님의 뜻이며 하나님의 사랑으로 가득하였고, 이것을 성취하는 것이 곧 구원이다. 그러나 사람은 본래 상태에서 타락했고, 하나님과의 관계는 근본적으로 변했다. 인간은 죄인이 되었으며, 이제 율법은 심판적 기능을 갖게 되어 인간에게 죄를 깨닫게 하고 하나님의 진노 앞에 두려움을 갖게 한다. 이에 비해 복음은 율법의 모든 요구가 그리스도 안에서 성취되었음을 선포한다. 그리하여 복음은 율법에 대립적이다. 율법은 죽음으로 이끌지만, 복음은 그리스도를 통한 해방과 영생을 선포한다. 율법은 사람을 하나님의 진노 아래 세우나, 복음은 사람에게 그리스도 안에 있는 하나님의 은총을 가져온다.[18]

이처럼 루터는 율법과 복음을 날카롭게 대립시킨다. 그렇지만 양자는 대립 가운데서도 서로 깊은 관계를 맺고 있다. 복음은 율법과 그 선포를

17 J. Dillenberger, ed., *Martin Luther Selections From His Writings*, 이형기 역, 『루터 저작선』(고양: 크리스찬다이제스트, 1999), 51-52.

18 P. Althaus(1994), 355-363.

전제한다. 왜냐하면, 복음은 사죄를 동반하는바 사죄는 죄를 전제하고 정죄는 율법을 통해서만 가능하기 때문이다. 따라서 사람은 율법으로부터 오지 않는다면 그리스도의 구원 은총에 관한 복음을 이해할 수도 없고 그 은총을 바랄 수도 없다(율법 → 복음).[19] 그리스도께서 우리를 위하여 우리에게서 행하시는바 그 은혜의 크기를 사람들은 율법 없이는 인식하지 못하기 때문이다. 따라서 루터에게 있어서 율법은 복음에 앞서 필수불가결한 전제조건으로 다가온다.[20]

그렇지만 사실상 루터의 율법과 복음의 구분은 신 지식에 있어서 어두운 함의를 담고 있다. 루터에 따르면, 율법에서의 진노의 하나님과 복음에서의 은총의 하나님이 구별되는 난점이 드러나고,[21] 논리상 복음(은총)보다 율법(진노)이 앞서면서 성서와는 다소 거리를 만들고 있다. 물론 양자는 하나님 안에서 통일을 이루지만 루터에게 그것은 일종의 변증법적 통일일 뿐이다. 그런데 성서는 루터식의 진노와 은총의 대립 구조에서 변증법적으로 다가오시는 하나님을 말하지 않는다. 오히려 성서는 죄인에게 진노하시는 심판의 하나님보다 모든 것에 앞서 감당할 수 없는 은총으로 다가오시는 구원의 하나님(은혜의 하나님)을 말한다(겔 33:11). 그런 의미에서 하나님에 대한 참된 지식은 율법이 아니라 오직 복음(은총)에서

19 루터의 율법과 복음에 대한 철저한 구분은 우선 기독교 진리에 대한 순수성 유지에 그 의의가 있었다. 그는 당대의 율법과 복음에 관한 혼동 현실을 바라보고 있었다. 로마 가톨릭 신학은 복음을 율법으로 혼동하였다. 면죄부 판매는 복음의 진리에 맞선 명백한 왜곡이었다. 구원은 오직 믿음으로만 가능한데, 그들은 복음을 율법 조항 아래 예속시켰다. 반면 토마스 뮌처(T. Müntzer) 등 급진적 개혁자들은 성서 안에 율법에 속한 본문들을 복음으로 혼동했다. 이에 루터는 율법과 복음의 명확한 구분을 통해 참된 해석학적 기준(hermeneutic criteria)을 제시하려고 했다(Heup Young Kim, 1996, 67-68).

20 P. Althaus(1994), 364.

21 Heup Young Kim(1996), 68.

온다. 따라서 하나님의 명령으로서의 율법은 실제로 복음에서 기원하게 된다. 그러므로 기독교 신학적 설명은 루터처럼 율법 → 복음의 방향이 아니라, 복음 → 율법의 방향으로 나아가야 한다.

이런 맥락에서 칼뱅은 율법 → 복음의 방향을 견지하는 루터와 달리, 율법은 복음의 의미를 심화하는 것으로 해석함으로써 복음에 우선성을 두는 복음→ 율법의 방향에 서 있다. 물론 칼뱅도 루터처럼 자연법을 언급한다. 그것은 모든 사람의 마음에 처음부터 종교의 씨앗(*religionis semen*)으로 주어져 있다(*Inst.*, I/3-1). 하지만 그것이 사람을 하나님 앞에 올바로 세우지 못한다. 다만 그것은 그리스도 안에 있는 하나님의 법(은총)의 필요성을 보여준다. 그리하여 칼뱅은 하나님의 법을 십계명 그리고 의식법과 동일시한다(*Inst.*, II/7-1).

그런데 한편, 도덕법과 의식법은 그리스도를 예표한다는 점에서 매우 중요하다. 곧 칼뱅은 하나님의 법을 기독론적 시각으로 바라보는데, 여기서 그는 그리스도를 이중의 거울로 간주한다. 말하자면 그리스도는 율법의 성취자인 동시에 율법의 마침표가 된다(롬 10:4). 율법은 그리스도가 인간을 의롭게 하시고 중생重生의 영이신 성령을 통하여 거듭난 이들을 위한 새로운 영성의 목표로 주어질 때 비로소 참된 실현을 이루게 된다(율법의 제삼 사용). 이러한 차원에서, 칼뱅에게 있어서 율법은 은총을 허락하신 하나님의 약속으로서 복음과 연관해서 논의된다.

요컨대, 칼뱅은 루터처럼 율법 → 복음이 아니라 복음 → 율법의 방향을 견지하면서 복음을 율법에 앞세운다. 칼뱅에 따르면, "구약의 모든 율법은 그리스도의 복음 안에서 비로소 본래적인 의미를 갖는다. 이제 율법은 복음의 한 형식으로서 미래의 약속을 예표하고 그리스도와 관련해서 의미를 갖는다. 그리하여 그리스도는 율법의 근거가 된다. 그리스도 없이 율법은 무가치하며 그 어떤 희망의 근거도 확실하게 제시하지 못한다"(*Inst.*, III/2-32). 율법은 거듭난 자의 영성이 윤리적으로 그리스도께 충성하도록 인도하며, 신자는 그리스도 안에서 새롭게 주어진 율법을 성취하게 된다. 이렇게 하여 칼뱅은 율법과 복음을 혼합하는 이들의 주장과 함께 율법을 파괴하는 이들의 주장을 거절한다. 이러한 칼뱅의 복음과 율법에 대한 이해는 율법 → 복음이라는 루터식의 패러다임을 극복하고 복음 → 율법이라는 새로운 패러다임을 제시함으로써, 신앙과 윤리의 일치를 지향하며[22] 신자들의 영성적 목표가 무엇인지를 보여준다. 곧 날마다 하나님 앞에서 자신을 부정하는 가운데 하나님 형상인 예수 그리스도를 닮아가는 거룩한 삶(성화) 곧 경건한 영성(the Pious Spirituality)을 추구함에 사람됨의 목표가 있으며, 이러한 삶의 문제를 설명하는 것이 바로 칼뱅의 신학—성화의 신학: 경건 신학—이라는 것이다. 그리고 이러한 칼뱅의 경건 신학을 떠받치는 두 개의 사상적 기둥이 있는데, 그것이 바로 하나님에 관한 지식과 인간에 관한 지식이라고 할 수 있다.

3. 칼뱅 신학의 중심 과제

전술한 바와 같이, 칼뱅의 신학적인 관심은 온통 하나님 앞에서의 경건한 인간에 집중된다. 그런데 놀랍게도 그는 『기독교 강요』 초판(1539)부터 최종판(1559)에 이르기까지 어느 한 장章도 경건(*pietas*)이라는 주제에 할애하지 않았다. 그래서 그의 경건의 신학이 사람들의 관심에서 멀어

22 이러한 칼뱅의 복음 → 율법으로의 패러다임 전환은 칼뱅 신학이 자연적으로 성화론적 신학으로서의 특징을 갖게 했을 뿐만 아니라 훗날 칼 바르트의 화해론에서 다시 한번 그 진가를 발휘하게 된다.

졌는지도 모른다. 그렇지만 그의 『기독교 강요』를 주의 깊게 읽으면, 그가 비록 경건을 따로 언급하지는 않았지만 사실상 그는 『기독교 강요』 전체에서 경건에 관한 논의를 수행하고 있다는 놀라운 사실을 발견하게 된다. 곧 칼뱅 신학의 중심 과제가 바로 경건의 문제라는 것이다. 특히 칼뱅의 『기독교 강요』는 처음부터 신자들의 경건 생활을 돕기 위한 경건 대전(*pietatis summa*)을 지향하였다는 것이다.[23] 이러한 복안腹案을 바탕으로 쓰인 『기독교 강요』의 저술 동기는 초판 이후 늘 일종의 서문처럼 첨부되고 있는 프랑스 왕 프랑수와 1세(Francois I, 1494~1547)를 향한 헌정사의 첫머리에서 드러난다.

> 지극히 높으신 폐하시여! 제가 이 책을 처음 쓰기 시작할 때는 나중에 이것이 폐하께 드려질 것이라고는 생각하지 못했습니다. 저의 목적은 단지 몇 가지 기초적인 원리들을 기술하여 제공함으로써 종교에 열심을 가진 사람들이 참된 경건(*veram pietatem*)에 도달하게 하는 것이었습니다. 그리고 저는 특별히 우리 동족인 프랑스인들을 위해 이 일에 착수하였는데, 그들 중 상당수는 제가 보기에 그리스도에 대해 굶주리고 목마른 사람들이었습니다(*Inst.*, 1536).

그뿐만 아니라 칼뱅은 특히 『기독교 강요』 라틴어 최종판(1559)에서

23 맥나일은 『기독교 강요』를 꿰뚫고 흐르는 주제를 경건으로 보고, 칼뱅은 자신의 책을 '신학대전'이 아니라 '경건 대전'으로 명명하기를 원했는데 『기독교 강요』는 하나님의 주권성과 위엄 그리고 인간과 함께하시는 그분의 임재에 대한 설명으로 가득하다는 사실이 이를 말해준다고 주장한다. 칼뱅에 있어서 경건은 불가피하게 교리뿐만 아니라 사고체계에 도전하는 전체적인 경험과도 연결되기 때문이다(J. T. McNeil, "Introduction to Calvin's Institutes," *Inst.*, I/1- ⅰ - ⅱ, 편집자 서문).

<독자들에게 드리는 글>(*Ioannes Calvinus Lectori*)을 통해, "하나님께서는 당신의 왕국을 전파하시고 공적인 선(*publicae utilitatis*)을 촉진하기 위하여 내 마음을 열심히 채워 놓으셨다. 나는 내 양심에 있어서도 온전히 깨끗하며, 교회에서 교사의 직분을 받은 이후 경건에 대한 순수한 교리(*sinceram piatatis doctrinam*)를 유지함으로써 교회에 유익을 끼치는 일 외에는 다른 목적을 갖고 있지 않았다. 이 사실에 대해서는 하나님과 천사들이 내 증인이 되신다"고 밝힘으로써 그동안 자신의 모든 신학적 작업의 목적이 어디에 있는가를 분명하게 천명했다. 이러한 칼뱅의 진술은 곧 『기독교 강요』의 주된 내용이 경건(*pietas*)임을 분명히 할 뿐 아니라 사실상 자신의 다른 저작들 역시 그런 맥락을 견지함을 암시하는 것이라 할 수 있다.[24]

그리고 이러한 칼뱅의 진술은, 그의 신학 사상에서 경건이 얼마나 큰 비중을 차지하는가를 보여줄 뿐만 아니라, 특히 신학의 방향이 어디에 있어야 하는가를 천명하는 것으로 보인다. 곧 칼뱅에게 있어서 경건이란 정승훈의 말대로, "하나님과 인간의 관계를 설명하는 중요한 신학적 용어이며 거룩함을 추구하는 인간 영성의 표현"이라는 점에서,[25] 그것은 단지 기독교 신학에서의 하나의 연구 주제가 아니라 하나님 앞에서 참된 인간의 길을 지향하는 삶의 영성에 대한 문제이며, 그러한 경건의 삶은 살아계시는 하나님에 대한 진실하고 겸허한 인식에서 출발하게 된다. 바로 이러한 경건이 칼뱅의 신학 전체를 살아 있게 만든 생생한 에너지이다. 다시

24 칼뱅의 다양한 저작들에 대한 개략적인 소개와 논의는, Wulfert de Greef, *The Writings of John Calvin: An Introductory Guide*, 황대우·김미정 공역, 『칼빈의 생애와 저서들』(서울: SFC, 2006); 황정욱, 『칼빈의 초기 사상 이해』(서울: 선학사, 1998); 박건택 편, 『칼뱅 작품 선집』 I-VII(서울: 총신대학교출판부, 1998) 등을 참조하라.

25 정승훈, 『종교 개혁과 칼빈의 영성』(서울: 대한기독교서회, 2000), 16.

말해서 칼뱅의 경건은 단지 하나의 신학적 주제가 아니라 그의 사상 전체를 규정하는 중요한 틀(the Frame)이요 지시등(the Pilot Lamp)이며 그리스도인의 삶의 근본 바탕(the Root Foundation)이었다. 그런 의미에서 칼뱅의 경건은 단지 그의 사상적 측면, 곧 학문적인 차원에서만 중요한 것이 아니었다. 그것은 오히려 그리스도인의 존재와 삶 전체와 연관되는 진정한 삶의 영성이고(*Inst.*, III/19-21), 칼뱅이라는 한 경건한 목회자의 인생철학이기도 하였다. 그리하여 그의 경건은 처음부터 실천적·실제적인 의미를 내포한다. 이에 대해 칼뱅은 다음과 같이 말한다.

> 이것은 마치 그가(바울) '당신은 쓸데없이 다른 문제로 시달릴 이유가 전혀 없다. 만일 당신이 모든 정성과 능력을 다해 오직 경건에만 헌신한다면 당신은 가장 가치 있는 일을 하게 될 것이라'고 말한 것과 같다. [....] 경건은 그리스도인의 삶의 시작이요, 중간이요, 끝이다. 그것이 완성되는 곳에는 부족함이 없다. 그리스도께서는 세례 요한처럼 금욕 생활을 하지 않았지만, 그렇다고 해서 조금도 열등하지 않으셨다. 요컨대 우리가 오직 경건에 힘써야 할 이유는 일단 우리가 거기에 도달하기만 하면 하나님께서는 더 이상의 것을 우리에게 요구하지 않기 때문이요, 우리가 육체적 단련에 관심을 기울일수록 그것은 그만큼 경건 생활을 방해하거나 지연시키기 때문이다.[26]

곧 칼뱅은 그리스도인이란 결국 하나님과의 관계 안에서 그분을 공경하고 그분을 알아가는 존재이다. 따라서 참된 신 지식이란 단지 "하나님은 한 분이라는 사실을 알 뿐만 아니라, 우리가 그분을 앎으로써 마땅히 행할

26 J. Calvin, *Commentary on 1Tim*, 4:7-8(*The Ages Digital Library Commentaries*. Albany, Ages Software, 1998(이하 *Comm.*으로 표기).

것이 무엇이며 그의 영광에 합당한 생활이란 과연 어떤 것인가를 깨닫는 것"임을 의미한다. 왜냐하면 "신앙이나 경건이 없는 경우에는 하나님을 아는 지식이 있다고 말할 수 없기 때문이다"(*Inst.*, I/2-1). 따라서 경건한 사람이란 "하나님을 주(*Dominum*)와 아버지(*partrem*)로 인정하기 때문에 매사에 그분의 권위를 높이는 것을 마땅하게 여겨 그분의 위엄과 영광을 드러내기에 진력하고 그분의 명령에 복종"하는 사람이며(*Inst.*, I/2-2), 하나님을 의로운 재판장으로 보고 그분의 심판대를 항상 염두에 두는 가운데 그분을 늘 두려워하는 사람이라고 할 수 있다. 이러한 측면에서, 칼뱅의 하나님을 아는 지식은 냉랭한 형이상학적 사색이 아니라 하나님을 존귀하게 여기는 열정적인 삶의 문제요(*Inst.*, I/12-1), 인간 존재와 그 삶의 전 영역에 결정적 영향을 끼치는 매우 중요한 실존적인 지식이라고 할 수 있다. 칼뱅은 이렇게 말한다.

> '하나님이란 도대체 어떤 존재일까?' 이런 질문을 제기하는 사람들은 그저 한낱 무익한 사변으로 이리저리 장난치는 것에 지나지 않는다. 우리에게 그보다 더 중요한 문제는 '하나님이 과연 어떤 분이고, 그의 본성(naturae)에 합당한 것이 무엇인가?'를 아는 것이다. [....] 요컨대 우리와 전혀 관계가 없는 그런 하나님을 아는 것이 무슨 의미가 있을까? 하나님을 아는 지식이 있다면 그 지식으로 인해 첫째로 우리에게 두려움(*timorem*)과 경외(*reveretiam*)가 생겨나야 하고, 둘째로 그 지식의 안내와 가르침을 받아서 그 하나님에게서 모든 선을 찾기를 배워야 할 것이며, 그것을 받은 다음에는 모든 것을 하나님 덕분으로 돌리기를 배워야 마땅하다(*Inst.*, I/2-2).

요컨대, 칼뱅에게 있어서 신앙적 지식이란 어디까지나 경건에 뿌리를 두어야 한다. 그에게 있어서 지식과 경건은 분리될 수 없고, 오히려 상호 침투되어있다. 그러므로 칼뱅이 생각하는 신학이란 하나의 인격적 주체로서의 나(*Ich*)가 하나의 객체로서의 그것(*Es*)을 연구하는 작업이 아니라, 어디까지나 나(*Ich*)가 하나님(*Du*)과의 인격적 관계에서 이뤄지는 실천적 지식으로서의 경건한 지식이다. 따라서 경건을 떠난, 단순히 형이상학적인 사변적 지식은 칼뱅의 신학에서 설 자리가 없다.[27] 그의 신학은 살아계시는 하나님과의 진지한 만남을 바탕으로 하는 경건한 삶에 깊이 뿌리내리고 있는 살아 있는 지식이요, 거룩하신 하나님 앞에서 사람을 진정한 사람으로 살게 하는 지식이기 때문이다.

그런데 칼뱅에게 있어서 경건이 이토록 중요함에도 불구하고, 대부분의 신학자들이 대개 그의 교리를 기반으로 하는 신학 주제들에 매달릴 뿐 그것의 바탕이 되는 경건에는 별로 관심을 두지 않고 있다는 데에 아쉬움이 있다.[28] 그렇지만 경건이 칼뱅의 사상적 방향을 좌우할 정도라면,

---

27 김이태, "칼빈 신학에 있어서 경건과 학문의 상관성 연구,"「교회와 신학」제12집(1980), 41; 칼 바르트(K. Barth) 역시 이렇게 말한다. "신앙의 지식으로서 하나님에 대한 지식은 그 자체에 목적이 있지 않고, 그것은 본질적으로 하나님께 대한 필연적인 복종에 그 목적이 있다. 그것은 신적 결정 행동에 대해 응답하는 인간적 결정 행동이요, 살아 계신 주님으로서의 신적 존재의 행동에 대한 응답이다"(K. Barth, *Church Dogmatics* II-1, Edinburgh: T. & T. Clark, 1980, 3. 이하 *CD*).

28 다행히 최근에 그의 경건에 관한 관심이 높아지고 있다. F. L. Battles, *The Piety of John Calvin*(Grand Rapids: Baker Books, 1978); Sou-young Lee, "La notion d'experience chez Calvin d'apre's institution de la Religion Chrestienne"(The'se, Strasbourg University, 1984); W. J. Bouwsma, "The Spirituality of John Calvin," *Christian Spirituality: High Middle Ages and Reformation*, ed. J. Raitt(N.Y.: Crossroad, 1987); J. R. Beeke, "Calvin on Piety," *The Cambridge Companion to John Calvin*, ed. D. K. Mckim(Cambridge University Press, 2004) 등과 국내 연구들에는 이종성, "칼빈의 경건 신학,"「말씀과 교회」제24호(2001); 김이태, "칼빈 신학에 있어서 경건과 학문의 상관성 연구,"「敎會와 神學」제12집(1980); 이수영, "깔뱅에 있어서의 경건의 개념,"「敎會와 神學」제27집(1995); "칼뱅의 경건," 한국칼빈학회편, 『칼

다른 주제들을 논하기 전에 그의 경건에 관한 진지한 연구가 선행되어야 하지 않을까? 칼뱅에게 있어서 경건은 단지 여러 신학적 주제 중의 하나가 아니라, 그의 사상 전체를 꿰뚫고 흐르는 힘찬 물줄기와 같기 때문이다. 곧 칼뱅의 신학은 경건이라는 채널을 통해서만 그 실체를 만날 수 있다는 점에서, 그의 경건은 그의 신학을 이해하는 중요한 열쇠와도 같다.

그렇다면 칼뱅의 경건 신학은 무엇을 지향하는가? 그것은 하나님 앞에서 어떻게 참된 인간이 될 수 있는가?의 문제와 연관된다. 다시 말해서 경건은 참된 인간성을 지향하는 삶의 문제, 곧 하나님 앞에서의 경건한 삶의 영성(The Spirituality of Life)이 그 핵심이다. 그런 측면에서 칼뱅의 경건은 하나님의 형상(*Imago Dei*)으로서의 본질적인 인간성 회복을 향한 실천 원리이고 기독교 영성의 핵심이다. 이러한 경건은 인간 자신의 종교적 감정에 대한 문제가 아니라 인간을 창조하시고 언제나 그들과 함께하시는 하나님과의 관계에 그 핵심이 있다. 따라서 칼뱅의 경건은 언제나 경건의 지향점으로서의 하나님과 경건의 실천자로서의 사람 곧 인간을 함께 주목하게 된다.

빈 그 후 500년』(서울: 두란노아카데미, 2009); 유해룡, "칼빈의 영성학 소고," 「장신논단」 제16집(2000); 이오갑, " 칼빈의 경건 해석과 현대적 의의," 「말씀과 교회」 제23호(2000); 라은성 외, 『칼빈과 영성』(부산: 고신대학교개혁주의학술원, 2010); 이양호, "칼빈의 영성," 「기독교사상」 제419 · 420호(1993); 김진섭, "칼빈과 경건," 전광식 편, 『칼빈과 21세기』(서울: 부흥과개혁사, 2009); 김광묵, "장 칼뱅과 퇴계 이황의 경건 사상에 대한 비교 연구"(강남대학교대학원 박사학위논문, 2009); "장 칼뱅의 경건과 현대 신학적 과제," 「한국조직신학논총」 제36집(2013. 9), 43-79; 이은선, "『기독교 강요』 초판에서 종교와 경건의 관계," 종교 개혁 500주년 월례 기도회 기념 강연(2013. 3) 등이 있다.

II. 칼뱅의 하나님: 경건의 바탕

일반적으로 칼뱅의 신학에 대해 신 중심적 신학으로 인식해 왔다. 또한 그의 경건 사상도 사실상 하나님과의 관계 문제를 전제하고 있다. 따라서 그의 경건에 대한 개념 이해를 위해서는 그의 신학 사상의 핵심적인 두 기둥인 하나님에 대한 인식 문제와 사람에 대한 인식 문제를 먼저 들여다보아야 하고, 그중에도 하나님에 대한 이해 문제가 선행될 수밖에 없다. 특히 칼뱅은 주저인 『기독교 강요』의 첫머리부터 하나님에 대한 지식과 사람에 대한 지식을 천명한다: "우리가 소유하고 있는 대부분의 지혜 곧 참되고 건전한 지혜(*vera demum ac solida sapientia*)는 두 부분으로 구성된다. 그것은 곧 하나님에 관한 지식과 우리 자신에 대한 지식이다"(*Inst.*, I/1-1). 그리고 그의 『기독교 강요』의 내용 역시 제1권은 창조주 하나님에 대한 지식을, 제2권은 구원자 하나님에 대한 지식을, 제3권은 성화의 주체자 하나님에 대한 지식을, 마지막 제4권은 교회와 국가의 진정한 주인이신 하나님에 대한 지식을 진술한다.

그런데 놀랍게도, 칼뱅은 『기독교 강요』에서조차 신론(the Doctrine of God)을 따로 서술하지는 않는다. 그 대신 그는 자신의 저술 곳곳에서 하나님에 대한 진술을 펼친다. 따라서 우리는 하나님에 대한 그의 진술을 이해하려면 그의 여러 저작물을 두루 살피면서 체계적으로 정리해 나갈 필요가 있다. 칼뱅은 비록 명시적이지는 않지만, 자신의 하나님에 대한 신학적 논의를 '유한하고 제한적인 사람이 무한하고 절대적인 하나님에 관한 탐구와 질문이 가능한가? 그리고 그것이 가능하다면, 사람은 어떻게 그분을 알 수가 있는가?'라는 고전적 질문의 바탕에서 출발하고 있다. 이것은 사실상 신학적 질문 이전에 오랫동안 철학의 중심적 질문이기도

하다. 바로 여기서 철학적 인식론이 출발하기 때문이다. 즉, 철학은 참된 지식의 가능성에 관해 많은 논의를 제기하였는데, 그 출발점이 바로 신 인식론 문제와 맞닿아 있다.[1]

전통적으로 신학자들과 철학자들은 대체로, 신은 존재하지만 인식은 불가능하다는 입장을 견지해 왔다不可知論. 즉, 신학과 철학은 전통적인 존재론의 명제인 유한은 무한을 파악하지 못한다(*finitum non possit capere infinitum*)는 시각에 따라, 유한하고 제한적인 인간은 무한하고 절대적인 존재인 신을 알 수 없다고 생각했다. 그리고 같은 시각에서 교회는 전통적

---

1 데카르트(R. Descartes, 1596~1650)는 감각을 통한 경험과 관찰만으로는 '확고한 인식의 토대'가 불가능하다고 보았다. 그는 스콜라 철학적 전통을 벗어나 과학의 업적을 정당화하는 동시에 과학적 지식을 신과 인간과 우주에 관한 원만한 체계 안에 정초시키기 위해 노력했다. 이를 위해 그는 **회의(懷疑)의 방법**에서 출발한다. 그는 알고 있는 모든 것을 의심했다. 인간의 감각과 경험적 진리의 문제점을 지적함으로써 귀납법을 배격하고 연역법을 주장했다. 둘째는 확실성의 단계로서, 회의에 의해 제기된 문제에 대해 3단계의 해결 방법을 제시하면서 이 순서를 따르면 순수 지식이 가능하다고 믿었다. **a) 확실성을 위한 근본 원리로서 자기 존재에 대한 확신에 도달하는 단계**이다. 철저한 회의 가운데서도 자신이 존재하지 않고는 회의조차 불가능함을 깨달았다. "**내가 보고 있다고 믿는 것은 한갓 착각일지도 모른다. 하지만 착각을 갖기 위해서 나는 존재해야 한다.**" / "**나는 생각한다. 고로 나는 존재한다**(cogito, ergo sum)." 이처럼 그는 자기 존재를 직각적(直覺的)으로 확인하고 다른 모든 것은 계속 의심한다는 사실로부터, 자아는 실체이며 그 본질이 '사유'라고 결론지었다. **b) 신 존재 증명**이다. 그는 자기 존재를 직각적으로 깨달은 뒤에도 다른 존재들은 여전히 의심했다. 직접적으로 의식하는 것은 자기 심상뿐인데 그것이 혹시 악마의 장난일 수도 있기 때문이다. 그는 자기 이성을 다른 존재의 인식을 위해 사용할 권리를 갖기 위해서는 어떤 보증이 필요했는데, 그것을 신 존재 안에서 발견했다. 특히 그는 신 존재 증명을 위해 관념을 세 종류로 나눴다. **외래 관념과 인위 관념**, 마음에 저절로 생긴 본유 관념으로서, 여기서 신 존재를 생각했다. **c) 자연계를 구성하는 존재들에 관한 지식에 도달할 수 있는 마음의 권리와 능력을 확인하는 단계**다. 이것은 그가 본래 의심한 것이지만 신 존재 증명을 통해 회복되었다: **세계는 신의 세계이고, 내 마음은 신이 준 것이다. 고로 마음을 올바로 사용하면 진리를 발견할 수 있다**. 오류는 그것을 그릇 사용함에서 온다고 봤다. 그는 순수 주관적 자아의식을 인식의 출발점으로 삼았다(S. P. Lamprecht, *Our Philosophical Traditions*, 김태길 외 공역, 『서양철학사』, 서울: 을유문화사, 1992, 320-330).

으로 하나님에 대해 이해할 수 없는 분으로 서술하였다. 한편, 교회는 하나님은 자기 계시를 통해 우리에게 알려질 수 있으며 인간은 그 하나님의 계시를 바탕으로 하나님에 대한 참지식을 가질 수 있다는 견해를 함께 견지해 왔다. 이러한 하나님에 대한 불가지적 시각不可知的 視覺과 가지적 시각可知的 視覺이라는 이중성은 특히 루터(M. Luther)의 신 이해에서 잘 드러나는데, 그는 하나님에 대해 숨어 계신 하나님(*Deus Absconditus*)과 계시되신 하나님(*Deus Revelatus*)으로 설명한다. 즉, 인간은 자기 이성적 능력으로는 하나님을 파악할 수 없지만, 하나님께서 자신에 보여주실 때 인간은 하나님을 알 수 있다는 것이다.

그렇다면 이에 대한 칼뱅은 입장은 어떠한가? 칼뱅에게서도 유한은 무한을 파악하지 못한다는 시각은 그대로 견지된다. 그에 따르면, 인간은 하나님의 본질을 이해할 수 없다. 하나님의 신성은 사람의 모든 감각들을 완전히 벗어나기 때문이라는 것이다. 곧 칼뱅은 "하나님의 본성은 우리의 이해력 판단을 무한히 초월하신다"(시 86:8)면서, 따라서 우리 하나님은 "사람이 이해할 수 없는(*incomprehensibilis*) 분"(*Inst.*, II/8-17)이라고 말한다. 그 이유는 하나님과 인간 사이에는 무한한 질적 차이가 있기 때문이다. 즉, 유한하고 연약한 인간 이성으로는 무한하고 절대적인 하나님에 대해 말할 수 없다. 그분은 "무한하며 영적인 본질"(*Inst.*, I/13-1, 11-2)이기 때문이라는 것이다.[2] 특히 이오갑에 따르면, 칼뱅의 하나님은 존재 자체로서

---

2 바르트는 신-인간 사이의 무한한 질적 차이를 강조한 대표적 신학자다. 그는 『로마서 강해』 2판에서 키에르케고르의 시간과 영원의 질적 차이에 대한 명제를 받아들여, "하나님은 하늘에 계시고 너는 땅 위에 있다"면서 신-인간 사이의 질적 차이를 선언한다(K. Barth, *Der Römerbrief*, 조남홍 역, 『로마서 강해』, 서울: 한들, 1997, XIV). 바르트의 견해는 특히 스콜라신학의 신-인간 사이의 존재의 유비(*analogia entis*)를 거부하고, 신앙의 유비(*analogia fidei*), 관계의 유비(*Analogia relationis*)를 말함에서 더욱 분명하게 나타난다. 신-인간

무한하고 자유로우시다. 그분은 어디에든 계시며, 그분의 영광은 온 세상에 충만하다. 그분은 시작도 끝도 없이 영원하시다. 그분은 모든 시간과 장소를 초월하신다. 또한 누군가에 의해 창조되거나 어떤 존재에 의해 규정되지도 않으신다. 그분은 창조주로서 영원히 스스로 존재하신다. 따라서 그분은 "필연적으로 즉,자적(*en soi*) 존재"이시다. 그리하여 그분은 인간이나 그의 세계와는 다른 전적 타자로서 존재하신다는 것이다.[3] 곧 칼뱅은 하나님에 대해, 우리는 "사실상 그의 본질은 이해될 수 없다. 그러므로 인간의 지식으로는 도저히 그의 신성에 도달할 수 없다"(*Inst.*, I/5-1)고 말한다. 왜냐하면, 우리 인간에게는 그분을 파악하고 측량할 수 있는 능력이나 지혜가 전혀 없기 때문이다. 이에 대해 칼뱅은 이렇게 말한다.

> 분명히 (하나님의) 측량할 수 없는 본질(무한성, *immensitas*)은 우리로 하여금 자신의 감각으로 그분을 측량하려는 일에 대해 말할 수 없는 두려움을 느끼게 해준다. 그리고 그분의 영적 본질은 우리로 하여금 그분에 대해 세상적으로나 육적으로 상상하지 못하도록 해준다(*Inst.*, I/13-1).

> 우리는 하나님 그 자체를 볼 수는 없다. [...] 만물의 창조주이신 그분은 시작이 없으시고 그 스스로 존재하시는 것이 필연적이다(*Comm. on Romans*, I: 20).

사이에는 무한한 질적 차이가 있기에 존재의 유비가 불가능하다는 것이다. 그런데 칼뱅의 신-인간 사이의 질적 차이 문제는 바르트나 키르케고르식의 실존적 존재론 개념과는 다르다. 칼뱅의 개념은 거룩한 하나님 앞에 서 있는 인간의 심각한 죄성, 곧 인간의 비참한 현실태에 대한 깊은 성찰에서 나온 것이다(박해경, "칼빈의 신론," 한국칼빈학회, 『칼빈신학 개요』, 서울: 두란노아카데미, 2009, 33). 물론 칼뱅에게도 바르트식의 존재론적 측면에서의 신-인간 사이의 무한한 질적 차이는 전제되지만, 그런 사변적 지식은 칼뱅에게 별로 큰 의미를 갖지 못한다.

3 이오갑, 『칼뱅의 신과 세계』(서울: 대한기독교서회, 2010), 23-24.

하나님의 존엄은 그 자체로서 인간의 이해 능력을 초월하기 때문에 인간의 이해 능력으로는 이해될 수 없다. 그래서 우리가 그것을 탐구하려고 하기보다는 그 지고함을 경배해야 한다.[4]

곧 칼뱅은 하나님은 물질적이고 유한한 인간과는 달리 영적이고 초월적인 존재이기 때문에 그분은 결국 인간과 그의 세계를 초월하는 분이므로, 하나님은 인간에게 영원한 신비이고 인간을 능가하고 인간을 압도하며 그 깊이와 높이와 넓이를 알 수 없는 하나의 심연에 비유된다는 것이다. 그러므로 그런 하나님은 사람에게 그 존재가 알려질 수 없고, 인식할 수 없는 하나님(*Deus incomprehensibilis*)일 수밖에 없다. 이러한 칼뱅의 하나님에 대한 개념은 루터의 숨어 계신 하나님(*Deus absconditus*) 개념에 상응한다고 볼 수 있다.[5] 이처럼 칼뱅에게 있어서 하나님은 사람이 파악할 수 없는 하나님, 즉 인간과는 전혀 다른 분으로 나타난다. 그분은 우리를 무한히 초월하시기 때문이다.

한편 칼뱅은 인식할 수 있는 하나님(*Deus comprehensibilis*)에 대한 이야기를 한다. 더구나 사람이 하나님을 인식하는 것은 하나님께서 사람에게 처음부터 주신 은사라는 것이다. 다시 말해서, 사람이 아무리 하나님을

---

4 J. Calvin, *Instruction in Faith*(1537), tr. J. H. Leith(Ich knox press, 1992), chap. 3.

5 칼뱅과 루터의 다른 점은 루터는 복음의 발견 이후 숨어 계신 하나님(*Deus Absconditus*) 개념을 넘어 철저하게 계시된 하나님(*Deus Revelatus*)인 예수 그리스도에게 집중하지만, 칼뱅은 "이해할 수 없는 하나님"(*Deus incomprehensibilis*) 개념을 일관되게 견지한다는 것이다(*Ibid.*, 25). 그런데 그것은 사실상 하나님의 본질(*Gott an sich*)에 관한 부분이다. 칼뱅은 인간이 하나님의 본질은 파악할 수 없지만, 우리와 관계하시는 하나님(*Gott für uns*)에 대해서는 알 수 있다고 본다. 이것은 하나님이 자신을 보여주시는 계시를 통하여 가능하다는 것이다. 이렇게 본다면, 칼뱅의 신 인식론도 어느 정도 이중적 구조를 이루고 있다고 보는 것이 적절할 것 같다.

거절하고 거부하려고 해도 사람 자신의 무지와 불신앙에 대해 하나님께 아무런 핑계를 댈 수 없을 정도로 하나님에 대한 의식은 사람에게 처음부터 존재론적으로 주어져 있다는 것이다. 따라서 사람은 처음부터 하나님을 모른다고 말할 수 없는 존재이다. 이미 인간 존재의 내면에 하나님에 대한 인식 가능성이 존재론적으로 심어졌기 때문이다. 이러한 인간 존재의 현실은 모든 인간에게 해당하며, 따라서 인간이라면 그 누구도 하나님이 계신다는 사실을 부인할 수가 없다는 것이다. 그분께서는 처음부터 우리의 내면에서 당신 스스로를 증언하시기 때문이다. 칼뱅은 이렇게 말한다.

> 인간 마음에는 자연적인 본능에 의해 하나님을 어느 정도 알 수 있는 지각(*divinitatis sensum*)이 있다는 것은 논란의 여지가 없다고 생각한다. 왜냐하면, 하나님 자신이 그 누구도 모른다는 것을 핑계의 구실로 삼지 못하도록 친히 자신의 신적인 위엄을 어느 정도나마 이해할 수 있는 능력(*intelligentiam*)을 모든 사람의 마음에 심어주셨기 때문이다(*Inst.*, I/3-1).

> 비록 삶의 다른 측면에서는 짐승들과 별로 다를 바 없는 것 같은 사람일지라도 여전히 종교의 씨앗(*religionis semen*)을 어느 정도는 지니고 있다. 이 공통적인 개념은 모든 인간의 마음속에 깊숙이 자리를 잡고 있으며, 집요하게 모든 사람의 마음속에 존재하고 있다. 그러므로 천지 창조 이후로 종교가 없는 지역이나 도시나 가정은 없으므로 이러한 사실은 신에 대한 지각(*divinitatis sensum*)이 모든 사람의 마음속에 새겨져 있다는 무언의 고백이 된다. 사실상 우상 숭배도 이러한 개념이 있다는 충분한 증거가 될 수 있다(*Inst.*, I/3-1).

말하자면 칼뱅은 사람의 마음에는 하나님을 어느 정도 인식할 수 있는 인식 능력이 존재하는데, 이는 사람이 자신의 무지를 핑계 삼아 하나님의 존재를 부정하지 못하도록 하나님께서 당신의 위엄을 어느 정도라도 인식할 수 있는 사고력을 사람의 내면에 심어 놓으셨다는 것이다. 이처럼 칼뱅은 인간 자신이 인정하든 안 하든 그 내면에는 본능적으로 하나님에 대한 인식 가능성이 있음을 암시하면서, 그것을 특히 종교의 씨앗(*relogionis semen*)이라고 부른다. 그리고 그것은 하나님께서 인간이 핑계할 수 없도록 인간 마음에 심어 놓으신 일종의 신 인식 능력(*divinitatis sensum*)이라고 할 수 있다. 그렇지만 칼뱅에 따르면, 이러한 신 인식의 가능성도 어디까지나 사람에게 속한 것이 아니라 전적으로 하나님의 은총에 속한다. 왜냐하면 그 가능성은 하나님께서 유한한 인간에게 무한한 하나님을 희미하게나마 알 수 있게 배려하시는 은총이기 때문이다. 즉, 종교의 씨앗 자체가 유한하고 무능한 인간에게 희미하게나마 하나님의 존재를 깨닫게 하시려는 은총인바 하나님께서는 특히 당신의 존엄한 사역들을 통해 자신의 존재를 인간들에게 알리신다는 것이다(*Comm. on Romans*, 1:19, 20).

하지만 그렇다고 그것이 사람 안에 완전한 신 인식 능력이 있음을 뜻하는 것은 아니다. 다만 칼뱅은 자연이나 세상이 하나님의 영광이 드러나는 "웅장한 극장"(*Inst.*, I/5-8)이기 때문에 누구든지 그 극장에서 하나님의 존재를 깨달아 알 수 있다는 정도의 지식, 곧 타락 이전의 아담에게 은총으로 주어진 "단순하고도 원시적인 지식"(*Inst.*, I/2-1)의 가능성을 말할 뿐이다. 말하자면 사람은 비록 불완전하지만, 내면에 주어진 일반 은총(*Common Grace*)으로서의 종교의 씨앗 때문에 하나님의 존재를 희미하게나마 긍정하게 되고 그분의 위엄과 솜씨를 알게 된다는 것이다. 물론 이때의 신 지식은 하나님의 본질 자체 혹은 존재 자체에 대한 것이 아니라 그분의 성품이나 능력에 대한 문제와 연관된 일반적인 지식이지만, 그래도 하나님의 존재를 긍정하며 부분적으로나마 그분의 성품을 짐작할 수는 있다는 것이다.

> 복된 삶의 궁극적인 목표는 하나님을 아는 데에 있다. 하나님께서는 그 누구도 그 행복에 다가서는 일에서 배제되지 않도록 우리가 이미 살핀 그대로 사람의 내면에 종교의 씨앗을 심어 두셨을 뿐 아니라 우주의 전체 창조 가운데 자신을 계시하셨고, 또한 날마다 계시하신다. 그 결과 인간은 어쩔 수 없이 눈을 열어 그분을 바라보지 않을 수 없게 된다. 그러나 사실상 그분의 본질은 이해될 수 없다. 따라서 인간의 지식으로는 결코 그분의 신성에 도달할 수 없다. 다만 그분은 자신의 영광을 친히 창조하신 피조물에 너무도 정확하고 뚜렷한 글자로 새겨두셨기에 무식하고 우둔한 자라도 그것을 모른다고 변명할 수는 없다 (*Inst.*, I/5-1).

그렇다면 칼뱅은 하나님 인식에 있어서 '부정'과 '긍정'을 동시에 말하는가? 외관상으로 그렇게 보일 수도 있다. 그에 따르면, 하나님은 알 수 없는 분(*Deus incomprehensibilis*)이며 인간은 결코 하나님에 대한 참된 지식에 도달할 수 없다. 하지만 한편으로, 하나님은 알 수 있는 분(*Deus comprehensibilis*)이기도 하다는 것이다. 그렇다면 칼뱅은 스스로 모순에 빠지는 것이 아닌가? 결코 그렇지 않다. 신 지식에 대한 칼뱅의 설명을 주의 깊게 살펴보면, 그는 기본적으로 하나님에 대한 불가지성을 일관되게 주장하고 있음을 볼 수 있다.[6] 그런데 그가 주장하는 하나님의 불가지성은 독특한 측면이 있다. 그것은 다름 아닌 하나님의 본질(*Gott an sich*)에 대한 부분이다. 곧 사람은 하나님의 성품 등에 관해서는 일반적인 은총에 의해 희미하게나마 인식할 수 있지만, 하나님의 본질 즉, 하나님의 존재 자체에 대한 이해에는 결코 도달할 수 없다. 말하자면 하나님께서는 인간과의 관계에서 볼 때 처음부터 무한한 질적 차이를 갖고 계시다.

따라서 유한한 인간이 가지고 있는 지성적 능력으로서는 절대적 타자이신 하나님의 무한한 본질을 인식할 수 없고, 그저 희미하게 피상적인 차원에 머무를 뿐이다. 게다가 그러한 신 지식은 사실상 인간의 경건 생활에도 별로 유익이 없다. 그런 의미에서 칼뱅이 지향하는 하나님에 대한 지식은 어디까지나 우리의 실존과 관계되는 경건한 지식, 곧 우리의 구원과 성화로 이어지는 하나님에 대한 참된 지식을 뜻하며, 그것은 하나님의 자기 계시를 통해 우리에게 알려진다. 칼뱅은 다음과 같이 말한다.

> 하나님에 관한 지식(*Dei notitiam*)은 내가 이해하는 바로는 하나님은 오직 어떤 하나님이 계시다는 사실을 아는 정도에 그치는 것이 아니라, 우리가 그분을 앎으로써 마땅히 행하지 않으면 안 되는 것은 무엇이며 그의 영광에 합당한 삶이란 과연 어떤 것을 가리킨다. 더 나아가 그분을 앎으로써 얻어지는 유익들에는 어떤 것들이 있는가를 파악하는 일들이라고 하겠다(*Inst.*, I/2-1).

곧 칼뱅에 따르면, 이러한 하나님에 대한 참된 지식, 곧 우리의 실존과 관계되는 하나님에 관한 경건한 지식은 오직 하나님의 자기 계시에 의해서만 가능하다고 보았다. 그런데 칼뱅은 신 지식의 원천인 하나님의 자기

---

6 이오갑은 이에 대해, "칼뱅의 하나님의 불가해성은 그의 계시론 전체에 걸쳐서 전제되어 있으며 언제나 강조되는 사항이다"라고 말한다. 그리고 이러한 칼뱅의 시각은 계시의 주체가 하나님이심을 함의한다는 것이다(이오갑, 2010, 91).

계시에 대한 논의를 신 인식론과 연결해서 다루고 있다. 이오갑에 따르면, 칼뱅은 『기독교 강요』 최종판에서 "먼저 신 인식의 원론적인 문제를 다루고, 그다음에 자연 계시, 역사 계시, 성서 등을 다루고 있다"는 것이다.[7] 다시 말해서 칼뱅의 계시론과 신 인식론은 연속선상에 있으며, 때로는 서로 겹치기도 하고 같은 내용을 다른 시각에서 말하기도 한다. 즉, 칼뱅의 하나님에 관한 지식은 인간 편에서 말하면 신 인식론이 되고, 하나님 편에서 접근하면 계시론이 된다. 그래서 "하나님은 자신을 계시하고, 인간은 하나님을 인식한다"는 등식이 성립될 수 있다.[8]

게다가 칼뱅의 계시에 대한 이해는 후대 신학에서처럼 일반 계시(자연 계시)와 특별 계시(초자연 계시) 등으로 선명하게 구분되지 않는다. 칼뱅이 이해하는 하나님의 계시는 단순하게 하나님께서 인간에게 자신을 알려주시는 행동 자체를 뜻한다. 곧 칼뱅에게 있어서 계시란 단지 하나님께서 자신을 보여주시는 사건을 의미한다. 그리하여 칼뱅이 말하는 계시는 분명히 일반 계시와 특별 계시를 통전하는 개념이라고 할 수 있다.

아무튼 칼뱅에 따르면, 하나님께서 자신을 보여주지 않으시면 사람은 그분을 알 수가 없다. 오직 계시의 주체이신 하나님께서 자신을 보여 주실 때 비로소 인간은 하나님을 신뢰하고 그분의 말씀에 순종할 수 있다는 것이다. 그런데 칼뱅에게 있어서 그 하나님의 계시는 오늘날 하나님의 말씀인 성서를 통하여 전달된다. 곧 칼뱅에게 하나님의 자기 계시와 성서를 날카롭게 구별하려는 바르트(K. Barth)식의 견해는 아직 나타나지 않는다. 오히려 칼뱅에게 있어서 성서와 하나님의 자기 계시는 서로 연동되는 개념을 견지한다. "성서(*Scriptura*)는 우리의 마음속에 담겨 있는 하나님

7 *Ibid.*, 87.

8 *Ibid.*

에 관한 혼란한 지식을 올바르게 정돈해 줄 뿐 아니라 우리의 우둔함을 깨닫게 하며, 또한 이를 통하여 우리에게 참된 하나님을 분명히 보여 준다"(*Inst.*, I/6-1). 그리하여 성서는 우리로 하여금 하나님을 바라볼 수 있게 하는 안경이라고 할 수 있다.

이러한 성서에 관한 칼뱅의 시각은 종교 개혁 제1세대 신학자들(특히 M. 루터)이 함께 외친 '오직 성서'(*sola scriptura*)라는 슬로건에 근거하고 있다. 특히 종교 개혁자들은 중세의 제도적인 로마 가톨릭교회가 토마스 아퀴나스(Thomas Aquinas)를 비롯한 스콜라 신학자들이 "은총은 자연을 파괴하지 않고 완성한다"(*Gratia non tollit naturam, sed perficit*)는 신학적 명제를 근거로 인간 이성의 능력에 의한 신 인식 가능성을 천명했던 영광의 신학(*Theologia Gloriae*)을 비판하면서, 인간의 가능성이 아닌 하나님의 은혜에 의한 가능성만을 주장한 십자가의 신학(*Theologia Crucis*)에 대한 결정적인 바탕으로서 성서를 주목했다. 바로 이러한 시각에서, 칼뱅은 성서의 내용과 의미에 대해 이렇게 말한다.

> 성서의 일반적인 교훈이 가르쳐주는 대로, 우주 창조를 통해 하나님은 먼저 자신을 창조주이심을 나타내 보이셨다. 그리고 다음에는 그리스도의 얼굴(참조. 고후 4:6)에서 구속주가 되심을 나타내신다. 이로 말미암아 하나님에 관한 이중적 지식(*duplex cognitio*)이 생겨나게 된다(*Inst.*, I/2-1).

> (성서에는) 순차적으로 볼 때, 하나님은 원래 세계를 창조하시고 통치하시는 분이라는 사실을 알게 해주는 지식이 맨 먼저 나온다. 그다음에 덧붙여 나오는 것이 곧 유일하게 죽은 영혼을 소생시킬 수 있는 내적인 지식인데, 이 지식에 의해 하나님은 세계의 창조주요 만물의 통치자일 뿐 아니라 중보자의 인격으

로 나타나신 구속주로 알려지게 된다(*Inst.*, I/6-1).

> 참된 종교가 우리에게 빛을 비추게 하기 위해서는 무엇보다 하늘의 교리에서 출발해야 하며, 또한 그 누구도 성서를 배우는 학생이 되지 않고서는 올바르고 유익한 교리를 조금도 맛볼 수 없음을 마음 깊이 새겨야 한다. 따라서 참된 지식은 우리가 하나님께서 성서 가운데서 자신에 관해 증언하시려는 바를 경건한 마음으로 수용할 때 비로소 가능하다(*Inst.*, I/6-2).

그런데 칼뱅에 따르면, 이러한 하나님에 관한 참된 원천으로서의 그분의 계시를 담은 성서의 말씀들이 사람에게 참된 하나님의 지식으로 전달되기 위해서는 더욱 중요한 과정이 남아있는데, 그것은 곧 성령의 내적 증거(*testmonium spiritus*)이다. 하나님의 말씀으로서의 성서는 참된 저자이신 하나님께서 당신의 영이신 성령을 통하여 우리에게 증언하실 때 우리는 비로소 성서를 통하여 하나님의 말씀을 들을 수 있게 되고, 그때 우리는 하나님을 올바로 인식할 수 있게 된다는 것이다: "왜냐하면, 하나님만이 당신의 말씀 가운데서 자신에 대해 유일하게 증언하실 수 있는 최선의 증인이 되시는 것처럼 하나님의 말씀도 성령의 내적 증거에 의해 외쳐지기 이전에는 사람의 마음속으로 받아들여지지 않게 되기 때문이다"(*Inst.*, I/7-4). 이에 대해 칼뱅은 다음과 같이 외친다.

> 왜냐하면, 성서는 그 자체의 위엄으로 인해 높임을 받고 있기는 하지만 성령을 통해 우리의 마음에 그것이 인쳐질 때에만 강한 영향력을 발휘하게 되기 때문이다. 그러므로 우리가 성서는 하나님에게서 비롯되었다고 믿는 것은 우리 자신이나 다른 사람들의 판단에 근거하는 것이 아니라 성령의 능력이

우리를 직접 조명하였기 때문이다(*Inst.*, I/7-5).

요컨대, 칼뱅에게 있어서 신 인식의 문제는 어디까지나 그 주도권이 하나님 자신에게 있으며, 사람은 하나님의 자기 계시에 대한 수동적인 수용에 의해, 곧 하나님과의 관계를 바탕으로 하는 믿음이라는 통로를 통하여 하나님에 대한 참된 지식에 도달할 수 있다는 것이다. 다시 말해서, 사람이 하나님을 알 수 있는 길은 전적으로 하나님의 은혜에 속하는 것이며, 하나님께서 주도적으로 사람에게 자신을 알려 주시는 행위를 통해서만 가능하다는 것이다.

그런데 이러한 칼뱅의 신 인식론은 결국 사람 자신에 관한 질문으로 환원될 수밖에 없다. 즉, 고전적인 철학적·신학적 명제인 '상대적이고 유한한 피조물이 절대적이고 무한하신 하나님을 알 수 있는가? 그리고 알 수 있다면, 그것이 어떻게 가능한가?'라는 질문은 결국 인간학적인 질문으로 연결될 수밖에 없기 때문이다. 왜냐하면, 신 인식에 관한 물음은 그대로 '인간 안에 하나님을 인식할 수 있는 어떤 능력이 있는가?'에 대한 문제로 이어지기 때문이다. 여기에 대해 칼뱅은 인간성의 전적 타락(*Total Depravity*)에 근거하여 신 인식에 관한 전적 무능(*Whole Incompetency*)을 견지한다. 곧 하나님께서는 창조 세계를 통해, 그리고 인간에게 심어 두신 종교의 씨앗을 통해 끊임없이 자신을 보여주시지만, 아담 안에서 타락한 인간은 그 본성이 죄로 인하여 오염되었기에 인간의 그분에 대한 인식은 더욱 불가능하게 되었다. 심지어 타락한 인간은 하나님께서 심어 두신 종교의 씨앗을 통해서도 하나님을 하나님으로 영화롭게 하지 않고 스스로 종교를 만들고 우상 숭배에 빠지기 때문이다. 이제 인간은 살아 계시는 하나님을 전혀 인식할 수 없게 되었다. 인간은 죄로 인해 완전히 타락했고,

심지어 하나님께서 인간 안에 심어 놓으신 종교의 씨앗까지도 그 기능이 왜곡되어서 하나님 인식에 관한 한 전적으로 무능하게 되었다는 것이다. 다음은 여기에 대한 칼뱅의 설명들이다.

> 본래 순서대로라면, 우주의 체계(*mundi fabrica*)가 우리에게 학교가 되어서 거기로부터 경건을 배우고 거기에서 영생과 완전한 복락으로 옮아가는 것이었다. 그러나 범죄 이후 우리의 눈이 어디로 돌아가든지 그것은 하나님의 저주와 마주하게 되었다. 이 저주는 우리의 허물로 인해 무죄한 피조물에게까지 임하게 했고 우리 영혼을 절망에 빠지게 했다. 왜냐하면 하나님께서 여러 방식으로 우리에게 아버지다운 사랑(*patrnum favorem*)을 나타내려 하실지라도, 우리는 우주를 관찰함을 통해서는 그분이 아버지라는 것조차 생각할 수 없게 되었기 때문이다(*Inst.*, II/ 6-1).

> 인간이란 제아무리 (지성적으로: 필자 보충) 날카로운 사람일지라도, 그들이 하늘의 가르침의 빛으로 자신들의 눈을 변화시키기 전에는 그 눈이 멀어있고 항상 흑암 속에서 배회할 수밖에 없다(*Comm. on Psalms*, 19:8).

따라서 이러한 인간의 타락으로 인한 무능함 때문에 하나님께서는 외아들 예수 그리스도를 통해 자신을 드러내지 않을 수 없게 되셨다. 말하자면 인간의 신 인식 가능성에 대한 궁극적인 답변은 하나님의 **특별 은총**(*Special Grace*)으로서의 **특별 계시**(*Special revelation*), 곧 예수 그리스도를 통한 하나님의 자기 계시에서 비로소 주어진다는 것이다. 왜냐하면, 인간은 "아담의 타락 이후로는 중보자(예수 그리스도)를 떠나서는 하나님에 대한 그 어떤 지식도 구원에 이르게 하는 능력이 되지 못하기 때문"이다

(*Inst.*, II/ 6-1). 그래서 하나님께서는 예수 그리스도 안에서 자신을 드러내셨고, 그분을 통하여 인간 구원의 역사를 이루셨다. 따라서 인간은 예수 그리스도를 통한 하나님의 자기 계시를 통하여 비로소 하나님이 누구인지, 그분이 어떤 분이며 무엇을 하시는지를 알게 된다는 것이다.

> 인류가 이처럼 황폐한 상태에서는 중보자이신 그리스도께서 개입하셔서 우리를 하나님과 화목하게 하시는 역사가 없이는, 어느 누구도 하나님을 아버지로서든 구원의 주님으로서든 어떤 식으로든 은혜로우신 분으로 체험하지를 못한다(*Inst.*, I/2-1).

그렇지만 칼뱅은 예수 그리스도를 통해 우리에게 주어지는 하나님에 대한 인식 역시 어디까지나 하나님 자신(*Gott an sich*)에 대한 지식이 아니라, 우리와의 관계 안에 계시는 하나님 즉, 우리를 위한 하나님(*Gott für uns*)에 대한 지식임을 분명하게 밝힌다. 우리 하나님은 절대적인 존재로서 우리와 무관하게 먼 우주에 홀로 존재하는 무한한 초월자가 아니라 우리의 연약함을 긍휼히 여기셔서 늘 우리와 함께하시며, 심지어 우리 몸을 성전으로 삼으시는 임마누엘의 하나님이기 때문이다. 그리하여 칼뱅이 이해하는 하나님은 무한한 초월자이신 동시에 인간과 자연에 내재하시면서 오늘도 당신의 영광과 능력을 피조 세계에 드러내시며(Common revelation), 특히 예수 그리스도 안에서 구원 은총을 전달하신다(Special revelation). 곧 그분은 오늘도 살아 계셔서 세상을 향해 끊임없이 말씀하시는 하나님이시다. 그리하여 칼뱅에게 있어서 하나님의 존재 여부 문제는 이미 논의할 가치조차 없다. 그분은 영원히 살아 계시기 때문이다. 이제 구체적으로 칼뱅이 보여주는 하나님에 대해 살펴보자.

1. 초월적인 하나님: 만유의 주님

칼뱅에 따르면, "인간은 하나님의 본질을 이해할 수 없고 인간의 지식으로는 도저히 그의 신성에 도달할 수 없다"(*Inst.*, I/5-1). 이러한 사실은 하나님의 무한성 곧 하나님의 초월성이 전제되는 개념이다. 그는 특히 아우구스티누스(St. Augustinus)를 인용하면서 이렇게 말한다: "하나님은 우리에게 있어서 너무도 위대하신 분이기 때문에 우리는 도저히 그분을 파악할 수 없다"(*Inst.*, I/5-9). 게다가 사람들은 "하나님의 임재(*Dei praesentiam*)를 경험할 때마다 두려움과 놀라움으로 충격을 받아 땅에 엎드려지지 않을 수 없었다"(*Inst.*, I/1-3). 이러한 하나님은 우리와는 본질적으로 다르시고, 우리의 모든 것을 초월하시는 분일 수밖에 없다.

따라서 칼뱅은 하나님에 대해, "무한하시고, 영적 본질"이기 때문에(*Inst.*, I/13-1), 사람은 자신의 어떠한 인식 능력을 통해서도 그분의 본질에는 도달할 수 없다고 했다. 이는 그분이 인간의 모든 이해로부터 전적으로 초월하시며 인간과는 질적으로 전혀 다르기 때문이라는 것이다. 이에 대해 셀더르하위스(H. J. Selderhuis)는 "칼뱅에게 있어서 하나님의 다르심은 그분의 드높으심에서 입증된다. 하나님의 위엄으로 인해 하늘에 계신 그분과 땅에 있는 우리 사이에는 엄청난 거리(*longam distantiam*)가 있다"고 지적한다. 그렇지만 칼뱅은 그분께서 엄청난 거리 혹은 간격 때문에 우리를 구원하지 못하는 분이 아니요, 오히려 우리를 돌보기 위해서 언제 어디서든 내려오실 수 있다고 말한다.[9] 하나님의 엄위하심에 대해 칼뱅은 이렇게 말한다.

---

9 H.J. Selderhuis, *Gott in der Mitte: Calvins Theologie der Psalmen*, 장호광 역, 『중심에 계신 하나님』(서울: 대한기독교서회, 2009), 75.

그분의 모습을 뵙는다는 것은 그렇게도 두려운 것이다. 스랍들(Cherubim)까지도 두려워서 자신들의 얼굴을 가렸다고 한다면(사 6:2), 썩은 물건의 낡아짐(욥 13:28)과 벌레(욥 7:5; 시 22:6)와 같은 인간들이 도대체 무엇을 할 수 있단 말인가(*Inst.*, I/1-3)?

그렇다! 유한하고 연약한 인간이 지존至尊하신 하나님에 대해 무슨 얘기를 할 수 있단 말인가? 게다가 사람은 아담과 함께 타락하여 그 "지성은 하나님의 의로부터 완전히 이탈했기 때문에 경건치 못하고 패역하고 악취가 나며 불결하고 부끄러운 것만을 생각하고 바라고 행동"하지 않는가(*Inst.*, II/ 5-19)? 말하자면, 타락한 인간은 하나님을 아는 일에 대해 전적으로 무능하고 무기력한 비참한 존재로 전락하였다는 것이다. 그러므로 이러한 인간이 아무리 하나님에 대해서 객관적으로 묘사한들 그 모든 것들이 그저 공허한 말에 지나지 않는다. 사람은 스스로의 능력으로써는 결코 하나님의 객관적인 본질에 도달할 수 없기 때문이다.

그러므로 누군가가 하나님의 본질에 관해 열심히 알려고 노력한다면, 그것은 한낱 무익한 사변으로 장난치고 있는 것에 지나지 않는다(*Inst.*, I/2-2).

철학자들의 관점에서는 가장 잘 받아들여질 수 있었던 하나님의 본질에 대한 묘사, 하나님은 세계정신이라는 관념은 한낱 공허한 말에 지나지 않기 때문에, 우리가 언제나 의심 가운데 흔들리지 않기 위해서는 그분을 친밀하게 아는 것이 무엇보다도 중요하다(*Inst.*, I/14-1).

이렇듯 칼뱅은 인간 자신의 능력 곧 지성과 이성 혹은 감성으로는 무한하신 하나님의 본질 혹은 그분의 존재 자체에 대한 인식이 불가능할 뿐만 아니라, 실제로 하나님의 존재 자체에 대한 지식은 우리의 신앙과 삶에 있어서 큰 의미가 없다고 본다. 그에 따르면, 하나님에 대한 지식은 그분이 오늘 내게 어떤 분인가?에 대한 실존적 시각이 중요하다는 것이다. 그래서 칼뱅은 스콜라주의자들처럼 하나님의 형이상학적 초월성에 대해 장황하게 열거하지 않는다. 그의 관심은 오늘도 내 삶의 현장에 다가오시는 살아 계신 하나님에 대한 이해가 중요할 뿐이다.

물론 그렇다고 칼뱅이 하나님의 초월성을 부정하고 하나님의 내재성만을 강조하는 것은 아니다. 오히려 그는 기본적으로 그분의 초월성을 전제한다. 이오갑에 따르면, 칼뱅의 하나님에 대한 이해는 존엄 자체이신 하나님(*Deus maiestas ipsa*) 곧 전적으로 존엄하신 하나님(*Deus maiestas*)이시다.[10] 이런 측면에서 볼 때, 칼뱅이 이해하는 하나님은 일차적으로, 루터의 표현처럼 숨어 계시는 하나님(*Deus absconditus*)이다. 왜냐하면, 하나님의 속성에 있어서 "영원성과 자존성보다 더 특징적인 것이 없기" 때문이다(*Inst.*, I/14-3).

그렇지만 칼뱅은 하나님의 초월성을 철학자들의 형이상학적 존재론과 연결하는 것은 거부한다. 하나님은 철학자들의 하나님이 아니라 그리스도인들의 하나님, 곧 영원부터 영원까지 살아계시면서 자유하심 가운데 무(*Nihilum*)와 혼돈(*Chaos*)으로부터 만물을 친히 창조하셨을 뿐 아니라(*Creatio ex nihilio*), 오늘도 그것들의 참된 주인(*vere Dominus*)으로서 그것들을 친히 다스리는 분이기 때문이다(*Inst.*, I/14-1). 그래서 칼뱅은 『기독교 강요』에서 고대철학자들 혹은 이원론적 종교들과의 치열한 논

10 이오갑(2010), 45.

쟁도 불사한다(*Inst.*, I/14-1, 3). 그가 이해하는 하나님은 철학자들의 무정념적이고 형이상학적인 존재로서의 신이 아니라, 오늘도 살아 계시는 인격적인 하나님이시기 때문이다. 그래서 칼뱅은 다음과 같이 의미심장한 이야기를 한다.

> 철학자들의 관점에서는 가장 잘 받아들여질 수 있었던 하나님의 본질에 대한 묘사—'하나님은 세계의 정신이다'—는 한낱 공허한 말에 지나지 않기 때문에, 우리가 그분에 대하여 더더욱 친밀하게(*familiarius*) 앎을 통하여 늘 의심하거나 흔들리지 않도록 하는 것이 무엇보다 중요하다. 그러므로 하나님께서는 창조의 역사를 명확히 드러내셔서 교회로 하여금 그것에 근거하여 믿음을 갖게 하심으로써 모세가 세상의 창조자요 조성자로 제시한 그 하나님 이외에 다른 신을 찾지 않도록 하시기를 기뻐하셨던 것이다(*Inst.*, I/14-1).

요컨대 칼뱅이 이해하는 하나님은 우리와 무한한 질적 차이를 갖고 계시는 초월적 존재로서의 하나님이다. 그래서 그분은 존엄 자체이신 하나님(*Deus maiestas ipsa*),[11] 곧 이 세상의 그 어떤 존재와도 비교가 불가능하고 사람의 그 어떤 지성으로도 파악이 불가능한 분이시다: "너희가 나를 누구에게 비기며, 누가 나와 짝하며, 누구와 비교하여 서로 같다고 하겠느냐?"(사 46:5). 말 그대로 그분은 존재와 위엄과 영광에 대하여 우리와는 전적으로 전혀 다른 분이시다. 그리하여 그분은 특히 우리와는 존재론적으로 유비가 전혀 없으신 분이므로, 우리의 모든 것을 초월하신다. 그래서 바르트(K. Barth)의 표현대로, 인간은 그분에 대한 인식에 있어서 존재의

11 *Ibid.*, 45.

유비(*analogia entis*)를 통해서는 결코 도달할 수 없기에, 다만 그분을 공경하는 신앙을 통해서 즉, 신앙의 유비(*analogia fidei*), 혹은 관계의 유비(*analogia relationis*)를 통해서만 그분을 알 수 있을 뿐이다.[12]

그렇지만 칼뱅의 이러한 하나님-인간(피조세계) 사이의 무한한 질적 차이 혹은 다름에 관한 서술은 사실상 물리적인 개념이 아니라 영적인 차원, 즉 타락한 우리 인간의 모습에서 드러나는 비참함과 벌거벗음, 우리의 무지와 공허, 우리의 궁핍과 무기력, 우리의 타락과 부패의 비참한 상황에 대조되는 하나님의 거룩성과 초월성(*Deus Sanctus et Transcendus*)에 대한 표현, 말하자면 하나님의 절대적 타자성을 함의한다.[13] 그리하여 칼뱅은 이러한 하나님에 관한 서술을 통해 은연중에 연약하고 유한한 인간이 하나님 앞에서 어떻게 처신할 것인가를 묻는다. 그에게 있어서 우리와 무관한 하나님에 대한 지식은 사실상 무의미하기 때문이다. 즉, 칼뱅에게 있어서 중요한 것은 '엄위하신 그 하나님 앞에서 연약한 인간이 어떻게 살아갈 것인가?'라는 질문과 함께 거기에 연계된 실존적인 신 지식이며, 바로 그런 지식만이 사람이 사람일 수 있게 하는 경건한 의식이라고 할 것이다.

2. 내재적인 하나님: 거룩한 동행자

그런데 한편 칼뱅은 그렇게 초월적이고 절대 타자인 하나님은 먼 우주에 홀로 존재하지 않는다고 말한다. 그분은 우리와 질적으로 다르시지만, 자신이 창조하신 세계 안에 함께 계시면서 이 순간에도 인간을 포함하여

12 K. Barth, *CD.*, I, 227-247.

13 박해경, 『칼빈의 신론』(서울: 이컴비즈넷. 2006), 68-69.

모든 피조물을 만나고 그들과 관계를 맺고 있다는 것이다(*Inst.*, I/16-1). 즉, 그분은 이신론(Deism)자들의 주장처럼 온 세상을 창조하신 이후 스스로 피조 세계를 벗어나 더는 피조 세계와 아무런 관계없이 스스로에게 만족하면서 외롭게 독존獨存하는 극단적인 초월자가 아니라, 오히려 이 세상 안으로 들어오셔서 세상과 함께 계시며 온 세상의 진정한 통치자와 동행자로서, 특히 역사의 주인으로서 살아 계신다. 이에 대해 칼뱅은 섭리(Providence)라는 주제를 중심으로 설명한다.

> 섭리란 땅에서 벌어지는 일을 하나님께서 하늘에서 한가하게 구경하는 것이 아니라, 하나님께서 친히 열쇠를 쥐고 계시는 분으로서 모든 사건을 지배하신다는 뜻이다(*Inst.*, I/16-3).

곧 하나님께서는 작은 참새 한 마리에 이르기까지(마 10:29) 자신이 만드신 모든 것을 보존하시고 양육하시며 돌보신다는 것이다(*Inst.*, I/16-1). 오늘도 그렇게 온 우주 전체에는 살아 계시는 그분의 '현존하는 손'(*praesenti Dei manu*)이 함께 하신다. 그리하여 그분은 '전능한 하나님'이시며 온 세상의 주님으로 살아 계신다(*Inst.*, I/16-2). 참으로 그분은 오늘도 우리 안에서 우리와 함께하는 하나님(*Deus nobiscum*)이시다.[14] 그렇게 그분은 참으로 임마누엘로서 우리의 진정한 아버지 하나님이시다. 칼뱅은 이렇게 말한다.

> 사도는 이에 대해, 하나님은 자신의 현존적인 능력(*praesentissima virure*)으로 우리 각자 안에 거하시기 때문에 굳이 먼 곳에서 찾아야 할 필요가 없다고

14 *Ibid.*, 45.

했다(행 17:27-28)(*Inst.*, I/5-9).

결국 칼뱅에 따르면, 하나님은 무한하고 영원하셔서 유한한 피조 세계와는 전혀 다른 초월자이신 하나님이지만(*Deus Transcendus*), 이미 자연을 통해서 그리고 인간의 마음 깊숙이에 또한 이 역사 안에 자신의 거룩한 흔적(*Insignia Sanctus*)을 남김으로써 계속해서 자신의 존재를 알리는 내재자로서의 하나님(*Deus Immanendus*)으로 다가오신다. 그래서 그분은 언제나 전능하신 하나님이시다(*Deus Omnipotentius*). 여기서 하나님의 전능성이란 인간과 자연 세계에 무한한 힘과 파괴력을 드러내신다는 의미라기보다는 겸손히 자신을 비우고 낮추심으로써 사람을 포함한 연약하고 유한한 피조물에게 다가오셔서 그들과 함께하며 그들을 있는 그대로 사랑하고 무한한 자비와 긍휼로써 그들을 친히 다스리고 영원토록 그들을 떠나지 않는 구원의 하나님을 의미한다(*Deus Salutus*).[15]

이처럼 칼뱅이 이해하는 하나님은 절대자요 초월자이지만 전능한 능력으로 우주 만물을 창조하셨으며, 유한하고 연약한 피조물을 멀리하지 않고 자신을 비우고 낮추어 오히려 세상 안으로 들어오시고(성육신), 피조물의 신음에 귀 기울이며 그들의 아픔에 동참하고 그들을 그 아픔에서 건지는 구원의 하나님이시다. 특히 그분은 당신께서 창조하신 인간이 타락하고, 그로 인해 피조 세계 전체가 병들고 오염이 되었지만, 인간과 세계를 버리지 않고 여전히 함께하신다. 그리고 세상은 여전히 당신의 피조물이요, 또한 스스로 그들의 하나님이심을 선포하신다. 이러한 칼뱅

15 특히 '전능'을 뜻하는 히브리어 '*Shaddai*'(어미의 젖가슴)는 자녀를 위해 자신의 모든 것을 내어주시는 자애로운 어머니의 마음을 담고 있는 말이다. 비슷한 용어인 '자비' 혹은 '긍휼'을 뜻하는 히브리어 '*Rahkum*'(어미의 자궁) 역시 모성애를 기반으로 하는 말이다.

의 하나님에 대한 인식은 이오갑의 말대로, '초월과 임재의 변증법'이라는 독특한 구조를 이루고 있다.[16] 즉, 우리가 믿는 하나님은 철학자들의 말대로 단순히 만물의 기원이나 최초의 원인자 등의 막연한 형이상학적 존재가 아니다.[17] 그분은 진정 살아 계시는 하나님, 자신의 피조물에게 인격적으로 다가오는 아버지 하나님이시다.

> 신은 게을러서 활동하지 않는다는 식으로 상상하는 에피쿠로스 철학자들(세상에는 언제나 이런 몹쓸 사상들이 가득하다)에 대해서나, 또한 예로부터 신은 공중의 윗부분을 다스렸고 아랫부분은 운명에 맡겨 두었다고 상상해 온 이들에 대해서는 구태여 거론하지 않겠다. 말 못하는 피조물들까지도 그런 명백한 엉터리 생각들을 대적하여 외치지 않는가(*Inst.*, I/16-4)?

> 하나님의 무한하시고 영적인 본질에 관한 성서의 가르침은 통속적인 미신들을 몰아낼 뿐 아니라 세속 철학의 간교함에 대해 여지없이 반박한다. [...] 분명히 측량할 수 없는 본질은 우리로 하여금 우리 자신의 감각에 의해 그를 측량해 보려고 하는 일에 대해 말할 수 없는 두려움을 느끼게 해준다. 그리고 그의 영적 본질은 우리로 하여금 그에 대해 세상적으로나 육적으로 상상하지 못하게 해준다. 동일한 이유 때문에 그는 종종 자신이 "하늘에 거하신다"고

16 이오갑(2010), 44-49.

17 아리스토텔레스는 만물은 물, 불, 공기, 흙으로 구성되었다고 봤으며, 제5원소로서 에테르(하늘을 구성하는 물질)를 가정했다. 자연 세계는 끊임없이 변화하는데 그 변화는 가능태로부터 현실태로의 운동인바 그것은 인과율에 의해 이뤄지며, 그것은 질료인 목적인, 작용인, 형상인으로 구성된다는 것이다. 중세 신학은 아리스토텔레스의 원인론에서 신의 존재를 증명하려 하였고 특별히 최초의 작용인(Unmoved Mover)이 바로 하나님이라고 주장했다. 하지만 이러한 태도는 결국 하나님 자신까지도 인과율에 얽매이는 존재로 드러나게 만든다.

말씀하신다. 그리고 그는 도저히 이해될 수 없는 분으로서 온 땅에 충만히 내재하신다(*Inst.*, I/13-1).

요컨대 칼뱅에 따르면, 절대 타자이신 하나님께서는 초월적인 분이지만 자신이 창조하신 세계와 지속적인 관계를 맺는 내재적인 은총으로 임마누엘의 역사를 이루신다. 특히 그분은 피조물의 대표 격인 인간과 언약을 맺으시는 등 자신의 피조 세계에 대한 은총을 지속적으로 허락하시며 언제까지나 그들의 하나님으로 계신다. 그러한 하나님의 의지는 스스로 자신을 낮추고 세상 안에 내재하는 데에까지 이른다. 그리고 마침내 세상을 위해 자신을 내어주는데, 그 하나님의 자기 내어줌의 절정이 바로 예수 그리스도의 성육신이다. 즉, 하나님의 내재적 은총의 핵심에 그리스도의 사건이 살아있으며, 그것이 진정한 임마누엘의 역사라 할 수 있다. 그리하여 그분은 영원토록 우리와 함께 계시는 하나님(*Deus nobiscum*) 곧 우리를 위한 하나님(*Gott für uns*)으로서 항상 우리 곁에 계신다. 이러한 내재적인 하나님에 대한 표상은 특히 칼뱅의 아버지로서의 하나님에 대한 표상에서 더욱 풍성하게 드러나게 된다.

3. 아버지 하나님: 세상의 구원자

절대 타자이신 하나님께서 인간과 그들의 세상을 사랑하고 그들과 함께하시는 임마누엘의 은총으로 다가오는 표상은 그분의 독특한 존재성이라 할 수 있다. 특히 칼뱅에 따르면, 온 세상과 인류를 창조하신 그 하나님은 또다시 인간과 그의 세계를 향한 구원자로 다가오신다. 곧 그분께서는 인류의 범죄로 인해 무너진 당신의 피조 세계를 포기하지 않으시고 여전히 사랑하시며 거룩한 구원의 은총을 베푸시는 하나님으로서 다가오신다는 것이다. 더구나 그분은 이 구원의 은총을 위해 외아들까지도 아끼지 않고 내어주시는 자비로우신 하나님이시다. 칼뱅은 그런 구원자 하나님에 대해 아버지 하나님(*Deus Patreus*)이라는 표상으로 다가선다.

> 인류 전체는 아담 안에서 멸망하였다. 따라서 우리가 이미 논한 바와 같이, 인간의 본래적인 탁월성과 고귀함은 더는 우리에게 아무런 유익을 주지 못하고 도리어 큰 수치가 되었다. 그런데 죄로 오염되고 부패한 인간을 당신의 손으로 지으신 피조물로 인정치 않으시려는 하나님은 당신의 독생자를 통하여 구원자로 나타나셨다. 따라서 우리가 생명에서 죽음으로 타락하였기에, 우리가 이제껏 논한 창조자 하나님에 대한 지식이 있을지라도 믿음이 그리스도 안에서 하나님을 아버지로 나타내지 않는다면, 그 모든 지식이 무용지물이 될 것이다.[18]

칼뱅은 이러한 구원의 하나님에 대한 지식을 자신의 저술 곳곳에서 분명하게 피력한다. 특히 『기독교 강요』 제2권 전체가 구원의 하나님에 관한 지식을 다루고 있다. 곧 그분은 유한한 피조물의 세계에 참여하고 그 역사에 관여하며 그들을 친히 다스리는 주님(The Lord)이지만, 한편 죄로 인해 비참해진 인류와 그들의 세계를 여전히 사랑하고 그들을 거룩한 구원의 자리로 불러주는 한없이 자비로우신 하나님이시다. 칼뱅에게 있어서 구원의 하나님에 관한 진술이 빠진 신 지식은 인간과는 무관한 존재론일 뿐이다. 이러한 하나님에 대한 표상을 칼뱅은 아버지 하나님(*the*

18 *Inst.*, II/6-1.

God as Father)으로 나타내고 있다는 것이다.

그런데 칼뱅의 아버지로서의 하나님에 대한 이해에는 독특한 측면이 있다. 그것은 인류와 모든 피조 세계에 대한 그분의 부성父性이 단순히 그분의 본질에서나 존재론적 측면에서만 나타나는 것은 아니라는 점이다. 칼뱅에게는 "영적인 것과 육적인 것, 천상적인 것과 지상적인 것 그리고 신적인 것과 인간적인 것 사이에 영원히 메워지지 아니하는 거리가 있다. 그래서 사람들은 하나님의 아들일 수 없고, 오직 예수 그리스도의 구속 은총 가운데서 입양을 통해서만 아들이 된다"는 것이다.[19]

그래서 칼뱅은 구원자 하나님(*Deus Salutus*)을 아버지 하나님(*Deus Patreus*)으로 이해한다. 즉, 칼뱅은 하나님의 아버지 되심에 관한 진술을 철학적-존재론적 측면에서가 아니라, 예수 그리스도를 통한 구원 은총을 바탕으로 하는 신학적-관계론적 의미로 접근한다. 이것을 바르트(K. Barth)식으로 표현하면, 신-인神-人 사이의 존재의 유비(*analogia entis*)에 의해서가 아니라, 관계의 유비(*analogia relationis*) 또는 신앙의 유비(*analogia fidei*)에 의한 하나님-인간神-人間 사이의 부자 관계 형성이라고 말할 수 있다. 그리고 이 관계는 어디까지나 그분의 은총에 근거한다. 이에 대한 칼뱅의 설명을 들어보자.

> 우리가 그리스도 안에서 은혜로 입양되지 않았다면 하나님을 아버지라고 확신에 차서 부를 사람이 과연 누구이겠는가? 또한 어느 누가 감히 자신에게 하나님의 아들이라는 명예를 부여할 수 있겠는가? [...] 그러므로 하나님 독생자의 이름을 믿는 사람들은 누구라도 하나님의 아들이 되는 영예를 얻게

19 이오갑(2010), 39.

된다.[20]

그뿐만 아니라 칼뱅은 "하나님께서 친히 우리를 당신의 자녀로 입양하셨다. 그래서 우리는 그분을 우리의 아버지로 경외하게 되었다"고 말하면서, 우리는 오직 하나님의 은혜로 인하여 예수 그리스도 안에서 하나님의 자녀가 되었고, 특히 이 놀라운 사실을 인식하는 것 역시도 하나님 은혜의 결과라고 설명한다.[21] 곧 우리는 하나님의 은혜로만 그분의 자녀가 될 수 있고, 그분의 은혜로만 그분을 아빠이신 아버지(Ἀββα ὁ Πατρός)로 부를 수 있다는 것이다. 칼뱅은 다음과 같이 말한다.

> 하나님께서 여전히 여러 방식으로 아버지로서 당신의 호의를 보이신다고 할지라도 세상의 시각을 가지고서는 그분이 우리의 아버지라는 사실을 확신할 수가 없다. 왜냐하면, 양심이 우리 안에서 작용할 때 우리에게 죄 때문에 우리가 그분에게서 버림을 받았으며, 따라서 우리는 결코 그분의 자녀일 수 없다는 것을 보여주기 때문이다.[22]

곧 칼뱅은 하나님의 아버지 되심에 관하여 구속론적 측면에서뿐만 아니라, 창조론적 관점, 혹은 일반 은총론적 시각에서도 하나님의 아버지 되심을 시사한다. 그렇지만 칼뱅은 타락한 인간들에게는 이 창조론적인 관점에서의 하나님의 부성父性은 사실상 은폐되어 있거나 제대로 깨달을 수 없음을 지적한다.[23] 말하자면 인간은 전적으로 타락하였기에, 하나님

20 *Inst.*(1536)., I/2-14.

21 *Inst.*, II/11-9; 18-3.

22 *Inst.*, II/6-1.

을 아버지로 이해하지 못하고 그분을 아버지로 부르지도 못하며 그분의 자녀로서의 삶 자체가 불가능하다는 것이다. 이러한 인간의 비참한 현실을 긍휼히 여기신 하나님께서 아들이신 예수 그리스도를 구원자로 보내셨다. 그리고 아들께서는 자신을 십자가에 내어줌으로써 인간을 위한 속죄의 희생을 드리셨고 인간을 죄의 저주로부터 해방하셨으며 인간을 무지와 무능의 상태에서 구원하셨다. 따라서 인간은 예수 그리스도의 구원 은총을 바탕으로 성령의 은혜를 통하여 하나님을 아버지로 깨달아 알게 되고 그분을 아빠 아버지(Ἀββα ὁ Πατρός)로 부를 수 있게 되었다는 것이다.

이러한 칼뱅의 아버지로서의 하나님에 대한 표현은 더 나아가 그분을 인격적인 하나님으로 이해할 수 있게 된다. 물론 칼뱅은 하나님의 인격성에 대해 직접 언급하지는 않는다. 사실 칼뱅의 시대에는 하나님의 인격성에 대한 개념 자체가 형성되지 않았다. 그렇지만 그의 하나님에 관한 다양한 표상들은 과거 유신론이 견지해온 무감각한 절대적 초월자로서의 하나님에 대한 개념을 넘어 인간과 그의 세계를 사랑하시고 긍휼히 여기시는 인격적인 하나님에 대한 표상을 함의한다. 특히 칼뱅이 이해하는 하나님은 지금도 여전히 행동하시고(Acting God) 말씀하시며(Speaking God) 일하시는 하나님이시며(Working God), 이 땅의 고난과 아픔에 친히 관여하시며 인간을 포함한 세계의 구원을 위해 자신을 내어주며 그 모든 아픔과 고통을 대신 짊어지신다. 그리하여 그분은 오늘도 인간과 그의 세계를 구원과 치유의 자리에 세우는 대신, 자신 스스로를 그들을 위한 고난과 아픔의 자리에 세우신다. 이처럼 칼뱅이 파악한 하나님에 대한 특성들은

---

23 이오갑(2010), 40-41.

이미 그분의 인격성을 분명하고도 풍성하게 드러낸다. 다만 그의 시대는 이러한 하나님의 인격성에 대한 신학적인 표상들이 무르익지 않았을 뿐이었다.

지금까지 살핀 칼뱅의 하나님에 관한 이해는 루터가 제시한 신 지식, 즉 숨어 계신 하나님과 계시된 하나님이라는 이중적인 지식(*duplex cognitio Dei*) 또는 역설적인 지식(*paradux cognitio Dei*)의 구조를 그대로 수용하는데, 그것은 이오갑의 표현처럼 초월과 임재의 변증법적 하나님 혹은 불가지不可知와 가지可知의 변증법적 하나님이라는 형식을 이루고 있다. 또한 이것은 창조자 하나님인 동시에 구원자 하나님 또는 주님으로서의 하나님인 동시에 아버지로서의 하나님으로 다가오시는 그분에 대한 표상을 그리고 있다. 그리고 그러한 하나님 앞에서 서 있는 사람은 하나님의 형상이라는 영광스러운 모습과 동시에 죄로 인해 타락한 비참한 현실이 함께 교차되며, 나아가 그런 실존으로부터 구원받아 새로운 피조물이 된 모습이 동시에 교차된다. 그리하여 칼뱅이 이해하는 인간 역시 하나님의 영광스러운 피조물인 동시에 타락하였으나 구속의 은혜를 통해 새로운 피조물이 된 존재라는 이중성을 함께 지니게 된다. 이처럼 칼뱅에게 있어서 하나님은 언제나 창조주인 동시에 구원자이며 친밀한 아버지이시고, 분명한 인격성을 드러내신다.

요컨대 칼뱅의 하나님에 대한 이해는 현학적인 학문으로서의 신학 자체를 위함이 아니었다. 말하자면 그에게서 하나님에 대한 지식은 어떤 사변적인 지식(Noetic)이 아닌, 자신의 삶과 관계된 실존적 지식(Existential Acknowledge)이다. 즉, 그것은 하나님의 은총에 바탕을 둔 실존적-실천적 지식 곧 경건한 지식이고 경건(*pietas*)에 관한 지식이다(*Inst.*, I/1-2). 그런 점에서 칼뱅의 신학은 처음부터 살아 있는 경건을 지향하는 경건 신학이지 단지 형이상학적인 사변적 지식을 추구한 것은 아니었다. 오히려 그는 안셀무스(Anselmus)처럼 경건하게 이해를 추구하는 신앙(*fides quaerens intellectum*)으로서의 신학을 지향하였다.[24]

다시 말해서 칼뱅은 어디까지나 경건을 추구하는 신앙(*fides quaerens pietatis*)이라는 말이 어울릴 정도로 빈번하게 경건(*pietas*)을 강조하면서, 실제적이고 실존적인 차원의 신 지식 곧 교회 안에서, 교회를 위한, 교회의 학문으로서의 하나님에 관한 지식을 추구하려고 하였다. 말하자면, 칼뱅은 자신의 신학에 대해 하나님에 대한 진지한 인식을 통하여 하나님 앞에서의 경건한 삶을 추구하려는 신앙적·목회적 바탕 위에 굳게 자리하고 있는 진정한 교회의 학문을 추구하려고 하였다. 이러한 측면에서 그는 하나님에 대한 이해 역시 하나님의 본질이 아니라 언제나 우리와 관계 안에 계시는 우리를 위한 하나님에 관한 것이었고, 그의 방대한 신학적 저술들은 바로 이러한 바탕 위에 깊은 뿌리를 내리고 있다.

---

24 이 명제는 안셀무스(Anselmus of Canterbury)의 『프로스로기온』(Proslogion)에 등장하는 것이고, 여기에 담긴 안셀무스의 의도는 그의 경건한 신앙에서 드러난다. 그는 아우구스티누스를 계승하여, 이해를 추구하는 신앙(*fides quaerens intellectum*)을 지향한 경건한 신앙인으로서 신 이해의 목적을 현학적 지식에 두지 않았다. 그는 철저한 실재론자로서 신의 현실에서의 존재를 존재론적 방법으로써 증명하고자 했다. 그는 '철학은 항상 신앙 아래에 있다'는 전통적 견해를 가졌지만, 신앙을 유지하는 데에 철학이 큰 역할을 한다고 생각했다. 즉, 그는 신앙이 이해를 추구하지 않는다면 옳지 못하다고 보았다. 그는 철저한 실재론자로서 보편의 실재를 믿었다. 그에 따르면 신은 사람들의 머릿속뿐 아니라 현실에서도 존재한다. 혹자가 무엇보다 가장 큰 존재인 신이라는 말을 이해했다면, 이는 우선 그의 머릿속에 존재한다. 이제 그가 무엇보다도 가장 큰 존재인 신이라는 개념이 자기 머릿속에만 존재한다고 주장하면 옳지 않다. 무엇보다 가장 큰 존재는 신이므로, 신은 사람의 머릿속을 뛰어넘어 현실에도 존재한다는 것이다. 하지만 그의 존재론적 증명은 수도사 가우닐로(Gaunilo, 11세기) 등에게 많은 비판을 받았고, 후대의 칸트(I. Kant)에게서도 비판을 받았다.

III. 칼뱅의 인간: 경건의 담지자

기독교 역사에서 중세까지의 신학적 분위기는 신 중심 일변도였다고 할 수 있다. 물론 이것은 신학 자체가 신에 관한 이야기(*Theologia*)라는 점에서 옳은 방향이기는 하다. 하지만 그렇다고 해서 신학이 오로지 하나님에 관한 분야 곧 형이상학적 학문을 추구하면서 다른 학문 분야(자연과학)를 통제하고, 심지어 교회의 삶까지도 제도적으로 지배하려 한 것은 문제가 있었다. 그러다가 14세기 후반에 등장한 르네상스 인문주의 운동이 그런 중세적 분위기에 항거하면서 사람들의 시각을 교회가 의도적으로 간과해온 인간에게로 돌린 것은 일종의 코페르니쿠스적 전환이었다. 칼뱅의 학문적 요람은 바로 이러한 시대적 상황, 곧 북유럽 인문주의가 종교개혁운동과 맞물려 돌아가던 유럽 사회의 전환기적 분위기와 관련이 있었다. 즉, 칼뱅은 프랑스 사회라는 독특한 종교·문화적 상황 위에 세워진 중세 가톨릭교회적 신학의 틀(스콜라주의)에 인문주의적 영향력이 서서히 깊어가던 시대적 분위기 속에서, 자연스럽게 로마 가톨릭교회적 전통이라는 신학적 유산과 르네상스 인문주의가 제공하는 인문학적 교양이라는 이중적 혜택을 누리게 되었다. 그리고 이러한 시대적 상황이 남긴 흔적들은 칼뱅의 신학 사상 안에 하나의 중요한 영향력으로 살아 있게 되었다.

그렇지만 지금까지 칼뱅에 관한 연구들은 대체로 신 지식과 연관된 것들이 많았다. 그래서 칼뱅을 하나님의 절대 주권을 강조하는 신학자로 보는 시각이 주류를 이뤄 왔다.[1] 필자도 그러한 칼뱅 신학의 중요한 성격

1 박해경 역시 이러한 시각에서 칼뱅의 신론을 전개하고 있다. 그는 "우리는 칼빈의 신학은 하나님 중심적이며 구원 중심적인 것으로 파악하여야 그가 본래 의도하였던 결론에 가까운

에 대해 대체로 동의한다. 하나님의 절대 주권을 강조하는 경건한 분위기는 칼뱅 신학 전체를 아우르는 매우 중요한 흐름이기 때문이다. 그렇지만 칼뱅의 신학을 신 중심적으로만 보려는 시각은 그의 신학적 여정의 전반적인 맥락을 고려하지 않는 오류를 범할 수 있고, 그러한 태도는 칼뱅 신학에 대한 일종의 사상적 폭력일 수 있다. 오히려 칼뱅에 관한 연구는 하나님에 관한 지식과 짝을 이루는 인간에 관한 지식을 함께 고려하면서 통전적으로 접근할 때 비로소 칼뱅의 신학이라는 실체를 만날 수 있게 된다. 특히 칼뱅은 단순히 교리 신학자, 조직 신학자 혹은 성서 주석가만이 아니라, 교회의 실제 목회 현장에서 시대적 아픔을 안고 살아가는 동시대인들과 다르지 않게 인생에서의 고뇌를 함께 공유하면서 힘을 다해 교회를 섬겼던 신실한 목회자였다. 그와 동시에 자신이 처한 사회 현실에 대해 고심했던 사회 활동가, 사회 개혁자이기도 하였다. 따라서 칼뱅이라는 인물과 그의 사상에 대한 이해는 단편적인 접근으로는 그 깊이와 넓이를 제대로 가늠할 수 없다.

이러한 칼뱅에 대한 깊은 이해를 바탕으로 통전적인 시각에서 칼뱅에게 접근한 인물을 찾는다면, 칼뱅의 신학 사상에 대한 저명한 연구자였던 토마스 토렌스(T.F. Torrance)라고 할 수 있다. 특히 그가 칼뱅의 인간 이해에 관하여 세심하게 연구한 이래로,[2] 신 중심 일변도로만 칼뱅 신학에

것으로 볼 수 있다"고 주장한다(2006, 55).

2 T.F. Torrance, *Calvin's Doctrine of Man*(West Broadway: Wipf and Stock Pub. 2001). 그의 연구는 1949년에 *Calvin's Doctrine of Man*으로 출판되었는데, 구속론적 입장에서 칼뱅의 인간론을 다루되 창조된 인간-하나님의 형상, 타락한 인간-죄에 오염된 인간 그리고 구원받은 인간의 패러다임을 제시함으로써 칼뱅의 인간 이해에 좋은 길잡이가 되었다. 물론 그의 연구가 신 형상론에 치우치는 약점은 있으나 칼뱅의 인간 이해의 물꼬를 텄다는 점에서 중요하다.

접근하려던 학자들의 태도에 많은 변화가 일어나고 있다. 더욱이 메리 포터 엔겔(M.P. Engel)은 "칼뱅의 인간론은 그의 사상에서 이차적인 교리가 아닌, 항속적이고 일차적인 초점에 해당한다. 따라서 칼뱅 신학에서 인간론을 등한시한다면 칼뱅 신학 전체에 흐르는 근본적인 요소를 이해하지 못한다"고 말함으로써,[3] 칼뱅 신학에서의 인간론의 중요성을 분명히 밝혔다. 이처럼 무게 있는 신학자들에 의한 칼뱅 신학에 대한 새로운 접근은 기존의 신론 중심의 칼뱅 신학의 울타리를 넘어서, 특히 칼뱅의 인간론에 대한 관심도를 높여주었다.[4] 현금에는 칼뱅의 인간 이해에 관한 연구들이 물량적으로도 대폭 증가하고 있는 것으로 보인다. 그리하여 이른바 비교적 균형이 잡혀가는 칼뱅의 모습을 기대할 수 있게 되었다.

칼뱅은 『기독교 강요』 초판(1536)부터 하나님에 대한 지식과 인간에 대한 지식을 함께 강조했다(*Inst.*, I/1-1). 즉, 칼뱅은 『기독교 강요』에서 신학적 지혜의 기본적인 주제들인 하나님에 대한 지식과 인간에 대한

3M.P. Engel, *John Calvin's Perspectival Anthropology*(Atlanta, Georgia: Scholars Press, 1988), ix. 특히 엔겔은 칼뱅의 인간학을 더 객관적으로 살펴보기 위해 신 중심주의와 인간 중심주의 모두를 배격하고, 이른바 관점주의(perspectivalism)를 내세우면서 '하나님'과 '인간'이라는 관점에서 칼뱅의 인간론을 바라보았다. 그렇지만 그는 각 관점에서 칼뱅을 이해하는 것까지는 좋았으나 양자의 관계성을 간과하고 말았다. 칼뱅의 사상은 어디까지나 신-인 사이의 변증법적·역설적인 관계를 특징으로 하기 때문이다(이오갑, 『칼뱅의 인간』, 서울: 대한기독교서회, 2012, 33-40).

4 오늘날 칼뱅의 인간론에 대한 논의들은 다양하게 나타난다(P. W. Pruyser, "Calvin's View of Man: A Psychological Commentary," *Theology Today* 1, 1969; J. D. Douglass, "The Image of God in Humanity: A Comparison of Calvin's Teaching in 1536-1559," *International Calvin Symposium McGill University,* 1986; G. Ph. Widmer, "La dramatique de l'image de Dieu chez Calvin," *Humain à l'image de Dieu,* ed. P. Bühler, Geneve: Labor et Fides, 1989; 이오갑, "L'anthropologie de Jean Calvin-l'homme dans la tension bi-polaire entre le deus maiestatis et le deus nobiscum," IPT-Montpellier 박사학위논문, 1992 등(이오갑, "칼빈의 인간론," 『칼빈신학해설』, 서울: 대한기독교서회, 1998, 183, 각주 1).

지식이 상호적 바탕이라고 천명하였는데, 이것은 마치 양자가 서로를 비춰주는 거울처럼 서로에게 중요한 의미를 지니고 있음을 의미하였다. 그런데 칼뱅은 『기독교 강요』 최종판(1559)에서는 책의 구조를 4권 80장으로 구성하면서, 인간에 대한 지식이 신 지식의 표면 아래로 숨어들게 함으로써 명실공히 하나님의 영광을 위한 신학자로 등장하는 것처럼 보인다.

그렇지만 그렇다고 해서 그가 인간에 관한 관심을 접은 것은 아니었다. 그의 인간 이해는 오히려 『기독교 강요』 전반에 분산되어 영광스러운 신 지식을 더욱 선명하게 그려내는 깊은 배경으로 작용하고 있다. 마치 화가가 사물의 명암을 표현함으로써 작품을 입체적으로 그리듯, 칼뱅은 신학 전반에 걸쳐서 인간에 대한 지식을 신 지식의 풍요로운 배경이 되게 함으로써 살아 계시는 하나님의 모습을 더욱 선명하게 그려 내고 있다. 이러한 사실은 여전히 '살아 계시는 하나님을 알 때, 인간은 비로소 자신을 알게 된다'는 그의 논리의 생생한 에너지로 작용하고 있다.[5] 다시 말해서 칼뱅의 필생 저작이라 할 수 있는 『기독교 강요』는 초판부터 최종판까지 시종여일하게 하나님에 관한 지식과 인간에 대한 지식이라는 이중성이 서로 깊은 조화를 이루면서 흘러간다고 말할 수 있다.

이러한 칼뱅의 시각은 결국 하나님에 대해서도 우리를 위한 하나님이심을 천명하려는 의도를 드러내는 것으로 보이며, 이것은 곧 인간이 하나님에 대해 의례적인 개념을 넘어 새로운 관계 개념을 정립할 수 있을 것으로

5 칼뱅의 근본적인 관심은 하나님이지만, 그 최종 목표는 경건한 인간성 완성이었다. 신 지식도 이러한 바탕에서 비로소 그 의미가 살아나게 된다. 이러한 칼뱅의 생각은 결국 기독교 메시지의 초점이 인간 구원에 있음을 명시한다. 이처럼 신학은 "인간 구원의 원리를 그 시대의 언어와 개념으로써 밝힘"에서 그 당위성을 찾게 된다는 점에서 볼 때(송기득, 『인간』, 서울: 한국신학 연구소, 1989, 27), 칼뱅의 『기독교 강요』의 신학적 가치는 가히 측량하기 어렵다.

기대하게 한다. 사실 지금까지 칼뱅의 사상에 대해, 마치 하나님에 관한 교리가 전부인 양 오해되었다. 그에 따라 체계적으로 일관성을 가진 칼뱅의 인간론이 빈약하게 이해된 채로 다량의 교리적 자료들 아래 사장된 경향이 있었다. 따라서 칼뱅의 인간 이해는 그의 하나님에 대한 이해와 함께, 『기독교 강요』 전반에서 새롭게 주목되어야 한다.[6]

아무튼, 칼뱅의 신학은 처음부터 '하나님에 관한 지식과 인간에 대한 지식'이라는 이중성을 확보하고 있다(*Inst.*, I/1-1)는 점에서, 칼뱅의 사상에 있어서 신 이해에 대한 분야와 함께 인간 이해에 관한 분야를 균형적으로 접근해야 할 당위성이 존재한다. 더욱이 칼뱅의 경건에 관한 서술은 그 출발은 하나님의 은총이지만, 거기에는 인간의 응답과 실천에 대한 부분이 함께 살아 있는 매우 중요한 주제이다.

따라서 우리는 칼뱅의 경건에 대한 논의를 앞두고 이미 하나님에 관한 그의 이해를 개략적으로 살펴본 것처럼, 여기서는 그의 인간 이해에 대한 부분을 함께 고려할 필요가 있다. 하나님에 관한 지식과 인간에 관한 지식은 언제나 통시적으로 함께 바라볼 때 비로소 건강한 기독교 신학이 형성될 수 있기 때문이다.

그렇다면 칼뱅은 인간을 어떻게 이해하고 있는가? 그리고 그런 인간 이해의 궁극적인 지향점은 어디인가? 칼뱅의 인간 이해는 경건 신학에 대한 신학적 근거를 제시해주고, 궁극적으로는 경건한 인간성의 본질 곧 인간성에 대한 근본 패러다임(the root paradigm)으로 우리를 이끌어가는데, 그것은 특히 그리스도의 인간성(*humanitas Christi*)에서 그 본질적인 실체를 드러내게 된다. 그리스도는 보이지 아니하시는 하나님의 형상(골

---

6 B.A. Gerrish, "The Mirror of God's Goodness," *Concordia Theological Quarterly* 45-3(1981. 7), 211.

1:15-16)으로서, 인간의 현실적인 실존을 넘어서 궁극적으로는 인간성의 본질로 우리를 이끌어가게 된다.

1. 본질적인 인간: 하나님의 형상

칼뱅에 따르면, 인간은 비록 하나님의 피조물 중에서 세상에 가장 늦게 등장하지만 사실상 피조 세계에서 가장 고귀한 존재이다. 따라서 사람이 "자신에 대해 무지한 것은 매우 치욕스러운 일"(*Inst.*, II/1-1)이다. 왜냐하면, 자신에 대한 무지는 곧 자신을 향한 하나님의 고귀한 은총을 망각하는 불경不敬에 해당하기 때문이다. 하나님의 창조 사역을 통해 등장한 인간은 마땅히 거룩한 하나님의 영광으로 빛나는 창조 세계라는 "아름다운 극장"에서 "하나님의 창조 솜씨에 대한 경건한 즐거움을 누리며," 창조주를 찬양해야 한다(*Inst.*, I/14-20). 그때 인간은 창조의 은총을 통해 자신에게 주어진 존재의 탁월함과 존재의 무한한 가치성을 더욱 선명하게 드러낼 수 있다. 왜냐하면, 사람은 하나님의 다양한 피조물 중에서 하나님의 공의와 지혜와 선을 드러내는 "가장 고귀하고도 탁월한 모범"이기 때문이다(*Inst.*, I/15-1). 말하자면 사람은 하나님의 특별한 창조의 은총을 입었기에, 그는 자신의 전 존재를 통해 하나님의 거룩한 창조의 은총을 드러내고 그 은총을 바탕으로 하나님을 찬미하고 예배할 때 비로소 사람됨의 진정한 가치가 드러나고 참된 행복을 누리게 된다는 것이다. 이처럼 하나님의 피조물인 인간은 언제나 하나님 앞에 서 있으며, 처음부터 하나님과의 관계 안에서 살아가는 존재이다. 그러므로 사람은 하나님과의 관계를 떠나서는 사람일 수 없다.

이렇듯 칼뱅의 독특한 인간 이해는 곧바로 하나님의 형상(*Imago Dei*)

을 따라 창조된 인간 존재에 관한 논의로 접어드는데, 사실 이것이 그의 인간 이해의 근본적인 바탕이다.[7] 칼뱅의 인간에 대한 모든 논의가 바로 여기서 출발하기 때문이다.[8] 칼뱅에 따르면, 사람은 하나님의 형상대로 창조되었고, 그것은 일차적으로 인간이 하나님을 닮은 독특한 존재임을 의미한다. "사람이 하나님을 닮았기 때문에 하나님의 형상이라고 부르는 것일 뿐 다른 뜻이 없다. 그러므로 이런 용어들에 대해서 아주 교묘하게 철학적인 논리를 늘어놓고 있는 사람들이야말로 어리석은 자들이다"(*Inst.*, I/15-3). 곧 사람이 하나님의 형상이라는 얘기는 말 그대로 그가 하나님을 닮았다는 것 외에 다른 뜻이 아니라는 것이다. 따라서 여기에 다른 어떤 형이상학적 논의가 불필요하다. 사실 인간이 하나님을 닮았다는 사실에 관해 무슨 논의가 더 필요한가? 그런데 문제는 이 하나님의 형상(*Imago Dei*)이라는 말이 무엇을 뜻하느냐는 것이다. 이에 대해 초대 교회와 중세 교회는 다양한 시각으로 접근해왔지만,[9] 종교 개혁자들은 근본적

---

7 역사적으로 하나님의 형상에 대한 논의는 대개 신-인 사이의 존재론적 유비에 집중되었다. 그러나 이것은 히브리적 이해가 아니다. 창세기의 P기자가 말하는 '형상' 또는 '모양'은 모두 조상(彫像)을 뜻한다. 그런데 성서는 신의 형상을 금지한다. 그런데 P기자는 왜 이 말을 사용했을까? 고대 서아시아에서는 통치자가 자신의 형상을 제작하여 자기 통치 지역에 세움으로써 통치자의 위엄과 주권을 나타냈다. 그렇다면 P기자는 창조주가 피조 세계에 자신의 주권을 드러내시려는 차원에서 인간을 신의 형상이라고 말한 것은 아닐까? 사실 인간은 자체로서 세상에 대한 하나님의 주권을 드러내는 상징이기 때문이다(김이곤, 『神의 約束은 破棄될 수 없다』, 1987, 85-109; 박준서, 『구약 세계의 이해』, 서울: 한들출판사, 2001, 13-37). 칼뱅 역시 하나님의 형상에 있어서 이미 존재론적 유비론을 넘어서고 있음을 볼 수 있다(Inst., I/15-3, 4).

8 가령 칼뱅의 주요 관심사인 성화론(聖化論) 역시 잃어버린 하나님의 형상에 대한 회복을 지향한다는 점은 그만큼 하나님의 형상론에 대한 그의 관심이 크다는 것을 암시한다.

9 초대 교회는 하나님 형상을 영혼, 이성 등에서 찾으려 했고 신적 요소로 여겼다(Clemens, Origen). 터툴리아누스(Tertullianus), 락탄티우스(Lactantius) 등 라틴 교부들은 그것을 신체에까지 결부시켰다. 그들은 그것을 형상(*Zelem, imago*)과 모양(*Demuth, similitudo*)으로 구분하여, 타락한 인간은 모양은 상실했으나 형상은 남아있기에 타락 후에도

으로 성서의 내용에 대한 깊은 이해를 바탕으로 성서를 그대로 따르는 경향을 보였다.

이것은 칼뱅도 마찬가지이다. 주지하는 바와 같이 칼뱅은 "인간은 하나님의 형상이기 때문에 다른 동물과 구별될 수 있다"는 말로써 하나님의 형상론에 관한 논의를 시작한다. 그에 따르면, 사람이 하나님의 최고의 피조물이라는 사실은 사람을 사람 되게 하는 그 무엇이 사람에게 본질적으로 존재하며, 그것은 심지어 인간의 외면(외적 인간)까지도 하나님의 형상과 무관하지 않다는 것이다(*Inst.*, I/15-3). 그렇지만 칼뱅에게 있어서 하나님 형상(*Imago Dei*)은 무엇보다 인간 본성의 탁월성(Eexcellence)과 완전성(*Integrity*)을 의미한다.

> 하나님의 형상은 인간 본성의 완전한 탁월성(excellence)으로, 타락 이전에는 아담 안에 빛나고 있었다. 그러나 후에는 부패하고 거의 지워졌기 때문에, 파멸 후에 남은 것이라곤 오직 혼란하고 절단되고 오염된 것뿐이다(*Inst.*, I/15-4).

> 나는 하나님 형상에 대해 모든 생물보다 뛰어나게 만드는 인간 본성의 탁월함

의지와 자유와 이성을 보유하고 동물과 구분된다고 봤다. 아우구스티누스(Augustinus) 역시 타락 이전의 인간은 하나님과 올바른 관계 속에 있었다는 의미에서 그는 하나님 형상이고 본래적 의(*justitia originalis*)를 갖고 있었지만, 타락이 그것의 상실을 가져왔고 하나님과의 관계도 깨졌다고 보았다. 하지만 형상은 완전히 없어지지 않고 인간 본연의 것, 곧 이성, 의지의 자유, 동물에 대한 우월성 등에서 찾을 수 있다는 것이다. 중세 교회도 타락한 인간은 형상은 남아 있기에 모양을 갈망하여 수용할 수 있으며, 본래적 의는 본성 속에 초월적으로 첨가된 선물이라고 보았다. 그것은 본성과 대립되는 것이 아니라 본성이 추구하는 것의 충족이라고 본 것이다(김균진, 『기독교조직신학』II, 서울: 연세대학교출판부, 1987, 56-59). 칼뱅은 형상과 모양을 구분하는 전통을 거부하고 모양은 형상의 또 다른 표현으로 보고, 타락한 인간에게도 형상의 파편은 남아있다고 보았다.

(excellence)이 전체에까지 확대된다는 원리를 그대로 고수한다. 그러므로 아담이 올바른 이해를 충만히 소유하고 그의 감성을 이성의 경계 내에 유지하고 그의 모든 감각들을 올바른 질서대로 통제하고 자신의 탁월함을 진실로 창조주 하나님께서 베푸신 특별한 은사에서 비롯된 것으로 여겼을 당시 아담에게 부여된 완전성(integrity)을 하나님 형상이라는 단어로 표현하는 것이다(*Inst.*, I/15-3).

말하자면, 칼뱅에게 있어서 하나님의 형상이란 다름이 아니라 일차적으로 인간이 다른 피조물과 구별되는 탁월성(*sua exellentia*)을 지녔으며, 특히 하나님과의 관계에서 최고의 완전성(*summa perfectio*)을 소유한 존재임을 뜻한다. 이러한 칼뱅의 생각에 대해, 토렌스(T.F. Torrance)는 거울 이미지를 도입하여 칼뱅의 하나님 형상론은 존재론적 차원이 아닌, 하나님의 은혜로운 의지에 대한 영적 관계라고 봄으로써 이른바 은유·관계적 해석을 시도한다.[10] 사실 칼뱅 자신도 『기독교 강요』에서 인간에게 주어진 하나님의 형상이란 곧 하나님의 영광의 거울(*speculum gloriae Dei*)이라고 설명한다(*Inst.*, I/15-4). 거울이란 반드시 상대방을 전제할 때 의미가 있는 개념이라는 점에서 하나님의 형상을 관계적 시각에서 이해하기에 유용한 개념이라고 할 수 있다. 니젤(W. Niesel) 또한 칼뱅의 하나님 형상에 관한 개념에 대해, "초자연적 선물로서 인간의 영, 육적 실존을 넘어 외부에서 왔으며, 인간 안에 있는 그 무엇이 아니라 피조물인 인간이 창조자에 대해서 갖는 정당한 태도"라는 관계적 차원으로 이해한다.[11] 사실 칼뱅이

10 T.F. Torrance(2001), 36; 79-80. 특히 하나님 형상론에는 인간의 특별한 속성 문제와 죄인으로서의 인간이라는 명제가 대립된다(김광식, 『組織神學』I, 서울: 대한기독교출판사, 1991, 349).

하나님의 형상에 대해 다른 피조물과의 관계에서 드러나는 탁월함과 창조주가 주신 완전성으로 보는 것은 그 역시 하나님의 형상을 인간에게 존재론적으로 주어진 어떤 신적 요소(*substantia Dei*)라기보다는 하나님을 향한 인간의 태도와 연관된 어떤 것임을 암시한다. 왜냐하면, 그가 하나님 형상에 대해 사용하는 탁월성, 완전성 같은 말은 근본적으로 타 존재와 관계에서 드러나는 인간의 태도나 성품을 뜻하는 개념이기 때문이다. 이처럼 칼뱅은 하나님 형상을 완전성 혹은 탁월성으로 이해함으로써, 일차적으로 하나님의 형상에 대해 은유·관계적 입장에서 이해하고 있는 것으로 보인다.

> '형상'이라는 말은 하나님의 본질에 관한 말이 아니라 우리와의 관계에서 사용된 말이다. 그리스도가 하나님의 형상인 것은 그가 우리에게 하나님을 볼 수 있게 해주는 수단이 되기 때문이다. 동시에 우리는 하나님의 *Homousia*(형상)라는 말에서, 만일 그리스도가 하나님 말씀의 근본이 아니라면 하나님을 진실하게 드러낼 수 없다는 사실을 추측해볼 수 있다. [....] 다만 그가 그리스도 안에서 우리에게 자신을 나타내실 때, 우리는 마치 거울로 보는 것처럼 그를 바라볼 수 있다는 것이다. 하나님은 그리스도 안에서 자신의 의와 인자, 지혜, 능력, 요컨대 당신의 모든 것을 우리에게 보여주신다. 그러므로 우리는 다른 방법으로써 하나님을 바라보지 않도록 조심해야 한다. 그리스도 밖에서 얻어지는 모든 하나님의 모습들은 우상에 불과하다(*Comm. on Col.*, 1:15).

이처럼 칼뱅은 일차적으로 하나님의 형상에 대해 하나님과 인간, 혹은

---

11 W. Niesel(1991), 64-65.

인간과 자연과의 관계에서 드러나는 어떠한 이미지라는 차원에서 은유·관계적 이해를 견지한다. 그리하여 칼뱅은 하나님의 형상에 대해, 중세교회의 스콜라주의자들처럼 인간의 내면에 주어진 어떤 신적 요소(*substantia Dei*)로 이해하려는 태도인 이른바 존재론적 해석을 배제하는 것으로 보인다(*Comm. on Gen.*, 1:26).[12] 즉, 하나님의 형상은 존재론적 의미가 아니라 관계적 의미로 이해해야 한다는 것이다. 이러한 칼뱅의 시각은 뒤따르는 이들에게 하나님의 형상에 관한 이해에 있어서 온전한 방향을 갖게 만들었다고 할 것이다.

그렇지만 한편 칼뱅이 하나님의 형상에 대해, "무엇보다 인간의 마음에 부여된 그 많은 고귀한 은사들은 곧 사람의 마음에 뭔가 신적인 것이 새겨져 있음을 선포하는 것이다. 이러한 은사들이야말로 불멸하는 실재(*immortalis essentiae*)가 존재한다는 증언들이라고 말할 수 있다"(*Inst.*, I/15-2)라고 말하거나 "분명히 하나님의 영광이 외적인 인간(*homine externo*) 안에서 빛나고 있기는 하지만, 그의 형상의 본래적 좌소가 영혼 안에 있다는 것은 의심할 여지가 없다"는 등의 표현은(*Inst.*, I/15-3) 하나님의 형상이 단순한 은유가 아니라 인간 안에 주어진 어떤 실체實體(Reality)임을 암시하는 듯한 인상을 풍김으로써 독자들을 혼란스럽게 한다. 특히 칼뱅의 다음과 같은 표현들은 이러한 시각을 반영한다.

그런데 하나님께서 인간을 자기 형상대로 창조하기로 결정하셨을 때, 이

12 이러한 칼뱅의 태도는 그리스 철학의 이원론적 세계관과 인간을 포함한 물질 세계가 신적 요소의 유출에 의해 창조되었다는 신비주의적 세계관을 거부하는 동시에 중세적 인간 이해를 배제하려는 의도로 보인다. 이런 차원에서 칼뱅은 바르트보다 훨씬 이전에 하나님과 인간 사이의 존재론적 유비(*analogia entis*)를 거부하고, 관계적 유비(*analogia relationis*) 혹은 신앙적 유비(*analogia fidei*)를 지향했다.

표현은 이해하는 데 다소 애매함이 있었기 때문에 이를 보충적으로 설명하기 위해 '모양대로'라는 어구를 반복하여 말씀하신 것이다. 이는 마치 그분께서 '나는 인간을 만들고, 그 속에 나 자신의 형상과 닮은 표적을 새겨 넣어 나 자신을 재현하려고 한다'고 말씀하신 것으로 이해되어야 한다(*Inst.*, I/15-3).

그리고 하나님의 형상의 원래적인 좌소는 정신과 마음 혹은 영혼과 그 능력들 가운데 있었지만, 사람의 모든 부분 가운데 —심지어 육체조차도— 그 섬광(閃光)이 조금이라도 미치지 않은 곳은 찾을 수 없다. 사실상 세계의 모든 부분에서 하나님 영광의 어떤 흔적들(*lineamanta gloriae Dei*)이 빛나고 있는 것은 너무도 분명한 사실이다(*Inst.*, I/15-3).

그렇다면 칼뱅은 하나님의 형상 이해에 있어서, 은유·관계적 이해를 넘어 이른바 실재론적 이해를 지향하는가? 이에 대해 이오갑에 따르면, 스타우페르(R. Stauffer) 등은 특히 칼뱅의 설교들에 근거해서 "칼뱅의 하나님 형상은 그리스도의 공적과는 별개로 인간 안에 있는 하나의 실체(Reality)로 이해할 것"을 주장한다는 것이다.[13] 사실 칼뱅은 하나님께서 당신의 형상을 "인간 영혼 안에 새겨 놓으셨다"(*Inst.*, I/15-3)고 말할 뿐 아니라 설교에 자주 등장하는 '새겨진'(Engraved), '조각된'(Sculptured) 등의 표현들은 이런 주장을 지지하는 것처럼 보인다. 그리하여 하나님의 형상이란 단지 인간의 하나님에 관한 어떤 태도나 하나님과의 관계성에 대한 은유적 설명일 뿐만 아니라 창조에서 그리고 출생에서 계속적으로 부여되는 하나의 성질(소질)로서, 모든 사람에게 공통적이고 일반적인

13 이오갑(2012), 110-114.

어떤 객관적 실체로 이해될 수 있다는 것이다. 사실 칼뱅은 사람이 하나님의 형상이라고 말할 때 어떤 은유적 표현을 사용하지 않는다. "사람이 하나님을 닮았기 때문에 하나님의 형상이라고 부르는 것일 뿐 다른 뜻이 없다"(Inst., I/15-3)는 것이다. 이러한 표현은 인간은 곧 하나님의 형상이라는 말 외에 다른 뜻은 없다는 의미이다. 따라서 칼뱅이 말하는 하나님의 형상은 인간 안에 실제로 존재하는 어떤 실체를 뜻하는 것으로 보인다. 다시 말해서 칼뱅에 따르면, 사람은 하나님의 특별한 피조물로서 사람을 동물들과 구별하게 되는 실제적인 탁월성(Excellence) 혹은 완전성(Integrity)을 갖고 있다는 점에서, 스타우페르 등이 주장하는 실재론적 이해는 칼뱅의 하나님 형상에 대한 개념에 더 가까이 접근하는 것처럼 보인다.

그렇지만 여기서 주의할 점은, 칼뱅이 하나님의 형상에 대해서 말할 때 그것을 인간 안에 실재하는 어떤 신적 요소(*substantia Dei*)로 보지는 않는다는 점이다. 그는 단지 인간 안에는 신적 요소가 아니라, 하나님의 특별한 창조의 솜씨로서의 하나님의 형상이 분명한 실체로서 인간 안에 실재한다고 말할 뿐이다. 다시 말해서 칼뱅은 스콜라주의자들처럼 사람이 하나님과 존재론적으로 연결되어 있기 때문에 사람이 하나님을 인식할 수 있다는 식으로는 이해하지 않는다. 인간은 다만 하나님의 자녀라는 관계적 유비 혹은 신앙적 유비를 통하여 하나님을 인식할 뿐이다. 그런 의미에서 토랜스(T.F. Torrance) 등이 주장하는 은유·관계적 이해 역시 매우 중요하다. 이렇게 보면 칼뱅의 하나님 형상(*Imago Dei*)에 대한 해석은 은유·관계적인 동시에 다소 약한 실재론적 측면에 머무는 역설적 성격을 내포할 수밖에 없다.[14] 그리하여 사람이 하나님의 형상이라는 얘기는

14 칼뱅은 하나님의 형상에 대해서 교리적인 저술들(특히 『기독교 강요』)에서는 관계성을 강조하는 듯하지만, 설교에서는 오히려 실재론적인 해석을 취한다. 따라서 그의 신 형상

인간이 다른 피조물과 구별되는 탁월성과 완전성을 실제로 보유하고 있다는 것을 의미하며, 하나님께서는 그러한 당신의 형상을 인간의 영혼 안에 새겨놓으셨다는 사실을 말한다고 할 것이다.

요컨대 칼뱅에게 있어서 하나님의 형상이란 우선 인간이 하나님과의 관계 안에 있는 하나님의 존귀한 피조물임(창 1:27)을 뜻한다. 따라서 사람은 자신의 존재 의미를 하나님에게서 찾으며, 자신의 삶을 통해 하나님의 성품과 의도를 드러내는 거울이다.[15] 그러므로 사람은 늘 하나님과의 관계 안에서만 자신의 존재 의의와 가치를 말할 수 있으며, 그러한 시각에서만 사람은 자신에 대한 올바른 인식과 자신의 존재 목적에 대한 온전한 실현을 통해 자신의 존재 이유를 발견하게 된다.[16] 그리하여 인간은 오늘도 그분과의 관계 안에서 존재하며, 그렇게 될 때 그분의 형상으로서 그분의 영광을 드러내는 거룩한 존재일 수 있다는 것이다.

그런데 한편으로, 칼뱅의 하나님 형상(*Imago Dei*)으로서의 인간 이해는 단지 하나님과의 관계만을 전제하지 않는다. 인간 창조에 대한 성서의 증언 자체가 이미 또 다른 관계 곧 인간들 사이人間(*inter homines*)의 관계를 말하고 있기 때문이다. 즉, 사람은 하나님과의 관계를 바탕으로 다른 사람

에 대한 이해는 은유적 측면과 동시에 실재론적 측면이 함께 견지되어야 할 것으로 보인다(이오갑, *Ibid.* 112).

15 D.K. Mckim, ed., *Readings in Calvin's Theology*(Grand Rapids: Baker Book House, 1984), 108.

16 창세기는 "하나님이 자기 형상 곧 하나님의 형상대로 사람을 창조하시되, 남자와 여자를 창조하셨다"고 말한다(창 1:27). 현대 신학은 그것을 '인간이 가진 관계성', '인간의 존엄성' 그리고 '타자를 위한 존재' 등으로 이해하며, 그것은 인간 안에 영원히 주어진 'substantia'가 아닌, 인간이 지향할 종말론적 희망과 수행할 과제로 이해한다(김균진, 1987, 64-78). 그리고 과제는 곧 '인간성 완성'이라는 점에서, 퇴계의 인간 이해와 공명한다고 할 것이다.

과의 관계 그리고 더 나아가서 다른 피조물(자연)과의 관계에서 하나님을 닮은 존재로서 자신을 책임지는 가운데, 다른 사람과 다른 피조물에 대해서도 책임 있는 존재로 살아가면서 거룩한 하나님의 영광을 드러내는 존재라는 것이다. 이러한 인간의 본질은 하나님께서 인간 창조를 기획하시는 과정에서 이미 드러난다: "하나님이 이르시되, 우리가 우리의 형상을 따라 우리의 모양대로 사람을 만들고, 그들로 바다의 물고기와 하늘의 새와 가축과 온 땅과 땅에 기는 모든 것을 다스리게 하자 하시고, 하나님이 자기 형상 곧 하나님의 형상대로 사람을 창조하시되 남자와 여자를 창조하시고...!"(창 1:26-27). 이처럼 하나님의 형상인 사람은 처음부터 그 형상에 대한 단순한 수용자가 아니라, 자신을 하나님의 형상대로 창조하신 하나님의 은총에 응답하는 가운데 그 은총의 바탕에서 자신의 존재 의미와 목적을 실현해 나가는 능동적인 존재로서 창조 세계의 중심에 자리한다고 할 것이다.

결국 칼뱅이 이해한 탁월성(Excellence) 혹은 완전성(Integrity)으로서의 하나님 형상은 사람됨의 본질로서 하나님과의 관계天人關係를 전제하며, 그 관계 안에서 존재 의미를 찾는 자기초월적 존재로서의 인간을 뜻하는 바 이러한 개념은 구조상 앞으로 논하게 될 퇴계의 천명 사상에 근접한다고 볼 수 있다.[17] 그리고 칼뱅의 이러한 관점은 궁극적으로 인간 역사 안에 계시된 한 분 곧 보이지 아니하시는 하나님 형상으로 오신 예수 그리스도의 인간성(*humanitas Christi*)을 지향한다는 점에서(고후 4:4; 골 1:15; 히 1:3),

17 김광식은 "하나님의 형상에 대한 신학적 사고는 결국 인간 존엄성의 근거를 하나님에게서 찾는 데 있다. 이러한 차원에서 하나님의 형상은 유교의 천명(天命)과의 대화가 가능하다. 天命은 인간 본성이 어떤 형이상학적 개념이기보다는 하늘(天)과의 관계에서 그리고 하늘이 부여한 것이라는 차원에서 인간성의 존귀함을 설명한다"고 보았다(김광식, 1991, 366).

참된 인간 본질은 참된 하나님 형상이신 예수 그리스도 안에서 찾아야 함을 의미한다. 이러한 칼뱅의 본질적인 인간성에 대한 이해는 전체적인 인간 이해의 근간을 이루고 있다.

2. 실존적인 인간: 죄에 빠진 존재

칼뱅은 성서가 말하는 인간의 본질에 대한 논의에 이어서 죄에 빠진 비참한 인간 곧 실존적인 인간 현실을 조명하고, 최종적으로는 그리스도의 구속 은총으로 연결한다. 칼뱅에게 있어서 죄론(Hamartiology), 곧 타락한 인간 실존에 대한 이해는 기독교 신앙과 신학에서 매우 중요한 부분이다.[18] 칼뱅에 따르면, 인간의 타락은 하나님의 형상으로서의 우리의 본래적인 탁월성(*naturae nostrae excellentia*)에 대한 상실을 의미한다(*Inst.*, II/1-1). 그 결과 인간은 비참과 수치로 가득한 실존 현실을 맞이하게 되었고, 그것은 곧 우리에게 주어진 그 본래적 고귀성(*primae nobilitatis*)의 손상과 상실이며 불멸성(*immoratalitatis*)과 선善과 의義에 대한 열정의 상실을 뜻하기도 한다(*Inst.*, II/1-3).

이러한 인간 타락의 깊은 원인은 어디까지나 인간 자신의 탐욕과 욕망에서 나온 교만과 불신앙이며(*Inst.*, II/1-4), 그 교만과 불신앙이 결국 사람을 하나님께 대한 불순종으로 이끌었던 것이다. 그 결과 인간은 돌이킬 수 없는 전적인 부패의 상태에 떨어지고 말았다(*Inst.*, II/1-9). 그리하여

---

18 루터 역시 신학의 주제에 대하여, "죄인이며 희망이 없는 인간과 의롭게 하시는 하나님 혹은 구원자"에 대한 문제 곧 "지극히 실존적인 이중의 테마, 즉 인간의 죄와 구속이 바로 신학의 대상"이라고 말했다(P. Althaus, 1994, 29). 칼뱅 또한 우리가 우리 자신에 대해서 알아야 할 지식은 "창조 시의 하나님 형상으로서의 탁월성과 타락 이후의 우리의 비참한 처지"라고 말한다(*Inst.*, II/1-1).

인간의 치명적인 범죄는 인간 본래의 존재 목적인 하나님을 향한 경건한 삶(*Inst.*, II/8-8, 16, 22)을 불가능하게 만들고, 자기 존재를 불경건에 떨어뜨렸으며(*Inst.*, II/1-4; 2-1), 인간으로 하여금 맹목적인 자기 사랑에 빠지는 비참한 상태(*misera conditio*)에 떨어지게 했다(*Inst.*, II/1-2). 또한 죄는 엄청난 세력이 되어 인류 전체를 오염시켰고, 경건한 존재로서의 인간성에 대한 무참한 파괴와 치명적인 상처를 남겼으며, 이것은 더 나아가 하나님께서 창조하신 세계에까지 큰 상처를 남겼다.

> 나는 아담이 의의 근원을 저버린 후에 죄가 그 영혼의 모든 부분을 장악하였다고 말한다. 그저 천박한 욕망이 그를 유혹했을 뿐 아니라, 말로 다 할 수 없는 불신앙이 그의 정신의 최고 보루를 점령하였고 교만이 그의 마음의 가장 깊은 곳까지 뚫고 들어갔기 때문이다(*Inst.*, II/1-9).

> 아담이 창조주와 연합해 있고, 또한 그분에게 매여 있는 것이 그의 영적 생명이었던 것처럼 하나님에게서 떨어진 것은 곧 그의 영혼의 죽음이었다. 그가 하늘과 땅의 자연 질서 전체를 부패시켰으니 자신의 반역으로 자기의 모든 후손을 멸망에 몰아넣었다는 말은 전혀 이상하지 않다. [...] 온 세상에 퍼져나간 그 저주가 아담의 죄책에서 흘러나온 것이므로, 그것이 그의 후손에게로 퍼져 간다고 해도 그것을 부당하다고 할 수 없다. 그러므로 그에게서 하늘 형상(*coelestis imago*)이 말소된 후 아담 혼자만 이 형벌—처음 그에게 주어진 지혜와 덕과 거룩함과 진리와 정의가 사라지고, 대신 지극히 추한 더러움과 몽매함과 무능력과 불결함과 허망함과 불의가 생겨난 사실—을 당한 것이 아니고, 후손들 역시 동일한 비참 속에 얽혀서 거기에 잠기게 되었다. 이것이 바로 유전적 부패성인데, 교부들은 이를 원죄(*peccatum originale*)라는

용어로 표현했다(*Inst.*, II/1-5).

곧 칼뱅에 따르면, 인간 본질에까지 깊은 영향을 끼친 아담의 죄는 아담 자신으로 끝나지 않고 계속 확산되므로 그것은 아담의 후손에게까지도 이어진다는 것이다. 그리하여 칼뱅은 아우구스티누스의 원죄론을 큰 틀에서 수용한다. 특히 그는 이 문제에 대해, 인간의 죄성의 보편성은 유전이 아니라 모방에 불과하다고 주장했던 펠라기우스(Pelagius, 354~418)의 오류를 재확인하면서 아우구스티누스의 손을 들어준다. 그것은 성서의 명백한 증거이기 때문이다. "성서의 명백한 증거에 의해, 죄가 첫 사람으로부터 그의 모든 후손에게 전달되었음이 입증되자(롬 5:12), 펠라기우스는 그것이 출산에 의한 것이 아니라 모방에 의해 전달된 것이라고 얼버무렸다. 그러므로 선한 사람(아우구스티누스)은 우리가 사악함을 본받았기에 부패한 것이 아니라, 모태에서 물려받은 결함(*ingenitam vitiositatem*)을 지니고 있음을 힘써 입증하려 하였다"(*Inst.*, II/1-5). 이렇게 하여 칼뱅은 신학이 전통적으로 수용해온 죄의 보편성과 현실성에 대한 시각을 견지한다.

그렇지만 칼뱅은 인간의 임신과 출산에 의한 죄의 유전이라는 개념은 그대로 수용하지 않는다.[19] 그는 원죄(*peccatum originale*)를 아우구스티

19 아우구스티누스의 원죄 교리는 특히 죄의 보편성에 중점이 있다. 그에 따르면, 타락 이전의 인간은 자유 의지를 통해 스스로 선악을 선택할 수 있었으나, 타락과 함께 그 능력을 상실했다. 모든 인간은 동일한 본성으로서 그 한사람(아담)이었다. 그러므로 아담 안에서 모든 사람이 죄를 지었다. 온 인류는 죄 덩어리다. 그러므로 죄는 먼저 나의 결단을 가리키는 것이 아니라, 결단 가운데 있는 나를 규정한다. 인간은 죄를 짓지 않을 수 없다. 이제 아담의 후손들은 아담의 죄 된 상태를 유전적으로 받아들인다. 욕정 가운데 이뤄지는 임신과 분만을 통해 아담의 죄는 후손들에게 유전된다. 그러므로 임신과 분만은 유전(propagatio)의 수단이다. 이처럼 죄는 아담으로부터 유전되기 때문에 죄는 인간의 죄

누스처럼 단순한 생물학적 차원에서의 유전 죄(*peccatum inhaerens*)로 보기보다 인간 본성의 오염이라는 더 본질적 측면에서, 즉 아담 이후로 인간성 안에 보편적으로 존재하는 죄성의 현실적 실존이라는 차원에서 원죄를 이해하려고 한다. 물론 칼뱅은 아담의 부패가 자손들에게까지 이어진다는 죄의 유전에 대한 기본적인 골격을 유지한다. "이처럼 자녀들이 부모들 안에서 부패했고, 자녀는 다시 그 후손에게 대대로 질병을 옮겨 주었다"(*Inst.*, II/1-7). 그렇지만 아우구스티누스처럼 임산과 출산이라는 수단을 통하여 영혼이 유전되고 따라서 아담의 죄성이 모든 인간에게 보편적으로 전달된다는 생물학적 도식을 그대로 따르지는 않았다.[20] 그리하여 칼뱅은 죄의 보편성에 대해 생물학적인 유전에 의한 전승이라는 시각이 아니라, 독특하게 인간성 자체의 오염이라는 차원에서 일종의 병적인 확산 개념으로 이해한다.

> 우리는 부모의 불결함(*parentum innunditiem*)이 자녀에게 전달되어 모두가 예외 없이 태어나면서부터 이미 부패한 상태에 있다는 말을 듣는다. 그러나 우리는 인류의 첫 조상에게로 거슬러 올라가서 그 근원을 찾지 않는다면, 이 오염의 시작을 찾지 못할 것이다. 우리는 아담이 단지 시조일 뿐 아니라 말하자면 인간성의 뿌리이므로, 그가 부패했을 때 온 인류가 당연히 부패한 상태 속에 있게 되었다는 것을 분명히 알아야만 한다. [...] 바울은 우리가 모두 아담 안에서 죽었다고 선언함과 동시에, 우리는 죄의 질병(*peccati labe esse implicitos*)에 걸렸다는 것을 분명하게 입증했다. 왜냐하면, 불의의 죄책

된 행위 이전에 인간 존재에 속한다(김균진, 1987, 114-115). 그러나 칼뱅은 이러한 입장을 벗어나 '인간 본성의 오염'의 차원에서 죄에 대한 인간의 책임성과 현실성을 강조한다.

20 이오갑(2012), 134-137.

(*iniquitatis culpa*)에 의해 감염되지 않은 자들에게 정죄(*damnatio*)가 미칠 수 없기 때문이다(*Inst.*, II/1-6).

오염은 주로 영혼 안에 있는 것이므로 아들의 영혼이 아버지의 영혼으로부터 비롯된 것이냐의 여부를 가리는 문제는 교부들을 크게 괴롭혔는데, 이 문제를 이해하기 위해서 굳이 고심할 필요가 없다. 우리로서는 다음과 같은 사실을 아는 것으로 만족해야 한다. 곧 하나님께서는 인간의 본성(*humanae natura*)에 부여하시려는 은사들을 아담에게 위탁하셨으나, 아담이 자신이 받은 은사들을 잃어버리면서 자기 것만이 아니라 우리 모두의 것까지도 함께 잃어버렸다. 아담이 잃은 그 은사들은 자신만이 아니라 우리 모두를 위해 받은 것이었다. 따라서 그 은사들이 한 사람에게만 주어진 것이 아니라 인류 전체에게 주어진 것이라면, 과연 '영혼이 부모로부터 전달받느냐? 아니냐?' 하는 따위의 문제로 염려할 필요가 있을까? [...] 그러므로 썩은 뿌리에서 썩은 가지들이 나온 것이요, 그런 상태에서 나온 가지들이 다른 작은 가지들로 전달된 것이다. 그렇게 해서 자녀들은 부모 안에서 부패했고, 그들이 그런 질병 상태를 자녀들에게 다시 옮겼다. [...] 그 오염이 육신이나 영혼의 본체로부터 기원되지 않고, 첫 사람이 자신과 그 후손을 위해 하나님께서 주신 은사들을 동시에 얻었다가 잃어버리도록 정해 놓으신 것이다(*Inst.*, II/1-7).

아무튼 칼뱅에 따르면 원죄는 인간 본성의 타락과 부패를 뜻하며, 그것은 인간 영혼의 전 영역에 퍼져 있어서 사람 안에 선한 것이 전혀 없음을 의미한다(*Inst.*, II/1-9). 또한 이 부패성은 "절대로 우리 속에서 사라지지 않고, 마치 불타는 용광로처럼 화염을 계속 뿜어내며 새로운 열매들을 맺는다"는 것이다. 이런 의미에서 원죄는 정욕(*concupiscentia*)이라 할 수 있다. 이 정욕은 인간 본성 자체가 무서운 질병에 감염된 현실을 의미한다. 그렇게 하여 인간은 전적으로 부패했으며(Total Depravity), 스스로 구원을 성취할 수 없는 전적으로 무능(Whole Incompetency)의 상태가 되었다. 칼뱅은 인간의 원죄에 대해 이렇게 설명한다.

> 원죄란 영혼의 전 부분에 퍼져 있는 우리 본성의 유전적 타락과 부패인바 그것은 우리로 하여금 하나님의 진노 아래에 있게 만들고, 성서가 육체의 일이라고 말하는 행위들을 행하게 만든다. [...] 그러므로 우리는 다음 두 가지를 분명히 해야 한다. 첫째로, 우리의 본성은 모든 부분에 걸쳐 철저하게 부패하고 타락했기에, 이러한 엄청난 부패로 인해 의와 결백과 순결 이외에 그 어떤 것도 용납지 않으시는 하나님 앞에서 당연히 정죄를 받고 유죄 판결을 받은 상태라는 것이다. [...] 둘째로, 이러한 부패성은 절대로 우리 안에서 사라지지 않고, 마치 화염과 불꽃이 계속 솟구치며 불타는 용광로처럼 혹은 끊임없이 샘물이 솟아나는 샘처럼 계속해서 새로운 열매들을 맺는다는 것이다. [...] 이 원죄를 가리켜 정욕(*concupiscentia*)이라고 말한 이들을 매우 적절한 표현을 했다. 사람 안에 있는 모든 것이 —지성에서부터 의지에 이르기까지, 영혼에서 육체에 이르기까지— 정욕으로 가득 채워져 있고, 그것으로 오염되었다는 것이다. 말하자면, 전체 인간(*totum hominem*)은 정욕 외에는 아무것도 아니라는 것이다(*Inst.*, II/1-8).

칼뱅에 따르면, 이렇게 타락한 인간에게는 자유 의지(*liberum arbitrium*)가 아닌, 노예 의지(*servum arbitrium*)만 남는다는 점에서 인간은 현실적으로 선을 행할 수 없고, 결국 인간은 본성의 타락(*naturae depravationi*)으로 인하여 그 신분과 성품과 삶에 있어서 돌이킬 수 없는 치명적인 상처를 입었다(*Inst.*, II/1-10). 따라서 이제 인간은 전적으로 하나님의 은총에 의지할 수밖에 없다. 다시 말해, 하나님의 특별한 구원 은총에 의존하지 않고서는 인간은 전적인 무능이라는 죄의 현실에서 결코 벗어날 수 없다.

> 하나님은 내적으로는 성령을 통해서 선택된 자들의 마음에 빛을 비추시고, 의를 사랑하고 배양하는 마음을 일으키시고, 그들을 새로운 피조물로 만드신다. 그리고 외적으로는 그의 말씀을 통해서 그 동일한 새로운 피조물의 상태를 사모하게 하고 구하게 하며, 거기에 이르도록 그들을 일깨우신다(*Inst.*, II/5-5).

그렇다면 칼뱅의 인간 이해는 낙관적인가 아니면 비관적인가? 그는 타락 이전의 인간에 대해서는 분명히 낙관적인 태도를 보인다. 그래서 하나님의 형상으로서 인간은 완전하고 탁월한 존재임을 명시한다. 그렇다면 타락 이후의 인간은 어떠한가? 칼뱅은 타락 후에도 인간에게 남아 있는 자연적 은사에 대해 자주 언급한다. 부패하고 타락한 인간에게도 어느 정도는 하나님의 은사가 남아 있다는 것이다(*Inst.*, II/2-12, 13, 14, 15, 16). 그래서 칼뱅은 "타락한 인간에게는 하나님의 형상이 전혀 남아 있지 않다"고 주장하는 루터보다는 온건한 쪽이다.[21]

> 인간이 선악을 구분하고 이해하고 판단하는 역할을 하는 이성은 자연적 은사

---

21 이에 대해 루터는 "인류는 온통 죄 덩어리다(*massa perditionis*). 모든 종자는 죄로 가득하다. 그의 본질은 정욕으로 가득 찼다. [....] 인간의 본질은 악하게 물든 본성이요 부패한 본성이다. [....] 자유 의지는 생각할 수도 없는 말이다"라고 말한다(이종성, 『신학적 인간학』. 서울: 대한기독교서회, 1987, 55, 재인용).

이기 때문에 완전히 제거될 수 없다. 다만 그것은 부분적으로 약화되고 부패했으므로 그것의 볼품 없는 파편만 남아있을 뿐이다. 요한은 이런 의미로 "빛이 어두움에 비추되 어두움이 깨닫지 못하더라"(요 1:5)고 말했다. 이 말씀에는 두 가지 사실이 분명히 표현되고 있다. 첫째로 인간이 부패하고 타락한 본성 가운데 아직까지 어느 정도의 불빛들이 반짝이고 있다. 이러한 불빛들은 인간이 지성을 부여받았기 때문에 야수와는 다른 이성적 존재임을 나타내준다. 그러나 둘째로 이 불빛들은 짙은 무지로 덮여있기 때문에, 효과적으로 빛을 발할 수가 없음을 보여준다(*Inst.*, II/2-12).

우리의 본성에 이성이 고유한 특질로 존재한다는 것을 인류 전체에게서 볼 수 있다. [...] 우리에게 남아있는 재능들이 모두 하나님의 자비하심 덕분이다. 하나님께서 우리를 남겨두지 않으셨다면, 타락하자마자 우리의 모든 본성이 다 파괴되고 말았을 것이다(*Inst.*, II/2-17).

곧 칼뱅에 따르면, 이러한 인간 현실은 사실 타락에도 불구하고 하나님 형상의 흔적이 남아 있음을 의미한다(*Inst.*, II/2-17). 말하자면 인간은 비록 타락하여 영적 시각 장애 상태에 이르렀지만(*Inst.*, II/2-19), 그래도 하나님의 은총은 계속되고 있다. 그중 가장 중요한 것이 바로 종교의 씨앗인바 그것은 하나님께서 처음부터 인간의 마음에다 심어 두신 신에 대한 감각(*Divinitatis sensum*)이다.[22] 이것은 아무도 지울 수 없다. 또한 인간이

22 이를 바탕으로 브룬너는 『자연과 은총』에서 "인간에게는 신의 구속 은총에 접할 수 있는 접촉점이 있다. 내용적으로는 하나님 형상이 없어졌지만, 형식적으로는 그대로 남아 있다"고 함으로써, 바르트와 소위 자연 신학 논쟁을 불러왔다. 바르트는 이에 대해 "아니요"(*Nein!*)를 외치면서, 신-인 사이에 존재의 유비(*analogia entis*)는 있을 수 없고 다만 관계의 유비(*analogia relationis*) 곧 신앙의 유비(*analogia fidei*)가 있을 뿐임을

하나님에게서 벗어나도 그것은 사라지지 않는다(*Inst.*, I/3-1). 인간은 그것을 바탕으로 창조 세계라는 아름다운 극장에서 하나님의 솜씨를 감상하는 경건한 즐거움을 추구하게 된다(*Inst.*, I/14-20). 바로 여기에 경건한 인간성으로서의 하나님 형상의 흔적이 있다.

이러한 측면에서, 칼뱅이 이해하는 하나님의 형상이란 곧 피조물인 인간이 창조주에 대해 갖는 정당한 태도를 뜻한다.[23] 사람은 하나님을 자유롭게 경배하도록 창조된 경건한 존재이기 때문이다. 특히 성령께서는 우리로 하여금 자신의 비참함과 허무함을 깨닫게 하시고(*Inst.*, II/2-25) 선한 것을 사모케 하시며 경건한 삶으로 부르신다(*Inst.*, II/2-26, 27)는 점에서, 인간에게는 소망이 있다. 비록 아담의 범죄는 우리에게 죽음과 저주를 불러왔고 비참과 절망의 상태에 빠지게 했지만, 타락한 인간에게도 하나님의 형상은 남아 있다. 그래서 여전히 인간은 인간일 수 있다는 것이 칼뱅의 기본적인 시각이다.

그런데 칼뱅은 여기서 멈추지 않는다. 비록 "현재 인간에게 남아 있는 하나님의 형상은 현실적으로 소름 끼칠 정도의 기형물임에도 불구하고 그것이 인간들로 하여금 자신을 동물과 구별할 수 있게 해준다"(*Inst.*, I/15-4)는 점에서는 긍정적이지만,[24] 그것이 곧 하나님 앞에서 사람을 의

천명했다(E. Brunner & K. Barth, *Natural Theology*, trans. P. Fraenkel, London: The Centenary Press, 1946).

23 현대 신학은 종종 하나님 형상을 '하나님의 삼위일체에 상응하는 공동체성'(몰트만) 혹은 '피조 세계에 대한 주도권'(판넨베르크)과 연관시킨다(서창원, "현대적 인간론: 하나님의 형상 이해," 「신학과 세계」 제46호, 2003, 254-272; J. Moltmann, *Gott in der Schöpfung*, München: Kaiser Verlag, 1985; W. Pannenberg, *Anthropology in Theological Perspective*, Philadelphia: Westminster Press, 1985, 특히 Introduction).

24 개혁자들의 이런 생각은 죄의 심각성을 드러내는 점에서는 공헌했으나, 그들처럼 하나님의 형상이 완전히 상실되었거나(M. Luther) 남아 있어도 전혀 쓸모없는 상태라면(J.

롭게 하지는 않는다. 도리어 사람은 하나님과 자신에 대한 무지 때문에, 그것을 우상 숭배와 자기 숭배의 도구로 사용한다. 따라서 사람이 참된 사람이 되기 위해서는 상실된 하나님의 형상을 회복해야 한다. 이를 위해 하나님께서는 성령 안에서 인간을 부르신다(*Inst.*, II/5-55). 특히 이러한 하나님의 의지는 제1계명에 나타난다. 곧 하나님은 "우리에게 참되고 열심 있는 경건으로 자신을 예배할 것"을 명하신다는 것이다(*Inst.*, II/8-16).

요컨대 칼뱅은 인간에 대해 타락한 존재로서의 절망적 실존과 본질의 회복을 지향하는 희망적 실존이라는 이중성을 견지한다. 특히 인간의 소망은 예수 그리스도 안에서 그 실현을 가져오게 된다. 예수 그리스도는 보이지 않는 하나님의 형상(골 1:15)으로서, 인간이 마땅히 회복해야 할 참된 인간성으로서 다가오기 때문이다. 그리하여 성육신의 은총을 통해 드러나는 그리스도의 인간성(*humanitas Christi*)은 우리 모두의 소망이자 마땅히 실현해야 할 목표가 된다. 바로 여기서 칼뱅은 경건한 인간성(*humanitas pietatis*)의 참된 본질을 다시 바라본다.

3. 소망하는 인간: 경건한 존재

칼뱅에 의하면, 타락한 인간 존재 그대로는 하나님과의 관계에서 선을 행할 수 없다. 따라서 타락한 인간 그대로는 절망이다. 다만 하나님은

Calvin), 문제는 타락 이전의 인간과 타락 이후의 인간 사이의 연속성이 사라질 수 있다는 점이다. 그리고 창조에 있어서 인간의 특성, 곧 다른 피조물에 비해 인간만이 가진 주체성, 책임성, 인격성을 설명하기 어렵게 된다. 그래서 그들의 생각은 그 이후 개혁파 신학자들에 의해 수정되거나 위축되었다(김균진, 1987, 59-69).

인간 안에 자연적 은사를 남겨두셨다. 그래서 불완전하지만, 나름대로 사람됨의 삶이 가능하다. 말하자면, 하늘의 일은 불가능하지만 땅의 일들은 가능하다. 이에 대해 칼뱅은 다음과 같이 말한다.

> 시민적 질서와 규율을 매우 공정하게 확립한 고대 법률가들 위에 진리가 빛난다는 사실을 우리는 부정할 것인가? 철학자들은 자연에 대해 곧바로 관찰하고 예술적으로 묘사했는데, 그들의 눈이 어둡다고 말할 것인가? 논쟁술을 생각하고 논리적 화법을 우리에게 가르친 이들을 지성이 없는 사람들이었다고 말할 것인가? 의학을 발전시켜 우리의 유익을 위해 노력하던 이들을 우리는 제정신이 아니라고 말할 것인가? 모든 수학적 과학들에 대해서는 뭐라고 말할 것인가? 그것들을 미친 사람들의 외침으로 생각할 것인가? 아니다. 우리는 이 주제들에 관한 고대인들의 저작을 높이 찬양하지 않고는 읽을 수 없다. [....] 그러나 우리는 동시에 그것이 하나님께로부터 나온다는 것을 인정하지 않고 어떤 것을 찬양할 만하거나 고상하다고 생각할 것인가?(*Inst.*, II/2-15).

이처럼 칼뱅은 현실적 인간에 대해 온건한 낙관론을 펼치고는 있지만, 사람은 하늘의 일에 관해서는 전적으로 무능하기에 하나님의 은총이 필요하다고 본다. 곧 인간은 하나님의 은혜를 통하여 다시 태어날 때重生 비로소 그의 본래성인 하나님 형상이 회복될 수 있다는 것이다.[25] 여기서 중생은 성령께서 신적 생명을 우리 안에 불어넣으심을 통해 우리가 그분

25 칼뱅은 중생에 대해, "아담의 범죄로 말미암아 일그러지고 지워진 하나님의 형상을 우리 속에 회복하는 것"(*Inst.*, III/3-9)이요 "그리스도께서 우리를 그 형상으로 변화시키는 것"(*Inst.*, I/15-4)이며, 그 목표는 "신자로 하여금 하나님의 의와 조화를 이루고 일치하는 삶을 살게 하며, 하나님의 양자(養子)가 된 사실을 분명히 드러내는 데 있다"고 주장한다(*Inst.*, III/6-1).

의 지배를 받게 하심을 뜻하며(*Inst.*, III/1-3), 그로 인해 우리 안에 하나님을 향한 믿음과 사랑, 이웃에 대한 사랑과 성결 및 의에 대한 열정이 회복된다. 그렇지만 이것은 우리에게 전혀 낯선 것이며, 우리 본성을 넘어서는 것이다(*Inst.*, II/2-12). 이 모든 것은 오직 하나님의 영이신 성령께서 우리 안에서 새로운 창조를 통하여 시작되는 전혀 새로운 일이다. 그러기에 성령께서는 우리와 하나님과의 관계가 새롭게 설정되는 결정적인 새 역사의 출발점인 우리의 믿음의 창시자(*autor*)요 원인(*causa*)이시다. 우린 성령을 통해서만 하나님을 알 수 있고 믿음을 갖게 되며, 예수 그리스도를 구주로 영접할 수 있다. 그래서 신앙 자체가 하나님의 은총이다. 이에 대해 칼뱅은 이렇게 말한다.

> 우리가 하나님의 영에 의해 이끌림을 받지 않는다면 그리스도께로 갈 수 없듯이, 일단 이끌림을 받게 되면 우리의 지성과 마음이 우리의 이해력보다 높이 올려지게 된다. 왜냐하면 성령의 조명을 받은 영혼은 말하자면, 새로운 통찰력을 얻어 이전에 눈이 부셔서 볼 수 없었던 그 찬란한 하늘이 비밀들을 바라볼 수 있게 되기 때문이다(*Inst.*, III/2-34).

곧 성령께서는 조명하심과 인도하심을 통해 우리의 눈을 열어 하늘의 비밀을 보게 하시며 그 나라의 은총을 맛보게 하신다. 다시 말해서 성령께서 "내적 교사(*interiore magistro*)가 되셔서 우리를 조명해 주심으로써 하나님의 말씀이 들어오게 하시지 않는다면, 그 말씀은 우리의 마음속으로 꿰뚫고 들어올 수 없다"(*Inst.*, III/2-34)는 것이다. 이것을 성서는 거듭남(중생)으로 설명한다(요 3:5-6). 그리스도 안에서의 영적 출생인 중생은 우리에게 하나님 형상의 본질을 알고 그것을 회복할 수 있는 출발점이다. 이때 예수 그리스도는 계시된 하나님 형상인 동시에 참된 인간성으로 다가오신다. 칼뱅은 이렇게 설명한다.

> 지금 우리는 그리스도가 하나님의 가장 완전한 형상이라는 것을 안다. 우리가 그 형상에 일치될 때, 우리는 그렇게 회복되어 참된 경건, 의, 순결, 지성에 있어서 하나님의 형상을 지니게 된다(*Inst.*, I/15-4).

곧 하나님의 성령에 의한 새로운 창조로서의 중생은 인간에게 날마다 경건을 추구하는 계기가 된다(*Inst.*, III/3-3). 그런데 중생한 인간이라 해서, 모든 것이 완전한 것은 아니다. 그의 내면에는 여전히 갈등이 있다. "중생한 사람 안에는 여전히 악의 불씨가 남아 있어서 그로부터 끊임없이 정욕의 불길이 튀어나와서 죄를 짓도록 유혹하고 자극을 준다는 것이다"(*Inst.*, III/3-10). 왜냐하면 중생한 인간에게도 여전히 육의 성향이 남아 있기 때문이다(*Inst.*, III/2-18). 특히 칼뱅은 이러한 인간의 실존적 성향을 일찍이 아우구스티누스가 죄(*peccatum*)라고 부르지 않고 연약함(*infirmitatis*)이라고 부른 것을 비판하면서, 그것은 분명히 죄이자 죄의 성향임을 명백하게 밝힌다. "우리는 사람이 하나님의 율법을 거스르는 어떤 욕망에 의해 충동을 받기만 해도 그것을 죄라고 부르고 있다"(*Inst.*, III/3-10).

곧 칼뱅에 따르면, 인간은 하나님의 은혜에 의해 성령을 통하여 거듭나는 그 순간부터 잃어버린 하나님의 형상을 회복해 나가게 되지만, 그럼에도 불구하고 인간은 여전히 죄에 오염된 존재론적 현실에서 늘 갈등과 긴장의 삶을 이어간다는 것이다. 그런 점에서, 하나님의 형상에 대한 회복은 이미(*Already*) 시작되었으나 완성은 아직(*Not yet*) 미래로 미뤄진다. 이에 대한 칼뱅의 진술을 들어보자.

만일 우리가 그리스도의 부활에 참여하게 된다면, 그것을 통해 하나님의 의와 일치된 새 생명에로 일으키심을 받게 된다. 그러므로 나는 회개를 거듭남이라고 번역하는데, 그 유일한 목적은 아담의 범죄로 인하여 일그러지고 거의 지워진 하나님의 형상을 우리 안에서 회복시키는 것이다. [...] 따라서 우리는 그리스도의 은혜로 인하여 이러한 중생에 의해 하나님의 의義로 회복된다. [...] 사실상 이러한 회복은 한순간이나 하루 혹은 한 해에 이뤄지는 것은 아니다. 그러나 계속적으로 혹은 어떤 때에는 느린 진행으로 그의 택하신 자들 안에서 육신의 부패성을 씻어 버리시고 그들의 죄책을 깨끗하게 하시며, 그들의 모든 마음을 참된 순결에 이르도록 깨끗하게 하심을 통해 그들을 성전으로 써 자신에게 바치게 하신다(*Inst.*, III/3-9).

이제 우리는 그리스도의 형상을 닮기 시작했으며 매일매일 그리스도의 모습으로 점점 더 변화되고 있다. 그러나 그 형상은 영적 중생에 의존하는 것이다. 하지만 그때 우리의 몸도 영혼과 마찬가지로 완전한 상태로 회복될 것이다. 곧 지금 시작된 그것이 완성될 것이다. 따라서 우리가 지금은 다만 소망하는 그것을 실제로 얻게 될 것이다(*Comm. on 1 Cor.*, 15:49).

그렇지만 우리는 그날을 막연히 기다리지 않는다. 즉, 그리스도 안에서 중생한 인간은 종말의 때를 수동적으로 막연히 기다리는 존재로만 살지 않는다. 오히려 자신을 날마다 하나님 나라의 가치를 따르는 삶에 능동적으로 헌신한다. 곧 신자들은 "두려움과 떨림으로 너희 구원을 이루라"(빌 2:12)는 말씀을 따라, 매 순간 자신을 부정하고 육정에 싸인 자신에게서 벗어나 하나님께로 돌아가며, 죄에 오염된 본성을 벗고 거룩한 삶을 지향한다. 이렇게 시작된 성화(Sanctification)의 삶은 성령께서 "우리의 부정과 더러움을 깨끗이 씻어 하나님의 의에 순종하는 상태로 이끄심"이며(*Inst.*, III/3-14), "하나님을 향한 경건, 사람을 향한 사랑 그리고 삶 전체에서 거룩함과 순결함을 이루는 의무들의 본질을 이해하게 되는" 회개의 열매를 맺게 하는 동시에(*Inst.*, III/3-16) 그리스도와의 신비적 연합(*unio mystica cum Christo*)을 이루는 삶을 의미한다(*Inst.*, III/6-2). 즉, 성화의 삶이란 성령의 인도하심을 따라 하나님을 경외하는 경건한 성품을 배양하는 것이고 그분의 소명에 응답하는 삶(*Inst.*, III/4-32)이며, 자기를 부정하고 그리스도와 연합함으로써 본래적 존재 질서를 회복하는 삶(*Inst.*, III/6-1)이며, 궁극적으로 그리스도 안에 나타난 그분의 거룩한 형상 곧 본질적 인간성 패러다임(the Paradigm of Humanity)으로서의 그리스도의 인간성(*humanitas Christi*)을 지향함을 의미한다.

요컨대 칼뱅의 인간상은 본래 창조주 하나님과 신비적 연합이라는 인격적 관계 안에서 존재해야 할 인간이 타락함으로써 하나님과의 연합이 깨졌을 뿐만 아니라[26] 자신의 본질인 하나님의 형상마저 상실한 비참한 존재가 되었으나, 그리스도의 은총을 통해 본래 신분을 회복하게 되는 순환 구조를 이루고 그 구조의 핵심에 경건한 인간성(*humanitas pietatis*)으로서의 그리스도의 인간성(*humanitas Christi*)이 자리 잡고 있다. 그것은 아담이 부여받은 완전성이자 탁월성으로서, 현재는 예수 그리스도를 통해 드러나는 형상이다.[27] 이렇게 보면 칼뱅의 인간론은 현재적 관점에만 서 있지 않다. 그는 본질적 인간성과 함께 타락하여 소외된 현실적 인간, 곧 실존적 인간성을 살핀 후 종말론적 소망 안에 있는 완성된 인간성, 다시 말해 하나님의 형상으로 충만한 경건한 존재로서의 참된 인간상人間像을

26 이형기, 『宗敎改革神學思想』(서울: 장로회신학대학출판부, 1984), 384.

27 이오갑, "칼빈의 하나님의 형상론," 「組織神學論叢」 제3집(1998. 5), 109-128.

그린다. 그리하여 칼뱅은 그리스도의 인간성을 모든 인간이 추구해야 할 참된 인간성 패러다임인 동시에 날마다 성취해야 할 궁극적인 과제로 제시한다.

Ⅳ. 칼뱅의 경건: 경외와 사랑

주지하는 바와 같이 칼뱅에게 있어서 경건(*pietas*)은 그의 중요한 사상적·실천적 바탕이다. 그의 신학 사상에서 핵심적 두 기둥인 하나님에 대한 지식과 사람에 대한 지식도 경건이라는 기반 위에 서 있다. 그런데 오늘날 교회 안팎에서 이 경건과 관련하여 영성(*spiritualitas*)이라는 말이 많이 사용되고 있다. 그런데 사용자에 따라 양자를 구별하기도 하고 때로는 혼용하기도 한다.[1] 교회 안에서 경건과 영성은 함께 역사를 갖고 있다. 경건(Εὐσέβεια)은 신약성서의 문헌들에 이미 자주 등장하는 용어이고, 영성은 교회 안에서 일찍부터 바울 서신에 등장하는 영(πνευμα)이나 영적(πνευματικός)이라는 그리스어 명사와 형용사를 라틴어로 번역하여 스피리뚜알리타스(*Spiritualitas*)라는 용어로 통용되었던 것이다.

바울에게 있어서 영적인 삶 곧 그리스도와 연합하는 삶은 영(Spirit)의 세계로 들어감을 뜻하며(고전 6:7), 그리스도 안에서의 믿음 또한 영으로부터 그리고 영 안에 존재함을 뜻한다(고전 2:10f.). 특히 영(Spirit)이나 영적(Spiritual)이라는 말은 육체적인(Physical) 혹은 물질적인(Material)이라는 말과 대조되는 개념이 아니라, 그리스어 사르크스(σάρξ)나 라틴어의 까로

1 혹자는 칼뱅의 경건을 영성 곧 "경건으로서의 영성"으로 규정하면서, 칼뱅의 경건과 현대 신학적 영성을 거의 동일시한다(최태영, "칼빈의 신학과 영성,"「한국조직신학논총」제7집, 2002, 31). 그러나 동일시에 앞서 구별이 필요하다. 사실 현대 기독교에서 영성은 '인간의 정신, 인간의 종교성, 기독교 신앙적 삶' 등 다양한 의미로 인식된다는 점에서, 칼뱅의 경건 개념을 담기에는 모호한 측면이 있다. 다만 영성을 신학적 측면에서 "하나님 중심의 삶"으로 정의한다면(김명용,『이 시대의 바른 기독교사상』, 서울: 장로회신학대학교출판부, 2001, 60), 칼뱅의 경건은 기독교 영성의 핵심이라 할 수 있다. 그렇지만 영성은 비록 그것이 칼뱅의 신학과 삶을 아우를 수 있는 개념일지라도 칼뱅이 직접 사용하지 않은 용어라는 점에서, 아무런 설명 없이 칼뱅에게 직접 적용하는 것은 무리일 수 있다(김광묵, "장 칼뱅의 경건과 현대신학적 과제,"「한국조직신학논총」제36집, 2013. 9, 44).

(*caro*)와 상대되는 말이다. 그래서 영과 상반되는 육체의 삶은 죄악의 속성으로 기울어짐을 뜻한다. 더욱이 "영적 혹은 육적" 그리고 "육체 혹은 영혼"이라는 말도 이원론적 의미가 아니다. 바울에게 있어서, 영적인 사람(고전 2:14-15)은 물질적 실체로부터 완전히 벗어난 사람을 뜻하는 것이 아니라, 다만 하나님의 영 안에 거하는 사람을 의미하기 때문이다. 이러한 맥락에서 보면, 신학에서 영성이란 성령의 능력 안에서의 삶을 뜻하는 정도의 개념이었다고 할 수 있다.[2]

신학에서 이러한 영성(Spirituality)이라는 용어는 대체로 주후 5세기경에 구체적으로 등장하는데, 히에로니무스(E. Hieronymus, 347~420)의 것으로 추정되는 한 편지에는 "영성적 진보를 향해 정진하라"(*ut in spiritualitate proficias*)는 권고의 말씀이 등장한다. 여기서 영성이란 성령의 능력 안에서 사는 삶을 뜻하며, 이것은 근본적으로 바울 신학을 반영하고 있다. 이러한 인식적 기반에서 영(Spirit)이라는 용어는 중세 스콜라주의 이전까지 일반적으로 사용되었다. 곧 교부 시대로부터 11세기까지 영성(Spirituality)이라는 말은 단순히 성령을 따라서 사는 삶 또는 그러한 삶에 관계된 모든 활동 즉, 수도원적인 삶을 의미하였다. 더욱이 그 시대의 영성은 지금처럼 복잡하지도, 혼란하지도 않았다. 다만 영적으로 두드러진 사막 교부들이나 수도사들의 삶을 총칭하는 의미를 담고 있었다. 이러한 시각에서 장 르끌레르크(Jean Leclercq)는 영성 신학을 수도원적 신학으로 부른다.[3] 그것은 수도원적 삶을 유지하고 그 스타일을 형성하기 위한 경험적 신학이었고, 이러한 신학의 특징은 지적 욕구 충족을 위한 사변적

2 유해룡, 『영성의 발자취』(서울: 장로회신학대학교출판부, 2011), 62-63.

3 Jean Leclercq, *The Love of Learning and the Desire for God*, trans. Catherine Misrahi (New York: Fordham University Press, 1962), 191-192(유해룡, 2011, 64, 재인용).

인 것이 아닌, 수도원적인 삶을 유지하기 위한 실용적인 탐구였다.

그런데 12세기에 접어들면서, 아우구스티누스 이래 신학에 도입된 플라톤 철학(신플라톤주의)과 함께 아리스토텔레스 철학이 새롭게 유입되면서 사변적 신학 방법론이 등장했는데, 중세 전반을 지배한 스콜라주의(Scholasticism)가 그것이다. 이때부터 수도원 신학이 영성에 포함되었던 것과는 달리, 수도원적 경험(신비신학)을 다룬 영성과 이론적 신학(교리신학)이 구분되기에 이르렀다. 특히 스콜라주의는 영과 물질(Spirit and Matter)이라는 상호 관계를 날카롭게 대립시켰는데, 영적이라는 말은 비이성적인 피조물에 반하여 지성적 존재(사람)의 특성을 지칭하는 의미로 사용되었다. 그래서 영성에 있어서 바울 신학적 의미는 약화되고, 영은 물질 혹은 육체(Corporeality)에 상반되는 경향이 강세를 띠었다.

그렇지만 스콜라주의는 영성에서 바울 신학적 의미를 완전히 배제하지는 못했다. 그리하여 13세기의 교회는 바울 신학적 의미에서의 영성과 스콜라 신학적 의미에서의 영성이라는 두 개념이 양립되었다. 더욱이 토마스 아퀴나스(Thomas Aquinas)는 영성적이라는 말을 상황에 따라 바울적인 의미 혹은 비물질적인 의미로 혼용하였다. 게다가 13세기에는 성직자를 지칭하는 교회법적 용법으로서 영성적 개념이 새롭게 부가되었다. 그래서 영성에는 제도적 교회 안에서 엘리트적 영성을 소유한 성직자들과 일상적인 영성을 소유한 평신도를 구분하는 제3의 개념이 등장하였다. 특히 이 제3의 개념은 13~16세기에 걸쳐 가장 흔하게 쓰인 영성에 대한 용례였다.[4]

그러다가 스콜라적 영성 개념에 대한 대안으로 14세기 후반에서 15세

4 유해룡(2011), 62-72.

기에 걸쳐 화란 지역에서 평신도 영성 운동이 일어났는데, 근대적 경건 운동(*Devotio Moderna*)이 그것이다. 근대적 경건 운동은 어떤 의미에서 반지성주의이지만, 지나치게 영성과 신학을 분리해온 사변적 스콜라주의에 대한 불만에서 비롯된 영적인 반동이었다. 이 운동의 창시자 게라드 그루테(Gerard Groote, 1340~1384)는 지적 추구를 반대하는 경건하고 실천적인 사람이었다. 그의 사상을 이어받은 플로렌스 라데윈(Florence Radewine, 1350~1400)은 이 운동의 정신을 확장하면서 공동체를 조직했는데, 그것이 곧 공동생활의 형제단이다. 이것은 탁발 수도회(프란시스칸, 도미니칸)의 이상을 재건하려는 운동이었으나, 과거 성직자 중심의 엘리트적 신앙 운동의 맥락에 서 있었던 탁발 수도회와는 달리 일상생활을 기반으로 하는 평신도 중심의 비엘리트적인 신앙운동이었다. 이러한 경건 운동의 결정적 형태는, 특히 토마스 아 캠피스(Thomas A Kempis)의 『그리스도를 본받아』(*De Imitatione Christi*)라는 작품에서 드러난다.

그것은 수도자에게 세상에서 단순하게 살 것을 제안하면서, 자신을 부인하고 세상을 경멸하며 주님 말씀에 겸손히 복종할 것을 권고한다. 그에게 있어서 영적 이해는 스콜라적 연구가 아니라, 자신의 삶을 역사적인 그리스도의 삶에 적용하고 말씀에 직접 참여하는 것이었다. 그리고 그것으로 인해 끊임없는 내적 평화와 자유를 맛볼 것이며, 그것이 하나님과 연합의 원천이라는 것이다.

이러한 근대적 경건 운동은 16세기의 종교 개혁 운동 촉발에 기여했으며, 종교 개혁 이전에도 전통적 수도원 운동의 회복에 영향을 주기도 하였다. 특히 루터나 칼뱅은 이 운동에 적잖은 빚을 졌다. 후기 중세 시대의 신비가나 근대적 경건 운동은 중세 시대의 교권 권위가 곧 영적인 권위의 표준이 된 상태에서, 교권의 권위를 뛰어넘어 엘리트적인 성직자만이 아니라 평신도들에게 일상에서 개인적 경건의 삶을 추구할 수 있게 하였다. 이것이 곧 개혁가들에게 용기와 자유로운 사고를 갖게 했다고 할 수 있다. 영성 생활의 목적은 엘리트적인 영적 이상의 추구에 있지 않고, 삶의 현장에서 그리스도를 본받는 삶에 있기 때문이다.[5]

그 후 영성이라는 말은 17세기 프랑스에서 다시 크게 회자됐다. 긍정적으로는 개인적이고 정서적(Affective)인 하나님과의 관계를 설명하는 의미였고, 부정적으로는 열광주의자, 정적주의자라는 조롱의 의미가 담겨있었다. 가령 볼테르(Voltaire)는 마담 귀용(Madame Guyon)과 페넬롱(Fenelon)의 신비주의적 경향을 맹렬히 공격하면서 영성이라는 말을 사용했다. 그들의 신앙생활 방식이 일반 기독교적 삶에서 유리된 것처럼 보였기 때문이다. 이렇게 되자, 기존의 영성에 대한 부정적인 이미지를 피하는 동시에 긍정적인 의미를 담을 수 있는 새로운 대체 용어가 등장했다. 로마 가톨릭교회의 프란시스 드 세일(Francis de Sale)이나 성공회 신비가였던 윌리엄 로(William Law) 등은 헌신(Devotion)이라는 말을, 웨슬리(John Wesley)와 초대 감리교주의자들은 완덕(Perfection)이라는 말을, 복음주의자들은 경건(Piety)이라는 말을 주로 사용하였다. 이러한 분위기에서 18세기 초 로마 가톨릭 영역에서는 영성이라는 말이 잠시 종교적·신학적 용어에서 사라졌다. 그것은 열광주의나 정적주의와 상당한 관계가 있다는 의심을 받았기 때문이다. 그 후 19세기에 들어와서 영성은 제도권 교회보다 주로 자유로운 신앙 그룹에서 제한적으로 사용되다가 20세기 전반기에 프랑스 로마 가톨릭교회에 재등장했고, 번역물을 통해 영어권으로 전해진 이후 오늘에는 다양한 분야에서 활발하게 사용되고 있다.[6]

---

5 *Ibid.*, 72.

6 *Ibid.*, 73-75.

이러한 영성(*Spiritualitas*) 개념의 변천 과정을 염두에 두면, 칼뱅이 어찌하여 오랜 역사적 뿌리를 가진 영성 대신 자신의 신학과 삶에 대한 근본 메타포(the Root Metaphor)를 표현하는 용어로 경건(*pietas*)을 선택했는지를 이해할 수 있다. 곧 칼뱅은 자기 시대의 로마 가톨릭교회가 교리 중심의 신학(*theologia*)과 구별되는 헌신(*devotio*)이라는 용어로써 신앙과 삶을 설명하는 것에 대해, 선배들(루터, 츠빙글리, 부처 등)과 함께 경건이라는 용어를 사용함으로써[7] 교리와 삶이 분리된 스콜라주의 신학의 오류를 극복하려 한 것이다.

그런데 사실 경건도 칼뱅 시대의 신조어는 아니었다. 그것은 이미 플라톤(Platon, BC 427~347)의 『대화』에서 "경건에 대하여"(1-7)에 등장하는 유튀프론(Euthuphron)과 소크라테스(Socrates, BC 470?~399)의 대화 주제가 경건(*pietas*)일 정도로 오랜 역사적 맥락을 갖고 있다.[8] 특히 헬레니즘 시대에 이 단어는 예배 또는 신의 뜻에 대한 복종을 의미했으며, 로마 사회에서는 가정 윤리적 의미를 포괄하였다. 로마 사회의 가정 윤리는 일반적으로 자녀들이 부모를 존경하고 사랑하는 것이었고(효성, 효도), 그런 가정 윤리는 국가(황제)와 사회를 위한 충성과 헌신으로 이어졌던바 그것을 경건(*pietas*)이라고 불렀다. 곧 로마 시대의 경건은 가정 윤리와 시민 정신을 함의하는 애국과 공동선을 위한 자기희생을 뜻하였고, 그것이 기독교 신앙과 만나면서 가족과 국가에 대한 의무뿐 아니라 하나님과 신자들 사이의 복합적 관계를 함의하게 되었다. 이 경건은 신약성서 후기

---

7 특히 칼뱅의 영적 아버지로 알려진 부처(M. Bucer, 1491~1551)의 경건 사상은 칼뱅에게 결정적인 영향을 끼친 것으로 보인다(최윤배, 『잊혀진 종교 개혁자, 마르틴 부처』 (서울: 대한기독교서회, 2012), 471-493).

8 Platon, 최명관 역, 『플라톤의 대화』(서울:종로서적, 1992), 7-35.

문서들(목회서신, 베드로후서)에 자주 등장한다.[9]

그렇지만 중세 가톨릭교회는 경건을 주목하지 않았을 뿐 아니라, 교회의 신앙과 삶을 교리 중심의 신학(*theologia*)과 수덕 중심의 헌신(*devotio*) 혹은 영성(*spiritualitas*)으로 구별했다. 이러한 상황에서, 14~15세기의 인문주의자들은 기독교 신앙과 삶에 대해 경건(*pietas*) 혹은 종교(*religio*)라고 표현함으로써 신앙적 실존에서 괴리된 교리 중심적인 스콜라 신학과의 구별을 꾀하는 동시에 교회에 대한 개혁을 추구하였다.[10] 동일한 시대적 맥락에서 인문주의의 영향을 깊이 받은 칼뱅은 종교 개혁 운동 선배들의 사상적 바탕 위에서, 자신의 사상적 특성을 담는 신학 용어로서 경건(*pietas*)을 선택한 것으로 보인다. 그런데 문제는 이토록 중요한 주제를 칼뱅은 자신의 저술들에서 체계적으로 서술하지 않는다는 점이다. 그래서 그의 사상을 연구하려는 이들에게 당혹감을 안긴다. 그러기에 우리는 그의 저술들 여기저기에서 산발적이고 단편적으로 등장하는 경건에 관한 언급들을 재정리하여 종합적으로 이해할 수밖에 없다. 그렇다면, 칼뱅은 경건을 어떠한 개념으로 사용하는가?

1. 원초적 영성으로서의 경건: 경외

칼뱅은 자신의 여러 저술에서 경건(*pietas*)이라는 말을 아무 설명 없이 그대로 사용한다. 이러한 칼뱅의 태도는 당시 사람들에게 경건은 익숙한

---

9 F. L. Battles, ed., *The Piety of John Calvin*, 이형기역, 『칼빈의 경건』(고양: 크리스찬다이제스트. 1998), 30-31; G. Friedrich, *ed., TDNT,* VII (Grand Rapids: Wm. B. Eerdmans, 1975), 175-185.

10 이은선, "『기독교 강요』 초판에서 종교와 경건의 관계," 개혁주의학술원, <종교개혁 500주년월례기도회기념강연자료집(2013)>, 2.

말이었음을 암시한다. 칼뱅 시대에 경건이라는 말은 전술한 대로, 신神과 국가 그리고 가족에 대한 칭송받을 만한 헌신 혹은 성실함을 의미했다. 하지만 현대 사회에서 그 말은 더는 그런 의미로 사용되지 않기에, 오늘 우리는 그 용어의 본래 의미를 이해하기가 쉽지 않다.[11] 특히 오늘날 그 말은 대체로 어떤 형언 불가능한 종교적 감정을 제시하는 말로 통용되기 때문이다. 그러기에 오늘날 경건에 대한 개념은 칼뱅 시대의 그것과 거리가 있을 수밖에 없다. 따라서 칼뱅의 경건을 이해하기 위해서는 경건이라는 말의 개념부터 분명하게 정리할 필요가 있다. 우선 칼뱅의 저서 중 경건이라는 말이 최초로 등장하는 곳은 『세네카의 관용론 주석』(1532)이다.

> 키케로는 <Pro Plancio, 33/80>에서, '부모님께 존경과 감사를 표현하는 것이 곧 **경건**(*pietas*)이라'고 했다. 퀸틸리안은 **경건**은 인류가 보편적으로 신들의 존재를 인정하듯이, 부모님께도 **효성**(*pietas*)을 보여야 한다고 말한다. [...] 그런데 부모는 우리에게 신들과 같은 위치에 있으므로, 아우구스티누스가 암시한 것처럼 (효성이) 돌려져야 한다. 경건이란 쉽게 말해서 하나님을 경배하는 것을 뜻하는데, 그리스인들은 이것을 유세베이아(*eusebeia*)라고 생각했다. 그런데 유세베이아는 부모에 대한 의무 개념으로도 표현된다. 그러나 우리는 이 용어를 특별히 강한 사랑을 표현하려 할 때도 사용한다(강조,

---

11 현대 교회에서 경건(piety)과 영성(spirituality)은 혼용되기도 하고 구별되기도 한다. 대체로 전자는 개신교 쪽에서, 후자는 천주교 쪽에서 선호한다. 그런데 1980년대 이후 개신교 진보 신학 계열에서 경건과 영성을 구별하기 시작했다. 그들에 따르면, 경건은 하나님과의 수직적 관계성을 배타적으로 강조하는 반면 후자는 수직적 관계뿐 아니라 인간 사이의 수평적 관계까지 포괄하는 용어라는 것이다. 그러나 16세기에는 이런 구별이 불명확했을 뿐 아니라, 오히려 통합된 개념에 가까웠다(노영상, 『영성과 윤리』, 서울: 한국장로교출판사, 2001, 13-14; 정승훈, 2001, 16). 다만 현재 경건은 영성이라는 말보다 좁은 의미로 사용되는 추세이다(최윤배, 2012, 721-729).

괄호는 필자).[12]

사실 칼뱅은 이 책을 쓸 때까지는 종교 개혁자(신학자)라기보다는 오히려 인문주의자에 가까웠다.[13] 따라서 이때 그가 사용한 경건은 신학적이기보다 인문주의적 색채가 농후하다고 볼 수 있다. 그러나 당시 문화와 예술 중심이던 남유럽 인문주의와는 달리 북유럽의 인문주의에는 이미 종교적 색채가 강렬했고,[14] 그 시대의 사람인 칼뱅 역시 그 영향력 아래에 있었다는 점에서 그가 자신의 첫 저서에 경건(*pietas*)을 차용한 것은 나름대로 의미가 있다. 그런데 그의 경건이 본격적으로 신학적 성격을 갖기 시작한 것은 인문주의를 극복한 이후의 저작인『기독교 강요』초판(1536)이었고, 이때부터 경건은 그의 신학에서 핵심적 개념으로 자리 잡게 되었다. 그는 제1장 <율법>에서 다음과 같이 경건을 언급한다.

첫째 돌판에 의해 우리는 특별히 경건에 이르도록 배우게 된다. 그것을 요약하면, 하나님을 경외하고 사랑하며 예배하고, 그분을 신뢰하며, 그분을 부르고, 그분께 모든 것을 구하며, 그분으로부터 모든 것을 바라고, 그분 안에서 우리

12 J. Calvin, *Commentry on Seneca's De Clementia*, ed. F.L. Battles and A.M. Hugo(Leiden, 1969), Chap. 13:3.

13 물론 그의 '갑작스러운 회심'(*subita conversione*)의 시기가 언제냐에 따라 이 시기의 칼뱅의 정체성 문제가 대두되지만, 그의 저술 자체만 놓고 볼 때 그는 아직까지 인문주의자였다고 할 것이다.

14 남·북유럽의 인문주의의 특성에 대해서는, 홍치모,『宗教改革史』(서울: 성광문화사, 1978, 9-80)를 참조하라. 신학은 본래 하나님께 대한 인간의 태도를 헌신으로 표현했으나, 스콜라 신학이 삶과 분리된 신학을 말하면서 헌신은 이론적 토대를 잃고 주관적·외적 측면에 치우쳤다. 14세기에 근대적 헌신(*devotio moderna*) 운동이 일어났으나 큰 효과가 없었다. 그러자 인문주의자들은 경건을 주목했고, 칼뱅에 이르러 경건은 참된 종교의 본질을 의미하게 되었다(이은선, 2013, 3-11).

의 보호를 찾고, 그분 안에서 쉬는 것이다(1536, I/24).

그에 따르면, 경건은 일차적으로 "하나님을 경외하고 사랑하며 영화롭게 하는 것"이며, 날마다 하나님과의 관계를 이어가는 일상적인 신앙생활이다. 즉, 하나님을 경외하는 진실한 신앙생활이 곧 경건이었다. 이것은 이듬해 제시된 제네바교회를 위한 <신앙 지침과 고백서>(*Instruction et Confession de Foi*, 1537)에서 더 정리된 모습으로 등장한다.

> 참된 경건이란 하나님의 심판을 두려워하여 피하는 것이 아니라, 피할 수 없음을 인식하고 그것에 대해 두려움을 느끼는 것이다. 그리하여 참된 경건은 하나님을 아버지로서 사랑하고, 또한 주님으로서 존경하며 그의 의를 사랑하며, 그분에 대한 거역을 죽기보다 두려워하는 순수하고 진정한 열정 안에 있다.[15]

여기서 그는 경건을, 하나님을 아버지와 주님으로 모시는 가운데 그분을 두려워하는 마음으로 공경하고 사랑하는 삶으로 이해한다. 즉, 경건은 단지 어떤 형이상학적 지식이나 내밀한 근원적 감정 혹은 신비적 종교경험이 아니라,[16] 어디까지나 살아 계시는 하나님과의 관계 안에서 두렵고 떨리는 태도로써 그분을 존경하고 사랑하는 신앙인의 삶의 문제이다. 이러한 경건은 『기독교 강요』 최종판(1559)에서 한층 세련된 형태로 등장

---

15 J. Calvin, *Instruction in Faith*(1537), tr. J.H. Leith(Atlanta: John Knox Press, 1992), Chap. 2.

16 따라서 칼뱅의 경건은 슐라이어마허(F.D.E Schleiermacher)의 '절대 의존 감정' (*das schlechthinnige Abhängighkeitsgefühl*)이나, 오토(R. Otto)의 '누미노제적 감정'(*das numinose Gefühl*)과는 차이가 있다(김광묵, "장 칼뱅과 퇴계 이황의 경건 사상에 대한 비교 연구," 2009, 45-49).

한다.

> 경건이란 하나님께서 베푸시는 온갖 은혜를 깨닫게 해주는 하나님에 대한 존경(*reverentiam*)과 그를 향한 사랑(*amore*)이 하나로 결합된 상태를 뜻한다(*Inst.*, I/2-1).

그렇다면 더 구체적으로 칼뱅은 경건(*pietas*)이라는 말을 어떤 의미로 사용하는가? 사실상 칼뱅의 경건에 관한 언급들은 체계적인 정리나 특별한 설명도 없이 곳곳에 산발적으로 나타나기 때문에, 칼뱅의 경건에 대한 개념 이해를 위해서는 일차적으로 경건과 함께 규칙적으로 자주 등장하는 용어(Keyword)들을 찾는 작업이 필요하다. 왜냐하면 그것들은 경건을 중심으로 일정한 의미 다발을 이루고 있어서, 칼뱅의 경건 개념에 대한 매우 중요한 단서를 제공할 뿐 아니라 칼뱅의 경건이라는 용어와 관련된 여러 가지의 보충 설명을 제공하기 때문이다.[17] 그렇다면 칼뱅이 경건과 연관하여 사용하는 키워드들에는 어떤 것들이 있는가? 이에 대해, 필자는 그의 『기독교 강요』와 『성서 주석』을 중심으로 작업을 수행하려고 한다.

1) 신에 대한 두려움과 경외

전술한 바와 같이 경건과 관련된 특정 키워드들을 따라가다 보면, 칼뱅은 경건이라는 단어에 대해 하나님에 대한 올바른 지식에 대한 전제

17 이수영, "칼빈의 경건"(2009), 16-17. 여기서는 지면 관계상 경건 개념의 역사적 발전 과정에 대한 설명은 전술한 내용으로 대치하고, 현존하는 칼뱅 저작들에 나타나는 개념에만 집중한다.

조건으로서 제시하면서, 특히 인간이 하나님과의 관계에서 경험하게 되는 특별한 내면적 태도를 뜻하는 단어임을 발견하게 된다. 이에 대해 우선 『기독교 강요』에서 칼뱅이 경건에 대해 언급하는 문장들을 몇 개 인용해 보는 것이 우리의 논의를 위해서 유익할 것이다.

> 그러나 주님께서는 무익한 질문들이 아니라 참된 경건, 즉 그분의 이름을 두려워하는 것(the fear of his name)과 진실한 신뢰와 거룩한 의무들에 관하여 우리를 가르치려 하시므로 우리는 그러한 것들에 대한 지식으로 만족하도록 하자(*Inst.*, I/14-4).

> 죽이는 일(mortification)이라는 말이 시사해주는 것은, 만약 성령의 검劍에 우리 자신이 죽임을 당하여 완전히 무無가 되지 않고서는, 우리는 하나님을 두려워함(the fear of God)에 직면하지도 않고 경건 생활의 기초적인 것을 배우지도 못할 것이라는 사실이다(*Inst.*, III/3-8).

> 그들은 하나님을 두려워함도(the fear of God) 경건에 대한 감각도 전혀 없는 상태에 있으면서도, 구원을 위해 알아야 할 것들을 모조리 다 믿는다고 상상한다(*Inst.*, III/2-8).

이상의 구절들은 모두 경건을 하나님에 대한 두려움(*the Fear of God: timore Deum*)이라는 단어와 나란히 언급하고 있다.[18] 그리하여 칼뱅은

---

18 칼뱅은 참된 경건(*vera pietas*)을 불어판에서는 경건과 하나님에 대한 두려움(*la piete et crainte de Dieu*)으로 고쳐 쓰기도 한다(*Inst.*, II/8-51). 또한, 라틴어 경건함으로(*cum pietate*)를 불어로는 하나님에 대한 두려움을 가지고(*avec la crainte de Dieu*)

경건에 대해, 사람이 하나님에 대해 내면적으로 느끼는 두려움, 즉 절대자 하나님 앞에서 느끼는 어떤 종교적·심리적 경험임을 암시한다. 그렇지만 이것은 일반적으로 사람들이 절대적인 초월자에 대해서 갖게 되는 맹목적인 공포와는 성격이 다르다(*Inst.*, III/2-27).[19] 그것은 오히려 신자들이 절대자 하나님을 공경함恭敬(Honor)에서 비롯되는 두려움嚴肅(the fear)을 의미한다. 이러한 의미에서 칼뱅은 하나님을 경외하는 것은 곧바로 공경(*honorem*)과 두려움(*timorem*)이 하나로 뭉쳐진 것이라고 보고(*Inst.*, III/2-26), 경건을 하나님에 대한 두려움 혹은 공경과 나란히 병렬한다.

또한 칼뱅은 경건을 하나님에 대한 경외(*reverentiam*)라는 말과 나란히 언급한다. 그에게 있어서 경건은 곧 하나님의 은혜에 대한 경외와 찬미를 의미하기 때문이다.[20] 이것은 칼뱅이 이해하는 하나님에 관한 지식이란 단순히 그분의 초월성이나 절대성에 대한 형이상학적 진술, 즉 하나님의 절대적인 본질(God Himself)에 대한 언표라기보다는, 오히려 연약한 인간을 사랑하셔서 그들과 함께 계시고 그들에게 자신의 외아들까지도 기꺼이 내어주시는 무한한 긍휼과 자비로써 다가오시는 하나님, 곧 우리를 위한 하나님(God for us)에 관한 실존적-신앙적 지식임을 뜻한다. 다음은

로 옮기는가 하면(*Inst.*, IV/8-11), 거꾸로 라틴어 하나님에 대한 진지한 두려움으로(*serio Dei timore*)를 붙어, 참된 경건 속에서(*en vraye piete*)로 바꿔 씀으로써(*Inst.*, IV/16-32), 하나님에 대한 두려움이 경건 개념의 중요한 부분임을 보여준다(이수영, "깔뱅에 있어서의 경건의 개념," 1995, 351).

19 칼뱅은 두려움에 대해 고린도 후서 5장 11절을 언급하면서 다음과 같이 말한다. "두려움이라는 것은 죄인들을 향하신 하나님의 진노가 얼마나 극심하며 끔찍한가를 생각하고, 또한 우리가 그 진노를 받아 마땅하다는 사실을 생각할 때마다 우리 마음속에 생겨나는 두려움과 떨림을 의미한다"(*Inst.*, III/3-15). 이러한 칼뱅의 두려움에 대한 설명은 불신자들의 절대자에 대한 공포와는 다르다(*Comm. on Phil.*, 2:13). 그에 따르면, 불신자들은 하나님과 그분의 진노에 대해서 올바른 지식을 가질 수 없기 때문이다(*Inst.*,I/1-2).

20 정승훈(2001), 17.

칼뱅 자신이 경건한 마음(the Pious Mind)에 대해 길게 설명하는 부분인데, 그에 따르면 경건이란 곧 하나님을 경외하는 마음敬畏心: 敬天과 다르지 않다.

> 경건한 사람은 하나님의 심판대를 항상 염두에 두며, 그를 두려워하며, 그의 진노를 촉발시키지 않도록 언제나 자신을 가다듬는다. [....] 순결하고 순전한 신앙이란 곧 하나님에 대한 신뢰가 진지한 두려움(earnest fear of God)과 완전히 하나가 되어, 이 두려움(fear)으로 인해 기꺼운 경외심(reverence)이 나타나고 율법이 제시하는 정당한 예배가 생겨나게 된다(*Inst.*, I/2-2).

> 야웨께서는 예언자를 통하여 하나님을 아버지로 모심에서 드리는 순종을 '공경함'(honor)이라 칭하시며, 하나님을 주主로 모심에서 드리는 섬김을 가리켜 '두려워함'이라고 부르신다. [...] 그러므로 야웨를 두려워하는 것(the fear of the Lord)은 곧바로 공경함(honor)과 두려움(fear)이 하나로 뭉쳐진 '경외'(reverence)라 하겠다(*Inst.*, III/2-26).

또한 칼뱅은 디도서 2장 12절을 주석하면서 경건(*pietas*)에 대한 반대 개념으로서 불경건(*impietas*)을 설명하는데, 그는 특히 불경건을 "마음으로부터 진지하게 나오는 하나님에 대한 두려움과 경외에 상반되는 것"이라고 정리한다(cf. *Inst.*, III/7-3). 이와 관련하여 칼뱅은 심지어 "교회의 적합성 여부는 교회가 우리로 하여금 하나님을 경외하는 삶을 가르치느냐 그렇지 않느냐에 달려있다"고 말하기까지 한다(*Comm. on Tit.*, 1:1). 그에 따르면, 교회는 어디까지나 사람들의 불경건을 극복하고 하나님 앞에서 참된 경건의 삶이 무엇인가를 가르치는 신자들의 어머니와도 같은 거룩하고 자애로운 공동체이기 때문이다.

나아가 경건은 사람들에게 "하나님을 향한 경외심을 불러일으키는 중요한 동인", 즉 인간에게 하나님을 두려워하는 마음을 일으켜서 그들로 하여금 두렵고 떨림으로 하나님을 경외케 하는 인간 내면의 그 무엇이라는 것이다. 다시 말해서, 경건은 하나님을 향한 사람의 내면적인 태도와 연관되는 심리 상태로서 사람들로 하여금 오직 하나님께만 소망을 두게 하고 끝까지 그분만을 의뢰하게 만드는 내면적 에토스와 관련이 있다는 것이다.

> 경건은 하나님을 향한 경외심(reverence)을 불러일으킬 뿐 아니라 은혜의 감미로운 매력이 침체 상태에 있는 사람을 감동시켜서 두려움(fear)과 경탄(admiration)으로 가득하게 하여, 그로 하여금 하나님을 의지하고, 겸손하게 하나님의 권능에 굴복하게 한다(*Inst.*, III/2-23).

이처럼 칼뱅이 경건이라는 용어와 함께 자주 사용하는 대표적인 키워드는 하나님을 향한 두려움(*Fear*)이라는 말과 하나님에 대한 경외(*Reverence*)라는 말이라고 정리할 수 있다. 여기에서 문제는 인간과 하나님의 관계와 연관되는 이 특별한 두 용어, 두려움과 경외 사이에는 어떠한 의미 차이가 존재하며, 이들 용어 간의 상호 관계는 무엇인가에 대한 것이다. 이에 대해 우리는 다음과 같은 칼뱅의 상세한 설명을 주목할 수 있다.

> 야웨를 두려워함(the fear)에 대해선 모든 성도가 증언하는데, 어느 곳에는 이것을 지혜의 근본이라 부르고(시 111:10; 잠 1:7) 다른 곳에서는 지혜 자체로 부른다(잠 15:33; 욥 28:28). 이것은 사실 하나지만 이중적 의미를 담고 있다. 하나님께서는 아버지와 주님으로서 경외(the reverence)를 받을 권리

를 갖고 계시기 때문이다. [..] 야웨는 예언자를 통해 하나님을 아버지로 모심에서 드리는 순종을 공경함(honor)이라 칭하시고, 하나님을 주主로 모심에서 드리는 섬김을 가리켜 두려워함(fear)이라 부르신다. [...] 그러므로 야웨를 두려워하는 것(the fear of the Lord)은 곧 공경함(honor)과 두려움(fear)이 하나로 뭉친 일종의 경외심(a reverence)이다(*Inst.*, III/2-26).

예언자는 하나님을 경외함(reverence) 또는 두려워하는 자(fearer)를 말하고 곧이어 이들에게 주의 증거를 안다는 말을 연결하는데, 이것은 이 두 가지가 서로 불가분리의 관계에 있음을 우리에게 가르쳐준다(*Comm. on Ps.*, 119:79).

곧 칼뱅에 따르면, 하나님 앞에서의 두려움(Fear)은 일차적으로 하나님과의 만남에서 경험되는 내면적 · 실존적 심리 현상이라고 할 수 있다. 하지만 그것은 단순히 어떤 정서적 현상이 아니라 하나님을 향한 실존적 · 전인격적 반응을 함의한다. 그리하여 칼뱅이 말하는 경건이란, 일차적으로 하나님과의 관계에 서 있는 인간이 존엄하신 하나님께 대해 갖게 되는 두려움과 떨림 그리고 지존하신 그분께 대한 공경과 경외라는 종교 · 심리적 실존 경험, 곧 하나님 앞에서의 진솔한 내면적 영성(*the Inner Spirituality*)을 의미한다. 그런데 두려움(떨림)과 경외함(공경)의 차이에 대해서는 그의 언급대로 전자가 하나님을 주님으로 경험할 때 일어나는 반응이고, 후자는 하나님을 아버지로 경험할 때 일어나는 반응으로 이해할 수 있다. 그러나 사실상 양자는 불가분의 관계일뿐 아니라 의미 차이 또한 그리 크지 않은 것으로 보인다.

2) 신에 대한 사랑과 순종

한편 칼뱅은 경건을 하나님을 사랑하는 마음과 연결한다. 즉, 하나님을 향한 경외심으로서의 경건은 그대로 하나님을 향한 진실한 사랑의 표현인 경건한 예배로 이어진다는 점에서, 하나님을 향한 경외(Reverence), 두려움(Fear), 공경(Honor)은 곧바로 하나님을 사랑하는 삶(*caritas*)으로 연결된다.[21] 이러한 칼뱅의 경건에 대한 이해는 무엇보다 창조주요 구속주인 하나님과 그분의 자녀인 인간과의 인격적 관계를 전제하고 있다: "경건이란 곧 하나님의 은혜로움을 깨닫게 해주는 하나님에 대한 경외(*reverentiam*)와 그분을 향한 사랑(*amore*)이 하나로 결합된 상태를 의미한다"(*Inst.*, I/2-1). 인간이 아무리 경외심으로써 하나님께 나아갈지라도 하나님을 향한 진실한 사랑(*amore*)이 없다면 참된 경건일 수 없다.

그에 따르면, 창조주인 동시에 심판주이신 엄위하신嚴 하나님은 곧 사랑의愛 하나님이며, 자기 백성에게 "너는 마음을 다하고 뜻을 다하고 힘을 다하여 네 하나님 야웨를 사랑하라"(신 6:5)고 말씀하신다. 특히 성서는 하나님을 아버지로 비유하는데, 이것은 바르트(K. Barth)의 말처럼 하나님과 인간 사이의 존재론적 유비(*analogia entis*)에 따른 표현이 아니라 관계론적 유비(*analogia relationis*)에 근거한 표현이라 할 수 있다. 특히 칼뱅은 하나님에 대해 아버지 하나님(*Deus Patreus*)이라는 표현을 즐겨

---

21 아우구스티누스는 카리타스(*caritas*)를 하나님을 향한 사랑으로 이해했고, 이것이 바로 하나님의 창조 질서에 해당한다고 보았다. 그러나 인간이 창조 질서를 어기고 하나님보다 피조물을 더 사랑할 때 그것은 무질서하고 탐욕적이 되는데, 이것을 그는 쿠피디타스(*cupiditas*)로 불렀다. 우리가 피조 세계를 사랑하는 것은 그것 자체의 매력 때문이 아니라 그 안에 계신 하나님을 사랑하는 것이다. 따라서 올바른 사랑의 실천은 카리타스로부터 시작되어야 한다(정승훈, 2001, 128-129).

사용한다. 그래서 평소 칼뱅의 하나님 이해는 엄격하신 아버지에 치우치는 듯하다. 이 때문에 사람들은 종종 칼뱅의 기독교를 가부장적 종교라고 부른다. 그런 아버지에 대한 표상은 엄위함嚴威이며, 그런 하나님을 향한 인간의 경건은 두려움과 경외로 나타난다. 이것은 그가 어려서 어머니를 여의었고 일찍부터 엄격한 아버지의 훈육을 통해 성장한 심리적 경험이 영향을 끼친 것으로 보인다.

그렇다면 경건이 하나님을 향한 사랑으로 나타나는 경우는 어떠한가? 혹시 칼뱅은 하나님을 어머니에 비유하지 않았을까? 물론 전술한 대로 칼뱅의 하나님에 대한 이해는 엄격하신 아버지 쪽에 무게가 기우는 듯이 보인다. 그렇지만 칼뱅은 사실 성도들의 아픔과 어려움에 대해 긍휼히 여길 줄 아는 가슴이 따뜻한 목회자였고, 그런 그의 마음은 하나님에게서 어머니의 포근함을 느꼈을 뿐만 아니라 실제로 "하나님을 어머니로서 체험하는 것에 대한 적잖은 성서적 근거들을 인정했다는 점은 놀랍다."[22] 다음과 같은 칼뱅의 진술들은 우리에게 참으로 많은 것을 시사해주고 있다.

> 우리 주님은 그 자신을 유일무이하게 친밀하게 만드십니다. 그는 유모와 같으며 어머니와 같습니다. 그분은 자신을 당신의 자녀들에게 자비롭고 인자한 아버지들에게 비길 뿐만 아니라, 어머니 이상이요 유모 이상이라고 말씀하십니다.[23]

22 W. J. Bouwsma, "The Spirituality of John Calvin"(1992), 323.

23 J. Calvin, *Sermon on Job* (OC. 34: 316: *Ioannis Calvivi Opera quae Supersunt Omminia*, ed. G. Baum, E. Cuniz, E. Reuss, 59 vols Brunsvigae, 1863-1900; 이하 OC).

(하나님은) 자신을 아기를 낳으면서 극도로 큰 고통을 겪지만 새로 태어난 자신의 아기를 유별나게 사랑하는 어머니에게 비긴다. 사람들은 이러한 것은 하나님께 어울리지 않는다고 생각할 수도 있다. 그러나 그러한 언어의 비유가 아니고는 우리를 향한 그분의 불타는 사랑을 표현할 길이 없다(*Comm, on Ish.*, 42:14).

여성이 자신의 어린 자식을 잊을 수 있겠는가! 이 의문을 바로잡기 위해 그분은 달콤한 위로를 가득히 담은 교훈에 경고를 더하신다. 아주 적절한 비유를 통하여 그분은 당신 스스로를 어머니에 비유하면서 자신의 백성에 관한 관심이 얼마나 강렬한지를 보여주신다. 백성들을 향한 그분의 헌신적인 사랑은 아버지의 사랑을 멀리 떠나 버린 그들에게까지도 너무 강하고 열렬하게 드러나고 있다. 따라서 그분은 당신 자신을 단지 아버지와 같은 분으로 예증되는 것에서 만족하지 않으시고(그분은 다른 경우에는 매우 자주 그러한 표현에 자신을 용인하신다), 당신의 매우 강렬한 사랑을 드러내시기 위하여 그분은 당신 자신을 어머니와 같은 분으로 표현하기를 선택하시고, 그들을 단지 "어린아이"로 부르기를 원치 않으시고 더 따뜻한 애정이 살아 있는 말인 "태의 열매"라고 부르실 정도이다. 자기 태의 열매를 향해 느끼는 어머니의 애정보다 더 놀라운 사랑이 무엇인가? 어머니는 자식들을 자신의 따듯한 가슴으로 안아 주고 그 가슴에서 젖을 먹인다. 그리고 그윽한 눈동자로 자식을 바라본다. 이를 위해 어머니는 밤에 잠조차 자지 않는다. [...] 그런데 혹시 그들이 자식을 잊어버릴 때조차도 [...] 야웨 하나님께서는 결코 당신의 백성들을 잊어버리지 않으실 것이라고 선언하신다. 우리를 향해 품고 계시는 그분의 사랑은 세상의 모든 어머니보다도 강렬하고 뜨겁기 때문이다(*Comm. on Ish.*, 49:15).

이러한 설명은 경건을 경외(하나님을 향한 嚴)와 사랑(하나님을 향한 愛)으로 이해하는 칼뱅의 깊은 생각을 반영한다. 그에 따르면, 하나님은 아버지인 동시에 어머니이며, 창조주인 동시에 온 세상을 사랑하는 자애로운 왕이시다. 따라서 그분의 자녀인 우리는 "살아 계시는 그분께 영광(Glory)과 경외(Reverence)와 사랑(Love)과 경배(Fear)를 올려드리는 것이 마땅하다"(*Inst.*, II/8-2)는 것이다. 그분은 우리의 경외와 사랑의 대상이기 때문이다.

이어서 칼뱅은 하나님에 대한 순종 또한 경건의 중요한 요소로 간파하고 있다. 그분을 사랑하는 이들은 곧 그분의 말씀에 순종하기 때문이고, 그분을 향한 진실한 신앙은 곧 그분의 부르심에 겸손히 순종하는 삶을 함의하기 때문이다. 그러므로 그분의 말씀에 대한 신실한 순종은 하나님을 향한 사랑의 또 다른 측면이다. 우리에게 사랑을 요구하신 그분은 또한 우리에게 진실한 순종을 요구하시기 때문이다(신 10:12-13).

종교란 하나님 경외와 따로 떼어서 생각할 수 없으며, 그 누구도 하나님을 아버지와 야웨로 알고 그에게 순종하기 전에는 경건하다는 이야기를 들을 수 없다. 그러나 여기서 칭송되는 것은 즉,각적인 경외, 곧 머릿속으로 하나님의 몫을 생각하고 기쁜 마음으로 그에게 순종하는 자들의 경외라는 점을 명심할 필요가 있다(*Comm. on Act.*, 10:2).

그러므로 하나님의 사랑을 얻어 보려고 아무리 새로운 행위를 시도해도 전혀 소용이 없고, 하나님께서 받으시는 예배는 오직 순종(*obsequium*)에 있다는 것이다(*Inst.*, II/8-5).

곧 칼뱅은 하나님에 대한 두려움이나 경외가 자발적이듯 그분을 향한 우리의 순종 또한 기쁨과 온 마음으로 이루어져야 함을 강조한다.[24] 하나님을 향한 자발적인 순종은 하나님을 향한 진실한 사랑(*caritas*)의 또 다른 측면이기 때문이다. 이처럼 칼뱅의 경건에 대한 이해는 하나님에 대한 사랑과 그분께 대한 겸손한 순종으로 나타난다는 점에서, 그의 경건은 단순히 내면적인 종교-심리적 감정에 그치지 않고 그분을 향한 사랑과 순종의 삶에 대한 구체적인 실천을 뜻하며, 이러한 실천은 특히 예배, 기도, 선행 등으로 표현되기에 이른다. 칼뱅에 따르면, 구체적인 실천이 없는 이론만의 경건이란 그 자체로서 모순이다. 경건은 그 자체가 이미 생생한 삶의 실존에 대한 문제이기 때문이다.

3) 신 앞에서의 원초적 영성

칼뱅의 경건에는 특히 하나님을 향한 경외가 중요하다. 엄위하신 하나님 앞(*coram Deo*)에서의 떨리는 감정, 그것 없이는 어떤 경건도 없다. 피조물인 인간이 창조주와 주님이신 그분을 알게 되면 전율하지 않을 수 없기 때문이다. 이런 맥락에서 경건은 그분에 대한 참된 지식(*cognitio Dei*)으로 연결된다.[25] 그러나 칼뱅의 생각은 여기서 그치지 않는다. 경건에는 그분을 향한 사랑이 함께 있어야 한다. 그분은 세상을 공의로 다스리는 주님인 동시에 한없는 자비로써 인간을 구원하시는 하나님이다. 따라서 사람은

24 이수영, "깔뱅에 있어서의 경건의 개념"(1995), 353.

25 이에 대해 칼뱅은 이렇게 말한다. "경건으로 향하는 첫걸음은 바로 하나님이 우리 아버지가 되셔서 그 나라의 영원한 기업에 이르도록 우리를 모아들이기까지 우리를 돌보시고 다스리고 양육하신다는 것을 인식하는 데에 있다"라고(*Inst.*, II/6-4).

그분을 흠모하고 사랑하지 않을 수 없다. 그렇지만 칼뱅에게 있어서 경건은 단순히 하나님에 대한 경외나 사랑이라는 감상적인 교리를 뜻하는 것이 아니라, 그분을 향한 경외와 사랑이 결합된 특별한 종교-심리적 경험이며 생생한 삶의 문제라고 할 수 있다.[26] 칼뱅에 있어서 경건은 이미 하나님 앞에서의 진솔한 삶의 영성을 전제하는 개념이기 때문이다. 이에 대해 칼뱅은 다음과 같이 말한다.

> 참된 경건이란 오히려 하나님을 아버지로 사랑하며 주로서 두려워하고 경외할 뿐만 아니라, 그분의 의로움을 받아들이고 그분을 거역하는 것을 죽음보다도 더 무서워하는 신실한 감정이다.[27]

> 하나님께서는 우리의 창조주시므로 우리를 향해 아버지와 주님의 위치에 계시며, 따라서 우리는 그에게 영광과 경외와 사랑과 경배를 드려야 한다 (*Inst.*, II/8-2).

경건한 사람은 "하나님을 주님과 아버지로 인정하기 때문에, 매사에 그분이 자신의 권위를 찾는 것을 합당한 권리로 여겨 그분의 위엄을 높이고 그분의 영광을 드러내기에 진력하며 그분의 명령에 복종한다." 그런 의미에서 경건은 "하나님께 대한 신뢰가 진지한 두려움과 완전히 결합되어 열정적인 경외감으로 나타나며, 그것과 더불어 율법에 규정된 합당한

---

26 김이태, "칼빈신학에 있어서 경건과 학문의 상관성 연구"(1980), 37-38.

27 이것은 칼뱅의 최초의 요리 문답서에 나오는 것으로서, 1537년에는 불어로, 1538년에는 라틴어로 각각 출판되었다(Ford Lewis Battles, ed., *The Piety of John Calvin*, 이형기 역, 『칼빈의 경건』, 서울: 크리스찬다이제스트, 1998, 25, 재인용).

예배가 수반"된다(*Inst.*, I/2-2).[28]

이처럼 경건은 하나님을 향한 인간의 마땅한 태도에 관한 문제이자 하나님의 은총에 대한 올바른 응답을 의미한다는 점에서, 칼뱅이 말하는 경건이란 근본적으로 하나님과의 관계에서 경험하는 경외(두려움, 嚴)와 사랑(순종, 愛)이며 하나님과의 만남에서 비롯되는 원초적 영성(*the Primal Spirituality*)을 뜻한다.[29] 즉, 칼뱅의 경건은 절대자 하나님의 임재를 느낄 때마다 자신의 비참한 실존을 발견하고 항상 두려움과 떨림과 놀라움에 완전히 압도되는 가운데(*Inst.*, I/1-3) 그분을 사랑하고 순종하는 기독교적 삶의 영성이고, 하나님과의 깊은 만남에 의한 신비한 원초적 영성原初的靈性이라고 할 수 있다.

이러한 경건에 대한 개념은 칼뱅 이후에도 적잖은 논의가 있었다. 무엇보다 현대 신학의 아버지 슐라이어마허(F.D.E. Schleiermacher)는 경건의 감정(*the Pious Feeling*)을 신학의 중심으로 제시했다. 곧 그는 당시 사회적 분위기가 종교(기독교)를 주지주의(데카르트) 또는 도덕주의(칸트)로 몰아가려는 흐름에 대해 온몸으로 저항하면서, "종교의 본질은 사유나 행위가 아니라 직관과 감정"으로 역설하는 가운데 "실천은 예술이고 사변은 학문이지만, 종교는 무한자에 대한 느낌과 취향"이라고 주장했다. 그리하여 그는 소위 종교를 멸시하는 교양인들에게 종교의 고유성과 실존성을 외침으로써 흔들리는 기독교 신앙과 신학에 대한 진지한 변증을 시도

---

28 칼뱅에 있어서 예배와 기도 문제는 매우 중요하다. 왜냐하면, 하나님에 대한 두려움과 경외 그리고 사랑과 순종은 결국 예배와 기도라는 꽃과 열매로 드러나기 때문이다. 『기독교 강요』에는 예배와 기도에 대한 칼뱅의 관심이 수없이 나타난다. 그만큼 그에게 있어 경건과 예배는 밀접하게 연결된다.

29 이러한 칼뱅의 경건 개념은 구조적으로 퇴계의 경(敬)과 유사한 측면이 있다. 퇴계 역시도 경을 천(天)에 대한 엄(嚴)과 애(愛)의 감정이나 경험으로 이해하기 때문이다.

하였다.[30] 그에게 있어서 경건의 감정은 인간의 본질적 경험과 관계되며 종교는 그런 경건 의식의 자극에 의한 것이라는 점에서, 경건은 "지식이나 행위가 아니라, 감정의 경향과 규정성"이다.[31] 곧 감정이 경건의 자리라는 것이다. 그렇지만 그에 따르면 그 경건한 감정은 직접적 자기 의식直觀(*Anschauung*)으로 이해되는데,[32] 그것은 지식과 행위에 선행하고 "우리가 자신에 대해 신에게 절대 의존하고 있음을 느끼는 것"이며,[33] 이것이 바로 경건의 진정한 본질이라는 것이다. 이러한 그의 주장은 얼핏 칼뱅을 따라가는 것처럼 보인다. 그래서 제베르크(R. Seeberg)는 칼뱅을 슐라이어마허의 아버지라고까지 평가한다.[34]

그러나 칼뱅의 경건과 슐라이어마허의 경건의 감정(the Feeling of Piety) 사이에는 적잖은 간격이 있다. 칼뱅이 말하는 경건은 어디까지나 사람이 예수 그리스도 안에서 인격적인 하나님과의 관계에서 경험하는 두려움과 사랑을 뜻하며, 경외심을 일으키는 경건의 주체 역시 인간 자신이 아닌 하나님이시다. 사람은 다만 그분 앞에서 수동적으로 경건을 경험할 뿐이다. 그런 면에서 그의 경건은 일차적으로 하나님의 선물이며(*Inst.*, II/5-8), 그것은 하나님 말씀에 뿌리를 둔 성령의 내적 증언에 의해 시작된다(*Inst.*, I/7-4, 5). 왜냐하면, "인간은 범죄로 인해 모든 면에서 무능하고 무지

---

30 F.D.E. Schleiermacher, *Über die Religion*, 최신한역, 『종교론』(서울: 한들, 1977)을 참조하라.

31 F.D.E. Schleiermacher, *Der christiliche Glaube*, 최신한역, 『기독교 신앙』(서울: 한길사, 2006), 59.

32 슐라이어마허의 '직관'(*Anschauung*) 개념에 대해서는 목창균, 『슐라이에르마허의 신학 사상』(서울: 한국 신학 연구소, 1993), 60-77.

33 F. Schleiermacher(2006), 65.

34 R. Seeberg, *Lehrbuch der Dogmengeschichte*, vol.2 (Graz: Akademische Druck u. Verlagsanstalt, 1954), 561, 김이태(1980), 재인용.

하기 때문"이다(*Inst.*, III/2-34). 이에 대해 칼뱅은 이렇게 말한다.

> 주께서 그의 성령을 통하여 모든 일을 행하시며, 그리하여 그 말씀의 도구가 그들에게 효과를 내도록 만드신다. 그러므로 경건한 자들은 모든 의로움은 온전히 하나님의 은혜에서 비롯되는 것임을 분명히 받아들여야 한다. [...] 하나님은 그의 택하신 자들 속에서 두 가지 방식으로 일하신다. 내적으로는 성령을 통해서 일하시고, 외적으로는 그의 말씀을 통해서 일하신다. 성령을 통해서는 택한 자들의 마음에 빛을 비추시고 의를 사랑하고 배양하는 마음을 일으키시고 그들을 새로운 피조물로 만드신다. 그리고 말씀을 통해서는 그들로 하여금 새로운 피조물의 상태를 사모하게 하고 구하게 하며, 구체적으로 거기에 이르도록 그들을 일깨우신다(*Inst.*, II/5-5).

> 그러므로 심지어 하나님을 경외하는 경건한 자들까지도 여전히 성령의 특별한 감동이 필요하다. 자색 옷감 장사인 루디아는 하나님을 경외하는 자였으나 그녀의 마음이 열리고서야 비로소 바울의 가르침을 받았고(행 16:14), 그리하여 유익을 얻었다. 이것은 비단 한 여인에 대해서만 말하는 것이 아니고, 각 사람에게서 경건이 증진되는 것은 곧 성령의 은밀한 역사라는 사실을 우리에게 가르쳐 주는 것이다(*Inst.*, III/24-13).

곧 칼뱅에 따르면 경건은 오직 성령의 은혜에 의한 것이므로 하나님의 은혜의 선물이라는 점에서, 그것은 단순히 인간의 내면적·심리적인 현상이 아니고 어디까지나 하나님을 아버지로 섬기는 진실한 신앙의 사건으로서의 의미를 지닌다: "믿음은 그리스도를 아는 지식에 근거하며, 성령의 거룩하게 하시는 역사를 함께 알지 않고서는 그리스도를 알 수 없다고 말할 수 있다. 그러므로 믿음은 결코 경건한 기질과 분리될 수 없다"(*Inst.*, III/2-8).

이러한 칼뱅의 경건에 비해 슐라이어마허의 경건 감정은 개념상 신神에 대한 인간의 절대 의존 감정(Feeling of Absolute Dependence)을 뜻한다. 그런 측면에서 그는 경건의 감정을 인간이 절대적 존재에 대해 경험하는 직접적 자의식 혹은 직관적 의식이라고 부른다. 따라서 그의 절대 의존 감정은 인간의 종교적 경건을 포괄하는 개념이 분명하지만, 문제는 그 경건에 대한 강조점이 절대자 하나님이 아니라 경건의 주체자인 인간에게 있다는 점이다. 따라서 그에게는 경건의 감정을 유발하는 대상이 누구든, 무엇이든 크게 상관이 없다. 중요한 것은 인간이 자신 안에서 직접적으로 느끼는 신에 대한 절대 의존 감정일 뿐이다.[35] 이처럼 슐라이어마허의 경건도 칼뱅과 마찬가지로 피조물이 창조주 앞에서 경험하는 피조성의 감정이기에 보통의 의존 감정과는 질적으로 다른 것이기는 하지만, 그 출발점이 하나님과의 관계가 아닌 인간의 종교적 감정에 근거한다.

결국 그는 경건의 감정을 모든 인간이 어디서든 느낄 수 있는 일반적인 종교적 의존 감정으로 객관화하는 오류를 범했다. 게다가 그에게 있어서 중요한 것은 인간 자신의 주관적인 감정이지 그런 감정을 갖게 하는 신의 존재는 인간과의 거리를 객관적으로 유지하는 절대자일 뿐이다.

이러한 슐라이어마허의 오류를 넘어 칼뱅에게 더 근접한 이는 루돌프

---

35 김이태, "칼빈 신학에 있어서 경건과 학문의 상관성 연구"(1980), 38-39; 틸리히는 슐라이어마허의 개념을 자신의 궁극적 관심(ultimate concern)과 연결한다(P. Tillch, *A History of Christian Thought, ed.* Carl E. Braaten, New York: Simon & Schuster, 1972, 394). 그러나 슐라이어마허의 개념은 오히려 퇴계의 경 사상과 통할 수 있다(허호익, "슐라이어마허의 경건과 퇴계의 지경(持敬)에 관한 연구: 아는 것과 행하는 것을 넘어서," 한국조직신학회 전국대회자료집, 2012, 376-389).

오토(R. Otto)라고 할 수 있다.[36] 그는 이것을 특히 누미노제적 감정(*das numinose Gefühl*)이라고 불렀다. 이것은 일찍이 칸트(I. Kant)가 이성으로 포착할 수 없는 하나님의 본질(*Ding an sich*)을 표현한 용어인 누멘(Numen)에서 비롯되었다. 오토는 "종교에는 명확한 개념적 이해와 언어적 표현을 초월하는 어떤 비합리적인 요소"가 확실히 존재한다고 보고,[37] 이것을 그는 누미누제적 감정 혹은 누멘적 감정(*das Numen Gefühl*)이라고 불렀다. 이러한 감정이 언어적 접근을 초월하는 비합리적 체험이 되는 이유는 그것이 무엇보다 어떤 초월적이고 신비적인 대상 즉, 누멘 혹은 누멘적 대상과 관련되기 때문이다. 특히 오토에 따르면 이 종교적 체험은 결코 다른 무엇으로 환원될 수 없는 독특한 현상이며,[38] 그것은 "구원의 믿음, 신뢰나 사랑 그 이상의 무엇으로서, 이러한 부차적인 것들과는 전혀 별도로 우리 안에서 때때로 정신을 못 차릴 정도의 힘으로서 우리 마음을 흔들고 우리를 사로잡는 것 곧 두려운 신비(*mysterium tremendum*) 혹은 무서운 비밀의 감정"이다. 인간은 전혀 낯선 대상인 그 누멘 앞에서 전율하며 두려움에 압도된다.[39] 오토는 이 절대자 앞에서 경험하는 두려운 신비를 누미노제적 감정(*das numinöse Gefühl*)이라고 표현했다. 곧 인간은

---

36 틸리히는 칼뱅의 신 개념은 오토의 누미노제 개념과 통한다고 보고, 칼뱅에게 있어서 "신은 누멘이며 신은 파악할 수 없는, 곧 접근할 수 없는 전율할만한 분인 동시에 매혹적인 분"이며, 오토가 말한 "거룩한 누미노제적 본성"을 가진 분이라고 주장했다(P. Tillich, 1972, 263).

37 이것은 칸트(I. Kant)의 합리주의적 도덕 종교를 넘어서는 독특한 이해였다. 칸트는 성스러운 의지에 대해 의무감의 동기로부터 어떤 흔들림도 없이 도덕적 법칙에 복종하는 것을 말하나, 오토는 인간의 이해가 미칠 수 없는 종교 영역에서만 일어나는 고유한 경험으로서의 누멘적 감정을 역설하였다.

38 R. Otto(2003), 37-45.

39 *Ibid.*, 47-63.

신의 절대적 초월성으로 인해 신을 직접적으로 말할 수 없으므로 상징을 통해 불가해한 신의 본질을 나타낼 뿐인데, 이러한 상징이 바로 누미노제적 표현이라는 것이다.[40] 경건(*pietas*) 역시 이러한 누미노제적 감정으로서의 성격을 지니기 때문에 사람은 전적 타자로서의 하나님, 곧 낯섦, 두려움, 장엄함, 분노, 힘 등으로 표현되는 초월적 절대자 앞에서 두려움에 떨게 되고, 이에 따라 사람은 그 엄청난 경외감에 눌린 나머지 그분 앞에서 전율하며 회피하고 싶어 한다.

그런데 한편 오토에 따르면, 이 누미노제적 감정은 정반대로 그처럼 감당키 어려운 공포에도 불구하고 사람을 끌어당기는 형언할 수 없는 매혹적인(*fascinans*) 힘을 내포한다. 그리하여 오토의 누멘적 감정에는 전율적인 요소와 함께 매혹적인 요소가 공존한다. 즉, 그에게 있어서 절대자 누멘은 인간으로 하여금 공포에 떨게 하는 하나님인 동시에 인간을 신비로운 경탄에 빠지게 하는 매혹적인 하나님이다.[41] 따라서 오토에게 있어서 경건의 감정은 절대자에 대한 전율할 수밖에 없는 두려움과 신비한 매혹이라는 양면성이 함께 있고, 이러한 독특한 경건의 감정은 인간의 제한적인 언어에 의한 객관화를 거부하게 된다.

그렇다면 오토의 누미노제적 감정은 칼뱅의 경건과 일치하는가? 일단 오토의 경우 경건에 대해 하나님께 대한 두려움과 경외의 감정이라고 밝히면서 칼뱅에게 근접함을 통해 칼뱅의 경건 개념을 근대적으로 해석한 점은 높이 평가될 수 있다. 그러나 그의 누미노제적 감정은 신에 대한 두려움 혹은 경외라는 신비적-수직적 차원에 집중되며, 특히 절대적 존재로서의 신에 대해 일방적으로 경험하는 일종의 선험적인 종교적 감정의

40 P. Tillich(1972), 263.

41 R. Otto(2003), 79-90.

차원이라는 점에서 칼뱅의 경건(*pietas*)과는 차이가 있다.[42] 이에 비해 칼뱅의 경건은 수직적 차원과 함께 그분에 대한 사랑과 순종까지를 내포하는 폭넓은 실존적-자의식적 개념이며, 여기에는 하나님의 자기 계시와 인간의 응답이라는 또 다른 특성이 살아 있다.

또한 오토의 누미노제적 감정은 단지 인간 개인의 내면적·심리적 차원에 머물면서 개인의 수덕修德에 집중되는 경향이지만, 칼뱅의 경건은 하나님과의 관계에서의 경외와 사랑이라는 수직적 영성을 바탕으로 이웃에 대한 사랑과 섬김이라는 수평적 차원으로 나아가는 통전적인 영성이다. 다시 말해서, 칼뱅의 경건은 단지 심리적·내향적 방향에 머무는 것이 아니라 구체적 삶의 실천을 불러오는 역동적인 삶의 에너지를 표출하는 실천적·외향적 방향을 동시에 갖고 있다. 이러한 칼뱅의 역설적-통전적 경건 개념에 대한 특성은 다음과 같은 설명에서도 분명히 드러난다.

> 하나님께서는 당신의 율법을 두 부분으로 나누셨으며, 그것에 전체 의를 포함하셨다. 첫째 부분에서는 특별히 그의 위엄을 예배하는 일에 관계되는 신앙의 의무들을 다루셨고, 둘째 부분에서는 사람들과 관계되는 사랑의 의무를 다루셨다. 의의 첫째 기초는 분명 하나님을 예배하는 것이다. [...] 첫째 돌판에서 하나님께서는 경건과 신앙의 정당한 의무들을 가르치시고, 그로 말미암아 하나님의 위엄을 예배하게 하신다. 둘째 돌판에서는 하나님의 이름을 경외하

42 오토의 두려움과 매혹의 개념은 칼뱅의 경건에 나타나는 경외와 사랑의 개념에 대비될 수 있다. 특히 그의 두려움과 칼뱅의 경외는 상당한 접근이 가능하다. 그러나 오토의 매혹과 칼뱅의 사랑, 순종은 곧바로 연결되기 어렵다. 오토의 매혹은 어쩌면 두려움의 연장선에 있고, 따라서 인간은 매혹적인 하나님에 대해 사랑과 순종으로 결단하기보다는 도리어 신비와 경외감에 사로잡히기가 쉽다. 그러나 칼뱅의 경건(사랑, 순종) 개념은 아버지로서의 하나님인 동시에 어머니처럼 자애로운 하나님의 은총에 응답하는 측면이 강하다.

는 것에 걸맞게 인간 사회에서 어떻게 우리 스스로 처신해야 할지를 가르치신다(*Inst.*, II/8-11).

요컨대 칼뱅의 경건에 대한 일차적 개념은 인간이 창조주이자 구속주이신 하나님과의 만남에서 경험하는 원초적-내면적 영성(the Primal-Internal Spirituality)이라고 할 수 있으며, 오토의 표현처럼 인간은 "대면할 때마다 전율할 수밖에 없지만, 한편으로는 너무도 매혹적인 하나님"에 대해[43] 두려움과 경외, 사랑과 순종의 마음을 갖게 되며, 그런 삶을 실천하는 역동적 영성으로 나타난다. 말하자면 칼뱅의 경건은 하나님께 대한 두려움과 하나님을 향한 진실한 사랑이 통합되어있는 독특한 성격이며, 인간은 하나님과의 만남을 통해 이 특별한 은혜를 경험하게 된다. 그런 의미에서 이것은 하나님 앞에 서 있는 인간의 원초적인 신앙 사건이라고 말할 수 있다.

물론 그러한 경건의 영성 배면에는 하나님의 영이신 성령에 의한 그리스도와의 신비적인 연합(*unio mystica cum Christo*)이라는 특별한 은혜가 전제된다. 말하자면 칼뱅의 경건 개념은 인간의 어떤 인위적인 의지나 감정에 의해 발생하는 단순한 종교적 경험이 아니라 전적으로 살아 계시는 하나님 자신에 의한 주도적인 구원의 은총으로서의 성격을 함의한다. 칼뱅은 이러한 원초적 신앙 사건의 한 예를 창세기 28장에서 발견한다. 그것은 야곱이 아버지와 형을 속이고 도피하던 중 한 들판에서 조상들이 섬기던 하나님을 만나는 사건이다. 전혀 예상치 못한 경험으로 인해 야곱은 두려워하지만, 그분과의 만남을 통해 그는 하나님을 향한 사랑과 순종

---

43 P. Tillich(1972), 263.

의 삶으로 새롭게 결단하게 된다. 이에 대해 칼뱅은 다음과 같이 설명한다.

> 하나님은 황송하게도 당신을 찾지 않는 자에게 스스로 나타나셨다. 야곱은 그곳에 자기 혼자 있다고 생각했다. 그러나 야웨께서 나타나신 지금, 감히 바랄 수 없던 것을 얻게 되었다고 경이로움에 젖으며 또한 찬양한다. [....] 하나님께서 그토록 은혜롭게 말씀하셨을 때 야곱이 두려워한 것이나, 믿을 수 없는 기쁨으로 충만케 된 것을 '두렵다'고 한 것은 이상하게 보인다. 그러나 하나님께서는 당신의 종들을 기쁘게 하실 때 동시에 그들에게 두려움을 일으키신다. 이는 그들로 하여금 진정한 겸손과 자기 부인으로써 하나님의 자비를 포용하는 것을 배우게 하기 위해서다. [...] 야곱은 경건한 복종심을 일으키는 두려움에 감동되었다(*Comm. on Gen.*, 28:16-17).

이처럼 칼뱅의 경건은 일차적으로 하나님과의 만남에 의한 인간의 종교-심리적 경험인 동시에 그분을 향한 진솔한 신앙적 태도이며, 그분 앞에서 갖게 되는 실존적 자의식 곧 원초적 영성(*the Primal Spirituality*)을 함의한다. 그렇지만 이러한 칼뱅의 경건은 전술한 바와 같이 슐라이어마허나 오토처럼 절대자 하나님 앞에서 인간 스스로가 느끼는 어떤 내면적 감정에 그치는 것이 아니라, 창조주인 동시에 구속주인 하나님과의 만남을 통해서 형성되는, 즉 그분과의 관계 안에서 형성되는 원초적 관계(*the Primal Relation*)를 전제하는 개념이고, 성령의 은총에 의해 이뤄지는 그분을 향한 예배와 헌신의 삶을 표출하는 역동적 개념이며, 살아 계시는 하나님을 향한 두려움과 사랑이 통전되는 생생한 삶의 영성이라고 할 수 있다. 이러한 칼뱅의 경건 개념은 다음과 같은 그림으로 표현할 수 있다.

곧 칼뱅에 따르면 경건한 사람은 "하나님을 아버지로 사랑하고 존경

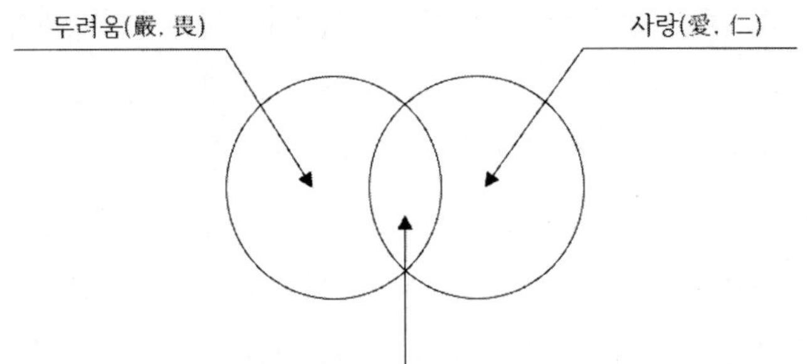

〈그림1〉 칼뱅의 경건에 대한 개념도

할 뿐만 아니라 그분을 주님으로 경배하고 높여드리는 사람"을 뜻한다. 이것이야말로 순수하고 참된 경건(*En quid sit pura germanaque religio*)이라 할 수 있는데, 그것은 곧 하나님을 진심으로 경외하는 마음과 서로 밀접하게 결합된 신앙이라는 것이다(*Inst.*, I/2-2). 그리고 그러한 경건의 바탕에서 비로소 하나님에 대한 온전한 지식이 가능해진다. "신앙이나 경건이 없는 경우에는 거기에 하나님을 아는 지식이 있다고 말할 수가 없다"(*Inst.*, I/2-1). 결국 칼뱅에게 경건이란 하나님을 향한 진실한 신뢰와 공경의 마음이고, 그러한 마음과 정신을 바탕으로 살아가는 신앙인의 하나님 앞에서의 진솔한 전인격적인 삶의 태도라고 말할 수 있다.

2. 실천적 영성으로서의 경건: 사랑

칼뱅에 대한 많은 오해 중의 하나가 '칼뱅에게 도대체 사람의 가슴이 있었느냐?'는 것이었다. 어떤 종교 개혁자도 이 프랑스인보다 더 무정한 사람으로 그려진 적이 없었을 정도로, 칼뱅은 강인할망정 감정이 없는 이미지로 오해를 받았다.[44] 그렇지만 사실 칼뱅은 가슴이 따뜻한 목회자였고, 그의 경건의 신학 자체가 냉철한 학문적 성취에 그치지 않고 뜨거운 가슴을 바탕으로 하는 열정적인 이웃사랑의 실천을 지향하는 것이었다. 게다가 칼뱅의 경건 자체가 단지 누미노제적 차원 즉, 하나님과의 수직적 관계의 차원만을 의미하지 않는다. 전술한 바와 같이 칼뱅의 경건 신학에 대한 근본 동기는 하나님을 아는 것과 함께 인간을 아는 진정한 지식의 추구에 있었다(*Inst.*, I/1-1). 바로 이것이 칼뱅의 신학적 과제였으며, 여기에서 참된 경건이 솟구쳐 나온다는 것이다.[45]

이처럼 칼뱅의 신학은 처음부터 하나님의 인간에 대한 그리고 인간의 하나님을 향한 실존적 관계의 해설이다. 동시에[46] 하나님을 닮은 인간으로서 하나님과의 관계 및 이웃과의 관계를 위한 삶에 관한 해설로서의 의의를 지니며, 그 안에는 진솔한 신앙적 실천을 향한 강한 열정이 살아있다. 이러한 칼뱅의 사상에서 경건이 본격적으로 신학적 성격을 갖기 시작한 것은 『기독교 강요』 초판(1536)부터였고, 이때부터 경건은 칼뱅

---

44 H.J. Selderhuis(2009), 25. 이것은 아마도 세르베투스의 처형과 연관된 오해가 불러온 잘못된 인식으로 보인다. 물론 칼뱅은 그의 처형에 관해 책임이 없지는 않다. 그렇지만 실제로 사형 판결을 내리고 처형한 주체자는 칼뱅이 아니라 제네바 의회였다. 그는 그전에 이미 로마 가톨릭교회에 의해 사형 선고를 받은 몸이었고, 사형수로 수감 중에 탈옥하여 제네바에 왔다가 체포된 터였다. 게다가 칼뱅은 수차례 그와의 논쟁을 통해 그를 정통교리로 돌아오기를 설득했으나, 그는 끝내 거부하였다. 더 나아가 칼뱅은 그의 사형 집행 방식에 대해 화형이 아니라 참형을 주장했지만 의회는 칼뱅의 요구를 묵살했다. 이처럼 세르베투스 사건에서도 칼뱅은 냉혈인이 아니라 가슴이 따뜻한 목회자였고, 당시 상황에서 그의 구명을 위해 최선을 다한 인물이었다. 그뿐 아니라 당시 유럽 사회에서 로마 가톨릭교회가 종교 재판을 통해 이단이라는 명목으로 화형에 처한 인물은 부지기수였다는 점에서, 칼뱅에 대한 오해나 몰이해는 마땅히 수정되어야 할 것이다.

45 이양호, "칼빈의 영성," 「기독교사상」 제419집(1993), 226.

46 J. H. Leith(1996), 25-28.

의 신학적 핵심 개념이나 바탕 개념으로 자리 잡게 되었다. 그는 제1장 <율법>에서 다음과 같이 경건을 언급한다.

> 첫째 돌판에 의해 우리는 특별히 경건에 이르도록 배우게 된다. 그것을 요약하면, 하나님을 경외하고 사랑하며 예배하고 그분을 신뢰하며 그분을 부르고 그분께 모든 것을 구하며 그분으로부터 모든 것을 바라고 그분 안에서 우리의 보호를 찾고 그분 안에서 쉬는 것을 뜻한다.[47]

그에 따르면 경건은 일차적으로 하나님을 경외하고 사랑하며 영화롭게 하는 것이며, 날마다 하나님과의 관계를 이어가는 신앙의 삶이었다. 즉, 그것은 기독교라는 종교 생활 원리에 대한 하나의 이론이 아니라, 하나님을 경외하는 진실한 신앙생활의 문제와 연관된 개념이다. 그의 경건에 대한 이해는 『기독교 강요』 초판이 발행된 이듬해에 제시된 제네바교회를 위한 <신앙 지침과 고백서>(*Instruction et Confession de Foi*, 1537)에서 한층 정리되었다.

> 참된 경건이란 하나님의 심판을 두려워하여 피하는 것이 아니라 피할 수 없음을 인식하고 그것에 대해 두려움을 느끼는 것이다. 그리하여 참된 경건은 하나님을 아버지로서 사랑하고 주님으로서 존경하며, 그의 의를 사랑하며, 그분에 대한 거역을 죽기보다 두려워하는 순수하고 진정한 열정 안에 있다.[48]

여기서 그는 경건을, 하나님을 아버지와 주님으로 모시는 가운데 그분

---

47 *Inst.*(1536), I/24.

48 J. Calvin, *Instruction in Faith*(1537), Chap. 2.

을 두려워하는 마음으로 공경하고 사랑하는 삶으로 이해한다. 즉, 경건은 어떤 형이상학적 지식이나 내밀한 신비적 종교 경험의 문제가 아니라, 어디까지나 하나님과의 관계 안에서 두렵고 떨리는 태도로써 그분을 존경하고 사랑하는 신앙인의 삶의 문제이다. 이러한 칼뱅의 경건 신학에는 신神-인人 관계에 기초를 둔 경천애인敬天愛人의 삶을 위한 실천적 에너지가 살아 있다.[49] 그렇다면 하나님과의 만남을 통한 원초적 영성일 뿐만 아니라 하나님 앞에서의 진솔한 삶을 위한 실천적 영성으로서의 칼뱅의 경건은 어떠한 형태로 나타나고 있는가? 특히 그것은 하나님을 사랑하고 이웃을 자신처럼 사랑하는 성서적 원리의 구체적 실천에서 찾을 수 있다.

1) 신을 향한 사랑

칼뱅에 따르면 하나님께 대한 존경과 사랑이 곧 경건이며, 이는 곧 하나님을 향한 진실한 신앙과 통하는 개념이다. 다시 말해서 칼뱅의 경건은 아버지(창조주)와 주님(구속주)이신 하나님을 두렵고 떨리는 마음으로 경외하며, 그 은총으로 인해 그분을 존경하고 사랑하며, 그분께 겸허히 순종하는 진실한 신앙의 삶을 뜻한다. 특히 칼뱅의 신학적 성격 자체가 하나님 중심이라는 점에서, 그의 경건의 실천은 일차적으로 하나님을 사랑하는 삶에 그 뿌리를 두고 있다. 칼뱅에 따르면 인생의 최고의 목적(*ultimas finis*)은 살아 계시는 하나님을 아는 것이고(*Inst.*, I/3-3), 이 지식의

---

49 김영일은 한민족의 전통적 경천애인사상(敬天愛人思想)은 구조적으로 기독교의 "하나님을 사랑하고 이웃을 사랑하라"는 말씀과 일치하여 한국인들이 기독교에 쉽게 접근할 수 있었다면서, 경천애인적 시각은 유교와 기독교 영성의 만남에 대한 주요 접촉점일 수 있다고 보았다(김영일, "韓國教會 成長과 儒教文化," 2008, 193-197). 이것은 칼뱅과 퇴계의 대화에서도 새로운 통찰력을 가져올 수 있다.

목적 역시 하나님께 예배하고 그분의 영광을 위해 살아가는 데에 있다는 것이다(*Inst.*, I/5-10). 말하자면 칼뱅에게 있어서 하나님을 아는 경건한 지식의 궁극적인 목표는 하나님을 사랑하고 그분께 합당한 경배를 드리는 데 있다는 것이다.

셀더르하위스(H.J. Selderhuis)에 따르면, "칼뱅에게 있어서 하나님을 아는 것, 하나님을 의지하는 것, 하나님께 경배하는 것 그리고 하나님을 믿는 것이 모두 동의어이다. 우리가 하나님께 응당 돌아가야 할 영예를 그분께 돌릴 때 비로소 우리가 하나님을 정말 잘 안다고 할 수 있고, 그분을 의지하는 것만이 그분을 가장 잘 숭배하는 것이다. … 하나님을 사랑하는 것보다 하나님을 경배하는 더 나은 방법은 없다"는 것이다.[50] 이신열 역시 "칼뱅이 말하는 신 지식이란 결국 올바른 경건으로 연결되는데, 그것은 하나님께 대한 예배를 포함하는 지식"이라고 밝힌다.[51] 특히 칼뱅은 십계명을 해설하면서 이렇게 말한다.

> 율법으로부터 배워야 할 것이 무엇인지는 곧바로 이해할 수 있다. 하나님께서는 우리의 창조주이시므로 우리에 대하여 아버지와 주님의 위치에 계시며, 따라서 우리는 그분께 영광과 존경과 사랑과 경외를 드려야 한다는 것을 배워야 한다(*Inst.*, II/8-2).

요컨대, 칼뱅의 경건은 신-인 관계를 통전하는 방향에 서 있다. 곧 그의 경건은 일차적으로 인간이 하나님과의 관계에서 경험하는 두려움과 떨림 곧 하나님을 향한 경외를 뜻한다.[52] 그러나 이것은 절대자에 대한 맹목적인

50 H.J. Selderhuis(2009), 354.

51 이신열, "칼빈의 예배론," 『칼빈과 교회』(서울: 고신대학교출판부, 2007), 196-222.

공포가 아니라 인간이 아버지와 주님이신 하나님 앞에서 경험하는 존재론적 불안을 뜻한다. 이것은 또한 하나님과의 만남에서 경험되는 전인격적 종교·심리적 실존이자 원초적 영성으로서, 그분을 향한 존경과 사랑을 불러오며 겸허한 순종의 자리로 나아가게 한다.[53] 곧 경건은 단순한 종교-심리적 현상이 아니라 하나님을 향한 진솔한 신앙의 문제요,[54] 하나님을 향한 예배와 기도의 자리로 나아가게 만드는 열정이라고 할 수 있다.[55] 그러므로 칼뱅의 경건은 일차적으로 하나님을 향한 내면적 의식에서 출발하여 하나님을 향한 진솔한 섬김으로 이어지는 진지한 신앙생활에 관한 문제이다.

따라서 칼뱅에게 있어서 진실한 예배 생활은 인간의 하나님을 향한 사랑의 결정적인 표현 양식이라고 할 수 있다. 곧 칼뱅에 따르면 하나님을 아는 경건한 지식은 생각이나 감정의 차원에 머무는 것이 아니라 하나님을 사랑하는 전인격적인 삶으로 구현되는데, 그 핵심적인 형태가 바로 하나님을 향한 경건한 예배라는 것이다. 이러한 사실은 신·구약성서 전체에서 풍부하게 나타나는 신앙인의 삶의 양식에 대한 가르침이라고 할 수 있다. 왜냐하면, 신앙인의 하나님을 향한 사랑은 결국 예배의 삶을 통해 진정한 경건의 본질을 드러내기 때문이다. 이처럼 하나님을 향한 경건의 삶은 율법의 첫째 서판, 즉 하나님을 향한 경배와 사랑의 삶에 대한

---

52 *Inst.*, I/2-2; III/2-23; III/2-26.

53 *Inst.*, II/8-5; *Comm. on Act.*, 10:2.

54 이수영은 칼뱅의 경건을 일차적 의미와 부수적 의미로 구분하면서, 경건은 "엄밀하게는 하나님을 향한 것"이며 칼뱅은 "경건을 믿음의 하나님을 향한 측면이며, 믿음이 참 믿음되게 하는 본질적 요소"로 보았다고 했다. 이수영 "깔뱅에 있어서의 경건의 개념"(1995), 371.

55 *Inst.*, II/8-8.

실천 문제와 깊은 관계가 있다. 이에 대해 칼뱅은 다음과 같이 말한다.

> 우리는 하나님의 위대하심을 생각하면, 곧바로 그분의 위엄을 접하고서 하나님께 경배를 드리지 않을 수가 없다(*Inst.*, II/8-1).

> 제일 계명의 의도는 오직 하나님만이 경배를 받으실 분이라는 것이다(출 20:2-3; 신 6:4). 그러므로 이 계명의 실체는 참된 경건, 즉 하나님의 신성에 대한 경배가 하나님께 기쁨이 되며 불경건은 하나님께 가증스러운 것이 된다는 것이다(*Inst.*, II/8-8).

말하자면, 칼뱅에게 있어서 예배는 경건한 삶의 핵심 개념이다. 하나님에 대한 두려움과 경외와 순종을 그 내용으로 하는 진실한 경건은 결국 하나님을 향한 진실한 예배로 이어지기 때문이다. 따라서 하나님을 향한 예배로 이어지지 않는 경건이란 사실상 내용 없는 불경건이나 다름이 없다. 참으로 경건한 그리스도인은 매 순간 하나님을 향한 진실한 예배의 삶으로 나아가기 때문이다. 특히 칼뱅의 『기독교 강요』에는 첫머리부터 경건과 예배를 연결하는 내용이 빈번하게 등장하고(*Inst.*, I/2-2; I/3-2; II/8-8, 28; IV/20-15), 이러한 태도는 다른 저작들에서도 그대로 이어진다(행 13:50; 22:12 및 딤전 2:2, 4:7에 대한 주석). 이처럼 칼뱅에게 있어서 예배는 경건한 신앙생활의 꽃이며, 진실하고 정성스러운 예배의 삶을 통해 신자들의 경건이 증명된다. 즉, 진실한 경건은 진지한 예배의 삶을 통해 그 실체를 드러내게 된다는 것이다.

그렇다고 해서 칼뱅이 오로지 교회당에서 드려지는 공적이고 예전적인 예배만을 강조한 것은 아니다. 물론 칼뱅은 제도적인 교회 공동체의 예전적 예배(Liturgical Worship)를 매우 중시했고, 한 사람의 목회자로서 스스로 예배를 집례하면서 수많은 설교를 했다. 게다가 그의 종교 개혁 사역은 사실상 예배에 대한 개혁이 그 중심을 이뤘지 않았던가? 그렇지만 그는 그것과 함께 하나님의 피조 세계 전체 곧 자연 그 자체가 이미 하나님의 거룩한 영광을 찬미하는 거룩한 극장 혹은 하나님의 영광으로 빛나는 극장임을 외치고 있다(*Inst.*,I /5-1). 그러므로 사람은 그 하나님의 영광스러운 극장에서 그분의 영광을 바라보는 가운데, 살아가는 내내 하나님을 찬미하는 삶을 통해 존재 의미와 존재 가치를 실현해 나갈 수 있다.

> 하늘과 땅에 하나님의 놀라운 지혜를 선포하는 무수한 증거들이 있다. 천문학이나 의학 등 모든 자연 과학을 통한 면밀한 탐구에 의해서만 알 수 있는 심오한 증거들뿐 아니라 전혀 교육을 받지 못한 사람들도 보기만 하면 곧바로 알 수 있는 그런 증거들이 무수히 널려 있어 눈을 뜰 때마다 그것들을 증언하지 않을 수 없다. 학문을 다소 밀접하게 접한 사람들은 그것의 도움으로 인해 하나님의 은밀한 지혜를 더 깊이 바라볼 수 있겠지만, 그렇지 못할지라도 창조 세계에 나타나는 하나님의 솜씨를 보지 못하고 창조주 하나님을 찬미하지 못할 사람은 아무도 없다(*Inst.*, I/5-2).

따라서 사람이 이러한 명백한 은총의 현실 앞에서도 거룩하신 하나님께 경배를 드리지 않는다면, 그는 하나님의 은혜를 저버리는 배은망덕한 존재일 뿐만 아니라 실로 교만하기 이를 데 없다고 말할 수 있다. 인간의 존재 목적 자체가 이미 하나님을 경배하는 데 있고, 인간의 존재 가치 역시 그분을 사랑하는 삶에 있기 때문이다. 다음과 같은 칼뱅의 진술은 인간의 존재 의미가 무엇인지를 깊이 생각하게 만든다.

여기서 사람들의 수치스러운 배은망덕함을 지적하지 않을 수 없다. 자기들 안에 하나님의 활동들이 끊임없이 진행되고 있는 공장이 있고 측량할 수 없는 보화들이 저장된 창고가 있으므로 그들에게서 하나님을 향한 찬미가 터져 나오는 것이 마땅한데, 그들은 오히려 스스로 우쭐해져서 교만하기 이를 데 없는 상태에 머물러 있다는 것이다(*Inst.*, I/5-4).

또한, 우리는 이렇게 해서 얻어지는 지식을 통해 자극을 받아 하나님을 예배하도록 되어야 하는 동시에, 그 지식으로 말미암아 일깨움을 받고 격려를 받아 미래의 생명에 대하여 소망을 갖게 되어야 한다(*Inst.*, I/5-9).

이처럼 칼뱅에게 있어서 사람은 마땅히 하나님을 사랑하고 그분을 찬미하는 진정한 경건의 삶을 펼쳐갈 때, 진정한 인간 됨의 가치가 드러나게 된다. 왜냐하면, 사람은 처음부터 하나님을 사랑하고 경배하는 존재, 즉 하나님과 교제하고 그분과 함께 인생을 펼쳐나가는 경건한 존재로 창조되었기 때문이다. 그러므로 하나님을 사랑하는 삶이란 진정한 인생 목적과 목표를 이루는 길이고, 참된 인간이 되는 길이라고 할 수 있다.

2) 이웃을 향한 사랑

칼뱅의 경건은 한편 이웃을 향한 에토스(*Ethos*)이기도 하다. 즉, 칼뱅에게 있어서 경건은 일차적으로 하나님을 향한 수직적 성격을 갖지만, 한편으로 마치 신 지식이 인간에 대한 지식과 연결되듯 하나님을 향한 경건은 이웃을 향한 섬김의 힘이기도 하다. 특히 칼뱅은 경건에 관해 말할 때 하나님과의 관계 문제와 함께 종종 율법의 둘째 서판을 언급한다. 그리하여 칼뱅은 경건이란 한편 사람됨을 위한 참된 삶과 관계됨을 암시한다. 말하자면, 칼뱅의 경건은 자체가 그리스도인의 삶을 위한 실천적 영성의 성격을 함의하는바 그것은 곧 하나님을 향한 경배와 함께 이웃을 향한 섬김을 그 내용으로 한다. 이러한 칼뱅의 경건한 삶에 대한 구체적 논의에 앞서 다음과 같은 진술들을 살피는 것이 좋을 듯하다.

> 하나님께서 의義 전체를 포괄하는 그의 율법을 두 부분으로 나누신 것은 첫째 서판에서는 특별히 하나님의 위엄을 예배하는 일과 관계되는 신앙의 의무들을 다루시며, 둘째 서판에서는 사람들과 관계되는 사랑의 의무들을 다루시기 위함이라는 것이다(*Inst.*, II/8-11).

> 누가는 그를 가리켜 경건하고 의로우며 예언의 은사를 받은 사람으로 기록했다. 경건과 의義는 율법의 두 서판과 관계된다. 그러므로 신앙생활의 전체적인 모습이 이 두 부분에 있다(*Comm. on Luk.*, 2:25).

> 이로 보건대, 율법의 계명들에서 경건과 사랑의 모든 의무를 구하고 찾는 그런 율법 해석이 올바른 것이라는 사실이 분명하다(*Inst.*, II/8-51).

칼뱅에게 있어서 경건한 삶이란 일차적으로 하나님과의 관계에서 출발한다.[56] 그런데 이러한 경건과 관련된 율법의 계명을 보면, 첫째 서판인 하나님을 향한 경배와 사랑에 대한 삶과 함께, 둘째 서판인 인간관계에 있어서 의와 사랑이 다가온다. 곧 십계명의 두 돌판이 서로 분리될 수

56 이수영, "깔뱅에 있어서의 경건의 개념"(1995), 363.

없듯이, 경건 역시 하나님을 사랑하는 삶과 이웃사랑에 대한 문제가 분리될 수 없다는 것이다. 경건은 하나님과의 관계를 바탕으로 이웃과의 관계까지를 포괄하는 그리스도인의 신실한 삶의 문제이기 때문이다. 칼뱅은 다음과 같이 말한다.

> 경건이란 하나님과의 관계에 있어서 신앙심을 뜻하는 말이고, '의'란 인간을 향해 행사하는 정의를 가리키는 말이다. 이 둘을 겸비한 사람은 완전한 덕을 구비한 셈이다(*Comm. on Tit.*, 2:12).

> 하나님을 진정으로 경외하지 않고서는 모든 면에서 사랑을 유지하기가 쉽지 않기 때문에, 사랑이 그 사람의 경건의 증거(*pietatis approbatio*)가 된다고 할 것이다(*Inst.*, II/8-53).

곧 칼뱅에 따르면, 하나님을 사랑하는 경건은 이웃을 사랑하는 삶으로 이어질 때 참으로 온전한 경건일 수 있다는 것이다. 다시 말해서 칼뱅은 율법의 첫째 서판이 하나님을 향한 경외와 사랑에 대한 의무로, 둘째 서판이 인간을 향한 사랑의 의무로 규정되는 것처럼, 경건 역시 하나님과의 관계에서 출발하여 인간관계에서의 의와 사랑으로 표출됨을 말한다. 이것은 곧 칼뱅의 영성이 하나님과의 관계라는 수직적 측면과 함께 이웃과의 관계라는 수평적 측면, 즉 사회적 경건을 함의하고 있음을 뜻한다.

이러한 칼뱅의 사회적 경건은 특히 그의 목회적 실천에서 풍성하게 드러나고 있다. 특히 칼뱅의 사역 초점은 목회적 돌봄에 있었다. 사실 칼뱅은 16세기의 유럽 사회적 상황에서 깊은 불안과 아픔을 경험했는데, 곧 그는 청년 시절 타의에 의해 사랑하는 조국을 떠났고 그 조국을 지척에 두고도 돌아갈 수 없었던 방랑자인 동시에 망명자의 신분으로 살았으며, 결국 타국에서 생을 마친 사람으로서 평생 가슴에 깊은 상처를 안은 채로 나그네의 인생길을 걸었다. 그뿐 아니라 그는 가정적으로도 자녀들과 아내의 사망으로 큰 아픔을 겪었다. 그는 그렇게 스스로도 상처 입은 목회적 치유자로서 자신처럼 신앙 때문에 조국을 떠난 많은 이들을 위로하고 섬긴 가슴이 따뜻한 목회자였고, 상처 입은 이들을 돌아본 사랑 가득한 목회자로서 자신의 사역에 큰 자긍심을 갖고 있었다.[57]

이처럼 칼뱅의 경건은 목회적 관점에서 시작되었고, —사실 그의 『기독교 강요』는 처음부터 신앙 때문에 고난받는 이들을 변호하고 위로하려는 목적에서 저술되었다— 또한 목회적 경험을 통해 더욱 성숙하게 되었다는 측면에서 그의 경건은 언제나 살아 있는 목회적 영성을 지향하였으며, 결국 교회를 교회 되게 하는 진정한 교회적 영성을 그 바탕으로 하고 있었다. 그에게 있어서 교회는 "신자들의 어머니"인 동시에 "그리스도의 몸"으로서 연약한 신자들을 돌보고 양육하며, 하늘 소망을 따라 서로 사랑하고 섬기는 공동체였다.[58] 그리고 그러한 교회의 사역을 뒷받침하기 위한 신학적·실천적 바탕이 바로 경건이었다. 이러한 칼뱅의 경건에 대해 우리는 목회적 경건(*Pastoral Piety*)이라는 말로 정리할 수 있을 것이다. 주지하는 바와 같이 칼뱅은 냉철한 신학자이기에 앞서 경건한 목회자였으며, 특히 그의 『기독교 강요』 저술 목적도 참된 경건을 지향하는 신앙에 대한 변호와 함께 신자들의 경건 교육에 있었다. 그의 이 경건의 정신은 결과적으로 제네바와 스트라스부르에서의 경건한 목회적 에너지로 살아나게

57 안석 · 김광묵, "칼뱅(Jean Calvin)의 인간 이해와 목회적 돌봄," 「신학과 실천」 제31호 (2012), 254.

58 *Inst.*, IV/1-1, 3, 4.

되었다.[59] 맥키(E.A. Mckee) 역시 이러한 칼뱅의 경건을 목회적 경건으로 규정한다.[60] 따라서 칼뱅은 오늘도 목회자들에게 경건한 신학적 바탕에 굳게 서서 신자들의 어머니이자 그리스도의 몸인 교회를 경건한 공동체로 이끌어야 하며, 교회로 하여금 교회가 되게 하는 일을 위해 헌신할 것을 자신의 경건한 신학을 통해 계속해서 역설한다.[61]

그런데 칼뱅의 경건은 단지 교회 내적인 성격만은 아니다. 그것은 교회를 넘어 사회 속으로 도도하게 흘러간다. 다시 말해서 칼뱅의 경건은 교회 내적 경건(*Inner-Church Piety*)을 넘어 사회적 경건(*Social Piety*)으로 승화되고 있다. 그에 따르면, 우리는 그리스도와 만나고 연합함으로써 새로운 인간성을 지니게 된다. 그리하여 앙드레 비엘레(A. Bieler)의 말처럼 "이제 개인적인 삶은 존재하지 않는다. 우리는 성령의 은혜 가운데 그리스도와 연합되었고, 이 연합은 필연적으로 다른 지체와의 연합을 전제한다. 우리는 이제 그리스도의 몸과 떨어질 수 없는 지체가 되었다. 그러므로 크리스천으로서의 삶은 가시적으로 연결된 공동체 밖에서는 불가능하다."[62] 사실상 교회 자체가 이미 공동체이다. 곧 교회는 이 땅에서 거룩한 그리스도의 몸이라는 하나님의 가족 공동체로서 존재한다. 그렇지만 칼뱅에 따르면, 현실적인 교회는 가시적 교회로서 세상에서 불신자들과 함께 존재한다. 특히 그리스도의 통치는 세속 분야에까지 미친

59 J. Olson은 목회자이자 행정가로서의 칼뱅을 간략하지만 심도 있게 그린다. J. Olson, "Calvin as Pastor-Administrator during the Reformation in Geneva," ed. R. Gamble, *Articles on Calvin and Calvinism*, vol. 3(New York & London: Garland Publishing, 1992), 2-9.

60 박경수, 『교회의 신학자 칼뱅』(서울: 대한기독교서회, 2009), 32, 재인용.

61 김광묵, "장 칼뱅의 경건과 현대 신학적 과제"(2013), 61-62.

62 A. Bieler, *L'humanisme social de Calvin*, 박성원 역, 『칼빈의 사회적 휴머니즘』(서울: 대한기독교서회, 2003), 36-37.

다. 국가 통치도 참된 왕이신 그리스도께서 세우신 지도자가 "하나님께 드리는 외형적인 예배를 존중하고 보호하며 경건의 건전한 교훈과 교회의 지위를 변호하고, 우리의 삶을 사회에 적응시키며 우리의 사회적 행실을 시민의 의에 맞춰 세우고, 서로 화목하고 전반적인 평화와 안정을 증진" 하도록 섬김에 그 의의가 있다.[63]

그래서 신자는 초월적인 하나님 나라와 현존 질서에 동시에 속하는 이중적 존재로서 살아간다. 즉, 신자는 하늘 시민으로서 그 나라를 섬기는 동시에 현실적으로는 자신이 속한 국가와 사회도 함께 섬기는 경건한 삶을 실천한다. 그렇지만 이것은 단지 현실적 사회 질서에 순응하는 차원의 소극적 동참을 넘어 사회 개혁을 지향하는 적극적인 차원의 섬김이다. 실제로 칼뱅은 제네바 사회의 전반적인 개혁을 위해 노력했으며, 어려운 이들을 위한 사회 복지 사업에도 많은 노력을 기울임으로써[64] 경건의 참된 성격을 드러냈다. 그리하여 칼뱅의 경건은 하나님과의 관계라는 수직적 지평뿐만 아니라 이웃과의 관계라는 수평적 지평을 함께 함의하는 교회-사회적 경건(*Ecclesiastical-Social Piety*)이라는 성격을 견지한다고 볼 수 있으며, 그러한 측면에서 그것은 그 자체 안에 이웃 사랑을 향한 열정적인 능력을 지닌다고 할 것이다.[65]

3) 통전적 경건

칼뱅은 인간이 가져야 할 완덕完德이 있는데, 그것은 하나님과의 관계

63 *Inst.*, IV. 20/2.

64 박경수, 『교회의 신학자 칼뱅』(2009), 277-301.

65 김광묵, "장 칼뱅의 경건과 현대 신학적 과제"(2013), 60.

에서는 경건이고 인간관계에서는 의와 사랑이라고 본다. 그렇지만 칼뱅은 양자를 분리해서 보는 것이 아니라 양자는 언제나 함께 있어야 하며, 서로에게 침투되는 것으로 이해한다. 다만 그가 둘을 구별하는 것은 양자에 대한 분리보다는 불가분리성을 강조하기 위함이다.[66] 마치 율법의 두 서판이 서로 구별되지만, 그것은 한 분 하나님께서 주신 하나의 율법인 것과 같다. 그러므로 기독교 신앙에서 하나님을 향한 경건과 인간을 향한 의와 사랑은 나뉠 수 없다. 하나님께 대한 경건을 바탕으로 하지 않는 사랑과 의가 무의미하듯, 이웃을 향한 사랑과 의의 실천이 없는 경건 즉, 수평적 경건이 배제된 수직적 측면만의 경건 또한 기독교 신앙과는 무관하기 때문이다.[67] 따라서 칼뱅의 경건 개념에는 수직적 차원과 수평적 차원이 함께 있다.

다시 말해서 칼뱅이 말하는 경건은 율법의 첫째 서판의 내용과 둘째 서판의 내용을 포괄하는 통전적 개념으로 이해되어야 한다. 곧 칼뱅은 하나님을 향한 경건(*pietas*)과 인간을 향한 사랑(*caritas*)을 통전적인 시각으로 바라본다. 말하자면 피에타스의 한 측면으로서 하나님을 향한 카리타스는 동시에 인간을 향한 카리타스의 근거가 된다. 칼뱅은 『에스겔서 주석』에서 피에타스가 기독교 최상의 덕목인 카리타스의 뿌리임을 밝힌다. 그리하여 피에타스는 하나님께 대한 경외敬畏를 뜻하는 반면, 카리타

66 이수영, "칼뱅에 있어서의 경건의 개념"(1995), 364.

67 칼뱅의 경건에 대해, 종종 중세 신비주의(정승훈, 29-34) 혹은 근대적 경건 운동(이경용, 2010, 76-75)과의 연관성을 주목하지만, 사실 칼뱅의 영성은 그것을 넘어선다. 중세 신비주의 영성은 절대자와의 신비적 연합에 중점을 둔 탈사회적 성격을 지니지만, 칼뱅의 경우 철저히 사회 내적 경건이다. 근대적 경건 운동의 영성은 공동생활의 형제단에 의해 그 실천 형태가 드러났던바, 그들은 중세 수도원적 맥락에서 명상, 침묵, 금식 등을 바탕으로 개인의 내적 갱신에 중점을 두고 교회 개혁을 지향했다는 점에서 "개인-교회-사회"라는 통전성을 지향한 칼뱅의 종교 개혁 영성과는 차이가 있다.

스는 하나님을 두려워하는 이들이 하나님을 사랑함과 동시에 그 하나님을 향한 사랑을 바탕으로 이웃과의 관계에서 공의와 섬김을 실천함을 뜻한다(*Comm. on Ezk.*, 18:5). 이러한 하나님을 향한 경외와 이웃을 향한 사랑의 통전적 관계는 칼뱅의 저술들에 종종 등장하는 내용이다.

> 이교도들은 피에타스라는 단어를 아버지와 어머니, 기타 우리를 돌보며 다스리는 모든 권위 있는 자들에게 적용했습니다. 피에타스는 적절히 말해서 하나님을 향한 경외의 마음입니다. 이교도들은 영적 소경들인데도 불구하고, 하나님이 섬김을 받기를 원하실 뿐만 아니라 우리를 지배하고 있는 자들에게 우리가 순복할 때 우리의 순종의 태도를 시험해 보기를 원하신다는 점을 알고 있습니다(*Sermon on Deut.*, 5:16).

> 고넬료는 경건한 자들의 정직성을 보여 주는 미덕에 있어서 탁월했으며, 그 결과 그의 모든 생활 양식이 하나님께서 우리에게 규정하는 원칙에 따라 정돈되어 있었다. 그러나 율법은 두 서판에 담겨 있는 만큼 누가는 먼저 고넬료의 신앙심을 칭찬한 다음에 인간에 대한 사랑의 임무 수행을 이야기한다. [...] 따라서 우리는 생활을 제대로 정돈하는 데 있어서 믿음과 신앙을 바탕으로 해야 한다. 그렇지 않으면 나머지 모든 덕이란 한낱 환상일 뿐이다(*Comm. on Act.*, 10:2).

결국 칼뱅의 주장은 인간을 향한 덕목들(사랑, 정의)이 참된 가치를 지니려면 하나님을 향한 신앙 곧 경건에 뿌리를 두고 있어야 하며, 그러한 경건은 또한 사람을 향한 카리타스로 살아날 때 온전할 수 있다는 것이다. 이러한 칼뱅의 생각은 하나님께 대한 진실한 피에타스(*pietas*)와 사람에 대한 열정적인 카리타스(*caritas*)는 서로 분리될 수 없고 언제나 통전적으로 함께 있어야 함을 천명한다(*Comm. on James.*, 1:27). 왜냐하면, 피에타스는 카리타스에서 그 진실성을 드러내고, 카리타스 또한 피에타스에서 그 근거를 찾을 수 있기 때문이다(약 2:14-17). 이러한 칼뱅의 깊은 생각은 다음과 같은 설명에서 더욱 분명하게 드러난다.

> 율법이 가르치는 목표는 모세가 다른 곳에서 말한 것처럼 거룩한 삶을 통해 사람을 하나님과 연결하며 사람을 하나님께 밀착되게 하는 데 있다. 나아가 이 거룩한 삶은 두 가지로 압축된다. 곧 "너는 마음을 다하고 뜻을 다하고 힘을 다하여 네 하나님 야웨를 사랑하라"(신 6:5, 참조 11:13)는 것과 "네 이웃 사랑하기를 너 자신과 같이 사랑하라"(레 19:18, 참조 마 22:37, 39)는 것이 바로 그것이다. 먼저 우리의 영혼이 하나님을 향한 사랑으로 가득해야 한다. 그래야 거기서 이웃에 대한 사랑이 직접 흘러나올 수 있다. [....] 바로 여기에 참된 경건이 있고, 그것으로부터 사랑이 나오게 된다(*Inst.*, II-8/51).

즉, 경건은 결국 하나님을 향한 카리타스를 일으키고, 인간과 사회를 향한 카리타스로 드러날 때 그것은 진정으로 살아 있는 영성이다. 그렇지 않으면 경건 역시 그 진정성을 잃게 되며, 결국 그 신앙 또한 죽은 것이 되고 만다(약 2:14-17). 그리하여 경건은 그 안에 이미 이웃 사랑을 위한 에토스를 담고 있다.[68] 이처럼 칼뱅의 경건은 하나님과의 관계만을 중시

68 흔히 칼뱅은 교리만을 내세운 차가운 가슴의 사람으로 오해되고 있다. 그러나 칼뱅은 신학자이기 전에 가슴이 따뜻한 목회자였으며, 가난하고 어려운 이들을 위해 근대적 사회 복지 사업에도 심혈을 기울였다. 따라서 그의 경건한 신학은 목회와 사회 복지적 섬김을 통해 구체적인 실천을 가져왔다고 할 수 있다(박경수, 『교회의 신학자 칼뱅』, 2009, 263-301).

하는 경건의 수직적 측면만으로 끝나지 않고, 인간관계에서의 사랑과 섬김이라는 경건의 수평적인 측면을 동시에 견지하는 경건 즉, 수직-수평적 측면을 아우르는 통전적인 경건이고, 삶의 깊은 바탕에서 생생하게 살아서 활동하는 생명적 영성이다. 만일 경건이 신적 관계만을 중시한다면 그것은 신비주의나 열광주의로 빠질 수 있다. 반대로 수평적 차원만 강조한다면 일종의 종교사회주의 운동으로 축소될 수 있다. 칼뱅은 이 양극단을 넘어 신-인 지식이 함께 어우러지듯 경건 역시 신-인 관계를 아우르는 신인 관계-통전적 경건(*Theo-anthropo Relatio-Integrate Piety*)임을 밝힌다.[69]

요컨대 칼뱅이 경건을 하나님을 향한 신앙과 인간을 향한 사랑 간의 불가분리적인 통전적 관계로 보는 것은 결국 경건이 그리스도인의 삶 전체와 연관됨을 전제한다.[70] 이것은 그가 경건을 "그리스도인의 삶의 시작이요 중간이며 끝"(*Comm. on 1 Tim.*, 4:8)이라고 말할 뿐 아니라, 그리스도인의 "삶의 진정성"(*Comm. on the Lk.*, 2:25) 또는 "삶을 본래대로 잘 정돈하는 것"(*Comm. on Act.*, 10:2) 즉, 인간성에 대한 참된 렉티투도(*rectitudo.* 질서)로 규정하는 데서 더욱 분명하다. 다시 말해서 칼뱅의 경건은 단지 절대자에 대한 어떤 신비적-초월적인 경험에 머물지 않고, 그분 앞에서의 진솔한 삶의 차원으로 이어지는 역동적인 삶을 위한 실천적 에너지라는 것이다. 이에 대해 칼뱅은 다음과 같이 말하고 있다.

> 그리스도인의 삶 전체는 일종의 경건을 향한 갈망(*quaedam pietatis meditatio*)이어야한다. 왜냐하면, 우리는 거룩한 삶(*sanctificationem*)을 위해

69 김광묵, "장 칼뱅의 경건과 현대 신학적 과제"(2013), 53.

70 이수영, "깔뱅에 있어서의 경건의 개념"(1995), 366.

부르심을 받았기 때문이다(*Inst.*, III/19-2).

이는 그(베드로)가 삶을 언급했을 때, 그는 경건이 마치 삶의 영혼이나 되는 것처럼 즉,시 경건을 덧붙이고 있다(*Comm. on 2 Pet.*. 1:3).

이처럼 경건이 그리스도인의 신실한 삶의 문제라면, 이것은 곧 칼뱅의 관심이 하나님과의 관계 및 인간과의 관계 안에서 참된 인간성 즉, 경건한 인간성의 추구에 있으며, 이것은 결국 철저한 인간성(*the Radical Humanity*), 근원적 인간성(*the Root Humanity*) 혹은 본질적 인간성(*the Essential Humanity*)에 대한 물음과 연결되고 더 나아가 그의 신학 사상 전체에 대한 근본 메타포(the Root Metaphor)로서의 성격을 드러낸다. 그리고 이러한 칼뱅의 경건 이해는 자연히 신 인식론 또는 신앙론의 범주를 넘어 신학적 인간학의 문제로 연결된다.

그뿐만 아니라 경건의 문제는 "너희는 거룩하라"(레 11:44-45)는 하나님의 계명을 따라 하나님을 사랑하고(신 6:4), 이웃을 자신처럼 사랑하며(레 19:18) 자신을 온전히 비우고 섬기는 존재로서의 그리스도의 인간상(막 10:45), 즉 하나님을 닮은 존재로서 거룩한 인간성을 지향한다는 점에서 성화론(Sanctification) 혹은 기독교 윤리(Christian Ethics)의 문제로 연결된다. 칼뱅의 경건은 단지 하나의 신학적 이론이 아닌, 기독교 신앙의 진실한 실천 문제이기 때문이다. 그런 측면에서 칼뱅의 경건은 어떤 신비적 경험의 문제가 아니라 기독교 신앙의 실존적인 실천의 문제이다. 이러한 칼뱅의 경건에 대한 개념은 다음과 같이 도표화할 수 있다.

〈표 1〉 칼뱅의 경건에 대한 기본개념

말씀(율법)	대상	대상에 대한 경험	대상을 향한 응답	영성적 특성	경건의 성격
첫째 서판	하나님	창조주/아버지: 경외(嚴/畏)	예배와 기도	원초적 (수직적) 영성	통전적 영성 (본질적인 인간성의 추구)
		구속주/어머니: 사랑(愛/仁)	진실한 순종		
둘째 서판	인간	존경(嚴/畏)	진정한 신뢰	실천적 (수평적) 영성	
		사랑(愛/仁)	진실한 섬김		

곧 칼뱅의 경건은 하나님을 향한 관계와 인간을 향한 관계의 양 측면에서 그 의미와 의의를 지니게 되고, 그런 측면에서 통전적인 영성으로서의 성격을 띠게 된다고 할 것이다. 바로 이러한 차원에서 칼뱅은 『기독교강요』에서 하나님과 인간 자신을 아는 지식이 참된 지식이라고 천명하지 않았을까(*Inst.*, I/1-1)? 그리고 경건 역시 이러한 신 지식과 밀접하다고 말하지 않았을까(*Inst.*, I/2-1)? 또한 그가 "하나님을 아는 지식이 있다면 그것으로써 하나님을 경외하고, 그것의 안내를 따라 선을 추구하기를 배워야 하며"(*Inst.*, I/2-2), "하나님께서 명하시는 그대로 거룩함과 경건과 순종과 순결과 사랑과 온유함을 실천하는 삶을 사는 것이 마땅하다"(*Inst.*, II/5-6)고 말한 것도 이러한 맥락에서가 아니었을까?

왜냐하면, 칼뱅에 따르면 경건한 인간이 하나님의 거룩한 창조 목적에 올바로 응답하는 참된 인간일 수 있기 때문이다(*Comm. on Gen.*, 1:26-27, 2:7 참조). 이렇게 보면 칼뱅이 추구하는 경건한 삶은 궁극적으로 철저한 인간화(the Radical Humanization)의 방향에 서 있다고 할 것이다.[71] 그에게

71 방델은 칼뱅의 구원론을 설명하는 가운데, 그리스도께서 우리에게 전달하는 이중 은혜는

있어서 인간은 하나님의 질서(*rectitudo Dei*) 안에서 살아가는 경건한 존재로서의 자기 정체성을 회복함으로써 하나님의 본래적 창조 목적을 실현하기 위해 선택된 존재, 곧 하나님과의 관계 안에 있는 존재이기 때문이다.[72] 특히 칼뱅이 『기독교 강요』에서 인간을 지배하는 진정한 창조적인 질서(*rectitudo*)를 진술한 것은 매우 인상적이다.[73]

그것은 다름 아닌 하나님을 경외하고 인간을 사랑하는 삶이고, 이러한 삶의 시작이 하나님과의 만남이다. 바로 거기서 하나님에 대한 두려움과 경외를 경험하고(원초적 영성), 그 결과 하나님을 향한 사랑과 순종 그리고 인간을 향한 사랑과 의를 지향하게 되며(실천적 영성) 삶 자체가 참된 인간성을 실현하는 과정일 수 있다. 그리고 그렇게 경건한 존재로서의 인간이야말로 하나님께서 인간을 창조하신 본래 목적을 실현하게 되는 바로 그 참된 인간일 수 있다. 이런 의미에서 경건(*pietas*)은 칼뱅의 영성 생활의 핵심적 범주에 속한다. 그리고 경건은 어디까지나 하나님 형상으로서의 참된 인간성, 즉 하나님을 경외하며 인간과 그의 세계를 사랑하고 섬기는 경건한 인간성, 다시 말해 본래적 인간성에 대한 추구이며, 하나님께서

칭의와 중생인바 믿음을 통해 우리가 칭의를 얻게 되고 중생하게 되는데, 이것은 결국 그리스도와의 연합을 의미한다고 본다. 또한 이를 계기로 그리스도께서 우리 안에 거하심으로써 우리의 옛사람이 죽고 그리스도께서 주시는 새로운 생명에 참여하게 되는데, 이러한 '중생의 최후 목적은 그리스도와의 연합을 통한 하나님 형상의 회복이라'고 이해한다. 그런 점에서, 방델 역시 칼뱅의 구원론의 최종목표가 '철저한 인간화'에 있음을 간접적으로 동의하는 것으로 보인다(F. Wendel, 2002, 289).

72 이오갑은 칼뱅의 인간 이해에 대해, "신의 초월(*maiestas ipsa Dei*)과 임재(*Deus nobiscum*)의 변증법적 긴장 안에 서 있는 인간"으로 보면서, "칼뱅에 따른 인간은 기본적으로 또 우선적으로 하나님 앞에 서 있는, 즉 하나님과의 관계 속에 있는 인간이며, 다른 피조물과의 관계는 하나님과의 관계에 뒤따라오고 그 관계를 반영해 준다"고 설명한다(이오갑, 2012, 45-64).

73 김흡영, 『도의 신학』(2001), 259.

창조하신 인간성의 본질을 회복하는 데 있다고 할 것이다.[74]

3. 참된 인간의 길: 성화

칼뱅에게는 머리만 스치는 사변적 지식은 아무런 의미가 없었다. 그는 처음부터 하나님 앞에서 살아 있는 경건을 추구하는 경건 신학을 지향했다. 즉, 칼뱅에게 있어서 신학은 단지 이해를 추구하는 신앙(*fides quaerens intellectum*)이 아니었다. 오히려 하나님 앞에서 경건을 추구하는 신앙(*fides quaerens pietatem*)이라는 말이 적합할 정도로 그는 언제나 경건을 강조한다. 그것은 그의 신앙과 삶 그리고 사상을 살아 있게 하는 힘이기 때문이다. 그렇다면 그가 제시한 경건의 삶은 어떠한 내용을 담고 있는가?

1) 자기 갱신의 길: 신앙과 회심

칼뱅에 따르면, 경건은 하나님의 은총에 대한 응답으로서의 책임지는 삶이 요구된다. 이것은 성령에 의한 그리스도와의 신비적 연합에서 시작되며(*Inst.*, III/11-10), 그때 인간은 하나님과 화해와 칭의의 은총을 누리게 된다.[75] 그렇게 하나님의 특별한 구원의 은혜를 입은 인간은 이제부터

---

74 칼뱅은 인간성의 완전한 상태(*Imago Dei*)를 완전성(integrity: 誠)이라고 규정한다(Inst.,I-15/3). 이것은 뒤에 살필 퇴계의 경우도 마찬가지이다. 그 역시 천명(天命)을 부여받은 인간 존재의 본래 상태를 천도의 사덕인 원(元), 형(亨), 이(利), 정(貞)으로 구성된 성(誠)으로 표현한다. 이처럼 양자는 인간 본질 문제에 있어서 같은 소리를 내고 있다(김흡영, 2001, 240).

75 칼뱅에 따르면, 성령에 의한 그리스도와의 신비한 연합은 칭의와 성화의 근거가 된다. 이 신비한 연합을 체험하고 수용하는 것이 바로 신앙이고 경건의 삶이다. 그리고 칭의와 성화는 그리스도의 제사장직 및 왕직과 연관된다. 칭의와 성화를 통해 우리가 알 수 있는

하나님을 자비로운 아빠 아버지(Ἀββα ὁ Πατρός)로 모시고 성령에 의한 순결한 삶을 살게 된다(*Inst.*, III/11-1). 그리스도 안에 있는 이들은 비록 연약한 육체 안에서의 삶이지만[76] 하나님 자녀로서 그분의 형상을 회복해 나가게 된다. 이러한 경건의 역동성을 설명하기 위해 칼뱅은 성화론에 앞서 회개의 삶을 다루는데, 그에게 있어서 회개란 삼중적 의미를 갖는다. 첫째로, 회개는 삶을 하나님께로 돌이킴이다. 회개는 외적 행위의 변화만이 아니라 영혼 안에서의 변화이기 때문이다(*Inst.*, III/3-6). 둘째, 그는 회개의 근거를 하나님을 향한 진지한 두려움에서 찾는다. 왜냐하면 하나님의 심판에 대한 자각을 통해 회개할 의향이 생기기 때문이다(*Inst.*, III/3-7). 셋째, 그에 따르면 회개는 육체를 죽이는 일과 영을 살리는 일로 구성된다. 즉, 회개란 "성령께서 그의 거룩함을 우리 영혼에 불어넣으셔서 우리로 하여금 그분의 거룩함에 젖어 새로운 생각과 감정을 갖게 하셔서 전적으로 새로운 상태가 되게 하시는 것"이며, 이것은 결국 성령에 의한 중생인바(*Inst.*, III/3-8)[77] 그것의 유일한 목적은 하나님의 형상(*Imago Dei*)의 회복이다(*Inst.*, III/3-9). 그리하여 칼뱅에게 있어서 회개란 중생인 동시에 성화를 향한 출발점이요, 성화의 과정으로 이해된다. 이러한 성화는 평생 지속되

것은 그리스도의 인격과 사역이 분리되지 않는 것처럼 칭의와 성화도 분리되지 않는다는 사실이다(정승훈, 2000, 106).

76 이러한 인간 현실에 대해 루터는 "의인인 동시에 죄인"(*simul justus et peccator*)이라고 표현했는바, 이는 비록 우리는 그리스도의 구속 은총을 통해 칭의를 입었지만 여전히 죄성에 물들어있는 존재임을 명시한 것이다. 칼뱅도 이러한 인간 현실에 대해 기본적으로 동의한다(*Inst.*, III/14-9).

77 칼뱅은 이 죽음과 다시 살아남의 원리에 대해 자기 부인과 십자가를 짊어짐 그리고 영생에 대한 묵상이라는 경건의 실천 원리를 제시한다(*Inst.*, III/7, 8, 9). 이러한 삶이란 곧 그리스도를 닮아 가는 삶이요, 하나님의 형상을 지향하는 경건의 실천이라고 말할 수 있다.

어야 하는 긴 과정이다. 칼뱅은 다음과 같이 말한다.

> 나는 회개를 중생으로 이해하는데, 그 유일한 목적인 아담의 범죄로 말미암아 일그러지고 거의 지워진 하나님의 형상을 우리 안에 회복시키는 것이다. [...] 사실 이러한 회복은 한순간이나 하루에 혹은 한해에 이뤄지지 않는다. 하나님께서는 계속적인 과정을 통해 택한 자들 안에서 육체의 부패성을 제거하시고 죄책을 깨끗하게 하시며, 그들을 성전으로 거룩히 구별하시며, 참된 순결에 이끌리는 모든 성향을 회복시켜 가심으로써 선택하신 자들은 평생토록 회개를 실천하며, 이러한 싸움이 죽음에 이르러서야 비로소 종결될 것임을 알아야 한다(*Inst.*, III/3-9).

곧 칼뱅에게 있어서 그리스도인의 삶이란 성화의 과정 즉, 그리스도 안에서 날마다 자신을 갱신하는 삶(*semper refomanda*)이며,[78] 성령에 의해 끊임없이 자기를 부정하고 그리스도의 제자로 살아가는 삶이다. 그리고 그렇게 될 때 예수 그리스도의 구속 은총은 지금 여기서(*Here and Now*) 우리의 생명의 능력이 된다. 이러한 칼뱅의 성화론은 기독교 신앙을 구원의 은총에 대한 수동적 수용의 차원을 넘어서, 하나님의 은혜와 사랑에 대한 능동적 응답의 차원으로 나아가게 하는 전환점으로 이끌어간다. 바로 여기에 경건의 신앙 윤리적 차원이 요청된다. 적어도 그리스도인들은 일차적으로 하나님과 인간 앞에서 자신을 책임지는 삶을 영위해야 하며, 그러한 삶은 이웃을 향한 섬김을 지향하는 선행善行으로 이어지게

78 특히 칼뱅은 경건이 항속적 갱신의 영성임을 밝혀준다. "신자들의 삶 속에서 하나님의 의로움과 자신들의 순종이 조화와 일치가 있음을 나타내 보이는 것이며, 그러한 과정에서 자신들이 하나님의 아들로 입양되었음을 확인하는 것이다"(*Inst.*, III/6-1).

해야 한다는 것이다. 그렇지 않으면, 그의 신앙은 사실상 죽은 것이나 다름이 없다.

그렇게 성령을 통해 그리스도와 연합한 자는 더는 옛 습관에 머물지 않는다. 성령이 우리를 그리스도의 죽음과 부활에 연합시키며, 새로운 존재로 갱신하심으로써 우리의 삶을 더 깊은 변화의 차원으로 나아가게 하기 때문이다. 이제 사람은 더는 영적인 삶에 대해 방관자가 아니라 성화와 영원한 삶에 참여하는 능동적 존재이다. 그리하여 칼뱅의 경건 신학은 루터처럼 칭의론에 집착하여 하나님과 인간의 개인적 관계, 즉 수직적 차원의 경건에 집중된 나머지 신앙의 사회 · 윤리적 차원을 간과함으로써 그리스도인의 삶의 역동성을 등한시하는 오류를 범하지 않는다. 도리어 칼뱅은 칭의와 함께 그리스도와의 연합을 통한 성화를 말함으로써[79] 기독교 영성을 사회를 향해 개방된 사회적 영성으로 살아 있게 만든다. 즉, 칼뱅의 영성은 수직적-개인주의적 차원에 머물지 않고 수평적-사회적 차원으로 확대된다는 점에서 경건주의자들의 개인적-도덕적 엄격주의와는 구별되며,[80] 그리스도인은 자신에 대해서 뿐 아니라 국가와 사회를

79 칼뱅은 『기독교 강요』(1559) 제3권 11-16장에서 칭의론을 다루지만, 본격적인 성화론은 6장부터 나온다. 그런데 성화론 앞에 나오는 믿음, 중생, 회개 역시 성화론과 밀접하게 연결된다는 점에서 칼뱅의 성화론은 사실상 3권 처음부터 시작된다. 더욱이 그가 칭의론을 설명하는 과정에서도 "그리스도를 둘로 나눌 수 없는 것처럼 그리스도 안에서 하나로 연합된 상태로서 우리가 지각하는 것 두 가지, 칭의와 성화도 서로 나눌 수 없다"고 말한다는 점에서(*Inst.*, III/11-6), 그는 단지 성화론을 칭의론보다 앞세우는 정도가 아니라 처음부터 성화론에 역점을 두었다고 말할 수 있다. 이런 측면에서 칼 바르트는 칼뱅을 "성화의 신학자"로 불렀다(*CD.* VI-2, 509 ff.).

80 물론 경건주의자들의 궁극적 관심은 성화였지만, 그것은 주로 개인적 차원의 성화에 집중되었다. 이러한 그들의 관점은 30년 전쟁 이후 피폐한 사회적 현실에서의 기독교적 삶의 책임성에 관한 응답이기는 했지만, 개인적 차원을 넘어서 사회-공동체적 영성 회복에 대한 부분이 결핍되었다는 점에서 아쉬움이 남는다(J.L. Gonzalez, 1993, 393-414; P. Tillich, 1972, 283-287).

위한 책임적 존재로서 하나님의 소명에 응답한다는 점에서 그리스도인은 "세상의 소금과 빛"(마 5:13-16)으로서 살아가는 거룩한 존재가 된다(*Inst.*, III/7-6).

칼뱅의 경건 신학에 있어서 특히 중요한 점은 성령의 역할이다. 칼뱅에게 있어서 칭의(법적 중생)와 성화(실제적 중생)는 그리스도와의 신비한 연합을 통해 구원의 역동성을 이루시는 성령의 사역이다.[81] 여기서 칼뱅은 루터와 웨슬리(J. Wesley, 1703~1791)를 연결하는 교량 역할을 한다. 칼뱅에게서 신비한 연합이 성령의 숨겨진 사역을 통해 인간의 의지나 능력에 구속되지 않고 주권적인 하나님의 은총으로 주어지는 것으로 이해될 때, 웨슬리의 선행적인 은총은 성령론적으로 이해될 수 있다.[82] 이러한 측면에서 칼뱅은 성령의 활동이 없이는 경건의 삶 자체가 사실상 불가능하다고 본다. 그에게는 칭의와 중생 그리고 성화의 삶 전체가 성령 하나

81 물론 칼뱅은 칭의를 그리스도의 제사장적 직무와 연결, 그리스도가 우리의 칭의를 위한 희생 제물이며, 이에 따라 우리의 칭의는 전적으로 의의 전가를 통한 것임을 밝힘으로써 용서받은 자로서 인간이 하나님 앞에서 그의 삶과 행동을 통해 얻는 성화의 의로움과는 구별한다(정승훈, 2000, 105).

82 한국에서 칼뱅과 웨슬리(J. Wesley)의 경건 신학의 관계 문제는 객관적 연구가 이뤄지지 못했다. 아마도 웨슬리안의 칼뱅 이해에 대한 소통 문제로 보인다(김홍기, "존 웨슬리 구원론에 있어서 믿음과 사랑/선행의 관계,"「神學과 世界」제46집, 2003, 232-253; 송성진, "존 웨슬리의 구원론: 김홍기 교수의 해석에 대한 비판적 재고,"「神學과 世界」제48집, 2003, 184-210; 김홍기, "존 웨슬리 성화론의 재발견-송성진 교수의 논문에 대한 응답,"「神學과 世界」제50집, 2004, 122-167). 사실 웨슬리는 극단적 칼뱅주의자들과는 많은 논쟁을 했지만, 1745년 2차 연회에서 스스로 "참된 복음은 칼뱅주의와 매우 가깝다"고 밝힌 것처럼, 그는 칼뱅의 많은 것을 수용했다. 다만 성화론에서 완전 성화를 주장하면서, 칭의를 'initial justification'과 'final justification'으로 구분하고, 성령의 은혜보다 인간적 책임을 강조한다(G.C. Cell, *The Rediscovery of John Wesley*, 송흥국 역,『존 웨슬리의 재발견』, 서울: 대한기독교출판사, 1992, 156-167; 김홍기,『존 웨슬리신학의 재발견』, 서울: 대한기독교서회, 1996, 66-85; 이후정, "존 웨슬리의 기독교적 삶의 양식,"「神學과 世界」제41집, 2000, 149-165).

님의 거룩하게 하시는 활동과 연계되어 있기 때문이다.

요컨대 칼뱅의 경건의 삶이란 아담의 범죄로 인해 손상된 하나님의 형상에 대한 회복을 지향하는 삶을 뜻한다. 이러한 삶은 성령 하나님에 의해 그리스도와의 신비적 연합을 통해 주어지는 중생(회개)과 칭의에서 시작되며, 성령 하나님의 은혜 안에서 계속적으로 그리스도를 닮아 가는 삶이다(성화).[83] 특히 칼뱅은 이러한 성령의 은혜에 의한 성화의 삶에 대해 재생(*reparatio*), 중생(*regeneratio*), 회복(*instanratio*), 개혁(*reformatio*), 갱신(*removatio*) 그리고 복원(*restitutio*) 등의 다양한 용어들을 사용하는데, 이것은 곧 기독교적 삶이란 이미 행해진 어떤 것을 다시 행하는 것(Redoing)임을 의미한다. 그리고 이 용어들의 궁극적인 지향점은 다름 아닌 하나님의 형상이다. 이처럼 칼뱅의 경건 목표는 그리스도 안에서의 하나님 형상(*Imago Dei*)의 회복인바, 특히 이것은 구조적 의미에서 볼 때 하나님과의 진솔한 교제를 위한 중요한 방편이다.[84] 그런 까닭에 인간이 하나님의 형상이라는 말은 곧 하나님과 교제하는 인간이라는 의미이고, 그것의 파괴는 하나님과의 교제의 단절인 동시에 인간의 자기 본질의 상실이다. 이에 따라 하나님 형상의 회복을 위해 인간은 성령의 선행적 은총에 대한 책임 있는 응답으로서 자기 부정과 날마다 그리스도를 닮아 가는 삶으로의 결단이 필요하다.

---

83 성화의 과정은 웨슬리에게서도 드러나는바, 칼뱅과 웨슬리는 성화론에서 많은 교감을 이루었다고 할 것이다(김홍기, 1996: 77-81; G.C. Cell, 160-162). 그러나 <협화 신조>의 경우, 선행의 문제를 믿음을 통한 칭의론에서 배격하고, 루터의 칭의론을 법정적 개념으로 파악함으로써, 루터 자신의 칭의론에 대한 영적 체험의 역동적 측면이나 그리스도와의 신비적 연합을 통해 신적 본성에 참여하는 성화의 역동적 측면을 간과하는 오류를 범하였다(정승훈, 2000, 212).

84 J. H. Leith(1996), 78, 81.

2) 자기 확장의 삶: 교회 공동체

칼뱅은 하나님께 대한 개별 체험을 강조하면서 전통적인 은혜의 방편들(성례, 설교, 특히 성서)을 등한시하는 신비주의자들과는 달리,[85] 교회 중심의 공동체적·사회적 경건을 강조한다. 곧 그의 경건은 일차적으로 교회 중심적 경건으로서, 교회를 떠나서는 신앙마저 온전히 세워질 수 없다(*Inst.*, IV/1-1). 그런 의미에서 칼뱅은 교회를 신자들의 어머니라고 말했다.[86] 즉, 하나님을 아버지로 모시는 이들에게는 교회가 그들의 어머니라는 것이다(*Inst.*, IV/1-1). 그러기에 신자가 교회를 떠나는 것은 신앙생활에 있어서 치명적이다(*Inst.*, IV/1-4). 교회가 신자의 어머니 역할을 하는 것은 성령의 인도하심과 하나님께서 세우신 경건한 지도자들이 있기 때문이며,[87] 교사들은 신자들을 온전한 경건으로 이끌어간다(*Inst.*, IV/1-5). 그렇지만 교회의 삶을 온전케 하는 것은 어디까지나 성령의 능력이다. 성령은 사람을 회복시키는 성화의 영인 동시에 교회를 창조하고 인도하시는 교회의 영이기 때문이다.[88] 그리하여 교회의 존재 목적은 선택된 자들이

---

85 J. Gonzalez, *The History of Christianity*, 서영일 역, 『중세교회사』(서울: 은성, 1993), 220-225.

86 칼뱅은 이렇게 말한다. "하나님은 교회의 품속으로 그의 자녀들을 모으시기를 기뻐하시고, 이들이 유아와 어린이로 있는 동안 교회의 도움과 목회로써 양육시키고, 이들이 장성하여 신앙의 목표에 도달할 때까지 교회의 어머니다운 돌봄으로 인도하신다"(*Inst.*, IV/1-1).

87 칼뱅은 로마교회의 교황 제도와 함께 계급화된 성직 제도를 거부하고(*Inst.*, IV/5; 6-3), 대신 성서를 중심으로 한 새로운 교직 제도를 세우기에 이른다(*Inst.*, IV/3-4).

88 몰트만 역시 "교회라는 공동체는 성령 안에서 일어난다. 교회 공동체의 새로운 삶은 영 안에서의 삶이다. 새로운 친교는 그 자체가 영의 계시이고, 새로운 창조 능력의 계시이다. 하나님 나라 안에서 교회의 친교는 교회를 진리와 자유로 인도하시는 성령의 능력 안에 기초하고 있다"고 말한다(J. Moltmann, *Kirche in der Kraft des Geistes*, 박봉랑 외

성령의 능력을 통해 하나님의 형상을 회복함에 있다. 이러한 교회의 참된 표지는 순수한 말씀의 사역과 순수한 성례의 시행이며(*Inst.*, IV/1-11, 12), 또한 권징의 시행이 그것이다. 그러나 성령에 의해 형성된 교회라 할지라도 지상에 머물러 있기에(가시적 교회), 여전히 불완전한 측면이 남아있다. 그렇지만 교회는 여전히 하나님의 거룩한 공동체이다. 비록 불완전하고 따라서 하나님 앞에 감히 설 수 없는 죄인이지만, 교회는 거룩한 그분께서 함께하시는 하나님 가족 공동체로 남아 있다.

> 교회의 거룩함이란 아직 완전한 것이 아니다. 그러므로 교회는 날마다 거룩함을 향해 전진한다는 의미에서 거룩하다. 그러나 아직 완전한 것은 아니다. [...] 교회는 날마다 발전해 나가는 중이지만, 아직 그 거룩함의 목표에는 이르지 못하였다(*Inst.*. IV/1-17).

그렇다면 성령의 공동체로서 교회는 어떤 방식으로 존재하는가? 그것은 곧 예배 공동체로서의 삶이다.[89] 왜냐하면 참된 경건은 신자들을 예배의 삶으로 이끌기 때문이다(*Inst.*, I/2-2). 즉, 경건한 사람은 하나님을 생각할 때 그 영혼이 그분에 관한 경이로움에 잠기고(*Inst.*, I/5-9), 하나님이 창조하신 자연이라는 지극히 영광스러운 극장의 관객으로서 그분의 솜씨에 깊이 감격하며(*Inst.*, I/6-2), 거룩한 구속의 은총으로써 다가오시는 하나님의 임재를 지각하는 가운데(*Inst.*, I/13-13) 살아 계시는 그분을 예배

4인 공역, 『성령의 능력 안에 있는 교회』, 서울: 대한기독교서회, 1988, 321-336).

89 칼뱅에게 있어서 예배는 교회의 존재 의미와 직결되는 문제였다. 그가 교회의 표지로 제시하는 말씀과 성례는 예배의 핵심 요소이다. 사실상 제네바와 스트라스부르크에서의 그의 목회 활동은 예배 갱신과 교육 활동에 집중되어 있었다(J. T. McNeil, 1991, 149-182).

하게 된다. 따라서 칼뱅에게 있어서 교회 공동체의 예배는 그대로 인간의 존재 의미와 연결된다. 하나님을 향한 예배 자체가 경건한 영성에 대한 진실한 표현이자 형식이기 때문이다.

> 하나님께서 황송하게도 질그릇에 불과한 아담에게 생명을 주셨고, 그뿐 아니라 그 그릇을 불멸하는 영의 거처로 삼으셨으니, 아담으로서는 그의 창조주의 크나큰 자비하심에 영광을 돌려야 마땅하다(*Inst.*, I/15-1).

> 우리는 하나님의 위엄성에 직면하지 않고서는 위대하신 하나님을 깨달아 알 수 없으며, 그분의 위엄을 접하게 되면 그분께 경배하지 않을 수가 없다(*Inst.*, II/8-1).

> 제1계명의 의도는 오직 하나님만이 경배를 받으실 분이라는 것이다(출 20:2-3; 신 6:4). 그러므로 이 계명의 실체는 참된 경건, 즉 하나님의 신성에 대한 경배가 하나님께 기쁨이 되며 불경건은 하나님께 가증스러운 것이 된다는 것이다(*Inst.*, II/8-8).

칼뱅에게 있어서 예배는 경건 신학의 핵심 개념이다. 하나님에 대한 두려움과 경외와 순종은 결국 하나님을 향한 예배로 이끌기 때문이다. 특히 그의 저작들에는 경건과 예배를 연결하는 내용이 빈번하게 나타난다(*Inst.*, I/2-2; I/3-2; II/8-8, 28; IV/20-15; 행 13:50, 22:12 및 딤전 2:2, 4:7에 대한 주석). 그에게 있어서 예배는 경건 생활의 꽃이며, 경건한 사람은 예배의 삶을 통해 자신의 경건을 입증한다.[90] 이러한 교회 공동체의 예배 생활은 무엇보다 말씀 사역이 중심이다. 참된 예배에는 하나님 말씀이 선포되고,

거기에 대한 순종이 뒤따르기 때문이다. 칼뱅은 교회 공동체의 예배 생활이 초대 교회로부터 이어지는 중요한 전통이라고 보았다(*Inst.*, IV/17-44). 특히 칼뱅은 <미가서 주석>에서 말씀과 예배의 관계에 대해 이렇게 말한다.

> 하나님의 뜻이 우리에게 계시될 때 비로소 우리는 하나님을 예배할 수가 있다. 말씀이 다시 우리로부터 떠나가면, 비록 일종의 신의 예배 형태는 남아 있을지라도 하나님을 기쁘시게 해드릴 만한 순수한 예배는 이미 없어지고 말 것이다(*Comm, on Mic.*, 4:2).

그런데 하나님께서는 직접 말씀하기보다 설교자를 통해 말씀하신다(*Inst.*, IV/3-1; *Comm. on Ish.*, 55:11). 그것은 연약한 인간이 엄위하신 하나님의 직접적인 말씀을 감당할 수 없기 때문이다(*Comm. on Deut.*, 5:25). 그런 면에서 설교자는 하나님 말씀을 맡은 귀중한 사역자이다. 하나님께서는 그들을 통해 마치 "아버지가 자식에게 빵을 나눠주는 것처럼"(*Comm. on 2Tim.*, 2:15) 말씀을 선포하신다. 그렇지만 말씀의 권위는 설교자 개인의 인격이 아닌 하나님에게서 주어지며, 성서의 권위에 종속되고 성령의 조명하심과 인도하심 아래에 있다(*Inst.*, I/6-4; 7-4, 5). 이처럼 칼뱅의 예배 신학은 특히 하나님의 말씀(설교)에 바탕을 둔다. 성례전도 하나님의 말씀에 의한 해명이 전제되어야 한다. 그렇지 않으면 참 성례가 될 수 없다. 왜냐하면 하나님 말씀의 선포로서의 설교가 귀에 들리는 말씀이라면, 성례는 아우구스티누스의 말처럼 눈에 보이는 말씀이기 때문이다(*Inst.*, IV/14-4, 6).[91]

---

90 이수영, "칼뱅에 있어서의 경건의 개념"(1995), 353.

91 칼뱅은 교회의 표지를 말씀과 성례에서 찾으나, 칼뱅의 선구자이자 영적 스승이라고 할

또한 칼뱅은 교회 공동체의 경건한 삶을 위해 기도 생활을 언급한다. 예배는 곧 기도로 연결되기 때문이다(*Comm. on Act.*, 10:2). 기도에 대한 그의 생각은 특별하다. 심지어 『기독교 강요』 한 장을 할애할 정도로(III권 20장, 1-52절) 개인의 삶뿐 아니라 교회 공동체의 삶에서의 기도의 중요성을 말한다. 기도는 경건한 신앙생활을 위한 필수 요소로서 "기도가 없는 믿음은 진정한 믿음이 아니며"(*Inst.*, III/20-1), 그런 면에서 기도는 경건한 신자의 의무요(*Inst.*, III/20-13), 하나님에게서 온갖 풍성한 것들을 얻는 길이다(*Inst.*, III/20-2).

> 성서는 하나님을 예배함에 있어서 하나님께 기도하는 것이 무엇보다 중요한 부분임을 말씀한다. 이 기도야말로 다른 모든 희생에 앞서 하나님께서 우리에게 요구하시는 매우 중요한 경건의 의무(*pietatis officium*)이다(*Inst.*, III/20-27).

칼뱅에게 있어서 기도 생활의 뒷받침이 없는 경건 생활이란 있을 수 없다. 기도는 하나님과의 친밀한 교제의 통로이며(*Inst.*, III/20-2), 신앙생활을 건실하게 만들어주는 중요한 삶의 방식이기 때문이다(*Inst.*, III/20-3). 그렇지만 기도 역시 아무렇게나 해서는 안 된다. 오히려 하나님 앞에서 자신의 모든 생각과 감정을 집중시켜야 한다. 경건함이 없는 경박한 기도 자세는 하나님께 드려서 마땅한 참된 경외와는 모순된 행동이기 때문이다(*Inst.*, III/20-4).[92]

수 있는 마르틴 부처(M. Bucer, 1491~1551)의 경우는 치리(권징)를 강조한다(최윤배, 『잊혀진 종교 개혁자, 마르틴 부처』, 2012, 423).

92 칼뱅에게 기도는 그의 신앙과 신학을 살아 있게 만드는 바탕 에너지요, 경건한 삶에 대한

나아가 칼뱅의 경건 신학에 있어서 교회 공동체의 경건한 영성 생활을 위한 또 하나 중요한 분야가 바로 성례(*Sacramentum*)이다. 성례는 교회의 중요한 표지에 속하고 신자의 신앙생활에 경건한 활력을 불어넣기 때문이다. 그래서 그는 성례전이 없는 예배는 예배가 아니라고 말할 만큼 성례전을 중요시했다. 그는 성례를 다음과 같이 정의한다.

> 성례는 우리의 믿음에 도움을 주는 또 하나의 수단으로서 복음 전파와 연관되어 있다. [...] 즉, 성례는 주께서 우리의 연약한 믿음을 유지시켜 주시기 위해, 우리를 향한 그분의 선하신 뜻의 약속을 우리의 양심에 인치는 하나의 외적 표지이며, 또한 우리 편에서는 주님과 그분의 천사들과 사람들 앞에서 그분을 향한 우리의 경건을 인증하는 표지이다(*Inst.*, IV-14/1).

곧 성례는 무엇보다 온 교회가 성령 안에서 하나됨을 이루는 사건이다. 왜냐하면, 성령은 성례전을 통해 신자들로 하여금 한 분이신 그리스도의 몸에 참여케 함으로써 진정한 공동체를 이루기 때문이다.[93] 이러한 성례전은 그의 독특한 교회관에 뿌리를 두고 있다. 그에 따르면 교회는 그리스도의 몸이다. 그러므로 교회는 "보편적이다. 그리스도가 나눠지지 않는다면 교회 역시 나눠질 수 없다. 선택된 모든 이들은 그리스도 안에 연합되어

핵심적 실천 행위였다(김광묵, "장 칼뱅의 기도 신학과 한국 교회의 영성적 과제," 「조직신학논총」 제42집, 2015, 9, 121~160).

93 현요한, "성령의 사역의 공동체성," 「교회와 신학」, 제26집(1994), 352. 특히 칼뱅은 성례전을 성령론적 신비한 연합의 의미로 이해했다는 점에서(영적 임재설), 루터의 그리스도의 몸의 실재적 임재(편재설, 공재설)와는 가까이에 있다. 이는 칼뱅의 신비주의적 영향을 강하게 보여주며, 츠빙글리의 기념설과는 다르다(정승훈, 2000, 213). 하지만 그는 로마 가톨릭교회의 7성례는 거부했다.

하나의 머리에 의존되며, 하나의 몸을 형성하고 지체들처럼 유기적으로 연합된다"(*Inst.*, IV/1-2). 보이지 않는 연합의 끈이 바로 성령이며, 교회의 하나됨이 가시적으로 드러나는 것이 바로 성례전이다. 이러한 칼뱅의 교회에 대한 성령론적-성례전적 이해는 로마 가톨릭의 제도적-성사론적 이해나 재세례파의 개인주의적 회중교회를 넘어서는 것이며, 무엇보다 성령 안에서 그리스도와의 신비적 연합의 현실화(*Inst.*, IV/15-5; 17-5)인 동시에 경건을 인증하는 표식을 함의한다.

> (성례를) 좀 더 간단히 정의하면 우리에게 향하신 신적 은혜에 대한 증거를 외형적인 증표로써 확증하는 것이요, 그에 따라서 주님을 향한 우리의 경건을 입증하는 것이다(*Inst.*, IV/14-1).

곧 성례는 하나님의 언약의 표징이요 믿음의 기둥(*Inst.*, IV/14-6)이며, 우리의 믿음을 확증하는 하나님의 은혜의 증거印이다(*Inst.*, IV/14-7, 12, 13). 따라서 신자들은 성례에 참여할 때 성령의 은혜를 통해 믿음이 더욱 증진되며 강건해진다(*Inst.*, IV/14-9)는 점에서 성례전은 매우 귀중한 은혜의 방편이다. 아우구스티누스의 말처럼 성례는 보이는 말씀으로서 들리는 하나님의 말씀(설교)과 동일한 기능을 하며(*Inst.*, IV/14-6, 17), 하나님께서는 성령의 임재를 통해 성례를 진정한 성례가 되게 하시기 때문이다(*Inst.*, IV/14-17).

> 그러므로 모든 경건한 사람들은 의심의 여지없이 평생토록 자신의 허물을 의식하고 괴로워할 때마다 자신이 받은 세례를 다시 회상함으로써, 그리스도의 피로 말미암아 자신들에게 이루어진 유일하고도 영구적인 죄 씻음에 대한

믿음을 확증할 수 있다(*Inst.*, IV/15-4).

요컨대 칼뱅에 의하면 성례는 우리의 그리스도를 향한 믿음에 대한 확신과 그와의 신비한 연합의 삶에 대한 확증이며, 그런 의미에서 성례는 경건의 삶을 위한 큰 힘과 능력으로서의 가치를 지닌다. 따라서 칼뱅의 시각에서 볼 때, 교회 공동체의 예배와 기도와 성례는 경건 생활을 위한 기둥들과도 같다. 그에 따르면 이러한 교회 공동체의 삶 그 자체가 경건을 향한 교육과 훈련의 장이기 때문이다. 즉, 신자는 바로 이 같은 교회 공동체적인 삶을 통해 그리스도의 제자로서의 삶을 훈련받으며 그리스도의 제자로서의 경건한 삶을 실천하는 존재들이다.

3) 참된 인간성의 실현: 섬김의 삶

칼뱅의 경건은 단지 하나님과의 수직적 관계나 교회 공동체라는 게토(*Ghetto*) 안에서의 삶만을 추구하는 편협한 것이 아니라 하나님과의 관계를 바탕으로 사회적 섬김을 지향하는 **통전적 경건**(*Integral Piety*)이자 교회 일치를 추구하는 **에큐메니컬 경건**(*Ecumenical Piety*)이며, 궁극적으로는 하나님 나라를 향한 **종말론적 경건**(*Eschatological Piety*)이다. 그런데 그에 따르면 이러한 섬김에서 아주 중요한 요소가 바로 자기 부정의 삶이다. 또한 이것은 일차적으로 하나님과의 관계 안에서의 순종과 섬김의 삶이요, 궁극적으로는 하나님의 나라의 영성인 사랑(Agape)의 삶으로 연결된다(*Inst.*, III/7-1, 2, 5, 6, 7). 그런데 이러한 삶은 곧 이웃에 대한 섬김에서 구체화된다. 이것이 곧 칼뱅이 말하는 경건의 실천적 측면이다.

경건한 사람이 할 일은 많지만, 항상 다른 형제들을 위해 섬겨야 하며 교회의 공동유익을 위하여 최선을 다하는 것 외에 다른 관심을 두거나 다른 방법을 생각해서는 안 된다. 그러므로 이것을 우리의 선의善意와 친절에 대한 우리의 규칙이 되게 하자. 즉, 우리는 하나님께서 이웃을 도울 수 있도록 베푸신 모든 것들에 대한 청지기이므로 청지기로서 우리가 행하는 모든 일에 대해 하나님께 보고하게 되어있고, 나아가 그 청지기의 임무를 올바로 시행하는 유일한 길은 바로 사랑으로 하는 것임을 생각하자(*Inst.*, III/7-5).

즉, 칼뱅에 따르면, 경건한 사람은 하나님께 뿐만 아니라 이웃과 사회에 대해서도 하나님 나라에 속한 사람의 책임을 다해야 한다.[94] 그런데 그 책임성은 인류의 연대 책임성과 복음에서부터 나온다. 하나님의 창조적 시각에서 바라볼 때 모두가 이웃이고, 서로에게 돕는 배필 곧 동반자이기 때문이다(창 2:18). 곧 인류는 모두 한 분 하나님의 피조물로서 처음부터 하나의 공동체에 연합되어 있다.[95] 이처럼 타인과 함께하는 인간에 대해 성서는 "매우 좋다"(창 1:31)고 말하지만, 홀로 처한 인간은 "좋지 않다"(창 2:18)고 말한다. 따라서 사람은 다른 존재와 함께 있을 때 비로소 아름다울 수 있고, 특히 하나님 형상으로서의 존재 가치를 완성하게 된다. 그런 측면에서 사람은 처음부터 공동체적 존재 혹은 사회적 존재이다.

---

94 칼뱅의 휴머니즘은 인본주의적인 것이 아니라 창조주와의 관계에서 출발하는 신학적-사회적 휴머니즘이다. 그에 따르면 피조물인 인간은 홀로 존재하지 않는다. 동반자를 필요로 한다. 인간은 늘 사회를 구성한다. 자기 의지와 무관하게 인간을 시공간 속에 규정하는 것은 바로 사회적 환경이며 인간은 그 속에서 존재한다. 그러므로 진정한 휴머니즘은 사회적일 수밖에 없다. 그리고 그러한 현실 속에서 인간 됨을 찾아 나가는 것이 바로 칼뱅의 휴머니즘이다(A. Bieler, 2003, 24-32).

95 J.H. Leith(1996), 196-197.

그런데 아담의 타락으로 공동체적 존재로서의 인간 본성에 깊은 상처와 손상을 입었고, 거의 쓸모없는 정도가 되었다. 그러자 하나님께서는 그리스도를 통하여 본래적 인간성을 다시 회복시키셨다. 그런 의미에서 그리스도는 둘째 아담이며(*Inst.*, I/15-4), 우리는 그분에게서 참된 인간성을 다시 만난다.[96] 그렇게 그리스도를 통하여 본래의 형상을 회복한 그리스도인은 다시 이웃을 향한 섬김(*diakonia*)을 시작할 수 있게 되었고,[97] 그 섬김의 삶을 통해 본래성 회복을 지향하게 된다(*Inst.*, II/8-51). 그런데 이 본래적인 인간성 회복의 완성은 혼자로는 불가능하다. 그리스도인으로 다시 태어나는 것은 상호 현상이다. 그리스도인으로서 개인적인 삶은 존재하지 않는다. 그것은 그리스도와 만남과 연합이 우리를 그분의 지체로 만들기 때문이다. 그러므로 그리스도인의 삶은 교회 공동체 밖에서는 불가능하다.[98]

이러한 공동체적 영성은 이제 더 넓은 세계로 나아가게 된다. 기독교 공동체가 사회 한가운데서 사회의 핵으로 존재하는 것은 규모가 아무리 작아도 인간성의 사회적 복원을 위한 기폭제 역할을 하기 위함이다. 그리하여 교회 공동체는 사회 속에서 그리스도의 해방 역사를 실천하며 하나님 나라의 도래를 기다린다. 그런 의미에서 이웃 사랑은 사람됨의 의무와

---

96 A. Bieler(2003), 31-32.

97 특히 한스 큉은 교회를 디아코니아적 구조로 본다. 그것은 교회가 결국 그리스도의 제자됨의 실존이며, 그 실존 현실은 섬김(*diakonia*)에서 찾을 수 있기 때문이다. 그래서 큉은 "교회를 은사 공동체(Charismatic Community)라고 부르는 것은 곧 교회를 봉사 공동체라고 부르는 것과 같다. 카리스마와 디아코니아는 상호 보완적 개념들이다. 디아코니아는 카리스마에 근거한다. 왜냐하면 교회 내의 모든 카리스마는 오직 디아코니아에서만 의미를 갖기 때문"이라고 주장한다(H. Küng, *Die Kirche*, 정지련 역, 『교회』, 서울: 한들출판사, 2007, 553-634).

98 A. Bieler(2003), 36.

직결되며, 경건의 증거가 된다. 왜냐하면, 하나님을 진정으로 사랑하지 않고서는 이웃 사랑이 어렵기 때문이다(*Inst.*, II/8-53). 이러한 측면에서 섬김의 삶은 결국 그리스도 안에서 인간성 완성을 지향하는 길이다. 그러므로 신실한 그리스도인과 그 공동체인 교회는 사회에 없어서는 안 되는 존재이다. 교회는 사회적·정치적 그리고 경제적 삶에 영감을 주고 촉진하는 효소이기 때문이다. 이러한 사회 내에서의 교회의 교회 됨의 힘은 경건에서 시작된다. 이것은 그리스도인 개인의 실존뿐만 아니라, 교회 공동체적 실존 또한 마찬가지이다.

그렇다면 국가라는 사회·정치적 체제에서 교회는 어떻게 존재하는가? 그에 따르면, 국가는 법과 강제력으로 질서를 유지하며 하나님의 통치를 실현한다.[99] 그러나 국가 스스로는 자기 사명을 알 수 없기에 교회가 끊임없이 증언해야 한다.[100] 칼뱅에게서 교회라는 영적 질서와 국가라는 세속 질서는 구별은 되나 완전히 분리되지는 않는다. 두 영역은 함께 그리스도의 통치 아래에 있다.[101] 특히 국가는 그리스도의 왕국에 봉사하는 하나님의 대행자로서 기능을 담당한다. 국가 권위와 인간 사회에 대한 통치의 정당성은 하나님의 위임에 근거하며(*Inst.*, IV/20-4), 그것은 그리스도와의

---

99 칼뱅에 따르면 이 땅에는 두 개의 국가가 존재한다. 하나는 영적 국가로서, 그것에 의해 양심이 경건과 하나님에 대한 경배를 지도받는다. 다른 하나는 시민 정부인데, 그것에 의해 인간은 시민의 의무를 교육받는다(*Inst.*, III/14-15). 두 국가론은 사상적으로 세네카까지 거슬러 올라간다. 그는 '인간은 시민 국가와 모든 이성적 존재로 이뤄지는 국가라는 두 개의 공화국에 속한다'고 보았다. 칼뱅은 두 정부가 구별은 되나 분리되지는 않는다고 본다. 왜냐하면 두 국가 모두 궁극적으로는 참된 왕인 하나님께 속하기 때문이다(이양호, 2001, 240-241). 그런 의미에서 칼뱅은 세속 통치자들도 경건이 최고의 관심사가 되어야 한다고 주장했다(*Inst.*, IV/20-9).

100 A. Bieler(2003), 43.

101 정승훈(2000), 168.

교제 속에서 시민들을 위한 공공의 선을 실행함에(*Inst.*, IV/1-1) 의의가 있고, 궁극적으로 그 나라를 위한 섬김에 동참한다. 즉, 칼뱅은 국가와 사회에 대한 정치 윤리를 그리스도의 통치(*Regnum Christi*)라는 관점에서 전개한다. 모든 행정관은 권력 행사에서 겸허히 그리스도께 복종해야 한다. 권력자들은 진지함과 근면함으로써 이 땅에 하나님의 정의를 실현해야 한다. 그때 비로소 국가는 그리스도의 왕국과 조화될 것이다.[102]

> 따라서 국가의 권위(*civilis potestas*)는 하나님 앞에서 거룩하고 합법적인 소명일 뿐만 아니라, 죽을 인생 전체의 모든 소명 중에서 가장 거룩하고 훨씬 더 명예로운 것임을 의심해서는 안 된다(*Inst.*, IV/20-4).

> 만일 그들이 자신이 하나님의 정의를 시행하는 사역자로 세워졌음을 안다면, 정의와 분별과 온유함과 자기 절제와 정직을 향하여 큰 열심이 생기지 않겠는가? 자기들의 재판석이 살아 계신 하나님의 보좌라는 말을 듣는데 감히 불의와 타협할까? [...] 요컨대 그들이 스스로 하나님의 대리자임을 기억한다면, 사람들에게 하나님의 섭리와 보호와 선하심과 자비와 정의의 모습을 드러내도록 진지하고도 근면한 모습으로 살필 것이다(*Inst.*, IV/20-6).

특히 칼뱅은 국가의 책임과 의무에 대해 수직적 측면과 수평적 측면을 함께 다룬다. 국가는 공적 예배를 보호하고 바른 가르침을 수호해야 한다.[103] 그리고 공익에 따라 사회규범(법률)을 수립하고 평화와 안녕을 증

---

102 *Ibid.*, 169.

103 칼뱅의 신정(theocracy)문제는 논란이 많다. 만일 그것이 통속적 성직자 정치(hierocracy)를 뜻한다면, 그는 신정과 무관하다. 그는 제네바에서 관리와 성직자를 구

진하며(*Inst.*, IV/20-2), 사회·경제적 측면뿐 아니라 영적 측면에서 건전한 신앙을 지향하는 교회를 보호·장려해야 한다. 따라서 국가의 종교적 책임과 사회 정치적 책임은 분리되지 않는다. 칼뱅의 정치 윤리에서 경건과 사회 정의 문제는 교회와 세상을 지배하는 그리스도의 한 현실 안에 포함된다.[104] 경건한 그리스도인은 국가 권력에 복종해야 한다. 왜냐하면, 권력이 하나님에게서 오기에 통치자에 대한 거역은 곧 하나님께 대한 거역이기 때문이다(*Inst.*, IV/20-22).[105] 그래서 그는 심지어 시민 저항권을 수용하지 않았다(*Inst.*, IV/20-29). 모든 권세는 그분에게서 오기에, 독재자 앞에서도 시민은 먼저 "주님의 채찍으로 징계를 당하는바 자기 잘못이 무엇인지를 생각해야 한다." 그러고 나서 "왕들의 마음을 장악하고 왕국들을 교체하시는 주님의 도움을 간청"(*Inst.*, IV/20-29)해야 한다.[106] 오직 하나

별했으며, 자신과 동료들은 정치적 직임과 권한을 갖지 않았고 1559년에야 시민권을 부여받았다. 그는 율법도 도덕법, 의식법, 시민법으로 구분, 시민법만을 삶을 위한 원리로 채용했다. 그러나 만일 신정을 그리스도 통치(Christocracy)로 본다면, 그는 어떤 면에서 신정을 표방했다. *Extra Calvinisticum*에 따르면, 육체 안에 계신 그리스도가 십자가에 못 박히는 순간에도 육체 밖의 그리스도는 세계를 다스리셨다는 것이다. 나아가 신정을 말 그대로 하나님의 통치를 뜻한다면, 그는 참으로 신정을 표방했다. 그러나 이때도 하나님의 구속 활동과 창조 활동은 구별된다. 교회 활동은 구속 사역에, 세속 정치는 창조 사역에 속한다. 둘 다 한 분 하나님의 행위로서, 분리되지는 않지만 구별은 돼야 한다(이양호, 2001, 245-248).

104 정승훈(2000), 169.

105 이에 대해 쉐네비에르(Cheneviere)는 '칼뱅이 하나님만이 주권을 가지며 그것을 하나님이 원하는 사람에게 넘겨준다고 보기 때문에, 주권 재민을 주장하는 민주주의의 확고한 적이라'고 본다. 그러나 칼뱅은 왕권신수설이나 왕권 절대주의를 말하지 않는다. 오히려 그 반대다. 어디까지나 통치자들은 하나님의 대리인이요, 그 권한은 시민 복리에 국한될 뿐이다. 그들은 통치 행위에 관해 하나님과 사람에게 자기 책임을 다해야 한다는 것이다(이양호, 2001, 248-250). 따라서 칼뱅은 어디까지나 통치자의 절대 권력이 아닌, 그들의 책임성과 시민에 대한 의무를 강조하고 있다(*Inst.*, IV/20-24).

님께서 그들을 심판하신다. 그러나 그들의 권리도 일반 사회생활 분야를 넘어서 신앙생활에 관한 부분에서는 제한된다. 즉, 칼뱅도 종교 문제에서는 개인의 저항권을 인정한다.

> 만일 통치자들이 하나님을 거스르는 일을 명령하면 그 명령은 듣지 말아야 한다. 그리고 이때는 통치자들이 소유한 위엄에 대해서 전혀 개의치 말아야 한다. 하나님의 고유한 최고의 권위 앞에서는 그들의 위엄이 낮아져도 아무런 문제가 없다(*Inst.*, IV/20-32).

이러한 칼뱅의 생각은 역시 경건한 삶에 대한 또 다른 표현이었다. 그에게 가장 중요한 것은 하나님과의 관계 안에서 경건의 실천에 있었다. 이것은 더 나아가 시민의 국가와의 관계에서도 마찬가지였다. 칼뱅의 『기독교 강요』는 다음과 같은 문장으로 종결되는데, 그것은 그의 시종여일한 관심이 무엇인가를 그대로 보여주는 대목이다.

> 우리는 경건에서 떠나기보다 차라리 무엇이든 그대로 당하면서라도 주께서 요구하시는 복종을 시행해야 한다는 생각으로 위로받도록 하자. 바울은 우리 용기가 흐려지지 않도록 또 다른 막대기로 우리를 자극한다. 곧 '그리스도께서 구속을 위해 값비싼 대가를 치르시고 우리를 구속하셨으므로, 우리는 사람들의 악한 욕망에 사로잡히는 종이 되어서는 안 되며 그들의 불경에 굴복해서

---

106 이런 시각은 현대인이 이해하기 어려울 수 있다. 그러나 칼뱅은 관리의 저항권은 인정했다. 그리하여 독재자에 대한 시민의 직접적인 저항은 용납될 수 없을지라도, 관리에게는 폭군의 부당한 통치에 대해 저항하며 시민의 권리와 자유를 위해 싸울 것을 강조한다(*Inst.*, IV/20-31).

는 더더욱 안 된다'(고전 7:23)고 가르친다(*Inst.*, IV/20-32).

요컨대 칼뱅은 그리스도인의 삶 전반에 걸쳐 경건의 모티브(motive)가 매우 중요함을 강조한다. 인간은 어디서든 하나님 앞에서 경건을 실천하며 하나님 나라의 완성을 기대해야 한다. 물론 그 삶은 아직은 미완성의 현실이다. 그렇지만 이미 그리스도 안에서 종말론적 소망으로 부르심을 받은 이들은 매 순간 그 완성을 향해 달리게 된다는 점에서, 오늘 우리의 삶은 이미 종말론적 의미를 지니고 있다고 할 것이다.

> 하나님의 형상은 인간 본성의 완전한 탁월성으로 타락 이전에는 아담 안에 빛나고 있었다. 그러나 후에는 심히 부패되고 거의 지워졌기 때문에, 파멸 후에 남은 것이라곤 오직 혼란하고 훼손되고 오염된 것뿐이다. 이것은 지금 선택받은 자들이 성령 안에서 중생했을 때 부분적으로 나타난다. 그러나 그것은 하나님의 나라에서 완전한 광휘를 얻게 될 것이다(*Inst.*, I/15-4).

칼뱅에게 있어서 경건이란 결국 인간 본질과 직결되는 문제이고 사람됨을 지향하는 매우 중요한 개념이다. 따라서 경건은 하나님의 형상과 관계되는 문제이자 신자의 삶 전 영역에서 그리스도와 연합된 실존으로서의 삶을 규정짓는 문제이며, 날마다 성령의 인도하심을 따라 성화를 지향하는 그리스도인의 삶의 근본 원리라 할 수 있다. 칼뱅은 하나님 앞에서의 인간 실존에 관한 이 경건 문제를 자신의 신학 사상의 밑바탕과 숨겨진 밑줄(the Invisible Underline)로서 살아 있게 했고, 진실한 신앙생활을 위한 기본적인 사고 구조가 되게 했다. 그리하여 그의 저술들은 이른바 경건 대전(*Summa Pietatis*)의 성격을 지니게 되었다. 이러한 칼뱅의 사상은 목회 활동에서 많은 열매를 거두었고, 여전히 많은 이들에게 새로운 활기를 불어넣고 있다. 이러한 칼뱅의 경건은 진실한 사랑의 섬김에서 생생한 힘을 드러내게 된다.

4. 삶의 신학으로서의 경건

이상에서 우리는 칼뱅의 경건에 대해 많은 이야기를 나눴다. 그에게 있어서 경건은 하나님과의 만남을 통한 원초적·실존적 영성이며, 또한 기독교 신앙과 생활에 관한 그의 전반적인 이해와 실천을 상징(Metaphor)하는 것이었다.[107] 그렇다면 이러한 칼뱅의 경건에 대한 이해가 갖는 신학적 의의는 무엇인가? 칼뱅에게 있어서 경건 자체가 하나님과의 관계를 기반으로 한다는 점에서 그것은 일차적으로 신론과 연결되지만, 한편으로는 하나님과의 관계에서 인간 됨의 문제를 전제한다는 점에서 결국 신학적 인간학을 지향한다. 그렇다면 그의 독특한 경건 개념은 어디서 왔을까? 사람들은 대체로 성서에서 그 실마리를 찾는다. 칼뱅은 고전어에 대한 해박한 지식을 바탕으로[108] 성서에서 경건(*Εὐσέβεια*)이 인간의 하나

107 F.L. Battles는 칼뱅의 경건 개념에 대해 다음과 같은 그림으로 나타냈다(F.L. Battles, 1998, 26). 그렇지만 그는 칼뱅의 경건 개념을 '종교와 경건'으로 양분하였고, 그 도식을 바탕으로 '예배와 봉사', '신앙과 두려움'과 '경외와 사랑'을 분리하는 오류를 범하였다. 이것들은 사실 분리해서 생각할 것이 아니다. 왜냐하면, 칼뱅의 경건은 하나님과의 만남을 통해 하나님과의 관계에서 나오는 통합적, 원초적 영성으로서의 의미가 강하기 때문이다.

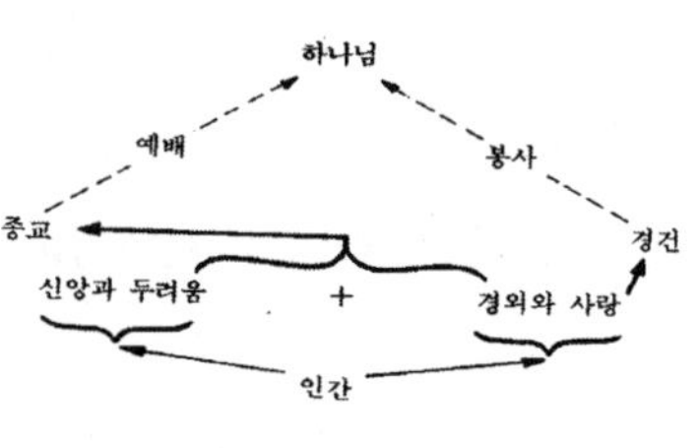

108 그는 볼마르(M. Wolmar)에게서 헬라어를 배웠고, 바타블(Vatable)에게서 히브리

님께 대한 의무들 곧 경건, 거룩, 신앙 등의 의미를 지닌다고 보았고, 이것을 자신의 신학에 채용한 것으로 보인다. 실제로 그의 주석들은 이 주제에 대해 많은 지면을 할애한다. 따라서 칼뱅의 경건 개념의 원천은 무엇보다 성서에서 비롯된다.

한편, 칼뱅은 인문주의의 영향을 많이 받은 사람이었고, 끝까지 그러한 자신의 정체성을 붙잡고 있다.[109] 엄밀하게 말해서 그는 기독교적 인문주의자였다고 말할 수 있다. 즉, 그는 어디까지나 경건한 기독교인으로서 인문주의의 유산들을 자신의 학문 세계에 잘 채용하였다고 말할 수 있다. 그런 점에서, 그의 경건 개념에 대해 역시 인문주의적 영향을 고려할 수밖에 없다. 이러한 그의 경건에 대한 견해는 그의 첫 저술인 『세네카의 관용론에 대한 주석』에서 발견된다. 다시 한번 그의 글을 인용해보자.

> 키케로는 <*Pro Plancio*, 33/80>에서 '부모님께 존경과 감사를 표현하는 것이 곧 경건(*pietas*)이라'고 했다. 퀸틸리안은 경건은 인류가 보편적으로 신들이 존재하는 것을 인정하는 것처럼 부모님께 효성을 보이는 것처럼 해야 한다고 말했다. 독자들이 경건이 진정 무엇인가를 이해할 수 있도록 키케로의 <*Topics*, 23/90>에서 몇 마디 부가해보자. 공평은 세 부분으로 구성된다. 첫째는 하늘의 제신들에게 속한 것이요, 둘째는 세상 떠난 이들의 영혼에게 속한 것이요, 셋째는 인간에게 속한 것이다. 첫째는 경건이라고 부르고, 둘째는 신성함, 셋째는 정의 혹은 공평이라고 부른다. 키케로의 입장이 바로 그렇

어를 배웠던 것으로 알려졌다(F. Wendel, 2002, 42).

109 특히 뮬러는 칼뱅의 신학을 인문주의와 스콜라주의의 대립이라는 시각을 지양하고, 양자의 상호 작용이라는 맥락 속에서 이해할 것을 제시한다(R. A. Muller, 2003, 참조).

다. 그런데 부모는 우리에게 신들과도 같은 위치에 있으므로 아우구스티누스가 암시했던 그것을 부모님께 돌려야 한다<*DCD*. 10/1, 3>: 경건이란 적절하게 말해서 하나님께 경배하는 것을 뜻하는데, 그리스인들은 이것을 '*eusebeia*'라고 생각했다. 그런데 이 유세베이아는 부모에 대한 의무 개념으로도 표현된다. 그러나 우리는 이 용어를 특별히 강한 사랑을 표현하고자 할 때도 사용한다.[110]

전술한 바와 같이, 세네카 당시의 로마 사회에서 일반적인 가정 윤리는 자녀들이 부모를 두려워하고 존중하며 순종하고 사랑하는 삶에서 찾을 수 있었고, 자녀들의 부모를 향한 그러한 마땅한 태도에 대해 일반적으로 경건(*pietas*)이라고 불렀다. 이것을 우리 식으로는 효도孝道라고 표현할 수 있는 용어이다. 또한 이러한 가정 윤리가 그대로 건강한 시민 정신으로 이어지면서 애국과 공동선을 위한 자기희생으로 승화되기도 했다. 그런데 이러한 로마 사회의 시민 정신의 개념이 하나님을 최고의 통치자 혹은 아버지로 바라보았던 초기 그리스도인들에게 깊은 영향을 주게 되었고, 마침내 기독교적인 경건은 가족적이고 국가적인 의미를 그 내면에 그대로 살리면서 한층 더 높은 의미를 갖게 되었다. 그들은 성부 하나님과 지상의 자녀들 사이에 맺어진 복합적인 관계들이 이 단어 안에 요약된다고 생각했던 것이다.[111]

그렇지만 칼뱅의 경건 개념은 단지 성서적 개념과 인문주의적 요소의 결합만은 아니다. 그의 경건 개념에는 또 하나의 깊은 뿌리가 발견되는데, 곧 중세 유럽 교회의 신비주의적 영성이 그것이다. 이것은 특히 공동생활

110 J. Calvin, *Commentry on Seneca's De Clementia*(1969), Chap. 13:3.

111 F.L. Battles(1986), 30-31.

의 형제단이 추구한 근대적 경건(*devotio moderna*) 운동의 영성을 통해 칼뱅에게 전달되었는데, 이것은 아마도 그가 젊은 날에 가르침을 받았던 여러 스승의 영향에 의한 것으로 보인다. 특히 근대적 경건 운동은 내면으로의 회귀를 통해 개인의 내적 헌신과 신앙적 삶의 개혁을 시도하는 특징을 보일 뿐만 아니라, 하나님과의 깊은 관계를 유지하기 위해 끊임없는 기도와 영적 훈련을 강조하는 특성을 갖고 있었던 것이다.[112]

요컨대 칼뱅이 견지하고 있었던 경건의 개념은 인문주의적 지성과 그것을 바탕으로 하는 성서에 대한 새로운 이해 그리고 근대적 경건 운동을 통한 신비주의적 영성과 더불어, 칼뱅 자신의 독특한 심리적,[113] 종교적 경험[114] 및 당시의 사회적 맥락이라는 바탕에서 형성되었다고 할 수

---

112 근대적 경건 운동은 아 켐피스(Thomas A Kempis, 1380~1471)에게서 정점을 이루는데, 그의 저서 『그리스도를 본받아』(*De Imitatione Christi*)는 이 운동의 창시자 그루테(G. Geroote, 1340~1384)와 제자들의 사상들, 아우구스티누스와 프란치스칸의 영성적 주제들이 합류되어 있다. 칼뱅의 경우 전적으로는 아닐지라도 어느 정도는 몽테규(Montaigu) 대학에서 스탄도닉(J. Standonick)에 의해 그러한 영성적 흐름을 접하였고, 그 후 르페브르(J. Lefevres d'Etaples, 1450~1573)와 볼마르(Melcho Wolmar)에게서도 영향을 받았을 것으로 보인다. 이러한 영향은 『기독교 강요』 3권 9장에서 발견된다. 또한 칼뱅의 영성에 있어서 신비주의적 영향은 베르나르(Bernard of Clairvaux, 1090~ 1153)와 제르송(J. de Gerson, 1363~1429)과도 연관된다. 이러한 신비주의적 영성은 그에게 특히 그리스도와의 연합의 영성을 일깨웠다고 할 것이다(정승훈, 2000, 29-34; U.T. Holmes, *A History of Christian Spirituality*, 홍순원 역, 『그리스도교 영성의 역사』, 서울: 대한기독교서회, 2013, 115).

113 부스마는 칼뱅의 영성을 심리적 측면에서 접근하였다. 그에 따르면, "칼뱅은 유례가 없을 정도로 불안해했으며, 개혁자로서 그는 공포와 염려에 둘러싸인 사람이었다"면서, 그의 불안은 "그의 분투적이고 뛰어난 성취의 생애 내내 그에게 붙어 다녔으며, 그가 의식하지 못하는 방식으로 그의 사상 속에 내포되어 있다"고 보았다(W. J. Bouwsma, 1991, chap. 2).

114 그는 **갑작스러운 회심**에 대해 이렇게 술회한다. "그러나 하나님께서는 그의 섭리의 신비로운 인도로써 드디어 내 인생 행로를 다른 방향으로 바꾸셨다. 처음에 나는

있다.[115] 그렇다면 이러한 칼뱅의 경건 개념이 내포하는 신학적 의의는 무엇인가? 그것은 무엇보다 칼뱅 신학의 심층부를 흘러가는 거대하고 세찬 저류底流로서, 그의 신학의 바탕을 이루는 일종의 근본 메타포(the Root Metaphor)로서 작용한다고 볼 수 있다. 이러한 칼뱅의 경건은 무엇보다 하나님 앞에서의 진실한 삶의 신학(*Theology of Life*)로서 의의를 지닌다고 할 수 있다. 칼뱅에게는 하나님 앞에서의 경건한 삶을 바탕으로 하지 않는 신학이 그 자체로서 무의미한 형이상학일 뿐이기 때문이다.

1) 신 앞에서의 실존

칼뱅의 경건 개념은 특히 그의 독특한 하나님에 대한 이해에 그 깊은 뿌리를 두고 있다. 그에게 있어서 하나님은 절대적 초월자인 동시에 언제나 인간에게 실존적으로 다가오시고, 그리스도 안에서 성령의 능력으로써 인간과 깊은 관계를 맺으시는 살아 계시는 하나님으로 다가오신다(*Inst.*, I/2-1).[116] 또한 그 하나님은 "성도들이 그분의 임재를 느낄 때마다

너무도 고질적으로 교황주의의 미신에 열성적이어서 그 진흙탕의 깊은 수렁에서 쉽게 벗어날 수 없었기에, 하나님께서 갑작스러운 회심으로 내 마음을 복종시키셨고 온순한 성격이 되게 하셨다"(*Comm. on Ps.*, Introduction); 칼뱅의 회심 시기에 대해서는 J. Cadier, *Calvin, I'homme que Dieu a dompt'e*, 이오갑 역, 『칼빈, 하나님이 길들인 사람』(서울: 대한기독교서회, 2002); John T. McNeill, *The History and Character of Calvinism*(1991) 등을 참조하라.

115 칼뱅이 활동하던 시대와 역사적 맥락은 그의 생애와 밀접하게 연결되는데, 인문주의와의 접촉, 가톨릭교회와의 관계, 제네바 및 스트라스부르에서의 목회 활동 등 모두가 그의 사상적 발전에 중요한 촉진제가 되었다. 더 자세한 논의는 E. Stickelberger, *John Calvin*, 박종숙·이은재 공역, 『하나님의 사람 칼빈』(서울: 나단, 1992)을 참조하라.

116 칼뱅은 스콜라주의의 신 이해에 동의하지 않는다. 그에게 있어서 하나님은 어디

항상 두려움과 놀라움에 휩싸여 완전히 압도되는 분"으로서(*Inst.*, I/1-3), 아버지와 주님인 동시에[117] 온화하고 자애로운 사랑으로 다가오시는, 마치 어머니와 같은 분이시다. 곧 그분은 절대적 위엄을 소유하신 창조주요 심판주인 동시에 그리스도 안에서 무한한 사랑과 은총으로 온 세상을 통치하시는 분이시다. 그렇게 칼뱅에게 있어서 하나님은 항상 엄위嚴와 사랑愛으로 다가오시며, 사람에게 두려움과 떨림을 유발하는 동시에 뜨거운 사랑을 실천하게 하신다. 이에 따라 사람은 그분을 향한 경외와 순종으로 응답하게 되는데, 이것을 칼뱅은 특히 경건(*pietas*)이라고 부른다. 따라서 경건을 배제하면 하나님에 대한 참된 지식이 불가능하다(*Inst.*, I/2-1). 진실한 경건만이 하나님을 제대로 알고, 또한 그러한 신 지식이 참된 경건을 가능케 한다. 그리하여 경건은 하나님을 아버지와 주님으로 모시고 경배하는 사람의 진솔한 섬김의 태도를 의미한다.

> 경건이란 하나님께서 베푸시는 온갖 유익들을 깨닫게 해주는 하나님에 대한 존경(*reverentiam*)과 그를 향한 사랑(*amore*)이 하나로 결합된 상태를 뜻한다. 사람들은 자신의 모든 것이 하나님 덕분이고 자기들이 하나님 아버지의

까지나 살아 계셔서 인간과 직접적으로 관계를 맺는 분이기 때문이다(*Inst.*,I/1-2 참조). 칼뱅의 신 개념에 대해 이오갑은 "초월(*maiestas ipsa Dei*: 하나님의 존엄)과 임재(*Deus nobiscum*: 우리 안에 계신 하나님)의 변증법적 하나님"으로 보았다(이오갑, 『칼뱅의 신과 세계』, 2010, 19-58).

117 틸리히는 칼뱅의 신 이해를 오토의 누멘(*Numen*)개념으로 설명한다(P. Tillich. 1972, 263). 이러한 칼뱅의 시각은 루터와 일맥상통한다. 루터는 신을 다른 존재와 나란히 있는 하나의 존재자로 보는 것에 대한 부정인 동시에 편재를 통해 자신의 전능성을 보여주시는 엄위하신 분, 스스로 거룩하시면서 인간에게 의를 요구하시는 두려운 분으로 이해했다. 이러한 신 개념은 기독교 사상에 있어서 매우 역동적 성격을 갖고 있다(P. Tillich. 1972, 247-249; P. Althaus, 151-185).

보살피심으로 양육 받고 있으며 자기들의 모든 선의 주인이 바로 하나님이시기 때문에, 오직 하나님 이외에는 다른 것을 구하지 말아야 함을 깨닫기 전에는 절대로 하나님께 기꺼이 복종하려고 하지 않는 법이다(*Inst.*, I/2-1).

경건한 사람은 하나님을 주님(*Dominium*)과 아버지(*patrem*)로 인정하기 때문에, 매사에 그분의 권위를 찾는 것을 합당한 권리로 여겨서 그분의 위엄(*maiestatem*)을 높이고 그분의 영광을 드러내기에 진력하고 그분의 명령(*imperium*)에 복종한다(*Inst.*, I/2-2).

따라서 칼뱅의 경건 개념은 무엇보다 하나님에 대한 실존적 신앙 경험에서 유래한 것이라 할 수 있다. 그에 따르면 인간은 언제나 존엄과 임재의 변증법적인 하나님 앞에 서 있으며,[118] 그분을 향한 두려움과 경외 그리고 사랑과 순종으로 나아갈 때 인간은 비로소 참된 인간일 수 있다. 칼뱅의 이러한 실존적 신 인식은 곧바로 인간론을 향한 중요한 출발점이었고, 그런 면에서 경건에 대한 올바른 이해는 참된 인간상人間像을 지향하기 위한 필수적 요건이었다. 칼뱅에게 있어서 경건은 하나님을 알고 그분께 경배와 순종으로 응답하는 인간, 곧 하나님과의 관계 안에 있는 인간 존재에 대한 가장 중요한 표상이었다. 칼뱅은 이렇게 말한다.

먼저 하나님 얼굴을 바라봄 없이 그리고 거기서 자신을 살핌 없이는 절대로 자신에 대한 명확한 지식을 얻을 수 없다. 분명한 증거들을 통해 우리 자신의 불의함, 악함, 거짓됨, 부정함을 깨닫는 일이 없으면, 항상 우리 자신을 의롭고

118 이오갑(2010), 19-58.

올바르며 지혜롭고 거룩한 것으로 보게 되는데, 이것이야말로 우리가 타고난 교만이다. 더욱이 이런 판단의 옳고 그름을 가리는 유일한 표준이 주님이신데, 그분을 바라보지 않고 우리 자신만 바라본다는 것은 도저히 납득할 수 없다(*Inst.*, I/1-2).

다시 말해서 참된 지각이란 '하나님을 찾는 데' 있다. 이것은 인간들이 전적으로 자신을 하나님께 바치기 전에는 그들의 생활이 올바른 질서를 잡을 수 없다는 뜻이다(*Comm. on Ps.* 19:2).

오랜 세월 칼뱅의 신학에서 인간론은 종종 무시되어왔다. 그렇지만 그는 사실 신학자인 동시에 휴머니스트였다는 점에서, 칼뱅의 인간 문제는 매우 중요하다. 이러한 그의 사고 구조는 저작물 곳곳에서 나타난다. 곧 칼뱅에게 있어서 하나님에 관한 지식은 인간에 대한 지식과 분리될 수 없으며, 이에 따라 신론과 인간론은 서로의 필요조건이 되고 있다. 그래서 창조주요 구속주인 하나님을 알지 못하는 인간은 참된 사람이라고 말할 수 없다. 그런 의미에서 칼뱅은 인간 행복의 최종 목표도 올바른 신 인식에 있다(*Inst.*, I/5-1)고 본다. 따라서 칼뱅에게 있어서 경건은 하나님을 올바로 인식하는 것인 동시에(*Inst.*, I/4-1),[119] 바로 그러한 바탕에서 인간 자신을 인식하게 되는 중요한 의미를 함의한다. 그리고 칼뱅이 바라보는 인간은 실존적 신 인식을 바탕으로 하나님께 경배하며 하나님 앞에

---

119 칼뱅은 다음과 같이 말한다. "경건으로 향하는 첫걸음은 바로 하나님이 우리 아버지가 되시며, 그분이 우리를 그 나라의 영원한 기업에 이르도록 모아들이기까지 우리를 돌보시고 다스리시고 양육하신다는 것을 인식하는 데에 있다"(*Inst.*, II/6-4).

서 자신과 이웃에 대해 책임지는 삶을 지향한다는 점에서, 칼뱅의 경건은 곧 철저한 인간성 회복의 길을 묻는다. 따라서 칼뱅의 경건 신학은 살아 계시는 하나님과 그 앞에 서 있는 인간에 대해 실제적이고 실존적인 지식으로 이끌어가는 실존적 경건(*Existentio pietas*)으로서의 의의意義를 갖는다.

2) 그리스도와 연합된 삶

칼뱅은 『기독교 강요』 제3권에서 성령의 비밀스러운 사역을 통해 우리에게 주어지는 그리스도의 은혜와 그 은혜로부터 주어지는 유익을 말한다. 여기서 그는 특히 그리스도와의 연합을 그리스도인의 영성과 윤리의 근거로 제시한다.[120] 즉, 칼뱅은 객관적으로 우리 밖에서 사역하신 그리스도(*Christ extra nos*)의 은총과 우리 실존 간의 거리감을 제시하며, 그 현실에 대한 답변이 바로 그리스도와의 신비적 연합임을 천명한다.[121] 그리스도는 구원을 위한 객관적 근거이며, 그분과 우리가 연결될 때 그 은총은 우리 것이 된다.

---

120 정승훈(2000), 67.

121 흔히 종교 개혁과 신비주의의 관계는 부정적으로 평가되어 왔다. 은총을 강조하는 칭의론이 신비주의적 요소를 거부하기 때문이다. 특히 리츨(A. Ritschl)은 신비주의와 종교 개혁의 칭의론은 양립할 수 없다고 못 박았다. 그러나 종교 개혁의 성례전 이해는 신비주의와의 대화의 가능성을 열어둔다. 성례전은 궁극적 실재와의 만남이라는 문제로서, 신비주의와 종교 개혁 영성의 공통적 관심사였다. 따라서 비록 칼뱅이 『독일 신학』을 부정적으로 평가하며 신비주의를 멀리했지만, 그의 사상에는 신비주의적 요소가 살아 있다. 이것은 특히 경건 개념과 성례전 및 소명으로서의 삶에서 더욱 분명하다. 이는 그가 루터와 함께 일찍이 중세 신비주의적 영성에 접촉한 결과였다(정승훈, 2000, 25-34).

> 우리가 그리스도 밖에 있고 그로부터 분리된 채로 있는 한, 그가 인류 구원을 위하여 친히 당하시고 행하신 모든 것이 우리에게 아무 소용이 없고 전혀 유익이 되지 못한다. 그리스도께서 우리의 것이 되시고 우리 속에 거할 때, 비로소 그가 아버지에게서 받으신 축복을 우리와 함께 나눌 수 있게 된다. [...] 그러므로 우리가 그와 연합되지 않고서는 그가 소유한 모든 것이 우리와 아무런 상관이 없다(*Inst.*, III/1-1).

그러나 이 연합은 전적으로 하나님의 은총이다. 즉, 그리스도께서 자신을 우리에게 주시며 우리를 자신의 것으로 삼으신다(*Inst.*, IV/17-11; III/2-24).[122] 이때 성령께서 그리스도와 우리를 효과적으로 연결하는 끈이 되셔서(*Inst.*, III/1-1) 그리스도의 구원 은총이 우리 것이 되게 하시며, 우리는 그리스도의 죽음과 부활 그리고 생명에 참여하게 된다(롬 6:7-8). 이것이 바로 그리스도와의 신비적 연합(*unio mystica cum Christo*)의 의미이다. 비록 과거의 우리는 하나님께 반역하였지만, 하나님께서는 그런 우리를 그리스도와 연합하게 하심으로써 그분의 은혜를 누리게 하신다. 이 연합은 우리의 노력과는 무관한 하나님의 절대적 은총이다. 우리는 다만 그것을 수용하고 동참할 뿐이다. 그렇다면 경건과 그리스도와의 연합은 어떤 관계가 있는가? 칼뱅은 그리스도와의 연합을 "머리와 지체의 결합" 또는 "우리의 마음에 내주하시는 그리스도"로 설명하면서, 그리스도에게 접붙여짐(*engrafting*)이라는 말로 표현한다.

---

122 이것은 곧 예수 그리스도가 모든 사람을 위해 공적으로 생명을 열어 주고 하나님과의 화해를 이루셨음을 의미한다. 그분은 하나님과 인간 사이의 중보자로서 중보 사역을 성취하셨다(W. Kasper, *Jesus der Christus*, 박상래 역, 『예수 그리스도』, 왜관: 분도출판사, 1994, 476).

> 우리의 접붙여짐이란 우리가 그리스도를 본받아 따르는 것뿐 아니라 그리스도와 함께 성장하는 신비적 연합을 뜻한다. 이 신비적 연합에 의해 그리스도께서는 그의 영으로 말미암아 우리를 소생시키며 자신의 능력을 우리에게 전달한다(*Comm. on Rom* 6:5).

그리스도께 접붙여짐을 통해 우리는 그분의 영적 유익들을 상속하게 된다(*Inst.*, III/1-4). 그분은 성령을 통해 우리를 자신에게로 데려가시며, 자신과의 교제 안에 머물게 하신다. 이것은 신 지식에서도 마찬가지다.[123] '신앙 혹은 경건이 없는 곳에는 신 지식도 없다'는 그의 명제는(*Inst.*, I/2-1) 바로 이러한 근거에서 나온다. 그에게 있어서 누미노제적 체험은 단지 어떤 초월적 신비 경험이 아니라 어디까지나 창조주에 대한 경외와 두려움의 감정이다. 이러한 신 인식 자체가 이미 그리스도와의 연합을 통해 가능하다(*Comm. on 1 Cor.*, 12:3). 그렇지만 이것은 하나님과 인간의 존재론적 혼합이 아니다.[124] 즉, 인간 존재가 신적인 본질로 고양됨(*Deification*)을 뜻하지 않는다. 오히려 칼뱅이 견지하는 신비적 연합은 성령의 주도적 사역과 종말론적 긴장 가운데 서 있다.[125] 다시 말해서

123 그런 면에서 칼뱅의 신학적 패러다임은 루터처럼 "율법과 복음"이 아니라 "복음과 율법"의 패러다임이다. 칼뱅은 모든 면에서 하나님께 주도권(initiative)을 돌리기 때문이다. 은혜(복음)를 통해 하나님을 인식할 때, 비로소 자신을 알게 되고 율법 아래 놓인 자신의 비참을 깨달을 수 있다.

124 본질의 연합은 오시안더(Osiander)의 주장이었다. 그러나 칼뱅의 그리스도와의 연합 개념은 성령에 의한 역사적, 윤리적, 인격적, 신비적이다(J. H. Leith, 1996, 109). 이러한 칼뱅의 생각은 그의 구원론의 핵심이다. 그리스도와 연합되지 않으면 그리스도의 사역은 우리에게 아무 의미가 없다. 따라서 칼뱅의 칭의론은 단지 법적 개념이 아니다. 우리는 그리스도와의 연합을 통해 놀라운 전환이 일어난다(정승훈, 2000, 79).

125 정승훈(2000), 68.

이것은 "허공에 뜬 형이상학적 사변이나 개인주의적 신비주의를 지칭하지 않는다. 그것은 우리를 위해 육체가 되신 그리스도의 역사성에 초점이 있다. 이것은 인간 전체의 삶의 변화를 요구하며 성령 안에서 살아가는 새로운 삶의 차원을 지적"한다.[126] 그리하여 그리스도와의 연합은 존재론적 혼합이 아닌, 성령에 의한 그리스도에의 신비적인 참여(Participation)를 뜻한다.[127]

따라서 칼뱅의 경건은 경건한 인간 본질의 신적 존재에로의 몰입 혹은 합일을 추구하는 중세 교회의 신비주의적 영성과는 다르다. 그에 따르면, 그리스도인은 새로워진 자신을 인식하고 날마다 성령 안에서 그리스도와의 연합을 통한 그리스도에게 참여(*participatio Christi*)하게 되며 그분과 함께하는 삶의 실천으로 이끌어간다. 바로 여기에 신앙 문제가 대두된다. 칼뱅에게 있어서 신앙은 경건의 실체(Substance)이기도 하다. 왜냐하면 "그리스도께서는 성령의 능력으로 우리를 조명하셔서 믿음을 갖게 하심과 동시에 그의 몸에 접붙여서 모든 축복에 참여케" 하시기 때문이다(*Inst.*, III/2-35). 그래서 성령을 통한 믿음은 우리로 하여금 그리스도와 연합된 삶을 매 순간 실제로 누리게 하며, 경건한 삶을 실천하도록 하는 힘의 원천이 된다. 그리고 바로 그것이 칼뱅의 경건의 최종적인 목표이다.

---

126 *Ibid.*, 74.

127 칼뱅은 이렇게 말한다. "그는 우리와 더불어 사람의 아들이 되셨고, 우리로 하여금 자신과 함께 하나님의 아들을 삼으셨다. 그가 스스로 세상에 내려오심으로써 우리가 하늘에 올라가도록 준비하셨다. 그는 우리의 필멸의 운명을 받으심으로써 우리에게 자신의 영원한 생명을 부어 주셨다. 우리의 약함을 취하시고 자신의 강함으로 우리를 강하게 만드셨다. 우리의 가난함을 담당하시고 우리에게 자신의 부유함을 내주셨다. 우리의 불안함으로 말미암아 고통스러운 짐을 친히 대신 지심으로써 우리를 자신의 의로움으로 옷 입혀 주셨다"(*Inst.*, IV/127-2).

믿음이란 참으로 여기저기 두리번거리거나 온갖 잡다한 문제들에 대해 강론하는 것이 아니고, 오직 한 분 하나님을 바라보고 그와 연합하고 그에게 매달리는 것이다(*Inst.*, I/13-16).

믿음은 경건한 자의 가슴에 든든히 뿌리내리고 있어서 절대로 찢겨 나가지 않는다. 믿음이 흔들리고 우왕좌왕하는 것처럼 보여도, 심지어 다 타버린 잿더미 속에서도 그 빛은 절대로 완전히 꺼지지 않고 그 최소한의 광채를 드러낸다(*Inst.*, III/2-21).

물론 경건한 사람도 그 마음에 갈등이 있을 수 있다(*Inst.*, III/2-18). 세상이라는 삶의 실존 현실이 그리스도인들에게 가치관에 대한 갈등과 긴장을 불러오기 때문이다. 그렇지만 "믿음이 경건한 자의 마음을 지켜 준다"(*Inst.*, III/2-17). 즉, "아무리 작은 믿음이라도 그것이 마음에 떨어지면 즉,시 우리를 향한 평화롭고 고요한 하나님의 은혜로운 얼굴을 바라보게 된다"(*Inst.*, III/2-19). 그러므로 믿음은 어떤 추상적 지식이나 단순한 감정이 아니다.[128] 하나님의 말씀에 근거하여 자신이 그리스도와 연합되었음을 확신하며 날마다 성령의 인도하심에 자신을 복종시키는 결단 혹은 그리스도에 대한 전인격적인 신뢰를 의미한다(*Inst.*, III/2-8).

---

128 중세 신학은 신앙을 교회가 제시하는 교리에 대한 지적 승인으로 이해했으며, 신앙과 이성은 조화의 관계에 있는 것으로 보았다. 이에 반해 종교 개혁은 인격적인 신뢰로서의 신앙을 주장한다. 신앙이란 교회가 가르치는 교리에 대한 지적 승인 이전에 하나님께 대한 인격적인 결단과 신뢰이기 때문이다. 그런데 18~19세기의 관념주의 신학은 신앙을 "특수한 신앙"과 "신앙의 행위"로 구분하거나 신앙을 감정이나 내면성의 차원에서 이해하기도 하였다. 그 후 신정통주의는 신앙과 이성을 대립시키게 된다(김균진, 『基督敎組織神學』 III, 서울: 연세대학교 출판부, 1987, 151-154).

요컨대 칼뱅에게 있어서 신앙은 하나님의 은총인 동시에 그 은총에 대한 사람의 응답이자[129] 경건을 향한 출발점이며, 현실적인 삶의 과정에서는 경건의 능력으로 살아난다. 왜냐하면, "경건한 심령이 살리심을 받았고 비춰심을 받았으며 보존하심을 받았고 의롭다 하심과 거룩하게 하심을 받았다고 느낄 때 하나님의 임재를 지각하게 되고"(*Inst.*, I/13-13), 하나님의 성품에 참여할 소망(*Inst.*, III/2-34)으로써 매일 그리스도를 닮아가는 삶을 실천하기 때문이다(*Inst.*, I/15-4). 이 모든 것은 그리스도와의 신비한 연합의 영성에서 흘러나온다. 이러한 측면에서 경건은 그리스도와의 연합을 실존적으로 누리는 삶의 맥락이자 진실한 신앙의 삶을 창출하는 살아 있는 바탕이다. 그리하여 경건은 궁극적으로 그리스도와 연합된 삶을 이뤄가는 영성적 바탕이라고 할 수 있다.

3) 성령에 의한 갱신

역동적 영성의 근거인 그리스도와의 신비한 연합은 인간에게 칭의와 성화라는 이중적 은총을 수여한다. 그런데 이 은총의 동인動因이 곧 성령이다. 칼뱅에게서 성령은 스콜라주의에서처럼 단순히 신적 능력이 아니다. 그분은 삼위일체의 한 인격으로서 우리를 그리스도의 신비한 부활의 몸에 접붙이고 연합하게 하신다(*Inst.*, III/2-34, 35). 그런 측면에서 성령은 경건의 원천이다. 인간은 본성적으로 의義로운 삶이 불가능하므로(*Inst.*,

129 신앙의 출발에 관한 루터의 입장도 칼뱅과 다르지 않다. 그 역시 "신앙이란 은혜에 대한 수용"에서 출발한다. 즉, 루터가 비록 '이신칭의'를 말하고 있지만, 그 이신칭의를 위한 믿음 자체는 인간적인 산물로 보지 않고 은총의 선물임을 전제하고 있다(P. Tillich, 1972, 236).

III/6-2) 의를 위한 낯선 원리가 심겨야 하는데,[130] 성령께서 우리 영혼에 경건한 기질(Devout Disposition)을 심으시고 날마다 그것이 자라게 하신다.

> 성령께서 그의 거룩하심을 우리 영혼 속에 불어넣으셔서 그의 거룩하심 속에 푹 젖어 새로운 생각과 감정을 갖게 하심으로써, 전적으로 새로운 상태가 되게 하신다. [....] 성령의 검劍에 우리 자신이 죽임을 당하여 완전히 무無가 되지 않고서는 하나님을 두려워하거나 경외하지 않고 경건의 기초적인 사실들을 배우지도 않는다(*Inst.*, III/3-8).

> 그분(성령)이 우리에게 주어진 것은 거룩하게 하심聖化을 위한 것이다. 곧 우리를 부정不淨과 더러움을 깨끗이 씻어 하나님의 의義에 복종하는 상태로 이끄시기 위함이다(*Inst.*, III/3-14).

칼뱅에게 있어서 기독교적 삶이란 곧 경건한 삶을 뜻한다. 그것은 성령의 은총에 의한 거듭남에서 시작되지만(*Inst.*, III/3-3), "우리가 하나님께로 참되게 돌아서는 것" 곧 회개의 삶이기도 하다(*Inst.*, III/3-5). 특히 루터에게 있어서 기독교적 삶이란 하나님과의 즐거운 재결합(Joyful Reunion with God)이지만, 칼뱅에게 그것은 삶의 현장에서 하나님의 법을 성취하려는 신자의 주체적인 노력이다. 그런 면에서 칼뱅의 기독교적 삶은 하나님 앞에서의 자기 부정적 성격이 강하고,[131] 이것은 그대로 성화로 연결된

---

130 칼뱅에 있어서 종교의 씨앗이 신 인식의 가능 근거이지만 그것이 곧 참된 경건으로 이끌지는 않는다. 그것은 다만 인간의 무지에 대한 핑계를 방지하기 위한 하나의 장치일 뿐이다(*Inst.*, I/3-1).

131 P. Tillich(1972), 270.

다.[132] 그런데 성화는 지상의 한 시점에서 일어나는 자기완성이나 신비적 경험이 아닌, 성령의 역동적인 활동에 의해 끊임없이 갱신되는 종말론적 과정이다. 그래서 칼뱅의 영성은 계속적 갱신(*semper reformanda*)의 특징을 갖는다.[133]

결국 칼뱅의 주요 신학적 관심은 거룩하신 하나님과 그 앞에 서 있는 사람의 사람됨의 문제이므로, 하나님께서는 "내적으로는 성령을 통해서, 외적으로는 말씀을 통해서"(*Inst.*, II/5-5) 마침내 인간으로 하여금 거룩한 존재로서의 삶을 완성케 하신다는 것이다. 이러한 그의 사고 속에는 언제나 거룩함을 지향하는 인간에 대한 표상이 살아 있다. 성화야말로 무너진 하나님 형상을 회복하는 과정이기 때문이다.

> 하나님의 뜻은 바로 우리의 거룩함이고 우리가 부정한 욕심들을 버리는 것이라고 가르치신다(살전 4:3). 하나님께서는 우리를 거룩하신 소명으로 부르셨으며(딤후 1:9) 그 부르심은 순전한 삶을 요구한다고도 가르치시며, 우리가 죄로부터 해방된 것은 의에게 순종하도록 하기 위함이라고도 가르치신다(*Inst.*, III/16-2).

132 칼뱅이 보는 세계는 추방의 장소이며, 육체는 영혼의 쓸모없는 감옥이다. 이 점에서 칼뱅은 성서보다 플라톤에 가까운 측면이 있다. 물론 삶을 증오하지 않았다는 점에서, 그의 금욕적 태도는 삶과 육체를 부정하려 했던 로마 가톨릭교회의 금욕적 행위와는 달랐다. 이것은 오히려 베버(M. Weber)와 트뢸치(E. Tröltsch)가 세계내적 금욕(inner-worldly asceticism)이라고 부른 것과 맥이 통한다. 이 금욕이 추구한 것은 두 가지이다. 하나는 깨끗함이고, 다른 하나는 노동을 통한 이익이었다. 이러한 칼뱅의 도덕적 이상은 서구 사회의 국민 생활에 큰 영향을 끼쳤다. 베버는 이러한 칼뱅의 경건한 생각에서 자본주의 정신을 읽어냈다(P. Tillich, 1972, 270-271).

133 정승훈(2000), 101.

(바울은) 우리의 삶에 속한 모든 행동들을 진지함, 의로움 그리고 경건함 이렇게 세 가지로 나누어 말한다. [....] 경건함은 부패한 세상에서 우리를 구별시켜 주며 참된 거룩함으로 우리를 하나님께 연결해 준다(*Inst.*, III/7-3).

결국 칼뱅에게 있어서 경건은 곧 성화의 삶의 본질에 해당하는데, 이것은 거룩하신 하나님의 요구 사항이다(*Inst.*, III/7-1). 그리하여 칼뱅의 관심사는 '피조물로서 인간이 하나님의 그 요구를 어떻게 받아들일 수 있는가?'에 있지 않고 '그리스도인으로서 인간이 그 하나님의 요구에 어떻게 응답할 것인가?'에 있다. 즉, 하나님의 특별한 소유인 인간에게 하나님의 거룩함에 대한 요구와 응답은 성화의 당위적 근거일 뿐 아니라 성화의 삶 자체이다. 하나님의 은혜로운 구원의 행위에서 인간이 하나님의 소유가 되는 것과 그 은혜에 대한 응답으로서의 성화의 삶은 동일하기 때문이다. 그리고 이렇게 성별되지 않은 사람은 하나님과 어떠한 사귐도 가질 수 없다.[134] 우리의 하나님은 끊임없이 거룩함을 요구하시기 때문이다(레 11:45).

우리가 하나님과 연합하였다는 사실을 들을 때마다 거룩함이 그 연합의 끈이 됨을 기억하도록 하자. 우리의 거룩함이 공로가 되어 그것을 근거로 하나님과의 교제 안으로 들어간다는 뜻이 아니라, 먼저 하나님과 연합되어 있어야 그의 거룩함이 우리에게 가득 차게 되고 그가 부르시는 곳으로 따라가게 된다(*Inst.*, IV/6-2).

"내가 거룩하니 너희도 거룩하라"(레 19:2ff.)는 하나님의 요구는 성화

134 A. Göhler, *Calvins Lehre von der Heiligung*, 유정우 역, 『칼빈의 성화론』(서울: 한국장로교출판사, 2001), 15-19.

에 대한 근본적 당위성이며, 이를 위해 성령은 우리를 그분의 소유가 되게 하고 중생과 칭의의 자리로 부르신다. 죄인이 스스로를 성결하게 할 수 없기에 우리 밖으로부터 순결을 찾아야 한다는 점에서, 인간은 그리스도의 대속의 은총이 필요하고 성령에 의한 의의 전가(고전 1:30)가 요청된다. 그리고 성령은 우리로 하여금 그리스도의 의를 힘입어 실제로 거룩함에 이르도록 늘 하나님의 부르심에 응답하게 하신다.[135] 이러한 삶에 관한 관심이 칼뱅을 성화의 신학자로 불리게 했다.[136] 더욱이 이러한 칼뱅의 경건은 종으로서의 두려움과 의무가 아닌, 자녀로서의 경외와 순종을 뜻한다. 종의 두려움만으로는 인간을 하나님께 온전히 결합시키지 못하고[137] 아버지의 은혜에 대한 감사에서 비롯된 자발적 순종이야말로 하나님과 하나 되게 할 수 있다. 이러한 경건의 빛에서 율법은 비로소 의미를 갖는다. 율법은 복음의 한 형식이며, 그리스도 자신이 율법의 근거이기 때문이다(*Inst.*, III/2/-2). 그리하여 칼뱅에게는 율법 → 복음이 아니라 복음 → 율법의 순서로 다가오며, 이제 율법은 규범적-성화론적 기능을 갖게 된다.[138] 이때 비로소 율법은 신자들을 하나님의 거룩함에 대한 명령을 따라 살게 하고 그분의 의지에 순종하게 하는 본래적 기능을 회복하기

135 칼뱅은 그렇게 "중생한 사람의 삶에서 결정적인 것은 이제 그 중생한 자의 삶이 하나의 목표를 갖고 있음"(*Inst.*, III-4/5)을 밝히면서, 그 목표는 바로 "율법의 완성"(*Inst.* II/8-13)이라고 말한다.

136 루터의 경우 '거룩하신 하나님 앞에 내가 어떻게 의로워지는가?'에 대한 관심에서 이신칭의에 이르지만, 칼뱅은 루터를 넘어 '거룩하신 하나님 앞에서 내가 어떤 존재가 될 것인가?'에 관심하면서 칭의론보다 성화론에 집중한다. 이러한 칼뱅의 생각을 깊이 이해한 바르트는 칼뱅을 성화의 신학자라고 부른다. 그는 "실제로 칼뱅의 결정적인 관심은 근본적으로 성화의 문제라는 것은 의심할 수 없다"고 주장한다(K. Barth, *CD.* IV-2, 509-511).

137 A. Göhler(2001) 20-21.

138 정승훈(2000), 142-145.

때문이다. 칼뱅은 이렇게 말한다.

> 그러나 주님께서는 무익한 질문들에 관해서가 아니라 참된 경건, 즉 그분의 이름을 두려워하는 것과 진실한 신뢰와 거룩한 의무들에 관하여 우리를 교훈하기를 원하시므로 우리는 그러한 것들에 대한 지식으로 만족하도록 하자(*Inst.*, I/14-4).

요컨대 칼뱅의 경건 이해는 우리를 향한 하나님의 의도에 대한 관심을 우리에게 불러일으키며, 성령의 은혜를 통하여 하나님의 의도에 순응하는 삶을 지향하는 성화의 삶으로 귀결된다. 그리하여 경건은 우리가 하나님 앞에서 거룩한 존재인 동시에 인간관계에서 서로 사랑하고 섬기는 상호 호혜적 존재로서의 자신을 인식하게 하고 참된 인간성을 회복해 나아가게 한다.[139] 이에 따라 경건은 칼뱅 신학 전체의 근본 메타포로서 자리매김하게 되며, 칼뱅의 신학 사상을 하나로 묶어주는 매우 중요한 개념으로 작용하고 있다. 그리고 칼뱅의 경건이 결국 그리스도인의 삶 자체를 규정한다는 점에서 그것은 곧 삶의 신학으로서의 의의가 있다고 할 것이다. 다시 말해서 칼뱅의 경건은 현실과 동떨어진 신비주의적인 영성 혹은 오토(R. Otto)식의 누멘적 영성의 차원이 아닌 하나님 앞에서의

---

139 이런 차원에서 칼뱅의 경건은 17세기 북유럽 경건주의와는 구별된다. 그들은 비록 종교 개혁자들의 신앙과 신학의 영향 아래 있었지만, 공동체적 경건이나 사회적 섬김으로서의 경건에 관한 영성은 약화되어 있었다. 즉, 그들의 경건은 내면적 신앙의 열정과 성령의 강한 임재 그리고 성경 말씀에 대한 열정에 바탕을 둔 엄격한 도덕주의 등 많은 강점을 가졌음에도 불구하고, 개인적 영성에 치우쳤다는 점에서 양자를 함께 견지하는 칼뱅의 경건과는 구별된다(D. Brown, *Understanding Pietism*, Grand Rapids: Wm. B. Eerdmans Pub. Co. 1978; P. J. Spener, *Pia Desideria*, Philadelphia: Fortress Press, 1964; J. L. Gonzalez, 1993, 393-414).

진실한 삶의 문제를 함의하고 있다. 나아가 이것은 하나님과의 관계만을 추구하는 수직적이고 수도원적인 영성이 아닌 교회와 사회의 변혁을 지향하는 수평적 차원의 사회 내적 영성을 함의한다. 따라서 칼뱅의 경건은 통전적인 기독교 신앙적 실천을 지향하는 삶의 영성이다. 또한 궁극적으로는 하나님의 나라를 향한 헌신을 실천하는 종말론적 영성으로서, 이 시대를 위한 진정한 경건의 영성(*The Spirituality of Piety*)이라고 할 수 있다.

V. 요약과 정리

칼뱅의 경건은 무엇보다 하나님과의 관계에서 경험하게 되는 원초적 신앙 사건이고, 인간 실존적 현실을 넘어서는 초월을 향한 자의식으로서의 기독교적 삶의 원리라고 말할 수 있다. 칼뱅의 신학은 바로 이러한 경건한 신앙과 삶의 바탕 위에 정초해 있다. 그렇지만 그의 경건은 단지 내면적-정서적 경험에만 머무는 것이 아니다. 그것은 오히려 계시된 하나님의 형상인 예수 그리스도의 인간성(*humanitatis Christi*)을 지향하는 가운데, 성령의 은혜 안에서 날마다 자신을 갱신하고 그리스도적인 삶의 결단을 지향하는 삶의 원리이자 힘의 원천으로 다가온다. 바로 여기에 인간성 패러다임으로서 그리스도의 인간성이 요청된다. 그것은 결국 하나님의 형상으로서의 본질적 인간성(*the Essential humanity*)에 해당한다는 점에서 인간성에 대한 근본 메타포(*the Root metaphor*)라고 할 수 있다. 바로 여기에 칼뱅의 하나님 앞에서의 경건한 인간성 회복을 향한 경건한 신학의 흐름이 있다.

그리고 칼뱅의 경건은 하나님과의 관계라는 수직적 차원만이 아닌, 이웃을 향해 자신을 개방하는 통전적인 기독교 영성이다. 그리고 궁극적으로는 하나님의 나라를 향한 헌신을 실천하는 예수 그리스도의 제자로서의 삶을 통해 날마다 자신을 확장해 나가는 하나님 나라의 지평에서 자신의 존재 의미와 존재 가치를 찾는 종말론적 영성으로서의 의미를 지니고 있다. 그리하여 인간은 '내가 거룩하니 너희도 거룩하라'는 하나님의 명령을 따라 끝없이 자신을 부인하며 성령의 인도하심을 따라 그리스도와의 연합된 삶을 통해 교회 공동체를 중심으로 한 성화의 길을 가면서, 그 나라를 향한 자기 존재의 궁극적인 실현을 지향하게 된다.

칼뱅이 그토록 중요시한 경건은 칼뱅 자신의 시대적 상황만이 아니라 오늘이라는 맥락에서도 매우 중요한 의의를 지닌다. 화려한 물질문명이 가져온 엄청난 사회 변화와 기계화된 사회 구조 속에서 사람들은 많은 혜택을 누리고 있지만, 그것은 그저 외면적 현상일 뿐 인간 내면은 오히려 비인간화, 비인격화의 현실로 인한 깊은 아픔들에 노출되어있는 상황이다. 곧 지나친 맘모니즘(Mammonism)을 앞세운 현대 사회의 이른바 소유의 문화(*Culture of Having*)가 참된 인간성을 지향하는 존재의 문화(*Culture of Being*)를 나날이 붕괴시키는 실정이다. 다시 말해서, 오늘날 도처에서 경제 논리에 의해 인간성의 가치가 무너지고 있는 현실은 결국 각종 사회 문제를 불러와 인간 행복을 무너뜨릴 뿐만 아니라 더 나아가 하나님께서 창조하신 창조 세계 전체를 파괴하는 엄청난 악의 세력으로 등장하고 있다. 이러한 현실은 인간 됨의 문제 곧 존재의 문제가 바로 세워지지 않으면 인간 됨의 가치, 즉 하나님 앞에서 진실한 가치의 문화(*Culture of worth*)가 정립될 수 없음을 명증한다.

이런 때에 칼뱅의 경건은 매우 중요한 이슈가 아닐 수 없다. 그것은 인간의 가슴에 하나님과 함께하는 삶의 행복을 다시 말해주고 참된 인간성의 본질과 인간 됨의 가치와 의미가 무엇인지를 일깨워준다는 점에서, 마치 잃어버린 언어를 다시 회복하는 것과 같다. 이처럼 경건은 우리 시대의 진정한 인생 가치가 무엇인지를 일깨우며 사람을 참으로 사람이 되게 하는 진정한 인간 영성의 회복을 지향하게 만드는 거룩한 외침이 될 수 있다고 할 것이다. 그리하여 칼뱅의 경건은 이 시대를 위한 진정한 삶의 신학으로서, 무너져가는 인간 사회를 치유하고 하나님 형상을 회복해 나가며 진정한 하나님 나라의 소망을 위해 헌신할 수 있는 교회를 위한 새로운 영성적 에너지로서의 의미를 지닌다고 할 것이다.

3 장

퇴계의 경(敬) 철학: 하늘 · 인간 · 경

I. 서설(prolegomena)

조선 유학의 거봉巨峯 퇴계退溪 이황李滉(1501~1570)은 1527년(27세)에 향시에서 진사시와 생원시 초시에 합격하고 성균관에 들어간 후, 이듬해에 진사 회시에 급제했다. 그 후 퇴계는 1533년에 재차 성균관에 들어가서 김인후金麟厚와 교유하고 『심경부주心經附註』를 입수하여 크게 심취하였다. 퇴계는 1534년(34세)에 대과(문과)에 급제해서 승문원에 출사하면서 정치 현장으로 나아갔으나 1545년(명종 원년)에 을사사화를 겪었다. 그리고 형님인 이해李瀣(1495~1550)가 그 여파로 유배 도중에 사망하는 등 정치 현실에서 많은 아픔을 겪게 되자, 1546년(명종 1) 병약함을 구실로 모든 관직을 내려놓고 벼슬에서 물러났다. 그 후 50세 되던 해인 1561년(명종 16)에 고향 안동에 도산서당陶山書堂을 설립하고 후학 양성에 매진했다.[1] 1568년(선조 1)에 퇴계는 막 즉,위한 선조로부터 다시 부름을 받지만, 벼슬길을 사양하고 대신 『성학십도聖學十圖』를 올려 어린 임금에게 성인 군주聖王가 될 것을 교훈함으로써 마지막 순간까지 나라를 위해 힘쓰는 조선 최대의 유학자로서의 발자취를 남겼다. 이러한 퇴계의 사상은 사람됨을 지향하는 수신론修身論으로서 경敬 사상으로 집약될 수 있다.

---

1 현재의 도산서원은 퇴계의 학덕을 기리기 위해 그의 타계 4년 뒤인 1574년(선조 7)에 건축을 시작하여 1576년에 완공하였다. 1570년 퇴계가 작고하자 1572년에 위패를 상덕사에 모시기 위한 공사가 시작되었고, 1575년에 선조가 한석봉 글씨의 편액을 하사함으로써 영남 유림의 본산이 되었다. 1615년(광해군 7년) 사림이 조목(趙穆)을 종향(從享)했다. 1969년 사적 제170호로 지정되었고, 1970년부터 대통령령으로 보수되어 1977년 관리사무소가 설치되고 오늘날에 이르렀다. 도산서원은 영남학파와 한국 유학을 대표하는 퇴계 이황을 모신 만큼 영남학파의 선구자 회재 이언적(李彦迪)을 모신 경주 옥산 서원과 함께 한국의 양대 서원으로 꼽힌다.

1. 퇴계 유학의 특성

철학적 견지에서 볼 때, 서양인들의 관심사는 대체로 자신들의 직접적인 삶과는 거리가 먼 추상적 세계를 향한 동경에서 출발하여 우주의 기원과 그 실체를 탐구하는 형이상학적 본체론本體論에 머물러 있었다. 이것은 그들의 풍요로운 생활 환경이 빚어낸 결과였다. 그러나 척박한 환경에서 거친 삶을 일궈온 동양인들은 자신들의 삶에 직접적으로 영향을 주는 자연 현상의 질서와 작용 그리고 자연과의 관계에 관심하면서 경험적이고 공리적인 인간 윤리 문제를 주목하였고, 그 결과 유학儒學이라는 철학 체계를 발달시켰다.[2] 그리하여 유학은 처음부터 사람의 내면을 성찰하고 인간 윤리의 바탕이 되는 인성 문제에 깊은 관심을 두었다.[3] 이러한 유학의 인간학적 경향은 유학의 비조鼻祖 공자孔子(자 仲尼, BC 551~479)와 맹자孟子(자 子輿, BC 372~289)를 거치면서 더욱 체계화되었고, 마침내 송대宋代의 주희朱熹(호 晦庵, 1130~1200)에 이르러 성리학性理學으로 집대성되었다.[4]

---

2 김충렬, "동양 인성론의 서설," 『東洋哲學의 本體論과 人性論』(서울: 연세대학교출판부, 1994), 169-170. 유학의 인간 이해는 자연 철학적 유가와 도덕 철학적 유가가 다소 다르다. 전자는 인성에 대해 자연성을 보여주는 상생적 성선(性善)과 같은 계열에 속한다고 보고, 마음이 자연의 상생적 질서를 어기지 않는 한 자연적 인(仁)과 같다는 시각으로서 송·명대에 이르러 육왕학(陸王學) 계보를 형성했다. 그러나 후자는 인간을 사회적 존재로 주목한다. 자연 상태로 인간을 방임하면, 금수처럼 된다고 보기 때문이다. 그래서 인(仁)과 같은 덕목에 대한 배움과 실천을 강조하며 정주학(程朱學)의 주류를 이루었다(김형효, "공간과 시간," 「진리의 빛이 되어」, 성천문화재단, 2008, 봄, 6-7).

3 엄밀히 말해서 유교란 공자를 중심으로 한 교학 사상(敎學思想)으로서, 윤리 도덕적 의미가 강한 공·맹(孔·孟) 시대의 것을 뜻한다. 유학이란 유교를 이론적으로 체계화한 경학(經學)으로서 한대(漢代) 이후의 것을 말한다(황의동, 『한국의 유학 사상』, 서울: 서광사, 1995, 13). 유가의 인간에 관한 관심은 이미 『禮記』의 <表記編>에 "仁者人也"라는 말에서부터 찾을 수 있는데, 이것이 유학의 인간 이해의 기준이 되었다. 더욱이 『中庸』과 『孟子』에도 같은 진술이 반복되고 있다.

성리학에 따르면, 인간이란 단지 육신을 근간으로 한 생물학적 존재가 아니라 하늘天이 내리는 사람됨의 존재 원리인 천명天命을 바탕으로 참된 자아를 발견하고 그것을 완성해나가는 고도의 마음과 정신을 함양하는 독특한 존재이다. 말하자면 성리학은 출생 그대로의 인간이 아니라 정신적·심리적인 성장과 성숙을 지향하는 인간에 관심을 두고 있다. 특히 성리학은 천인합일天人合一의 사고에서 출발하여 인간과 우주에 대한 양분론적 사고를 지양하고 본질과 현상에 대한 일원적 생명의 흐름을 주목하면서, 형이상학적인 우주 원리보다는 인간의 현실적인 삶을 더 중요시하였다.

그리하여 성리학은 척박한 현실에서 삶을 영위하는 인간 생명의 가치에 대한 긍정적 의미를 산출하는 데 큰 관심을 두었고,[5] 사람을 우주 발전에 있어서 주체적 공동 창조자로 이해하기에 이르렀다. 그리고 그토록 특별한 존재인 인간은 사람다운 인간 곧 인격적인 인간으로 성장해야 하는바, 이를 위해 하늘이 내려준 인간성의 참된 이치天理를 바탕으로 하는 수양修養 혹은 수신修身이 과정이 요청된다. 그리고 그러한 인간의 자기 수신의 원리이자 방법론이 바로 경敬이라는 것이다.

이러한 경은 무엇보다 마치 무엇인가에 대해 두려워하는 마음 곧 외경심畏敬心을 의미하는데, "어떤 두려운 대상을 만나기 이전에 평소 세계와

4 성리학은 본래 성명의리지학(性命義理之學)의 준말로서, 심성(心性)의 수양을 철저히 하는 동시에 규범 법칙 및 자연 법칙으로서의 리(理, 또는 性)를 깊이 연구하여 그 의미의 완전 실현에 목적을 두었다(윤사순, "한국 性理學의 展開와 特徵,"「月刊朝鮮」, 1981. 6월호, 73). 중국 유학의 발달에 관해서는 풍우란, 『중국 철학사』 상/하, 박성규 역(서울: 까치, 2010)를 참조하라.

5 정순목, "退·栗 心性論에 있어서 관심의 지향성," 『세계 속의 한국문화』, 제3회 국제학술회의논문집(한국정신문화연구원: 성남, 1985), 960.

사물 그리고 삶 자체에 대해서 갖는 조심스럽고 경건한 마음가짐"을 뜻한다. 가령, "위로는 귀신과 어버이, 스승을 우러르듯 하고, 아래로는 깊은 연못에 임하여 살얼음 위를 걷듯이 하는 외경의 삶의 정신"이 바로 경이라는 것이다.[6]

이토록 고도의 휴머니즘적 성격을 지닌 성리학은 대체로 13세기 후반인 여말 선초麗末鮮初에 한반도에 전해졌으나 그 전성기는 16세기 곧 퇴계 이황에게 이르러서였다. 퇴계는 주희(이하 '주자')의 주리론主理論적 성리학을 조선 정학正學으로 확립하는 데 크게 공헌했다.[7] 이러한 그의 학문적 성격은 시대적 배경과 밀접하게 연결된다. 비록 조선 왕조는 개국부터 유학을 통치 이념으로 삼았다는 점에서 유학이 융성할 기반이 형성되었다고 볼 수 있지만, 초기에는 하나의 정치적인 도구에 그칠 정도였다. 유학이 왕을 비롯한 사회 지도층과 일반 백성들의 삶의 바탕을 이루는 삶의 철학으로 자리매김하기까지에는 다소간 시간이 필요했다. 게다가 조선 사회의 불안정한 정치 현실에서 발생한 수차례의 사화士禍는 많은 이들에게 큰 아픔을 가져왔다.[8] 그토록 혼란한 시대적 상황에서 자연히

---

6 김기현, "퇴계의 敬사상; 외경의 삶의 정신,"「퇴계학보」제122집(2007), 65.

7 성리학이 조선 왕조의 통치 이념으로 채택되는 역사적 과정에 대해서는, 국사편찬위원회, 『한국사』 제31권(과천: 1998), 267-302; 꺼룽진(葛榮晋), "李退溪의 朱子 理氣設의 受容과 發展," 『李佑成교수 정년 기념, 民族史의 展開와 그 文化』(서울: 창작과 비평사, 1975), 555-588; 김충열, "조선조 성리학의 형성과 그 정맥"(1979), 8-20; 김항수, "16세기 사람의 성리학 이해"(1981), 122-177; 유명종, "조선 시대의 성리학파"(1991), 1-22. 그리고 퇴계가 성리학을 정학으로 세워나가는 과정에 대한 논의에 대해서는, 이운구, "퇴계의 斥異論 小考,"「退溪學報」제33집(1981), 36-47.

8 사화는 권간(權姦)들의 사림에 대한 박해 사건으로서, 퇴계의 정치와 사상에 대한 근원적 경험이었다. 그가 출생하기 3년 전(1489)에 무오사화가 있었고, 4세 때(1504)는 갑자사화, 19세 때(1519)는 기묘사화, 45세 때(1545)는 을사사화가 있었다. 퇴계는 을사사화에 연루되어 관직(弘文館 典翰)을 잃었고, 형 '해'(瀣)도 희생됐다. 사화와 당쟁을 중심으로 한 조선

퇴계는 인간의 참된 윤리적 근거와 실현을 위한 수신(수양)에 관심을 두게 되었고, 그 결과 수신의 방법론인 경敬에 집중하게 되었다. 곧 퇴계는 16세기의 조선 사회가 훈척勳戚 세력과 사림士林 세력의 대립 관계에서 빚어진 혼란한 현실을 온몸으로 겪으면서 인간 실존에 깊은 관심을 보였고, 이러한 인간 현실을 극복하기 위한 유용한 방편으로서 참된 윤리적 근거를 찾기 위해 힘썼다. 그리고 그 과정에서 사설邪說을 배제하고 정학正學을 세움으로써 조선 땅에 주자학이 그 뿌리를 내리게 하였다.

특히 퇴계는 이러한 철학적 작업의 일환으로 다양한 저술 작업을 통해 상산학象山學, 양명학陽明學, 이기일물설理氣一物說 등의 다양한 이설을 비판했다. 또한 후학들과 지난한 토론을 벌이면서, 서경덕, 왕수인, 나흠순, 박영, 이항, 조식, 노수식, 남언경 등 국내외의 선배들이나 동시대 학자들의 학술적 발자취에 대해서도 깊이 재고하는 등 각고의 비평적 작업 과정을 거쳤다. 그 결과 퇴계는 마침내 하늘과 인간과 우주 만물의 참된 이치인 리理를 최고 범주로 하는 주자 철학(성리학)을 조선 도학의 주류로 자리잡게 했으며, 마침내 조선 성리학이라는 독특한 철학적 장르를 전개하기에 이르렀다. 그리고 이 과정에서 퇴계가 지향해 온 일관적인 철학적 태도는 특히 실존적인 인간 이해에 그 뿌리를 두고 있었다.[9]

말하자면 퇴계는 비교적 평온한 시기에 살면서 인간에 대해 다소 낙관적이고 긍정적인 시각을 지향했던 이이李珥(호 栗谷, 1536~1584)와는 달리,

---

사회의 정치적 갈등에 관한 연구는, 이태진 편, 『조선 시대의 정치사상의 재조명』(서울: 태학사, 2003), 41-61; 유미림, 『조선 후기의 정치사상』(서울: 지식산업사, 2002), 281-374; 이상익, "退溪와 栗谷의 정치에 대한 인식,"「退溪學報」 제110집(2001), 384; 김택영, 『韓史綮』, 조남권 외 2인 공역(서울: 태학사, 2001), 131-167.

9 김용헌, "16세기 조선의 정치권력의 지형과 퇴계 이황의 철학,"「한국학 논집」 제56집(2014), 141-175.

시대·사회적 혼란을 온몸으로 겪은 사람으로서 인간 실존에 대해 비관적인 견해를 가질 수밖에 없었다. 결과적으로 그는 인간의 참된 윤리적 근거인 사람됨의 참된 이치理/性에 공부의 뿌리를 두면서, 부단한 거경궁리居敬窮理(몸과 마음을 바르게 가지고 사물의 이치를 깊이 생각하여 정확한 지식을 얻음)를 통한 인간성 완성을 지향하는 성리학적 경 철학을 수립하게 되었다. 이러한 그의 학문적 성격은 특히 퇴계 사상의 집대성이라 할 수 있는『성학십도』에서 드러나는데, 그 근본 원리가 바로 경敬이라는 수신의 방법론이다. 퇴계는『성학십도』 제3도인 <소학도>와 제4도인 <대학도>에서, 경에 대해 다음과 같이 말하고 있다.

> 경敬이라는 한 글자는 성학의 처음과 끝을 이루는 바탕이다. 소학을 배우는 이가 경을 통하지 않으면, 본뜻을 함양涵養하여 사물의 이치를 찾아내고灑掃 상대방을 잘 모시며應對 나가고 물러감을 아는 예절과 육예六藝의 가르침을 삼가 실행치 못할 것이다. 또한 대학을 배우는 이가 그것[敬]을 통하지 않고서는, 총명함을 개발하여 덕업을 넓히고 닦아서 덕을 밝히고明德 백성을 새롭게 하는新民 공을 이루지 못할 것이다. 불행하게도 때를 놓친 후에야 배우는 사람은 진실로 그것[敬]에 힘써 대학으로 나아가며 소학을 겸하여 보충하는 것을 중단하지 않는다면, 그 진척이 장차 근본이 없어서 스스로 도달하지 못할 것을 걱정하지 않아도 될 것이다.[10]

10 국역『퇴계전서』 제3권(서울: 퇴계학연구소, 2003), 120-121(이하『퇴계』로 표기): "吾聞敬之一字 聖學之所以成始而成終者也 爲小學者不由乎此 固無以涵養本源而謹夫灑掃應對進退之節與夫六藝之教 爲大學者不由乎此 亦無以開發聰明進德修業 而致夫明德新民之功也 不幸過時而後學者 誠能用力於此 以進乎大而不害兼補乎其小 則其所以進者 將不患其無本而不能以自達矣."

> 경이라는 것은 형이상·형이하에 다 통하는 것이니, 저공著工(공부를 시작함)하고 수효收效함(결실을 이끌어냄)에 있어서 다 마땅히 종사하여 [경을] 잃지 말아야 할 것입니다. 그러므로 주자의 말씀도 그와 같았고, 이제 이 십도十圖도 다 경으로써 주主를 삼았습니다.[11]

곧 퇴계는 『성학십도』의 저작 원리가 경敬인바, 이것은 성학聖學의 근본 바탕으로서 사람됨의 길을 위한 참된 자기 수신의 근본 원리라는 것이다. 그리하여 경은 성학이라는 학문의 시작이 가능하게 만들고, 마침내 그 풍성한 결실을 이끌어 내는 핵심 역량이고 공부이며, 사람됨의 진리와 인성의 본성을 실현하는 주체인 마음의 주인으로서의 위상을 제대로 찾고 올바로 기능하게 만드는 진실하고 부단한 자기 수신을 위한 핵심적 심신 기제라는 것이다.[12] 특히 유학은 현실 긍정이라는 기반 위에서 인간 가치의 실현을 최고의 목표로 삼는 휴머니즘(Humanism)인바 그것을 추구하는 학문과 삶의 방식을 도道라고 불렀는데,[13] 이것은 퇴계에게도 다르지 않다.

퇴계는 인간 삶의 매 순간에 진리의 도가 살아 있다고 보았는데, 그것은 곧 경을 진리 탐구와 인간성 실현을 위한 가장 근본적인 공부이자 역량

---

11 『퇴계』 제3권, 126: "敬者, 徹上徹下 著工收效皆當 從事而失者也 故朱子之設如彼 而今十圖皆以敬爲主焉."

12 황금중, "퇴계 성리학에서 敬의 의미와 실천법," 「퇴계학보」 제144집(2018), 49-94 참조.

13 『中庸』 제1장은 다음과 같이 말한다. "道也者 不可須臾離也 可離非道也 是故 君子戒愼乎其所不睹 恐懼乎其所不聞"(도는 잠시도 떨어질 수 없다. 떨어질 수 있다면 도가 아니다. 그러므로 군자는 그를 보지 않는 곳에서도 경계하고 삼가며, 남이 듣지 않는 곳에서도 두려워하는 것이다). 김학주 역주, 『中庸』(서울: 서울대학교출판부, 2006), 29.

으로 삼고서 평생에 걸쳐 학문적으로 탐구하는 동시에 삶의 자리에서 실천하는 실용적 학문을 의미했다. 즉, 퇴계에게 있어서 인간성 완성이라는 성리학의 이상에 대한 실현은 신실한 경 공부에서 비롯되는바, 이것은 곧 사람됨의 도를 따르는 삶 그대로였다고 할 것이다. 이러한 그의 생각은 『성학십도』 제10도인 <숙흥야매잠도>에서 다음과 같이 표현되고 있다.

> 대체로 도道가 일상생활 속에 유행하여 가는 곳마다 없는 곳이 없고 이치가 없는 곳이란 한 군데도 없기에, 어느 곳에 가든지 공부를 그만둘 수 있겠습니까? 잠시도 정지할 수 없으므로 순간에도 이치가 없는 때가 없으니, 어느 때인들 공부를 하지 않아서야 되겠습니까?[14]

이러한 퇴계의 설명은 자신의 경 철학이 단순한 호학好學(배우는 즐거움, 곧 학문 그 자체를 즐김)이 아님을 천명하는 것이었다. 그에 따르면, 하늘의 명天命을 받은 사람은 마땅히 하늘의 도天道 즉, 하늘의 이치天理를 실현함으로써 하늘이 부여한 사람됨의 본질과 가치를 실현해야 한다. 그래야 진정한 사람일 수 있다. 경은 그런 사람됨의 이치와 가치를 실현하기 위한 수신 공부이고, 신학적으로 표현하면 일종의 삶의 영성(The Spirituality of Life)이라고 할 수 있다. 그러기에 사람은 누구든지, 언제든지 이 경 공부에 매진해야 하는데, 그것이 바로 도를 이루는 인간 됨의 길이기 때문이다. 왜냐하면, 인간은 평범한 일상일지라도 궁극적으로 성인의 도를 지향할 때 그 존재 의미와 삶의 가치가 살아나기 때문이다. 이러한 성인을 향한

---

14 『退溪全書』 卷7(서울: 성균관대학교대동문화연구원, 1978), 210-211(이하 『退全』으로 표기): "夫道之流行於日用之間 無所適而不在 故無一席無理之地 何地而可輟 工夫無頃刻之或停 故無一息無理之時 何時而不用工夫."

지속적이고 성실한 노력이 바로 경을 바탕으로 하는 수신 공부이고 도를 따르는 삶이라는 것이다. 그리고 이 공부를 통해 궁극적으로 중화위육中和位育(모두 제자리에서 조화롭게 자라남)이라는 좋은 결과와 천인합일의 경지를 이루는 데에 퇴계학의 참된 의의가 있었다.[15]

이러한 퇴계의 경 사상은 단지 『성학십도』의 체계만이 아니라 그의 사상 전체의 바탕이고, 그런 측면에서 퇴계의 사상에 접근하기 위해서 먼저 주목할 것이 바로 경敬의 문제이다. 그에게는 경에 바탕을 두지 않는 배움學이나 생각思은 무의미한 거짓 학문僞學일 뿐이기 때문이다. 사실 성리학 역사에서 경 공부에 관해 퇴계만큼 깊은 통찰을 보인 인물은 드물다. 성리학에서 경의 의미는 특별하고, 퇴계는 성리학의 경의 실체에 더 가까이, 더 깊게 다가서게 만든다. 따라서 경에 대한 이해가 중요함을 인식할수록 오늘날 사람됨의 문제에 대해 고민하는 모든 이들에게 퇴계가 큰 빛을 던져주고 있음을 알 수 있다.[16]

이러한 퇴계의 경에 대한 더 깊은 이해는 주자의 경 사상의 핵심을 수렴하는 동시에 경 철학의 최초의 설계자인 정이程頤(호는 伊川, 1033~1107)의 경 사상을 들여다봄으로써 시작된다. 우선 정이천은 경에 대해 무엇보다 인간의 내면적인 태도 문제에 집중했다. 그는 "경으로써 안을 바로잡아 마음속에 주관이 생기면 허심해지게 되어 자연히 부정한 마음이 없어지게 되니, 어찌 허심하지 않겠는가? 반드시 정진하되 경을 바탕으로 일을 해야 한다. 이 도는 가장 간단하고 가장 쉽고, 게다가 공부를 덜 수 있다. 이 말은 비록 보통 사람들의 주장에 가깝지만, 오래도록 견지하면

15 오석원, "退溪 李滉의 聖學과 의리 사상," 「유학사상연구」 제21집(2004), 한국 유교학회, 6-7.

16 황금중, "퇴계 성리학에서 敬의 의미와 실천법"(2018), 89.

반드시 여타의 것들과 차별이 있을 것이다"라고 말했다.[17]

그뿐 아니라 정이천은 여대림呂大臨(호 藝閣, 1040~1092)이 "생각이 혼란해질 때 어떻게 하느냐?"고 물었을 때 이렇게 대답했다: "만약 경을 위주로 하면 자연히 혼란이 없어질 것이다. 비유하건대 물병을 강물 속에 던지는 것과 같다. 병이 이미 꽉 차 있으면, 비록 강호의 물이라도 들어갈 수 없다."[18] 즉, 경건하면 마음이 텅 비고 깨끗하게 되는데, 그것은 곧 이치로 가득 차서 조금도 흔들리지 않을 수 있다는 것이다. 정이천은 경을 무엇보다 고요함이라고 생각했지만, 그렇다고 모든 고요함이 다 경을 뜻하지는 않는다. 그 고요함이란 부정한 마음(非僻之心: 私欲)이 생기지 않게 하면서, 오늘 한 사물을 탐구하고 내일 또 한 사물을 탐구하여 저절로 시원스럽게 관통하게 되는 경지를 추구하는 것을 뜻했다. 이처럼 정이천에게 경은 진정으로 하늘 이치가 내 안에서 살아 움직이도록 부단히 자기를 절제하고 늘 진지하게 자신을 돌아보는 마음 자세를 의미하는 것이었다.[19]

주자 역시 하늘이 부여한 객관적인 리(理: 天理)에는 사람을 사람 되게 하는 참된 도덕적 원리가 존재함을 전제하면서, 경에 의한 수신론을 전개한다. 특히 그는 하늘이 내려준 성품(人性: 天命)이 바로 객관적인 리의 총화이므로, 우리의 성품 안에는 그 자체의 도덕적인 원리(四端: 仁·義·禮·智)가 살아 있다고 보았다. 그리하여 그에게 있어서 경이란 그런 도덕적인 원리가 인간의 내면에서 스스로의 삶을 이끌어가도록 자기 내면에서

---

17 정이천, 『遺書』 권15: "敬以直內 有主於內則處 自然無非僻之心 如是則安得不虛 必有事焉 須把敬來做件事者 此道最是簡 最是易 又成工夫 爲此語雖近似常人所論 然持之久必別"(풍우란, 2010, 527 재인용).

18 정이천, 『遺書』 권15: "但爲心無主 若主於敬 則自然不紛憂 譬如以一壺水 投於水中 壺中旣實 雖江湖之水 不能入矣"(풍우란, 2010, 하, 527 재인용).

19 풍우란(2010, 하), 529-530.

싹트는 인욕人欲 즉, 사욕私欲을 억제하는 것을 의미했다: "정자께서 경을 강조한 까닭은 나 자신에게 하나의 밝은 것이 존재하지 아니하니, 경이라는 글자를 견지하고 외적을 물리쳐 항상 경을 내면에 보존하면 자연히 인욕이 생기지 않을 것이기 때문이다."[20] 이처럼 정·주에게서의 경은 무엇보다 마음을 비우고 하늘이 부여한 사람됨의 이치를 바탕으로 부단히 내면의 사욕을 억제하는 가운데, 성인의 도를 지향하는 수신의 진지한 태도를 뜻하고 있음을 알 수 있다.

그렇다면 퇴계는 자신이 그토록 강조하던 경敬에 대해 어떻게 이해하였는가? 퇴계 역시 기본적으로는 정·주가 말하는 경 철학의 근본 원리에서 크게 벗어나지 않는다. 그렇지만 퇴계의 경은 단지 정·주의 성리학적 수신론의 범주에 안주하지 않는다. 퇴계의 경은 그 심도가 깊어질수록 종교적 색채를 드러낼 정도로 성리학 수신론에 새로운 경지를 열었다. 그렇다면 퇴계의 경은 어떠한 특성을 지니는가? 퇴계 경 철학의 백미는 그의 노작인 『성학십도』에서 두드러진다. 그는 <경재잠도>에서 다음과 같이 주자를 인용하면서 경을 설명한다.

> 의관을 바르게 하고 눈매를 존엄하게 하고 마음을 고요하게 가라앉히고, 거처하기를 마치 상제를 대해 모시듯 하라. 발걸음은 반드시 무겁게 하고 손가짐은 반드시 공손하게 하라. 길을 갈 때는 땅을 가려서 밟되 개미집조차 함부로 밟지 않고, 개미둑 사이의 길을 굽이굽이 돌아서 가듯 조심해서 하라. 집 밖에 나가서는 마치 손님처럼 조심스럽게 행동하고, 일을 맡아서 할 때는 마치 제사를 모실 때처럼 조심스럽게 행동하라. 잠시도 안이하게 말라. 입을 지키

20 『朱子語類』, "所以程先生設敬字 只是謂我自有一個明低物事在這專 把個敬字低敵 常常存個敬在這專 則人欲自然來不得." 풍우란(2010), 557, 재인용.

> 기를 병마개 막듯 하고 잡생각을 막아내기를 성문 지키듯 하여, 성실하고 진실하여 감히 잠시도 경솔히 하지 말라. 서쪽으로 간다고 말하고서 동쪽으로 가지 말고 북쪽에 간다고 말하고서 남쪽으로 가지 말라. 일을 당하면 오직 거기에만 마음을 두고 다른 것에 마음을 두지 않게 하라. 두 가지 일이라고 마음을 두 갈래로 내지 말며, 세 가지 일이라고 마음을 세 갈래로 내지 말고, 오로지 마음을 하나로 하여 만 가지의 변화를 살펴라. 이것에 종사하는 것이 경을 지킴이니, 마음이 움직일 때나動 마음이 머무를 때나靜 어기지 말고 안팎이 서로 바르게 하라. 잠시라도 틈을 보이면, 만 가지 사욕이 불길 없이도 뜨거워지고 얼음 없이도 차가워진다. 털끝만큼이라도 틀림이 있으면, 하늘과 땅이 뒤바뀌고 삼강이 무너지고 구법이 실추될 것이다.[21]

이러한 퇴계의 진지한 외경畏敬의 태도는 단순한 삶의 규범을 넘어 이미 구도적이고, 심지어 종교적일 정도로 깊은 자각의 도를 지향한다. 이처럼 진지한 퇴계의 삶의 태도에 대해, 김기현은 "그것은 참 자아의 실현이라는 과제 의식의 연장선상에 있는 것이었다. 그는 항상 하늘의 말씀命을 되돌아보고 그 말씀을 따르며, 그 말씀에 이름으로써 만물의 영장으로서의 사람 된 직분을 다하고자 하였다"고 이해하였다.[22]

퇴계가 그러한 외경의 정신을 바탕으로 하는 삶을 특별히 중요시했던 것은 하늘의 명天命을 받은 인간으로서의 소명, 곧 사람됨의 존재 의미와

21 『퇴계』 제3권, 149: "正其衣冠 尊其瞻視 潛心以居 對越上帝 足容必重 手容必恭 擇地而蹈 折旋蟻封 出門如賓 承事如祭 戰戰兢兢 罔敢或易 守口如甁 防意如城 洞洞屬屬 罔敢或輕 不東以西 不南以北 當事以存 靡他企適 弗貳以二 弗參以三 惟心惟一 萬變是監 從事於斯 是日持敬 動靜弗違 表裏交正 須臾有間 私欲萬端 不火而熱 不冰而寒 毫釐有差 天壤易處 三綱旣淪 九法亦斁."

22 김기현, "퇴계의 敬사상; 외경의 삶의 정신"(2007), 66.

존재 가치를 다하기 위함이었다. 퇴계로서는 사람이 인간성의 본질이라 할 수 있는 하늘의 명 혹은 하늘 이치를 망각하거나 그것을 체현體現(embodiment—구체적인 행동이나 형태로 표현함)하기에 힘쓰지 않는다면, 인간 됨의 가치를 도외시하는 것이나 다름이 없기 때문이다. 그리하여 그는 경의 진지한 실천을 위해 모든 것을, 심지어 벼슬까지도 내려놓을 수 있었다. 아무리 부귀영화를 누릴지라도, 인간으로서의 성숙한 인격 곧 하늘 이치에 부합하는 사람됨의 모습이 없다면 헛된 인생일 뿐이기 때문이다.

그런데 한편 퇴계의 경에 대한 이해는 단순한 수신 방법론이 아니라 이치의 주재성主宰性, 곧 하늘에 대한 이해와 관련하여 일종의 종교심리학적 특성을 갖는다는 점에서, 정·주 성리학에 등장하는 경과는 또 다른 특성이 있다.[23] 즉, 퇴계는 하늘에 대한 이해를 상제 혹은 자발성을 가진 리 개념과 연결하면서 하늘의 인격성 혹은 주재성을 암시하는 동시에, 경을 그 하늘과의 관계 안에서 인간의 도덕적인 삶의 문제로 해석한다는 것이다. 말하자면, 사람은 하늘 이치 곧 하늘 성품天理을 부여받았기에 그러한 자기 정체성을 자각하고 그 이치를 따라 자신을 매일매일 새롭게 세워 나가는 하늘의 소명天命을 수행해야 할 존재이다. 이에 경은 이리저리 흔들릴 수 있는 사람의 마음을 안정시키고, 자신 안에 내재한 하늘 이치를 바탕으로 하늘의 은덕에 응답하는 삶을 살아가게 하는 중요한 실천 원리이자 수신 방법론이라고 할 수 있다. 즉, 경은 악으로 흐를 가능성이 있는 기운氣의 원심력과 순수한 선의 원리를 비추어 주는 이치의 구심력 사이에서, 양자가 서로 모순·대립하는 긴장 상태를 바로잡아서 이치理의 구심력

---

23 퇴계의 리(理)의 주재성과 관련된 종교적 특성의 문제는 뒤에서 다시 논하기로 하고, 여기서는 경(敬)을 중심한 논의를 이어가도록 한다.

이 제대로 살아 있도록 만들어 주는 집중력이나 주체성의 바탕이라고 할 수 있다. 그리고 이러한 측면에서 퇴계의 경은 이치를 밝혀 주고 마음을 안정시킴으로써, 그 마음이 기에 의해 흔들리지 않고 각성 상태를 유지하게 만드는 하늘 이치에 대한 주체적인 각성의 바탕이자 수신을 위한 주재력이라고 할 수 있을 것이다.[24]

하지만 퇴계는 사람이 부여받은 하늘 이치가 단지 하나의 수신 방법론을 위한 수동적인 원리에 그치는 것이 아니라 그 이치 자체 안에 능동성이 살아 있는 것으로 인식하였다. 그리하여 퇴계의 경은 단순한 도덕적 실천 원리의 차원을 넘어 이미 종교성을 함의한다. 그리고 이는 그의 이치에 대한 독창적인 해석 원리와 함께 퇴계의 성리학을 더욱 살아 있게 하는 근본적인 바탕 혹은 퇴계의 성리학적 유교를 이해할 수 있는 중요한 근본 메타포(the Root Metaphor)를 이루고 있다고 말할 수 있다. 따라서 퇴계 사상에 관한 연구는 경의 문제에 대한 올바른 이해를 기반으로 이루어져야 한다.

2. 퇴계의 패러다임 전환

퇴계는 사상적으로 주자를 잇는 위치에서 조선 사회에 주자학의 정통을 확립했다. 실제로 그는 동방의 주자로 불렸고, 퇴계 스스로도 주자학의 정통을 잇는다는 자부심을 가졌다. 그렇지만 퇴계는 주자를 그대로 추종하지는 않았다. 사실 주자와 퇴계 사이에는 약 350년이라는 시차뿐 아니라 12세기의 중국 송나라와 16세기의 한반도 조선이라는 시대·역사·국가적

24 엄연석, "퇴계의 중층적 천관(天觀)으로 보는 경(敬)의 주재성," 「퇴계학 논집」 제19호 (2016), 258.

상황에서 매우 큰 간격이 존재한다. 따라서 퇴계와 주자가 같은 말을 사용할지라도, 그것이 함의하는 바는 다를 수 있다. 그래서 혹자는 "퇴계 철학은 재료는 주자 철학의 것들을 사용하면서도 설계도는 도덕의 영역을 최우선시하는 신념에 맞추어 재건축된 건물"이라고 말한다. 가령 이기론理氣論에 있어서 퇴계는 표면적으로는 주자를 그대로 수용하지만, 내면으로 들어가면 다른 구도에서 리理와 기氣를 말하는 것을 볼 수 있다. 곧 퇴계는 주자를 따르되 자신이 처한 상황에서 나름대로 분명한 입장을 가지고 주자를 바라보았다는 점에서,[25] 학자들은 퇴계에 대해 정주학을 자신의 관점에서 주체적으로 수용하여 새롭게 전개한 사람으로 이해하려고 한다.[26]

그렇다면 퇴계는 어떻게 정주학을 기반으로 삼으면서도 자신의 성리학을 전개하였는가? 여기에 대해서는 무엇보다 퇴계의 이기론 문제가 그 핵심이다. 성리학 본체론에서는 사물이 바로 그 사물이게 하는 근거所以然인 리의 개념이 중요하다. 그런데 성리학을 리를 주축으로 하는 학문으로 집대성한 이는 주자였지만, 사실 주자 이전에 리를 바탕으로 한 성리학적 존재론을 구축한 이는 정이천이었다. 그는 리가 인간 생명의 성性이라고 주장함으로써性卽理, 천지 만물의 객관적 보편 원리인 리가 주관의 개별자 가운데 존재하는 하나의 원리임을 밝히는 인성론의 새 지평을 열었던

25 https://blog.naver.com/loynis17/80111940841 (2021. 4. 28).

26 주자와 퇴계의 관계에서 퇴계의 독창성을 분명하게 지적하는 시각은 국내뿐만 아니라 해외에서도 이미 보편화되었다. 그들에는 Wei-ming Tu("주자학에 대한 퇴계의 독창적 해석,"「퇴계학연구논총」 제9집, 1997, 77-99), Charles W. Fu("주자학 계승자로서의 퇴계 철학의 독창성,"「退溪學報」 제49집, 1986, 101-113), Michael C. Kalton(홍원식·김중순, "해외 퇴계 철학 연구의 대가, 칼튼 교수,"「오늘의 동양 사상」 제7집, 2007, 205-217, 칼튼과의 대담) 등을 들 수 있다.

것이다.[27] 그리하여 유학에서는 보편자인 리를 실천하는 것이 곧 하늘이 부여한 이치인 성(性: 理)을 발현하는 근거라고 이해했다. 즉, 인간 안에 내재하는 하늘 이치로서 성은 선하지 않음이 없고性無不善 인간은 그 성을 실현하는 직분을 부여받은 존재이기 때문에, 그것을 실천하는 것이 바로 선이라는 것이다.[28] 주자는 이러한 정이천의 리 개념을 계승하는 동시에 장재張載(호는 橫渠, 1020~1077)의 기氣 개념을 비판적으로 흡수함으로써 종합적인 성리학 체계를 정립하였다. 주자는 다음과 같이 말한다.

> 천지간에는 리도 있고 기도 있다. 리는 형이상의 도로서 사물을 낳는 근본이며, 기는 형이하의 기器로서 사물을 낳는 도구이다. 따라서 사람이나 사물은 생성될 때 반드시 이 리를 타고나 본성으로 삼고, 반드시 이 기를 타고나 형체形를 갖춘다. 그 본성과 그 형체가 비록 한 몸을 벗어나는 것은 아니지만, 그 도道와 기器 사이의 구분은 매우 분명하여 어지럽힐 수 없다.[29]

그렇지만 주자에게 있어서 특히 중요시되는 것은 바로 우주 만물의 근본 이치로서의 리의 개념이다. 주자에 따르면, 리는 형이상자로서 모든 존재의 범주를 초월하는 개념이다. 즉, 그에게 있어서 리는 감정과 이성, 운동과 형체가 없으며 형언 불가능한 무적無的 개념이지만, 한편으로는

---

27 풍우란(2010, 하), 514.

28 유인희, "程 · 朱의 人性論," 『동양철학의 본체론과 인성론』(서울: 연세대학교출판부, 1994), 251-257.

29 『朱文公文集』, 券58(北京: 国家图书馆出版社, 2006), 〈答黃道夫〉: "天地之間 有理有氣 理也者 形而上之道也 生物之本也; 氣也者 形而下之器也 生物之具也. 是以人物之生 必稟此理然後有性 必稟此氣然後有形. 其性其形雖不外乎一身 然其道器之間分際甚明 不可亂也."

모든 존재의 존재 근거이자 모든 변화의 가능 근거이기도 하다. 이러한 주자의 리 개념은 고대 그리스 철학자 아리스토텔레스(Aristotle, BC 384~322)의 형상에 견줄 수 있는 개념이다.[30] 이에 대해 주자는 다음과 같이 말한다.

> 리는 느낌도 없고 헤아림도 없으며 움직임도 없다. [...] 리는 하나의 깨끗하고 텅 비고 넓은 세계일 뿐이며, 형체나 흔적이 없고 능동적으로 움직이지도 않는다.[31]

이처럼 주자의 리는 "만물의 근거이며, 따라서 리가 없으면 사물도 존재할 수 없다"는 점에서[32] 만물의 동정 원리動靜原理(작용 원리)이지만, 자신은 직접 작용하지 않는 순수 원리所以然之故이다.[33] 그렇지만 주자는 장횡거의 '기 일원론적인 형이상학'을 비판적으로 수용하면서, 기를 일체의 사물을 구성하는 재료(질료: Aristotle)로 이해하는 가운데 기를 만물의 작

30 임헌규, "주희의 이기론," 「동방학」 제3집(1997), 230. 사실 주자의 철학과 서양 철학에 관한 비교 연구는 이미 상당한 진척을 이루었다고 할 수 있는데, 그들 중에는 김하태(『동서철학의 만남』, 서울: 종로서적, 1985, 176-177), 김용옥(『동양학 어떻게 할 것인가?』, 서울: 통나무, 1997, 276-278), 최해숙(『주희와 스피노자: 인간 존재의 근거로서의 절대적 자연』, Freiburg U. Dissert. 1998) 등은 '주희와 스피노자'와의 만남에 대한 문제를 다루기도 하였다. 특히 최해숙은 주희와 스피노자의 내재관을 중심으로 연구하였다("주희와 스피노자의 내재관," 「동양철학 연구」 제23집, 2000, 379-406). 모두 주자의 리 개념과 연계된 연구들이라 하겠다.

31 『朱子語類』, 卷1(北京: 中華書局, 1983, 이하 『語類』로 표기): "理無情意 無計度 無造作 [...] 若理則只是個淨潔空闊底 世界無形迹 他却不會造作."

32 『語類』 卷6: "天下之物 皆實理之所爲 徹頭徹尾 皆是此理所爲 未有無此 理而有此物也."

33 배종호, "退溪의 宇宙觀," 「퇴계학연구」 제1집(1987), 22-24.

용 원리로 보려고 한다. "음양은 다만 하나의 기일 따름이다. 양이 쇠퇴하는 것이 음이 자라나는 것이다. 양이 쇠퇴해 버리고 나서 또 따로 음이 생겨나는 것이 아니다."[34] 말하자면, 음양陰陽은 본질적으로는 하나의 기이지만 그 양태에 따라 음기와 양기로 구분되는데, 특히 음기는 정(靜: 움직이지 않고 조용히 머묾)의 속성을 지니고 양기는 동(動: 활발하게 움직임)의 속성을 지니고 있다는 것이다. 이러한 측면에서 기는 동정動靜 곧 작용이 있다는 것이고, 그러한 기의 작용 곧 음기와 양기 사이의 상호 작용을 통해 온갖 변화가 일어나고 그 과정에서 만물이 생성되고 운행이 이루어지게 된다는 것이다.

그리하여 주자에 따르면, 만물의 작용은 오직 기의 작용일 뿐이다. 그렇지만 리가 있기 때문에 기가 있고, 그 리의 원리를 따라 기가 유행하여 만물을 발육시킨다는 것이다. 주자의 이러한 사고는 리가 작용이기보다는 존재임을 의미한다. 그래서 주자는 천지 만물을 존재하게 하는 것은 실제적인 힘인 기라기보다 우주적 형성 과정의 이면에 존재하는 리라고 본다는 점에서, 리는 창조 과정을 밑받침하는 인간을 포함한 만물의 존재 근거로 이해한다. 또한 리는 통일적 지향성인 반면 기는 실천적 적응력으로서, 양자 사이를 조화와 협력의 관계로 이끌어 간다.[35] 따라서 양자는 서로 떨어질 수도 서로 섞일 수도 없지만不離不雜, 본체론적으로는 구별된다는 것이다. 그리고 양자의 선후 관계는 시간상으로는 불가능하지만, 논리적으로 따진다면 리가 기에 앞서게 된다. 주자는 다음과 같이 말한다.

---

34 『語類』, 卷65 <易一>: 陰陽只是一氣 陽之退 便是陰之生 不是陽退了 又別有箇陰生.

35 장윤수, "퇴계 철학에 있어서 理의 능동성 이론과 그 연원,"「퇴계학과 유교문화」 제51호 (2012), 6.

천지가 존재하기 전에는 오로지 리만 있었다. 리가 있음으로써 그에 따라 천지가 생겨나게 되었다. 만약 리가 없었다면 천지와 인물이 없었을 것이며, 무엇을 담을 것도 실을 것도 없었을 것이다. 리가 있음으로써 기가 유행하여 만물을 발육시킨다.[36]

곧 주자에 따르면, 리는 변화의 능동적인 힘이 될 수 없고 단지 기를 통해 현현될 뿐이다. 이렇게 보면, 주자의 우주관은 이원기발(理原氣發: 리를 기반으로 기가 작용함)을 바탕으로 하는 이기이원론(理氣二元論: 만물이 리와 기 두 요소로 이루어졌다고 봄)인바,[37] 이것을 인성론에 적용하면 리는 독특한 인간 존재 원리와 인간 윤리의 핵심 근거인 성性으로 등장한다. 말하자면, "성은 곧 마음이 소유하는 리요, 마음은 리가 모인 것"[38]인바 인간은 자신 안에 하늘 이치가 내재하고 있음을 자각함으로써 본성을 실현하게 되는데, 그것이 곧 인仁이고 그 인의 실천을 통해 사람은 천지에 상응하는 인간 본질을 실현하게 된다는 것이다.[39]

그렇지만 주자의 리는 개념상 하나의 존재론적 원리일 뿐 그 자체에는

---

36 『語類』, 卷1 <理氣上>, 太極天地上: "是天地萬物之理 在天地言 則天地中有太極 在萬物言 則萬物中各有太極 未有天地之先 畢竟是 先有此理 動而生陽 亦只是理 靜而生陰 亦只是理."

37 물론 주자도 성정(性情)을 논함에 있어서 '理之發' 또는 '性之發'이라는 표현을 사용한 적이 있고(배종호, "退溪의 宇宙觀," 1987, 24), "리에 동정이 있는 까닭에 기에 동정이 있다. 만일 리에 동정이 없다면, 기가 어찌 스스로 동정함이 있겠는가?"(理有動靜 故氣有動靜 若理無動靜 氣何自有動靜乎, 『朱子文集』 56)라고 말한다는 점에서 리의 동정을 인정하는 것 같기도 하다. 그러나 이것은 리 자체의 동정이 아니라, 마치 사람이 말을 타고 가듯 동정하는 기에 리가 타고 있는 것과 같은 것이다(임헌규, "주희의 이기론," 1997, 228).

38 『語類』, 卷5: 性便是心所有之理 心便是理之所會之地.

39 유인회, "程·朱의 人性論"(1994), 258-269.

운동성이 존재하지 않는다. 만물의 생성 능력은 오로지 기의 몫이다. 그렇다면 스스로 운동하지 않는 리가 어떻게 도덕성의 원리로 작용할 수 있는가? 바로 여기에 주자 이기론의 모순이 있고, 그것이 주자의 성리학을 무기력하게 만드는 요소이기도 하다.

퇴계는 이러한 주자학의 폐쇄성을 극복하기 위해 이기론에 관한 부단한 연구를 시작하였고, 기대승(奇大升, 자 明彦, 호 高峯, 1527~1572)과의 치열한 논쟁도 벌였다. 퇴계의 독특한 이기론에 대해, 장윤수는 "퇴계가 자신의 당대인 명나라 주자학자들로부터 상당한 영향을 받았을 것"으로 추정한다. 특히 퇴계의 사상들 가운데 핵심을 이루는 **지경론**持敬論, **심학적 도통론**心學的 道統論, **이발론**理發論 등은 그들과의 학문적 연계 가능성이 높다고 본다. 곧 주자학의 성즉,리의 입장에서는 성性이 형이상학적 성격 때문에 심성론이 관념화되기 쉬우므로 주자 이후 도덕적 실천주의가 요구되었고, 이러한 배경에서 명초明初의 주자학자들은 종전과는 다른 방향의 주자학을 전개하면서 새로운 학풍을 조성하였다는 것이다. 즉, 도덕적 실천주의는 자연히 도덕의 주체를 문제 삼게 되었고 도덕 주체는 다시 심心의 함양을 문제 삼으면서, 결국 주자학의 심학화心學化를 지향하게 되었다는 것이다. 그리하여 주자학의 심학에서는 육왕학과는 달리 경의 수신론이 강조될 뿐만 아니라, 도덕적 주체의 능동성을 최대한 강조하는 측면에서 리의 능동성 이론이 힘을 얻게 되었다.[40]

물론 퇴계가 명나라 초기 유학자들인 조단曺端(1376~1434), 설선薛瑄(1389~1464), 오흥필吳興弼(1391~1469), 호거인胡居仁(1434~1484) 등과 직접 교류하기에는 시간상으로 불가능했지만, 그들의 학풍이 리의 능동 작용

40 장윤수, "퇴계 철학에 있어서 理의 능동성 이론과 그 연원"(2012), 8-12.

을 강조하는 경향이었다는 점에서 눈여겨볼 측면은 있다. 그러나 국내 학자들은 퇴계 철학이 명나라 초기 주자학자들의 사상적 영향을 받았다는 사실 자체를 부정하거나 최소화하려고 한다. 그러나 어떤 사상가든 시대적인 인물이 아닌 이가 없고, 모든 사상은 다른 이들과의 부단한 교류를 통해 성장·발전한다. 그런 측면에서 퇴계의 사상도 명과의 빈번한 교류를 이어오던 조선이라는 시대적 상황에서 생각한다면, 주자의 사상을 넘어설 수 있는 모티브를 그들과의 교류를 통해 발견했으리라는 추측은 얼마든지 가능하다.[41]

양명학적 혐의에도 불구하고 퇴계는 특히 남송의 진덕수眞德秀(호는 西山, 1178~1235)가 경전과 도학자들의 저술에서 심성 수양에 관한 격언을 모아서 편찬한 수양서인 『심경心經』(1234)을 구하여 읽은 뒤, "나는 『심경』을 얻은 뒤로 비로소 심학의 근원과 심법心法의 정밀하고 미묘함을 알았다. 그러므로 나는 평생에 이 책을 믿기를 신명神明과 같이 알았고, 이 책을 공경하기를 엄한 아버지같이 한다"고 밝히기도 했다.[42]

또한 제자 김성일金誠一(호 鶴峯, 1538~1593)에 따르면, 1561년(명종 16) 겨울 스승 퇴계를 모시고 있을 때 퇴계 선생은 정민정程敏政(호 篁墩, 1446~1499)이 『심경』을 비탕으로 심학에 관한 여러 학자의 글을 모아 증보·해설하는 방식으로 다시 편찬한 『심경부주心經附註』를 새벽마다 한 차례 독송하였다 한다.[43] 그 후 퇴계는 1566년 『심경 후론心經後論』을 지어서 『심경』의 비중이 『사서』(논어·맹자·시경·서경)와 『근사록近思錄』에 못지않음을 밝혔다.

41 *Ibid.*, 8-12.

42 『퇴계』 제17권, 12 <퇴계선생언행록>: "先生自言 吾得心經而後 如知心學淵源 心法之精微 故吾乎生信此書如神明 敬此書如嚴父"(이덕홍).

43 『퇴계』 제17권, 14 <퇴계선생언행록>: "辛酉冬 先生居陶山琓樂齊 雞鳴而起 必莊誦一遍諦聽之 乃心經附註也"(김성일).

특히 한때 『심경부주』와 관련하여 저자인 정민정의 인물됨에 관한 논란이 일자, 퇴계는 정민정을 변론하면서 『심경부주』가 육구연陸九淵의 학풍과는 무관하며 도학의 정통성에서 문제가 없음을 밝히기도 하였다. 퇴계는 초학자에게는 『소학』, 『근사록』, 『심경』 가운데 『심경』보다 절실한 것은 없다고 말할 정도로 『심경』의 중요성을 강조했고, 제자들에게 만년까지 『심경』을 강의하되 별세하기 몇 달 전까지도 계속하였다.[44]

그렇다면 퇴계는 왜 그렇게 인간의 마음 문제에 집중했을까? 그에게 있어서 마음 곧 심心은 정신 또는 의식 작용을 의미한다. 이 의식이야말로 신체와 하나를 이루면서도 우주의 모든 것을 인지하고 느끼며, 나와 관계를 맺게 하는 지식의 중심이자 정감적 경험의 원천이며 선행의 근원이 된다. 퇴계는 이러한 마음을 일신一身 즉, 내 몸의 주재主宰(다스림)라고 본다. 또한 마음이 몸을 다스린다는 뜻은 타인과의 관계를 바람직하고 조화로운 상태로 유지하도록 육체에서 비롯되는 일체의 욕구를 선택적으로 조정하는 행위를 결정하는 것인바, 마음은 이러한 주재의 능력 또는 그런 능력을 발휘하는 의식 현상 일반을 뜻한다.[45]

그런 의미에서 사람의 마음은 도덕적 차원의 의식이며, 삶을 다스리는 일종의 주체적인 능력이라고 할 수 있다. 즉, 마음이 사람의 주체이며 주재자라는 것이다. 그런데 사람의 마음은 하늘 이치 곧 하늘이 부여한 본성을 품고 있으며, 그 하늘이 준 본성인 리로서의 성性을 바탕으로 사람의 모든 삶을 다스리고 이끌어 간다고 할 수 있다.

이러한 성은 주자에 따르면, 마음이 소유하는 리요, 마음은 그 리가 모인 것이다. 그렇지만 리는 수동적이고 논리적인 원리일 뿐 스스로 능동성을 가지지

---

44 https://blog.naver.com/qqq3153/221663144147 (2021. 4. 28).

45 육영해, "퇴계의 心性理論," 「퇴계학연구」 제11집(1991), 59.

는 않는다는 것이다. 즉, 주자의 주장대로라면, 리는 사실상 마음 안에서 활동성이 전혀 없는 하나의 본체론적 존재 원리일 뿐이라는 점에서 결국 죽은 이치나 다름이 없으므로, 인간은 하늘이 준 본성을 제대로 실현해 나갈 수 없다는 모순성을 안고 있다. 따라서 사람의 마음을 깊이 연구하려는 퇴계의 입장에서는 죽은 것이나 다름없는 주자의 리를 넘어 진정으로 살아 있는 리, 곧 사람의 마음을 참으로 살아 있게 만드는 참된 리의 능동성을 요청할 수밖에 없었을 것이다.

말하자면, 퇴계로서는 인간의 마음을 다스리고 인간의 윤리 도덕에 관여하는 리의 확고한 논리적 기반을 제시하기 위해 감정도 없고無情意, 생각도 없고無計度, 행위도 없다無造作는 사물화死物化된 리를 견지하는 정·주의 이기이원론理氣二元論의 한계를 넘어서야 했다. 그리하여 퇴계는 리가 발하면 기가 리를 따르고 기가 발하면 리가 기를 탄다고 보는 이기호발설理氣互發說(심성론) 혹은 이기양동설理氣兩動說(우주관)을 주장함으로써 송대 성리학으로부터의 패러다임 전환을 시도하였다. 다시 말해서, 주자가 리의 작용을 부정하고 기의 작용을 긍정하는 데 비해, 퇴계는 리와 기의 양동兩動을 주장하였다. 왜냐하면 활동성이 없어서 죽은 것 같은 단순한 존재 원리로서의 리는 사람의 수신 생활에 도움을 줄 수 없기 때문이다. 이에 대해 퇴계는 한 편지에서 다음과 같이 말한다.

> 연평延平이 주자에게 회답하는 글에 "복괘에서 천지의 마음을 볼 수 있으니, 천지의 마음 그것이 곧 동하여 양을 낳는 리이다"라고 했습니다. 살피건대, 주자는 일찍이 말하기를 "리에 작용動靜이 있기 때문에 기도 작용이 있는 것이다. 만약 리가 작용이 없으면 기가 어디로부터 작용이 있을 것인가? 대개 리가 동하면 기가 따라서 생겨나고, 기가 동하면 리가 따라서 나타난다"고

했습니다. 염계濂溪는 말하기를 "태극이 동하여 양을 낳는다"고 하였으니, 이것은 리가 동하면 기가 따라서 생김을 말한 것이요, 주역에는 "복괘에서 천지의 마음을 볼 수 있다"고 하였으니, 이것은 기가 동하면 리가 나타나기 때문에 볼 수 있다는 것입니다. 두 가지가 모두 조화에 속하는 것이요, 두 이치가 아닙니다. 그러므로 연평이 "복괘에서 천지의 마음을 볼 수 있으니, 그것이 동하여 양을 낳는 리가 된다"고 한 것인데, 이 말이 간략하면서 극진한 것입니다.[46]

즉, 퇴계는 주돈이周敦頤(호 濂溪, 1017~1073)의 『태극도설太極圖說』에 나오는 태극의 개념이 아직 이기이원론을 기반으로 하는 것이 아님을 들어서, 태극을 음양 미분陰陽未分의 일기一氣로 보고 태극 일기太極一氣를 동정 작용 자체로 이해하기에 이르렀다. 곧 퇴계는 주자가 태극을 리로, 음양을 기로 보기 때문에 태극은 동정이 아니라고 이해하는 태도를 넘어 주렴계를 따라 태극을 동정으로 간주함으로써, "태극이 작용함으로써 양을 낳는다"(太極動而生陽)는 것을 "리가 작용하여 양을 낳는 것"(理動而生陽)으로 이해하였다.[47] 이처럼 퇴계는 주렴계의 우주관인 태극 이론을 나름대로 새롭게 해석하여 이기양동설理氣兩動說을 제시하였고, 그러한 우주관을 심성론에 그대로 연결하였다. 특히 고봉과의 논쟁을 통해 사단四端은 리가 발함에 기가 리를 따르는 것이고(理發而氣隨之) 칠정七情은 기가 발함에 리가

---

46 『퇴계』 제7권, 115 <정자중에게 답함, 별지>: "延平答朱子曰 復見天地之心 此便是動而生陽之理 按朱子嘗曰 理有動靜 故氣有動靜 若理無動靜 氣何自而有動靜乎 蓋理動則氣隨而生 氣動則理隨而顯 濂溪云太極動而生陽 是言理動而氣生也 易言復其見天地之心 是言氣動而理顯 故可見也 二者皆屬造化 二非二致 故延平以復見天地之心爲動而生陽之理 其言約而盡矣."

47 배종호, "退溪의 宇宙觀"(1987), 24-25.

기를 타는 것(氣發而理乘之)이라고 정리함으로써, 이른바 이기호발설理氣互發說을 주장하기도 하였다.[48] 결국, 퇴계는 주자의 전통적인 이기이원론을 넘어 이기양동설과 이기호발설을 주장함으로써 인간 본성의 도덕적 창생력을 적극적으로 인정하였고, 이에 따라 인의예지仁義禮智는 단지 외부에서 부과된 객관적 이념이 아니라 인간 내면에서 끊임없이 작용하는 실체(Reality)로 확인하였다.[49]

이처럼 퇴계는 이기양동설에 기반을 둔 이기호발설을 말함으로써 한편으로 개인적 차원에서는 천리와 인욕 또는 도심과 인심의 대립 현실을, 다른 한편으로 사회적 차원에서는 군자와 소인의 대립 상황을 직시할 수 있었다. 그리하여 주자의 교설이 지닌 이론적, 관념적 특성에서 벗어나 인심을 도심으로 변화시킬 수 있는 길을 찾았다. 그것이 바로 리의 우위성과 능동성을 강조하는 시각이다. 장윤수의 설명에 따르면, 단순히 기에 대한 리의 우위성을 확보하려는 의도에서 형성된 개념인 이동理動 또는

---

48 민족사상연구회 편, 『四端七情論』(서울: 서광사, 1992), 65. 퇴계에게서 리는 무조작(無造作)으로서의 원리와 유조작(有造作)으로서의 발동이라는 양 측면을 갖는 것으로 보인다(배종호, 1987, 31).

49 이기양동설 혹은 이기양발설로 대두되는 이발론 혹은 이기호발론이 퇴계의 독자적 주장이라는 견해에 대해서는 적잖은 논란이 있다. 곧 퇴계의 이발론이 주자의 이기론에 대한 오해라는 주장도 있고, 퇴계의 주장을 이발로 보는 것 자체가 오해라는 견해도 있다. 그러나 오늘날의 연구는 대체로 이발론을 퇴계의 독자적 해석으로 인정한다(김종석, "退溪哲學 硏究의 現況과 課題," 「한국의 철학」 제23집, 1995, 113-114). 결국, 퇴계는 "사단은 리가 발하여 기가 거기에 따르는 것(理發氣隨之)이고, 칠정은 기가 발하고 리가 올라타는 것(氣發理乘之)이라"고 본다. 이 이론은 주자의 이기이원론에서 진일보한 것이며, 퇴계가 세계적인 철학자로 존경받는 이유이다. 퇴계는 인간이 근본적으로 선하다고 보는 성선설에서 선한 마음을 사단으로 보고, 살면서 겪는 여러 감정 중 나쁜 것도 포함된 것을 칠정으로 본다. 따라서 본래의 선한 마음이 칠정의 나쁜 마음에 예속되지 않게 늘 마음을 닦을 필요가 있다. 이것이 경 사상의 바탕이다(https://blog.daum.net/garisan/15749606, 2021. 2. 7).

칠정七情(氣)에 대한 사단四端(理)의 우위성을 강조하려는 맥락에서 형성된 이발理發을 넘어선 이도론理到論을 제시한 것이다.

여기서 이도론이란 인식 대상의 리와 인식 주체의 리가 합치됨으로써 인식이 성립된다는 이론인데, 인식의 능동적 작위성을 인식 주체의 리만이 아니라 인식 대상의 리에도 두려는 시각으로서 격물론格物論과 관련된 이해이다.[50] 이에 대한 퇴계의 중요한 편지가 있는데, 그것은 1570년 늦가을에 고봉에게 보낸 마지막 편지이자 사실상 그가 이 땅에서 마지막으로 남긴 글이라고 할 수 있다. 퇴계는 이 편지를 쓴 후 그해 12월 8일에 세상을 떠났기 때문이다. 그는 다음과 같이 말한다.

> 이전에 내가 잘못된 학설을 고집했던 까닭은 단지 주자가 말한 리는 정의도 없고(無情意) 계탁도 없으며(無計度) 조작도 없다(無造作)는 학설을 알고 지킬 줄만 알아서, '내가 사물의 궁극적인 이치에 도달하는 것이지 리가 어찌 스스로 지극한 곳에 궁구(깊이 파고들어 연구하다)하여 이르겠는가?'라고 생각했기 때문이었습니다. 그래서 물격(사물의 이치에 이름)의 격格과 무부도無不到(이르지 않음이 없음)의 도到를 모두 내가 이치를 파악하고, 내가 그 이치에 도달하는 것으로 보았던 것입니다. 그러므로 지난날 서울에 있을 때는 비록 이도설理到說로 깨우쳐 주심을 받고서 반복하여 자세히 생각해 보았으나, 오히려 의혹이 풀리지 않았습니다. 그런데 근자에 김이정이 영공이 고찰한 바를 전해주었는데, 그 내용은 주자가 이도理到에 대하여 3~4 조항을 언급한 것이었습니다. 그제야 비로소 나의 견해가 잘못되었음을 두렵게 여겨, 이에 잘못된 옛 견해를 다 씻어버리고 허심탄회하게 자세히 생각하여, 먼저 리가

50 장윤수, "퇴계 철학에 있어서 理의 능동성 이론과 그 연원"(2012), 22.

> 스스로 이를 수 있는 것이 무엇인가를 찾아보았습니다. [...] 정의도 없고, 조작도 없는 것은 리 본연의 체體이고, 깃들인 곳에 따라 발현하여 이르지 않음이 없는 것은 리의 지극히 신묘한 용用임을 알 수 있습니다. 전에는 단지 본체가 무위(작용이 없음)한 줄로만 알았고 신묘한 용이 드러나게 행해질 수 있는 것을 알지 못하여 거의 리를 죽은 물건으로 인식하듯이 했으니, 도와의 거리가 매우 멀지 않았겠습니까? 그런데 지금 그대가 부지런히 인도해 가르쳐 주심으로 인하여 망령된 견해를 버리고 새로운 뜻을 터득하고 새로운 격조를 기르게 되었으니 매우 다행스럽게 여깁니다.[51]

곧 퇴계의 이 편지는 리의 능동성에 대한 퇴계의 분명한 입장이 드러난다는 데 그 방점이 있다. 그런데 퇴계의 글을 살펴보면, 종전까지는 주자처럼 리에 대해 실제로는 활물로 여기지 않다가 고봉의 지적을 받고서 비로소 이도론理到論을 주장하게 되었다는 얘기이다. 게다가 이것은 고봉에게 보내는 마지막 편지로서, 사실상 그가 그동안 고봉과의 논쟁에서 리의 능동성을 끊임없이 주장해 왔다는 점에서 독자들을 곤혹스럽게 한다. 그의 이 발언을 둘러싸고 있는 이 의문에 대해 두 가지 해결 가능성이

51 『퇴계』 제5권, 290 <기명언에게 답함, 별지>: "前此滉所以堅執誤說者 只知守朱子理無情意 無計度 無造作之說 以爲我可以窮到物理之極處 理豈能自至於極處 故硬把物格之格 無不到之到 皆作己格己到看 往在都中 雖蒙提諭理到之說 亦嘗反復紬思 猶未解惑 近金而精傳示左右所考出朱先生語及理到處三四條 然後乃始恐怕己見之差誤 於是 盡底裏濯去舊見 虛心細意 先尋箇理所以能自到者如何 [...] 而無所不到 無所不盡 但恐吾之格物有未至 不患理不能自到也 然則方其言格物也 則固是言我窮至物理之極處 及其言物格也 則豈不可謂物理之極處 隨吾所窮而無不到乎 是知無情意造作者 此理本然之體也 其隨寓發見而無不到者 此理至神之用也 向也但有見於本體之無爲 而不知妙用之能顯行 殆若認理爲死物 其去道不亦遠甚矣乎 今賴高明提諭之勤 得去妄見而 得新意長新格 深以爲幸."

있는데, 첫째로 그의 말을 그대로 받아들이는 것이요, 둘째로 일종의 수사적인 표현으로 보는 경우이다. 전자를 따르면 퇴계의 이치관에 대한 수정이 불가피하고, 후자를 따르면 퇴계의 철학을 일관적으로 해석할 수 있는 장점이 있다.[52]

그렇지만 좀 더 깊이 생각해 보면, 이동理動, 이발理發, 이도理到는 사실상 각기 다른 맥락에서 제기된 문제들임을 알 수 있다. 곧 이동은 기에 대한 리의 우위를 주장하는 것이고 이발은 감정에 대한 도덕성의 우위를 주장하는 것인데, 이 둘은 서로 비슷한 의미를 지니고 있다. 그런데 이도는 리와 기, 사단과 칠정의 대립 구도에서 나온 것이 아니라, 인식 주체의 리와 인식 객체 곧 인식 대상의 리 사이에서 출현하는 개념이다. 퇴계는 한동안 인식 주체의 리(主理)가 대상을 파악한다고만 생각했으나, 고봉의 지적을 통해 인식 대상의 리(物理)가 스스로 이를 수 있다는 것을 비로소 깨달았다는 것이다.[53]

말하자면 퇴계는 리에 대해, 인식 대상 안에 있는 이치로서의 리가 인식 주체를 향해 스스로를 드러냄으로써 인식 주체(사람)가 인식 대상 안에 있는 리를 깨닫게 한다는 것이다. 그리하여 마음에 내재하는 리의 인식 기능과 노력이 인식 대상 안에 내재하는 리와의 역동적인 만남을 통해 성숙한 인간성을 향한 경의 삶을 이룬다는 것이다. 여기에서 우리는 퇴계 철학의 전혀 새로운 차원을 발견하게 된다. 바로 퇴계 철학의 종교성이라는 문제가 그것이다. 사실 퇴계는 주자의 리의 형이상학을 지지하면서도 종교적 초월성을 지닌 하늘의 관념을 완전히 무시하지는 않았다. 물론

52 문석윤, "퇴계에서 리발(理發)과 리동(理動), 리도(理到)의 의미에 대하여," 「退溪學報」 제110집(2001), 161-201.

53 장윤수, "퇴계 철학에 있어서 理의 능동성 이론과 그 연원"(2012), 25.

그에게 있어서 종교적 초월성은 철학적 확신으로서가 아니라 일종의 감수성 수준에 머문다고 할 수는 있다. 하지만 그동안 퇴계가 리의 능동성을 강조한 것이 원리적이고 이법적인 시각의 차원이었다면, 만년에 이르러 여러 고전을 다시 접해 본 결과, 리 개념에 담긴 종교성을 발견하게 된 것으로 보인다.

이처럼 퇴계는 주자학에서 원리와 관념적 차원에만 머물러 있던 하늘天과 이치理를 존재론적 차원으로 끌어들이면서, 그것에 초월성과 실재성을 부여함으로써 하늘 이치를 인간 삶의 현장으로 불러들였다.[54] 그리하여 하늘 이치와 인간 탐욕이 대립하는 현실 사회에서 존재하는 인간, 곧 낙관할 수 없는 실존적 존재로서의 인간성을 다시 주목하고 참된 성인의 길이 무엇인가를 제시하려고 한 것이다. 곧 퇴계는 인간에 대한 근원적 신뢰보다는 타락 가능성을 염두에 두는 현실적·실존적 인간을 주목하였다. 그리고 그런 인간 현실을 극복하고 참된 인간으로서의 길을 걷는 인간 본성의 윤리적 근거를 분명히 하고자, 심성론에서 이기호발설을 주장할 뿐만 아니라[55] 하늘의 이치 앞에 노출된 인간이 이미 주어진 그 이치를 온몸으로 받아내는 경 공부를 통해 참된 성인의 길을 가도록 교훈하였다. 그에게는 주자의 움직임이 없는 순수한 리보다 인간 삶의 실제 원리로서 능동적인 리가 인간 현실에서 더 유용한 도덕적 원리로 작용할 수 있었던 것이다.

퇴계의 이러한 본체론과 인성론에 대한 패러다임 전환은 학문 방법론

54 *Ibid.*, 25-26.

55 결국, 퇴계는 선대 유학의 도덕적 지평을 우주 존재론적으로 전개한 주자와는 달리, 인간 본성의 선악 출처의 이원론적 구조를 해명해 주는 틀로서 이해하였다(이정배, "퇴계의 '敬'의 철학과 칸트적 신학(W. Herrmann)의 인식론—종교적 현실성 물음의 빛에서," 「감신학보」 제26집, 1987, 32-33).

에도 함께 작용한다. 공자의 학문 방법은 본래 학사병진學思竝進으로서, 이론思만이 아닌 실행學 쪽에 무게를 두었다.[56] 이는 공자의 어록을 수집한 『논어』에 학學자가 무려 65회나 등장하는 것만으로도 알 수 있다.[57] 이러한 공자의 배움學은 고전 연구를 통해 진리를 익히며 심신을 수양함으로써 천명을 깨달아 소임을 다하는 가운데, 국가와 사회에 봉사하는 데에 근본적인 목적이 있었다. 또한 공자는 배움과 함께 생각思 또한 중시했다. 곧 "배우고 생각하지 않으면 어둡고, 생각하고 배우지 않으면 위태롭다"[58]고 말함으로써 배움과 생각은 보완 관계임을 밝혔다. 따라서 공자는 배움과 생각 모두를 학문 방법론으로 채용했다고 볼 수 있다.

반면 퇴계는 우선 생각을 중시한다. 생각은 가장 맑고 잡념이 없는 영묘한 마음 작용이자 진리를 구하는 진실한 태도로서, 바로 여기서부터 참된 공부가 시작되기 때문이다. 특히 퇴계는 생각이 바른 것이 되기 위해서는 사사로운 의도를 배제하고, 하늘이 부여한 본래의 선한 성품을 드러내는 것이 되어야 한다고 말한다. 배움學은 예로부터 본받을 효(斅=效)나 깨달을 각覺을 함의하고 있었다. 다시 말해서 배움이란 앞사람을 본받는 일뿐만 아니라, 특히 스스로 깨닫는 일(覺/思)이 중요하다. 그렇다면, 그 생각의 올바름을 위한 지침이 필요하다. 여기에 대해 퇴계는 예禮를 그

56 『論語』 <學而>. "제자는 집에서는 효를 다하고 밖에서는 공손하며, 행동을 삼가고 미덥게 하여, 널리 이웃을 사랑하고 어진 이와 친하고, 그러고도 남은 힘이 있으면, 글을 배우라"(弟子入則孝 出則弟 謹而信 汎愛衆而親仁 行有餘力 則以學文).

57 學은 '깨달음', '본받음' 등의 뜻이 있으니, 先賢의 어진 덕행을 본받고, 또 그것을 배워 익혀, 미지의 것을 깨닫는다는 의미가 강하다. 따라서 學은 단순히 배우는 행위 자체로는 의미가 없다. 본받아서 깨닫는 경지에 도달할 때, 진정한 學의 가치가 있다(김영호, "李退溪의 학문 방법에 있어서 사유와 경험의 상관성에 관한 연구,"「동양철학 연구」 제10집, 1989, 241).

58 『論語』 <爲政>. "學而不思則罔 思而不學則殆."

기준과 지침으로 제시한다. 그것이 곧 사물四勿이다. 즉, "예가 아니면 보지 말고, 예가 아니면 듣지 말고, 예가 아니면 말하지 말고, 예가 아니면 행동하지 말라"는 공자의 가르침은 배우고자 하는 사람에게 볼 수 있고 지키기 쉬운 법이 되어, 볼 수 없고 붙잡아 맬 수 없는 마음을 기를 수 있는 방편이라는 것이다.[59]

그렇지만 퇴계는 생각에만 매달리지 않았다. 마음의 훌륭한 작용은 분명히 생각에서 비롯되지만, 성학에서는 구체적으로 사물을 익히고 실천하는 배움 또한 필수적이기 때문이다. 그래서 그는 학사호발론學思互發論을 제시했다.[60] 배움은 "그 일을 익혀서 참으로 실천하는 것"이고 생각은 "마음에 구하여 증험과 체득이 있는 것"(『退全』 卷1, 197)이다. 여기서 배움은 경험적 수행을, 생각은 합리적 사유를 뜻한다. 배움과 생각은 서로를 밝혀주는 것일 때, 비로소 살아 있는 성학이 가능해진다.[61] 이러한 시각에서 퇴계는 공자처럼 단순한 학사병진學思竝進이 아닌 학사통전學思通全을 지향하였다.[62] 이러한 그의 학사호발學思互發의 길은 곧 지경持敬(경의 태도를 유지

59 하창환, "퇴계의 '思' 槪念과 그 哲學的 意味," 「동아인문학」 제17집(2010), 249.

60 퇴계는 이렇게 말한다: "學也者習其事而 眞踐履之謂也 蓋聖門之學 不求諸心則 昏而無得 故必思以通其微 不習其事則危而不安 故必學以踐其實 思與學交相 發而互相益也"(배운다는 것은 그것을 익혀서 참으로 실천하는 것을 뜻합니다. 대개 성인의 학문은 마음에 구하지 않으면 어두워져 얻는 것이 없으므로 반드시 생각하여 그 미묘한 이치에 통해야 하고, 그 일을 익히지 않으면 위태하여 불안하므로 반드시 배워 실천해야 합니다. 그리하여 생각과 배움이 서로 밝히고 서로 돕게 해야 합니다. 『退全』 卷1 <進聖學十道箚>, 197). 따라서 공자의 방법론이 "배움→생각"의 방향이라면, 퇴계는 "생각→배움"의 방향이라 할 수 있다(高橋進, "聖學十圖의 思想體系," 「퇴계학연구」 제1집, 1987, 65).

61 김영호, "李退溪의 학문 방법에 있어서 사유와 경험의 상관성에 관한 연구" (1989), 260.

62 이러한 퇴계의 방법론에 대해 송긍섭은 "도리를 인식하고 그것을 궁행(躬行)하는 것으로 평가한다(송긍섭, "退溪思想에 있어서의 學의 槪念," 「退溪學硏究」 제6집, 1979,

함)에 해당한다. 이에 대해 퇴계는 다음과 같이 말한다.

> 경을 지키는 것은 생각과 배움을 겸하고, 움직일 때나 고요할 때 모두 일관하고, 안과 밖을 합하고, 마음의 드러난 것과 감춰진 것을 하나로 만드는 방도입니다. 그러므로 그것을 하는 방법은 반드시 이 마음을 가지런하고 바르게 하며 집중하는 가운데 이 이치를 학문 · 사변하는 사이에 궁구하여, 보지 못하고 듣지 못하는 마음에 대한 계구를 더욱 엄하게 하고 더욱 공경스럽게 하며, 은미 · 유독한 마음의 기미에 대한 성찰을 더욱 정밀하게 하는 것입니다.[63]

요컨대, 퇴계에게 있어서 배움과 생각의 충분한 효과를 위해서는 지경이 필수적이며, 그것은 동정動靜, 내외內外, 현미顯微를 일치시키는 원리이기 때문이다. 그런 점에서 경은 퇴계 성리학의 시종을 꿰뚫는 매우 중요한 원리이다. 아무리 생각이 깊어도 배움이 없으면 그 생각은 무의미하고, 배움이 많아도 깊고 진실한 생각으로 정리되지 않으면 역시 혼란만 가중될 뿐이다. 이러한 생각과 배움을 진정으로 살아 있게 하는 중요한 실천 원리가 곧 경이다.

3. 퇴계 유학의 중심 과제

퇴계의 학문적 과제는 근본적으로 수기치인修己治人(먼저 자신을 닦고 수

---

60).

63 『퇴계』 제3권, 99-100: "而持敬者 又所以兼思學 貫動靜 合內外 顯微之道也 其爲之之法 存此心於齊莊靜一之中 窮此理於學問思辨之際 不睹不聞之前 所以戒懼者愈嚴愈敬 隱微幽獨之處 所以省察者愈精愈密."

양하여 남을 다스림)이다. 이는 곧 위기지학爲己之學(인격수양을 위한 학문)으로서 도덕적 수신과 그것을 기반으로 한 실천에 방점을 두는 궁행실천躬行實踐(자신이 실제로 몸소 행함)을 의미한다. 따라서 퇴계는 일신의 영달만을 목적하는 위인지학爲人之學(출세를 위한 학문)이 아닌, 유학儒學을 바탕으로 하는 위기지학의 유교儒教를 지향하였다.[64] 말 그대로, 퇴계에게 있어서 학문은 단순한 학문이 아니라 참된 사람이 되기 위한 수행의 과정으로서의 학문이었던 것이다. 그에 따라 그의 학문적 중심 과제인 경의 철학은 일종의 종교성을 띠게 되었다.[65] 그리고 바로 이러한 시각에서 퇴계는 우주론적 존재론인 이학理學과 인간 본성에 대한 논의인 인성론 혹은 심학心學을 서로 연결하고 있다.

> 자기 인격을 위한 학문(爲己之學)은 도리를 인간이 마땅히 알아야 할 것으로 삼고, 덕행을 인간이 마땅히 실천해야 할 것으로 여긴다. 가까운 데서부터 공부를 시작하여, 마음으로 터득하고 몸으로 실천하기를 기약하는 것이다.

---

64 이병도는 『資料韓國儒學史草稿』에서 "유학이라는 개념은 학적 연구 측면에 중점이 주어지고, 유교라는 개념은 실천 윤리와 교화 측면에 중점이 주어진다"고 이해했다(김종석, 1995, 102 재인용).

65 현금에 한국 유교에 대해, 종교학적 측면에서 이해하려는 시각들이 등장하였다. 특히 김승혜는 그동안 한국 유학자들의 유교의 종교성에 대한 입장 표명을 정리했다. 그에 따르면, 유교는 내세나 타계를 인정하지 않고 철저하게 현세적 현실주의라는 점에서 유교는 종교가 아니라고 보는 시각(김충렬)과 유교 전통의 종교적 측면을 인정하면서도 그 부분에 관한 사상적 전개를 보류하는 중간적 입장을 견지하는 시각(윤사순) 그리고 유교의 가르침은 천인합일을 지향하는 삶의 종교라고 보는 시각(금장태) 등으로 대별할 수 있다는 것이다(김승혜, "한국 유교의 종교학적 이해와 서술을 위한 제언," 2003, 331-368 참조). 이러한 시각은 그대로 퇴계 사상에 대한 시각과 연결되는바 이미 적지 않은 유학자들이 퇴계 성리학의 종교성을 긍정한다는 점에서, 이 문제는 계속 논의되어야 할 것으로 보인다. 필자는 일단 퇴계 사상에는 이미 종교적 성향이 드러나고 있음을 긍정하면서 논의를 계속하겠다.

> 그러나 남의 이목을 생각하는 학문(爲人之學)은 마음으로 터득하는 일이나 몸으로 실천하는 데는 전혀 힘쓰지 않고, 거짓으로 꾸며서 그저 남들의 평판에만 관심을 두며 남의 칭찬에만 매달린다.[66]

즉, 퇴계는 도덕적 수신과 실천을 통해 안팎으로 일치하는 학문을 추구할 뿐 아니라 헛된 명예에 매달리지 말 것을 강조한다.[67] 그리하여 그의 학문적 과제는 단지 형이상학적이고 추상적인 리학에 머물지 않고, 하늘이 내려주는 덕성인 인仁을 함양하고 그것을 구체적으로 실천함으로써 참된 인간성을 실현하는 성학에 있었다. 바로 그 덕성을 함양하기 위한 공부 방법론이 지경의 길이었고, 그는 일평생 경을 추구하였다. 이러한 퇴계를 옆에서 지켜본 제자 김성일은 이렇게 술회하였다.

> 선생님의 학문은 사욕이 깨끗이 없어지고 천리天理가 날로 밝아져 나와 남 사이의 어떤 경계가 없었다. 그 마음은 천지와 만물과 더불어 위와 아래에서 동시에 함께 직접 유행하여 각기 거기에 따르는 묘용을 얻음이 있었다.[68]

따라서 퇴계의 경 공부는 단지 격물론格物論(사물의 이치를 연구하여 궁극에 도달함)의 보조 수단이 아니라 그 자체가 자기 목적을 지니는 인식론이

---

66 『퇴계』 제17권, 46 <퇴계선생 언행록>: "爲己之學 以道理爲吾人之所當知 德性爲吾人之所當行 近著裏工 期在心得而躬行者是也 爲人之學 則不務心得躬行 而飾虛徇外以求名譽者是也."

67 퇴계는 학자의 학문적 태도, 즉 위기지학이냐 위인지학이냐를 구분함을 통해 군자와 소인을 구별하는 엄격한 표준으로 삼았다(步近智, "退溪學과 孔孟儒學," 「退溪學報」 제87·88집, 1995, 345).

68 『퇴계』 제17권, 40 <퇴계선생언행록>: "先生之學 私欲淨盡 天理日明 物我之間 未見有彼此町畦 其心直與天地萬物 上下同流 有各得其所之妙."

었다.[69] 정·주를 중심한 전통 유학의 격물론은 단지 사물 안에 내재한 이치 탐구에 집중하지만, 퇴계의 경은 사물 탐구 이전에 사람이 갖춰야 할 마음 자세와 연관되기 때문이다. 중국 유학 전통에서 경은 역사적으로 『상서尙書』와 『시경詩經』에 처음으로 등장하는데, 이미 도덕적 의미와 깊게 연관되고 있다. 『상서』에 따르면 "왕은 경으로 처사하고 덕을 공경해야 한다"면서, 주周나라 초 왕공王公 대신大臣이 경을 가장 중요한 덕행으로 여기는 모습이 등장한다. 주대의 사람들이 경을 중시한 까닭은 은殷나라를 정복한 이후 덕을 닦음으로써 국가 기초를 덕 위에 세우려는 시대정신을 반영한 것으로 볼 수 있다. 『시경』은 "군자는 그 몸을 경건히 해야 한다"고 말한다. 그 후 『예기禮記』의 <곡례 상편曲禮上篇> 서두에서는 "예를 공경하지 아니하지 말라(毋不敬)"고 밝힌다. 이것은 예란 항상 경을 지녀야 함을 강조하는 표현이다. 『논어』에는 "경으로 자신을 닦는다", "처소에 기거함에 공손하고 일을 집행함에 경으로 한다", "행동은 돈독하고 경건해야 한다"는 표현을 비롯하여 경이 21회나 언급되는데, 도덕 정신과 그 행위에 대한 전반적 내용을 다루고 있다. 그렇지만 아직 경에 대한 분명한 인식론은 보이지 않는다. 경의 개념에 대해 그 외연이 더 확장된 문헌은 『주역周易』의 <문언전文言傳>에서이다. 즉, "군자는 경으로써 안을 곧게 하고 의로써 밖을 방정히 하여, 경과 의가 확립되면 덕은 외롭지 않다"고 설명함에서 경을 의와 견주어 내심內心의 정신으로 규정하고 있다.[70]

그 후 송대宋代에 이르러 유가 경전에 언급되고 있는 경을 중요한 수양 정신으로 파악하고 본격적인 해명을 시도한 사람은 정이천으로서, 그는 특히 경을 주일主一의 의미로 해석하고 "함양은 모름지기 경으로써 해야

69 이정배, "退溪의 敬의 哲學과 칸트적 神學의 認識論"(1987), 33.

70 https://100.daum.net/encyclopedia/view/14XXE0002273 (2021. 4. 30).

한다涵養須用敬"고 주장했다. 주자는 이러한 정이천의 사상을 이어받아서 "경은 주일무적主一無適(마음이 한 가지 일에 집중하여 흩어지지 않게 함)으로서 사람을 정제엄숙整齊嚴肅(외면을 정제하고 엄숙하게 함)하게 하며 정신을 집중하게 하는 태도"로 여겼다. 그렇게 정신을 집중하여 공부하게 되면, 자연히 심기가 평안해져서 마치 맑고 고요한 물과 같은 상태가 되어 참된 이치를 깨달을 수 있게 된다는 것이다. 그리고 주자에 따르면, 이러한 경의 생활화는 언제 어느 곳에서든 실천할 수 있는 것이며 가장 효과적인 공부가 되기도 한다고 보았다.[71]

이처럼 퇴계는 기본적으로는 정·주의 이론을 받아들이지만, 내용적 측면에서는 정·주의 이론을 넘어서고 있다. 특히 주자는 이기이원론적 시각에서 지경론을 펼침으로써, 리의 능동성이 결여되는 문제를 남겼다. 하지만 퇴계는 사실상 리의 능동성을 기반으로 지경론을 전개하기 때문에 퇴계의 경은 주자보다 훨씬 더 역동성을 지닌다. 곧 퇴계는 이기호발 혹은 이발기수理發氣隨의 시각에서 리의 활동성을 주목하면서, 그런 하늘 이치를 받은 사람의 마음은 결국 리를 갖추고 있다心其理는 점에서 본래부터 선하다心本善고 보았다. 따라서 사람의 마음은 도덕 실천을 위한 풍부한 동력을 갖추고 있으며, 외부의 힘을 의지하지 않고서도 자발적으로 도덕적 실천이 가능하다는 것이다.[72]

이렇게 보면 퇴계는 주자처럼 경을 강조할 필요가 없을 듯한데도, 지경을 매우 강조한 점이 특이하다. 그것은 퇴계의 독특한 인간 이해에 그 이유가 있었다. 퇴계에 따르면 하늘 이치가 사람의 내면에서 성性이 되는데, 그 성은 정情으로 발현할 수 있다. 즉, 성리性理가 활동성을 갖고 있어서

---

71 양조한, "退溪와 朱子의 持敬工夫論의 涵義,"「退溪學報」제87집(1995), 384- 385.
72 *Ibid.*, 386.

직접적으로 측은惻隱, 수오羞惡 등의 정서로 나타날 수 있다는 것이다. 그런데 성이 발현하여 정이 될 즈음에 형기形氣(몸에 깃든 기운) 또한 작용을 드러내게 된다. 그리고 형기 자체가 독립성을 갖고 있어서 그것이 리에 따라 행할 수도 있고, 반대로 사욕 때문에 성리를 간섭하여 그 발현이 순조롭지 못하게 될 수도 있다는 것이다. 바로 여기서 선악이 나눠진다는 점에서 퇴계는 성性의 발현이 형기가 아닌 천명을 따를 수 있도록 마음에 하늘 성품을 함양할 필요가 있다는 것이고, 그러한 목적에서 지경을 따르는 삶이 매우 중요하다는 것이다. 즉, 퇴계는 이발理發을 긍정하고 마음이 본래 리를 갖추고 있다고 생각하기에 리가 외부 도움 없이 지경만 하면 이발이 순조롭고, 마음 또한 본래 갖추고 있는 리를 충분히 지킬 수 있다는 시각에서 경 공부를 강조한 것으로 보인다.[73] 이처럼 퇴계의 수기치인修己治人의 학문으로서의 성학聖學은 자신의 외면과 내면 그리고 명백한 것과 은미한 것, 온갖 사물에 두루 통할 수 있는 중요한 원리인 경에 집중된다. 퇴계는 이렇게 말한다.

> 경을 지키는 것은 생각과 배움을 겸하고, 움직일 때나 고요할 때 모두 일관하고, 안과 밖을 합하고 마음의 드러난 것과 감춰진 것을 하나로 만드는 방도입니다.[74]

> 혹자가 묻기를 "그대는 경을 어떻게 공부하는가?"라고 하니, 주자는 이렇게 말했다. "정자는 주일무적主一無適으로 말했고 정제엄숙整齊嚴肅으로 말했으

73 *Ibid.*, 388.

74 『퇴계』 제3권, 99-100: "而持敬者 又所以兼思學 貫動靜 合內外 顯微之道也 其爲之之法."

며, 문인 사씨謝氏는 이른바 '항상 깨어있게 하는 방법常惺惺法'이라는 것을 말한 일이 있고, 윤씨尹氏는 '그 마음을 수렴하여 한 물건도 용납하지 않는다'(其心收斂不容一物)"고 말한 적이 있다. 경이란 마음의 주재요 만사의 근본이다. 그 힘쓰는 방법을 알면 소학을 여기서부터 시작하지 않으면 안 된다는 것을 알 수 있고, 소학을 여기서부터 시작해야 함을 알면 대학을 이것으로써 마치지 않을 수 없다는 것도 하나로 꿰뚫어 이해하여 의심이 없게 될 것이다.[75]

요컨대 퇴계는 경이 성학의 처음과 끝을 이루는 바탕이고 요체이며 성학의 세부 과정인 『소학』에서 『대학』으로 이어지는 공부의 일관된 흐름인 동시에 핵심적 방법론임을 강조했다.[76] 그리하여 경이 인간성을 완성하는 길인 성학(유학)의 참된 목표를 위한 가장 중요한 방편임을 역설하였다. 그리고 퇴계는 주자를 따라 경에 대한 선학들의 사조설四條說 즉, 정이천의 주일무적主一無適과 정제엄숙整齊嚴肅, 사량좌謝良佐(자 顯道, 1050~1103)의 상성성법常惺惺法 그리고 윤돈尹焞(자 彦明, 1072-1142)의 심수렴불용일물心收斂不容一物을 근간으로 자신의 경 철학을 전개하였다. 이것들은 일차적으로 경에 대한 특징적인 심신의 상태를 표현하는 것이다. 즉, 황금중에 따르면 경 공부에 있어서 "주일무적은 그때그때의 상황이나 일에 집중하는 것으로, 정제엄숙은 주로 외면의 단속과 절도를 꾀하는 것으로, 상성성법은 자각 및 각성 상태로, 심수렴불용일물은 잡념에 의해 휘둘리지 않는 수렴

75 『퇴계』 제3권, 125: "或曰 敬若何以用力耶 朱子曰 程子嘗以主一無適言之 嘗以整齊嚴肅言之 門人謝氏之說 則有所謂常惺惺法者焉 尹氏之說 則有其心收斂不容一物者焉云云 敬者 一心之主宰 而萬事之本根也 知其所以用力之方 則知小學之不能無賴於此以爲始 知小學之賴此以始 則夫大學之不能無賴於此以爲終者."

76 황금중, "퇴계 성리학에서 敬의 의미와 실천법"(2018), 53-54.

상태"로 이해할 수 있다.[77] 곧 일차적으로 '주일, 정숙, 각성, 수렴' 등 네 가지 상태는 서로 연결되어 있지만, 한편으로는 서로 다른 심신 상태를 묘사한다는 것이다. 그렇지만 이 네 상태는 사실 표현만 다를 뿐 경에 대한 동일한 체험을 다른 방식으로 묘사한 것일 수도 있다. 왜냐하면 그런 상태들은 결국 마음이 어떤 생각이나 감정에 집착되지 않고 하늘 이치에 집중함으로써 진실한 경의 상태를 이뤄가는 것을 뜻하며, 마침내 주일무적으로 환원될 수 있기 때문이다.[78] 이러한 경 공부에 대한 강조는 무엇보다 인간 실존 현실이 함의하는 불안 상황과 하늘이 부여한 본질적인 인간성에 대한 당위성 사이에서 오는 괴리감 또는 모순적 현실이 가져오는 두려움 때문으로 보인다.

전술한 바와 같이 퇴계는 인간의 천부적 도덕성을 믿었지만, 그런 사실만으로 인간이 완벽하게 도덕성을 실현할 수 있다고 낙관하지는 않았다. 오히려 그는 인간 사회의 현실과 가변적인 인간 성품의 불안한 실존을 인지하고 있었다.[79] 그것은 그가 조선 사회의 정치 현실을 온몸으로 체득한 결과였다. 따라서 퇴계가 보기에 인간은 선천적으로 그 내면에 선한 성품인 하늘의 이치를 부여받았으므로 성인의 경지에 오를 가능성을 함의하지만, 현실적인 인간 그대로는 불가능하다. 그것은 변화무쌍한 인간 실존의 현실이 인간이 자신 안에 내재된 하늘 성품을 온전히 실현할 수 있도록 용인하지 않기 때문이었다. 그러므로 인간이 자신에게 주어진 가능성을 구체적으로 실현하게 되는 성인의 길로 나아가려면, 자신의 인간성을 닦고 길러서 하늘 이치에 부응하는 존재로 세워 가야 한다. 바로

77 *Ibid.*, 59.

78 *Ibid.*, 60-65.

79 김기현, "퇴계의 修養學,"「退溪學報」 제129집(2011), 5-6.

그러한 자기 변화의 방법론으로서 수신 공부가 필요하고 그 수신의 길은 마음공부로부터 시작되어야 하는데, 그것이 바로 경을 따르는 공부라는 것이다. 그래서 퇴계는 특히 정·주를 포함하는 여러 경에 대한 방법론을 바탕으로 자신만의 경 철학을 전개하였다.

그런데 한편 퇴계의 경 철학은 심성의 함양과 도덕적 실천이라는 이른바 지행합일知行合一과 거경궁리居敬窮理를 바탕으로 전개되었다. 심성의 함양은 내 안에 주어진 하늘 이치를 깨닫고, 그것을 따르는 하늘 성품 즉, 측은惻隱, 수오羞惡, 사양辭讓, 시비是非 등 사단四端을 기반으로 하는 도덕적 자아를 꾸준히 배양해 나가는 것을 의미한다. 도덕적 실천은 그렇게 함양된 심신을 바탕으로 하늘의 이치 곧 천명을 따라 하늘 성품에 근거하는 실제의 삶을 살아가는 것을 의미한다.

그런데 퇴계에게 있어서 도덕적 실천은 단지 타율에 의한 의무 조항의 실천이 아니다. 만물이 제각기 존재의 질서 혹은 생명의 원리를 하늘로부터 타고나는 것처럼 사람에게도 마땅히 따라야 할 천부적인 길이 있는바, 그것은 하늘과의 관계 안에서 자아를 완성해나가는 것을 의미한다. 그리고 그런 삶의 길에서 인간은 '인, 의, 예, 지'라는 하늘이 준 본성을 드러내게 된다. 이러한 인간 본성은 특히 하늘이 내려준 원리天命로부터 연역될 수 있다. 그렇지만 도덕적인 실천은 하늘과의 관계만이 아니라 인간관계에도 그대로 적용되는데, 그것은 구체적으로 삼강오륜三綱五倫이라는 삶의 원리로 규정될 수 있다.[80] 말하자면 퇴계의 경 철학은 어디까지나 하늘과의 관계와 인간과의 관계라는 이중적 관계를 바탕으로 형성되어 있으며, 그것의 실천 또한 두 관계를 근간으로 이뤄지는 것이다.

---

80 *Ibid.*, 17-47.

요컨대 퇴계는 평생 경 공부에 모든 것을 쏟아부었고, 마지막까지 경의 문제에 집중했다. 그가 남긴 불후의 명작 『성학십도』 역시 시종 경의 문제와 씨름하는 삶을 의미한다. 그렇지만 퇴계의 경은 서당 안에서 외친 이론만의 경이 아니라 삶 전반을 채우는 생생한 원리였다. 따라서 퇴계에게는 경이야말로 진정한 지경持敬(마음에 공경함을 유지함)과 거경居敬(경건한 상태를 유지하고 몸과 마음가짐을 삼가하여 덕성을 함양함) 그리고 주경主敬(공경하고 삼가며 조심하는 것을 근본으로 삼는 공부와 실천)을 바탕으로 하는 삶의 철학이고, 신학적으로 표현하면 경건한 삶의 영성이라고 할 수 있다. 이런 점에서 퇴계에 관한 연구는 그의 경에 대한 이해로부터 출발해야 한다. 그렇지 않으면 또 하나의 호학好學이 될 뿐이다.

II. 퇴계의 하늘: 경의 바탕

사람들은 고대로부터 자기 존재 문제에 깊은 관심을 가져왔다. 그것은 존재에 대한 당위성의 문제, 즉 드넓은 우주에서 '나'라는 인간의 존재 의미와 존재 가치 그리고 존재 목적과 연관된 깊은 고뇌에서 비롯된 것이었다. 그리고 그 과정에서 그들은 자신과 자신이 속한 세계를 주재主宰하는 초월적 존재를 생각하게 되었다. 이러한 사고는 동서양을 막론하고 인문학의 공통적인 주제들이다. 동양에서는 이 문제와 연관하여 하늘天 개념이 대두되었고, 특히 유학은 그것을 근간으로 인간과 사회의 제반 문제를 해결하려고 하였다. 곧 유학은 인간과 인간 사회의 다양한 현실적 상황들에 대해 막연한 접근이 아니라 자연인 하늘과의 관계에서 인간 존재의 궁극적 가치를 설정하고, 그것을 바탕으로 인간 됨의 가치를 실현하려고 하였다. 이러한 유학의 시각에는 인문 세계에 앞서 자연이 존재하게 된 궁극적인 근원에 대한 이해가 선행되고 있음을 암시한다.[1]

그런데 유학에서 하늘 개념과 연관하여 사용하는 천天이라는 글자는 사람의 머리 위를 의미한다. 그렇지만 유학에서 하늘天은 한 가지의 의미로만 사용되지는 않는다. 오히려 하늘은 고대로부터 다양한 이름으로 불려왔다. 첫째로 하늘 높이에 존재하는 '주재자'라는 의미를 함의하는 황천皇天, 둘째로 만물의 생장에 관심을 가진 '인자한 존재'라는 의미에서의 민천旻天, 셋째로 사람과 그의 세계를 내려다보며 감시하는 '신령스러운 존재'라는 뜻의 상천上天, 넷째로 끝이 없는 원기元氣라는 의미의 호천昊天, 다섯째로 하늘의 색깔이 늘 푸른색을 띠고 있음에 기인하는 창천蒼天 등이 그것이다.[2]

---

1 김근호, "태극: 우주 만물의 근원," 한국사상연구회편, 『조선 유학의 개념들』 (서울: 예문서원, 2006), 27.

그러나 대체로 동양적인 전통에서 하늘은 다음과 같이 크게 세 가지로 나누어 정리할 수 있다.

첫째는 자연천自然天 개념인바 하늘은 우주의 자연 현상 가운데 인간에게 가장 크게 영향을 미치는 것이며 가장 크고 뚜렷하게 파악되는 현상으로 여겨졌다. 특히 농경 문화를 바탕으로 살아온 동양인들의 사고적 특성상 자연 현상과 기후 변화를 파악하는 것이 중요했던 만큼, 외견적인 하늘의 모습 외에 사람의 눈에 가려진 채로 자연 현상의 조화를 주도하는 근본 원천으로서의 하늘, 곧 작용적 측면에서 하늘을 바라보는 경향이 짙었다. 그래서 동양인들은 하늘에 대해 일차적으로 조화로운 자연적 현상과 작용 등을 포괄하는 자연천으로 이해했다.

둘째로 동양인들은 하늘에 대해 주재천主宰天으로 이해했다. 인간 삶에는 기본적으로 자연천 개념이 중요하지만, 인간이 자연천 개념만으로 하늘을 바라본다면 하늘은 도덕적 자각이 없을 뿐만 아니라 하늘이 일으키는 자연 변화의 원인과 의지도 파악할 수가 없다. 이에 따라 사람들은 자연히 하늘을 신성한 대상으로 숭배하게 되었다. 곧 하늘이 점차 인간 세상의 통치자 개념인 상제와 결부됨으로써 모든 것을 주재하는 절대적인 권능을 가진 상제천上帝天 혹은 주재천主宰天 개념이 자리 잡으면서, 하늘은 인간과 그의 세상의 길흉화복을 주재하고 생사여탈까지 관장하는 종교적 의미를 띠게 된 것이다. 이렇게 되자, 가치 중립적이던 하늘이 절대적 의지와 권능을 가진 초월적 존재로 수용되면서 정치적 의미를 띠게 되었고 마침내 천명 사상이 등장하였다. 그리하여 통치자들은 하늘의 명령을 통해 통치권을 부여받은 존재로 부상하게 되었고, 하늘을 자신의 통치권

2 https://cafe.daum.net/anrndghkcpdbrghl/p4As/129?q=고대 중국의%20천%20개념 (2021. 5.1).

에 대한 당위성을 내세우는 근거로 여기게 되었다. 그뿐만 아니라 하늘의 의지인 천명은 제사 등을 통해 통치자만 그 의미를 알 수 있는 특별한 소명으로 규정되었고, 결국 통치자가 자신의 권력에 대한 정당성과 함께 정권의 정통성에 대한 보장 근거로 제시하기에 이르렀다.

셋째로 동양인들은 하늘에 대해 의리천義理天으로 이해하기도 하였다. 이는 주재천 개념을 바탕으로 하는 통치자의 통치 현실과 맞물린 문제였다. 즉, 통치자가 주재천인 하늘의 부름을 받아 백성들을 다스린다는 천명사상은 통치자의 통치 행위에 대한 정당성과 정통성의 중요한 기반이 되었다. 하지만 문제는 통치자의 독점적이고 배타적인 천명에 근거한 지나친 권력 행사들이 많은 부작용을 가져오게 된 점이다. 말하자면 도덕적 경계심이 결여된 통치자의 권력 행사는 도리어 백성들을 억압하는 계기가 될 수 있었다. 그렇게 통치의 부작용이 심대해지면 항간에는 하늘에 대한 반성이 제기되고, 결국 도덕적 반성을 통해 천명 의식이 수정되는 상황이 발생하였다.

그리하여 '하늘은 명을 주었다가도 통치자가 정치를 잘못하면 언제나 그 명을 박탈할 수 있고, 하늘은 백성들의 소원을 들어준다'는 생각이 현실화되었다. 이에 따라 천명 사상은 계속 수용되었으나 그것의 불변성, 독점성, 편파성 등은 수정되기에 이르렀는데, 이러한 하늘 사상 변천의 배면에는 도덕적 의미로서 의리천 개념이 살아 있었다. 천명 의식의 변화와 맞물려서 하늘 개념은 복합적으로 전개되었다. 즉, 상제로서의 하늘 개념(주재천)이 개방되면서 주재적 측면이 도덕적 측면으로 수용되었고, 마침내 의리천 개념으로 심화되면서 하늘이 인간의 도덕성과 규범의 근거로 등장하게 된 것이다. 이제 하늘은 인간의 참된 본성으로 내면화되면서 비도덕적 행위에 대한 제어 장치인 양심의 근거가 되고, 인간에게 하늘 이치를 품수한 참된 인간으로서의 길을 요구하게 되었다. 특히 송대의 성리학에 이르러 하늘은 초월성과 내재성을 가진 존재로 수용되었고, 인간 행위의 자율성과 타율성을 이끄는 기반이자 중요한 인간 삶의 원리로서 그 위상이 더욱 강화되었다.[3]

그런데 중국에서는 고대로부터 인간과 우주의 궁극적 근원에 대한 표현에서, 하늘天 외에도 제帝, 상제上帝를 비롯한 형이상학적 개념인 태극, 리 등 다양한 형태들이 있었다. 그중 하늘과 상제는 그 다양한 표현의 총칭으로 이해되었고, 상고대 유학에서부터 다분히 의지적이고 인격적 속성을 지닌 외천畏天, 경천敬天, 존천尊天의 의미를 함의하였다.

여기서 '하늘'에 관한 본격적인 논의를 펼치기 전에, 하늘과 상제에 대한 문제를 역사적 맥락에서 간략하게 짚어보는 것이 좋을 듯하다. 왜냐하면 유학 전통에서 상제와 하늘은 대체로 혼용이 가능한 동일 개념으로 여겨왔지만 실제로는 이에 대해 의견들이 분분하다. 또한 두 용어가 동일한 개념을 함의할지라도 여러 텍스트에 등장하는 상제와 하늘은 고정·불변적인 개념을 견지해온 것이 아니라 시대에 따라 다양하게 변화를 가져왔기 때문이다. 따라서 하늘에 대한 더 깊은 논의를 위해서는 우선 양자에 대한 기본적인 개념 정리가 필요하다. 다행스럽게도 최근 중국의 고고학적 발견들은 고대 사상에 대한 새로운 관점을 제시하였다. 그뿐만 아니라 전승된 문헌의 한계를 넘어 공·맹 이전의 종교와 문화에 대한 폭넓은 연구가 가능해졌다는 점에서, '상제'와 '하늘' 개념에 대해 한층 더 세심하게 살필 수 있게 되었다.[4]

중국 사상사에서 전승되는 다양한 텍스트 중 하늘과 상제 개념과 연관

---

3 https://takentext.tistory.com/237 (2021. 5. 9).

4 빈동철, "고대 중국의 '天'은 '上帝'와 동일한 개념인가?," 「공자학」 제30호(2016), 5-45.

된 가장 이른 시기의 정보를 제공하는 것은 『시경』과 『상서』이다.[5] 두 텍스트는 주周나라 설립 이전부터(BC 1046) 춘추시대(BC 722~481)에 이르기까지 600여 년의 역사를 담고 있기에, 이 주제와 관련하여 유용한 정보들을 제공한다. 특히 이 텍스트들에는 하늘과 상제가 병용될 뿐만 아니라 하늘이 상제보다 빈도수가 훨씬 더 많다. 하늘의 용례는 118회나 되지만, '제'나 '상제'는 25회 정도이다. 그런데 문제는 이것들이 역사적으로 주나라가 상商나라를 정복한 이후의 것이라는 점에서, 이전의 하늘 개념을 추적하기에는 난점이 있다. 게다가 텍스트의 역사적 성격 문제 외에 또 다른 어려움은 주나라 이전 은족殷族이 세웠던 상나라의 역사를 추적할 수 있는 갑골문 자료에는 하늘天이라는 글자가 나오지 않는다는 점이다.

사실 고대 중국에서는 하늘보다 상제가 먼저 사용되었다. 상제를 최고신으로 숭배한 이들은 농경 문화를 바탕으로 살아가던 은족의 상나라(BC 1600~1046) 백성들이다.[6] 갑골문을 통해 확인된 바로는, 상나라는 여러 신을 숭배하였고 신들 체계 또한 복잡하다. 사람들은 신에게 기원할 것이 있으면 먼저 죽은 조상들에게 기도하고, 조상신들이 다시 상제에 청원하는 독특한 형태를 띠고 있었다. 곧 사람은 절대 신인 상제에게 직접 기도할 수 없었고 조상신들의 중재를 통해서만 가능했다는 점에서, 상제는 신들

5 『상서』는 본래 『서경』(書經)으로 불리던 것이 한대(漢代) 이후 『상서』(尙書)로 명명됐는데, 상(尙)은 상(上)과 통하여 "상대(上代)의 책(書)"이라는 뜻이다. 송대에는 다시 『서경』으로 환원된바 경(經)은 경전(經典)으로서 성인이 산정(刪定)한 책이라는 뜻이다. 현재는 두 명칭이 혼용되며 고증이 어렵고 난해한 글로 알려져 있다(https://100.daum.net/encyclopedia/view/14XXE0027577, 2021. 5. 2).

6 중국에서 가장 오래된 국가인 은(殷)나라는 수도 이름을 따라서 상(商)으로 불린다. 고대 중국에는 하(夏)·은(殷)·주(周) 3대 왕조가 잇달아 일어났지만, 하 왕조는 문헌에만 등장할 뿐 유적이 발굴되지 않았다. 그러나 은 왕조는 은허(殷墟)의 발굴을 통해 화북(華北)지역에 실존한 왕조였음이 판명되었다.

의 위계에서 최고 위치를 점유하고 있었다.[7] 그들에게 상제는 최고의 민족신으로서 농경農耕, 한우旱雨, 정벌征伐, 건읍建邑, 왕의 소환召喚 등을 주재하며, 주술적 점복에 의하여 그 명령을 촌탁忖度하였다. 이때 왕은 여러 신관 중 최고의 정점에서 상제와 특수한 관계를 맺은 존재로 여겨졌으며, 점복에 대한 해석을 독점하였다. 즉, 왕은 전쟁 수행 여부, 풍년과 흉년에 대한 예언, 제천 의식 등을 결정할 수 있는 유일한 존재였다. 이에 백성들의 시각에서는 왕을 세우고 왕에게 전권을 위임한 상제는 절대적이었다. 따라서 그들은 자신들의 일상과 관계되는 모든 것이 하늘 주재자인 상제에게서 나온다고 여겼다.[8] 이처럼 상나라에서 제 또는 상제는 죽은 조상신들을 거느릴 뿐만 아니라 그들을 넘어서는 강력하고 절대적인 존재였다는 점에서, 상나라의 종교 체계는 일종의 유일신론적 체제인 것처럼 보인다. 왜냐하면 죽은 조상들이 신이 되어 자연신들과 함께하는 가운데, 상제는 질적으로 완전히 다른 층위로 고양되기 때문이다.[9]

그런데 서북 유목민 계통의 주족周族이 농경민인 은족을 정복하고 주나라(BC 1046~256)를 세움으로써 최고신 지위에 큰 변화가 생겨났다. 곧 은나라의 최고신이던 상제는 주나라의 천신·상천에 의해 지배를 받게 됐으며, 결국 상제 위에 천신天神이 군림하게 됐다. 이때부터 주족 최고신인 천신과 은족 최고 신인 상제의 지위에 대한 지각 변동이 이뤄지면서

---

7 빈동철, "고대 중국의 '天'은 '上帝'와 동일한 개념인가?"(2016), 19-22.

8 유명종, "고대중국의 상제와 천," 「철학 연구」 제25집(1978), 64-65.

9 빈동철, "고대 중국의 '天'은 '上帝'와 동일한 개념인가?"(2016), 26. 그런데 한편 로버트 이노(R. Eno)는 商代의 帝는 유일한 최고신이라기보다 모든 신들 혹은 최소한 모든 조상신들을 가리키는 집합적인 용어로 보기도 한다. 그렇지만 중요한 것은 상대의 帝 개념은 그것이 인격신으로서의 조상신을 의미하든 신들 전체를 의미하는 집합적 개념이든 간에, 최고의 권능을 가지며 인간과 자연에 대하여 다양한 역할을 하는 강력한 주재성을 가진 존재였다는 점은 의심의 여지가 없다(28).

이원화되기 시작했다. 이러한 이원화 현상이 표시된 신명이 하늘을 다스리는 신인 황천상제皇天上帝였던 것으로 보인다. 서주西周의 천명유신天命維新 정책은 하늘을 권위화하고 상제를 지배하는 정책이었다. 이제 하늘이 상제를 대신하여 만물의 주재자로 등장했다. 주무왕周武王은 은나라의 혼란을 틈타 정벌한 뒤, '천명에 의해 은나라를 정벌하였다'고 공포했다. 곧 주나라의 건국이 하늘의 뜻 즉, 천명에 의한 것이었음을 정당화했다.

이때부터 하늘은 절대적 권위를 지닌 존재로서, 단순한 종교적 숭배 대상에서 벗어나 정치적 차원으로 확대되었다. 이렇게 하여 등장한 것이 바로 천명 사상이다. 천명은 하늘이 의지적으로 표현되어 인간의 행위를 판단하는 근거로 작용하였음을 의미한다. 특히 주나라에서 천명은 일정 불변하는 것이 아니라 그것을 받은 통치자의 도덕성에 따라 변하게 됨을 의미했고, 이로 인해 천명은 정치적 측면에서 도덕적 측면으로 발전하게 되었다.[10] 천명은 구체적으로 민심의 향배를 통해 나타난다는 생각에서, 훗날 맹자는 천명을 민본 사상으로 발전시켰다. 이른바 '덕이 없는 임금은 천명을 잃었고 권력의 정당성을 잃었으므로 반드시 벌해야 한다'는 혁명

---

10 商·周 교체를 상주혁명(商周革命) 또는 은주혁명(殷周革命)으로 부른다. 혁명이라는 말이 여기서 유래하는데, 후인들은 주나라의 상나라 정복을 천명이 상에서 주로 바뀐 것으로 보았다. 이것을 혁명으로 본 이들의 머릿속에는, 상의 마지막 군주 주왕(紂王)이 악행과 학정을 펼쳤으므로 "하늘이 은에게 천하를 다스리게 했던 명을 거둬 주에게 주었다"는 생각이 자리 잡고 있었다. 그리하여 주의 지배층들은 자신들의 은 정복을 천명의 변혁이라 주장하면서, 그것을 하 왕조 멸망에다 비유했다. 하늘이 천명을 하의 걸왕에게서 거둬 은의 탕왕에게 주었듯이, 이번엔 은의 주왕에게서 천명을 거둬 주의 무왕·문왕에게 주었다는 것이다. 천명은 한 번 주어지면 후손에게 이어지지만, 걸왕처럼 덕이 없어 백성이 도탄에 빠지면 타인에게 넘어가게 된다. 주인(周人)들은 천명 품수자가 상의 탕왕과 주의 문왕이라고 봤지만, 문제는 천명이 하·은 왕조를 떠난 것처럼 주 왕조에서도 떠날 수 있다는 불안감이었다(https://blog.naver.com/yuys3047/222331327957. 2021. 5. 3).

사상이 등장한 것이다. 하늘에 대한 정치적 이해는 가족 관계의 이해와 결합하여 천자天子라는 용어도 생겨났다. 그것은 곧 하늘의 의지를 대표하여 세상을 다스리는 하늘의 대리인이라는 의미였다.

이처럼 주대周代 이후로 하늘은 종교적·정치적 시각으로 이해되기 시작했고, 인격적이며 의지적인 존재이자 인간의 화복을 주재·섭리하는 존재로 파악되었다. 결국 은·주의 교체는 고대 종교의 세력 변화를 가져왔으며, 이제 하늘은 상제 위에 군림하게 되었다. 물론 은나라 때에도 하늘은 있었지만 그때의 하늘은 자연으로서의 하늘(自然天)이었을 뿐이고, 서주 시대의 하늘은 상제 위에 군림하는 인격신으로서의 하늘(主宰天)이라는 점에서 그 지위가 달라진 것이다.[11] 그런데 서주西周가 무너지고 동주東周 시대가 시작되면서 최고신이던 하늘은 불신不信과 주매呪罵(남이 잘못되기를 바라면서 욕함)의 대상이 되기 시작했고, 춘추 시대 말엽에 이르면 하늘의 권위는 더욱 하락하게 된다. 특히 주나라 말부터 서서히 하늘을 자연 현상으로 보는 경향이 나타났고, 그것이 도道와 결합하는 모습이 드러나기 시작한다. 즉, 서주 시대까지만 해도, 도는 규칙의 의미로 하늘은 인격적 개념으로 많이 사용되는 등 각기 다른 개념이었다.

그런데 양자가 결합하면서 천도天道라는 말이 등장했고, 춘추 시대에는 천도가 광범위하게 사용되었다. 천도에는 하늘의 신비적 성격이 부여되면서 천도 혹은 천명은 상제의 의지를 함의하게 되었고, 이것은 서주 시대의 하늘과 유사한 개념으로 나타나게 되었다. 그렇지만 천도는 더욱 다양한 의미를 내포하였는데, 천지의 운행 규칙, 사물 변화의 규칙, 인륜 관계 등이 그것이다. 여기에서 공통점은 사람은 천도에 의해 지배되기 때문에

---

11 유명종, "고대 중국의 상제와 천"(1978), 67-69.

천도가 정치에 직접적으로 작용하고 영향을 준다는 것이었다. 곧 춘추 시대에는 천상시인설天像示人說(하늘이 특정 형상으로 사람에게 뜻을 드러냄), 천응인사설天應人事說(하늘이 사람의 일에 감응함) 등 대체로 도의 비인격성보다 하늘의 인격성이 우세했다. 하지만 무엇보다 인간을 정치 세계의 주체로 삼고 인간에게 정치의 흥망성쇠가 달려있다고 보는 경향이 짙어지면서, 신이 정치를 결정한다는 관념은 서서히 사라지게 되었다. 즉, 하늘 개념에 다시 변화가 일어나게 되면서, 인간 중심의 사회에서 하늘은 점차 설 자리를 잃게 되었다.[12]

이제 형태상으로도 상제라는 호칭은 하늘로 대체되었고, 『논어』나 『맹자』에서는 인용문 외에는 상제라는 단어 자체가 새롭게 등장하지 않을 정도가 되었다. 그리하여 상제 혹은 하늘이 더는 종교적 대상이 되지 못하면서, 하늘은 선대처럼 일상의 중심이 아니라 서서히 변두리로 밀려났고 단지 도덕적 원천으로 이해되었다. 사람들의 관심은 인간의 바른 삶에 있었고, 결국 도道를 학문적으로 정립하기에 이르렀다. 특히 공·맹에게 하늘 혹은 상제는 인도人道를 위한 천인합일의 목표로서 학문의 궁극처였다.[13] 물론 그들은 『시경』과 『상서』에 등장하는 하늘과 상제의 종교적 측면을 부정하지는 않지만, 직접적 언급은 회피했다.

그 후 유학은 송대 성리학자들에 의해 도덕 철학으로 정립되면서 상제관 혹은 천관은 또다시 변화를 겪게 된다. 성리학은 궁극적 진리를 무극과 태극, 도와 리, 하늘 등으로 표현하였다. 그런데 그러한 궁극적 실재는 기의 도움 없이는 자신을 현상적 사물로 실현하지 못한다. 이제 상제는 절대적·초월적 주재자라기보다 궁극적 진리인 무극, 태극, 도, 리 또는

12 https://sootax.co.kr/3891 (2021. 5. 2).

13 황상희, “퇴계의 종교성에 관하여”(2017), 13.

하늘과의 관계에서 설명되기에 이른다. 곧 절대적 존재는 진리로 대치되고, 상제는 절대적 존재가 아니라 진리의 한 측면에 대한 표현일 뿐이었다.[14] 그렇지만 유학 전통에서 하늘 혹은 상제는 여전히 "우주의 원천으로서 절대자이고 희·노·애·락의 감정을 지닌 존재이며, 인간사의 제 문제를 섭리하고 주재할 뿐만 아니라 복선화악福善禍惡(선하게 살면 복을 받고 악행을 저지르면 화를 입음)하고 공의와 사랑을 베푸는 존재로 인식되고 있었다."[15] 이러한 하늘은 형체상으로는 하늘, 주재상으로는 상제, 공용상으로는 귀신, 묘용상으로는 신, 성정상으로는 건乾으로 불렸고, 이들을 일괄할 때는 천도 혹은 천리로 표현되었다.[16]

요컨대, 유학 전통에서 하늘은 인간을 포함한 만물의 궁극적 근원을 함의하지만, 송대 성리학에서는 이 궁극적 근원을 태극이라고 불렀다. 태극이라는 말이 처음 등장하는 문헌은 『주역周易』이다.[17] 즉, 주역의 『계사전繫辭傳』 11장은 "역易에 태극이 있으니, 이것이 양의(음양)를 낳고, 양의가 사상四象(태양·소음·소양·태음)을 낳고, 사상이 팔괘를 낳으니, 팔괘가 길흉을 정하고, 길흉이 대업을 낳는다"(易有太極 是生兩儀 兩儀生四象 四象生八卦 吉凶生大業)고 말한다. 여기서 태극은 의미상으로는 선진 유학의 하늘과 연관성이 있다. 이러한 태극은 주렴계를 거쳐[18] 주자에게

14 이광호, "상제관을 중심으로 본 유학과 기독교의 만남"(2011), 539-541.

15 이성춘, "朝鮮朝 儒家의 天思想," 한종만 박사 회갑 기념 논문집, 『韓國思想史』(익산: 원광대출판부, 1996), 1.

16 https://100.daum.net/encyclopedia/view/14XXE0060560 (2021. 2. 12).

17 『周易』은 BC 700년 이전에 형성된 것으로 추정되고, 자연과 우주 변화 해석의 바탕이 되는 책이다. 주(周)나라 때 길흉을 점치는 원리로 널리 쓰였기에 『주역』이라고 부른다. 저자는 신화에 나오는 복희(伏羲), 주 문왕(文王)과 그의 아들 주공(周公) 그리고 공자(孔子)가 거명된다. 송대에는 『역경』이라고 불렀는데, 특히 주자가 『역경』의 중요성을 강조한 이래 유학 경전의 기본 원리로 수용되고 있다.

이르면 만물의 이치인 리로 새롭게 규정된다.

특히 주자는 성리학의 체계를 완성하면서 리를 절대 진리에 대한 표상으로 이해하였다. 그에 따르면 리는 "만물의 근거이며 따라서 리가 없으면 사물도 존재할 수 없다"는 점에서[19] 리는 만물의 작용 원리이지만, 자신은 직접 작용하지 않는 순수 원리이다. 말하자면, 만물의 존재 근거인 동시에 작용 원리인 리(이치)는 기(기운)의 도움 없이는 자신을 현상적 사물로 실현할 수 없었다. 그리하여 주자는 이른바 이기론 혹은 이기이원론을 형성하였다. 그런데 퇴계는 주자와는 다소 다르게 리의 성격을 소능연所能然 즉, 리가 스스로 움직일 수 있는 원리(理動, 理發, 理到)를 함의하고 있으며, 그런 의미에서 리는 분명히 주재자의 성격을 지닌다고 보았다. 이러한 바탕에서 퇴계는 성리학의 이기 개념을 하늘 개념과 연계하였고, 태극, 리, 천, 상제를 개념상으로 일치시키게 된다.[20]

다시 말해서 주자의 하늘에 대한 개념은 천리天理(질서)나 천지天地(자연)의 의미를 함축하는 반면, 퇴계의 하늘에 대한 개념은 주자를 넘어서 종교적이고 초월적인 섬김의 대상으로서의 하늘을 의미한다. 즉, 퇴계에게서의 하늘은 처음부터 자연적 현상으로서의 하늘을 뜻하는 자연천 개념보다는, 철학적인 개념을 띠지만 그렇다고 해서 단순히 철학적 형이상

---

18 주렴계는 <태극도설>에서, "무극이면서 태극이다. 태극은 움직여서 양을 낳고, 움직임이 극도에 이르면 고요에 이른다. 그 고요함에서 음을 낳고, 고요함이 극도에 이르면 다시 움직인다. 한번 움직이고 한번 고요한 것이 서로의 뿌리가 되어, 양으로 나뉘고 음으로 나뉘어 양의가 세워진다"(無極而太極. 太極動而生陽, 動極而靜, 靜而生陰, 靜極復動, 一動一靜, 互爲其根, 分陰分陽, 兩儀立焉)고 말한다(풍우란, 2010, 442, 재인용).

19 『語類』, 卷6: "天下之物 皆實理之所爲 徹頭徹尾 皆是此理所爲 未有無此 理而有此物也."

20 금장태(2003), 124.

학의 개념에만 머무는 것이 아니라는 것이다. 오히려 퇴계의 하늘은 다분히 능동적이고 인격적이며 현실적인 성격을 견지한다. 사실 하늘을 존재론적 개념으로만 설명하게 되면 관념적이거나 추상적으로 흘러가기 쉽다. 그래서 성리학은 오랜 세월 하늘에 대해 현실적인 인간을 비춰주는 거울의 시각으로 접근함으로써, 인간과 그의 세계에 대한 실체를 규명하려는 노력을 보여온 것이다. 이제 보다 구체적으로 퇴계의 성리학에 등장하는 하늘의 개념과 그 의의에 대해서 살펴보도록 하자.

1. 의리천(義理天)으로서의 하늘

퇴계는 주렴계가 기초를 놓고 정이천과 주자가 다시 정리한 우주관을 바탕으로 하늘에 대한 개념을 새롭게 제시하였다. 우선 퇴계의 하늘 개념은 주렴계의 태극론에 기초를 두고 있다. 이 태극은 본래 고대 중국인의 의식 속에서 인간의 삶을 궁극적으로 의미 있게 만드는 중심 가치적 주체로서, 허구적 존재가 아니라 상징의 방식을 통하여 사회의 규범을 형성하고 창출하는 살아 있는 본체를 의미했다. 이러한 태극은 변화무쌍한 우주의 불변체이자 중심체로서 존재하는데, 이는 모든 원리의 제일 원리이며 모든 현상의 근원자로서 형이상학적 실재였다.[21] 곧 주렴계는 고대 중국인들이 막연하게 바라보던 인간과 자연의 존재를 <태극도설太極圖說>로 정리하였는데, 그것은 특히 우주론과 인성론이 연결되는 획기적인 작업이었다. 이것을 바탕으로 정자와 주자 시대에 이르러 유가 철학의 논리적인 구조가 형성될 수 있었다. 이에 대해 주렴계는 <태극도설>에서 다음과

21 김정진 · 이영경, "퇴계 태극 개념의 윤리적 지향성," 「한국의 철학」 제20집(1992), 37.

같이 설명한다.

> 무극이 곧 태극이다. 태극은 움직여서 양을 낳고, 움직임이 극도에 이르면 고요를 이룬다. 고요함이 음을 낳고, 고요함이 극도에 이르면 다시 움직인다. 한번 움직이고 한번 고요한 것이 서로의 뿌리가 되어, 양과 음으로 나뉘어 양의가 세워진다. 양과 음이 변하고 합하여 수·화·목·금·토를 낳고, 이 오기氣가 순리적으로 펼쳐지면서 사계절이 운행된다. 오행은 하나의 음양이고, 음양은 하나의 태극이며, 태극은 본래 무극이다. 오행은 생길 때 각기 한 성性을 갖는다. 무극의 참됨과 음양오행의 정수가 오묘하게 합하여 응축되면, 건도乾道는 남성이 되고 곤도坤道는 여성이 되어 이 두 기운이 서로 감응하여 만물을 변화·생성시킨다. 그리하여 만물은 낳고 낳아 변화가 무궁하다. 오직 사람은 그 가운데 빼어난 부분을 얻어 가장 영명한데, 육체가 생기면 정신이 지각 작용을 하며, 오성이 감응하여 동요할 때 선과 악으로 나뉘고 만사가 산출된다. 성인은 이때 중정인의中正仁義의 법도를 정하여 고요를 근본으로 삼아 인극人極을 수립한다.[22]

주렴계의 <태극도설>은 천도를 논한 부분과 인도를 논한 부분으로 정리된다. 그리고 천도天道(太極)를 바탕으로 하는 인도人道(人極)를 통해 인간의 존재적 가치가 우주 만상 중에서 특히 존귀하며, 인간은 태극에

22 "無極而太極. 太極動而生陽, 動極而靜, 靜而生陰, 靜極復動, 一動一靜, 互爲其根, 分陰分陽, 兩儀立焉 陽變陰合 而生水火木金土 五氣順布 四時行焉 五行一陰陽也 陰陽一太極也 太極本無極也 五行之生也 各一其性 無極之眞二五之精妙合而凝 乾道成男坤道成女 二氣交感 化生萬物 萬物生生 而變化無窮焉 惟人也得其秀而最靈 形旣生矣神發知矣 五性感動而善惡分 萬事出矣 聖人定之以中正仁義 而主靜立人極焉"(풍우란, 2010, 442-443, 재인용).

상응하는 존재로서 인간다움을 온전히 이뤄갈 때 우주의 덕이 인간에게 미치게 된다고 보았다. 특히 주렴계가 <태극도설>에서 상정한 두 개의 중요한 상징체는 태극과 인극인데, 서로 상응하는 양자는 천인합일을 지향함으로써 인간의 윤리, 철학, 종교, 정치 등 모든 인간 활동을 새롭게 정립하고 있다. 이러한 주렴계의 태극론이 주자에게 이르러서는 정이천의 이기론과 결합함으로써,[23] 형이상의 도道이면서 만물 생성의 본연인 리와 형이하의 기器이면서 만물을 생성하는 도구인 기氣를 분리하여 이기이원론으로 등장하게 된다.

특히 주자는 "태극은 곧 리"(太極只是一個理)라고 주장함으로써, 주렴계가 존재의 생성론적 입장에서 태극을 거론하면서 가치의 문제를 부차적으로 본 것과는 달리 존재의 생성과 가치의 창출이라는 양 측면을 함께 견지하려 했다. 주자에게 있어서 태극은 우주 만물의 근본 원리이며 천지조화의 본체로서 만상에 감춰져 있는 것이었다.[24] 이에 대해 그는 "천지가 있기 전에 분명히 리가 먼저 있었으며, 곧 하늘의 리가 있게 된다. 만약 리가 없었다면 이 천지도 없었을 것이다"라고 주장하였다.[25]

---

23 정이천이 말하는 리는 대체로 그리스 철학의 이데아나 형상에 견줄 수 있다. 그는 특히 형이상과 형이하를 날카롭게 구분하여, 형이하의 존재인 기(器)물은 시공 속의 구체적 사물이고 형이상의 존재는 시공을 초월하여 영원히 존재하는 추상적인 리로 이해하였다. 또한 형이상은 형이하에 드러나는데, 형이하의 기물(器物)이 없으면 형의상의 도는 드러날 수 없다고 보았다. 즉, 그는 『유서』 권3에서, "음양을 떠나서 도는 존재하지 않는다. 음양인 까닭이 도이고 음양 자체는 기이다. 기는 형이하의 존재요, 도는 형이상의 존재이다. 형이상의 존재는 숨어있다"(離了陰陽更無道; 所以陰陽者是道也 陰陽氣也 氣是形而下者 道是形而上者 形而上者 則是密也)고 말한다(풍우란, 2010, 509 재인용).

24 김정진·이영경, "퇴계 태극 개념의 윤리적 지향성"(1992), 39-41.

25 『語類』 卷1: "未有天地之先 畢竟也只是先有此理 便有此天理 若無此理 便亦無天地."

말하자면 주자는 태극이 곧 극도로 집약된 선의 상징으로서 결국 제왕의 권위에 대한 근거로서의 리의 개념을 함의하며, 그것을 통해 제왕의 정권적 정통성과 도덕적 정통성을 확보하려고 한 것이다. 그리하여 주자에게서 태극 곧 리는 하늘의 이치와 상통하는 의미로 다가왔고, 인간은 하늘의 명을 받아 하늘 이치를 수용함으로써 참된 인간성을 형성하게 된다. 그리고 이러한 본질적인 인간성의 바탕에 바로 의리천 개념이 자리 잡게 되었다.

퇴계는 이러한 주자의 이기론을 이어받지만, 그것을 우주관과 심성론에 적용하는 과정에서 주자가 미처 해명하지 못한 부분을 새롭게 해석하여 유용한 인간 삶의 원리로 제시하였다. 곧 퇴계는 여전히 이기이원론에 머무는 주자의 시각을 넘어서, 우주관에서는 이기양동설理氣兩動說을, 심성론에서는 이기호발설理氣互發說을 제시함으로써 조선 성리학의 새로운 바탕을 만들었다.[26] 이러한 퇴계의 사상적 바탕에는 특히 하늘 사상이 존재한다. 그리고 그것은 인간 윤리의 근본적인 원리이자 정신적인 바탕으로서, 주렴계의 태극 개념에서 비롯되었다.

그렇지만 퇴계는 기본적으로 주자의 사유를 토대로 삼았다는 점에서 퇴계의 성리학적 유학에는 주자의 우주 이원론적 경향이 그 바탕에 깔려 있다. 특히 퇴계의 주된 관심사는 본질적인 인간성 문제, 곧 인간 존재의 참된 의미와 가치 형성을 위한 인간성의 참된 근원에 대한 문제였다. 이에 대해 퇴계는 인간성의 참된 근원을 하늘 이치에서 찾았고, 그 이치를 부여받은 존재 즉, 진정한 사람됨의 삶에 대해 하늘 명령을 받은 존재로서의 사람이 자신의 본질인 참된 이치를 온전히 구현하는 길道(敬)이 무엇인가

26 이성춘, "朝鮮朝 儒家의 天思想"(1991), 2.

에 대해 큰 관심이 있었다. 그러한 이상적 인간상은 다름 아닌 성인이다. 이를 위해 그가 성인의 학으로 밝힌 『성학십도』에서 <태극도>를 제1도로 들고나올 정도로, 그의 인성론은 근본적으로 우주 본체론과 밀접하게 연결되어있다. 그는 『성학십도』에서 <태극도>를 제1도로 내세운 이유를 다음과 같이 밝힌다.

> 대체로 성인을 배우는 사람이 근본을 여기서 추구하고 '소학'과 '대학' 등에서 힘써 노력하여 그 효과를 거두는 날에 이르러 하나의 근원을 거슬러 올라간다면, 이른바 이 리理를 궁구하고 성性을 다하여 명命에 이른다는 것이 이것이며, 이른바 신神을 구하고 조화를 알아 이른바 덕德이 성대한 자(盛者)가 된다는 것도 이것입니다.[27]

곧 퇴계는 태극의 리 곧 인성의 바탕인 하늘의 명을 올바로 깨닫고 그것을 따르는 것이 바로 성인이 되는 공부의 근본이라고 말한다. 이러한 의미에서 태극은 도문학道問學(덕성을 존중하고 학습으로 이끎)의 차원을 넘어서 존덕성尊德性(선천적으로 소유한 선한 덕성을 존숭하여 보존·확충함)의 차원, 즉 하늘 이치를 깨닫고 그것을 실제 생활에서 실천하는 삶의 중심 개념이었다고 할 것이다. 이러한 퇴계의 태극론은 전체적으로 태극과 리를 천도天道와 동일 범주로 보는 인성론에 연계되면서 그 의미가 더욱 깊어졌다. 특히 고대로부터 내려오는 인격적인 하늘을 주지적으로 해석하여 천즉,리天卽理의 개념으로 변환시키는 가운데 하늘을 도덕적 덕성으

---

27 『退全』 卷7, <進聖學十圖箚>: "蓋學聖人者 求端自此 而用力於小大學之類 及其收功之日 而遡極一源 則所謂窮理盡性 而至於命 所謂窮神知化 德之盛者也."

로 이해하게 되었다.[28] 퇴계는 이러한 시각에서 하늘에 대해 말한다.

> 하늘(天)은 즉, 리理이다. 그런데 그 안에 네 덕이 있으니, 곧 원元·형亨·이利·정貞이다(이 네 가지의 실상을 성誠이라고 한다). 대개 원元이란 것은 시작의 이치요, 형亨은 형통의 이치이며, 이利는 수행의 이치요, 정貞은 성공의 이치다. 그것이 순환하여 쉬지 않음이 모두 진실하여 거짓이 없는 묘妙함이 있으니, 그것을 이른바 성誠이라고 한다.[29]

말하자면 하늘은 원元·형亨·이利·정貞의 사덕을 함유한 근원적 이치이며, 그 근본 이치인 리는 성誠을 실체로 하는 것이다. 따라서 하늘은 자강불식自強不息(스스로 힘써 몸과 마음을 가다듬고 쉬지 않음)하고 진실무망眞實無妄(참되고 거짓이 없음)한 도덕적 실체로서, 모든 존재의 본성이며 인간성의 본질인 인의예지신이 함의된 인간 삶을 위한 참된 원리가 된다는 것이다. 이처럼 퇴계에게 있어서 하늘은 일차적으로 천인합일의 이상을 함의하는 의리천으로서의 위치를 점유하게 된다. 여기서 의리천이란 하늘을 인성 안에 부여된 내재적 도덕률 곧 본질적인 인간성을 제시하는 이법천理法天을 의미한다. 다시 말해서 하늘을 의리천으로 보는 시각은 결국 하늘을 인간 내면으로 끌어들여서 인간의 본성은 선천적으로 주어진 자연적·도덕적 원리이므로 그것을 온전히 실현해 나갈 때 비로소 참된 사람일 수 있음을 역설하는 입장이다. 그리고 이러한 시각에서는 하늘이 도덕 원리 및 인간

28 김정진·이영경, "퇴계 태극개념의 윤리적 지향성"(1992), 46.

29『退全』<속집> 권8, <天命圖說>: "天即理也 而其德有四 曰元亨利貞是也 [四者之實曰誠] 蓋元者始之理 亨者通之理 利者遂之理 貞者成之理而其所以循環不息者 莫非眞實無妄之妙 乃所謂誠也."

본성과 결부됨에 따라, 인간은 자신 안에 내재하는 하늘 이치로서의 본성을 자각하고 활성화하면 진정한 인간성을 실현하게 되고 마침내 하늘의 경지에 도달하게 됨을 그 이상으로 여기게 된다.

이처럼 형이상학적 의리천 개념은 사실상 공·맹 이후 유학에서 전통적으로 견지해온 중요한 하늘에 대한 개념인바, 특히 조선 유학은 공자의 하늘 사상을 그대로 계승하여 천인합일의 이법천 관념이 지배적이었다. 이에 조선 성리학은 사람이 하늘로부터 받은 본성이란 천리로서 순선한 것이기에 탐욕에 의해 가려지고 더럽혀진 실존적 현실을 경敬과 성誠을 통해 극복하고(存天理遏人欲) 본성으로 돌아가게 되면 성인의 경지에 이르고, 이때 비로소 하늘과 인간이 진정으로 합일(天人合一)하게 된다는 이상을 기반으로 융성해 왔다.

퇴계 역시 기본적으로 하늘 이치로부터 공통된 도덕 본성과 만물의 차별적 형체가 생성된다고 보았던 성리학의 의리천義理天 개념을 수용하였다. 그리고 그것을 바탕으로 정치적 입장에 따라 사람됨의 의리를 저버리는 시대적 현실을 우려하면서, 사람들이 자신의 본질을 하늘에 두고서 하늘이 요구하는 사람의 도리를 실천할 것을 주장하였다. 이를 위해 퇴계는 구체적으로 '의리천'으로서의 하늘이 부여하는 성품天性을 사람됨의 의미와 가치를 위한 보편적인 도덕성으로 제시하였다. 그리고 본질적인 인간성과 현실적인 인간성을 대비하는 가운데 인간 윤리의 도덕적 당위성을 제시하고, 이를 바탕으로 자신의 경 철학을 형성해 나갔다. 다시 말해서 퇴계는 만물의 궁극적인 이치인 리를 바탕으로 하늘을 이해하였고, 그 하늘이 부여한 인간 본질의 원리인 천명을 기반으로 천인합일의 경지를 지향하는 도덕적 수신의 길인 경을 강조하였다. 이러한 퇴계의 성리학적 윤리관의 바탕에는 일차적으로 의리천으로서의 하늘 개념이 자리하고 있다. 다시 말해서 퇴계에게 하늘은 인간의 본성을 비춰주는 거울이고, 사람이 마땅히 실천해야 할 진정한 사람됨의 이치와 가치를 반영하는 도덕적인 원천이었다.

2. 주재천(主宰天)으로서의 하늘

동양에서 하늘은 그 함의가 매우 넓다. 하늘은 고대로부터 모든 사물의 궁극적 존재 원리로 이해되었고, 모든 자연 현상을 주재하는 자연천自然天으로 자리를 잡았다. 그리하여 동양인들은 오래전부터 하늘을 신성한 대상으로 숭배해 왔는데, 정치적 현실에 따라 하늘이 사회·역사적 맥락에서 상제와 결부됨으로써 점차 모든 것을 다스리는 절대적인 권능을 지닌 주재천主宰天으로서의 개념을 갖게 되었다. 이제 하늘은 단순히 자연 현상을 주재하는 자연천이 아니라 인간의 정치·사회적인 상황까지도 의지적으로 관여하는 절대적 권능을 보유한 주재자로서 상제와 같은 의미를 함의하게 된 것이다.

그리고 그렇게 주재적 존재로 수용된 하늘은 인간 사회에 자신의 의지를 적극적으로 표명하기에 이르렀고, 마침내 정치적 개념을 함의하는 천명 사상이 등장하게 되었다. 통치자들은 스스로를 하늘의 명령으로 통치권을 부여받은 존재로 인식하게 되었고, 하늘의 의지인 천명은 통치자의 권력의 정당성과 정권의 정통성을 보장하는 근거로 인식되기에 이르렀다.[30] 특히 천명 사상은 덕이 있는 사람有德者이 하늘을 대신하여 천명

30 서용화, "퇴계의 성리학적 인간관," 한종만 박사 회갑 기념 논문집, 『韓國思想史』(익산: 원광대출판부, 1991), 3 참조. 이러한 천명 사상은 공자에게 와서는 하늘 중심의 사고가 인간 중심의 사고로 전환되면서 인간 존중 사상으로 발전하고 덕치(德治)와 인(仁)을 위

에 따라 천명을 바탕으로 인간과 세계를 통치한다는 유덕자 집정의 천수설天授設과 하늘 명령이 사람 성정에 선천적으로 주어졌다는 도덕성의 천수설로 자리 잡게 되었다. 퇴계의 인성론은 특히 인성천수설人性天授設의 바탕에 서 있다. 퇴계는 『성학십도』의 제2도인 <서명도西銘圖>에서 이렇게 말한다.

> 건乾을 아버지라 일컫고 곤坤을 어머니라 일컬으니, 나는 여기에 미소한 존재로 그 가운데 섞여 있다. 그러므로 천지에 가득 차 있는 것은 나의 몸이 되었고 천지를 이끄는 것은 나의 성性이 되었다. 백성은 나의 동포요 만물은 나와 함께 있는 것이며, 대군은 내 부모의 종자요 대신은 종자의 가상이다. 나이 많은 사람을 높이는 것은 어른을 어른으로 섬기는 것이요, 외롭고 약한 이를 자애하는 것은 어린이를 어린이로 대하는 것이다. 성인은 천지와 덕을 합한 자이고 현인은 빼어난 자이며, 무릇 천하의 병들고 잔약한 사람들과 아비 없는 자식, 자식 없는 아비 그리고 홀아비와 과부들은 모두 나의 형제 가운데 심한 환난을 당해도 하소연할 곳이 없는 자이다. 이것을 보존하는 것은 자식으로서 공경함이요, 즐거워하고 근심하지 않는 것은 효에 순한 것이다. 어기는 것을 패덕悖德이라 하고 인仁을 해치는 것을 적賊이라 하며, 악한 일을 하는 자는 못난 사람이요 형체가 생긴 대로 올바르게 행동하는 자가 오로지 부모를 닮은 자이다. 조화를 알면 그 일을 잘 계승하고 신묘한 이치를 궁구하면 그 뜻을 잘 계승할 것이다. 사람이 잘 보이지 않는 곳에서도 부끄럽지 않은 것이 부모에게 욕됨이 없는 것이며, 마음을 보존하고 본성을 기르는 것이 부모를 섬기는 데 게으르지 않는 것이다.[31]

주로 하는 도덕 사상으로 발전하게 되었다. 이러한 배경에서 이른바 의리천(義理天) 개념이 생성되었다.

31 『退全』 <續輯> 卷8, <西銘圖>: "乾稱父坤稱母 予玆藐焉 乃混然中處 故天地之

즉, 퇴계에 따르면, 인간은 천명의 성性 곧 리에 따라서 선을 발휘할 수 있는 본래적 능력을 가졌다는 것이다. 그 능력은 하늘이 주셨으므로 사람이 그 하늘 가르침을 따라 본성을 함양하게 되면 그것이 곧 성인의 품성이라는 것이다. 이러한 시각에서 퇴계는 심지어 하늘을 부모에 비유하고 부모의 가르침을 따르는 것이 참된 인간의 길임을 <서명도>에서 밝혔다. 그런데 퇴계에 따르면, 그 천명으로서의 리는 우주를 생성하는 동적 실체라는 것이다(理動說). 그리하여 퇴계의 리는 초월적인 동시에 인성 안에 내재적인 원리로서 작용한다는 독특성을 띠고 있다. 즉, 천즉,리天卽理로서 리는 만물의 주재자가 되며 생성력을 지닌 절대적 존재로서 인간성을 초월하는 성격을 갖지만, 한편으로는 인간성의 내면에서 인간의 삶을 관장하는 중요한 주재적 원리로 살아 있다는 것이다. 이것은 <천명도설天命圖說>에서 밝힌, "하늘은 즉, 리이다. 그런데 그 안에 네 덕이 있으니, 곧 원元·형亨·이利·정貞이다. 대개 원이란 것은 시작의 이치요, 형은 형통의 이치이며, 이는 수행의 이치요, 정은 성공의 이치다"라는 설명에서 실체를 볼 수 있다. 무엇보다 그의 설명은 하늘 이치로서의 리가 단순히 인간 삶의 원리 정도가 아니라 이미 그 자체 안에 인격성을 함의함을 암시한다는 것이다.[32] 더욱이 퇴계는 <무진육조소>에서 다음과 같이 말한다.

> 신臣이 듣자오니, 동중서董仲舒가 무제武帝에게 고하기를 "국가에 실도失道하는

塞 吾其體天地之帥 吾其性民吾同胞物吾與也 大君者吾父母宗子 其大臣宗子之家相也 尊高年所以長其長 慈孤弱所以幼其幼 聖其合德賢其秀也 凡天下疲癃殘疾惸獨鰥寡 皆吾兄弟之顚連而無告者也 于時保之子之翼也 樂且不憂純乎孝者也 違曰悖德害仁曰賊 濟惡者不才 其踐形惟肖者也 知化則善述其事 窮神則善繼其志 不愧屋漏爲無忝 存心養性爲匪懈."

32 이성춘, "朝鮮朝 儒家의 天思想"(1991), 5-6.

큰 잘못이 있을 때는 하늘이 먼저 재해災害를 내려 견책의 뜻을 알리고, 그래도 자성自省하지 않으면 괴이怪異한 일을 통해 놀라게 하고, 그래도 변하지 않으면 상패傷敗가 이르나니, 이것으로써 천심天心이 임금을 사랑하여 그 난을 방지하고자 함을 볼 수 있습니다"라고 했으니, 참으로 음미할 만한 말입니다. 실로 만세의 임금들이 귀감龜鑑으로 삼고 소홀히 해서는 안 될 것입니다. 그렇지만 한편으로는, 임금이 여기에서 천심이 나를 사랑하는 이유가 무엇인지를 알고, 마땅히 내가 천심을 받드는 것을 어떻게 해야 하는지를 알아서, 깊이 생각하고 익히 궁구하여 실제로 몸소 행한 뒤에야 천심을 향유하고 임금의 도리를 다할 수 있을 것입니다.[33]

곧 퇴계의 설명은 하늘이 인간사의 모든 것을 주관하고 제왕의 통치 현실에도 깊이 관여하기 때문에 왕의 통치 상황에 따라 하늘이 감응하게 되므로, 임금은 하늘의 뜻을 잘 살펴서 인치人治가 곧 천치天治가 되도록 정성을 다해야 한다는 것이다. 그리고 한편 하늘이 임금을 사랑해서 임금의 자리에 앉힌 이유를 깊이 생각하며 하늘의 뜻을 잘 받들 때, 비로소 임금의 도리를 다한다고 할 수 있다는 것이다. 다시 말해서, 임금은 나라에서 최고의 위치지만 그를 그 자리에 앉힌 것은 하늘의 은덕이기에, 그 은덕을 기억하고 늘 하늘의 기대에 부응하는 통치를 펼칠 때 진정한 임금일 수 있다는 것이다. 특히 그 하늘은 그저 의리천이 아니라 주재천으로서 모든 이를 지켜보기 때문이다. 말하자면 퇴계는 하늘에 대해, 자연 만물을 생성

33 『퇴계』 제3권, 68 <무진육조소>: "臣聞 董仲舒告武帝之言曰 國家將有失道之敗 天乃先出災害 以譴告之 不知自省 又出怪異 以警懼之 尙不知變 而傷敗乃至 以此見天心之仁愛人君 而欲止其亂也 旨哉言乎 誠萬世人主之龜鑑 而不可忽焉者也 雖然人主於此 又當知天心之所以仁愛我者 何故而然 又當知我所以奉承天心者 何道而可 無不深思熟講而實體行之然後庶可以享天心而盡君道矣."

하고 모든 것을 조화롭게 이끌어가는 총체적인 원리와 근거로서의 태극의 리 개념을 함의하는 자연천의 개념을 넘어 인간 존재의 도덕적 실천 규범으로서의 의리천의 개념을 수용한다.

하지만 그는 거기서 멈추지 않고 태극의 리를 사람의 마음에 주어져 있는 인극人極으로 이해함으로써 인성 안에 내재하는 도덕적 주재자로서의 주재천으로 그 인식의 지평을 확대하고 있다. 이러한 하늘은 사람의 마음에 내재하는 참된 이치로서 인간사의 모든 의리를 비추어보는 영명한 빛이라 할 수 있으며, 마음의 능동적 주체자가 됨으로써 인격성과 주재성을 갖게 된다. 그리하여 퇴계에게 있어서 하늘을 지칭하는 상제는 사람의 마음에 내재하지만, 기와 분리되어 밝은 영명성을 가지고 도덕적 주재와 감시자로서 존재하는 리를 관장하는 주재자이다. 그가 강조하는 경은 바로 이러한 상제(하늘)의 밝고 영명한 도덕적 감시 능력을 받아서 마음이 기에 이끌리지 않고 리를 따르는 각성 상태를 유지하는 것을 뜻하게 된다. 그리하여 경의 마음에 대한 주재력은 곧 도덕적이고 인격적인 감시 능력의 원천으로서의 상제의 명령에 의한 리의 주재성으로부터 파생된 것이라 할 수 있다.[34] 이런 시각에서 우리는 퇴계의 다음과 같은 말을 더욱 의미 깊게 들을 수 있다.

> 하늘이 임금에 대하여 다시금 친절하게 하는 까닭은 다름이 아니라 이미 인애仁愛의 책임을 여기에 맡겼으니 마땅히 인애의 보답을 이쪽에서 게을리하지 말아야 하기 때문입니다. 진실로 임금된 자로서 하늘이 나를 이렇게 사랑하는 것이 공연히 그런 것이 아님을 안다면 반드시 그 임금 노릇 하기 어렵다는

34 엄연석, "퇴계의 중층적 천관(天觀)으로 보는 경(敬)의 주재성"(2016), 229-263.

것을 알 수 있는 것이요, 반드시 천명天命이 쉽게 오는 것이 아님을 알 수 있을 것이며, 반드시 높이 위에서 날마다 말마다 여기를 내려다보고 감시하는 것이 있다는 말이 조금도 거짓말이 아님을 알 수 있을 것입니다.[35]

즉, 임금은 백성들을 잘 보살피라는 하늘 뜻(天命)을 잘 받들 때 비로소 하늘이 내린 참된 통치자일 수 있다는 것이다. 곧 퇴계에 따르면, 하늘은 천명으로써 임금을 선택하여 세울 뿐만 아니라 그의 백성들에 대한 모든 통치 과정을 주시하고 평가하는 절대적·인격적 존재이며, 이러한 하늘의 태도는 비단 임금에게만 해당하지 않고 일반 백성들에게까지 그대로 미친다는 점에서 하늘은 진정한 주재천으로 다가온다는 것이다.

그런데 퇴계에게 있어서, 이러한 주재천의 존재성에 대한 문제가 연구자들을 힘들게 한다. 퇴계의 주재천 개념에 있어서 핵심 문제는 리理에 대한 것이다. 성리학 전통에서 상제, 도, 태극 등이 차지하고 있던 절대 진리에 대한 표상의 지위가 정·주의 성리학에 이르러서는 리에게로 넘어가면서, 기존의 리가 차지하던 다양한 의미로 인해 많은 혼란과 오해를 불러오게 되었다. 이에 대해 퇴계는 리를 형이상학적 진리의 의미로 정착시킴으로써 리에 절대적 진리로서의 지위를 부여하였다.[36] 이러한 리는 물아物我 곧 형상이 없으므로 감각적으로 경험이 불가능하고, 안팎이 없으

35 『퇴계』 제3권, 68 <무진육조소>: "天之於君所以反覆丁寧 若是者無他 旣以仁愛之責委重於此 自當有仁愛之報惓惓於此也 誠使爲人君者 知天之所以仁愛我者如此 其不徒然也 則其必能知爲君之難矣 其必能知天命之不易矣 其必能知高高在上 而日監于茲 不容有毫髮之可欺矣."

36 『퇴계』 제4권, 289 <이달·이천기에게 답함>: "리는 본래 존귀하여 상대가 없으며, 사물에게 명령을 내리되 사물의 명령을 받지 아니하며, 본래 기가 이길 수 있는 것이 아니기 때문입니다"(理本其尊無對 命物而不命於物 非氣所當勝也).

므로 개별자로 구별이 안 되며, 나눠질 수도 없고 어떤 것으로 구분 지을 수도 없다는 의미에서 현상 세계의 어떤 존재와도 다르다. 또한 그것은 인간의 마음에만 있는 것이 아니라 모든 사물에 내재하고 있으며, 허실·유무·동정을 넘어서는 영원불멸의 절대적인 원리로서 일종의 형이상학적 일자, 포월자, 무한자, 내재적 초월자 등으로 불릴 수 있는 절대적 존재로서의 특성을 지니게 된다.[37] 이에 대해 퇴계는 다음과 같이 말한다.

> 이 이치는 남과 내가 없고 안팎이 없고 단계의 나눠짐도 없고 형체의 한계도 없으면서 바야흐로 가만히 있을 때는 하나로 뭉쳐져 모든 것을 갖추고 있으므로, 이것이 하나의 근본이 되어 정말 마음에 있거나 사물에 있는 구분이 없습니다. 그것이 움직여서 일에 응하고 사물에 접촉함에 이르면 낱낱의 사물의 이치는 곧 내 마음에 본래 갖추고 있는 이치여서, 다만 마음이 주재(主宰)가 되어 각각 그 법칙을 따라 응할 뿐이지 어찌 내 마음으로부터 밀쳐 나온 뒤를 기다려서 사물의 이치가 되겠습니까?[38]

요컨대 퇴계는 리의 성격에 대해, 인간에 의해 파악되고 탐구와 감각적 경험이 가능한 현상 세계를 초월하는 절대적 존재로 여긴다는 것이다. 그렇지만 퇴계는 성리학의 형이상학적 절대자 개념인 리를 곧바로 상제와 일치시키지는 않는다.[39] 즉, 퇴계는 리의 개념에 대해 정·주학을 따르지

---

37 이광호, "상제관을 중심으로 본 유학과 기독교의 만남"(2011), 548-552.

38 『퇴계』 제7권, 31 <정자중에게 답함>: "此理無物我 無內外 無分段 無方體 方其靜也 渾然全具 是爲一本 固無在心在物之分 及其動而應事接物 事事物物之理 卽吾心本具之理 但心爲主宰 各隨其則而應之 豈待自吾心推出而後爲事物之理."

39 그런데 윤사순은 퇴계가 상제와 천을 동일시했다고 볼뿐 아니라, 리를 상제, 천과 같다고 보기도 하고, 천은 상제, 자연, 리를 포함하는 개념이라고 설명하기도 한다(윤사순, "退

만, 견해를 완전히 일치시키지는 않고 오히려 그들의 견해를 넘어서는 경향을 보인다. 이에 대해 퇴계는 우선 정·주학의 리가 형태가 없고(無形) 소리도 없고(無聲) 냄새도 없는(無臭) 존재로서 인간으로 감각 밖에 있다는 점에서 리의 능동성을 인정하기를 주저하는 듯한 태도를 보이는 것과 달리(주자는 리의 주재성을 긍정한다는 점에서 리의 능동성을 소극적으로는 인정한다), 이를 넘어 리를 만물을 주재하는 주체적이고 능동적인 원리로 제시한다.

이를 위해 퇴계는 특히 이동理動, 이발理發, 이도理到 등의 리의 능동적 특성을 개진하는데, 바로 여기서 상제上帝 개념을 끌고 들어온다. 이때 상제는 무형, 무성, 무취한 존재로서 리와 마찬가지로 만물을 능동적으로 주재하지만, 인성론에서는 리가 곧 상제는 아니라는 것이다. 그는 상제의 주체를 리로, 그 작용을 돕는 것을 기로 이해한다. 곧 리가 기를 주재하는데(理發氣隨), 리가 발함에 기가 리를 따르거나(理發而氣隨之: 사단) 기가 발함에 리가 기를 타는 것(氣發而理乘之: 칠정)처럼, 상제는 사람에게 인간성의 참된 이치를 부여함으로써 그 이치가 사람 안에서 기와 함께 작용하여 사람됨의 완성을 실현하도록 주재한다는 것이다. 이처럼 퇴계는 인간 밖에 존재하는 상제로서 하늘과 인간 안에 내재하는 이치로서의 하늘을 연결하며, 천인 관계론을 제시한다.

이러한 측면에서 퇴계의 인성론에 대한 이해는 정·주의 인성론적 개념을 넘어서고 있다. 곧 퇴계는 리가 만물을 주재하고 운용하는 것처럼 상제 역시 만물의 주재자로서 존재하며, 특히 사람의 내면에 하늘 이치를 부여함으로써 사람으로 하여금 참된 사람이 되도록 요구한다는 것이다.

溪 天 개념의 다의성에 대한 검토," 「退溪學報」 제107·108집, 2000, 7-26).

이러한 상제의 주재 행위에 대한 근거는 특히 리의 주재성에서 추론할 수 있고, 그 효력은 능동적인 기에 의해 구체적으로 나타난다는 것이다.[40] 퇴계는 이렇게 말한다.

> 다만 무극과 음양오행이 묘합하여 엉기고 만물을 화생시키는 곳에 나아가 본다면 마치 주재가 운용하여 이렇게 되도록 하는 이가 있는 것 같으니, 그것은 『서경』에서 이른바 상제가 백성에게 내렸다고 한 것이라든지, 정자의 이른바 주재로써 말하는 제帝가 그것이라고 한 것입니다.[41]

곧 퇴계에 따르면 무극은 리에 해당하고 음양오행은 기에 해당하는데, 이 무극과 음양오행이 조화를 이루어 만물이 생긴다는 것이다. 이때 만물이 조화를 이루는 존재가 바로 『상서』가 말하는 상제上帝이고 정자程子가 말하는 제帝라는 것이다. 그리하여 퇴계는 상제가 능동적으로 만물을 주재하는 근거는 리의 주재성에 있고, 능동적인 기에 의해 그 주재 작용을 실제로 일으킨다고 보았다. 즉, 상제의 의지적인 명령은 리와 기의 합력 작용에 의해 실현되는데, 이때 리는 능동적으로 기를 주재하고 기는 능동적으로 리가 시키는 일을 수행한다는 것이다. 따라서 상제의 명령은 리가 기를 주재함으로 나타나는바, 상제의 주체는 리이고 그것을 돕는 것은 기라고 말할 수 있다.[42] 이러한 상제는 주재천主宰天의 핵심 개념으로서 퇴계 성리학의 근본 바탕을 형성하고 있다. 이처럼 퇴계에게 있어서 하늘은

---

40 이종우, "退溪 李滉의 理와 上帝의 관계에 대한 연구," 「철학」 제82집(2005), 7-22.

41 『퇴계』 제4권, 289 <이달 · 이천기에게 답함>: "恒就無極二五妙合而疑 化生萬物處看 若有主宰運用而使其如此者 卽書所謂惟皇上帝 降衷于下民 程子所謂而主宰謂之帝是也."

42 이종우, "退溪 李滉의 理와 上帝의 관계에 대한 연구"(2005), 19.

국가적으로는 임금에게 백성을 보살피라는 천명을 내리는 절대적 존재이고, 한편으로는 사람들에게 진정한 인간성을 부여하는 궁극적이고 초월적인 존재이다. 또한 하늘은 단지 자연 만물을 섭리하고 조화를 이루는 만물의 생성과 존재에 대한 근본 원리로서의 자연천이나 인간의 도덕성의 원리로서 작용하는 의리천의 개념을 넘어, 이미 만물에 대한 진정한 주재자로서의 의미를 지니고 있다.

3. 인격천(人格天)으로서의 하늘

유학에서 하늘에 대한 문제는 특히 천인 관계를 전제한다는 점에서, 그것은 곧 인간의 존재와 삶의 문제로 연결되면서 그 깊이를 더하고 있다. 다시 말해서 유학은 하늘과 인간 사이에는 구조적으로 일치하는 동시에 서로 대응하면서, 서로의 의미를 밝혀 주는 상관관계가 있음을 전제한다.[43] 퇴계 역시 같은 입장을 견지하면서, 하늘에 대해 인간을 포함한 만물의 궁극적 원리로서의 의리천의 개념과 주재적 주체자上帝로서의 주재천의 개념을 수용할 뿐만 아니라 한 걸음 더 나아가 하늘을 초월적이고 궁극적인 존재로 이해한다는 점에 그 특이점이 있다. 특히 퇴계는 "하늘은 곧 리인 동시에 태극이며, 태극 역시 리"라고 규정함으로써, 하늘과 태극을 보편적 이치인 리의 개념 안으로 환원하는 가운데 상제, 천, 천명, 태극, 리, 도 등의 궁극적 존재에 대한 다양한 명칭들이 모두 같은 존재에 대한 다른 이름으로 파악한다.[44]

퇴계에게 있어서 그런 하늘은 인간 존재를 위한 참된 이치로서, 하늘

---

43 금장태, "퇴계의 천 개념과 천인 관계론," 「석당논총」 제16집(1990), 301.

44 *Ibid.*, 302; 윤사순, "退溪 天 개념의 다의성에 대한 검토"(2000), 7-26.

과 인간 사이에 본래 틈이 존재하지 않지만 부여받는 기질의 차이에 따라 현실적으로는 성聖과 우愚 또는 사람과 사물 등 다양한 차이로 나타난다. 곧 기질에는 바르거나(正) 치우침(偏)의 차이가 있는바, 인간은 기의 바름을 타고남으로써 기의 치우침을 타고난 사물과 차이를 갖는다는 것이다. 그렇게 퇴계는 하늘-인간 사이에는 기본적으로 리의 원리를 바탕으로 하는 일치가 있고 사람은 그 하늘 이치를 통해 사람다움을 실현하게 되는데,[45] 특히 구체적인 실천적 작용인으로서의 기를 통해 현실로 나타난다는 것이다. 물론 이때의 기는 어디까지나 리에 의해 이끌리는 것을 전제한다. 말하자면 퇴계는 주재천으로서의 하늘은 인간과의 만남에 있어서 인격적인 존재로 등장하고 하늘 이치로써 인간의 삶에 구체적으로 관여함으로써, 사람이 경건하게(敬) 몸과 마음을 수신하는 가운데 자신의 존재 의미와 존재 가치를 신실하게(誠) 수행함으로써 참된 인간성을 실현하기를 바란 것이다.

퇴계의 이러한 천인 관계론은 결국 하늘이라는 존재를 인간의 존재 근거와 가치를 결정하는 신적 존재로 여기는 듯한 인상을 풍긴다. 물론 서구 신학적 신 개념을 퇴계에게 그대로 적용하는 것은 무리가 있다. 윤사순에 따르면 퇴계가 말하는 신은 『주역』이나 주자의 용례에 따라서 음양과 같은 기 자체를 의미하거나, 그 기 또는 리와 기의 측정 불가한 작용(묘한 작용)을 의미한다는 것이다. 다시 말해서 퇴계는 신을 인격신을 비롯한 절대적이고 궁극적인 존재로 생각하지 않는다는 것이다. 대신 그는 다른 이들과 마찬가지로 인격신이나 절대적이고 궁극적인 것의 의미를 함유하는 개념은 신神이 아닌 천天으로 표현한다.[46] 그렇지만 그러한 하늘 본유

45 금장태, "퇴계의 천 개념과 천인 관계론"(1990), 303.

46 윤사순, "퇴계에서의 종교적 경향," 「퇴계학보」 제76집(1992), 7-8.

적 대상으로 바라보는 인간에게는 하늘이 단순한 의리천이 아닌 주재천으로서의 개념을 갖게 되며, 그러한 주재천과의 관계에 있는 인간에게 하늘은 이미 참된 사람됨의 삶을 요구하는 절대적으로 자애로운 존재이자 인격적으로 다가오는 인격천人格天, 곧 종교적 성격을 띤 궁극적 존재라는 것이다.[47] 퇴계의 하늘에 대한 이해는 <무진육조소>에서 드러난다.

국가가 도리를 상실하는 큰 잘못이 있을 때는 하늘이 먼저 재해를 내려서 견책하는 뜻을 알리고, 그래도 반성할 줄 모르면 또 괴이한 일을 내려 놀라게 하고, 그래도 변하지 않으면 상패傷敗가 이르나니, 이것으로써 하늘 마음天心이 임금님을 사랑하여 그 어지러움을 그치게 하려 함을 알 수 있습니다. 실로 만세의 임금들이 귀감으로 삼고 소홀히 해서는 안 될 것입니다. 비록 그럴지라도 임금이 여기에서 마땅히 '천심이 나를 사랑하는 이유가 무엇 때문인지?'를 알고 마땅히 '내가 천심을 받드는 것을 어떻게 할지?'를 알아서, 깊이 생각하고 익히 강구하여 실제로 몸소 행한 뒤에야 천심을 향유하고 임금의 도리를 다할 수 있을 것입니다.[48]

나라를 사랑하고 군주를 존경하고 아끼는 마음으로 써 내려간 노신老臣의 일필휘지는 참으로 힘이 넘치면서도 구구절절 간곡한 마음을 담았는

47 현금에는 사실상 무신론으로 알려졌던 주자의 사상에 대해서도 유신론적 해석을 시도하려는 노력이 등장하고 있다(한형조, "주자 神學 논고 시론,"「한국실학연구」 제8권, 2004, 153-182; 최해숙, "주희와 스피노자의 내재관," 2000, 379-406).

48『퇴계』 3권, 82 <무진육조소>: "國家將有失道之敗 天乃先出災害 以譴告之 不知自省 又出怪異 以警懼之 尚不知變 而傷敗乃至 以此見天心之仁愛人君 而欲止其亂也 旨哉言乎 誠萬世人主之龜鑑 而不可忽焉者也 雖然人主於此 又當知天心之所以仁愛我者 何故而然 又當知我所以奉承天心者 何道而可 無不深思熟講而實體行之 然後庶可以享天心而盡君道矣."

데, 무엇보다 임금으로 하여금 자신에게 주어진 하늘의 뜻이 무엇인가를 살피고 하늘 뜻을 받은 군주로서의 길을 올곧게 갈 것을 당부하는 충언이다. 그런데 퇴계는 여기서 군주와 백성을 향한 하늘의 마음天心을 언급한다. 마치 자녀를 아끼고 사랑하는 부모처럼 하늘은 여러 측면에서 군주를 타이르고 올바른 길로 이끄는 자애로움을 보인다는 것이다. 그리고 그러한 군주를 향한 마음은 곧 백성들을 위한 마음인바, 이는 하늘이 군주를 통해 백성들을 다스리기 때문이다. 아무튼, 군주와 백성들을 향한 하늘의 보살핌과 타이름天譴은 과거의 잘못된 행위에 대한 처벌이 아니라 환난을 미리 막아 대비하려는 하늘의 인애仁愛 곧 자애로운 마음天心이라는 것이다. 이러한 퇴계의 하늘 마음에 대한 풀이는 군주가 하늘의 사랑을 받아 군주가 된 까닭이 무엇이며 그 하늘 마음을 받은 군주가 어떻게 처신할 것인지를 해명함으로써, 하늘의 선택을 받았을 뿐만 아니라 현재도 하늘의 사랑을 입고 있는 군주의 처신을 위한 군주학의 본질을 제시한다.[49] 퇴계는 그런 하늘 마음에 대해 다음과 같이 설명한다.

> 천도는 멀지만 실은 가까운 것이며 하늘 위엄은 지엄하여 장난으로 볼 수 없습니다. [...] 신臣은 생각하기를 임금과 하늘의 관계는 마치 자식과 어버이의 관계와 같습니다. 따라서 어버이의 마음이 자식에게 노함이 있을 때 자식이 두려워하고 반성하여 노한 일이나 그렇지 않은 일을 불문하고 일마다 정신을 다하고 효를 다하면, 어버이는 그 정성과 효에 기뻐하여 노하던 일까지도 함께 감싸주어 흔적 없이 사라집니다. 그렇지 않고 꼭 어느 한 가지 일을 지정하여 그것에 대해서만 공구수성恐懼修省(몹시 두려워하고 사양하고 반성

49 신일철, "李退溪의 天譴 · 天愛의 政治思想," 「退溪學報」 제68집(1990), 146.

함)하고 다른 일에는 여전히 방자하면, 효를 다함에 성실하지 못하고 거짓될 것이니 어찌 어버이의 노여움을 풀고 어버이의 기뻐함을 얻을 수 있겠습니까? 바라옵건대 전하께서는 어버이 섬기는 마음을 미루어 하늘 섬기는 도를 다하시어 어느 일에나 수성하지 아니함이 없고 언제나 공구 아니함이 없으시고, 임금 자신에는 비록 과실이 없더라도 심술의 은미함에 쌓인 흠과 병통을 깨끗이 씻어 버리셔야 합니다. 궁금내宮禁內에서는 비록 가법이 본시 있겠지만 척속戚屬의 음흉한 무리가 올려 바치고 찾아뵙고 안개처럼 모여드는 따위들을 막아 버리지 않으면 안 되며, 간언을 들음에는 비록 '원圓을 돌리듯'하는 미덕을 가지시지만 때로 사의私意로써 굳게 거부하시는 일이 있으시면 마땅히 그쳐야 할 것이요, 선을 즐김에는 비록 색色을 좋아하듯 하는 성의誠意는 가지시지만 혹 허虛로써 억지로 구하는 데까지 이르는 일이 있으시면 마땅히 살피셔야 할 것입니다. 벼슬과 상은 함부로 하여 공 없는 자가 요행으로 얻고 공 있는 자가 불평하게 해서는 안 되며, 특별히 사면과 죄벌에 대해서는 악한 자들이 죄를 면하고 선한 자들이 해를 받게 해서는 안 됩니다.[50]

요컨대 군주를 향한 퇴계의 충언은 자애로운 부모와 같은 하늘을 존숭하고 그 뜻을 받들어 어진 정치를 펼 것을 기대하는 간곡한 마음이 담겨

50 『퇴계』 3권, 83-84 <무진육조소>: "天道雖遠而實邇 天威至嚴而難玩 [...] 故臣愚以爲君之於天 猶子之於親 親心有怒於子 子之恐懼修省 不問所怒與非怒 事事盡誠而致孝 則親悅於誠孝 而所怒之事 竝與之渾化無痕矣 不然只指定一事 而恐懼修省於此 餘事依舊恣意 則不誠於致孝而僞爲之 何以解親怒而得親歡乎 伏願殿下推事親之心 以盡事天之道 無事而不修省 無時而不恐懼 聖躬雖未有過失 而心術隱微之間 疵病山積 不可以不淨盡 宮禁雖本有家法 而戚屬幽陰之類納謁霧集 不可以不過防 聽諫雖如轉圜之美 有時乎以私而牢拒 在所當改 樂善雖如好色之誠 或至於以虛而强求 在所當審 爵賞毋濫 使無功者幸得 而有功者解體 赦宥毋數 使爲惡者獲免 而爲善者受害."

있다. 그것은 하늘을 인격적 존재로 상정하고 그런 하늘 개념을 바탕으로 '하늘-인간' 관계적 사고를 지향하려는 퇴계의 하늘에 대한 종교적 성격을 함의한다고 볼 수 있다. 말하자면 퇴계의 사고는 천즉,리天卽理의 개념을 바탕으로 하늘 혹은 상제에 대한 경외심을 강조하면서 임금에게 그런 태도로써 자신에게 주어진 천명을 깊이 생각할 것을 권한다는 점에서, 퇴계에게 있어서 하늘은 이미 단순히 의리천이나 주재천 정도가 아니라 인격적·종교적 성격을 띤다고 할 수 있다.

다시 말해서, 퇴계는 하늘이라는 실체에 대한 경외심과 그 뜻에 대한 겸허한 순종을 강조한다는 점에서, 일종의 경천사상敬天思想을 함의하는 종교적 경향을 보인다. 그에게 있어서 하늘은 리의 다른 이름이며 이러한 리는 일종의 궁극적 실재에 해당하므로, 우주 만상은 그 유일한 리로부터 다양한 형태로 분화된 것(理一分殊)에 다름이 없고 인간은 그 무궁한 우주의 리와 합일할 때 비로소 진정한 인간일 수 있다는 것이다. 이러한 인간의 이상은 곧 심성에 대한 자각을 통해 우주적인 리의 체계에 편입되거나 리 자체로 귀속될 수 있으므로, 이러한 심성의 각성은 특히 경의 삶에서 이뤄진다는 것이다.[51]

이러한 퇴계의 성리학적 수신론은 경천敬天 혹은 사천事天을 바탕으로 하며, 그 실천적인 삶은 효천孝天적 성격을 지향할 정도로 독특하다. 특히 그는 <무진육조소>에서 "신臣은 생각하기를 임금과 하늘의 관계는 마치 자식이 어버이의 관계와 같다고 봅니다"(故臣愚以爲君之於天 猶子之於親)라고 말하면서, "부모를 섬기는 마음을 헤아려 하늘을 섬기는 도리를 다하십시오"(伏願殿下推事親之心 以盡事天之道 無事而不修省)라고 권

51 윤사순, "퇴계에서의 종교적 경향"(1992), 13.

한다. 이러한 퇴계의 수신론은 특히 대월상제對越上帝, 즉 항상 상제이신 하나님을 대한다는 생각으로 행동하라는 메시지에 생생하게 살아 있다.[52] 그에게 있어서 성학을 지향하는 수신의 심신 자세는 항상 성스러운 것(하늘)을 대하는 태도이며, 신적 존재 앞에서 경건하게 집중하는 자세를 의미한다. 물론 퇴계의 하늘 혹은 상제 개념은 기독교 신학이 말하는 인격신의 경지에는 미치지 못한다. 하지만 퇴계는 하늘 혹은 상제의 개념을 바탕으로 궁극적인 리의 실재를 인격적인 절대 존재로 받아들였고, 천리의 주재성을 단순히 이법적理法的 차원으로 설명하는 것을 넘어서 사람의 마음에 감흥을 주고 사람을 감화시키는 인격적인 하늘 마음으로 이해하려 하였다.[53]

이처럼 퇴계의 성리학은 천인 관계론을 기반으로 존재의 근원과 의미를 밝히는 본체론과 더불어, 체험적인 정감론情感論의 시각에서 하늘-사람의 상응 관계에 대한 새로운 인식을 제시한다. 곧 인간은 하늘을 정감적 대상으로 만남으로써 하늘의 정감적 성격과 인간의 하늘에 대한 정감적 태도를 갖게 된다는 것이다. 그런데 이때의 정감적 성격은 양면성인바 사랑과 분노가 상반된 태도로서, 인간의 하늘에 대한 태도는 하늘의 사랑에 대한 감사하는 태도와 함께 하늘의 분노에 대해서는 두려워하는 태도가 동시에 나타나게 된다. 특히 존경과 두려움에 대한 감정과 태도는 인간이 하늘에 대해 갖게 되는 가장 원초적인 감정과 태도라 할 수 있다.[54]

퇴계의 하늘에 대한 이러한 이해는 결국 하늘을 단순한 물리적 존재自然天나 인간 도덕을 위한 형이상학적인 근본 원리義理天 혹은 인간을 포함하는 우주 만물에 대한 통치와 다스림을 주재하는 존재主宰天 등에 대한 이해를

52 조성환, "바깥에서 바라보는 퇴계의 하늘 섬김 사상," 「퇴계학논집」 제10호(2012), 314.

53 김주환, "퇴계 주리철학의 천리인식," 「한국사상과 문화」 제98집(2019), 141.

54 금장태, "退溪의 天槪念과 天人關係論"(1990), 306.

넘어선다. 특히 그 하늘은 인간을 사랑하고 인간에게 직접적인 은총을 내리는 인격적인 존재人格天이며, 경외와 사랑의 대상으로 등장한다. 전술한 바와 같이, 퇴계는 <무진육조소>에서 이렇게 하늘-사람의 관계에서의 정감적 성격을 드러내 보인다.

> 임금이 여기에서 천심이 나를 사랑하는 이유가 무엇인지를 알고, 마땅히 내가 천심을 받드는 것을 어떻게 해야 하는지를 알아서, 깊이 생각하고 익히 궁구하여 실제로 몸소 행한 뒤에야 천심을 향유하고 임금의 도리를 다할 수 있을 것입니다.[55]

곧 퇴계는 여기서 임금에게 하늘이 임금을 사랑하는 까닭이 무엇인지를 살피라고 요구하면서, 하늘 이치에 합당한 통치를 펼치도록 권고한다. 그리하여 하늘이 임금을 세우지만, 임금은 솔선하여 자신을 세운 하늘의 뜻을 살필 뿐만 아니라 자신도 하늘의 이치에 합당한 인격을 갖추도록 스스로 경건한 삶을 살아감으로써 천명을 받은 존재로서의 마땅함을 보여야 한다는 것이다. 그리하여 퇴계는 인간 존재가 하늘과 교감하고 하늘과의 관계 안에서 존재함을 천명한다. 그리고 그렇게 하늘에 상응하는 삶이란 곧 경敬의 실천을 통하여 이뤄진다는 것이다. 이러한 퇴계의 사고 안에서 하늘은 단순한 의리천이나 막연한 주재천이 아니라, 인격적이고 초월적인 존재(人格天)로서 인간을 포함한 만물의 진정한 주재자로서 등장한다. 따라서 퇴계의 하늘은 일종의 종교성을 띠게 된다. 그리고 그러

55 『퇴계』 제3권, 68 <무진육조소>: "雖然人主於此 又當知天心之所以仁愛我者 何故而然 又當知我所以奉承天心者 何道而可 無不深思熟講而實體行之然後庶可以享天心而盡君道矣."

한 하늘 앞에서의 삶이란 마치 상제 앞에서처럼 언제나 스스로를 되돌아 보면서 진실하게 살아가는 것이다(對越上帝). 퇴계는 <경재잠도>에서 다음과 같이 주자를 인용한다.

> 의관을 바로 하고 눈매를 존엄하게 하고 마음을 가라앉히고 거처하면서, 상제를 대해 모시듯 하라. 발걸음은 무겁게 하고 손짓을 공손하게 하며 땅을 골라서 밟되, 개미집도 피하여 가라. 문을 나서면 손님같이 하고 일을 받들면 제사를 지내는 듯이 하여, 조심조심 두려워하여 잠시도 안이하게 말라. 입을 지키기를 병마개 막듯 하고 잡생각 막기를 성문 지키듯 하여, 성실하고 진실하여 감히 잠시도 경솔히 하지 말라. 동으로써 서로 가지 말며 남으로써 북으로 가지 말고, 일에 당하여 보존하고 다른 데로 가지 말라. 두 가지 일이라고 두 갈래로 하지 말고 세 가지 일이라고 세 갈래로 하지 말라. 마음을 오로지 하나로 하여 만 가지의 변화를 살펴라.[56]

이렇게 경을 실천하는 삶이란 한마디로 종교 생활과 통하는 개념이라고 할 수 있다. 즉, 퇴계는 인간의 감각으로 느낄 수 없는 존재인 상제를 능동적이고 절대적인 주체로 여기고, 그 상제 앞에서 자신의 행동거지를 삼가듯이 항상 자신을 돌아보며 진정한 인간의 길을 추구하였다. 이러한 퇴계의 경 철학은 인간의 윤리적 실천의 근거를 상제에게 두는 독특한 인성론적 수신 개념이었고, 그러한 측면에서 퇴계의 사상은 종교적이라

---

56 『퇴계』 제3권, 149 <경재잠도>: "正其衣冠 尊其瞻視 潛心以居 對越上帝 足容必重 手容必恭 擇地而蹈 折旋蟻封 出門如賓 承事如祭 戰戰兢兢 罔敢或易 守口如甁 防意如城 洞洞屬屬 罔敢或輕 不東以西 不南以北 當事以存 靡他企適 弗貳以二 弗參以三 惟心惟一 萬變是監."

할 수 있다.[57]

요컨대 유학 전통에서 하늘은 대체로 단순히 자연 현상으로만 바라보는 자연천을 넘어서 주재천과 의리천의 형태를 견지해 왔다. 특히 성리학에서는 의리천 개념이 더욱 강하게 부각되었다. 퇴계 역시도 기본적으로는 이러한 전통을 따라간다. 하지만 조선의 정치·사회적 현실에서 성리학 전통의 의리천 개념을 바탕으로 한 하늘 개념만으로는 인간 됨의 존재의미와 존재 가치를 함의하는 인간 윤리의 도 자체의 현실감이 떨어진다는 것이 퇴계의 인식이었다. 즉, 퇴계는 계속되는 사화와 권신들의 도를 넘는 정치적 유린 상황에서 사람됨의 의미와 가치에 대해 깊이 고심하였고, 정치 일선에서 물러나 후학들을 양성하는 과정에서 더욱 사람됨의 이치와 가치에 대한 확고한 바탕이 절실했던 것이다.

이에 대해 퇴계는 주자 등이 제시한 우주와 인간의 존재에 대한 본체론적 리 개념에 대해 거의 이정理靜에 가까운 전통적인 견해를 넘어서, 이발理發, 이동理動, 이도理到에 이르는 일련의 의견을 바탕으로 단순한 의리천으로서의 하늘 개념 또한 주재천으로 전환하였다. 그뿐 아니라 심지어 인격천의 의미까지도 부여하기에 이르렀다. 그리하여 적지 않은 학자들이 퇴계의 하늘 사상에서 종교성을 엿볼 수 있다고 말한다.

곧 퇴계는 하늘, 곧 상제를 능동적인 주재자로 보고 상제는 주체적인 리를 바탕으로 하여 기를 통해 만물을 주재하는바, 상제는 사람의 악한 행위에 대하여 진노하고 재앙을 내린다고 보았다. 따라서 사람은 항상 상제를 마주 대하듯이 의관을 바르게 하고 마음을 잘 다스려야 한다면서 경敬을 강조한 것이다. 따라서 퇴계에게 있어서 하늘로서 상제는 능동적

57 이종우, “退溪 李滉의 理와 上帝의 關係에 대한 연구”(2005), 7-22.

인 존재요, 인간사의 모든 것을 살피는 절대적인 존재로 등장한다.[58] 물론 그렇다고 퇴계의 하늘 개념이 기독교의 신학적 개념에 그대로 연결되어서 하늘이 곧 하나님을 의미하는 데까지 이르렀다고 볼 수는 없다. 그렇지만 퇴계의 하늘 사상에서 우리는 절대적 초월자로서의 인격적인 하나님의 모습을 발견하기는 어려울지라도, 적어도 내재적인 하나님에 대한 흐릿한 모습을 발견할 수 있을 것 같은 생각이 드는 것은 신학을 주업으로 하는 필자의 지나친 편견 때문일까? 다음과 같은 양명수의 이야기도 필자의 생각과 크게 다르지 않은 것 같다.

> 퇴계는 리의 초월성과 능동성을 상당히 강조한 학자다. 그래서 많은 학자가 퇴계의 독창성을 말하고 퇴계가 리를 존재론적 실체로까지 인정했다고 보며, 인격적 실체로 봤다고 주장하는 학자도 있다. 그렇게 되면 퇴계 사상은 상당한 종교성을 띠고, 어쩌면 퇴계의 이학理學이 신학에 가깝다고 할 수도 있을 것이다. 조선 후기에 퇴계의 학통을 잇는 학자들이 서양의 천주교를 받아들이는데, 그것은 퇴계학이 그만큼 신학으로 발전할 가능성을 갖고 있었다는 것을 보여주는 것 같다.[59]

아무튼, 퇴계의 하늘 사상은 경의 원칙적인 근거이자 실천적인 바탕으로서, 인간들에게 진정한 사람됨의 가치를 지향하는 삶을 요구하는 주재적, 인격적인 의미를 띠고 있다. 이러한 퇴계의 경敬 철학은 성리학의 전통적인 의리천 개념의 관념성이나 추상성을 극복하였을 뿐 아니라, 결과적으로 인간 삶의 실제적인 측면에서 사람됨의 삶의 가치와 그 진정한 당위

---

58 *Ibid.*, 19-20.

59 양명수, 『퇴계 사상의 신학적 이해』(서울: 이화여자대학교출판부, 2016), 317.

성을 제시하였다고 할 것이다. 그리고 퇴계에게 있어서 하늘과 마주하고 있는 사람 또한 사람됨의 의미와 가치를 따르지 않으면 참으로 사람이라고 말할 수 없다는 점에서, 그의 하늘 개념은 인간성의 본질적 바탕으로서의 깊은 의미를 간직하고 있다고 할 것이다. 그에게 있어서 사람은 언제나 상제인 하늘과 마주 대하고 있기 때문이다.

III. 퇴계의 인간: 경의 담지자

유학은 현실 긍정이라는 현실적인 가치관에 그 기반을 두지만, 그 세계관은 경험적 현상 세계에만 국한되지 않는다. 천지天地 사이에는 막중한 생명력이 작용하며 천지가 모든 생명체에 생명을 부여하는데, 이것이 천지의 큰 덕이라고 본다. 그런데 천지의 그 마음이 모든 사물과 인간에게 주어져 있다는 것이다. 그리하여 유가의 세계관은 물심불이物心不離라는 일종의 합법칙적 성격을 띤다. 이 원리는 그대로 인간관에도 적용되어, 사람은 육체만도 정신만도 아닌 동물적 본능과 도덕적 정신을 함께 지니는 존재(心身一如)로 본다.[1] 따라서 유가의 인간론은 성인을 지향하는 존재로서의 인간 윤리와 그 근거로서의 인간 본성 문제에 깊은 관심을 두고 있다. 그리고 여기에 대한 논의가 바로 성리학적 이기론이다.

유가에 따르면, 하늘 아래 모든 유형적 존재는 음양오행이라는 기의 요소로 구성되고 그 안에 무형의 보편적 이치인 리가 존재하는데, 사람도 마찬가지라는 것이다. 그렇지만 인간 본성에 대한 논의는 접근 방향에 따라 달라지기 때문에, 그것을 정의하는 것부터가 커다란 연구 과제였다. 유학에서 인간 본성에 관한 논의는 일반적으로 성선설性善說(孟子)과 성악설性惡說(荀子)이 쌍벽을 이루지만, 어느 한쪽이 옳다고 할 수 없다. 더욱이 실제 인간 행위에서는 동물처럼 육체에서 기인하는 이기적 행위와 순수 본성에서 오는 이타적 행위가 공존하는 점 또한 논의를 어렵게 한다. 그래서 성리학은 모든 행위의 근거를 성性으로 설정하면서도 본연지성과 기질지성이라는 개념을 발전시켜왔다.[2] 그렇다면 퇴계의 인간 이해는 어떠하

1 조명기 외, 『韓國思想의 深層』(서울: 우석, 1994), 208.

2 김충열, "동양 인성론의 서설"(1994), 170.

며, 그것이 경敬과 어떤 관계를 갖는가?

1. 천명을 받은 존재

성리학은 인간의 본성을 특히 성性이라는 용어로 표현한다. 성리학이 인간의 본성으로 제시하는 성은 심心자와 생生자의 결합으로 이뤄진 글자이다.[3] 심은 사유 능력이나 도덕적 판단 능력을 뜻하고 생은 생래적 욕구나 본능을 의미하는데, 역사적으로 어느 쪽에 비중을 두느냐에 따라 인간성에 대한 이해가 달라졌다. 또한 각 이론은 서로 영향을 주고받으면서, 특히 불교와 도교 사상을 만나면서 매우 복잡하게 전개되었다.[4] 유학에서 인간 본성에 대한 이해는 송대에 이르러 본격적으로 등장하는데, 특히 주렴계는 <태극도설>을 통해 천리의 근원과 만물의 시종 그리고 인간 본성에 대한 견해를 밝혔다.

---

3 『설문해자』는 의미 중심을 심에, 발음은 생에다 두고서 이를 한대(漢代)의 음양론과 결부시켜 해석한다. 그러나 고증학적 성과를 중시하는 이들은 성이 고대에 생의 의미였다고 본다. 혹자는 고대로부터 생과 성은 의미 체계를 달리했다고 주장한다. 그러나 생에서 성으로 의미가 변화되었다고 보는 것이 지배적이다. 생은 보통 '태어나다, 자라다'는 의미로, 성은 본질, 본성이라는 뜻으로 본다. 그리스어 physis, 라틴어 natura 역시 태어나다(*phuo*), 자라다(*nascor*)의 뜻에서 본질, 본성의 의미로 변화된 것을 예로 드는 이들도 있다. 이렇게 보면 성은 nature에 가깝다(안영상, "인간성의 두 측면," 한국사상연구회, 『조선유학의 개념들』, 서울: 예문서원, 2006, 171).

4 공자는 심과 생의 비중을 비슷하게 두고서 타고난 성은 비슷하나 학습에 따라 변한다고 하여 성의 본질적 측면보다 변화 가능성을 주목했으나, 맹자는 사단(四端)이라는 도덕적 심과 욕망 체계를 제어할 수 있는 심(心之官: 大體)에 중심을 두고 인간 본성은 선하다는 성선설을 주장했다. 고자(告子)는 생에 중심을 두어 타고나는 인간의 기본적 욕구를 성으로 파악했으나 선악의 가치는 부여하지 않았다. 순자(荀子) 역시 생에 중심을 두어 타고난 그대로의 상태를 성이라 하고, 이것이 인간 기본 욕구의 근원이 된다는 점에서 성악설을 주장했다(안영상, *Ibid.*, 172).

> 무극이 곧 태극이다. 태극이 움직여 양을 낳고, 움직임이 극도에 이르면 고요함에 이른다. 그 고요함이 음을 낳고, 고요함이 극도에 이르면 다시 움직인다. 한번 움직이고 한번 고요한 것이 서로의 뿌리가 되어, 양과 음으로 나뉘어 양의가 세워진다. 양과 음이 변하고 합하여 수·화·목·금·토를 낳고, 이 오기가 순리적으로 펼쳐지면서 사계절이 운행된다. 오행은 하나의 음양이고, 음양은 하나의 태극이며, 태극은 본래 무극이다. 오행은 생길 때 각기 하나의 성性을 갖는다. 무극의 참됨과 음양오행의 정수가 오묘하게 합하여 응축되면, 건도乾道는 남성이 되고 곤도坤道는 여성이 되어 두 기운이 서로 감응하여 만물을 변화·생성시킨다. 그리하여 만물은 낳고 낳아 변화가 무궁하다. 오직 사람은 그중 빼어난 부분을 얻어 가장 영명한데, 육체가 생기면 정신이 지각 작용을 하며 오성이 감응하여 동요할 때 선과 악으로 나뉘고 만사가 산출된다. 성인은 이때 중정인의中正仁義의 법도를 정하여 고요를 근본으로 삼아 인극을 수립하였다.[5]

주렴계는 도교 사상을 도학道學에 도입하여 인간의 본성에 대해, "사람은 만물의 영장으로서 태극의 리를 타고나서 오행의 성性을 구비했다"고 보았다. 그런데 그 태극의 리는 순수하고 절대적으로 선하기 때문에 인간의 성 역시 본래부터 선하고, 이러한 인간성의 본연이 바로 성誠이라는 것이다. 주렴계는 『통서通書』에서 다음과 같이 말한다.

5 "無極而太極. 太極動而生陽, 動極而靜, 靜而生陰, 靜極復動, 一動一靜, 互爲其根, 分陰分陽, 兩儀立焉 陽變陰合 而生水火木金土 五氣順布 四時行焉 五行一陰陽也 陰陽一太極也 太極本無極也 五行之生也 各一其性 無極之眞二五之精 妙合而凝 乾道成男坤道成女 二氣交感 化生萬物 萬物生生 而變化無窮焉 惟人也得其秀而最靈 形旣生矣神發知矣 五性感動而善惡分 萬事出矣 聖人定之以中正仁義 而主靜立人極焉"(풍우란, 2010, 442-443, 재인용).

성誠은 성인의 근본이다. 위대하다 건원乾元이여, 만물이 이를 바탕으로 비롯된다고 함은 성의 시원을 말함이다. 건도乾道의 변화에 의해 [만물은] 각기 본연의 성性과 명命이 바르게 될 때 성誠은 수립되며 순수지선純粹至善하다. 따라서 한번 음이 되고 한번 양이 되는 것이(一陰一陽) 도이며, 도를 계승한 것이 선이고, 도를 성취한 것이 성性이다.[6]

요컨대, 주렴계에게 있어서 한번 음이 되고 한번 양이 되는 것이 도라는 점에서 도는 곧 태극의 다른 이름이었다. 사람은 그 순수지선한 태극에서 비롯되는 성誠을 본연으로 삼는 존재이다. 성인聖人이 성인다울 수 있는 까닭은 자기 성性의 본연을 회복했기 때문이다. "성聖은 성誠일 뿐이다. 성은 오상의 근본이자 수많은 행동의 근원이다."[7] 곧 태극을 통해 주어진 성誠이 최고의 도덕 원리이고, 사람됨의 바탕이라는 것이다. 그러므로 인간은 그 순수지선한 성의 원리를 따라 인간성의 본질을 실현해 나가야 하며, 그때 참으로 사람됨의 목적을 이룰 수 있다. 그런 면에서 인간은 처음부터 선한 존재라는 것이다.

그런데 한편 인간은 현실적으로 자신의 삶을 악으로 채운다는 점에서 인간 사회에 아픔이 있다. 주렴계는 이 현실적인 악의 근원에 대해 『통서』에서 "성誠은 작위가 없고, 기미로부터 선악이 갈린다"(誠無爲 幾善惡), 혹은 "성誠에도 강유가 있는데, 그것의 선악은 중도에 달려 있다"(誠者剛柔善惡 中而已矣不達)고 설명한다. 전자에서 기미란 "운동하여 아직 드러

6 『通書』, <誠上>: "誠者 聖人之本 '大哉乾元 萬物資始' 誠之源也. '乾道變化 各正性命' 誠斯立焉 純粹至善者也 故曰 '一陰一陽之謂道 繼之者善也 成之者性也'"(풍우란, 2010, 449, 재인용).

7 『通書』, <誠下>: "聖誠而已矣 誠五常之本 百行之源也"(풍우란, 2010, 454, 재인용).

나지 않아서 존재 유무가 분간이 안 됨"(動而未形 有無之間者幾也)을 뜻한다. 인성은 본래 선하지만 행위로 나타날 때 꼭 중도에 부합되지는 않는데, 그렇게 중도에 부합되지 않게 나타나는 것이 바로 악이라는 것이다. 그리고 후자의 설명은 "양은 강하고 음은 유하다. 사람은 음양의 기를 타고났기 때문에 성性에도 강유가 있다. 강유가 적절성을 상실하거나 오성이 감응하여 동요할 때, 중도에 부합하지 않으면 모두 악일 수밖에 없다"는 뜻이다.[8] 결국, 주렴계는 인간성의 본연을 성(誠)이라고 본다. 사람은 수신을 통해 자신에게 주어진 태극 원리인 성을 자각하고 일상에서 실현함으로써 자기 본성을 회복하게 되고 마침내 성인의 경지에 이르게 되는데, 그때 비로소 자기 존재 의미를 완성한다는 것이다. 이러한 주렴계의 <태극도설>에서 시작되는 인간 이해는 훗날 퇴계에 의해 더욱 새롭게 발전된다. 특히 퇴계는 『성학십도』의 제1도에 주렴계의 <태극도설>을 소개하면서 성리학의 근본 체계를 설명하였다.

같은 시대의 소강절邵康節(1011~1077) 역시 도교 사상을 도학에 도입하였다. 그 또한 주렴계처럼 태극을 언급하여 "도는 태극이다道爲太極"라고 했고 "마음이 태극이다心爲太極"라고 말했다.[9] 그에 따르면 사람은 태극의 원리를 따른다는 점에서 사물 가운데 가장 영명한 존재이고, 그런 사람들 가운데 가장 완전한 존재가 바로 성인이라는 것이다. 그는 자신의 저서 『황극경세皇極經世』에서 다음과 같이 말한다.

> 사람 또한 사물이고 성인 또한 사람이다. [...] 사람이란 사물 가운데 최고의 존재이고 성인이란 사람 가운데 최고의 존재이다. [...] 왜 그런가? 성인은

8 풍우란(2010), 450.

9 『皇極經世』 卷12 上(풍우란, 2010, 458, 재인용).

하나의 마음으로 만인의 마음을 관찰하고, 하나의 몸으로 만인의 몸을 관찰하고, 하나의 사물을 바탕으로 만물을 관찰하고, 하나의 세대를 바탕으로 만세를 관찰할 수 있기 때문이며, 또 그의 마음은 하늘의 뜻을 대신하고, 입은 하늘의 말을 대신하며, 손을 하늘의 기술을 대신하고, 몸은 하늘의 일을 대신할 수 있기 때문이다.[10]

이처럼 소강절 역시 주렴계처럼 인간성의 본연은 태극에서 비롯된다고 보고, 그러한 본연을 성취한 존재가 성인인바 곧 인간 됨의 궁극적인 목표가 성인 경지의 구현이라고 주장하였다. "천하 사물 가운데 어떤 것도 리가 없는 것이 없고, 성性이 없는 것이 없으며, 명命이 없는 것이 없다. 리란 궁구해야 비로소 알 수 있고, 성이란 모두 발휘해야 비로소 알 수 있고, 명이란 완전히 이르러야 비로소 알 수 있다. 이 세 가지 앎은 천하에서 가장 진실한 앎이니, 성인이라도 그것을 능가할 수 없으며 능가한 사람은 성인이 아니다."[11] 이처럼 소강절의 인간관은 다소 초현실적인 듯하지만, 주렴계처럼 현실적 악의 문제를 함께 고려하였다는 점에서 단순히 이상만을 추구하지는 않았다. 그 역시 인간 사회의 실존적 현실에서 참된 인간의 길을 추구한 점에서는 여타의 유학자들과 다를 바가 없었다.

주렴계와 소강절의 동시대인이면서도 그들보다 약간 뒤에 등장한

---

10 『皇極經世』 卷11 上: "人亦物也 聖人亦人也 [...] 人也者 物之至者也 聖也者 人之至者也 [...] 何哉? 謂其能以一心萬心 一身觀萬身 一物觀萬物 一世觀萬世者焉 又謂其能以心代天意 口代天言 手代天工 身代天事者焉"(풍우란, 2010, 465, 재인용).

11 『皇極經世』 卷11 下: "天下之物莫不有理焉 莫不有性焉 莫不有命焉 所以謂之理者 窮之而後可知也 所以謂之性者 盡之而後可知也 所以謂之命者 至之而後可知也 此三知者天下之眞知也 雖聖人無而過之也 而過之者 非所以謂之聖人也"(풍우란, 2010, 466, 재인용).

주기파主氣波 장횡거는 불교를 배척하는 한편 선진 유학을 깊이 검토하는 가운데, 인간의 본성을 처음으로 본연지성本然之性과 기질지성氣質之性으로 구분하였다. 그는 자신의 저서 『정몽正蒙』에서 인간의 본성에 대해 다음과 같이 말하였다.

> 태허太虛에서 천天이라는 이름이 생겼고, 기화氣化에서 도道라는 이름이 생겼다. 허와 기를 합하여 성性이라는 이름이 생겼고, 성과 지각을 합하여 심心이라는 이름이 생겼다.[12]

> 형체가 생긴 이후 기질지성이 생겼으니, 기질지성을 잘 되돌이키면 천지지성이 보존된다. 그러므로 기질지성은 군자가 성으로 인정하지 않는 바가 있다.[13]

곧 장횡거는 사람 안에는 천지지성과 기질지성이 공존한다고 말하는데, 주자는 이것을 "천지지성은 오로지 리를 지칭하고 기질지성은 리와 기를 뒤섞은 말"이라고 해석했다(論天地之性 則專指理而言, 論氣質之性 則以理與氣雜而言之, 『語類』 67). 그러나 장횡거는 리보다 기를 강조하는 입장이었다. 그는 『정몽』에서 "모양이 있는 것은 다 유이고, 모든 유는 다 현상이고, 모든 현상은 다 기다. 기의 성性은 본래 공허하고 신묘하니, 신묘함과 성은 기에 고유하다"라고 말하였다.[14] 그리하여 그는 기의 성이

---

12 『正蒙』 32, <太和>: "由太虛有天之名 由氣化有道之名 合虛與氣 有性之名 合性與知覺 有心之名"(풍우란, 2010, 487, 재인용).

13 『正蒙』 127-28, <誠明>: "形而後有氣質之性 善反之 則天地之性存焉 故氣質之性 君子有弗性者焉"(풍우란, 2010, 487, 재인용).

14 『正蒙』 358-359, <乾稱>: "凡可狀皆有也 凡有皆象也 凡象皆氣也 氣之性本虛而神 則神與性乃氣所固有"(풍우란, 2010, 489, 재인용).

곧 하늘의 성天性이라고 보았다.

그런데 장횡거와 함께 활동했던 주리파主理波의 정이천은 인간 본성을 이기 개념으로 설명했다. 그는 형이상학의 본체를 리로 보고, 태허를 포함한 모든 기를 형이하로 보았다. 그에게 있어서 인간은 리와 기로 구성되는 바, 보편 원리인 리는 모두에게 같은 형식으로 주어지나 기에 의해 개별적 형질이 달라진다(性卽理, 才卽氣)는 것이다. 또한 그는 리를 하늘로부터 부여받은 성과 관련해 설명하고(本然之性) 질료적 바탕은 타고난 바의 성으로 설명함으로써(氣質之性)[15] 결국, 리를 인간의 본성에 내재하는 보편적-객관적 이치로 규정하기에 이르렀다(性卽是理—여기서 性理學이라는 말이 나왔다).[16] 그렇지만 그는 형님인 정명도(程顥, 호는 明道, 1032~1085)와 함께 천리 혹은 리에 대한 명확한 개념을 밝히지는 않았다.

주자는 정이천에 이어 천리(性)와 인욕(情)을 이원화하여, 천리를 택하고 인욕을 버리는 정적 수양론을 내세웠다.[17] 특히 그는 하늘이 부여한

---

15 장횡거와 정이천은 본연지성과 기질지성을 이원화하는 경향이 짙은데, 이것은 후일 조선의 퇴계학파에서 많이 논의된다. 그러나 양자를 완전히 이분화하면, 인간에게는 두 성이 있고 무생물에게는 기질지성만 있다는 식으로 이해될 수 있다. 그래서 주자는 기질에 들어있는 본연지성을 기질지성이라고 함으로써 양자는 별개가 아님을 강조했다(안영상, "인간성의 두 측면," 2006, 174). 하지만 조선 사회의 인성론을 지배한 것은 정·주를 주축으로 한 억정멸욕설(抑情滅欲說)이었다. 이들은 장횡거의 "형체를 갖춘 뒤에 나타난 기질지성도 잘 수양하면 천지지성으로 존유할 수 있다"는 말을 "기질지성을 버리고 천지지성으로 돌아가라"는 뜻으로 인식하여, 리만 추존하고 기를 억누르는 과오를 범했다(김충열, "동양 인성론의 서설," 1994, 178).

16 특히 정이천은 "만물과 수많은 사람이 각각 다르지만, 그 근원은 하나이다. 그리고 만물의 '리'와 수많은 사람의 '성'이 별개의 형태로 존재하지만, 그것은 한 근원인 천리(天理), 즉 리일(理一)에서 나왔다"면서 이른바 리일분수(理一分殊)를 주장한다(김시균, "退溪의 心性論에 관한 硏究," 「동양철학」 제1집, 1990, 81-82; 김성범, "退溪 理氣論의 存在論的 接近," 「철학 논총」 제9집, 1993, 1-2).

17 주자는 마음을 중시하여 불교가 마음을 관념적으로 절대화한 것을 비판하고, 마음을 인식적·도덕적 주체(實心)로 능히 지각할 수 있고 외물에 응접할 수 있는 리를 성(性)으로

리가 성이며, 그 성으로 인해 사람의 마음은 사물을 깨닫고 제반사를 주재하는 주체가 된다고 보았다. 즉, 마음이 하늘 이치인 성을 자각하면 하늘 이치를 보존하지만 그렇지 못하면 인욕을 따르게 되는데, 특히 일반인은 욕심을 억제해야만 천성을 보존할 수 있는바 그 길이 바로 경이라는 것이다. 그리하여 주자가 말하는 경은 조절이 아닌 정情을 억제하는 의미로 오도되었고, 인간의 생기발랄한 활동적인 측면을 속박하는 경향이 있다.[18] 요컨대 주자는 관념적이던 마음을 실심實心으로 확립함으로써 사람의 마음은 인식과 실천의 주체임을 밝혔으며, 정이천이 제기한 리 개념을 끌어와서 "성은 마음이 소유하는바 리요, 마음은 곧 리가 모인 것"(性便是心所有之理, 心便是理之所會之也, 『語類』 卷5, 259)이라는 성즉,리性卽理의 개념을 도출해냈다.[19]

그렇다면 퇴계는 인간 본성을 어떻게 이해했는가? 그 역시 성리학의

보았다. 따라서 마음은 기요, 성은 리일 수밖에 없다. 즉, 성이 있기에 마음은 주체가 될 수 있다. 왜냐하면, 성이야말로 생생리(生生理)이며 모든 리와 관통하는 보편성을 갖기 때문이다. 그러므로 인간은 본체로서의 리와 기가 현상화한 특수 개체로서, 그 본래성 회복의 실질적 방법론이 바로 수양론이다(유인희, "程·朱의 人性論," 1994, 258; 최영찬, "朱子의 心性論," 『韓國思想史』, 익산: 원광대출판부, 1991).

18 김충열, "동양 인성론의 서설"(1994), 178.

19 주자가 리-기의 관계를 서로 떨어질 수도(不相離) 섞일 수도 없다(不相雜)는 생각에서 출발했기에, 전자로 보면 이기는 이원론적 일원론이 되고 후자로 보면 이기이원론이 되어 해석의 입사각이 달라진다. 모호한 표현은 뒷날 퇴계와 율곡에 의해 정리되는데, 퇴계는 불상잡을, 율곡은 불상리를 강조함으로써 퇴계는 이기호발설로, 율곡은 기발이승일도론으로 나아갔다. 이들이 주자의 한 측면을 취사선택했는지 아니면 강조점의 차이인지에 대한 논쟁은 한동안 계속됐다. 이상익은 전자를 취하면서, 그 요인을 양자의 시대·역사적 상황에 무게를 둔다(이상익, "退溪와 栗谷의 政治에 대한 認識," 2001, 383-424). 그러나 정순목은 퇴·율은 주자의 반분신일 수 없다면서, 양자는 같음이 더 많기에 강조점의 차이라고 본다(정순목, "退·栗 心性論에 있어서 관심의 지향성," 1985, 959-971 참조). 퇴·율의 이기론에 대한 자세한 논의는, 황경원, "退溪·栗谷의 理氣說 比較論," 「退溪學報」 제33집(1981), 67-81.

리 철학에 바탕을 두었으나[20] 나름대로 새로운 해석을 가했다.[21] 그는 우선 우주적 존재 구조와 인간적 존재 구조가 상응하는 것으로 이해한다. 퇴계는 다음과 같이 말한다.

> 천지의 태극이 사람에게 있어서는 성性이요, 천지의 동정음양이 사람에게 있어서는 곧 마음이요, 천지의 금목수화토가 사람에게 있어서는 곧 인의예지신이요, 천지의 화생만물이 사람에게 있어서는 곧 만사입니다. 대개 일음·일양·유행·조화가 곧 천지의 마음이기 때문에 사람이 이것을 얻어 태어나니, 또한 이것으로 마음을 삼는 것입니다.[22]

곧 퇴계는 우주의 "태극, 음양, 오행, 만물"과 인간 존재의 "성性, 심, 오상, 만사"가 서로 상응한다고 본다. 태극과 성은 하나의 리, 음양·오행·만물은 기라 할 수 있지만, 심과 만사는 그대로 기라 할 수 없고 오히려

---

20 퇴계의 리는 주자처럼 추상적·관념적 실재가 아닌 실제적·실존적 리로서, 지극히 허하되 지극히 실하고, 지극히 무하되 지극히 유하며, 동하되 동함이 없으며 정하되 정함이 없는 극존무대(極尊無對)한 궁극적 존재다(이동준, "退溪學的 人間像의 探索과 展望," 「退溪學報」 제87·88집, 1995, 71).

21 꺼룽진은 퇴계의 이기론을 극찬하면서, 이겸허실(理兼虛實: 理兼有無, 理兼偏全), 이겸체용(理兼體用: 體用不二, 體用分二, 體用有二), 이겸동정(理兼動靜) 등으로 분석한다(꺼룽진, "李退溪의 朱子 理氣說의 受容과 發展," 1975, 555- 570); 이러한 퇴계의 인간성에 관한 관심은 특히 인간완성의 추구에 있었다(김유혁, "퇴계의 인간상이 오늘에 주는 교훈," 「退溪學硏究」 제4집, 1990, 68). 성리학에서 퇴계의 독창성을 인정하는 이들에는, 윤사순(『退溪哲學의 硏究』, 서울: 고대출판부, 1980, 1-2)과 Tu-Weiming("Toegye's Creative Interpretation of Chu Hsi's Philosophy of Principle," 「退溪學報」, 1982, 35-57) 등이 있다.

22 『퇴계』 제6권, 211 <이강이에게 답함>: "天地之太極 在人便是性 天地之動靜陰陽 在人便是心 天地之金木水火土 在人便是仁義禮智信 天地之化生萬物 在人便是萬事 蓋一陰一陽流行造化 卽是天地之心 故人得是以生 亦以是爲心."

리와 기가 결합된 것이며, 오상은 성性으로서 리로 보아야 한다는 것이다.[23] 또한 퇴계는 태극이 마음에 깃들어 있으며, 마음 작용 이전에는 태극이 작용 이치를 갖추고 있어도 아직 음양으로 나타나지 않음과 같고 마음 작용 이후에는 태극이 이미 움직여서 양이 되고 머물러서 음이 됨과 같다고 하였다. 따라서 마음 작용 이전과 이후가 태극의 작용 이전과 이후에 상응한다고 보았다.[24]

나아가 퇴계는 한 편지에서 태극과 천명을 대비하는 가운데, 인간 본성 문제에 깊이 접근한다. 그에 따르면, 태극은 조화가 드러내는 자연의 지분을 살핀 의사를 가리키고[25] 천명은 인간과 사물이 부여받은바 직분이 있는 도리를 가리킨다는 점에서, 하늘과 사람이 존재론적 구조에서 상응한다는 것이다. 즉, 퇴계는 사람은 주어진 하늘 이치를 따름으로써 자신을 향한 하늘 은덕에 응답하는 존재라는 것이다.

> 대개 저것은 태극으로 명명했고 이것은 천명으로 명명했으니, 태극으로 명명한 것은 조화 자연의 지분을 추리한 의사이고 천명으로 명명한 것은 인물이

---

23 퇴계의 관심은 늘 '어떻게 하면 바람직한 인간 곧 성인이 될 수 있을까?'에 있었고, 그 길을 찾기 위해 우선 인간을 인간이 되게 하는 본질을 알아야 했다. 그 본질과 같은 것이 곧 인간의 본성인 오성 또는 오상이었다(윤사순, "退溪에서의 自然觀과 人間觀," 「退溪學報」 제75집, 1992, 27).

24 금장태(2003), 79-80.

25 유학에서 태극은 우주 만물의 궁극적 근원으로서 우주론의 핵심 개념이다(주렴계). 주자는 태극에 대한 이러한 개념을 리의 극치로 규정하여 우주의 보편 원리로 파악했다. 그런데 퇴계에 이르면, 태극은 단순한 관념적 본체가 아닌 실재 개념이 된다. 곧 태극은 스스로 동정이 가능하며, 기에 선재하는 우주의 참된 실재로 이해된다. 퇴계는 태극의 실재성을 인정함으로써 현실에서 윤리 도덕에 대한 인간의 자율성과 가능성을 리에 근거하는 성리학의 전제(天命之謂性)에 더 강한 힘을 실어주었다(김근호, "우주 만물의 근원," 2006, 27-46).

받은 바의 직분이 있는 도리이며, 자연의 지분을 추리한 것이란 본래 수위의 일로 참여할 수 없습니다. 그러므로 공자가 태극을 논할 때 역시 '길흉이 대업을 생한다'는 데에 이르러 그쳤으니, 곧 주렴계가 <태극도>를 작성한 의도입니다. 직분을 받은 자가 진실로 수위의 일이 없다면 천명이 행해지지 않습니다. 그러므로 자사가 천명을 말함에 있어서 본성을 따르고(率性), 도를 품절하고(修道), 존양성찰存養省察로부터 중화의 극공極功에 이른 뒤에야 그만두었습니다.[26]

여기서 퇴계는 태극을 우주의 조화 질서를 내포하는 이치로서 수신에 참여하지 않는 초월적이고 객관적인 원리로 이해하였고, 천명은 인간과 사물이 부여받은 하늘의 성품으로서 그것의 실현을 위해 수신을 지향하게 하는 인도人道 즉, 내면적 원리로 보았다. 말하자면 사람은 하늘 이치인 천도 혹은 천리를 본성으로 부여받은 존재로서, 비록 혼란한 현실 속에서도 하늘이 주신 본성을 자각하고 부단한 수신의 삶을 통해 그 이치를 일상에서 실천함으로써 자신의 존재 의미와 존재 가치를 실현하는 존재라는 것이다. 이러한 인간에 대해 하늘은 늘 자애로움으로 다가오며, 사람들에게 그 이치를 따르도록 가르침을 내리게 된다.

요컨대 퇴계에 따르면, 본체론적 측면에서 하늘은 사람으로 하여금 참된 사람이 되게 하는 참된 이치이고, 그것의 유행이라는 측면에서 보면 사덕(元亨利貞)이라고 할 수 있다.[27] 또한 그러한 하늘이 인간과 사물에게

---

26 『퇴계』 제9권, 225 <신계숙에게 답함>: "蓋彼以太極爲名 此以天命爲名 名以太極者 占造化自然之地分意思 名以天命者 有人物所受之職分道理 占自然地分者固不當參以修爲之事 故孔子之論太極 亦至於吉凶生大業而止 卽濂溪作圖之意也 有所受織分者 苟無修爲之事 則天命不行矣 故子思之言天命 自率性修道存養省察 以至於中和之極功以後已."

내린 존재 의미와 가치로서 천명은 하늘이 사람과 사물의 기질에 부여한 본질적인 성품을 일컫는 것이다. 따라서 하늘天과 성性은 하나의 이치요, 하늘 사덕(元亨利貞)은 곧 사람과 사물의 성으로서 사덕(仁義禮智) 또는 오상(仁義禮智信)에 상응한다. 그러므로 리에서 보면, 하늘과 사람은 일치하지만(天人一致) 기질의 차이에 따라서 성인聖人과 우인愚人으로 나타나게 된다.[28] 이처럼 퇴계는 인간의 성품에 대하여 철저하게 하늘과의 상응 관계로 이해하면서, 사람은 그 가슴에 하늘의 명(도덕적 이치: 천명)을 품고 있는 특별한 존재로서 부단한 자기 수신을 통해 하늘이 내려준 인간 본래의 성품을 실현해 나가는 사명을 안고 있음을 밝힌다. 곧 인간성 완성을 위한 가장 중요한 수신법이 바로 경敬이며, 그것의 완성 단계가 바로 성인聖人이라는 것이다.

2. 인욕에 묶인 존재

동양 전통에서 마음은 인간 실존을 비추는 거울이며, 사람됨의 도를 깨달아 실천하는 인격의 주체로 등장한다. 퇴계에게도 마음은 인간 존재

---

27 퇴계는 기본적으로 천을 리로 해석한다. 천이 지닌 상제의 의미를 일단 외면하고 거기에 이법의 의미를 대신 부여한다. 그리하여 우주·자연의 생성과 변화를 특히 역학의 리법으로 이해한다. 이러한 자연의 생성·변화에 관계되는 리 중 궁극적 리가 바로 태극이다(윤사순, 1992, 23-24). 물론 그렇다고 그가 천이 지닌 상제의 의미를 완전히 포기한 것은 아니다. 그는 정·주 철학에 이어 천을 리로 파악하면서도, 천을 주재자요 상제로서 인간에게 명령하는 존재로 이해한다. 그래서 천에 대해 종교적·신적 의미를 어느 정도 부여하고 있다(이상은, 2002, 150-154).

28 여기서 퇴계는 리에 순수하여 정(靜)으로 동(動)을 다스림으로써 기가 리의 명령을 받게 하는 사람을 성인(聖人), 기에 부림을 받아 동(動)으로 정(靜)을 파고 들어감으로써 리를 기에 빼앗기는 사람을 중인(衆人)이라 하여 인격의 차등을 이기동정(理氣動靜) 관계로 구별한다(금장태, 2003, 81).

의 중추요 몸의 주재이다. 그는 마음을 체용體用에 따라 허령虛靈(마음이 잡념 없이 깨끗함)과 지각知覺(알아서 깨달음)으로 분별하고, 성품과 감정의 통합체로 인식했다. 특히 마음의 구체적 발동 현상인 감정을 사단과 칠정의 양상에 따라 이기론으로 분석했다. 또한 그는 마음의 다양한 양상을 설명하는 가운데, 특히 인심, 도심을 주목하여 수양론적 기반을 제시한다.[29] 퇴계의 이러한 마음에 대한 논의는[30] 당시 사회적 맥락에서 윤리·도덕적 삶을 위한 근거 규명을 위해 시작됐고, 본래적 마음 상태性와 현실적 마음 상태情에 집중되었다.[31] 이러한 그의 생각은 특히 『성학십도』의 <심통성정도>와 <심학도>에서 잘 나타난다.[32]

> 이른바 '마음이 성정을 통섭한다'는 것은 사람이 오행의 빼어남을 타고나고, 그 빼어난 것에서 오성이 갖춰지며, 오성이 동하는 데서 칠정이 나온다는 것을 말한 것이다. 무릇 그 성·정을 통회統會하는 것은 마음이다. 그러므로 그 마음이 조용하고 동요하지 않게 하여 성이 되니 마음의 본체요(體), 마음으

29 금장태(2003), 82.

30 퇴계에게 마음은 신체 기관이 아니다. 물론 심은 신체일여(身體一如) 관계에서 신체에 포함되지만, 무궁한 쓰임새로 우주를 가득 채워 나를 우주 및 우주 내의 모든 사물과 적극적 관계를 맺게 하는 정신, 의식 혹은 의식 작용이고, 정감적 경험의 원천이자 도덕 행위의 근원이며 자의식적 주체이다(육영해, "退溪의 心性理論," 1991, 59; 오석원, "퇴계의 성학에 관한 고찰," 1989, 191-196).

31 퇴계의 『성학십도』는 천성이 곧 인성이라는 천명관을 풀이한 것이라 할 수 있고, 그런 바탕에서 퇴계는 참된 인간이 되는 길을 『성학십도』에서 설명한다(윤노빈, "퇴계와 율곡의 皇極觀과 心性論," 「부산대논문집」 제14집, 1975, 397, 참조).

32 <심통성정도>는 정복심(程復心, 호는 林隱, 1279~1368)이 그린 상도와 퇴계 자신이 그린 중·하도를 합친 것인데 성리학 심성론의 기초를 보여주며, 특히 사단칠정론을 중심으로 한 퇴계의 심성론이 나타난다. <심학도> 역시 정복심의 저작으로서, 몸의 주재인 심권(心圈)과 마음의 주재인 경권(敬圈)을 중심으로 하는 마음의 별칭과 수양론에 대한 방법론을 다루고 있다.

로 느껴서 마침내 통하게 되니 그것이 마음의 작용이다(用). 장횡거는 이것을 가리켜 '마음이 성 · 정을 통섭한다'고 했으니 이 말이 옳다.[33]

곧 퇴계는 마음이 항상 성과 정을 겸하는 것이 아니라 마음이 외부 자극 없이 움직이지 않을 때(寂然不動)는 그 본질이 정 없는 성이고, 외부 자극으로 움직일 때는(感而遂通) 그 본질이 정하며 그 성체性體가 유행할 뿐 성 자체가 마음에 없다는 것이다. 그리고 마음이 움직이지 않고 성이 주체가 될 때를 체體(성품), 마음이 움직여 정이 주체가 될 때를 용用(감정)으로 봄으로써,[34] 결국 마음을 "리와 기를 겸하고 성과 정을 통섭하는 것"(合理氣統性情 主一身該萬化)으로 정의한다. 그리고 마음에 리가 순수하게 드러난 것을 사단(惻隱, 羞惡, 辭讓, 是非), 리가 기에 의해 가려진 것을 칠정(喜怒哀懼愛惡欲)이라고 했다.[35] 그 후 퇴계는 고봉과의 논쟁에서 "사단의 발함은 순전히 리이므로 선하지 않음이 없으며, 칠정의 발함은 기를 겸하기 때문에 선과 악이 함께 있다"(四端之發純理 故無不善, 七情之發兼氣 故有善惡)는 생각을 바탕으로 고봉의 의견을 받아들여, 최종적으로 사단은 리의 발동에 기가 따르는 것(理發而氣隨之)이고 칠정은 기의 발동에 리가 타는 것(氣發而理乘之)이라고 정의했다.[36]

---

33 『퇴계』 제3권, 134 <심통성정도>: "所謂心統性情者 言人稟五行之秀以生 於其秀而五性具焉 於其動而七情出焉 凡所以統會其性情者則心也 故其心寂然不動爲性 心之體也 感而遂通爲情 心之用也 張子曰 心統性情 期言當矣."

34 김시균, "退溪의 心性論에 관한 硏究,"(1990), 93.

35 금장태(2003), 83.

36 퇴계와 고봉의 사칠논변에 대한 더 자세한 논의는, 유명종, "退高四七論辯과 高峰의 論據"(「退溪學報」 제8집, 1975); 윤사순, "四端七情을 논하는 글"(「退溪學報」 제8집, 1975); 전두하, "理發而氣隨之에 관한 論議"(「退溪學報」 제11 · 12집, 1976); 유정동, "四七論辯의 顚末과 未解決問題"(「大東文化硏究」 제13집, 1979); 전병재,

대개 혼합하여 말할 경우, 칠정이 리와 기를 겸한 것은 많은 설명이 필요 없지만, 칠정을 사단과 대립시켜 구분하여 설명하면 칠정의 '기'에 대한 관계는 마치 사단의 '리'에 대한 관계와 같습니다. 따라서 그 발함에 각각 혈맥이 있고 그 이름에 모두 가리키는 바가 있기에, 그 주된 바에 따라 리와 기에 분속할 수 있습니다. 나도 칠정이 리와 관계없이 외물이 우연히 서로 모여 감동하는 것이라고는 생각지 않습니다. 그리고 사단이 외물에 감응하여 움직이는 것은 진실로 칠정과 다르지 않지만, 사단은 리가 발하여 기가 따르고 칠정은 기가 발하여 리가 타는 것일 뿐입니다.[37]

요컨대 퇴계는 사단은 리가 주동적으로 발동하고 칠정은 기가 주동적으로 발동하는 것을 밝힘으로써, 사단과 칠정이라는 인간 마음의 발동 현상의 감정 양상에 따라 선의 확고한 근원을 정립하고 악의 가능성을 분별하여 경계하려 했다.[38] 즉, 그는 마음의 발동에 따라 현실적으로 나타나는 선악의 현상을 리-기 개념으로 규정하면서, "리가 드러나고 기가 순응하는 것이 선이요, 기에 가려서 리가 숨은 것이 악이라"(『퇴계』 제7권, <정자중에게 답함>, 97, 103)고 보았다. 이로써 리가 인간의 삶에 표준이 되는 하늘 이치이고 마음에 내재하는 인간성이지만,[39] 현실적으로는 리

"退溪 · 高峰의 四 · 七論辯"(「東方學紙」 제21집, 1979); 김영식, "李滉의 理氣觀과 新儒學 傳統上에서의 그 位置"(「退溪學報」 제81집, 1994); 송래희 편, 정성희·함현찬 역주, 『性理論辯』(서울: 심산, 2006, 241-438) 등을 참조하라.

37 『퇴계』 제5권, 170 <기명언에게 답함>: "蓋渾淪而言 則七情兼理氣 不待多言而明矣 若以七情對四端 而名以其分言之 七情之於氣 猶四端之於理也 其發名有血脈 其名皆有所指 故可隨其所主而分屬之耳 雖滉亦非謂七情不干於理 外物偶相湊 著而感動也 且四端感物而動 固不異於七情 但四則理發氣隨之 七則氣發而理乘之耳."

38 금장태(2003), 83.

가 기에 가려져서 인간 삶이 선보다 악으로 드러남을 밝혔다. 그리하여 이것은 개인적 차원에서는 천리와 인욕 또는 도심과 인심의 대립을 반영하고, 사회적 차원에서는 군자와 소인의 대립을 반영하게 된다.

이처럼 퇴계가 본 사람은 하늘 이치를 부여받은 존재로서의 본질적인 인간과 내면에 천리와 인욕이 대립·갈등하는 현실적인 인간이었다. 그리하여 퇴계는 사람에 대한 근원적 신뢰보다 타락 가능성을 염두에 두었고, 이에 따라 인간 본성의 윤리적 근거(天 / 天命)를 분명하게 제시하였다. 물론 유학은 기독교처럼 인간의 악의 문제에 대해 깊이 고민하지 않는다. 다만 현실적 인간성에 상응하는 본질적 인간성을 주목할 뿐이다.[40] 퇴계 역시 근본적으로는 같은 맥락에 서 있지만, 암울한 시대적 상황에서 사람 마음의 현실적 불완전성과 부도덕성을 충분히 인식하였다. 즉, 정치 이데올로기에 의해 인간의 존엄성과 존재 가치가 부정되고 하늘 이치를 받은 인간성 자체가 무참히 부서지는 것을 목도했다.

그리하여 퇴계는 무엇보다 인간성의 타락에 대한 가능성을 절감했고, 다소 비관적 시각에서 사람 마음의 모호성과 사람의 내면에 자리 잡은 악의 문제에 대해 깊이 고심하게 되었다. 특히 고봉과의 치열한 논쟁을

---

39 주자와 퇴계는 겸리기(兼理氣)한 현상의 세계에서부터 본원에 있어서 초월적 실재로서의 리일(理一)의 '리'를 논증하였다. 반면 율곡의 경우는 겸리기한 현상 세계 내에서의 리기 관계에 주목함으로써 초월적인 원리로서의 리의 규정성을 약화시켰다(김성범, 1993, 6). 특히 퇴계는 리의 성격에 대해 단순한 자연법칙으로서 무기력한 것이 아니라 능발능생(能發能生)하는 소능연(所能然)의 능력자, 다시 말해 소이연(所以然: 존재론)이라는 결과가 아니라 소능연(所能然: 윤리론)의 성격을 지니는 것이다(송긍섭, "退溪哲學에서의 理의 概念," 1978, 23-53).

40 유학에는 비록 순자의 성악설이 있지만, 그렇다고 그것이 "인간이 타고난 본성 자체가 악하다"는 뜻은 아니다. 순자는 다만 인간과 동물의 본성이 대부분 같은 점을 주목하고, 인간 본성을 이기적인 것으로 생각하면서도 후천적인 노력에 의한 극복의 가능성을 말했다는 점에서 양가적 입장에 서 있다(안영성, "인간성의 두 측면," 2006, 170).

통해 확립한 이기이원론도 이러한 현실성을 심각하게 고려한 결과였다. 그에 있어서 사람은 비록 하늘 이치를 부여받은 존귀한 존재이나 형기形氣(몸에 깃든 기운)에 의해 악을 행할 가능성이 있는 현실적 존재이므로, 잠시라도 조심하지 않으면 쉽사리 사욕에 휘둘릴 가능성이 있는 연약한 실존이었다. 퇴계는 <경재잠도>에서 다음과 같이 주자를 인용한다.

> 조심조심 두려워하여 잠시도 안이하게 말라. 입을 지키기를 병마개 막듯 하고 잡생각 막기를 성문 지키듯 하여 성실하고 진실하여 감히 잠시도 경솔히 하지 말라. 동으로써 서로 가지 말며 남으로써 북으로 가지 말고, 일에 당하여 보존하고 다른 데로 가지 말라. 두 가지 일이라고 두 갈래로 하지 말고 세 가지 일이라고 세 갈래로 하지 말라. 마음을 집중하여 만 가지 변화를 살펴라. 이것에 종사함이 경을 지킴이니, 동動에나 정靜에나 어기지 말고 밖이나 안이나 서로 바르게 하라. 잠시라도 틈나면 만 가지 사욕이 불길 없이도 뜨거워지고 얼음 없이도 차가워진다. 털끝만큼이라도 틀림이 있으면, 하늘과 땅이 뒤바뀌고 삼강이 무너지고 구법이 퇴폐한다.[41]

곧 퇴계는 자기 시대의 혼란한 사회 현실에서 현실적인 인간상을 넘어서 하늘 본성을 따르는 참된 인간의 길을 모색하기 위해 성리학의 심학을 세밀화하였다. 인간은 수신을 통해 자기완성을 이루기 전까지는 잠재적 가능태일 뿐이고, 현실적으로는 외부의 자극에 영향을 받을 수 있는 양가

41 『퇴계』 제3권, 149 <경재잠도>: "戰戰兢兢 罔敢或易 守口如甁 防意如城 洞洞屬屬 罔敢或輕 不東以西 不南以北 當事以存 靡他企適 弗貳以二 弗參以三 惟心惟一 萬變是監 從事於斯 是日持敬 動靜弗違 表裏交正 須臾有間 私欲萬端 不火而熱 不冰而寒 毫釐有差 天壤易處 三綱既淪 九法亦斁."

적 존재다. 따라서 천명을 받은 존재로서 인간은 자신의 본성 회복을 위해 부단히 자기 수양에 치중해야 하고, 이를 위한 가장 중요한 방법론이 바로 경 공부이다.[42] 경이란 형기에서 생겨난 인심을 성명性命에서 발하는 도심으로 확충하는 마음가짐에 관한 공부로서, 이기 개념을 중심으로 하는 퇴계의 심성론은 형이상학이기보다는 일종의 도덕 철학이자[43] 참된 인간 가치를 추구하는 철학적 인간론이다.

3. 희망을 품은 존재

퇴계의 학문적 관심은 결국 인간성에 대한 도덕적 자기완성이었다. 따라서 사람이 자기 수신을 지양하는 태도는 결국 자신의 존재 가치를 포기하는 것이나 다름없다(『퇴계』 제9권, 225, <신계숙에게 답함>). 이에 퇴계는 선조에게 『성학십도』를 올리면서 '성학이야말로 자기완성의 길임'을 역설함으로써(『퇴계』 제3권, 95), 임금이 『성학십도』를 통해 인품과 덕을 쌓고 나아가 백성들 또한 사람됨의 길을 가기를 바라마지 않았었다. 이러한 성학의 실천적 모티브의 핵심이 바로 경敬이었다. 퇴계는 임금에게 이렇게 진언한다.

> 대개 성인의 학문은 마음에 구하지 않으면 어두워져 얻는 것이 없으므로 반드시 생각하여 그 미묘한 이치에 통해야 하고 그 일을 익히지 아니하면

42 한덕웅은 퇴계의 성리학을 심리학적으로 풀어내면서, 퇴계 심학은 성격 및 사회심리학 일반 이론과의 관계에서 도출될 수 있는 도덕적 생활 목표를 향한 "심적 자기 조절론"으로 이해할 수 있다며, 이러한 심적 자기 조절을 위한 가장 중요한 요소가 바로 경이라고 보았다(한덕웅, 『퇴계심리학』, 서울: 성균관대학교출판부, 1996, 1-29).

43 금장태(2003), 86.

위태하여 불안하므로 반드시 배워서 실천해야 합니다. 그리하여 생각과 배움이 서로 발명하고 서로 돕게 해야 합니다. [...] 그런데 경을 지키는 것은 생각과 배움을 겸하고, 동과 정에 다 일관하고, 안과 밖을 합하고, 현과 미를 하나로 하는 방도입니다.[44]

곧 퇴계의 『성학십도』 저작의 의도는 군주가 정치의 대본인 덕을 함양하게 하기 위한 것이었다. 따라서 이를 위해 <대학도>에서 내면적 선의 단초를 찾아 확충하여 근원으로 천도를 체득하고 실현하는(體天盡道) 천도를 향한 길 그리고 몸에서 선을 밝혀 진실케 하여(明善誠身) 안으로 덕을 높이고 밖으로 사업을 넓히는(崇德廣業) 인사를 향한 길인 경의 수신법을 기본 과제로 제시했다.[45]

그런데 경 공부는 한순간이 아니라 필생의 과정이다.[46] 따라서 성리학에서 경을 기반으로 하는 자기 수신의 실천은 성실과 지속이 필수적이다.[47] 그러기에 자기 수신 과정은 일종의 도학일 수밖에 없다. 더구나 경

---

44 『퇴계』 제3권, 99: "蓋聖門之學 不求諸心 則昏而無得 故必思以通其微 不習其事 則危而不安 故必學以踐其實 思與學 交相發而互相益也 [...] 而持敬者 又所以兼思學 貫動靜合內外一顯微之道也."

45 금장태(2003), 90.

46 수양론은 인간이 선을 발휘할 수 있는 본래적 능력을 소유하고 있다는 낙관론에서 시작된다. 인간이 선성(善性)을 발휘하도록 주체적으로 마음을 다스리는 것이 바로 성학이고 수신이며 경 공부다. 이러한 경의 실천은 어렵지 않다. 경은 타자에 대한 경배가 아니라 존재를 향해 열린 자신의 경건성에 대한 자각이다. 즉, 그것은 자각의 문제이지 노력이나 외부적 은총의 산물이 아니다(유인희, "人間化의 實踐과 退溪哲學의 役割," 「退溪學報」 제68집, 1990, 51; 김태영, "退溪의 『聖學十圖』에 나타난 道德的 人間觀," 「退溪學報」 제76집, 1992, 171).

47 특히 퇴계는 진실하고 지속적인 마음공부를 위해 역대 성현들의 명(銘), 잠(箴), 찬(贊)을 모아서 『古鏡重磨方』(옛 거울을 거듭 갈고 닦는 묘방)을 편찬하여, 오염된 마음을 원래의 밝고 맑은 마음으로 회복하는 데 필요한 방법들을 제시하였다(박상주 역해, 『고

공부 과정에는 다양한 병증들도 따른다. 그래서 퇴계는 경의 올바른 실현을 상실할 때 발생하는 다양한 병증들을 진단하고 치료 방법 또한 제시한다. 말하자면 경 공부 과정 자체가 적잖은 인고의 자세를 요구한다는 것이다.

> 옛날 사상채謝上蔡가 '잊어버리기를 익힌다'는 말을 하여 명도明道가 선생이 틀렸다고 배척한 일이 있는데, 지금 그대가 마음의 시끄러움을 걱정하면서 지경하는 것을 병 고치는 약으로 쓰려고 하지 않고 기껏 명도가 배척했던 그 말에 종사하려는 것은 무엇 때문입니까?[48]

마음공부에서 자칫 빠지기 쉬운 병이 있다면, 다양한 외부적인 자극들 때문에 마음의 분란함(心之紛擾)과 생각이 많음(多思慮之害) 등의 동적 병증動的病症과, 반대로 지나치게 적막하여서 마치 선禪에 들어가듯 고요함에 빠져서 무기력해지는 정적 병증靜的病症 등이 있다. 퇴계는 전자일 경우 마음 정양 공부로 다스릴 것이요, 후자일 경우 무엇보다 경에 매진할 것을 가르친다(『퇴계』 제7권, 277 <김이정에게 보냄>). 곧 퇴계에 따르면, 마음공부에 있어서 병증이란 생각을 그치는 데서 오는 고요함이나 생각을 그치지 않으려는 데서 오는 분요함 등이다. 이것은 곧 동과 정이 분리되어 한쪽에 치우친 병폐로서, 주자의 말대로 항상 잠들어 깨지 않거나 항상 행하여 그치지 않는 병(常寐無覺常行輟之病)으로서 동과 정을 함께 실천하는 경 공부로써 다스릴 것을 권한다.[49] 이에 대해 퇴계는 자신이 편집한

경중마방』, 서울: 예문서원, 2004).

48 『퇴계』 제9권, 268 <홍반에게 답함>: "昔謝上蔡有習忘之語 明道先生斥其非 今君患心之紛擾 不以持敬爲治病之藥 乃以明道所斥之說 從事何耶."

49 금장태(2003), 92.

『고경중마방古鏡重磨方』에서 장식張栻(호는 南軒, 1133~1180)의 <경재명敬齋銘>을 인용한다.

경이란 무엇을 더 보태고 쌓아가는 것이 아니라, 오직 바름을 주인처럼 받들어 마치 살얼음을 밟고 가듯 깊은 물가에 이른 듯 천리를 보존하는 데 정성을 다하는 것을 말한다. 우선 자신의 리에 밝게 되면 바깥일마다 그 속에 들어있는 리가 훤히 드러나고 내외의 리의 음향이 마치 메아리처럼 부합되고 그 열매는 아주 뛰어나 다른 것과 견줄 수 없게 된다. 정동靜動과 체용體用과 무관하게 한 치도 어기거나 어긋남이 없으니 참으로 경의 위력은 하늘의 덕에 이른다 하겠다. 아! 군자들이여, 오로지 경하고 경하라. 오래 힘쓰면 어떻게 하는 것이 마땅한지 스스로 알 테니 어렵다고 포기 말고, 게으르거나 서두르지 말고, 조급히 굴어 마땅함을 잃지 않게 하라. [...] 아! 군자들이여, 경과 지선의 자리에 머물도록 힘쓰라. 나를 닦는 일과 이웃을 닦는 일은 원래 둘이 아니다. 군자의 책임은 무겁고 수행의 길은 멀지만, 그 단서는 가까이 있는 경에서 비롯된다.[50]

곧 사람은 하늘이 내린 소명을 인식하고 그것을 마음에 간직하는 수신을 통해 자신을 실현하는 존재이며, 바로 그때 사람은 참으로 존재 의미와 존재 가치를 실현하게 된다. 그런 의미에서 퇴계의 경 공부는 사람됨을 위한 필수 과정이고 본질적인 삶의 원리이다. 그리고 사람은 바로 이러한

50 『고경중마방』(2004), 100-101: "敬匪有加 惟主乎是 履薄臨深 不昧厥理 事至理形 其應若響 而實卓然 不與俱往動靜不違 體用無忒 惟敬之功 協于天德 嗟爾君子 敬之敬之 用力之久 其惟自知 勿憚其艱 而或怠遑 亦勿迫切 而以不常 [...] 嗟爾君子 勉哉敬止 成己成物 匪曰二致 任重道遠 其端伊邇."

자기완성 곧 성인 됨을 지향할 때, 비로소 참된 인간성을 드러내게 된다. 이처럼 퇴계에게 있어서 사람이란 천명을 받은 고귀한 존재로서[51] 자신 안에 있는 천리를 자각하고 부단히 자신을 완성해나가는 과정에 있는 희망적 존재이며, 그것을 위한 목표는 성인이라는 이상적 존재에 있었다. 그리하여 퇴계에 있어서 참된 인간성 실현을 위한 근본 패러다임(the root paradigm)은 성인聖人 또는 성현聖賢이라고 할 수 있다.

요컨대 퇴계에게 있어서 사람이란 천지의 조화를 통해 이 땅에 태어났으며, 그는 선천적으로 하늘이 내려준 하늘의 이치를 자신의 성품으로 품고 있는 존재이다. 말하자면 인간은 처음부터 하늘이 준 성품과 하늘이 부여한 삶의 의미와 가치가 내재된 독특한 존재로서, 늘 하늘과의 관계 안에서 존재한다는 것이다. 이러한 인간은 출발부터 선하고, 따라서 선의 원리를 따라 순수하게 선한 하늘 이치에 부합하는 삶을 펼쳐나갈 수 있는 잠재성을 함의하고 있다. 그렇지만 인간은 순수하게 선한 천명을 받아 태어날지라도 현실 상황에 따라 양가적 상황을 맞이하게 된다는 것이다. 즉, 인간은 현실과 마주함을 통해 자신의 언행심사를 표출하게 되는바 이때 리의 순수함을 따라 드러나는 성품은 사단四端(측은, 수오, 사양, 시비)이고, 리가 기에 의해 가려진 상태에서 드러나는 성품이 칠정七情(희노애구애오욕)이라는 것이다.

이에 따라 사람은 이러한 양가적 현실을 극복하고 하늘이 부여한 본래적 성품을 회복해 나가야 하는 당위성을 자각하고, 그것을 위해 자신의 존재 가치를 실현하는 것이 곧 사람됨의 존재 의미라는 것이다. 이러한 퇴계의 성리학은 혼란한 인간 사회 현실에서, 현실적인 인간상을 넘어

51 퇴계는 확실히 인간 본성을 선하게 보았으며, 그러한 선을 담지한 곳이 바로 사람의 마음이라고 보았다(송석구, "退溪의 人間觀," 「退溪學報」 제75·76집, 1992, 121-122).

하늘 본성을 체인體認(Embodiment / Realization)하는 참된 인간의 길을 모색하려는 수신의 길이자 수양의 학문이라고 할 수 있다. 그리고 퇴계의 수양론은 천명을 소유한 존재로서 인간이 자신의 본래성 회복을 위해 부단히 자기 수양에 치중하는 방법론으로서의 경敬 공부를 중요시한다는 점에서, 그의 인간학은 날마다 자기완성을 지향하는 고도의 자아 심리학적 성격을 함의한다고 할 것이다. 결국 퇴계의 인간학은 형이상학에 무게 중심이 있는 과거의 추상적인 성리학적 전통보다는 사람의 본질과 현실성 그리고 사람됨의 궁극적인 목적이 선명하게 살아 있는 실행 유학實行留學이라는 점에 그 독특성이 살아 있다.

IV. 퇴계의 경(敬): 외경과 사랑

근본적으로 성학은 안으로는 인격을 함양하여 성인이 되고內聖, 밖으로는 덕치를 통한 왕도를 구현外王하는 수기치인을 위한 도학이다. 퇴계는 평생 사람다움이 무엇인가를 규명하고, 그것의 진실한 실현에 관심을 두었다. 퇴계의 이러한 태도는 인간 본질에 대한 물음에서부터 비롯된 것이자 삶의 근본 태도에 관한 고민으로서, 그의 학문적 과제가 사람됨의 문제 곧 인간 윤리에 있었음을 보여준다.[1] 이러한 그의 노력은 여러 저작에서 드러날 뿐만 아니라, 특히 만년(68세, 1568)에 저술한 『성학십도』에 집약되어 있다.[2] 즉, 퇴계는 평생을 마음공부에 집중하여, 앎知과 삶行의 합일을 통해(知行合一) 됨聖을 지향하는 학문, 곧 사람됨의 본질所以(*sein*)과 사람됨의 가치所然(*sollen*)의 통합에 바탕을 둔 참된 인간성의 완성을 추구하였다.[3] 이러한 그의 학문적 자세의 핵심이 바로 경敬이었다.

유학 전통에서 경은 『논어』, 『맹자』, 『역경』, 『시경』에도 나타나지만, 특히 주렴계가 『태극도설』에서 주정主靜을 제시하고 정이천이 주경主敬을 말하면서 성리학의 체인을 위한 방법론으로 많은 관심을 불러왔다. 이것을 주자가 다시 계승하면서 송대 도학의 수양론의 중심 개념으로 등장하였다.[4] 그리하여 경은 유학이 자칫 형이상학적 인간론으로 흘러갈 수 있는

---

1 최정묵, "퇴계 사상에 있어서 善의 가능 근거와 그 실현의 문제," 「韓國思想과 文化」 제26집(2004. 12), 211.

2 『성학십도』는 크게 둘로 나누어, 제1도인 <태극도>에서부터 제5도인 <대학도>까지는 천도에 근본을 둔 것으로 인륜을 밝히고 덕업에 힘씀에 있고, 제6도인 <백록동규도>에서 제10도인 <숙흥야매잠도>까지는 인간의 심성에 근원을 둔 것으로서 경 공부의 실천에 중심이 있다(오석원, "退溪 李滉의 聖學과 義理思想," 2004, 18).

3 정순목, "敬을 지향하는 義理學으로서의 退溪學," 「아카데미논총」 제3집(1975), 30-31.

4 경(敬)에 대해, 주렴계가 주정(主靜)을 말한 후, 도·불(道·佛)의 정(靜)과의 혼동 우려 때문에

가능성을 극복하고 유학을 살아 있는 학문, 곧 일상 학문의 자리에 세워질 수 있게 만든 성리학적 유학의 실천적인 핵심 원리라고 할 수 있다.

경에 대한 퇴계의 관심은 특히 『심경心經』을 대하면서부터였다.[5] 경이란 일차적으로 공경하다, 조심하다, 삼가다라는 뜻으로서, 마음을 집중하여 일체 잡념 없이 가지런히 정돈되고 엄숙한 경지에 이르는 것(整齊嚴肅)이요, 마음과 생각이 항상 깨어있는 방법론(常惺惺法)이며, 흩어지는 마음을 거둬들여 한곳에 집중하게 하는 심리 상태(主一無適)를 뜻하지만,[6] 한편 그 안에는 형이상학적 의미도 내포되어 있다. 곧 경은 인간성의 존재론적 근거(所以然)와 실천론적 근거(所當然)를 동시에 함의하며, 마음 깊이로부터 하늘의 명을 자각함으로써 일상에서 하늘 성품을 지향하게 하는 구체적이고 실제적인 삶의 원리(所能然)라고 할 수 있다.[7] 이러한 경은 외근畏謹, 경외敬畏, 심신수렴心身收斂, 엄위嚴威, 엄각儼恪, 방종傍腫하지 않음, 정제순일整齊純一함, 성성惺惺함, 주일主一, 기심수렴其心收斂 등으로 설명되지만, 세분하면 심

정이천이 경(敬)으로 바꿨고, 주자가 다시 궁지사물지리(窮至事物之理)의 궁리를 가해서 거경궁리를 수양론의 골자로 삼았다. 퇴계는 경이 상고대부터 내려온 개념임을 지적하면서, 요(堯)의 흠명(欽命), 순(舜)의 긍업(兢業), 탕(湯)의 성경(聖敬), 무왕(武王)의 경승(敬勝), 공자의 행독경(行篤敬)과 수기이경(修己以敬) 등을 모두 경의 전통으로 보았다(금장태, 『聖學十圖와 퇴계철학의 구조』, 서울: 서울대학교출판부, 2005, 213; 유정동 편, 『退溪의 生涯와 思想』, 서울: 박영사, 1978, 259).

5 그는 『심경』을 대하자, "비로소 심학의 연원과 심법의 정미함을 알게 되었고, 그 뒤 한평생 그 책을 믿기를 신명같이 하고 그 책 받들기를 마치 엄한 아버지를 대하듯 했다"(吾得心經而後 始知心學之淵源 心法之精微 故吾平生 信此書始神明 敬此書始嚴父, 『퇴전』 제17권, 12)고 말한다. 『심경』은 남송의 진덕수(眞德秀)의 저작으로 마음에 대한 격언들과 학설들을 주석함으로써 경을 이념화한 책이다. 퇴계는 남송의 정민정(程敏政)이 『심경』에 주를 붙인 『심경부주』의 오류를 수정하고 <심경 후론>을 첨부하여 간행하는 등 인간의 마음과 마음공부인 경에 관한 관심이 각별했다.

6 이계학, "敬 槪念의 分析的 考察," 「퇴계학연구」 제9집(1995. 11), 7.

7 금장태, 『퇴계의 삶과 철학』(2003), 90.

신수렴에 속하는 내용과 성성함에 속하는 내용 그리고 정신 집중에 속하는 내용으로 구분되며, 이것은 다시 마음이 작용하기 이전의 궁리와 함양으로서의 경과 마음이 작용한 이후의 거경과 성찰로서의 경으로 나눠진다. 이러한 구분은 함양은 오직 경으로 해야 하고, 학문의 진척은 격물치지(사물의 이치를 정확히 앎)에 있다는 정·주의 원리에 의한 것이다. 퇴계는 박운朴雲(호 龍岩, 1493~1562)에게 다음과 같이 편지했다.

> 도는 크고 넓은데 배우는 자들이 그 문을 얻어 들어가기가 어렵습니다. 정주程朱가 일어나 거경과 궁리로써 만세를 위한 큰 가르침을 열었습니다. 『격몽』편은 사실 이것을 계시함을 위주로 하여 여러 격언을 모아서 종류별로 나열한 것입니다. 배우는 자들이 이것을 통하여 성인의 도에 들어가면, 평탄한 길을 따라 큰 도시로 가는 것처럼 확 트여서 풀밭이나 샛길로 빠질 걱정을 면하게 해줍니다. 그것이 도학에 도움을 준 것이 어떠하겠습니까?[8]

곧 성학의 길은 주경궁리主敬窮理 혹은 거경궁리居敬窮理에 있는 것이다. 거경居敬이란 경을 감싸다, 경에 머문다는 뜻이고 주경主敬은 경을 주로 삼는다는 뜻인데, 합하여 경의 태도를 유지하는 삶이라는 뜻의 지경持敬이라고 부른다. 퇴계는 "거경을 중하게 여기고 궁리를 귀하게 여기는 것"(『퇴계』 제4권, 265)이 성학의 원리이고, 바로 그것이 사람됨의 정도라고 말했다.[9] 그는 율곡에게 이렇게 편지했다.

---

8 『퇴계』 제4권, 238: "道之浩浩 學者難得其門而入 程朱之興 以居敬窮理兩言 爲萬世立大訓 擊蒙一編 實揭此爲主 而裒集諸格言 以類從之 使學者由是而入聖人之道 廓然如履坦途而趨大都 庶免夫落草由徑之患 其有補於道學何如也."

9 유명종, "退溪의 聖學," 『허유 하기락박사 회갑기념논문집』(1972), 263.

과거의 잘못을 깨닫고서 그것을 고치려 생각하여 거경궁리 하는 실제의 공부에 종사할 줄 알고 있으니, 허물을 고치는 데 과감하고 도를 향하는 데 열심히 하여 그 방향을 그르치지 않았다고 말할 수 있습니다. 성인은 멀고 성인의 말씀은 인멸되어 이단이 참 이치를 어지럽히게 되었으므로, 옛날 총명하고도 재주 있고 걸출한 사람으로서 처음부터 끝까지 이단에 미혹되어 빠진 자들이야 논평할 가치도 없습니다.[10]

요컨대 퇴계의 성학은 궁리라는 객관적 방법과 거경이라는 주관적 방법이 병행된다. 그리하여 궁리-실천-체험으로 참된 앎(眞知)을 얻게 되며, 그 깨달은 바를 진실한 마음으로 실천함으로써 참된 인간성을 실현해나가는 실제적 효과를 얻게 된다. 특히 궁리란『대학』의 격물치지 혹은『중용』의 도문학과 상통하는 지적 추구의 방법론이다. 하지만 퇴계에 따르면 단순한 지식이 아닌, 하늘이 주신 인간 본성에 대한 참된 앎을 위한 방법론이다.

그러므로 인간성에 대한 탐구는 단순히 지성적 작업이 아니라 마음에 관한 공부가 주된 흐름으로 이어질 수밖에 없다. 그렇게 된 이유는 퇴계가 볼 때 불안한 사회 현실에서 제도 개혁도 중요하지만, 그 제도를 운용함으로써 국가 경영과 사회 변화에 직접 영향력을 끼치는 사람의 도덕적·윤리적 의식이 더 근본적이라는 판단이 섰기 때문이다. 말하자면 수기修己가 치인治人에 앞서야 하는 근본적이고 실제적인 이유가 사회 현실에서 드러나는 인간 문제에 달려있다는 것이다.

10『퇴계』제5권, 45: "悟前非而思改 又知從事於窮理居敬之實 可謂勇於改過 急於向道 而不迷其方矣 聖遠言湮 異端亂眞 古之聰明才桀之士 始終迷溺者 固不足論矣."

1. 궁리와 함양으로서의 경

퇴계는 선조에게 『성학십도』를 올리면서, "십도 모두는 경을 위주로 한다"(而今十圖皆以敬爲主焉, 『퇴계』 제3권, 126)고 밝혔고, <경재잠도>에서는 "경이 성학의 시작과 끝"(敬爲聖學之始終, 『퇴계』 제3권, 151)이라고 말했다. 특히 성리학은 제도 개혁도 중시하지만(治人), 그것을 운용하고 거기서 사는 인간의 도덕의식 함양을 더욱 강조한다(修己). 이것은 곧 함양으로서의 경 공부이며, 이를 위해 무엇보다 궁리가 논리적으로 앞서게 된다.

1) 천리에 대한 인식: 궁리

정·주학에서 궁리(Consideration/Investigation)란 사물의 이치를 깊이 연구한다는 의미로서 『대학』에서는 격물치지格物致知(사물의 이치를 끝까지 파고들어서 앎에 이름)의 개념에 해당한다. 그리고 그것은 올바른 도덕가치의 실현을 위해 사물에 대한 올바른 지식 획득을 뜻하는 인식론적 개념이다.[11] 이러한 궁리 곧 격물은 해석 방향에 따라 여러 학설이 나오게 된다. 주자는 격格을 지至(이르다)로, 물物을 사물지리事物之里로 이해하였다. 그리하여 격물이란 사물의 이치를 깊이 연구함(궁리)으로써 이치의 결말(極)에 이르는 것으로 보았다.[12] 퇴계 역시 실재론적 입장에서 이치를 주관(心)과 객관(事物)에 공통되는 것으로 보았다. 다시 말해, 주관이 객관의

---

11 김수청, 『송대 신유학의 인격 수양론』(부산: 신지서원, 2006), 86.

12 주자의 격물지치론에 대해서는, 임헌규, "朱熹의 理氣論"(1997)과 최정묵, "朱子 格物致知論에 대한 考察," 「大同哲學」 제6집(1999), 233-252.

이치를 궁구함으로써 주관의 인식(知)이 극에 도달하는 것으로 본 것이다.[13]

그런데 퇴계는 더 나아가 모든 것을 주관에 환원귀일還元歸一(본래 상태로 돌아가 하나의 결론으로 이어짐) 하려는 양명식의 관념론과[14] 객관적 실재만을 인정하고 주관은 그것에 대한 모사에 불과하다는 주자 식의 실재론을 거부함으로써, 자기 나름의 궁리의 세계를 열었다. 곧 퇴계는 궁리에 대해 단순히 인식의 객관화가 아닌 인식의 주체화 즉, 주객일치主客一致(주체와 객체, 주관과 객관이 하나가 됨)의 경지를 그 이상으로 삼았다. 그리하여 퇴계는 궁리를 단지 사람이 지성을 이용하여 어떤 사물에 대한 객관적인 이치를 인식하는 것에서 그치는 것이 아니라, 깨달은바 이치를 마음에 깊이 새기는 동시에 자신의 일상에서 구체적으로 실행하는 지행합일知行合一에 방점을 두는 것으로 이해하려고 한다.

> 사물마다의 이치가 곧 내 마음에 갖춰진 이치이니, 사물의 밖이라 해서 이치도 밖이라 할 수 없고 이치가 안에 있다고 해서 물物도 안이라 할 수 없습니다. 그러므로 선유들이 비록 이치가 사물 안에 있다고 말하지만 이치를 버리고 사물만을 말함은 아니며, 비록 사물에 나아갔다고 말해도 그것이 자신을 버리

13 배종호, "이퇴계 철학의 방법론,"「동양문화연구」 제10집(1983), 2.

14 육상산과 왕양명은 "천리의 본연이 지선이므로 경험에 의해 사욕의 누가 끼지 않게 하는 것"을 격물이라고 생각했다. 그리하여 마음의 이치를 추구함으로써 사물의 이치도 판단할 수 있기에(心卽理), 사물의 리를 통해 비로소 마음의 리가 드러나는 것이 아님을 주장했다. 정·주는 격(格)을 지(至), 궁지(窮至)라 했으나, 양명은 격을 정(正), 정지(正之)로 해석했다. 격을 궁지로 해석할 경우, 격물은 사물의 이치를 궁지하여 지극한 곳까지 이른다는 뜻이나, 격을 정으로 해석할 경우, 심의 일에서 부정을 버리고 정으로 돌아가는 것을 격물이라 하게 된다(유명종, 1972, 269-274). 양명의 격(格)에 대한 더 자세한 논의는, 김흡영, 1996, 15-60; 王陽明,『傳習錄』I/II, 정인재·한정길 역주(서울: 청계, 2001); 김태안, "退溪의 認識論的 方法考,"「안동대논문집」 제7집(1985), 113-126.

고 사물에게로만 나아간 것은 아닙니다.[15]

곧 퇴계는 격물에 대해 외적 사물의 리를 마음 안으로 끌어들이는 유심론과 리는 다만 동정 원리로만 실재한다는 실재론 모두를 거부하는 가운데,[16] "이치는 사물에 스스로 존재하는 것이고 내가 궁구하는 것은 그 어느 하나에도 도달되지 않은 곳이 없다"(理依然自存事物 而吾之窮究無一不到處耳, 『퇴계』 제7권, 175)고 주장함으로써, 주관의 인식 작용에 따라 객관의 이치가 내 마음에 이른다는 이발설 혹은 이도설을 주장한다. 특히 성리학에서 리는 인간 내면에 주어진 내재적 이치인 동시에 인간 밖에 존재하는 객관적 이치라는 점에서, 도덕적인 앎과 지식적인 앎이 분화되지 않는다. 그리하여 사물의 리도 도덕적, 실천적 특성을 지닌다는 점에서 또 다른 도덕적 앎의 대상으로 등장한다. 성인이 된다는 것은 리 자체의 인간이 된다는 의미인바, 내재적 리와 외재적 리의 합일 추구를 뜻하기 때문이다.[17] 이러한 의미를 담은 궁리가 바로 성학의 출발점인데,

---

15 『퇴계』 제7권, 173-174 <정자중에게 답함>: "惟其事事物物之理 則吾心所具之理 不以物外而外 亦不以此內而內 故先儒雖謂之理在事物 非遺此而言彼也 雖謂之卽事卽物 非舍己而就彼也."

16 주자의 리는 실재에 머무나 퇴계의 리는 능동적 리인데(이동설), 근거는 체용설이다. 퇴계는 리가 감정과 의지가 없고 조작 능력도 없다는 주자의 주장을 새롭게 해석했다: "감정이나 의지 그리고 동작이 없는 것 이것은 리의 체이고, 그때그때 발현되어 어디에나 나타나는 것 이것은 리의 신묘한 용이다"(無精意造作者 此理本然之體也 其隨萬發見而無不到者 此理至神之用也, 『퇴계』 제5권, 291 <기명언에게 답함, 별지>). 곧 퇴계는 리의 용을 설정함으로써 "만물의 생성 변화에 리가 능동적으로 작용한다"(理自有用 故自然而生養生陰也)고 보았다. 이러한 시각은 형이상학적 존재론에 머물던 주자의 실재론을 넘어 윤리 문제라는 가치론에 결부된다(박홍식, "退溪哲學에 나타난 自我發見의 문제," 「東洋哲學硏究」 제14집, 1993, 154-159; 김태안, "退溪의 認識論的 方法考," 1985, 113-118).

17 유명종, "退溪의 聖學"(1972), 266.

퇴계는 궁리의 방법론으로서 『중용』의 박학博學, 심문審問, 신사愼思, 명변明辯의 네 가지 중 특히 신사를 중시한다. 신사란 '생각을 삼가는 것'으로, 오직 천리와 인욕, 선악의 기미, 의義와 이利, 시是와 비非의 분별을 밝히고 정밀히 갈고닦아 조금도 어긋남이 없게 하는 진지한 마음공부를 뜻한다.[18] 그렇다면 이 마음공부는 구체적으로 어떻게 이뤄지는 것인가? 퇴계는 <무진육조소>에서 이렇게 말한다.

> 경을 주로 하되, 모든 사건과 사물에 있어서 그 마땅히 그러할 바(所當然)와 또한 그러한 까닭(所以然)을 궁구하지 않음이 없으며, 마음을 가라앉혀 반복하고 익히고 찾아서 몸소 체인함으로써 그 지극함을 다하여 세월이 오래되고 공력이 깊어지면, 하루아침에 알지도 못하는 사이에 그 의혹이 시원하게 풀리고 활연히 관통함이 있음을 저절로 느끼게 되는 것이오니, 이때 비로소 체와 용이 한 근원이요, 현顯과 미微가 틈이 없다는 말이 진실로 그러함을 알아서 위미危微에 미혹되지 않고 정일精一에 현혹되지 아니하여 중(中)을 잡을 수 있게 될 것이니, 이것을 진지眞知라고 합니다.[19]

곧 진지는 수양을 통해 모든 것에 관통하는 경지로서, 생각지 않아도 저절로 깨닫게 되는 성인의 앎을 뜻한다. 그런데 퇴계는 이 경지에 이르기

18 배종호, "李退溪 哲學의 方法論"(1983), 6. 특히 퇴계는 "생각한다는 것은 무엇인가? 마음에 구하여 증험이 있고 얻음이 있음을 이름이다"(思者何也 求諸心而有驗有得之謂也)라고 말한다(『퇴계』 제3권, 70).

19 『퇴계』 제3권, 70-71: "而爲主 而事事物物 莫不窮其所當然 與其所以然之故 沈潛反覆 玩索體認 而極其至 至於歲月之久 功力之深 而一朝不覺其有灑然融釋豁然貫通處 則始知所謂體用一源 顯微無間者 眞是其然 而不迷於危微不眩於精一 而中可執 此之謂眞知也."

위해, 생각만 하는 이론적 방법이 아닌 실천적 앎의 길인 체인을 주장한다. 마음을 잘 가다듬으면 인식론적인 앎은 가능하지만, 실천적인 앎은 마음 질서를 바로잡을 때 비로소 가능하기 때문이다. 그리고 그 앎은 단지 지성에 의한 인식 작용이 아니라 전인격적인 인식을 의미한다.

또한 퇴계는 이 진지의 경지에 이르는 길에 있어서 『대학』의 이른바 성의聖意, 정심正心, 수신修身, 제가齊家 중 성의를 가장 큰 관건으로 본다. 주자의 말대로 격물은 앎의 시초이고 성의는 행함의 시초이기 때문이다.[20] 그렇다면 구체적인 궁리 방법론은 무엇인가? 퇴계는 궁리에 대해, 여러 방법이 있지만 어느 하나에만 매달릴 것이 아니고 계속적 연구를 통해 알아낸 것을 바탕으로 비교하고, 생각하면 자신도 모르게 일시에 모든 것이 드러난다고 본다. 퇴계는 율곡에게 이렇게 편지한다.

> 궁리란 다양한 만큼 한 가지 방법에 구애되어서는 안 됩니다. 한 가지 일을 궁리해서 터득하지 못했다고 그것에 염증이 생겨 마침내 다시 궁리하지 않는다면, 이는 미루고 피하는 것이라 말할 수 있습니다. 그러지 않고 궁리하는 사물이 복잡하고 어려워서 힘껏 탐색해도 통할 수 있는 성질의 것이 아니거나 재주가 모자라 밝히지 못하고 억지로 터득하기 어렵다면, 우선 그 일을 놔두고 다른 일을 궁리해야 합니다. 이렇게 이일 저일 궁리하는 가운데 오랫동안 쌓고 깊이 익히면, 자연히 마음이 점점 밝아지고 의리가 눈앞에 드러날 것입니다. 이때 지난번에 풀지 못했던 미세한 뜻의 실마리를 다시 잡아내어 이미 터득한 도리를 응용하여 살피면, 자기도 모르는 사이에 전에 풀리지 않던 것이 일시에 깨달아질 수 있습니다. 이것이 바로 궁리의 활용법입니다.[21]

---

20 배종호, "李退溪 哲學의 方法論"(1983), 7.

21 『퇴계』 제21권, 205 <자성록: 이숙헌에게 답함>: "窮理多端不可拘一法 如窮一事不

여기서 특히 중요한 것은 참험參驗(비교·고찰하여 검증함)인데, 그것은 실증, 실험 또는 검증에 근거한 경험론적 방법론을 의미한다. 퇴계가 궁리에서 특히 이것을 강조하는 것은 다양한 경험 속에서 실제적이고 참된 앎을 추구하려 하였기 때문이다. 그리하여 퇴계의 경 공부는 사람이 궁리를 기반으로 깊고 진지한 생각(愼思)을 일궈내고 거기서부터 참 이치를 발견하고 그 이치를 마음 깊이 새길 뿐만 아니라, 바로 그 이치를 따라 사는 것에 그 의의가 있었다. 즉, 궁리는 지행합일의 삶의 바탕에서 이뤄지는 인식 태도로서, 결국 사람이 자신 안에 주어진 하늘 이치를 깊이 자각하는 것을 의미한다고 할 것이다.

2) 천리의 내면화: 함양

퇴계에게 있어서 경은 하늘이 내려준 지선한 사람됨의 가치인 천리를 지향케 하는 항시적인 태도를 뜻하지만, 한편 그 내면의 지선한 이치인 천리를 올바로 인식(각성)하고 그것을 실현하기 위해 스스로가 취하는 순종적이고 외경적인 실천의 자세 태도 또한 필요하다.[22] 전자가 궁리(Investigation)라면, 후자는 함양(Cultivation)이다. 이러한 함양은 생각이 발동하기 전의 상태에서 몸과 마음을 차분히 안정시켜서 자신의 의식을 고도로 각성시키려는 정좌靜坐로부터 출발한다. 곧 인간은 늘 세상살이로

得便生厭倦 不復以窮理爲事者 謂之遷延逃避可也 不然所窮之事 惑値盤錯緊非力索可通 惑吾性偶闇於此 難强以燭破 且當置此一事 別就他事上窮得 如是窮來窮去 積累深熟 自然心地漸明 義理之實 漸著目前 時復拈起向之窮不得底細意細繹 與已窮得底道理 參驗照勘 不知不覺地 幷前未窮底 一時相發悟解 是乃窮理之活法."

22 강경현, "퇴계 이황의 수양론: 천명을 중심으로," 「안동학」 제17집(2018), 206.

번잡하기 때문에 성인의 경지에 이르지 못한 보통 사람이라면 경의 상태를 유지하기 위한 공부가 반드시 필요하게 되는데, 그것이 바로 함양涵養 혹은 존양存養의 공부라는 것이다. 다시 말해서 함양 공부란 마치 물이 천이나 종이에 서서히 스며드는 것처럼, 사람이 격물과 궁리를 통해 깨닫게 된 하늘 덕성인 인仁(天理)을 전인격적으로 자신 안에 내면화하는 과정을 의미한다. 쉽게 말해서 함양은 마음이 욕심에 흔들리지 않도록 하늘 이치를 자신의 것으로 체질화하는 태도로서, 인식론적 앎이 구체적이고 실천적인 앎으로 체인(마음으로 깊이 인정하거나 납득함)되는 과정을 뜻한다.

이러한 함양의 실천에 대해 퇴계는 <경재잠도>에서 주자의 말을 인용하여, "의관을 바르게 하고 바라보는 눈을 존엄하게 하며 마음을 침잠하여 거처하면서, 상제를 마주 대하듯 하라"(整其衣冠 尊其瞻視 潛心以居 對越上帝)고 권고한다. 말하자면, 함양 공부는 단정한 외모와 경건한 마음가짐에서 이미 시작된다는 것이다.[23] 여기서 함양은 생각이 발동하기 전에 심신을 차분히 안정시켜 의식을 고도로 각성시킴으로써, 인욕을 버리고 천리에 머물려는 자각적 노력이다. 이렇듯 사람이 하늘을 의식하는 것은 그 성품이 하늘에서 주어진 천명이자[24] 천리임을 전제하는 것이며, 결국 인간 존재의 본질이란 하늘로부터 연유됨을 뜻한다. 즉, 사람은 하늘 성품

---

23 신학적으로는 경(敬)을 '인간이 신 앞에 단독자로 서는 위기의식'(S. Kierkeggrd, 1813-1855), 곧 '종말론적 의식'에 견줄 수 있다. 인간은 이러한 경의 마음으로 신 앞에 설 때 비로소 자기 실존을 인식하게 되며, 신에 대한 신앙으로 나아가게 된다. 칼뱅의 경건도 이러한 맥락에서 접근할 수 있다.

24 『中庸』 제1장은 이렇게 시작된다: "하늘이 사람들에게 내려준 것을 본성이라 하고, 본성을 따르는 것을 도라고 하고, 도를 닦는 것을 가르침이라고 한다"(天命之謂性 率性之謂道 修道之謂敎).

을 받았기에 항상 하늘과 마주하는 존재라는 것이다.[25] 이에 대해 주자는 이렇게 말한다.

> 천리와 인욕은 서로 맞닿아 있고, 별개가 아니다. 마음은 모름지기 천리에 있으면 천리를 보존해야 하고, 인욕에 있으면 인욕을 버려야 한다.[26]

결국 함양이란 인욕을 제거하고 천리를 내면화하는 경 공부를 의미하며, 이는 무엇보다 올바르고 정제된 몸가짐으로부터 자신을 다스리고, 마음을 안정시켜 나감에서 시작된다. 더욱이 보통 사람들은 미발 상태를 항상 유지하기 어렵기 때문에 언제나 자신을 돌아보며 함양을 위한 공부가 필요하며, 여기에는 언제나 경의 태도가 요청된다.

이러한 함양 공부는 주자의 신유학 공부론에서 매우 중요하다. 주자는 함양 문제를 청년 시절의 도남 학맥의 스승인 이동李侗(호는 延平, 1093~1163)과 호상 학맥의 장식張栻(호는 南軒, 1133~1180)에게서 배웠다. 그런데 이동은 이른바 미발체인설未發體認說을 지향하였고 장식은 선찰식후함양설善察識後涵養說을 주장했다는 점에서, 주자는 매우 혼란했다. 이동의 방법론은 '희·노·애·락이 아직 발동하기 이전에 기상氣象을 체인하라'는 것이었고, 장식은 '인간의 선한 본성의 발동 즉, 선의 실마리를 꽉 붙잡아 지키고 그것을 보존하며 기르고 확충하는 방식'으로 공부하라는 것이었다. 곧 우주 본체가 내면화한 본성은 쉼 없이 작용하여 본심으로 드러나므로, 본심을 찰식察識(살펴서 깨달음)하고 존양하면 본성을 실현한다는 것이다.

---

25 금장태(2003), 180.

26 『語類』, 78: "天理人欲是交界處不是兩箇. 人心須是在天理則存天理 在人欲則去人欲."

그런데 주자는 오래지 않아, 선찰식 공부는 마음으로 마음을 살피는 번잡하고 혼란한 병폐가 있다고 비판하면서 정이천이 주장한 경 공부로 눈을 돌려, 먼저 미발 시 정靜 공부로써 함양을 확보한 후 사물의 이치를 궁구하는 격물 궁리 공부를 수립하는 것이 옳다고 보는 선함양후찰식설先涵養後察識說을 제시하였다. 주자의 공부는 격물치지로서, 도남 학맥의 미발체인에 의한 구중求中 공부와도 다르고 호상 학맥의 찰식 공부와도 달랐다. 구중 공부와 찰식 공부의 목표는 내면의 본체(=본성)에 대한 체인에 있었으나, 주자의 공부는 외물에 존재하는 사물의 리(物理)를 궁구하여 지식을 이루는 것이기 때문이다. 주자는 외물의 리를 궁구하기 위해서는 순수한 인식 주체를 확보하는 것이 선행되어야 한다고 생각하였고, 이에 사려는 싹트지 않으나 지각은 어둡지 않고 깨어있는 경의 상태를 유지하는 것이 격물치지의 관건이라고 주장하게 되었다.[27]

결국 주자에 따르면, 함양 공부란 마치 저수지에 맑은 물이 고여 있는 것처럼(明鏡止水) 아직 생각이 움직이지 않은 미발의 상태에서 리에 의거하는 심기가 고요히 맑은 상태를 유지하게 하는 것을 의미한다.[28] 그리하여 함양은 단순히 천리의 활동을 보전하는 소극적인 태도가 아니라 수련자 자신의 주체적이고 능동적인 자세로서, 몸과 마음에 평정을 유지하며 천리를 전인격적으로 체인해 나가는 경의 태도라고 할 수 있다.

퇴계는 이러한 주자의 함양으로서의 경 공부를 자신의 학문과 수신의 원리로 반영하였다. 인간에게 천명으로서의 천리가 주어졌다는 것은 곧

---

27 https://cafe.daum.net/youmawon/Bkpi/371?q=선함양후찰식(先涵養後察識) (2021. 5. 18).

28 김기현, "주자 성리학의 공부론 중, 함양에 관한 연구," 「윤리교육연구」 제18집(2009), 141.

인간 내면에서 천명의 작용이 발견됨을 의미하며, 인간 스스로가 그것을 자각할 수 있으며 그것을 실현할 수 있음을 의미한다. 이러한 자각과 수행을 통한 수신의 과정은 경敬이라는 방법론이 필요하고, 그것의 구체적인 실천 방안의 첫 단계에 해당하는 것이 바로 함양이라고 할 것이다.

3) 궁리와 함양의 구체적 실천

함양 공부의 올바른 실천은 격물 궁리에 달려있고, 격물 궁리는 또한 함양을 요청한다. 이렇게 보면 논리상 궁리가 앞서지만 실제로는 상호 보완적이다. 그런데 이들 공부는 무엇보다 정좌靜坐(마음을 가라앉히고 몸을 바르게 하여 조용히 앉음)에서 시작된다. 정좌는 미발 상태에서 몸과 마음을 차분히 안정시킴으로써 의식을 고도로 각성시키는 태도이며, 이를 위해 『소학』 공부가 도움이 된다.

『소학』은 불교 수양법의 대안으로 제시된 이른바 지경 공부를 아동 교육에 적용한 것인데, 특히 <경신敬身>에서는 몸가짐에 대한 교훈과 일상생활에서의 구체적 행위 지침을 제시함으로써, 수제치평修齊治平의 실현을 위한 인격 배양을 꾀한다. 그리하여 사람이 『소학』의 원리를 따라 배우고 훈련하면, 함양하는 것이 익숙해지고 근기根基가 깊고 넉넉해져서 다음 단계인 『대학』을 공부하기에 수월해진다는 것이다.[29] 퇴계 역시 이러한 시각에서 『성학십도』에 <소학도>를 제시한다.[30]

---

29 손병욱, "마음을 다스리는 공부," 한국사상사연구회편, 『조선 유학의 개념들』(서울: 예문서원, 2006), 332.

30 『소학』은 주자가 아동 교육을 위해 유청지(劉淸之)와 더불어 편찬했는데, 후일 『대학』과 함께 유교의 교육체계로 자리 잡았다. 『소학』은 <입교>, <명륜>, <경신>을 강령으로 삼는데, 『대학』과 더불어 수학자의 인격 배양을 위한 유학의 기본 학습 과정으로서 선비들

학문의 대소는 다르나 도를 위함은 한 가지일 따름이다. 그러므로 어릴 적에 소학을 익히지 아니하면 흐트러진 마음을 거두고 덕성을 길러 대학의 기본을 삼을 수 없고, 자라서 대학에 나아가지 않으면 의리를 살피어 사업에 실시하여 소학의 성공을 거둘 수 없다.[31]

이처럼 『소학』으로부터 시작된 함양 공부는 곧바로 『대학』으로 이어지는데, 이것이 퇴계가 『성학십도』에서 <대학도>를 제시하는 이유이다. 곧 『대학』의 격물치지는 이미 그 전 단계인 『소학』의 미발 시의 공부인 함양을 전제하는 가운데, 본격적인 이발 시의 공부인 거경성찰의 단계로 나아가게 한다. 더욱이 퇴계는 『대학』의 대지大指를 경敬으로 확인함으로써 『대학』이 추구하는 근본정신을 경의 수양론적 원리에 정립시키게 된다.[32] 그는 <대학도>에서 다음과 같이 주자를 인용한다.

경이란 마음의 주재요 만사의 근본이다. 그 힘쓰는 방법을 알면 소학을 여기서

의 절의를 높이고 명리를 경계하는 엄격한 도학적 실천 의지 구현을 위한 준거를 제공해 왔다. 특히 주자는 『대학혹문』에서 『소학』과 『대학』을 설명하면서 경이 성학의 시종이 됨을 강조했는데, 퇴계는 이러한 주자의 주장을 『소학도』에 인용하여 경 공부를 위한 기초로서의 『소학』을 제시한다(금장태, 2005, 55-65).

31 『퇴계』 제3권, 120-121: "學之大小固有不同 然其爲道則一而已 是以方其幼也 不習之於小學 則無以收其放心 養其德性 而爲大學之基本 及其長也 不進之於大學 則無以察夫義理 措諸事業 而收小學之成功."

32 그는 『대학』의 <專 3장> 지지선(止至善)에서 "그윽하신 문왕이여, 아아 끊임없이 밝게 빛나시며 공경하여 머물 곳에 안정하셨다"는 『시경』의 시를 인용하고 문왕이 공경하여 머물 곳에 안정하였다는 말을 미루어서 오지(五止)의 도리(爲人君止於仁 爲人臣止於敬 爲人子止於孝 爲人父止於慈 與國人交止於信)를 언급하는 것과 이어서 절(切), 차(磋), 탁(琢), 마(磨)하는 공부를 제시한 것은 바로 경을 말한 것이라 파악된다(금장태, 2005, 82).

부터 시작해야 함을 알게 되며, 소학을 여기서부터 시작해야 함을 알면 대학을 이것으로써 마치지 않을 수 없음도 일관해서 의심 없을 것이다. 대개 이 마음이 확립되고 이로 말미암아 사물을 궁리하고 앎을 이루어 사물의 이치를 다하면 그것이 이른바 덕성을 높이되 학문을 일삼는 것이며, 이로 말미암아 뜻을 진실하게 하고 마음을 바르게 하여 그 몸을 닦으면 이것이 곧 '먼저 큰 것을 세우면 작은 것이 빼앗지 못한다'는 것이며, 이로 말미암아 집을 정돈하고 나라를 다스리며 천하에까지 미치면 이것이 바로 '자기 몸을 닦아 백성을 편안케 함이며 돈독하고 공손해서 천하가 공평해진다'는 것이다. 이 모두가 하루도 경을 떠나지 못하는 것이니, 경 한 글자가 어찌 성학의 시종 요령이 아닌가?[33]

요컨대 퇴계에게서 경 공부는 일차적으로 사람이 하늘 이치를 사람됨의 본질로 자각하고(궁리) 자기 내면에 담아 성찰하는 것이며(함양), 잠시라도 이 상태에 머물러 있으면 바깥 사물의 이치와 자기 마음이 가장 영묘한 작용으로 절대적 존재를 이해하는 하나의 천성으로 살아 있게 된다는 것이다.[34] 따라서 경 공부는 항상 자신을 경계하고 조심하는 엄숙정제嚴肅整齊(심신을 가지런히 정돈함)된 삶을 가리키며, 그 본질은 외경, 곧 절대적 존재(天)에 대한 경외의 태도로 절대적 존재의 실체성과 항구성을 인정하고 자기 존재가 그로 인해 가능함을 알며 그를 높이고 받드는 태도를 뜻한

33 『퇴계』 제3권, 125-126: "敬者一心之主宰 而萬事之本根也 知其所力用力之方 則之小學之不能無賴於此以爲終者 可以一以貫之而無疑矣 蓋此心旣立 由是格物致知 以盡事物之理 則所謂尊德性而道問學 由是誠意正心 以修其身 則所謂先立其大者 而小者不能奪 由是齊家治國 以及平天下 則所謂修己以安百姓 篤恭而天下平 是皆未始一日而離乎敬也 然則敬之一字 豈非聖學始終之要也或."

34 양재혁, "李滉의 敬哲學의 淵源과 그 變化,"「大同文化硏究」 제25집(1990), 189.

다.[35] 이처럼 경의 도는 성인 됨을 추구하는 올바른 마음의 길인바, 첫 단계가 바로 궁리와 함양이다. 이에 대해 정명도는 "성은 천도이고 경은 인사의 근본이 된다. 경하면 성이 될 수 있다"(誠者天之道 敬者人事之本 敬則誠)고 말했다.[36] 퇴계 역시 이렇게 말한다.

> 성은 천도이며 성하려는 것은 인도이다. 그것을 배우는 사람들은 마땅히 노력해야 한다. 그러므로 성에 가고자 하면 어찌 다른 것이 있겠는가? 오로지 경에 힘써야 한다.[37]

이처럼 경 공부를 성誠에 이르는 길聖道이라고 말할 때 수신하는 사람이 마음을 바르게 갖는 것은 곧 이상과 같은 경의 자세를 갖는다는 뜻이며, 그러한 경 공부의 제일 첫 단계가 바로 궁리와 함양 공부라는 것이다. 퇴계에 따르면, 궁리는 천지자연의 변화와 화생만물의 궁극적 원리로써 그것은 그렇게 되는 까닭을 뜻하는 소이연지리所以然之理와 인간에게 있어서는 인간으로서의 마땅한 도덕 행위가 가능한 선천적 근거인 동시에 인간이 마땅히 행하지 않으면 안 되는 실천적인 의무를 뜻하는 소당연지리所當然之理를 밝히는 것으로서, 소이연(절대적 이치)을 알면 앎의 현혹됨을 면할 수 있고 소당연(마땅한 도리)을 알면 행동이 어긋나지 않는다고 하여 이를

---

35 김하태는 이러한 절대 존재(有)에 대한 경외의 태도로서 경(敬)은 R. Otto의 "누미노제"와도 일맥상통한다고 본다(김하태, "敬의 現象學,"「목원대 논문집」 제6집, 1983, 12-13). 더욱이 이러한 퇴계의 미발 시의 경은 기독교적으로 표현하면, 결국 인간의 내면적 영성을 함의한다고 볼 수 있다.

36 김하태, "敬의 現象學"(1983), 16, 재인용.

37 『退全』 卷1, 294: "誠者天道之也 誠之者人之道也 學者之所當自强也 而慾者强以信 於誠豈有他哉 亦惟用力於敬而己."

높이게 된다. 이때 소당연은 사리에 관한 것이고 소이연은 인심에 관한 것이라고 구분할 수 있지만, 그렇다고 해서 둘이 분리되는 것은 아니다. 이것을 참으로 아는 것이 진지인데, 퇴계는 이 진지가 어려운 이유는 리가 마음과 사물 모두에 있기 때문이라고 보았다.

아무튼 퇴계에 따르면 궁리는 격물을 통해 진지를 밝히는 과정을 의미하는데, 이것 역시 경의 태도로써 그 목표에 도달할 수 있다는 것이다. 함양은 그리한 궁리가 제대로 가능하도록 내면을 닦는 작업 곧 마음을 비워내고 하늘 이치로 채워가는 경 공부를 의미하며, 이는 무엇보다 올바르고 정제된 몸가짐으로부터 자신을 다스리고 분잡해지려는 마음을 안정시켜 나감에서 시작된다. 결국 성리학이 견지하는 문제의식은 어디까지나 하늘과 인간의 관계 곧 천명과 인성의 관계 문제이며, 인간은 자신의 성품의 원형이자 본질인 하늘 이치에 대한 각성을 통한 참된 자아의 실현에서 자기 존재 의미를 구현하게 되는데, 바로 그 실천 방법론의 문제가 곧 경에 관한 공부이다. 그런 의미에서 퇴계뿐 아니라 성리학이 지향하는 경의 문제는 수양 즉, 참된 자기를 실현하기 위한 부단한 수행의 길에서의 가장 중요한 심리적 조건이라고 할 수 있다.[38] 이를 위한 궁리와 함양은 그러한 심리적 바탕 형성을 위한 첫째 단계의 실행 문제이다.

2. 거경과 성찰로서의 경

성리학의 기본 입장은 하늘이 부여한 본질(天理/天命)을 따르는 것이 사람의 마땅한 도리이고, 사람으로 하여금 그런 삶을 살도록 가르치는

38 김하태, "敬의 現象學"(1983), 16.

것이 교화이다.[39] 유학은 이 원리를 바탕으로 인간 윤리를 지향하는 고도의 윤리·도덕적인 철학 체계이다. 그런데 이러한 인간성 구현에 있어서, 특히 이발 이후 단계에서 올바른 실천의 문제는 거경성찰居敬省察(정신 집중)과 연관된다. 또한 이것은 예禮의 실천 문제로 이어진다.[40] 하늘이 부여한 인간성에 대한 성실한 구현의 길에 대해 공자는 인仁을 제시하였다.

인은 곧 사람을 사랑함(愛人)을 뜻하지만,[41] 그것 자체가 참된 인간성 실현의 근본 원리이자 유교 철학의 핵심 원리이다. 인仁은 부모에 대해서는 효孝, 임금에 대해서는 충忠, 친구에 대해서는 신信으로 나타나는바 이것의 실천 과정에 경敬이라는 심리적 바탕 문제가 대두된다. 즉, 경은 단지 자신에 대한 엄숙함嚴(내적 영성)으로 종결되지 않고 외적 행동으로 표출되는데, 그것이 바로 예의 문제요 인애의 정신이다. 특히 『효경』의 <광요도장>은 경과 예의 관계를 설명하는바 "예란 경하면 되는 것이다. 아비를 경하면 아들이 기뻐하고 형을 경하면 아우가 기뻐하고 임금을 경하면 천만인이 기뻐하니, 경하는 자는 적은데 기뻐하는 자가 많으니, 경이 예의 요도"(禮者敬而已矣 故 敬其父則子說 敬其兄則弟說 敬其君則臣說 敬一人而千萬人說 所敬者寡而說者衆 此之謂要道也)라고 말한다.[42]

---

39 하늘 성품인 인간 본성을 공자는 인(仁)으로, 맹자는 인(仁)과 의(義)로 파악한 것을 보면, 인간이 하늘로부터 받은 본성은 어질고 의롭고 선한 것이다. 그리고 그렇게 하늘이 내려준 성(性) 곧 인(仁)을 삶 속에 구현해 나가는 인간상이 바로 군자이다(이계학, "敬槪念의 分析的 考察," 1996, 8).

40 이발 시의 경 문제는 기독교적으로는 삶의 영성과 관계된다고 할 수 있다. 즉, 미발 시의 경인 내면적 영성(inner spirituality)의 외면적 표출을 통해, 이발 시의 경인 삶의 영성(spirituality of life)으로 승화되는 측면과 연계된다.

41 이강수, "원시 유가의 인간관," 『東洋哲學의 本體論과 人性論』(서울: 연세대학교출판부, 1994), 193.

42 효의 실천 문제는 『논어』 <위정>에서 "견마도 능히 사람에게 공양할 수 있거늘 부모를 경하지 아니하면 어찌 금수와 다르겠느냐?"(今之孝子 是謂能養 至於犬馬 皆能有養

특히 퇴계는 『성학십도』에서 경의 구체적인 실천 방법론으로서 제9도인 <경재잠도>와 제10도인 <숙흥야매잠도>를 제시하는데, 전자는 상황에 따른 구체적인 수신 방법론을, 후자에서는 시간에 따른 구체적인 수신 방법론을 제시한다. 그 세목들을 살펴보면, 일상생활에서 몸가짐을 단정하고 엄숙하게 하는 것으로부터 시작된다. 그것은 곧 경을 실천하기 위한 방법으로서 예를 제시하는바, 그것은 외면을 제어함으로써 내면을 다스려 존심양성存心養性의 가능성을 보여주는 것이다. 즉, 마음이란 형제가 없어서 수신하기가 힘들기에, 형체가 없는 마음을 다스리기 위해서는 오히려 구체적인 행동으로 나타나는 법도와 표준 즉, 예를 실천하는 것이 가장 좋은 방법이기 때문이다.[43] 다시 말해서, 경의 실천은 예를 철저하게 지켜서 반복하여 몸과 마음에 깊이 배도록 하는 과정을 함의한다. 어려서 『소학』을 익히는 이유도 이러한 예를 통한 경의 실천에 그 의의를 두고 있다. 이러한 구체적인 경 공부 실천의 둘째 단계는 구체적으로 거경과 성찰이라는 과정을 밟게 된다.

1) 천리에 대한 의식: 거경

거경은 『논어』의 <자로편>에서 유래한다.[44] 송대 유학은 이를 궁리와

不敬 何以別乎) 또는 "언제나 즐거운 낯으로 부모를 섬기기가 어렵다. 일이 있으면 젊은이가 수고를 맡고, 술이나 음식이 있으면 어른께 드린다. 그러나 이것만으로 효라고 말할 수 있느냐?"(色難有事 弟子服其勞 有酒食 先生饌 曾是以爲孝乎)고 하여, 효의 본질은 부모에 대한 경임을 가르친다(이계학, "敬 槪念의 分析的 考察," 1996, 11, 12, 재인용).

43 선우미정, "퇴계 수양론에서 敬과 禮의 상관성에 관한 연구," 「양명학」 제44집(2016), 230.

44 즉, "평상시에는 용의를 바르게 하고(恭), 일이 있을 때는 내심을 삼간다(敬)"는 말(居處

함께 수신의 2대 방법으로 삼았는데,[45] 거경은 "심신이 항상 긴장되고 순수한 상태를 지니도록 삼가는 것"으로서 의식을 각성시켜 하늘 이치에 깨어있는 마음 자세를 뜻한다. 다시 말해서, 사람과 사물을 지극히 공손하고 경건한 마음으로 대하는 상태인 경의 자세로 지내면서 사색하는 것을 기반으로 한다. 그렇지만 외면의 모습까지도 의관을 예의 바르게 정돈함으로써 엄숙함을 유지하고, 안으로는 마음을 거둬들여 허심탄회하게 유지하는 기심수렴其心收斂(마음을 잘 거둬, 잡념이 생기지 않게 함)의 태도를 유지하는 것이 거경의 주요 내용이다.[46] 주자는 다음과 같이 말한다.

> 경으로써 주를 삼으면 내외心身가 숙연해져 잊지도 아니하고 조장하지 않아도 마음이 저절로 두어진다. 경으로써 주를 삼음을 알지 못하고 마음을 두고자 하면 하나의 마음을 가지고 다른 하나의 마음을 붙잡지 못하니, 바깥에 아직 한 가지 일도 없는데 속에는 이미 세 머리와 두 실마리가 되어 그 요란함을 이기지 못할 것이다. 설사 참으로 붙잡았다 할지라도 이는 큰 문제이거늘 하물며 아직 붙잡지도 못함에 있어서랴?[47]

恭執事敬)에서, 첫 자(居)와 끝 자(敬)를 따서 거경(居敬)으로 명명했다. 이러한 거경의 태도는 한마디로 인간관계에서의 예의 실천이라고 할 수 있다.

45 주자는 『성리대전』에서(48권) 이렇게 말한다. "학자의 공부는 오직 거경과 궁리에 있다. 이 두 가지는 서로 발달해가는 것이니, 궁리를 잘하면 거경 공부가 날로 더 나아가고 거경을 잘하면 궁리 공부가 날로 더 정밀해진다"(學者工夫 唯在居敬窮理 此二事互相發 能窮理 則居敬工夫日益進 能居敬 則窮理工夫日益密).

46 손병욱, "마음을 다스리는 공부"(2006), 331.

47 『朱子大典』 제31권, <答張敬夫>: "以敬爲主 則內外肅然 不忘不助 而心自存 不知以敬主而欲存心 則不免將一箇心把捉一箇心 外面未有一事時 裵面已是三頭兩緒 不勝其擾擾矣 就使實能捉住得住 只此已是大病 況未必眞能把捉得住乎."

곧 주자는 경성하는 태도가 아니면 마음을 안정되게 붙잡을 수 없으며, 밖의 일에 그 마음이 흔들릴 수밖에 없다. 따라서 경을 바탕으로 수행하지 않는 공부란 이미 그 자체가 아무런 성과가 없는 헛된 공부에 불과하다는 것이다. 한마디로 인간성 완성을 향한 마음공부는 오로지 경의 방법론에 근거해야 한다는 것이고, 그러한 경은 곧 마음을 수렴하여 통제함으로써 마음을 최고의 상태로 각성시키고 통일시키는 원리라고 볼 수 있다. 퇴계 역시 주자와 같은 맥락에서 언제 어디서나 매사에 경성하는 마음으로 임할 것을 가르친다.

> 대체로 공부에 임할 때는, 일이 있든지 없든지 뜻함이 있든지 없든지 언제나 오직 경으로써 주를 삼아 동과 정에 다 경을 잃지 않아야 합니다. 이렇게 되면, 그 생각이 생기지 않은 때는 심체心體가 허명虛明하고 본성이 깊이 순순하게 되며, 그 생각이 이미 발한 때는 의리가 훤히 드러나고 물욕이 물러나 천리에 복종하게 되므로 분요의 근심이 점점 그 수가 줄어들게 됩니다. 이러한 노력을 쌓고 쌓으면 성공에 이르게 되는 것이니, 이것이 학문의 요법인 것입니다.[48]

궁리가 격물치지론으로서 객관적 인식론에 해당한다면 거경은 존양성찰론으로서 주관적 수신론에 해당하는바, 늘 엄숙하고 바른 자세로써 깊은 사색과 명상을 통해 하늘 이치를 의식하고 각성하는 태도를 뜻한다. 곧 거경은 궁리의 근본으로서, 마음 안에 실천 주체의 본령을 세우는 것이

48 『퇴계』 제21권, 189 <자성록: 김돈서에게 답함>: "大抵人之爲學 勿論有事無事 有意無意 惟當敬以爲主而動靜不失 則當其思慮未萌也 心體虛明 本領深純 及其思慮已發也 義理昭著 物慾退聽 紛擾之思漸減 分數積而至於有成 此爲要法."

자 지행의 주체라는 점에서 궁리와 분리될 수 없는 교상배양交相培養(서로 길러줌)의 관계에 있다.[49] 이러한 측면에서 거경은 궁리의 바탕이 되고, 궁리 또한 거경의 근거가 된다. 그래서 퇴계는 늘 경을 강조한다.

> 말 타고 길을 갈 때 경치情境는 그곳에 객관적으로 있는 것이지만, 사물에 관해 시가를 읊은 것은 사람의 몸과 마음이 함께 관계하는 일로서 여기서 어찌 경敬을 위주하는 원칙(主敬之法)을 의심할 수 있겠습니까? 이것은 독서할 때의 책을 읽는 것이나 착의할 때의 옷을 입는 것에만 주력하는 것과 비교할 때 큰 차이가 없습니다.[50]

요컨대 경건하게 처신함(居敬)은 "주체성을 확고히 확립하는 것"(自處以敬 則中有主而自治嚴, 『논어』, <옹야: 주자 주>)이며, 매사 삼감으로써 마음이 고요하게 되고 궁리할 수 있는 바탕을 이루는 것을 뜻한다(『퇴계』 17권, 33-39 <언행록>). 이러한 경의 삶이야말로 궁행일치(躬行一致) 곧 지행일치(知行一致)를 지향하는 유학의 근본정신이기 때문이다. 이처럼 퇴계에게 있어서 거경은 경의 생활화에 다름이 없다. 그리하여 퇴계는 자칫 학문 자체에만 매달릴 수 있는 위학爲學이 아니라 사람을 위한 학문爲人을 지향하되, 자칫 학문과 삶이 분리되어 자기 이념에 빠질 수 있는 단순한 위인지학爲人之學을 넘어 지행합일을 통해 스스로의 인격 수양에 매진하는 위기지학爲己之學을 지향하였다.

---

49 배종호, "李退溪 哲學의 方法論"(1983), 14.

50 『퇴계』 제21권, 194 <자성록: 김돈서에게 답함>: "乘馬行路 情境在此 口占詠物 卽此心身所接之事 何疑於主敬之法乎 此與讀書時在讀書 著衣時在著衣者 不見其有異也."

2) 천리를 따르는 삶: 성찰

경 공부에 있어서 마음이 움직이지 않은 상태인 미발 시의 본성을 보존하고 기르는 공부가 함양이라면, 이미 마음이 움직인 상태에서 세상 이치를 탐구하여 미발의 본성에 부여된 이치까지 남김없이 깨닫는 공부를 성찰이라고 한다. 성찰은 늘 자신을 반성하여 살피는 태도로서, 천리가 내 안에 내재함을 인식함에서 시작되며 마음의 이치를 탐구하는 것과 연결된다. 경 공부에 있어서 성찰이 필요한 것은 미발 시의 순선한 마음이 이발 시에는 선악에 대해 양가적 상태가 되기 때문이다. 퇴계는 이렇게 말한다.

> 군자의 공부는 미발 시에는 반드시 경을 주로 하면서 존양 공부를 더하고, 이발 시에도 반드시 경을 주로 하면서 성찰 공부를 해야 한다. 이것이 경학의 시작과 끝이며 체용을 관통하는 것이다.[51]

즉, 경 공부에 있어서 성찰이 중요한 것은 사람의 마음의 문제 때문이라는 것이다. 사람의 마음은 일단 정적을 깨고 움직이게 되면 선악에 관한 가치 판단이 양가적 상태로 변하기 때문이다. 곧 인심은 성인에게도 있는 보편적 마음일 수 있지만, 그 마음이 이미 작용하기 시작한 이발 상황에서는 인심이 말단으로 흐름으로써 인욕이 발생하고, 그것이 천리를 거슬러 개인적인 욕망에 매달리게 만든다. 퇴계는 이것을 다음과 같이 정리한다.

---

51 『退全』, <속집> 卷8, <天命圖說>: "君子之學 當此心未發之時 必主敬而加存養工夫 當此心而發之際 亦必主敬而省察工夫 此敬學之所以成始成終而通貫體用者也."

> 인심은 인욕의 본원이고 인욕은 인심의 말류(末流)이다. 대체로 형기에서 생기는 마음은 성인 또한 없을 수 없다. 그러니 다만 인심이라고 할 수 있을 뿐 그것이 인욕이 되는 것은 아니다. 그러나 인욕이 생기는 것이 실로 이로부터 말미암기 때문에 인욕의 본원이라고 한다. 물욕에 빠지는 마음은 보통 사람들이 천리를 따르지 않아서이기 때문에 인욕이라는 이름을 붙여서 인심과 구분하여 일컫는다. 이는 인심의 시초는 본래 그렇지 않기 때문에 인심의 말류라고 한다.[52]

곧 퇴계는 본래 하늘이 부여한 마음은 순선하고 보편적인 상태이지만, 그것이 말단으로 흘러가면서 부정적인 인욕을 형성한다고 본다. 그렇다면 성인들을 포함하여 모든 사람이 가지고 있는 보편적인 마음인 인심人心이 어째서 천리에 반하는 사욕으로 흘러가는가? 퇴계는 그 원인에 대해 "마음의 작용으로서의 의意가 무엇을 따르는가?"에 달려있다고 보았다.

> 의는 마음이 드러난 것인데, 정에 영향을 받아 천리의 공평함을 따르기도 하고 인욕의 사사로움을 좇아 선과 악으로 나뉘는 것이니 작용에 따라 결정된다.[53]

곧 사람의 마음에 자리하고 있는 하늘이 내려준 인간의 본성(性)은 처음부터 순수하게 선하지만, 그것이 움직여서 인간의 현실적인 성품(情)

---

52 『퇴계』 제9권, 292-293 <조카 蕎의 문목에 답함>: "人心者 人欲之本 人欲者 人心之流 夫生於形氣之心 聖人亦不能無 故只可謂人心 而未遽爲人欲也 然而人欲之作 實由於此 故曰人欲之本 陷於物慾之心 衆人遁天而然 故乃名爲人欲 而變稱於人心也 是之人心之初 本不如此 故曰人心之流."

53 『退全』. <속집> 卷8, <天命圖說>: "於是意爲心發 而又挾其情 而左右之或循天理之公 或循人欲之私 善惡之分 由玆而決焉."

으로 나타나게 될 때 그 근거에 따라 선악의 가치 차이가 발생한다는 것이다.[54] 따라서 사람은 미발, 이발 시를 막론하고 항상 인심人欲을 극복하고 하늘 이치(天理: 性)를 회복하려는 노력이 필요하다는 점에서 늘 자신을 돌아보는 성찰의 단계가 요청된다. 이러한 성찰에 대한 퇴계의 생각은 <경재잠도>에서 잘 드러난다. 그는 다음과 같이 주자를 인용한다.

> 조심조심 두려워하여 감히 잠시도 안이하게 말라. 입 지키기를 병마개 막듯 하고 잡생각 막기를 성문을 지키듯 하여, 성실하고 진실하여 감히 잠시도 경솔하지 말라. 동으로써 서로 가지 말며 남으로써 북으로 가지 말고, 당면한 일을 남겨두고 다른 데로 가지 말라. 두 가지 일이라고 두 갈래로 하지 말고 세 가지 일이라고 세 갈래로 하지 말라. 마음을 집중하여 만 가지 변화를 살펴라.[55]

요컨대 퇴계는 성찰로서의 경에 대해, 흐트러지기 쉬운 마음을 가다듬어 스스로를 통제하여 일치시키는 힘이자 마음을 천명에 일치시키는 최고의 상태로 각성시키는 원리로 이해한다. 그렇지만 퇴계의 경은 단순히 내면에만 머무는 자기 만족적 상태(內成)에 머무는 것이 아니라 윤리적 실천 문제와 연관되는 것이며(外王), 따라서 경은 천리에 대한 윤리적 표출로서의 인애仁愛의 마음에 대한 함양과 그것을 바탕으로 하는 진실한 실천을 위한 성찰을 내포한다. 따라서 퇴계의 경 공부는 엄숙함嚴과 인애함(愛)의 측면을 동시에 갖고 있다.

---

54 최정묵, "퇴계 사상에 있어서 善의 가능 근거와 그 실현의 문제,"(2004), 221.

55 『퇴계』 제3권, 149: "戰戰兢兢 罔敢或易 守口如甁 防意如城 洞洞屬屬 罔敢或輕 不東以西 不南以北 當事以存 靡他企適 弗貳以二 弗參以三 惟心惟一 萬變是監."

3) 거경과 성찰의 구체적 실천

궁리와 함양이 인식론적·내면적 영성(體)에 해당한다면, 거경과 성찰은 구체적 실천을 지향하는 외면적 삶의 영성(用)에 해당한다고 할 것이다. 즉, 거경과 성찰은 경의 실천 원리로서, 천리를 자각하고 함양한 마음을 바탕으로 예를 지향하는 삶을 뜻한다. 이것은 특히 인仁의 실천을 통해, 경 공부가 내면적 차원에 머물지 않고 성인 됨을 지향하는 외향적 공부임을 드러낸다. 이때 거경과 성찰의 근본인 인은 천리와 함께 사람의 마음에 부여된 하늘 이치이자 인간의 원초적 본성임이 드러난다. 퇴계는 <인설도>에서 다음과 같이 주자를 인용한다.

> 인이란 천지가 만물을 낳는 마음이요, 사람이 그것을 얻어서 마음으로 삼은 것이다. (마음이) 발하기 전에 사덕이 갖추어져 있는데, 오직 인만은 네 가지를 다 포괄한다. 그러므로 혼연히 함유하여 통섭하지 아니함이 없다. 이른바 생生의 성性이니, 애愛의 리理니, 인仁의 체體니 하는 것이 이것이다. (마음이) 발할 때는 사단이 드러나는데, 오직 측은만은 사단을 관통한다. 그러므로 두루 흘러 관철하여 통하지 않는 곳이 없다. 이른바 성性의 정情이니, 애愛의 발發이니, 인仁의 용用이니 하는 것이 이것이다. 전체적으로 말하면, 미발은 체요 이발은 용이다. 부분적으로 말하면, 인은 체요 측은은 용이다. 공公은 인을 체험하는 방법이니, 자기를 극복하여 예에 돌아가면 인이 된다고 말하는 것과 같다. 대개 공적이면 인하고 인하면 사랑한다. 효제는 인의 작용이고, 서恕는 인을 베푸는 것이며, 지각知覺은 지知의 일이다.[56]

---

56 『퇴계』 제3권, 140: "仁者天地生物之心 而人之所得以爲心 未發之前 四德具焉 而惟仁則包乎四者 是以涵育渾全 無所不統 所謂生之性愛之理仁之體也 已發

곧 퇴계에 따르면, 거경과 성찰은 하늘이 주신 본성인 인의 마음으로써 삶을 구성해나가는 것을 뜻하며, 이것은 일상에서의 예의 실천에서 출발하여 국가 사회를 위한 섬김을 실천하려는 구도자의 본질적인 삶의 원리로 작용하게 된다. 이를 위해 사람은 무엇보다 항상 사욕을 버리고 그 내면에 하늘의 이치를 함양함으로써(存天理遏人欲) 하늘이 준 그 고귀한 성품을 더욱 성숙시키는 삶을 살게 된다. 퇴계는 계속해서 다음과 같이 주자를 인용한다.

> '자기를 극복하여 예로 돌아가면 인이 된다'는 공자의 말은 사욕을 극복하고 천리로 돌아가면, 이 마음의 체가 거기에 있지 않음이 없고 이 마음의 용이 행치 않음이 없음을 말한 것이다. '가만히 있을 때는 공손한 태도를 취하고, 일할 때는 공경스러운 마음으로 하며, 남과 관계를 맺을 때는 충심으로 해야 한다'는 말도 이 마음을 보존하는 것이다. 또 '효도로 어버이를 섬기고 공손하게 형을 섬기며 서恕로써 남과 관계를 맺는다'는 것은 이 마음을 실천하는 것이다. 이 마음은 어떤 마음인가? 천지에게 있으면 한없이 넓은 만물을 낳는 마음이요, 사람에게 있으면 남을 사랑하고 이롭게 하는 따뜻한 마음으로, 사덕을 포괄하고 사단에 관통하는 것이다.[57]

之際 四端者焉 而惟惻隱則貫乎四端 是以周流貫徹無所不通 所謂性之情愛之發仁之用也 專言則未發是體 已發是用 偏言則仁是體 惻隱是用 公者所以體仁 猶言克己復禮爲仁也 蓋公則仁仁則愛 孝悌其用也 而恕其施也 知覺乃知之事."

57 『퇴계』 제3권, 141: "其言有曰 克己復禮爲仁 言能克去己私 復乎天理 則此心之體無不在 而此心之用無不行也 又曰 居處恭執事敬與人忠 則利亦物所以存此心也 又曰事親孝事兄悌及物恕 則亦所以行此心也 此心何心也 在天地則坱然生物之心 在人則溫然愛人之心 包四德而貫四端者也."

결국 거경과 성찰로서의 경은 선악에 대한 양가적인 실존 현실을 극복하고 하늘이 부여한 순선한 마음을 따라가며, 바로 그러한 삶에서 사람됨의 완성을 지향하는 부단한 노력을 의미한다.[58] 사람은 이러한 자신의 실존적 현실을 바탕으로, 집안에서는 정좌하고 늘 의관을 정제하는 등 자기 자신의 심신 관리라는 기본적 차원에서 시작하여 가족 간에 효와 애를 바탕으로 화목하기를 힘쓰는 가운데, 의와 충의 정신을 바탕으로 이웃과 국가 사회를 위한 봉사에 이르기까지 일상생활의 전 영역에서 성리학의 근본정신인 인의 도를 실천하고 예의 원리를 따라가는 구체적 수신의 삶을 지향하고 있다.[59]

요컨대, 퇴계의 성인 됨의 삶의 실현을 위한 깊은 내면적 원리가 바로 경의 태도이고, 경을 통한 학문적 목표는 참된 인간성의 성취 곧 위기지학爲己之學이었다. 그리고 그런 위기지학은 학문적인 성취에 앞서 사람다운 사람을 지향하는 것이었다. 그리하여 퇴계는 자신이 사는 조선 땅에 사람다운 사람들로 채워지는 이상을 꿈꾸었다.[60] 이에 대한 구체적인 이상으로서, 퇴계는 병진년(1556, 명종11, 12월)에 작성한 예안향약禮安鄉約을 위한 <향립입조서鄉立約條序>를 통해 참된 인간의 길이 무엇인가를 명시한다.

---

58 선과 악에 대한 내면적 갈등 문제는 성서에도 나타난다(롬 7:18-21). 곧 바울은 칭의를 얻었음에도 자신 안에서의 죄 성향의 실존을 밝힘으로써 선악에 대해 양가적 현실을 견지하였다. 이러한 현실에 대해 M. 루터는 의인인 동시에 죄인(*simul justis et peccator*)이라는 유명한 명제를 남겼다.

59 예(禮)란 일반적으로 사람이 마땅히 지켜야 할 몸가짐 즉, 행위의 기준이나 원칙을 뜻하지만, 특수한 의미로는 오상(仁·義·禮·智·信)의 한 측면이기도 하다. 여기서는 일반적 의미의 예를 지칭하는데, 속설로는 예의 기원을 주나라의 주공(周公)에게서 찾지만 실제로는 상고대로 올라간다. 일찍이 상제, 하늘을 존숭·제사하던 제천의식에서 비롯되었기 때문이다. 성리학에서 예는 곧 문화 전반을 대표하는 것이라 할 수 있다(윤사순, "性理學과 禮,"「한국사상사학」 제4·5집, 1993, 509-524 참조).

60 도민제, "退溪 禮學思想의 特性,"「儒學硏究」 제19집(2009). 183-207.

퇴계는 이렇게 말한다.

옛날 향대부의 직분은 덕행과 도예로써 인도하고 따르지 않으면 형벌로 규찰했다. 선비 된 자들도 반드시 집안에서 수양하여 문행이 향당에 드러난 뒤에야 나라에 나갈 수 있었으니, 이같이 했던 것은 무엇 때문인가? 효제충신은 인간다운 도리의 큰 근본으로서, 집과 향당은 실제로 이를 행하는 곳이다. 선왕의 가르침이 이를 중하게 여겼기에, 법을 세움이 이와 같았다. 후세에 이르러 법제가 없어졌지만, 그 떳떳한 윤리의 법칙은 진실로 한결같았다. 어찌 고금의 마땅함을 참작하여 권장하고 징계하지 않을 수 있겠는가? 지금의 유향소는 바로 옛날 경대부가 끼친 제도이다. 알맞은 사람을 얻으면 한 고을이 화평해지고, 알맞은 사람이 아니면 온 고을이 해체된다. 더욱이 시골은 왕의 교화가 멀어서 좋아하고 미워하는 자들이 서로 공격하고, 강하고 약한 자들이 서로 알력을 벌이고 있으니, 혹시라도 효제충신의 도가 저지되어 행해지지 못하면 예의를 버리고 염치가 없어지는 것이 날로 심해져서 점점 이적이나 금수의 세계로 돌아갈 것이다. 이것이 실로 왕정의 큰 걱정인데, 그 잘못을 바로잡는 책임이 이제는 유향소로 돌아오니, 아아, 그 또한 중하다.[61]

이러한 서문 뒤에 이어지는 예안향약의 세부 내용을 살펴보면, 부모에

61 『退全』 卷42 <鄕立約條序>: “古者鄕大夫之職 導之以德行道藝 而糾之以不率之刑 爲士者 亦必修於家 著於鄕而後 得以賓興於國 若是者 何哉 孝悌忠信 人道之大本 而家與鄕黨 實其所行之地也 先王之教 以是爲重 故其立法如是 至於後世 法制雖廢 而彝倫之則 固自若也 惡可不酌古今之宜 而爲之勸懲也哉 今之留鄕 卽古鄕大夫之遺意也 得人則一鄕肅然 匪人則一鄕解體 而況鄕俗之間 遠於王靈 好惡相攻 強弱相軋 使孝悌忠信之道 或尼而不行 則棄禮義 捐廉恥日甚 流而爲夷狄禽獸之歸 此實王政之大患也 而其糾正之責 乃歸之鄕所 嗚呼 其亦重矣.”

대한 불효, 형제간의 불화에 관한 해결 방법과 관리들의 권력 남용과 사욕 추구를 금하고 신분 질서를 무너뜨리는 행위와 관청의 업무를 방해하고 지도자를 무시하는 행위 등에 대한 규제와 친족들과 이웃 등 인간관계에서 발생할 수 있는 다양한 문제들과 일상생활의 수칙들에 대한 자세한 내용들이 등장하고 있다. 이 모든 사항은 사실상 사람됨의 문제로서 예의 실천과 직결된다는 점에서, 퇴계 자신이 강조하는 경의 원리에 대한 구체적인 실천인 동시에 향약에 동참하는 모든 이들에게 진정한 경 공부를 권고하는 내용이라고 할 수 있다.

이처럼 퇴계의 경은 단지 강의실에서 논의되는 윤리 도덕에 대한 이론적인 학문이 아니라 실생활에서 사람다움을 지향하되 사회생활에서 예의 형태로 구체화함으로써, 사람을 이롭게 하는 진정한 위기지학爲己之學이도록 하는 것이었다. 사실 퇴계에게 있어서 사람됨의 길을 위한 실제적이고 실천적인 실행 유학이 아니라면, 그것은 올바른 학문일 수가 없었고 오히려 사람 자신을 해치는 거짓 학문爲己之學일 뿐이었다. 이를 위하여 퇴계는 경을 기반으로 하는 진정한 성리학의 성립을 위해 자신의 모든 것을 내려놓고 정치 일선에서 물러난 뒤, 후미진 초야에서 후학 양성에 매진하였던 것이다.

3. 참된 인간의 길: 수신

퇴계의 경 철학은 한마디로 진정한 사람됨의 경지에 이르게 되는 인간의 자기완성을 지향하는 수신론이라고 말할 수 있다. 이에 대해 퇴계는 『성학십도』의 <태극도설>에서 우주의 생성 과정(우주론)과 인간 존재(인성론)와의 관계를 설명하면서, 자신의 철학적 중심 과제이자 『성학십도』

전체를 꿰뚫는 관통 원리로서의 경의 수신론을 제시하였다.[62] 즉, 퇴계는 사람으로 하여금 하늘 이치를 전인격적으로 구현해내고 내면에서 솟구치는 인욕을 통제함으로써 하늘이 제시하는 인간의 본질을 실현하도록 이끌어가는 자기 수신론으로서의 경의 구체적인 실천을 강조하였을 뿐만 아니라 그러한 경의 철학을 조선 사회에 깊이 뿌리를 내리도록 하는 데에 자신의 학문적 목표를 두었다.

더 나아가 만물의 생성 원리 자체가 표준이 되는 형이상학의 세계와 경의 실천적 전지田地가 되는 형이하학의 세계에 모두 소통되는 경의 원리를 깊이 연구하는 데에 평생을 바쳤다. 이러한 퇴계의 경에 대한 깊은 통찰은 특히 그가 만년에 남긴 중요한 저술인 『성학십도』에서 구체적으로 드러나고 있다.[63] 말하자면, 퇴계에게 있어서 경은 하늘과 사람을 연결하는 중요한 메타포가 되며, 사람을 사람이 되게 하는 매우 중요한 인간성 구현의 실천적 원리였던 것이다. 이러한 경의 원리를 바탕으로 하는 성리학을 체계적으로 그리고 쉽게 설명한 퇴계의 『성학십도』의 구성에 대해 다음과 같이 도표화할 수 있다.

이처럼 경을 강조하는 퇴계의 학문은 어디까지나 인간이 하늘이 내려

---

62 금장태, "退溪에 있어서 <太極圖>와 <天命新圖>의 解析과 相關性," 「退溪學報」 제87 · 88집(1995), 217-218). 이에 대해 퇴계는 이렇게 말한다: "修之悖之 亦在乎敬肆之間而已矣 敬則欲寡而理明"(수양하는 것과 어그러지는 것의 차이는 경성하는 것(敬)과 방자한 것(肆)의 차이에 달려있을 뿐이다. 경성하면 욕심이 적어지고 이치가 밝아진다). 『퇴계』 3권, 107 <태극도설>.

63 퇴계는 제4도인 <대학도>의 부설(附說)에서, 제1도인 <태극도>와 제2도인 <서명도>는 "단서를 찾아 확충하고 천을 체득하여 도를 다하는 극치의 것으로서 소학과 대학의 표준이요 본원"되는 중요한 의미를 지니고, 아래의 6개의 도설에서는 "명선(明善)과 성신(誠身), 숭덕(崇德)과 광업(廣業)을 힘쓰는 것으로서, 소학과 대학의 전지(田地)와 사공(事功)이 됨"을 밝힌다(『퇴계』 제3권, 126).

〈표 2〉『성학십도』의 구성과 내용

경(敬)의 표준(標準)과 수원(水原)	〈1.태극도〉〈2.서명도〉
	구단확충(求端擴充), 체천진도(體天盡道), 극치지처(極致之處)
경(敬)의 실천(實踐)	〈3.소학도〉〈4.대학도〉
	거경궁리(居敬窮理): 지행호진(知行互進) 함양성찰(涵養省察): 학사호발(學思互發)
경(敬)의 전지(田地)와 사공(事功)	〈5.백록동규도〉〈6.심통성정도〉 〈7.인설도〉〈8.심학도〉 〈9.경재잠도〉〈10.숙흥야매잠도〉
	명선성신(明善誠身), 숭덕광업(崇德廣業), 용력지처(用力之處)

주신 자기의 본질에 대한 자각을 바탕으로 경건한 삶의 실천을 통해 자기완성을 향한 수신의 실천을 전제로 하는 지행호진知行互進이었다는 점에서, 단순히 지행병진知行竝進의 차원에 머물렀던 주자와는 차이가 있다. 그렇다면 퇴계는 인간의 자기완성을 지향하는 경의 실천에 대하여 어떻게 가르쳤는가? 곧 그의 경 철학의 실천 원리는 무엇인가?

1) 자기갱신의 삶: 극치존양

퇴계는 사람을 하늘에 상응하는 존재로 묘사한다.[64] 이른바 천인감응 사상天人感應思想이 그것이다. 이것은 중국 역사에서 장구한 시간에 걸쳐 지속적으로 대중에게 널리 영향을 남긴 이론으로서, 하늘과 사람은 서로 교통하며 특히 하늘은 사람의 여러 행위에 상응하는 반응을 나타낸다는 의미이다. 다시 말해서 천인감응 사상은 하늘과 사람이 서로 교감하기

64 이러한 퇴계의 인간 이해는 특히 <천명도설>에서 집약적으로 나타나고 있다(이완재, "退溪의 人間觀,"「哲學會誌」 제17집, 1992, 3-17.

때문에 황제가 선정을 통해 자신을 세운 하늘에 진지하게 응답하고 백성들 역시 하늘 뜻에 올바로 교감하는 삶을 살아가면 하늘은 상서로운 징조를 내려주고 잘못하면 재앙을 내린다는 세계관이다. 즉, 이 땅에 현존하는 인간 사회의 제반 문제들, 특히 자연재해는 사람의 행동과 직접적 연관이 있다는 생각으로, 이것은 사실상 신학적 색채를 띤다고 할 것이다.[65]

이러한 천인감응 사상은 동중서董仲舒(BC 179~104)에게서 확고한 학설로 정착하는데, 그는 음양, 오행, 천인감응, 천인합일 등의 개념을 사용하여 인간과 세계에 대한 설명을 종합하려고 하였다. 동중서는 한漢 무제에게 유가 사상 이외의 이념을 배격할 것을 설득하여 유교를 국교화하는 데에 결정적인 역할을 하였으며, 인간 존재의 삶의 가치(윤리) 해명에 중심을 둔 공·맹유학 전통에 기반을 두면서도 음양오행과 천인감응, 천인합일과 같은 종교적이고 신비적인 사유체계를 유교 사상의 주요 내용으로 첨부하였다. 동중서의 학문적 입장은 천인감응설을 경유하여 천인합일설로 귀결되는데, 이 두 학설은 유교 사상의 외연을 확대함과 더불어 천인관계를 불평등의 차원에서 일치와 평등의 관점으로 이해하게 되는 계기를 제공하였다. 그는 특히 하늘과 사람의 관계에 대해서 하늘의 가르침(天道)과 사람의 삶(人事)이 서로 밀접하게 연계되고 합일되어 있음을 밝혔고, 군신, 부자, 부부 관계 등에 관한 윤리적 문제들이 하늘의 의지(天意)와 연관된 윤리적 가치임을 제시하려 하였다.[66]

그 후 천인감응 사상은 역사적 과정에서 더욱 다양하게 변천되었고, 송대에는 그 동력이 상당히 약화되기는 했어도, 송대의 이학자들은 천응

---

65 풍우(1992), 51.

66 김상래, "동중서(董仲舒)의 천인합일설(天人合一說)과 그 윤리적 함의," 「퇴계학논총」 제30권(2017), 275-300.

감응론을 부정하지도 않았고 부정할 수도 없었다. 왜냐하면 그들은 선대 유학을 자기 사상의 존립 근거로 삼았기에, 선진 유학이 함의한 천인감응 사상 자체를 부정하기에는 적잖은 부담감이 있었기 때문이다.[67] 그리하여 그들은 천인감응 사상 자체에는 큰 관심을 두지 않았지만 자기 나름의 방식으로 수용하였는데, 특히 북송오현北宋五賢(주렴계, 장재, 정호, 정이, 주희)은 대체로 이기론을 중심으로 천인감응론을 펼쳐나갔다. 그중 주자는 이학理學을 중심으로 천인 관계를 해석하였는데, 그는 하늘에 대해 살아 움직이면서 인간에게 우주 이치를 자세하게 알려주는 인격신으로서의 하늘보다는 절대적 우주 원리로서의 리 곧 의리천으로서의 하늘 개념에 집중하였다.[68] 그는 이렇게 말한다.

> 하늘이 무슨 귀나 눈이 있어서 보고 듣고 하겠는가? 다만 우리 백성이 보고 듣는 바에 따라 보고 듣고 할 뿐이다. 이것의 의미는 이렇다. 곧 '상제가 문왕文王에게 명을 내렸다'고 하는 말은 하늘이 문왕에게 조목조목 명령한 것이 아니라, 문왕이 리理에 부합되도록 하는 노력이 마치 상제가 명을 내려서 행하는 행동과 같았다는 뜻이다.[69]

주자의 시각에서 하늘은 어디까지나 하나의 우주적인 원리로서, 인간

---

67 풍우(1992), 81.

68 『語類』 卷25 <孔子謂季氏章>: "하늘이라는 것이 하늘이 될 수 있는 까닭은 리 때문이다. [...] 도교에서 말하듯 삼청대제가 옷을 입고 앉아있는 것과 같은 것은 아니다"(天之所以爲天者 理而已.... 非如道家說 三淸大帝者衣服如坐耳).

69 『語類』 卷16 <傳一章釋明明德>: "天豈曾有耳目以視聽 只是自我民之視聽 便是天之視聽 如帝命文王 豈天諄諄然命之 只是文王要恁地 便是理合恁地 便是帝命之也."

삶을 위한 중요한 도덕적인 원칙을 제공할 따름이지 하늘 자체가 인격적인 존재로서 종교적인 의미를 띠고 있는 것은 아니다. 그리하여 주자는 상고 시대의 상제로서의 하늘 개념을 수정하여, 주재천으로서의 하늘보다는 의리천으로서의 하늘 개념을 제시하였다. 퇴계는 근본적으로는 주자의 입장을 따르지만, 한 걸음 더 나아가 리의 주재적 성격을 제시함으로써 주자 방식의 천인 관계론을 넘어서 하늘 곧 상제의 인격적·종교적 차원으로까지 전진하였다. 물론 퇴계의 그러한 태도는 인간 윤리의 근본적 바탕으로서의 하늘을 강조하기 위한 목적에서 비롯된 것으로 보이지만, 그의 하늘에 대한 태도는 사뭇 진지하고 무엇보다 엄숙한 외경심이 담겨 있다는 것이다.

> (제자가) 물었다: 사람이 방 한구석에 있으면서 어떻게 푸른 하늘을 대할 수 있습니까? (퇴계가) 말했다: 땅 위는 모두 하늘이다. (『시경』에서) "그대와 함께 노닌다"라고 한 것처럼 어디 간들 하늘이 아니겠는가? 내가 생각하기에 하늘은 곧 리이다. 진실로 리가 없는 사물이 없고 리가 없는 때가 없음을 안다면, 상제가 잠시도 (우리 곁을) 떠날 수 없음을 알 것이다.[70]

곧 퇴계는 기본적으로 주자의 천인 관계설을 수용하지만, 주렴계에게로 돌아가서 이 문제를 다시 살핀다. 그는 특히 『성학십도』에서 주렴계의 <태극도설>을 중심으로 우주적 본체론에 근거한 인성론을 논한다. 그에 따르면 사람은 생래적으로 본연지성(天理, 天命)을 타고났으며, 그것을

---

70 『艮齊先生續集』, 卷3 <問目 · 上退溪先生>: "問:人在屋漏 如何對蒼蒼之天?" "曰:地上皆天 及爾流行 安往而非天乎? 蓋天卽理也 苟知理之無物不有 無時不然 則知上帝之不可須臾離也"(황상희, 2017, 32, 재인용).

자기완성을 위한 직분으로 인식함으로써 자신의 존재 의미를 드러낸다는 것이다. 그리하여 퇴계의 경 철학은 근본적으로 천인 관계적 차원을 함의한다.[71] 곧 퇴계에게서 하늘은 본체론적 측면에서 리 또는 태극으로서 초월적·궁극적 대상이자[72] 정감적 대상情感的 對象으로, 단순히 물리적인 하늘이 아닌, 사람에게 사랑과 경외의 대상이며 심지어 종교적 대상으로까지 상승한다.[73] 또한 퇴계는 수신론적 관점에서도 하늘을 말하는데, 이때 하늘은 인성의 근본으로서 삶의 규범을 밝혀주며 사람이 덕업 실천에 게으르지 않도록 명령하는 상제와 같은 주재적 주체(主帝天)로 등장한다.[74] 사람은 그 하늘과의 상응 관계에서 본연지성을 인식하고 그 이치를 함양·성찰하면서 자신의 존재 의미와 가치를 완성하게 되는데, 이것이 바로 퇴계의 경 공부의 핵심이자 자기 초월 과정이다.

이러한 퇴계의 초월을 향한 자기 갱신으로서의 인간화 과정은 극치존

---

71 금장태, "퇴계의 天개념과 天人關係論"(1990), 310-312. 유학에서의 천 개념은 천 자체로만 설명하면 관념적이고 추상적이기 쉽다. 따라서 천을 현실에서 비춰주는 거울로서의 인간 존재의 새로운 발견이 필요하며, 천-인 관계를 통해서만 가장 분명하게 해명할 수 있다. 이러한 유학의 천 개념은 어쩌면 칼뱅의 하나님-인간 이해의 문제와도 유사한 측면이 있다고 할 것이다.

72 이러한 리에 대해 전두하는 "헤겔적 주관에 해당하고, 리와 대응 관계의 기는 헤겔적 실체(객관)에 해당하며, 이것을 확연히 밝힌 이는 정·주(程·朱)가 아니라 퇴계"라고 주장한다(전두하, "李退溪 哲學에 있어서의 實在觀,"「韓國學論叢」제1집, 1978, 58). 특히 퇴계의 리 개념은 성리학 전통에만 머물지 않았다. 그것은 주자의 실재론을 넘어, 무조작으로서의 원리와 함께 유조작으로서의 발동이라는 양면을 포괄하는 능동적·실존적 의미를 내포한다(배종호, "李退溪 哲學의 方法論," 1987, 29-37).

73 이상은(2002), 152-153.

74 금장태, "퇴계의 천 개념과 천인 관계론"(1990), 302; 김정진·이영경, "퇴계 태극 개념의 윤리적 지향성"(1992), 40. 이러한 천 개념은 조선 후기 실학파(특히 정약용)에 이르면 한층 더 종교적 의미를 띠게 된다. 더 자세한 연구는, 이성춘, "조선조 유가의 天사상"(1996), 787-811; 윤성범, "퇴계와 율곡의 천사상 이해,"「한국학국제학술대회논문집」, 한국정신문화연구원, 1980, 554-562.

양克治存養(사욕을 극복하고 하늘 이치를 함양함)이 근본 원리이다. 퇴계에게 있어서 마음이 하늘 이치를 보존하고 성품을 배양하는 바탕이라면, 경은 수신을 실천하는 방법인 동시에 수신을 실천하는 주체성이라고 할 수 있다.[75] 퇴계의 마음과 경에 대한 인식은 <심학도>에서 확연히 드러난다. <심학도>는 심권心圈과 경권敬圈으로 구분되는데, 마음을 몸의 주재(一身之主宰)로, 경을 마음의 주재(一心之主宰)로 정의한다(『퇴계』 제3권, 145).

마음이 몸의 주재라는 말은 마음과 신체가 결합된 인간 존재의 총체로서의 몸을 주재하는 역할과 지위를 가졌다는 뜻이고, 경이 마음의 주재라는 말은 마음이 스스로 자기를 통제하는 중심 곧 마음의 자기 규제력이라는 뜻이다.[76] 곧 마음은 체용의 구조로서 리와 기, 성性과 정情을 결합하고 있어서 마음의 발동에 따라 선과 악이 드러나는데, "리가 드러나고 기가 순응하는 것이 선이요, 기가 가려서 리가 숨은 것이 악이다"(理顯而氣順則善 氣揜而理則惡耳, 『퇴계』 제7권, 97). 즉, "심체心體의 리를 실현함으로써 기가 리를 따르게 하는 것이 선을 드러냄"이요, 이른바 자기실현 과정이다.[77] 그리하여 하늘 이치에 비추어 마음을 다스리고(致心) 사욕을 극복함으로써 하늘 이치를 함양하는 가운데, 하늘에 상응하는 존재로서의 인간성을 회복해 나가는 것이다. 퇴계는 한 경연에서 이러한 존심양성存心養性에 대해 이렇게 설명한다.

맹자에 이르기를 "마음을 보존하고 성품을 기르는 것은 하늘을 섬기는 것"이

---

75 퇴계의 경 철학적 측면에서 보면, 사람의 마음은 두 가지 양태로 등장한다. 즉, 한편으로는 수양의 객체로서 다스려지는 마음이지만, 다른 한편으로는 수양의 주체이기도 하다(금장태, 『한국 유학의 心說』, 서울: 서울대학교출판부, 2002, 52).

76 금장태(2005), 180, 185.

77 *Ibid*, 208.

라고 했습니다. 주자가 주해하기를 "마음이라는 것은 사람의 신명이니 여러 가지 이치를 갖추어 온갖 일에 대응하는 것이요, 성에 대해서는 마음에 갖추어 있는 것이 리이고 하늘은 역시 리가 나온 곳이다. 보존이라는 것은 가지고 버리지 아니함이요, 기른다는 것은 순종해서 해치지 않음을 말함이요, 섬긴다는 것은 받들어 모시어 어기지 않는 것이다"라고 하였습니다.[78]

요컨대, 퇴계의 초월을 향한 자기 갱신으로서의 수신론은 사욕을 극복하고 다스리는 측면克治과 주어진 본성을 잘 보존하고 양성하는 측면存養을 동시에 견지하는데, 이러한 수신을 위한 경 공부야말로 인간이 사욕을 극복하고 하늘이 내려준 본성을 회복하는 극치 존양을 위한 필수적인 방법이다. 퇴계는 『성학십도』 제6도인 <심통성정도>에서 다음과 같이 말한다.

학자는 진실로 지경에 전일하여 리와 욕에 어둡지 않고 더욱 경계를 삼아서 미발 시에는 존양의 공부가 깊고 이발 시에는 성찰을 익숙하게 하여 참을 쌓고 오래 힘쓰면, 이른바 '정일·집중'의 성학과 '존체·응용'의 심법을 다 밖에서 구할 필요 없이 여기에서 얻을 수 있습니다.[79]

이처럼 극치와 존양의 수신론으로서 경 공부는 퇴계 사상의 핵심을

---

78 『퇴계』 제3권, 183-184: "孟子曰 存其心 養其性 所以事天也 朱子註 心者仁之神明 所以具衆理而應萬事者也 性則心之所具之理 而天又理之所從出者也 存謂操而不舍 養謂順而不害 事則奉承而不違也."

79 『퇴계』 제3권, 136: "學者誠能一於持敬 不昧理欲而尤致謹於此 未發而存養之功深 已發而省察之習熟 眞積力久而不已焉 則所謂精一執中之聖學 存體應用之心法 皆可不持外求而得之於此矣."

이루는 것이다. 그렇기 때문에 퇴계는 경이 성학의 처음과 끝이 되는 요체라고(『퇴계』 제3권, 126) 말했던 것이다. 이러한 경은 신유학의 이념에서 볼 때 절대적이고 선천적인 선으로 주장되는 "사체(仁·義·禮·智)가 심리적으로나 행동적으로 발현될 수 있도록 심적으로 조절하는 구체적 행동 기법"으로서, 심리학적으로는 반드시 의식적 과정에만 한정되지 않고 초의식적 혹은 전의식적으로도 조절되는 훈련 방법을 통칭한다.[80] 그리고 이러한 극치와 존양으로서의 경의 방법론은 거경과 궁리의 두 가지를 들 수 있다. 전자는 마음이 흐트러짐이 없이 집중하는 태도를 의미하고, 후자는 인간성의 본질을 추구하는 의식적이며 인지적인 탐구의 태도를 의미한다.

2) 자기 확장의 삶: 향약

주지하는 대로 경은 내재하는 천리를 완전히 자신의 것으로 일체화하는 작업인 체인의 자세로써 정진하는 가운데 인격 완성을 이루는 수신 공부이다. 그런데 이것은 한편으로는 형기의 맹목적 욕구를 다스리고 참된 인격을 함양함으로써 마침내 자기 존재를 넘어서 타인의 존재에 참여하는 자기 확장을 지향한다. 다시 말해서 경 공부라고 해서 늘 자신 안에 안주하는 자기 만족적인 성품 개량의 차원에 머무는 것이 아니라 자신을 넘어서 사회적인 삶에로의 존재적 확장을 지향하게 된다는 것이다. 그러한 사회화 과정을 통하여 사람은 마침내 참된 의미의 치인, 즉 자기 이상을 사회적으로 실현하기에 이르고, 바로 그때 비로소 사람됨의 궁극적 목적인 성인의 경지에 도달하게 된다는 것이다.[81]

80 한덕웅(1996), 77.

81 김수청(2006), 248. 특히 『大學』은 인간의 참된 이상을 다음과 같이 밝힌다: "大學之道

그렇다면 사람됨의 참된 가치 실현을 위한 자기 확장의 근본 원리는 무엇인가? 퇴계는 <서명도>에서 우주 만물에 상응하는 존재로서의 인간성을 밝힌다. <서명도>는 상·하도로 나뉘는데, 상도는 천지 만물이 존재 양상은 서로 다를지라도 존재 근거는 하나의 이치(理一分殊)라는 성리학적 기본 명제를 제시한다. 하도는 "어버이를 섬기는 정성을 다하고 이에 근거하여 하늘을 섬기는 도리를 밝힘"(論盡事親之誠 因以明事天之道)으로써, 부모 공경에 근거하여 하늘 공경으로 나아가는 실천 방법을 제시한다. 그리하여 <서명도>는 만물의 모든 현실적 차이를 뛰어넘어 하나의 이치로 관통하는 존재론적 원리를 따라 인덕의 실천을 밝힘으로써, 인仁의 형이상학적 근거를 확보한다.

곧 퇴계에 따르면, 인간은 우주론적 존재 원리인 리일분수理一分殊와 물아일체物我一體의 원리를 체득할 때 하늘의 덕을 제대로 배울 수 있으며(求仁), 그것을 온전히 실행할 수 있다는 것이다. 그리하여 인은 사욕을 억제하고 측은지심을 소통하며[82] 우주 보편 원리인 인간 덕성으로 등장한다. 퇴계는 한 <경연>에서 다음과 같이 장횡거를 인용하며 인의 실체를 언급한다.

> 인仁이란 비록 천지 만물과 더불어 일체가 되는 것이지만, 반드시 자기가 근본이 되고 주재가 되어 모름지기 남과 내가 한 이치로 얽혀 있다는 절실한 의미와 가슴에 측은한 마음이 두루 관철되고 유통되어 막힘이 없고 어디나

在明明德 在新民 在止於至善"/"古之欲明明德於天下者 先治其國 欲治其國者 先齊其家 欲齊其家 先修其身 欲修其身者 先正其心 欲正其心者 先誠其意 欲誠其意者 先致其知 致知在格物"(김학주 역주, 『大學』, 서울: 서울대학교출판부, 2006, 1, 2장).

82 금장태(2005), 31-32; 41- 42.

미치지 않는 데가 없음을 깨달아야 합니다. 바로 이것이 인의 실체입니다.[83]

결국 인의 실천 원리로서의 리일분수와 물아일체는 하나의 순환론적 의미를 갖게 되고 사람과 만물 간의 간격을 극복하게 한다. 그리고 사람으로 하여금 자기중심적인 세계관을 넘어서 우주적인 지평을 열게 하는 바탕을 제공한다. 그리하여 사람은 이제 자기 심신만을 수신하는 존재가 아니라 전 우주적인 지평에 서서 만물과 하나됨을 지향하게 된다.[84] 이러한 의미에서 성인이란 곧 하늘에 상응하는 수직적 원리와 함께, 온 우주 만물에 상응하는 수평적 원리를 동시에 함양·성찰하는 존재로 나타나게 된다.

그렇다면 퇴계는 자기 확장으로서의 경 공부에 대해 어떠한 실천 원리를 제시하는가? 첫째로 퇴계는 자기 확장으로서의 경의 실천을 극기복례克己復禮에서 시작한다. 성리학에서 경은 이발 시에 찰식·성찰하는 주동主動(마음이 스스로 움직이는 상태) 위주의 공부만도, 미발 시에 체인·함양하는 주정主靜(마음이 맑고 고요한 상태) 위주의 공부만도 아니다. 그것은 오히려 양자를 포괄하는 통합적인 마음공부이다. 즉, 경 공부는 무엇보다 자아실현을 향한 부단한 노력이며 형기에서 비롯되는 사욕을 다스리고 자기 안에 내재하는 하늘 이치를 보존·함양하는 끊임없는 자기 훈련이라는

83 『퇴계』 제3권, 176: "仁者雖與天地萬物爲一體 然必先要從自己爲原本爲主宰 仍須見得物我一理相關親切意味 與夫滿腔子惻隱之心 貫徹流行 無有壅閼 無不周徧處 方是仁之實體."

84 물아일체의 세계관에 바탕을 둔 인도(仁道)는 가장 먼저 자기 마음에 내가 있다(有我)는 의식의 사사로움(私)을 깨뜨리고, 작은 나(小我)를 극복함으로써 내가 없다(無我)는 의식의 공변됨을 열어 큰 나(大我)를 드러낸다. 그리하여 뜨거운 형제애로써 자신을 넘어 마침내 온 천하를 평화롭게 하는 일에 헌신할 실천적 근거를 수립하고, 우주일가(宇宙一家)의 새 지평을 연다(금장태, 2005, 43-44).

점에서, 결국 극기복례로 연결된다.[85] 이에 대해 주자는 다음과 같이 말했다.

> 치지·경·극기의 세 가지를 집에다 비하면, 경은 입구를 지키는 자요, 극기는 도적을 막는 자며, 치지는 자기와 밖에서 오는 일들을 미루어 살펴 나가는 일이다.[86]

곧 주자는 경을 극기克己·치지致知와 같은 효과의 수양법으로 이해하는데, 극기가 욕망을 이기고 본성으로 돌아가는 것과 경이 인심을 극복하고, 도심을 회복하는 것이 서로 통한다는 점에서 그렇다. 특히 주자는 "경은 밭에 물을 대는 것과 같고, 극기는 밭의 해로운 잡초를 뽑는 것과 같다"(敬如治田而灌溉之功 克己則是惡草也, 『語類』, 卷16, 254)고 했는데, 이렇게 보면 극기가 더 적극적일 수 있지만 양자 모두 본연지성에 대한 회복을 지향한다는 점에서는 일맥상통한다고 할 것이다.[87]

---

85 극기복례는 『論語』의 〈안연〉(顔淵) 편에서 안연의 질문에 대한 공자의 답변에서 유래되었다. 공자는 "자기를 이기고 예로 돌아감이 인이다. 하루라도 자기를 이기고 예로 돌아가면 천하가 인으로 돌아간다. 인을 행함은 자기를 말미암은 것이니 다른 사람에게 말미암겠는가?"(克己復禮爲仁 一日克己復禮 天下歸仁焉 爲仁由己 而由人乎哉)라고 말했다. 안연의 재차 질문에, 공자는 "예가 아닌 것은 보지 말고, 예가 아닌 것은 듣지 말고, 예가 아닌 것은 말하지 말고, 예가 아니면 행동하지 말라"(子曰 非禮勿視 非禮勿聽 非禮勿言 非禮勿動)고 말했다(이기동 역해, 『논어강설』, 서울: 성균관대학교출판부, 2008, 394-395). 이러한 극기복례는 사욕(私欲) 혹은 욕망을 이겨내고 예(禮: 仁)에 부합되는 도덕적인 인격을 함양·실천하는 것을 뜻한다. 여기서 예의 본질적 규범은 이미 본래적으로 자신 안에 내재해 있는 것(天理)을 회복하고 돌아가는 것을 뜻하며, 이것은 곧 경과 통하는 말이다.

86 『語類』, 卷9, 253, <學三>: "致知敬克己此三事 以一家譬之 敬是守門戶之人 克己則是拒盜 致知却是去推察自家與外來底事."

87 정·주학이 특히 존천리거인욕을 강조하는 이유는 당대(唐代) 중기 이후 중국 사회에는 봉건 사회 해체와 함께 상공업의 발전을 통한 자본주의 생산 체계로의 급격한 변화의 조짐이 있었고 이러한 사회 구조 변화는 도덕적 아노미 현상을 불러왔는데, 이에 따라 유학은 참된 인간성 회복을 부르짖을 수밖에 없었다(풍우, 1993, 267-273).

퇴계 역시 같은 맥락에 서 있다. 특히 퇴계의 인간학에서 가장 중요한 질문은 어찌하여 사람은 하늘이 내려준 선한 본성대로 살지 못하는가?에 있었다. 그리고 그 질문에 대한 답변이 곧 사단칠정론이며, 그 해결의 길이 바로 경 공부였다. 그리하여 퇴계의 경 공부는 사실상 극기복례와 맥락을 같이 한다.[88] 즉, 마음공부는 경이 중심이지만, 그 안에 극기가 내포되어 있다. 이것은 특히 퇴계의 마음에 대한 이해에서 암시되는데, 인심이 인욕의 근본이 된다는 점에서 인심을 인욕으로 고쳐서 부른다(『퇴계』 제9권, 292-293). 곧 퇴계에 따르면, 사람이 욕심에 이끌리면 하늘의 도를 배반하고 결국 타락하게 되어 악을 초래하므로, 이처럼 자기 확장을 배제하려는 사욕을 막고 자기 확장의 원리로서 하늘 이치를 보존하는 것이 경 공부를 통한 자기 수신의 주요 방법론이다.[89]

그런데 인욕을 막고 본연지심을 보존, 함양하는 경 공부는 자연히 소극적인 함양에 앞서 사私를 억제하고 제거하는 극기 단계를 요청한다. 그런 의미에서 극기는 이미 경에 포함된다. 특히 퇴계는 주자가 극기를 중시하면서 가르친 <경재잠>, <숙흥야매잠> 등을 『성학십도』에 채용했는데, 이는 극기와 경의 관계에 대한 새로운 시각을 갖게 한다.

특히 퇴계가 제자들에게 설명한 '극기'에 대한 내용을 보면, 평소 경 공부에 관하여 설명해온 것과 크게 다르지 않음을 볼 수 있다. 이것은 곧 극기가 내용상 경의 실천과 상통하기 때문이다. 다음은 『퇴계선생언행록』에서 퇴계의 제자 우성전禹性傳에 의해 전해지는 내용이다. 앞에 인용

---

88 이러한 극기의 윤리는 곧 자기 부정을 통한 사욕의 극복과 행위의 규범인 예로 돌아가는 것을 의미한다(한명수, "現代社會에서의 傳統倫理와 李退溪," 「退溪學硏究」 제6집, 1979, 11).

89 황의동(1995), 119.

한 것이 극기에 대한 것이고 뒤에 이용한 것이 경 공부에 있어서 성찰에 관한 내용이지만, 사실상 두 내용은 큰 차이가 없이 일맥상통하는 것으로 볼 수 있다.

> 무릇 사특한 생각이 일어나는 경우, 한번 정신을 가다듬기만 하면 곧 가라앉아 버리는 때도 있고 억누를수록 더욱 제어하기 어려운 때도 있다. 대저 하루 동안의 기운도 어둡고 밝음에 차이가 있는 것이다.[90]

> 처음 배울 때가 조심하고 성찰하기가 가장 좋다. 처음에는 자꾸 중단되는 때가 많다. 그러나 계속 노력한다면 차츰 가벼워져서 오랜 시간이 지나면 항상 성찰하고 조심하는 마음을 지나게 되어 흐트러지지 않을 것이다.[91]

퇴계가 말하는 극기복례의 첫째 의의는 인간의 합리적 행위의 원리 회복을 위한 수신과 연관된 것이며, 인간의 현실적인 자연성에서 기인하는 맹목적 욕망을 절제하여 합리적-윤리적 행위로 인도하는 데 그 목적이 있다.[92] 그러므로 극기는 곧 경 공부의 일차 목표에 해당하며, 주된 내용은 사욕에 흔들리는 현실적인 마음의 갈등 상황을 넘어 본래적 마음인 예의 상태, 곧 하늘 이치를 따르려는 사람의 순선한 마음 상태를 회복하는 것이다. 그렇게 사람은 경의 방법으로써 수신을 실천하며 참된 자아를 발견하는 가운데, 자기 확장의 길로 나아가게 된다.[93]

---

90 『퇴계』 제17권, 32 <퇴계선생언행록>: "凡邪思之興 或有才一警省而便 便能退聽底時 或有愈難制底時 蓋一日氣昏明有不同也."

91 『퇴계』 제17권, 32 <퇴계선생언행록>: "初學最好警省 初間斷底時 然不已其功 則漸漸輕 至於久 則常存而不放矣."

92 김수청(2006), 255-156.

93 정자(程子)는 『心經發揮』에서 다음과 같이 말한다. "성실함은 하늘이 가는 길이고, 경

둘째로 퇴계는 효제충서孝悌忠恕를 통한 가정 윤리 문제를 자기 확장의 실천 원리로 제시한다. 천리를 함양하고 사욕을 극복함으로써 성인의 인품을 갖춘 사람은 더는 고립된 존재가 아니라 존재론적 원리(理一分殊, 物我一體)를 따라 타인의 존재에 상응하는 삶을 살게 된다. 곧 자신을 사회적 존재로서 개방함을 통해 이웃과 함께 우주적 지평에로 나아가게 된다. 이러한 퇴계의 윤리관은 정자가 『심경발휘』에서 밝힌 다음과 같은 주장과 상통한다.

> 성인(공자)은 경으로 자기를 수양하여 백성을 편안하게 하고, 공손함을 돈독하게 하여 천하를 평화롭게 한다.[94]

사회적 존재로서 인간은 자신(私)을 넘어 사회(恭)로 나아갈 때 우주적 보편 원리를 온전히 실현하게 된다. 퇴계는 형이상으로서의 태극과 형이하로서의 음양이 분리되지 않으면서도 서로 섞이지 않는 관계(不想離, 不相雜)를 설명하면서, 그 구조를 인륜에서 보면 "부자와 군신의 관계는 형이하요, 인과 의는 형이상"인바 인·의의 덕성이 부자·군신의 사회적 관계에 있다고 본다. 그만큼 퇴계는 사욕을 제거하고 천리를 회복함으로써 인간성의 사회적 실현을 강조한다.[95] 수신의 가치는 자신을 넘어 사회

건함은 인사의 근본이다. … 성실한 후에 경건할 수 있다는 것은 의지가 성실한 후에라야 비로소 마음이 바르게 되기 때문이다. 경건하게 한 후에 성실할 수 있음은 의지가 비록 성실하지 아니하나, 능히 항상 두려워한, 즉 감히 스스로를 속일 수 없어 당연히 성실함으로 나아가게 된다"(誠子天之道 敬者人事之本. [...] 誠而後能敬者 意誠而後心正也 敬而後能誠者 意雖未誠而能常若有畏則當不敢自欺而進於誠矣, 김수청, 2006, 256-257, 재인용).

94 『心經發揮』, "聖人修己以敬 篤恭而天下平"(김수청, 2006, 260, 재인용).

95 금장태(2005), 164.

적으로 고양될 때 비로소 그 의미를 갖기 때문이다. 이 과정에서 가장 먼저 가족이 등장한다는 점에서 경 공부는 가정을 다스리는 일(齊家)과 연결되고, 이 가정 윤리의 실현은 무엇보다 효와 자애 혹은 사랑의 실천이다. 특히 효에 대해, 퇴계는 효는 백 가지 행실의 근본(『퇴계』 제3권, 65 <무진육조소>: “孝爲百行之原”)이라면서, 임금에게 가정 윤리가 먼저 세워져야 나라의 근본 또한 건실해질 수 있음을 강조했다.

> 신이 듣자오니 부모가 그 자식을 사랑함이 자慈가 되고, 자식이 그 어버이를 잘 섬김이 효가 된다고 합니다. 효·자의 도는 천성에서 나옴으로써 모든 선의 으뜸이 되는 것이며, 그 은혜가 지극히 깊고 그 윤리가 지극히 무겁고 그 정이 가장 절실합니다. 지극히 깊은 은혜로써 지극히 무거운 윤리에 따라 가장 절실한 정을 행하는 것이니 사리로 보아서 다하지 못하는 자가 없을 듯한데, 혹 효도가 결함이 있고 자천慈天도 모자람이 있는 수가 있으며, 심한 경우에는 지친이 시랑豺狼으로 되어 거두어 돌보지도 아니함이 보통 사람에 있어서도 면치 못함은 물론이요, 제왕의 가정에 있어서 이런 폐환弊患이 더욱 많으니 그 까닭이 무엇이겠습니까?[96]

퇴계에 따르면, 효와 자애는 천성에서 나온 으뜸 선이기에[97] 경 공부와

96 『퇴계』 제3권, 65-68 <무진육조소>: “臣聞 父母之愛其子爲慈 慈之善事親爲孝 孝慈之道出於天性 而首於衆善 其恩至深 其倫至重 其情最切 以至深之恩 因至重之倫 而行最切之情 宜無有不盡者 而或至於孝道有缺 慈天亦虧其有甚者 則至親化爲豺狼而莫之恤 恒人固有不免 而帝王之家 此患尤多.”

97 퇴계는 나무랄 데 없는 가장으로서의 역할을 통해 제가(齊家)의 가치 실현에도 많은 이들의 귀감이 되었고, 이것은 제자들의 가정사에도 큰 영향력을 끼쳤다(정순목, “退溪學의 一經三緯說,” 「退溪學硏究」 제5집, 1991, 124-127).

직결된다. 특히 퇴계의 효 개념 가운데 두드러진 것은 "어버이의 망극한 은혜에 감사하는 마음으로 보답하는 것"에 있었다.[98] 곧 퇴계에게 있어서, 부자유친과 부부유별로 대별되는 가정 윤리에서 효도와 자애 그리고 사랑으로 구성되는 가족 관계는 경을 공부하는 이들에게 있어서 수신과 함께 매우 중요한 실천 덕목이다.[99] 가정은 더 큰 사회로 나아가는 바탕이기에 가정 윤리는 더 큰 윤리에로의 확장을 위한 결단이다.

나아가 퇴계는 공직충서公直忠恕를 통한 경세론의 구현에서 수신론의 이상적 덕목을 바라본다. 유가에서 공公은 이상 사회 실현을 위한 필수 요건이자 평천하平天下에 대한 가능 근거이며 일체의 사욕이 배제된 상태로서, 전체성, 보편성, 객관성 등의 의미를 함축한다. 유가의 이상 사회는 이러한 공의 이념을 기반으로 하는 보편적 질서 확립에서 비롯된다. 그리고 직直이란 올곧은 생각과 가치관을 갖고 살아가는 태도를 뜻한다.[100] 이러한 공과 직은 항상 사私와 대립 개념이다. 그리하여 항상 공직하여 사사로움이 전혀 없는 공정무사公正無私의 상태가 곧 성인의 마음이다. 즉, 거경을 통해 함양된 인품인 인仁은 인간관계에서 애愛와 함께, 더 확장된 개념인 공과 직으로 나아간다. 그리하여 경은 학문과 수양으로써 덕德(君德)을 쌓아 궁극적으로는 사회적 실천인 치도治道를 펼쳐간다.[101] 이것이 바로 성학의 기본 방향이고, 그 실천은 일차적으로는 군왕에게 해당하지

98 한명수, "퇴계의 충효 사상"(1977), 11-14.

99 퇴계의 가정 윤리의 실천에 관해서는 가족들 간의 유대 관계를 보여주는 수많은 서신들을 통해 넉넉히 짐작할 수 있다(퇴계』 제9권; 금장태, 2003, 215-242).

100 직(直)은 『論語』의 <雍也> 편에 나오는 말로서, "사람이 사는 이치는 본래 곧은 법이라"는 공자의 말에서 비롯된다. 여기서 직은 '생의 이치가 올곧다'는 의미이다(김수청, 2006, 263).

101 금장태, 『한국 유교의 과제』(서울: 서울대학교출판부, 2004), 108.

만 보편적으로는 모든 인간에게 해당한다(『퇴계』 제3권, <무진6조소>, 73).

그렇다면 퇴계 자신은 이러한 자기 확장으로서의 경의 사회적 실천을 어떻게 실현했는가? 이에 대해 우선 현실 정치 참여를 들 수 있는데, 이것은 크게 두 가지로 나눠진다. 국가 경영에 관리로서의 직접 참여와 상소문을 통한 간접 참여가 그 첫째이고, 둘째가 사회적 실천인바 이를 위함에는 학문을 통한 사회·교육적 측면에의 봉사가 그것인데, 이것은 특별히 서원을 설립하여 인재를 양성하는 일이다. 더욱이 퇴계는 향약을 통해 경의 사회적 실천을 몸소 수행하기도 했다. 공동체에 대한 퇴계의 관심은 가정과 학교와 향촌 및 국가를 들 수 있는데, 특히 향촌의 풍속을 교화하기 위해 향약을 제정한 일은 경의 실천에서 백미이다. 퇴계의 향약에 대한 근본 이념은 가정의 윤리에 대한 더 확대된 개념이었다.

이것은 특히 맹자를 따라서, 내 부모를 높여서 남의 부모에게까지 미치게 하고 내 어른을 공경하여 남의 어른에게까지 미치게 하는 의식이며, 이웃과 나라와 세계가 하나의 가족 공동체임을 역설하는 것이다. 그리하여 퇴계는 예안향약의 실행에서 신분이 아닌 나이를 기준(長幼有序)으로 하나의 가족적 친애의 질서를 추구함으로써, 당시의 세속적 가치에 맞서 인의仁義의 유교 이념을 정립시키는 사회를 지향하였다. 부귀의 세속적 가치관은 인욕의 길이라면, 선비가 지향하는 인의의 가치관은 천리가 제시하는 가치관이다.[102] 퇴계는 향약에서도 철저하게 유교적 수신의 원리를 적용함을 통해, 자신의 주된 관심사인 경의 정신에서 벗어나지 않았다. 이러한 퇴계의 정신은 예안향약, 즉 향립약조의 28조에 그대로 드러난다.[103]

---

102 금장태(2003), 93-95.

103 김충실 · 최문식, "退溪의 <예안향약>에서 표현된 '孝'와 현대교육," 「退溪學硏

결국 퇴계의 자기 확장으로서의 인간화 실현은 인간 심성에 대한 본체론에 그 본래적인 기반을 두면서도 성리학적 인간학의 가치를 높인다. 또한 실존적 인간 현실을 벗어나 우주론적 지평으로 자신을 확장해가는 사람의 존재 의미와 존재 가치의 본질에 대한 물음에 집중하면서, 자신의 실존을 넘어 자신을 사회적으로 확장하는 성인 됨의 문제로 귀결되고 있다. 이것은 결국 기독교의 그리스도의 제자로서의 삶에 견줄 수 있는 선비로서의 삶의 실천에서 그 의의를 새롭게 발견할 수 있다.

3) 참된 인간성의 실현: 인

퇴계 성리학에 있어서 경은 단지 학문과 수신의 원리만이 아니라 인간의 삶의 현장에서 그것에 대한 구체적 실천으로 드러나야 한다. 퇴계에게 있어서 학문은 실천과 함께하는 배움이 아니면(知行互進) 무의미하기 때문이다.[104] 이러한 실천 기준은 하늘의 덕성인 인仁에 집중되고 있는데, 퇴계는 『성학십도』에서 이를 위한 실천 강령인 <백록동규도>, <경재잠도>, <숙흥야매잠도>를 제시한다.[105]

究」 제4집(1990), 149-162.

104 퇴계는 <백록동규도>에서 이렇게 말한다. "옛 성현이 사람을 가르쳐 학문을 하게 하는 뜻은 다 의리를 강명(講明)하며 그 몸을 닦은 뒤에 미루어 사람에게까지 미치게 하려 함이요, 한갓 박람(博覽)이나 강기(强記)에 힘써 사장(詞章)으로 이름이나 날리고 녹리(祿利)나 취하게 하려는 것은 아니었다"(『퇴계』 제3권, 129).

105 금장태는 퇴계가 『성학십도』의 구조를 두 가지로 해명했다고 본다. 첫째로 천도에 근본함으로써 인륜을 밝히고 덕행에 힘쓰는 길(제1-5도)과 심성에 근원함으로써 일상생활에서 실천하며 경외를 높이는 길(제6-10도), 둘째로 제3도인 <소학도>와 <대학도>를 중심으로 삼아 제1도인 <태극도>와 제2도인 <서명도>에서 학문의 실마리를 찾아 확충하고 하늘을 본받아 도를 실현하는 극치로서 학문의 표준이 되는 것으로 규정하며, 제5도인 <백록동규도>부터는 선을 밝히고 자신을 참

첫째로 퇴계는 <백록동규도白鹿洞規圖>를 통해 인간성 실현을 위한 경의 실천 강령을 제시한다. 이는 주자의 백록동서원 학규白鹿洞書院學規로서, 유학자의 기본 실천 과제인 오륜(부자유친, 군신유의, 부부유별, 장유유서, 붕우유신)을 제시하고 이를 함양하기 위한 배움의 순서로 『중용』이 언급하는 박학博學(폭넓게 배움), 심문審問(자세히 따져 물음), 신사愼思(신중하게 생각함), 명변明辯(명백하게 분별함)을 장려한다. 나아가 독행篤行(얻어진 앎을 정성과 성실을 다해 실천함)을 수신(修身: 심신을 수련함), 처사處事(일을 처리함), 접물接物(사람을 사귀고 사물을 접함) 등으로 밝힘으로써, 경의 실천에 대해 궁리窮理, 역행力行의 구조로 설명한다. 이것을 도표로 정리하면 다음과 같다.

〈표 3〉〈백록동규도〉의 내용 [106]

교학과제(敎學課題)	교학순서(學之之序, 爲學之序)		구체적인 실천내용	
부자유친(父子有親)	박학(博學)		궁리지요(窮理之要)	窮理 / 知
	심문(審問)			
군신유의(君臣有義)	신사(愼思)			
	명변(明辯)			
부부유별(夫婦有別)	독행(篤行)	言忠信(언충신)	수신지요	力行

되게 하며 덕을 높이고 일을 넓히는 데 힘을 기울이는 것으로서 학문의 터전이 된다고 보았다(금장태, 2005: 머리말, iii-iv). 그렇지만 퇴계는 <백록동규도>에 이어지는 <심통성정도>와 <인설도> 그리고 <심학도>에서 경 공부를 위한 마음에 관한 설명과 함께 경 공부의 원리를 말함으로써, <백록동규도>에서 학문의 진정한 목적인 덕성 함양을 말한다. 그리고 이어서 3개의 도설에서는 덕성 함양의 주체로서 인간 마음의 원리와 작용을 밝힘으로써, 마지막 2개의 도설인 <경재잠도>와 <숙흥야매잠도>에서 경 공부를 위한 구체적 실천 방법을 제시한 것으로도 볼 수 있다. 왜냐하면 <백록동규도>, <경재잠도>, <숙흥야매잠도>는 경의 실천 강령의 의미가 강하나, 중간의 3개의 도설은 오히려 경의 원리와 관련된 설명이기 때문이다.

<table>
<tr><td rowspan="6">장유유서(長幼有序)

붕우유신(朋友有信)</td><td rowspan="6"></td><td>行篤敬(행독경)</td><td rowspan="2">(修身之要)</td><td rowspan="6">/
行</td></tr>
<tr><td>懲忿窒慾
(징분질욕)
遷善改過
(천선개과)</td></tr>
<tr><td>正其義
(정기의)
不謀其利
(불모기리)</td><td rowspan="2">처사지요
(處事之要)</td></tr>
<tr><td>明其道
(명기도)
不計其功
(불계기공)</td></tr>
<tr><td>己所不欲
(기소불욕)
勿施於人
(물시어인)</td><td rowspan="2">접물지요
(接物之要)</td></tr>
<tr><td>行有不得
(행유부득)
反求諸己
(반구제기)</td></tr>
</table>

여기서 퇴계는 무엇보다 '교학의 근본 과제로서 참된 인륜이란 무엇인가?'를 질문하고, 학생이 자신을 올바른 인격자로 완성해 나갈 것을 가르친다. 퇴계에게 학문이란 무엇보다 오륜五倫을 중심으로 하는 인간관계의 지선한 실천 원리인 인仁의 실현에 그 의의가 있으며, 그 방법은 넓게 배우고 자세하고 묻고 신중히 생각하고 분명하게 구별함을 통해 지선을 올바로 인식하고 독실하게 경을 실천하는 데에 있기 때문이다. 특히 퇴계에 따르면, 경의 실천은 단지 자기 자신의 인품에 대한 함양만이 아니라 그것을 바탕으로 하는 인간관계에서 하늘의 성품인 인仁을 실천함에 그 근본

---

106 금장태(2005), 112(필자 일부개정).

방향이 있다(『퇴계』 제3권, 129).[107] 유학에서 인仁이란 처음부터 관계적인 개념이며, 하늘 자체가 온 우주를 포괄하는 동시에 만물의 조화와 하나됨을 펼쳐가는 근본 원리이기 때문이다. 퇴계는 <백록동규도>에서 다음과 같이 주자를 인용한다.

> 성현들이 사람을 가르치던 법은 경전에 다 갖춰져 있다. 뜻있는 선비는 마땅히 숙독, 심사하여 문변해야 할 것이다. 진실로 리의 당연함을 알아서 자기 자신에게 반드시 이에 따르도록 요구한다면, 규구, 금방을 갖추는 것이야 어찌 남이 만들어주기를 기다릴 것이 있겠는가?[108]

퇴계 철학에서 리는 어디까지나 인간 존재와 삶에 대한 당위적 성격이다. 그러기에 리는 단지 머리가 아닌 몸으로 인식하는 것이 요청되며, 그것이 곧 윤리적 의무와 연결된다. 그래서 리에 대한 인식을 위기지학爲己之學(내적 품성을 갈고닦는 학문)이라고 일컫는다.[109] 그래서 퇴계는 <백록동규도>를 통해 학문의 참된 의미와 목적 그리고 하늘 이치를 품수한 존재로서의 인간 됨을 향한 실천적 원리를 제시했던 것이다.

둘째로, <백록동규도>에서 경 공부의 실천 원리(仁)를 제시한 퇴계는 <경재잠도敬齋箴圖>에서는 구체적 실천 방안을 제시한다. 경재잠도는 주

---

107 주자의 <洞規後敍>에서도 사람을 가르치고 학문을 하는(敎人爲學) 뜻이 의리를 강명(講明)하여 수신하며 그다음에 미루어 남에게까지 미치는 것이라 하여, 교학은 교리의 강명을 통한 수신을 근본으로 하고 이를 토대로 치인을 실현하는 것임을 제시한다(금장태, 2005, 113).

108 『퇴계』 제3권, 129: "聖賢所以敎人之法 具存於經 有志之士 固當熟讀深思而問辨之 苟知理之當然 而責其身以必然 則夫規矩禁防之具 豈持他人設之而後."

109 송긍섭, "退溪思想에서의 學의 개념"(1979), 57.

자가 장식의 <주일잠主一箴>을 읽고 나서 같은 취지로 경재잠을 지었는데, 이것을 동시대의 유학자 왕백王栢(1197~1274)이 그림으로 그려낸 것이다. <경재잠>은 모두 10장으로 구성되는데, 각 장은 4구, 각 구는 4언으로 되어있는 총 160자로 이뤄진다. 경재잠도는 사람이 마땅히 실천해야 할 경의 세부 항목을 구체적으로 열거하고 있다. 가령, 항상 의관을 정제하고(正其衣冠), 눈의 모습은 존엄하게 하고(尊其瞻視), 손과 발의 모습을 신중하게 하라(足容必重, 手容必恭)는 등이다. 그리고 살면서 겪게 될 많은 일과 만나게 될 사람들을 어떻게 대해야 하는지를 세밀하게 설명하고 있다. <경재잠도>에서 특히 중요한 것은 이미 여러 차례 서술해왔지만, 매사를 대함에 있어서 그리고 모든 사람을 대함에 있어서 언제나 잊지 말아야 할 중요한 마음 자세는 바로 상제를 대하듯 하라(對越上帝)는 겸허하면서도 두려운 마음을 강조하는 부분이다. 바로 이러한 마음 자세로써 심신을 수양해 나가는 것이 바로 경을 실천하는 과정이라는 것이다. 그런 측면에서 경의 생활화는 매우 중요하다. 왜냐하면 사람의 일상 전체가 곧 자신의 몸과 마음을 닦는 과정이기 때문에, 사람은 움직일 때나 고요하게 있을 때나 항상 경을 간직해야 한다(持敬)는 것이다. 만약 경의 태도를 망각하면 사사로운 탐욕이 생겨서 모든 일을 그르칠 수 있다는 점에서, 경은 아무리 강조해도 지나치지 않다는 것이다.

<경재잠도>는 제10도인 <숙흥야매잠도>와 쌍벽을 이룬다. <경재잠도>가 경을 실천하는 과정에서 외적인 태도를 설명한다면, <숙흥야매잠도>는 경을 실천하는 사람의 내면적인 측면을 설명하면서 경 공부의 구체적인 실천을 말하고 있다. 이토록 중요한 의의를 담은 경재잠이기에 주자는 이것을 항상 자신의 서재에 붙여두고 수신을 위한 자성의 자료로 삼았다고 한다. 왕백은 그러한 주자의 경재잠을 그림으로 그려서 <경재잠도>

를 완성하였는데, 누구든지 경의 실천의 문제를 한눈에 알아볼 수 있도록 상세하게 설명하였다. 곧 왕백은 주자의 경재잠에 대해, 불위弗違(어긋나지 않음—動·靜)와 교정交正(번갈아 바로 잡음—表·裏) 그리고 유간有間(틈이 있음)과 유차有差(틀림이 있음)를 상하로 대응시키고 주일主一과 무적無適을 좌우로 대응시킴으로써 경재잠을 상·중·하단으로 구분하였다. 상단은 경의 올바른 실천을, 중단은 경의 원리를, 하단은 경의 실천을 상실한 병상病狀을 나타낸다.[110] 이러한 주자와 왕백의 <경재잠도>를 퇴계는 자신의 『성학십도』에 수용하였다. 그는 여기서 16개의 행동 강령과 16개의 경계 강령을 제시함으로써 경이란 모름지기 몸과 마음이 따로 존재하는 것이 아니라 흩어지기 쉬운 몸과 마음이지만, 스스로 절제하고 통제함으로써 몸과 마음을 최고의 상태로 각성시키고 일치시키는 원리임을 천명한다. 그런 면에서 경 공부는 몸과 마음으로 체득하는 살아 있는 지식이요, 생생하게 살아 있는 삶 자체를 의미한다. 이것을 도표로 정리하면 다음과 같다.

〈표 4〉〈경재잠도〉의 구성 [111]

<table>
<tr><td>1. 正其衣冠, 尊其瞻視, 潛心以居, 對越上帝
(정기의관, 존기첨시, 잠심이거, 대월상제)</td><td>정
(靜)</td><td rowspan="2">불위
(弗違)</td><td rowspan="4">경(敬)의 실천</td></tr>
<tr><td>2. 足容必重, 手容必恭, 擇地而蹈, 折旋蟻封
(족용필중, 수용필공, 택지이도, 절선의봉)</td><td>동
(動)</td></tr>
<tr><td>3. 出門如賓, 承事如祭, 戰戰兢兢, 罔敢或易
(출문여빈, 승사여제, 전전긍긍, 망감혹역)</td><td>표
(表)</td><td rowspan="2">교정
(交正)</td></tr>
<tr><td>4. 守口如瓶, 防意如城, 洞洞屬屬, 罔敢或輕
(수구여병, 방의여성, 동동속속, 망감혹경)</td><td>리
(裏)</td></tr>
</table>

110 금장태(2005), 215.

<table>
<tr><td>5. 不東以西, 不南以北, 當事而存, 靡他其適
(부동이서, 부남이북, 당사이존, 미타기적)</td><td>무적(無適)</td><td rowspan="2">경(敬)의 원리</td></tr>
<tr><td>6. 弗貳以二, 弗參以三, 惟心惟一, 萬變是監
(불이이이, 불삼이삼, 유심유일, 만변시감)</td><td>주일(主一)</td></tr>
<tr><td colspan="3">7. 從事於斯, 是日持敬, 動靜不違, 表裏交正
(종사어사, 시일지경, 동정부위, 표리교정: 위 6조항에 대한 요약)</td></tr>
<tr><td>8. 須臾有間, 私欲萬端, 不火而熱, 不氷而寒
(수유유간, 사욕만단, 불화이열, 불빙이한)</td><td>유간(有間)</td><td rowspan="2">경(敬)의 실천과정에서의 오류: 병상(病牀)</td></tr>
<tr><td>9. 毫釐有差, 天壤易處, 三綱旣淪, 九法亦斁
(호리유차, 천양역처, 삼강기륜, 구법역두)</td><td>유차(有差)</td></tr>
<tr><td colspan="3">10. 於乎小子, 念哉敬哉, 墨卿司戒, 敢告靈臺
(어호소자, 염재경재, 묵경사계, 감고영대: 경재잠에 대한 총결론)</td></tr>
</table>

셋째로 퇴계는 <숙흥야매잠도夙興夜寐箴圖>에서 경을 따르는 일상생활을 시간대를 따라서 자세하게 밝힘으로써, <경재잠도>와 함께 진정한 경의 생활화를 위한 구체적인 길을 제시하였다. 유학의 궁극적인 목표가 일상에서의 성인의 길을 실현하는 것인바 퇴계는 『성학십도』를 통해 유학의 존재론인 <태극도>를 기점으로 <소학도>, <대학도>에서 유학의 학문적 규모와 방법을 설명하고, <심통성정도>, <인설도>, <심학도>에서 목표 성취를 위한 심성론적 기초를 밝힌 다음, 거기에 따른 경의 실천론인 <백록동규도>, <경재잠도>, <숙흥야매잠도> 등을 통하여 일상생활 속에서의 경 즉, 실행의 유학을 펼치고 있다. 아무리 고귀한 성인의 길일지라도, 그것이 일상과 무관한 추상적인 것이라면 그것은 무의미한 이론에 불과하기 때문이다. 그런데 앞에서 설명한 <경재잠도>가 주로 공간적 상황에 초점을 맞췄다면, <숙흥야매잠도>는 시간적 상황에 초점을 맞춘

111 금장태(2005), 215(필자 일부개정).

실천 원리라 할 수 있다.[112] 퇴계는 다음과 같이 이 도설의 의의를 설명한다.

> 대개 <경재잠>에서는 여러 가지 공부하는 공간적 상황地頭이 있으므로, 그 지두에 따라 배열하여 그림을 만들었습니다. 이 잠에는 여러 가지 공부하는 시간적 상황時分이 있으므로, 그 시분에 따라 배열하여 그림을 만들었습니다. 대저 도가 일용 사이에 유행하여 간 데마다 있지 않은 곳이 없으므로 리가 없는 곳이란 한 군데도 없는 것이니, 어느 곳엔들 공부를 그만둘 수 있겠습니까? 잠깐 사이도 정지할 수 없으므로 한순간도 리가 없는 때가 없으니, 어느 때인들 공부를 하지 않아서야 되겠습니까?[113]

곧 퇴계는 선비는 이른 새벽부터 밤늦게까지 경 공부에 매진하는 가운데 잠시라도 몸과 마음을 흐트러지지 않도록 노력하는 자세가 필요함을 역설한다. 왜냐하면 경 공부는 근면과 성실이 요청되는 과정이며, 그것은 마음만의 공부가 아니라 몸까지도 함께 따라가야 하는 전인격적, 전 존재적인 수신과정이기 때문이다.

그리하여 퇴계는 하늘이 긍휼히 여기시는 가운데 인간에게 베푸신 인간 됨의 참된 덕성인 인을 자신의 존재와 삶의 전 영역에서 온전하게

---

112 <숙흥야매잠>은 본래 남송 시대의 진백(陳栢, 호는 南塘, ?~?)이 지은 것으로서 도학적 수양론의 실천 방법을 제시한 잠명(箴銘)이다. 52구 208자로 이루어진 이것은 <조석잠>으로도 불렸다. 퇴계는 이 <숙흥야매잠>을 분석하고 도형화하여 <숙흥야매잠도>를 그렸는데, 『성학십도』에서는 제10도로 수록되었다(금장태, 2005, 233).

113 『퇴계』 제3권, 154-155: "蓋敬齋箴 有許多用工地頭 故隨其地頭而排列爲圖 此箴有許多用工時分 故隨其時分而排列爲圖 夫道之流行於日用之間 無所適而不在 故無一席無理之地 何地而可輟 工夫無須刻或停 故無一息無理之時 何時而不用工夫."

실현할 것을 가르치고 있다. 그렇게 할 때 인간은 참으로 사람됨의 본질과 인격을 실현하는 성인의 경지에 이르게 되며, 말 그대로 철저한 인간화의 목표를 이루게 될 것이기 때문이다.

이러한 경의 구체적인 생활화를 돕기 위해, 퇴계는 남송 시대의 진백이 지은 <조석잠>을 바탕으로 <숙흥야매잠도>를 직접 그렸다. 그것은 경을 공부하려는 사람이 하루의 일상을 어떻게 이루어가야 하는지에 대한 구체적인 실천 방안을 소상하게 제시하고 있다는 점에서, 경 공부의 중요한 방법론이라고 할 수 있다. 즉, 경 공부는 이른 아침에 잠에서 깨어나면서부터 몸의 올바른 자세를 유지하고 마음 또한 고요하고 흐트러짐이 없도록 가다듬는 것이 필요하며, 이어서 의관을 정제하고 마치 성현을 눈앞에 대하듯이 엄숙하고 바른 자세로 앉아서 독서를 시작해야 한다는 것이다. 이러한 몸과 마음을 잘 가다듬는 태도는 낮에 다른 일을 행할 때도 항상 유지해야 하며, 매사를 책을 읽을 때와 같은 마음으로 대하는 것이 올바른 경의 실천이라고 할 수 있다. 그렇게 일과가 끝난 저녁 시간도 경을 배우는 사람에게는 그냥 무위로 돌아가게 해서는 안 된다. 언제나 엄숙하고 정제된 마음으로 하루를 돌아보면서 내일을 새롭게 준비하는 마음가짐은 매우 중요한 공부의 과정이기 때문이다. 이렇게 보면 경 공부는 단지 책상머리에서 글을 읽는 것으로 끝나는 것이 아니라 일상생활 전체가 심신을 수련하는 과정이다. 따라서 경의 실천은 구체적인 삶의 자리 한복판에서 이루어지는 일상의 과정이라고 할 수 있다. 이러한 퇴계의 경 공부에 대한 일상적인 실천을 알기 쉽게 그림으로 정리한 것이 바로 <숙흥야매잠도>이다.

〈표 5〉〈숙흥야매잠도〉의 구성

<table>
<tr><td rowspan="2">숙오(夙寤): 일찍 잠에서 깸</td><td>鷄鳴而寤, 思慮漸馳, 盍於其間, 澹以整之
(계명이오, 사려점치, 합어기간, 담이정지)</td><td rowspan="14">경(敬)의 실천</td></tr>
<tr><td>或省舊愆, 或細新得, 次第條理, 瞭然默識
(혹성구건, 혹세신득, 차제조리, 요연묵식)</td></tr>
<tr><td rowspan="2">신흥(晨興): 새벽에 머리를 맑게 함</td><td>本旣立矣, 時爽乃興, 盥櫛衣冠, 端坐斂形
(본기립의, 시상내흥, 관즐의관, 단좌렴형)</td></tr>
<tr><td>提掇此心, 皦如出日, 整齊嚴肅, 虛明靜一
(제철차심, 교여출일, 정제엄숙, 허명정일)</td></tr>
<tr><td rowspan="2">독서(讀書): 글을 읽음</td><td>乃啓方冊, 對越聖賢, 夫子在坐, 顔曾後先
(내계방책, 대월성현, 부자재좌, 안증후선)</td></tr>
<tr><td>聖師所言, 親切敬聽, 弟子問辨, 反覆參訂
(성사소언, 친절경청, 제자문변, 반복참정)</td></tr>
<tr><td rowspan="2">응사(應事): 일을 대함</td><td>事至斯應, 則驗于爲, 明命赫然, 常日在之
(사지사응, 칙험우위, 명명혁연, 상일재지)</td></tr>
<tr><td>事應旣已, 我則如故, 方寸湛然, 凝神息慮
(사응기이, 아칙여고, 방촌담연, 응신식려)</td></tr>
<tr><td rowspan="2">일건(日乾): 낮에 부지런히 일함</td><td>動靜循環, 惟心是監, 靜存動察, 勿貳勿參
(동정순환, 유심시감, 정존동찰, 물이물삼)</td></tr>
<tr><td>讀書之餘, 間以游泳, 發舒精神, 休養情性
(독서지여, 간이유영, 발서정신, 휴양정성)</td></tr>
<tr><td rowspan="2">석척(夕惕): 저녁에도 마음을 가다듬음</td><td>日暮人倦, 昏氣易乘, 齋莊整齊, 振拔精明
(일모인권, 혼기역승, 재장정제, 진발정명)</td></tr>
<tr><td>夜久斯寢, 齊手斂足, 不作思惟, 心神歸宿
(야구사침, 제수렴족, 불작사유, 심신귀숙)</td></tr>
<tr><td rowspan="2">겸숙야(兼夙夜): 새벽부터 밤늦게까지 정신을 가다듬음</td><td rowspan="2">養以夜氣, 貞則復元, 念茲在茲, 日夕乾乾
(양이야기, 정칙복원, 염자재자, 일석건건)</td></tr>
<tr></tr>
</table>

4. 삶의 철학으로서의 경

유교는 송대 이후 "하늘의 이치를 받은 존재로서의 인간이 수신을 통해 도덕적 주체 의식이 확립되면 인간 가치의 올바른 실현이 가능하다"는 신념 위에서, 치인(정치)으로서의 사무에 앞서서 먼저 자신의 몸과 마음을 닦을 것을 강조하였다. 그렇게 자기 수신을 온전히 실현한 성인을 사모하며 항상 경건한 삶을 지향하는 수양 방법이 바로 경의 방법론이었다.[114] 퇴계 역시 이러한 전통을 잇는다. 하지만 단순한 답습이 아니라 오히려 전통을 넘어 온전한 성인이 되기 위해 새로운 경지를 열어가는 데에 심혈을 기울였다. 즉, 퇴계의 경은 본질이나 근원 같은 단순한 형이상학적 실체 개념이 아니라 일종의 배움을 위한 삶의 양식이다. 그리하여 배우려는 삶의 장은 지知와 행行을 통합하는 가운데, 궁리하며 "경을 따라서 살아가는"(居敬) 삶의 장을 의미한다.[115] 여기서 거경과 궁리를 바탕으로 한 퇴계의 실행 유학이 도출된다. 물론 그는 다음과 같이 일차적으로는 신유학의 사고를 수용한다.

> 궁리와 거경은 서로 수미가 되기는 하지만, 사실 두 가지 공부입니다. 둘로 나눠짐을 결코 염려하지 마십시오. 다만 반드시 상호 호진해야 합니다. 뒤로 미루지 마시고 순간순간 항상 공부해야 합니다. 머뭇거리지 말며, 사사물물 어디에서나 힘써야 합니다.[116]

곧 퇴계는 비록 궁리와 거경은 독립적일지라도 그렇다고 해서 양자는 분리되는 것이 아니라 기본적으로 서로 수미를 이루면서 병진해야 한다

114 최승호 역시 '인간에 내재한 리와 모든 만물에 내재하는 리의 합일점을 구하는 것이 궁리요, 그 자리에 선 사람이 성현(聖賢)'이라고 밝힌다(최승호, "退溪의 人間學,"「동아논총」 제19집, 1972, 110).

115 김종문, "퇴계의 경 사상과 Schrag 해석학과의 비교 연구,"「한국의 철학」 제18집(1990), 86.

116『퇴계』 제21권, 203 <자성록: 이숙헌에게 답함>: "二者雖相首尾 而實是兩段工夫 切勿以分段爲憂 惟必以互進爲法 勿爲等待 卽今便可下工 勿爲遲疑 隨處便當著力."

는 주자 교설을 일단 수용한다. 그렇지만 퇴계는 더 나아가, 양자는 단지 상호병진(나란히 진행함)을 통한 수미 관계 정도가 아니라 양자가 함께 의지하면서 통전적으로 동시에 진행되는 상호호진(통전적 진행)이 필요하다고 본다. 즉, 궁리는 거경에 통전되고 거경은 궁리에 통전됨으로써 서로 증험될 수 있어야 한다. 그렇지 않으면 참된 경 공부가 될 수 없다는 것이다.

> 그러므로 궁리한 다음 실천에서 이를 증험證驗해야 비로소 진지眞知가 되고, 주경主敬하여 능히 주일主一해야 실득實得이 됩니다. 지금 비록 이치를 보았다 해도 겉핥기를 면치 못하거나 경을 유지하고 있다 해도 혹 일순간이라도 이를 잃어버리면, 이에 따라 일상생활에서 한없이 문란해질 것이니 어찌 사려思慮나 식색食色 또는 담론談論에만 해가 되겠습니까?[117]

퇴계에 따르면, 경 공부란 "인욕을 억제하고 올바른 사유와 행위를 위한 마음공부이자 인간의 사유를 지배하는 내면적 감정을 다스리는 공부이다. 하지만 문제는 인간의 감정이 항상 양가적이기에 앎知과 행함行 중 어느 하나만을 내세울 수는 없고 양자가 서로 의지하며 함께 나아가야 함을 의미하는 지행호진知行互進으로서의 거경궁리가 필요하며, 더욱이 이것은 어느 날 갑자기 하루아침에 이뤄지는 것이 아니라 평생 지속되어야 한다"는 것이다(『퇴계』 제5권, 46). 즉, 함양 성찰이든 격물 궁리이든 지경의 원리는 통전적인 양상으로 지속되어야 하며, 어느 한쪽만으로는 참된 수양이 불가능하다는 것이다. 그러므로 앎과 실천 양자는 항상 통전적인

117 『퇴계』 제21권, 205 <자성록: 이숙헌에게 답함>: "故窮理而驗於踐履 如爲眞知 主敬而能無二三 方爲實得 今雖見理 而未免於淺淡 雖持敬 而或失於暫須 則其日用應接之間 從而壞之者 沓至而無窮 豈但所謂思慮食色燕談之爲 害而已乎."

동시에 상호 보완적이어야 한다.[118] 다시 말해서 올바른 거경·함양 공부를 위해서는 격물 궁리 공부에 의존하지 않을 수 없고, 참된 이치의 세계에 통달하기 위해서는 거경·함양을 통해 얻게 되는 공정무사公正無事(바르고 사사로움이 없음)한 경지에 의존하지 않을 수 없다는 것이다.[119] 곧 올바른 경 공부는 '지·정·의'라는 전인격적인 태도가 필요하다는 것이다. 그렇다면 이러한 퇴계의 경 공부는 어떠한 철학적인 의의를 갖는가?

1) 참된 인간학의 구현

전술한 바와 같이 퇴계의 경 철학은 단지 학문적인 성취에만 관심을 두는 호학好學이 아닌 존양성찰을 통한 사람다운 사람 곧 진정한 인자仁者로서의 인간성 완성을 지향하는 위학爲學의 특성을 지니는바, 이렇게 된 이유는 수신과 성찰을 정성스럽게 함으로써 사람은 비로소 하늘 이치를 본받아 성인 됨을 완성할 수 있기 때문이다(誠修省以承天愛). 그렇지 않으면 경 공부는 장황한 이론만 살아 있는 거짓 학문인 위학僞學에 머물게 된다. 진정한 공부는 진정한 인간의 길(人道)에 대한 것이어야 하기 때문이다. 사람됨의 의미와 가치를 밝히고 사람의 행복과 자아실현을 위해 섬기지 않는 학문이라면, 사실상 인간 사회에서 무슨 의미가 있는가?!

118 한덕웅은 심리학적 측면에서, 퇴계 경은 "반드시 의식 과정에만 한정되지 않고, 무의식, 초의식 혹은 전의식 과정을 거쳐서 처리되는 과정을 모두 포괄하는 심리와 행동의 자기조절 방법을 통치한다"면서, 궁리는 "의식이 통제하는 통제된 처리 과정(controlled processing)을 시사하고, 행위 학습을 통한 도식화된 실행은 자동 처리 과정(autonomous processing)을 시사한다. 그러므로 경 과정은 통제된 처리 과정과 자동 처리 과정을 포괄한다"고 주장한다(한덕웅, 『한국 유학심리학』, 서울: 시그마프레스, 2003, 71; 『퇴계심리학』, 1996, 169-207).

119 김수청(2006), 211.

그래서 퇴계의 경 공부는 현학적인 철학 이론의 제시가 아니라, 인간의 존재 의미와 존재 가치를 밝힘으로써 진정한 사람됨의 본질을 추구하려는 참된 인간학으로 자리매김하고 있다. 이를 위해 퇴계는 신유학의 계승자임을 자처하면서도, 참된 인간성 실현이라는 성리학의 목표를 향하는 길에 걸림돌이 있다면 과감하게 극복하면서까지 오로지 인간의 길을 걸었고, 진정으로 사람됨의 가치가 실현되는 사회를 꿈꾸었다.

그런데 퇴계는 참된 인간 가치의 시원을 하늘에서 찾았다. 특히 하늘은 선대 유학으로부터 인덕(人德 / 仁德)의 원천으로 여겨져 왔고, 변화무쌍한 사회 현실에서 살아가는 사람에게 참된 인간성의 본질을 부여하는 절대적 주재자로 여겨져 왔다. 이른바 상제천上帝天 혹은 주재천主宰天 개념이 그것이다. 그렇지만 유학에서 하늘은 기독교의 하나님처럼 신학적인 존재가 아니라 인간성의 시원으로서의 의리천義理天 개념을 함께 포괄하고 있다. 하늘은 인간성의 본질적인 근원이요 바탕이 되고, 결국 인간의 윤리와 도덕을 위한 확고부동한 근거가 되기 때문이다. 이러한 측면에서 퇴계는 하늘에 대해 마땅히 마음으로 공경하고 따라야 할 최고 경외 대상으로 여겼다. 이에 대해 퇴계는 <무진육조소>에서 다음과 같이 말한다.

> 천지의 대덕은 생이라 생각합니다. 무릇 천지 사이에 생명을 가진 종류가 빽빽하니 움직이는 것, 땅에 박힌 것, 큰 것, 작은 것이 모두 하늘이 덮어주고 사랑하는 것입니다. 하물며 사람에게 있어서는 형상이 닮았고 가장 영특하여 천지의 핵심이 되어있는 것이니, 그 인애는 더욱 말할 것도 없습니다. 그러나 하늘은 이 마음이 있어도 스스로 베풀지 못하고, 반드시 가장 영특한 가운데서도 성철聖哲한 원량(元良)으로서 덕이 신과 사람에게 화협和協한 자를 돌보아 임금으로 삼고 백성을 기르는 일을 부탁하여 인애의 정치를 행하게 하는

것입니다.[120]

곧 퇴계에 따르면, 사람은 본래 하늘 이치를 부여받은 하늘을 닮은 존재로서 만물 가운데서 가장 신령하고 영특한 존재인바 하늘은 그런 사람 중에서 특별히 임금을 선택하여 나라를 다스리게 했으니, 임금은 응당 하늘을 경외하고 백성을 사랑하는 덕치를 펼쳐야 한다는 것이다. 그것은 하늘이 종교적 개념의 절대자라기보다는 인간 존재 가치의 시원이기 때문이다. 더욱이 이것은 비단 임금에게만 해당하는 것이 아니라 진실한 인간성의 완성을 추구하는 모든 사람에게 적용되는 삶의 원리이다.[121] 이런 의미에서 퇴계의 경천敬天·외천畏天에 대한 가르침의 근본 바탕은 인간학적 시각에서 비롯되었으며, 이는 경 공부에 대한 기본적인 태도이다.

말하자면 퇴계의 경천의 태도는 하늘에 대한 맹목적인 외경심 구현에 그 의의가 있지 않고, 경천을 바탕으로 하늘이 내려준 본질적 인간성인 참된 인(仁 / 人性)의 성품을 실천함으로써(愛人) 마침내 참된 인간성 완성을 실현하려는 데에 진정한 의미가 있다. 이러한 측면에서 퇴계의 경은 결국 경천애인敬天愛人의 삶을 위한 중요한 원리로 나타난다. 이것이 곧 퇴계가 강조하는 지경의 원리이다. 따라서 지경의 삶은 단지 형이상학적인 그 무엇의 추구가 아니라, 경천애인이라는 사람됨의 근본적인 원리를 실천함으로써 진정한 인간성 완성을 실현케 하는 태도를 함의한다.

---

120 『퇴계』 제3권, 83: "竊謂天地之大德曰生 凡天地之間 含生之類 總總林林 若動若植 若洪若纖 皆天所悶覆而仁愛 而況於吾民之肖像而最靈 爲天地之心者乎 然天有是心 而不能以自施 必就夫最靈之中 而尤眷其聖哲元良 德恊于神人者 爲之君付之司牧 以行其仁愛之政."

121 금장태(2003), 181-183.

요컨대 인간은 하늘을 경외함으로써 진실한 인간성을 함양할 수 있고[122] 이를 통해 참 인간의 길(人道: 修身)을 지향하는데, 예의 철학적 상위 개념인 경은 하늘에 대한 두려움(嚴)과 사랑(愛) 그리고 인간에 대한 존경(嚴)과 사랑(愛)이라는 복합 개념이다. 따라서 인간은 하늘을 경외하고 두려워하는 삶을 살아갈 뿐 아니라(嚴/畏), 그러한 이치를 인간관계나 국가 사회를 위한 봉사에 적용하는(仁/愛) 성숙한 인간성을 지향하는 존재이다. 이를 위해 퇴계는 성실하게 참된 인간 됨의 가치를 구현하는 근본 원리가 되는 길인 하늘 명령을 함양함으로써 자신을 닦고, 실존적 자각을 통해 성찰함으로써 존재 가치를 실현하는 경 공부가 필요하다고 보았다.[123] 이러한 측면에서 퇴계의 경은 퇴계 사상에 있어서 근본 메타포(the Root Metaphor)로 등장한다. 퇴계의 경의 원리는 <그림 2>와 같이 나타낼 수 있다.

---

122 유학에서 하늘은 인격적 존재(上帝)이기보다 인간 사회 현실을 위한 도덕적 원천으로서의 성격이 강하다는 점에서 다분히 추상적이지만, 인간에게 도덕적 삶을 제시하고 그것의 실천을 요구한다는 점에서 상제와 같은 위치에 있다. 퇴계는 <무진육조소>에서 "道術은 천명에서 나와서 인륜에 행해지는 것으로 천하 고금이 다 같이 말미암은 길"이라면서, 유교적 진리와 실천 방법으로서 도술이 천명에 근원함을 확인한다. 그리하여 하늘은 만물의 근원으로서 인간에게 명을 내리는 초월적 존재이지만, 어디까지나 인간의 해명을 통해 드러나는 일종의 형이상학적 본체이다. 이러한 하늘은 종교적 의미로 해석되어 절대적 권능을 지닌 天帝의 의미(主宰天)와 도덕적 원천(義理天)이라는 양가적 개념을 지녀왔으나, 송대 이후 의리천 개념이 강조되었다. 퇴계 역시 이 전통을 따르지만, 한편으로 주재천 개념을 일부 수용하였다. 이러한 퇴계의 시각은 다산을 거치면서 주재천 개념으로 강화된다(박학래, "인간 삶의 지표와 이상," 한국사상연구회편, 『조선 유학의 개념들』, 서울: 예문서원, 2006, 140-166).

123 양재혁은 퇴계의 경은 "자신에 대한 하나의 완전한 경외로 나타나며, 사물에 대해선 잘 정리된 정심을 통해 적극적이고 세심한 내향과 자신에 대한 시험으로 대표된다"면서, 일종의 도가 혹은 선불교적 색채가 있다고 보았다(양재혁, "退溪의 敬哲學의 淵源과 그 變化," 1990, 189).

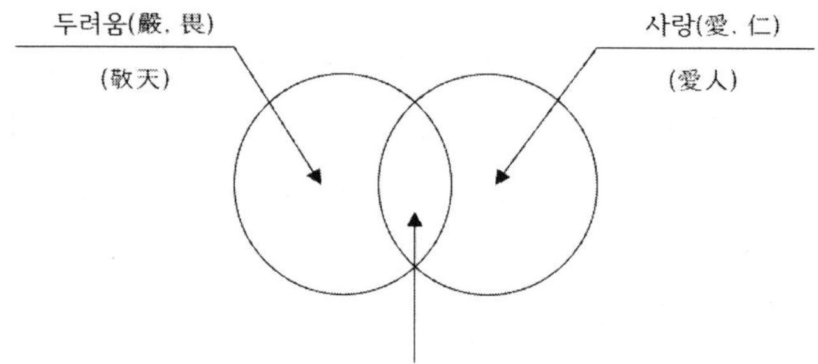

경(敬): 두려움과 사랑이 통합된 자의식(自意識)

〈그림 2〉 경의 개념구조

2) 실행 유학의 길

퇴계의 경 철학은 단순한 호학好學이 아닌, 참된 사람됨의 길을 지향하는 위학爲學이라는 점에서 처음부터 진지한 실행을 바탕에 두고 있다. 따라서 여기에는 구체적인 실천 방법론이 요구된다. 구체적인 실행이 제시되지 않는 도는 하나의 거짓된 학문僞學일 뿐이기 때문이다. 그렇다면 존양성찰存養省察(마음을 살펴 선한 본성을 잘 지켜 기르고, 나쁜 생각은 물리침)을 통해 사람됨의 길을 외치는 경 공부에는 어떠한 실천 원리가 제시되는가? 이에 대해 퇴계는 <대학도>와 <심학도>에서 다음과 같이 말한다.

> 어떤 사람이 말하기를 '경을 그대는 어떻게 공부하는가?'라고 물으니, 주자는 이렇게 대답하였다. "정자는 **주일무적**과 **정제엄숙**을 말하였고, 문인 사씨는 이른바 항상 깨어있는 방법인 상성성법을 말하였으며, 윤씨는 그 마음을 수렴하여 한 물건도 용납하지 않는다"고 말한 일이 있다. 경이란 그 마음의 주재이고 만사의 근본이다.[124]

> 요컨대 공부하는 요령은 한결같이 경의 태도를 떠나지 않는 것이다. 무릇 마음이란 한 몸을 주재하는 것이고, 경이란 한마음을 주재하는 것이다. 배우는 이들이 주일무적과 정제엄숙, 마음을 수렴하는 기심수렴, 항상 또렷한 정신 상태를 유지하는 상성성법을 깊이 궁구한다면, 그 공부가 더할 나위 없이 성인의 경지에 어렵지 않게 충분히 들어갈 수 있을 것이다.[125]

성리학의 경 공부를 위한 방법론에는 주자 이래로 이른바 사조설四條說로서, 정이천의 주일무적主一無適과 정제엄숙整齊嚴肅, 사량좌謝良佐(호는 上蔡, 1050~1103)의 상성성법常惺惺法 그리고 윤돈尹燉(호는 和靖, 1072~1142)이 주장한 심수렴불용일물心收斂不容一物 등이 있다. 그런데 주자는 이 네 가지 모두를 포용하면서 존양성찰存養省察로 정리하였다. 이에 대해 퇴계는 수신론의 핵심 방법론으로서 주자의 방식을 수용하면서, 그것의 구체적 실천 원리로 인식되는 사조설을 그대로 따랐다. 그리하여 퇴계는 정제엄숙, 주일무적, 상성성법, 기심수렴 등을 그대로 수용했으나, 특히 정제엄숙을 강조했다. 그런데 기심수렴은 사실상 주일무적과 같은 의미를 지니므로 여기서는 세 가지만 언급하기로 한다.[126]

첫째로 퇴계는 주일무적을 경의 실천 방안으로 제시한다. 정·주 수신론의 핵심인 주일무적은 "하나를 주장 삼아 다른 것에 나아가지 않는다"는

124 『퇴계』 제3권, 125: "或曰: 敬若何以用力耶. 朱子曰: 程子嘗以主一無適言之 嘗以整齊嚴肅言之 門人謝氏之說 則有所謂常惺惺法者焉 尹氏之說 則有其心收斂 不容一物者焉云云 敬者一心之主宰 而萬事之本根也."

125 『퇴계』 제3권, 145-146: "要之用二之要 俱不離乎一敬 蓋心者一身之主宰而 敬又一心之主宰也 學者熟究於主一無適之說 整齊嚴肅之說 與夫其心收斂 常惺惺之說則其爲工夫也 盡而優入於聖域亦不難矣."

126 최정묵(2004), 224-225.

뜻으로서,[127] 마음에 경을 두고 정신을 집중하여 외물에 마음 쓰지 않는 태도를 의미한다. 정이천은 "주일을 경이라 하고 무적을 일이라"(主一之謂敬 無適之謂一)면서,[128] 주일은 마음을 하나로 모으는 것을 뜻하고 무적은 마음을 사욕에 흐르지 않게 함을 뜻한다고 가르쳤다. 주렴계의 다음과 같은 설명은 주일무적의 의미를 더 정확하게 밝혀주고 있다.

> 이른바 경이란 마음을 한곳에 통일하는 것이다. 『주역』에서 "경(경건함, 진지함)으로써 마음(內)을 곧게 하고(直), 의(의로움)로써 바깥의 용모와 언행(外)을 바르게(方)한다"는 것은 모름지기 마음을 곧게 함이 주일이란 뜻이다. 함부로 속이지 않고 함부로 게으름을 부리지 않으며, 오히려 남이 보지 않는 것에서 (스스로) 부끄럽지 않게 행동하는 것이 모두 경의 일이다. 다만 이것을 간직하여 오래 함양하면 자연히 천리가 밝아진다.[129]

> 주일하게 되면 이미 동으로도 서로도 가지 않는다. 만일 이같이 하면 다만 중中일 뿐이다. 이쪽으로도 가지 아니하고 저쪽으로도 가지 아니하면, 다만 내內일 뿐이다. 이를 보존하면 자연적으로 천리가 밝아진다.[130]

결국 주일 공부는 경이직내敬以直內(경으로써 마음을 곧게 함)와 같은 함

127 금장태(2005), 186.

128 程敏政 편, 『心經附註』 1권, 성백효 역주(서울: 전통문화연구회, 2002).

129 『유서』 15권, 1-169, 김수청(2006), 99 재인용: "所謂敬者 主一之謂敬 所謂一者 無適之謂一 易所謂敬以直內 義以方外 須是直內 乃是主一之義 至於不敢欺 不敢慢 尙不愧於屋漏 皆是敬之事也 但存此涵養 久之自然天理明."

130 『心經發揮』 1권, 18, 김수청(2006), 100 재인용: "主一則旣不之東. 又不之西 如是則只是中 旣不之此 又不之彼 如是則只是內 存此則自 然天理明."

양 공부로서,[131] 동정을 막론하고 잡념을 버리고 한 가지 일에 집중하는 것을 뜻한다. 곧 주일은 의지를 안으로 향하게 하여 마음속의 이치와 합치됨으로써 본심을 지키고 함양하는 것인바 이것은 미발 시의 경에 해당하고, 무적은 마음이 사욕으로 치달음을 막는 것으로서 이발 시의 경과 연관이 있다.[132] 그러나 양자 모두 내면적 집중만이 아닌 외적으로도 엄숙한 태도를 지향한다. 따라서 양자는 분리가 아니라 동시에 함께 있다. 여기에 대해 주자는 다음과 같이 말한다.

> 주일은 경(敬) 자의 주해이다. 요컨대 일에는 작은 것도 없고 큰 것도 없다. 항상 자기 정신과 사려를 다 여기에 있게 해야 한다. 일을 만났을 때는 이와 같고 없을 때도 이와 같다. 무적은 다만 지수안정하여 치무주작하지 않는다는 의미이다. 무적은 곧 주일이다. 주일한즉, 경(敬)이다.[133]

곧 주자는 한 가지 일에 집중하는 것이 주일무적이라는 것이다. 따라서 이것은 동·정을 꿰뚫는 경 공부이며, 미발심이든 이발심이든 어느 한쪽에 치우치는 수신 공부가 아닌, 양자를 동시에 충족시킬 수 있는 마음 공부를 뜻한다. 퇴계 역시 대상 세계의 무한한 변화에 대응하면서도, 인간의 의식 분산을 억제하고 욕망을 제어함으로써 천리와의 일치를 추구했다.

---

131 "주일을 경이라 하며, 직내가 곧 주일의 뜻이다. 감히 속이지 아니하고 게으르지 아니하여 옥루(屋漏)에서도 부끄럽지 않은 것이 경의 일이다. 이를 보존하여 함양하기를 오랫동안 하게 되면 자연히 천리가 밝아진다"(『心經附註』 1권, 8).

132 김수청(2006), 99-101.

133 『心經發揮』 1권, 18, 김수청(2006), 102, 재인용: "朱子曰: 主一是敬字註解 要之事無小無大 常令自家精神思慮盡在此 遇事時如此 無事時也如此. 又曰: 無適者 只是持守得定不 馳騖走作之意耳 無適卽是主一 主一卽是敬."

요컨대 주일무적은 모든 것은 만물의 근본 원리요 궁극적 이치인 하늘 이치로 돌아간다는 유학의 근본이념과 통하는 원리로서, 밖으로는 엄숙하며 내부적으로는 마음이 일치되게 하는 가운데 한 가지 일에 집중하는 것을 의미한다. 즉, 주主란 마음에 두고 일을 지켜 떠나지 않게 하는 것을 의미하고 일一이란 오직 마음을 한결같이 하여 제자리에 두는 것을 뜻하는데, 결국 마음을 지켜 사람의 내면에 자리 잡은 사욕을 막아냄으로써 인간 본래의 길을 가게 하는 것이다.[134] 그렇다면 주일무적의 삶은 어떻게 실천해야 하는가? 퇴계는 김돈서金惇敘(호 雪月堂, 1531~1598)에게 보내는 편지에서 다음과 같이 주자의 말을 빌려온다.

> 주일은 다만 전일하는 것입니다. 일이 없을 때는 담연湛然하게 안정하여 동에게로 달아나지 않고, 일이 있을 때는 일에 따라 응변하고 다른 데에 미치지 않는 것입니다. 이것이 이른바 옳은 일에 주主하는 것이요, 곧바로 주일소이가 되는 것입니다. 이렇게 볼 때, 얽매어 생각해 마지않는 바가 있게 되는 것은 도리어 사의私意가 됩니다. 일이 이미 지나갔는데도 반드시 마음에 잊어버리지 못하고, 몸은 여기에 있으면서 마음은 저기에 가 있게 되는 것입니다. 이는 그 지리支離하고 왔다 갔다 함이 주일무적과 같지 않을 뿐 아니라, 곧바로 서로 반대가 되는 것입니다.[135]

곧 퇴계는 마음이 주일무적하기 위해서는 오직 몸이 경에 머물러야

134 김수청(2006), 103.

135 『퇴계』 제21권, 191 <자성록>: "主一只是專一 無事則湛然安靜 而不騖於動 有事則隨事應變 而不及乎也 是所謂主事者 乃所以爲主一者也 若是有所係戀 卻是私意 必有事已過而心未忘 身在此而心在彼者 此其支離畔援 與主一無適 非但不同 直是相反."

함을 주장하면서, "일은 만을 어거할 수 있어도, 만은 일을 명할 수 없다. 따라서 마음이 주재하고 전일할 수 있으면, 생각할 필요 없이 일마다 절도에 맞게 될 수 있다"고 역설한다(『퇴계』 21권, 192, <자성록>). 즉, 경은 마음이 한 가지 일에 집중하고 잡념을 버리는 일종의 정신 통일 방법으로서, 일찍부터 유자적 몸가짐과 학문의 태도로 강조되어 온 생활 방식이었다. 이렇게 보면, 마음에 경을 두고 정신을 집중하여 외물에 마음 쓰지 않는 태도를 뜻하는 정이천의 주일무적 공부론은 사실상 윤돈의 심수렴불용일물론心收斂不容一物論과 같은 개념을 지향하는 것으로 보인다. 심수렴불용일물 역시 마음을 한곳으로 집중하여 다른 어떤 것도 용납하지 않음을 뜻하기 때문이다. 따라서 비록 퇴계는 심수렴불용일물과 주일무적을 함께 열거했으나 사실상 양자는 같은 개념으로 정리될 수 있기에, 필자는 양자를 하나의 길에 대한 두 가지 명칭으로 이해한다.

둘째로 퇴계는 정제엄숙을 경의 실천 방안으로 제시했다. 이는 경 공부의 둘째 원리인바, 용모를 단정히 하고 태도를 엄숙히 함으로써 몸과 마음 전체를 하나로 통일하는 자세이다. 주일무적이 내면적 측면에서의 마음 공부라면, 정제엄숙은 외면적인 자세에 관한 공부이다. 이에 대해 정이천은 "경은 반드시 정제엄숙으로 이뤄져야 한다. 의관을 바르게 하고 시선을 존엄하게 함을 우선으로 해야 한다"고 말했다.[136] 정제엄숙이 필요한 이유는 아무리 마음공부라도 외적 자세가 바르게 되어야 하기 때문이다. 즉, 정제엄숙할 때 직내直內나 주일主一을 억지로 하지 않아도 저절로 심신이 숙연해지며, 안팎이 하나 되어 참된 성학의 도를 지향할 수 있다는 것이다.[137] 그리하여 퇴계는 경 공부에 있어서 심신을 하나로 일치시키며

136 程敏政, 『心經附註』 1권, 8: "敬必以整齊嚴肅 正衣冠 尊瞻視爲先."

137 정이(程頤)의 네 잠(箴)에는 다음과 같은 것들이 있다(양이 많으므로 일부만 밝힌

늘 안팎이 분리되지 않도록 경계하였다. 퇴계는 한 편지에서 다음과 같이 말한다.

> 정자程子가 [...] '정제엄숙하면 마음이 하나로 즉, 전일해지고, 전일하면 저절로 간사함이 생길 수 없다'고 말한 것이 바로 이것입니다. 그러나 익히는 방법은 마땅히 안자顔子처럼 예禮가 아니면 보지 말고 듣지 말고 말하지 말고 움직이지 말아야 하고, 증자曾子처럼 몸을 움직일 때나 안색을 바르게 할 때나 말할 때나 공부를 해야만 대체로 근거가 있고 노력하기에도 쉬울 것입니다. 그러나 참된 노력이 쌓이고 쌓여 오래되면 얻음이 있게 됩니다.[138]

이처럼 퇴계는 경 공부가 마음공부이지만 정제엄숙의 태도 없이는 불가함을 밝힘으로써, 경 공부는 결코 추상적이 아닌 실천적 문제임을 분명히 한다. 그래서 그는 심지어 앉는 자세와 눕는 자세까지도 정제엄숙과 연관 짓는다. 이것은 학자의 일상이 경이어야 함을 의미한다(『퇴계』 28권, 70-271, <김돈서에게 답함>, 참조). 그만큼 퇴계는 고요한 마음과 엄숙한 자세를 결합할 것을 요구했다. 곧 퇴계는 통합적인 심신 수련을 가르친다. 그에게 있어서 학문이란 단순히 앎이 목적이 아니라 온전한 인간 됨을 추구하는 부단한 수신의 길이기 때문이다.

셋째로 퇴계는 상성성법을 경의 실천 방안으로 수용한다. 성리학에서

다). 1)시잠(視箴): 보는 것을 가려서 볼 것. 2)청잠(聽箴): 듣는 것을 가려서 들을 것. 3)언잠(言箴): 말하는 것을 가려서 할 것. 4)동잠(動箴): 몸가짐을 단속할 것 등이다(김수청, 2006, 106).

138 『퇴계』 제21권, 172-173 <자성록>: "程子曰 [...] 又曰整齊嚴肅 則心便一 一則自無非僻之干者 正爲此也 然其習之之方 當如顏子非禮勿視聽言動 曾子動容貌正顏色出辭氣處做工夫 則庶有據依而易爲力 至於眞積力久 而有得焉."

제시하는 경 공부는 비록 외면적으로는 용모와 태도가 엄숙 단정할지라도 그 마음이 경성敬惺하지 않으면, 인간 됨의 이치를 터득할 수도 없고 인욕을 억제할 수도 없다. 결국 그 참된 실현이 불가능하게 된다. 이에 대해 사상채는 자신의 상성성법을 제시하면서, 정이천이 가르친 주일무적과 정제엄숙은 언제나 양자를 함께 견지해야 함에도 불구하고 그 참뜻을 왜곡하고 단지 정제엄숙에만 머물려는 어떤 이들의 태도를 이렇게 비판하였다.

> 요즘 사람들은 경을 정제엄숙이라고 설명한다. 참으로 그것이 옳기는 하여도 만일 마음이 혼미하여 이치를 제대로 밝히지 못한다면, 억지로 이 마음을 지닐지라도 어찌 경이 될 수 있을까?[139]

곧 경이란 늘 깨어서 스스로를 살피는 마음 곧 경성하는 태도를 뜻한다(敬是常惺惺法)는 것이다. 다시 말해서 성리학의 공부법이란 결국 존양성찰이요 격물치지인바, 이러한 공부는 마음이 깨끗이 비워지고 영묘하여 밝은 상태가 될 때(虛靈不昧) 가능하다. 이것은 "항상 살아서 움직이는 생생한 의식 상태이고(活潑發也), 마음 자체가 깨어 있어서 선과 악에 민감한 상태"를 뜻한다.[140] 곧 경 공부는 내면적인 자기 정돈에서부터 시작된다는 것이다. 그리하여 이것은 불교의 선禪과 대비되는 분위기를 연출한다. 주자 역시 다음과 같이 말한다.

---

139 『心經發揮』 1권, 23, 김수청(2006), 107, 재인용: "今人說敬以整齊嚴肅言之 固是然心若昏昧 燭理不明 雖强把捉 豈得爲敬."

140 김수청(2006), 108.

마음을 깨우치게 하는 것은 같으나 그 방법은 다르니, 우리 유가는 이 마음을 일깨워 여러 도리를 비춰 보고자 하고, 불교는 공허하게 마음을 일깨워 여기에 있게 하여 아무런 작용함이 없다.[141]

사실 경敬이라는 말 자체가 이미 삼가 조심한다는 의미인 것처럼, 경이 진정으로 경이 되기 위해서는 마음이 항상 깨어있는 태도 즉, 경의 생활화가 필요하다는 것이다. 그때 비로소 하늘 이치를 잘 간직하면서 욕망을 억제하는 원리 곧 존천리알인욕存天理遏人欲(안으로는 성심을 보존하고 밖으로 욕심을 제어함)이라는 성리학적 수신론의 실천 원리를 제대로 완성할 수 있기 때문이다. 퇴계 역시 다음과 같이 일상적인 삶으로서의 경을 강조한다.

다만 경으로써 마음을 방실하지 말고 심후하게 함양하여 응접하는 말을 경솔하게 하지 말아야 합니다. 이렇게 하기를 오래오래 하여 점점 익숙하게 되면, 자연히 자신도 실수 없을 것이고 남을 상대하는 데도 절도에 맞을 것입니다.[142]

퇴계는 "인간 삶이란 부모 공경부터 시작하여 헤아릴 수 없이 많지만, 그 많은 것들을 일일이 마땅하게 하는 것은 궁리 거경의 극진한 마음공부로부터가 아니면 잘 해내기 어렵기 때문에, 수많은 공부를 쌓아 유구한 세월에 충분히 연구하고 실천할 것"을 강조한다(『퇴계』 21권, 180, <자성

141 『心經發揮』 1권, 23, 김수청(2006), 108, 재인용: "其喚醒 此心則同 而其爲道則異 吾儒喚醒此心 欲他照管許多道理 佛氏則空喚醒在此 無所作爲."

142 『퇴계』 제21권, 179 <자성록: 정자중에게 답함>: "只當敬以無失 涵養深厚而發於應接者 不敢輕易放過 至於久久漸熟 則自然已無所失 而應人中節."

록>). 그렇게 할 때 비로소 앎과 행함이 올바르게 이뤄질 수 있기 때문이다.

> 평상시 무사할 때는 본원을 함양하는 경우로서, 밖으로는 엄연히 생각하는 것 같고 중심은 일一을 주主하여 성성연惺惺然하는 때입니다. 하나의 생각이라도 싹트면 곧 그 사악을 막고 그 도리를 보존할 뿐 모든 것을 떨어 버리려 해서는 안 됩니다. 대개 무사할 때는 마땅히 정靜하여 존양해야 합니다. 그러나 만일 마땅히 생각할 것이 있고 생각이 일에 주할 수 있으며 주작走作함이 없다면, 이는 정중의 동(靜中之動)으로서 지심에 방해되지 않는 것이라 생각됩니다. 이제 무사한 때의 지심법을 논함에 있어서, 한쪽으로는 항상 각성 상태에 있기를 요하여 사려를 떨어 버리는 것은 정에만 집중함으로써 동이 없게 하려 함이며, 또 한쪽으로는 사념을 쉼 없이 그 궁리를 그치지 않으려는 것은 동에 편중하여 정할 때가 없게 되는 것입니다.[143]

요컨대 퇴계에 따르면, 경 공부란 언제나 그 마음을 집중하며 항상 깨어서 궁리하는 태도이다. 더불어 내 안에 주어진 하늘의 이치를 함양하여 모든 인간의 욕망을 억제하는 가운데 구체적으로 인간의 참된 본성을 회복해 나가는 수신의 원리 즉, 성인 됨의 이상을 실현하는 것이다. 바로 여기에 학문으로서 성학聖學의 궁극적 목적이 있으며, 그때 참으로 수신·제가·치국·평천하修身·齊家·治國·平天下의 유교적 이상을 실현할 수 있게 된다. 이러한 측면에서 유학은 철저하게 실행적인 휴머니즘을 지향하고 있다.

---

143 『퇴계』 제21권, 198 <자성록: 김돈서에게 답함>: "平居無事 是涵養本原地頭 外嚴若思 中心主一 惺惺然時也 一念之萌 但遏其邪而存其理爾 一切排遣不得 蓋無事時 固當靜以存養 然如有所當思 而思能主一無走作 是乃靜中之動 恐無害於持心也 今論無事時持心之法 一要常惺惺而遣去思慮 是一於靜而欲無動也 一要未嘗息念 而不替其窮理 是偏於動而無靜時也."

3) 조화와 상생의 삶

퇴계의 경 철학은 인간성의 완성이 그 핵심이다. 이를 위해 퇴계는 의리천으로서의 하늘뿐만 아니라 주재천으로 하늘 개념까지도 동원한다. 그렇게 퇴계는 무너져가는 인간 사회의 처절한 아픔을 온몸으로 겪으면서, 당시 최고의 인간학이 담긴 성리학을 바탕으로 참된 인간의 길을 찾아 나섰던 것이다. 그렇다면 퇴계의 성리학적인 경 철학은 수신 공부를 통해 개인이 자신을 완성하고 성인 됨의 가치를 실현함으로써 그 목적을 다하는 것일까? 그렇지 않다. 퇴계 성리학의 바탕에는 기본적으로 수신·제가·치국·평천하라는 유학의 근본이념이 깔려있다. 다시 말해서, 성리학적 유교 자체가 사람이 지혜로운 도덕적 인격자가 되어 다른 사람들과 더불어 조화로운 사회를 이루며 함께 살아가는 비전을 함의하고 있다.[144] 말하자면 그 안에 조화와 상생의 원리가 살아 있다는 것이다.

그런데 이러한 조화와 상생의 원리는 선대 유학으로부터 내려오는 이른바 천인합일이라는 거대한 하늘 가치를 지향하는 철학적 바탕에 근거를 두고 있다. 곧 성리학은 사람의 인식 능력을 초월하는 하늘을 상정하고 그에 대한 존경심을 갖게 함으로써, 인간 욕망을 통제하는 대신 진정한 인간 가치를 실현하도록 하는 방향에 서 있다. 퇴계의 성리학의 인간성 완성의 철학 역시 그러한 바탕에서 인간의 존엄성과 인간 존재의 가치가 살아 있는 참된 인간 공동체의 완성을 지향한다. 이에 대해 퇴계 자신도 예안향약을 통해 하늘 가치가 실현되는 인간 공동체를 실험하기도 했다. 사실상 조선의 향약은 양반들의 향촌 자치를 통해 자신들의 기득권을

144 김형찬, "내성외왕(內聖外王)을 향한 두 가지 길," 「철학 연구」 제34집(2007), 4.

견지하는 가운데 하층민을 통제하기 위한 수단이었다. 또한 한편으로는 숭유崇儒 정책에 의거하여 유교적 예절과 풍속을 향촌 사회에 보급함으로써, 조선 사회의 도덕적 질서를 확립하고 미풍양속을 진작하고 각종 재난 시에 상부상조하기 위한 규약이라고 할 수 있다. 하지만 퇴계의 예안향약의 핵심은 예禮의 실행에 있었고 그 바탕에는 경 철학적 원리가 도도하게 흐르고 있었다는 점에서, 진정한 실행 유학의 가치를 지향하였다고 할 수 있다.

이러한 예禮는 천인의 조화, 사회의 조화, 인격의 조화라는 중요한 흐름을 함의하는바, 그것은 곧 유교의 종교적 성격을 드러내는 핵심적인 실천적 원리라 할 수 있다.[145] 이것을 달리 표현하면 천인합일의 바탕에서 비롯되는 조화의 원리라 할 수 있고, 그런 의미에서 성리학은 조화의 원리가 그 기층에 살아 있다고 할 것이다. 곧 예는 천인 관계에서는 하늘에 대한 인간의 조화 원리이고(敬天), 인간관계에서는 인간 사이의 조화 원리이며(愛人), 자연과의 관계에서는 자연을 향한 인간의 조화 원리(耕作)라고 할 수 있다. 이러한 예로서 조화의 원리는 근본적으로 우주 생성 원리인 태극에 의한 음양의 조화 곧 리기의 조화를 통한 자연 질서의 원리로서, 온 우주를 포함하는 인간 사회의 기반을 이루고 있다. 인간 역시 "우주의 조화 원리의 한 축으로서 존재하며, 그 원리에 자신을 일치시키고 한편으로 그 원리를 실현해 나가는 주체"이다. 이에 사람은 우주 원리의 절대적 실체로서 하늘이 부여한 존재 의미와 존재 가치로서의 하늘 이치(天理)를 자각하고, 그것을 엄숙하고 진지하게 실천해 나가게 된다.[146]

이러한 삶의 원리는 비단 사람과 그의 세계에만 적용되어야 할 문제는

145 유권종, "유교의 종교적 역할," 「철학 연구」 제12집(2000), 117-151.

146 김기현, "退溪의 理철학에 내재된 세계관적 함의," 「退溪學報」 제116집(2004), 20.

아닐 것이다. 비록 유학이 인간 중심적 윤리관이지만, 본래 사람과 하늘은 본질상 하나라는 천인합일의 관점을 가지고 있다. 곧 유학은 우주 만물의 이치로부터 사람의 도덕성을 이끌어 냈다는 점에서, 인간과 우주를 별개로 보지 않는다. 그러므로 이러한 유학의 자연관으로부터 오늘 우리는 이 시대의 자연에 대한 새로운 시각을 유추할 수 있다. 곧 자연은 처음부터 인간과 유리된 존재가 아니라는 것이다. 따라서 인간은 마땅히 하늘 이치와 조화를 이룰 뿐만이 아니라 그 한끝인 자연과도 조화를 이루는 길을 걸어야 한다는 것이다. 『주역』은 다음과 같이 말한다.

> 한 번 음이 되고 한 번 양이 되는 것을 도라고 말한다. 그것을 계승한 것이 선이며, 그것을 자기의 것으로 이룬 것이 본성이다. […] 인에서 드러나고, 작용 가운데 간직된다. 만물을 고무시키지만, 성인처럼 근심하지 않는다. 성대한 덕성과 위대한 사업이 지극하다. 부유하게 많은 것을 위대한 사업이라고 하며, 날로 새로운 것을 성대한 덕성이라고 한다.[147]

곧 유학은 자연을 단순한 물질적 존재로 이해하지 않고, 성대한 덕성을 통하여 무한한 일들을 전개하는 생명의 세계로 이해한다. 자연의 현상을 성덕의 실현으로 이해하는 자연관은 결국 인간에 대한 이해로 이어져, 유학의 학문관과 수신론의 기초를 이루게 된다. 천지는 사람에게 본성을 부여하며, 사람은 그 본성의 실현을 통하여 무한한 사업을 이루게 된다. 위대한 사업을 이루기 위해서는 성대한 덕성을 쌓아야 한다. 덕성과 사업

---

147 『周易』, <繫辭傳> 제5장: "一陰一陽之謂道 繼之者善也 成之者性也 […] 顯諸仁藏諸用 鼓萬物而不與聖人同憂 盛德大業至矣哉 富有之謂大業 日新之謂盛德."

은 상호 의존적이기 때문에 덕성과 사업의 동시적인 수신이 필요하다. 자연의 성덕이 자연 창조의 원동력인 것처럼 인간의 덕성도 인간 사업의 원천이 되는 창조성이다.

공자가 지었다는 건괘의 <문언文言>에는 "군자는 덕을 진척시키고 업을 닦는다. 충과 신은 덕을 진척시키는 것이며, 말을 닦아 진실함을 세우는 것은 업을 닦는 데 머무는 것이다"(君子進德脩業 忠信所以進德也 脩辭立其誠 所以居業也)라는 말이 나오는데, 이것은 곧 수신론의 두 기둥이라고 할 수 있다. 또한 자연과 인간의 내재적 원리와 외연적 실현을 동시에 중시하면서 내면적 덕성의 축적에 기초한 삶의 외연적 확대는 유학적 삶의 근본적인 특성이라고 할 것이다.[148] 그리하여 과학만능주의로 흘러가는 이 시대에 퇴계의 유학은 우리로 하여금 자연의 본래적 의미를 다시 생각하게 만든다. 곧 퇴계는 사람 또한 자연의 일부임을 직시하면서, 자연(하늘)의 이치와의 조화를 이루는 인간성을 발현하고 자연과 더불어 살아가는 지혜를 촉구한다고 할 것이다. 자연과 유리된 인간은 결국 자신의 본질에 대한 원천을 잃게 될 것이기 때문이다.

148 이광호, "유학의 자연관과 인간관," http://www.eswn.kr/news/articleView.html? idxno= 4357 (2021. 5. 21).

V. 요약과 정리

퇴계 성리학의 핵심은 인간성의 완성에 있다. 퇴계의 가장 중요한 철학적 물음은 '참된 인간성의 윤리적 근거'와 그것의 '실현을 위한 수양의 실천'에 있었고, 그 결과 천리天理를 함양하고 인욕人欲의 극복을 지향하는 경 철학에 집중하였다. 경은 퇴계의 성리학적 수양론의 핵심적 요소이자 인간의 마땅한 실천적 덕목인바, 인간 안에 내재하는 우주의 보편 원리(理, 天理)를 자각하고 체인함을 통해 함양·성찰하는 가운데 인격의 완성을 이루는 공부이다. 즉, 경이란 결국 본성에 대한 자각적인 노력을 의미한다. 이러한 경의 삶은 이른바 도덕적 자기완성을 이룩한 존재로서의 성인聖人됨의 길이고 이 성인 됨이 퇴계 성리학의 인간성 패러다임(the Paradigm of Humanity)으로 등장하고 있는바, 이를 위한 수신의 방법론으로서의 경이 곧 퇴계 성리학의 근본 메타포(the Root Metaphor)라고 할 수 있다. 따라서 자기완성을 향한 수양을 중단하는 태도는 결국 존재 가치를 포기하는 것이나 다름없다.

그렇지만 퇴계의 경은 단지 개인적 인격 수양에만 집중하지 않는다. 퇴계 유학 역시 유교적 이상 사회 실현에 근본적인 목표를 두고 있다. 이를 위해 사람은 경을 통해 형기의 맹목적 욕구를 다스리고 인의 덕성을 바탕으로 자신을 넘어 타인의 존재에 참여하며, 더 나아가 온 우주적 지평으로 자신을 확장해 나가는 과제를 안고 있다. 그리고 그때 『대학』이 밝히는 사람됨의 궁극적 목적을 달성할 수 있는 인격자가 될 수 있다. 결국, 퇴계의 사고 중심에는 교학의 근본 과제로서 인륜이 무엇인가?라는 궁극적 물음이 자리하고 있으며, 이에 대한 답변으로서 하늘의 덕(天德: 仁)을 제시하면서 늘 그것을 함양하고 성찰하면서 자기완성을 향해 나가려는 부단한 노력(居敬窮理)이 필요함을 역설한다.

그뿐만 아니라 퇴계의 성리학은 사람으로 하여금 자연 세계에 대한 이해의 지평을 넓히게 하며, 총체적인 혼란을 겪고 있는 이 시대에 사람됨의 가치와 인간으로서의 삶의 의미를 다시 묻게 한다. 특히 과학만능주의가 인간의 존재와 삶 자체를 피폐하게 만들고 물질주의의 만연과 주체에 대한 믿음의 상실로 인류가 삶의 방향을 상실한 이 시대에, 퇴계의 유학은 자연과 조화를 이루는 진정한 인간관을 제시하며 인간의 진정한 존재 의미와 존재 가치를 지향하는 수신적 학문을 통해 새로운 내일을 열어갈 것을 요청한다.

4 장

칼뱅과 퇴계의 대화

I. 서설(Prolegomena)

한국 사회는 오랜 세월 종교 다원적 사회를 형성해 왔다. 하지만 조선 왕조 시절 숭유억불 정책에 의해 정치·사회적으로 유교가 우위를 차지해 온 이래 근래에 이르기까지 유교 문화적 특성이 강하다.[1] 그렇지만 19세기 말 유교와 기독교의 만남을 통해, 한국 사회는 동아시아의 유교 문화권 중 가장 기독교화된 문화적 특성을 지니게 되었다. 이 과정에서 인간의 마음에 중심을 두는 지혜적 전통인 유교와 하나님 말씀에 중심을 두는 예언적 전통인 기독교의 만남은 한국 교회라는 독특한 열매를 남겼고, 한국적 기독교 영성이라는 특유의 현상을 드러냈다. 이는 한국 종교·문화사뿐 아니라 세계 종교·문화사적 측면에서도 독특한 해석학적 사건이라고 할 수 있다. 따라서 한국 교회적 영성에 대한 바른 이해를 위해서는 한국 유학과 기독교 신학 간의 만남의 문제에 대한 이해가 필요하다.

하지만 한국 교회는 그동안 이러한 한국적 영성에 대해 비교적 냉담이나 무관심으로 일관해 왔다는 점에서 아쉬움이 있다. 그러나 한국 교회의 관심 여부와는 별도로 한국 기독교적 영성은 오늘도 한국 교인들의 신앙과 삶을 위한 문화-언어적 모체로 자리매김하고 있다는 점에서, 그것은 이미 도외시할 수 없는 신학적 과제이자 한국 종교·문화사적 중대 관심사라고 할 수 있다. 이제 우리는 기독교적 영성과 유교적 영성의 비교 연구를 통해 한국 교회의 신학적 현실을 직시하고, 한국 그리스도인의 정신세계

---

1 물론 그렇다고 무교나 불교가 완전히 사라졌다는 뜻은 아니다. 무교는 여전히 한국인들의 종교·문화적 영성의 바탕을 이루고 있고, 불교 역시 그 세력을 잃지 않고 있다. 그렇지만 유교적 영성이 조선 사회를 지배하면서, 우리의 의식 구조가 유교적 종교·문화에 큰 영향을 받은 것은 분명하다. 그리하여 한국 사회는 여전히 종교 다원적 상황이지만, 그럼에도 불구하고 유교 문화가 지배적임을 지적하고 싶다.

속에 살아 있는 한국 기독교적 영성을 도출해 보고자 한다. 그렇지만 이것은 단지 하나의 지적인 호기심의 문제가 아니라 한국 기독교의 실존적 맥락이 요청하는 문제이고, 한국 종교·문화사적 측면에서도 새로운 관심이 대두되는 중요한 과제이다. 그렇다면 양자 간의 대화는 어떻게 가능한가?

1. 대화를 위한 전제

파니카(R. Panikkar)의 여러 대화 모델 유형에 대한 안내는 서로 다른 종교·문화적 전통 간의 대화에 관하여 매우 유익하다. 그는 대화 모델 유형들에 대해 **배타주의**(Exclusivism), **포괄주의**(Inclusivism), **평행주의**(Parallelism) 등을 제시하면서, 무엇보다 서로에 대한 깊은 이해에 관심을 두라고 충고한다. 대화 과정에서 어느 한쪽의 우위성에 집착하게 되면 온전한 대화가 어려워지기 때문이다. 따라서 일단 서로의 다름을 먼저 인정하고, 거기서부터 서로에 대한 이해를 향해 겸허히 다가서는 태도가 필요하다. 전술한 바와 같이, 칼뱅과 퇴계 두 사람은 출발선부터 서로 다르다. 김흡영에 따르면, 칼뱅의 경우 서구 사회에서 오랜 역사를 가진 기독교라는 종교·문화적 토양 위에 형성된 역사-예언적 전통(the Historic-Prophetic Tradition)에 서 있고 퇴계의 경우는 동양 철학적 문화 전통에서 자라온 우주-지혜적 전통(the Cosmic-Wisdom Tradition)에 서 있다는 점에서, 양자 사이에는 처음부터 큰 간격이 존재한다.[2] 더욱이 칼뱅의 사상은 **신적 축점**(a viewpoint of the Divinity)이라는 기반에서 출발하고, 퇴계는

2 김흡영, 『道의 신학』(2001), 234.

인간적 축점(a viewpoint of the Humanity)이라는 바탕에서 출발한다. 따라서 양자 간의 깊은 대화를 위해서는 먼저 다음과 같은 전제들이 필요하다.

첫째로, 퇴계의 성리학적 유교와 칼뱅의 기독교는 모두 종교 사상(Religious Thought)이라는 점을 전제하는 것이 필요하다. 물론 유교의 종교성에 대해서는 논란의 여지가 있다.[3] 즉, 종교宗教라는 말이 기독교의 경우처럼 고차원적 교리와 제도 그리고 제의 체계를 갖춘 신앙 체계를 의미한다면, 유교는 하나의 철학적 범주에 속하게 된다. 그러나 김흡영의 지적대로, 만일 종교가 "단지 초월적 대상에 대한 초자연적인 믿음에 대한 교리, 곧 정론(Orthodoxy)과 정념(Orthopoesis)보다는 정행(Orthopraxis)을 필요로 하는 인간학적 차원(R. Panikkar)에 대한 하나의 구성적인 것이나 생래적으로 인간에게 주어진 어떤 것(W.C. Smith)"을 뜻한다면,[4] 종교에 대한 이해의 폭은 훨씬 확대될 수 있고 유교 또한 그 범주에서 함께 논의될 수 있을 것으로 보인다. 즉, 종교가 궁극적 관심(Ultimate Concern)과 관계된 초월 의식으로서(P. Tillich)[5] 하나의 민족 공동체의 문화적 기초 이념을

3 J. Ching, *Confucianism and Christianity*(1994), 33. 칭은 유교 또한 기독교만큼은 아니지만 나름대로 종교적 제의와 교리와 윤리 도덕을 갖췄기에 일반적 의미에서 종교로 간주될 수 있다면서, "유교가 세속적 종교라고 불린다면 분명히 그것은 강렬한 종교성을 지닌다"고 본다(35-36). 특히 이러한 논의는 종교 다원주의에서가 아니라 한국의 독특한 다원 종교적 상황에서 기독교 신앙의 정체성을 규명하는 데에 그 목적을 두어야 한다(김흡영, "유학과 신학의 대화를 통해 본 새로운 인간 이해,"「한국 기독교신학논총」제19집, 2000, 439). 특히 W. C. Smith에 따르면 종교라는 말의 의미가 구체화된 것은 17세기 후반 서구 사회이며, 따라서 그것은 다분히 서구 기독교적 시각의 반영이고 동양적 시각이 배제된 개념이다. 그러므로 종교에 대한 개념은 다양한 측면에서 새롭게 개진되어야 한다(W. C. Smith, *The meaning and End of religion*, London: Harper & Row, 1978, 특히 19-74).

4 Heup Young Kim, *Wang Yang-ming and Karl Barth: A Cunfucian-Christian Dialogue*(1996), 136; 오토 역시 인간의 종교성에 대해 인간 안에 선험적으로 자류(自流) 하는 어떤 것으로 이해한다(R. Otto, *Das Heilige*, 2003).

5 P. Tillich, *Systematic Theology* I(Chicago: The University of Chicago Press, 1951), 12.

이루는 것이어서 사람다운 삶에 대한 궁극적 비전을 뜻한다면, 그리고 그것이 구속적 초월성을 지향하는 통합적인 인간의 태도 또는 초월성을 향한 인간의 실존적 개방성이라고 정의된다면, 유교도 분명히 하나의 종교임에 틀림없다.[6] 말하자면, 유교는 비록 기독교와 같은 제도적-제의적 측면은 약할지라도 그 안에 종교적 특성들이 살아 있다는 점에서, 분명한 하나의 종교이고 기독교와의 대화 가능성을 내포할 수 있다는 것이다. 더욱이 유교적 맥락에서 종교성을 초월적인 것에 관한 인간의 공통적이고 성실한 의식적인 반응인 동시에 궁극적인 자기 변화를 향한 지향성으로 이해하고, 구원을 "인간성 속에 본래적으로 내재하는 우주적 보편 원리로서의 인간성에 대한 완전한 실현"으로 이해할 수 있다면,[7] 기독교와 유교의 대화는 훨씬 의미심장해질 수 있다.

둘째로, 양자의 대화에 관한 핵심은 초월적 · 형이상학적 측면보다 인간 문제가 중심이 되는 것이 적절하다. 왜냐하면 유교는 처음부터 휴머니즘을 지향하는 종교이고, 기독교는 일차적으로 절대자 하나님에 대한 신앙을 지향하면서도 하나님의 피조물로서의 인간 문제 역시 주요 신학적 주제로 삼는다. 따라서 양자가 대화할 수 있는 공통의 장은 신(기독교)이나 천(유교)과 같은 초월적·형이상학적인 개념 혹은 선험적·추상적 개념보다는, 실존적 주제인 인간 혹은 인간화 문제가 훨씬 구체적일 수 있기 때문이다.[8] 게다가 양자에게 있어서 형이상학적 주제는 처음부터

6 특히 뚜 웨이밍은 유교에 대해 '자기 초월성에 대한 살아 있는 인간의 자각적인 신념'으로 정의하였다(Tu Wei-ming, *Confucian Thought: Selfhood As Creative Transformation*, Albany: State University of New York Press, 1985, 55).

7 Heup Young Kim(1996), 136.

8 김흡영은 기독교와 유교는 그들의 공통적 주제인 인간 또는 인간화 문제에서 만날 수 있다는 시각에서 왕양명(王陽明, 1472~1529)과 바르트(Karl Barth, 1886~1968)의 대화를 시도

서로 간에 큰 간격을 보인다. 즉, 기독교의 하나님의 경우 인격성이 선명하게 드러나는 반면 유교의 하늘(天)의 경우 추상적 성격이 다소 강하기 때문에, 처음부터 대화의 초점을 맞추기가 어렵다. 따라서 양자의 대화는 일차적으로 공통 주제가 될 수 있는 인간론 곧 기독교의 성화론과 유교의 수신론에 뿌리를 둔 참된 인간성(하나님의 형상 vs. 성인)의 문제에 집중하는 것이 훨씬 더 용이할 수 있다.[9]

그렇지만 양자의 대화가 인간화 문제를 주된 내용으로 삼을지라도 각자의 인간 이해의 바탕이 되는 형이상학적 측면을 간과할 수 없다는 점에서, 양자 간의 대화는 오히려 각자의 형이상학을 전제로 출발할 수밖에 없다. 왜냐하면 칼뱅의 인간 이해 문제는 어디까지나 하나님과의 관계 안에 있는 사람을 전제하고 있고, 퇴계 역시 인간에 대한 이해는 하늘과의 관계에 있는 사람을 전제로 출발하고 있기 때문이다. 그래서 본 연구에서는 기독교의 하나님에 대한 문제와 유학의 하늘에 대한 문제를 함께 언급하려고 한다. 그렇지 않으면 양자의 인간에 대한 논의는 그 자체가 기초가 없는 공중누각이 될 가능성이 크기 때문이다. 더구나 현금의 퇴계학의 흐름이 퇴계 사상의 종교성에 관한 문제에 적잖은 관심을 두고 있다는 점에서, 퇴계학에서 천인 관계의 문제는 이미 주요 논점으로 떠오르고 있다는 점 또한 간과할 수 없다.

셋째로, 양자 간의 대화는 근본적으로 서로에 대한 이해를 지향하는 방향에 서 있어야 한다. 서로에 대한 깊은 이해를 바탕으로 할 때 비로소

했고(Heup Young Kim, 1996), 그런 시각에서 "존 칼빈과 이 퇴계의 인간론에 관한 비교 연구"도 수행하였다(2001, 231-291). 줄리아 칭 역시 인간화에 대한 올바른 실천에 대한 논의가 유교-기독교 간의 대화를 위한 유용한 적절한 자리로 보았다(J. Ching, 1994, 60).

9 김흡영, "유학과 신학의 대화를 통해 본 새로운 인간 이해," (2000), 444-446.

이른바 보유론, 성취론, 변증론을 넘어서 새로운 해석학적 지평을 열어갈 수 있기 때문이다.[10] 다시 말해서 양자 간의 대화는 단순히 비교종교학적인 관점에서 유사점이나 공통점을 찾으려 하거나 어느 한쪽의 우월함을 주장하기보다는, 상대방에 대한 깊은 이해를 바탕으로 하는 대화를 통하여 자신의 성숙과 성장에 그 목적을 두어야 한다. 특히 한국 기독교는 실존적으로 그리고 해석학적으로 양자 간의 깊은 만남을 통해 형성된 신앙 공동체라는 점에서, 한국 기독교 자체가 이미 양자의 만남과 대화에 대한 실존적 모티브를 보여주고 있다는 점을 간과하지 말아야 할 것이다.

2. 대화의 방법

그렇다면 대화를 어떻게 시작할 것인가? 김흡영에 따르면, "신학과 유학은 각각의 문화-언어적 모체(Cultural-Linguistic Matrix)에 대한 내적 경전성(the Intratextuality)과 바탕 구조(the Fabric)를 서술적이고 규범적으로 표명한다"는 점에서,[11] 양자의 대화는 유학과 신학의 상호 작용

---

10 유동식은 "한국의 종교 문화는 동서의 종교 문화를 수용하고 이것을 하나로 가다듬어 가는 수렴 문화"로 단정하고, 한국이라는 종교적 다원사회의 현실에서 배타적 변증론이나 포괄적 성취론을 넘어서 다원주의적 대화론을 지향할 것을 주장하며, 이러한 신학적 구도에서 이른바 **풍류 신학**(風流神學)을 도출해냈다(유동식, "한국 종교와 신학적 과제," 한국 기독교학회 편, 『종교 다원주의와 신학적 과제』, 서울: 대한기독교서회, 1993, 11-33; 『風流神學으로의 旅路』, 1988; 『風流道와 韓國神學』, 1992; 『風流道와 韓國의 宗教思想』, 1997).

11 **내적 경전성**(the intratextuality)이란 어떤 종교·문화가 자기 콘텍스트 안에서 자신의 종교적 개념과 의미들을 규범적으로 설명하는 것을 뜻하며, 신학과 유학 모두 자신의 이야기를 자신의 고유한 콘텍스트 안에서 해석함으로써 상대방과의 진지한 대화를 가능하게 한다. 그리하여 대화 과정에서 빈번히 발생하는 절충적 또는 부분적 읽기의 위험을 방지할 수 있게 된다(김흡영, 2000, 442).

(Interplay)으로 형상화할 수 있다. 그리고 "기술적으로 이 상호 작용은 일차적 단계라기보다는 이차적 단계, 즉 실천적인 만남을 검토하는 성찰적 단계와 관련된다." 그리하여 양자 간의 대화는 "(1) 서술-비교단계와 (2) 규범-구조적 단계를 거치게 된다."[12] 그러나 여기서 멈춰서는 안 된다. 한 걸음 더 나아가 (3) 해석학적 지평 융합 단계에까지 나아가야 한다. 그렇게 될 때 우리는 진정한 한국적 기독교 영성의 독특성과 조우하게 될 것이다.

일차적으로 서술-비교 단계에서는 칼뱅과 퇴계의 형이상학적 측면에 대한 판단 중지가 필요하다. 특히 형이상학적인 문제에 대한 분야는 각자의 근원적 의미의 바탕 체계로서, 상대방의 입장에 관해 있는 그대로의 이해가 필요하기 때문이다. 그리고 그 판단 중지의 바탕에서, 구체적으로 대화를 위한 접촉점 혹은 비교점을 천명해야 한다. 왜냐하면, 양자 간의 진솔한 대화를 위해서는 대화 채널 혹은 대화 지평의 일치가 필요하기 때문이다. 이러한 서술-비교 단계는 결국 철저한 대칭적 방법론이 요구된다.[13] 이는 전술한 바와 같이 파니카(R. Panikkar)의 제안에 따라, 단순한 종교 간의 대화(Inter-Religious Dialogue)가 아니라 심도 있는 종교 내적 대화(Intra-Religious Dialogue)로 천명되는 실존적 대화에로의 자기 개방이 요청되는 문제라고 할 수 있다.[14]

---

12 Heup Young Kim, 1996, 139-140. 김흡영은 (1)서술-비교단계, (2)규범-구조적 단계까지만 말했으나, 필자는 더 나아가 (3)해석학적 지평 융합 단계에까지 나아갈 것을 제안한다.

13 김흡영에 따르면, 양자의 대화는 신학과 유학 간의 상동 관계(homology)로 풀어낼 수 있는데, 상동 관계란 파니카의 이론으로서, 한 체계의 한 개념이 다른 체계의 한 개념에 상응하는 서로 다른 체계 개념 간의 상관관계를 말한다. 즉, 각 개념이 자기 체계 안에서 동등한 역할과 자리를 차지하는 것을 뜻한다(R. Panikkar, *The Intrareligious Dialogue*, 1992, 80). 이러한 상동 관계는 일종의 실존-기능적 비유라 할 수 있다(김흡영, 2000, 441).

둘째 단계는 김흡영에 따르면, "대화 현장의 구체적-역사적 맥락, 즉 두 영성적 전통들이 구체적으로 그리고 역사적으로 충돌하고 만나는 한국 교회라는 맥락을 고려하는 단계"이다. 이때 한국 교회는 주어진 문화-언어적 매트릭스 안에서의 기독교 신앙에 대한 통전적인 신학적 표명이 요청된다. 따라서 이 단계에서는 불가피하게 두 전통이 공명하는 일의성에 초점을 맞추게 된다. 그렇지만 이것은 어떤 인위적인 조작이 아닌, 기독교 신앙 공동체가 자기의 신앙을 통전적으로 이해하기 위한 불가결한 주제화(Imperative Thematization)를 뜻한다.[15] 이 작업은 한국 기독교 신앙 공동체의 신앙과 신학을 전체적으로 성숙하게 하며, 역사-문화에 대한 보다 깊은 통찰을 가져올 수 있다. 사실 복음이 선포되는 한국 역사·문화적 삶의 자리에 대한 깊은 이해와 통찰이 없이 한국적 기독교 영성 신학의 수립은 불가능하다.

셋째 단계는 서로에 대한 이해와 해석학적 작업을 바탕으로 하는 지평 융합의 단계이다. 서로 다른 종교 체계에 대한 이해는 단순한 비교종교학적 차원이 아니라, 자신에 대한 실존적인 해석학적 지평에서 상대방의 지평을 해석·융합하는 작업이 필요하기 때문이다. 그런데 칼뱅과 퇴계의 대화 문제의 경우, 전술한 바와 같이 한국 교회라는 독특한 해석학적 맥락이 실존적·현실적으로 이미 형성되어 있다는 점에서 양자 간의 대화는

14 파니카는 종교 내적 대화에 대해, "나 자신 속에서의 대화이며 개인적 종교성의 깊이에서 이뤄지는 만남" 곧 실존적인 만남으로서 대화의 목적은 어디까지나 이해에 있고, 그것은 대상자를 자신 안에서 또 자신처럼 만나고 이해하는 것이며, 이를 위해 상대방에 대한 판단 중지가 필요하다는 것이다(R. Panikkar, 1992, 90-107).

15 Heup Young Kim(1996), 140-141. 여기서 **불가결한 주제화**(imperative thematization)란 두 영성적 전통이 하나의 공동의 장에서 대화할 수 있는 핵심적인 대화 주제를 의미한다. 김흡영은 기독교와 유교의 대화에는 무엇보다 '인간론'이 여기에 해당한다고 본다(김흡영, 2001, 143, 235).

한국 기독교 신앙의 후험적 표명에 관한 탐구의 맥락일 수밖에 없다. 곧 한국 교회적 상황에서 양자 간의 대화는 선택 사항이 아니라 이미 현실적으로 드러나고 있는 한국 교회적 현상에 관한 해석학적 과제에 해당한다는 것이다. 그리고 이를 위한 유용한 방법론은 특히 구조·형식적 유사성에 기반을 둔 해석학적 접근(Hermeneutic Approach)이라 할 수 있다. 이에 대해 우리는 서구적 기독교의 칼뱅의 신학 사상과 퇴계의 동양적 성리학 사상에 대한 비교적 접근방법(Comparative Approaching Method)에서 출발하여, 구성적 접근(Constructive Approaching Method)을 실현하는 단계로 나아가게 된다.

하지만 이러한 체계적인 노력에도 불구하고, 사실상 서로 다른 종교·문화적 체계 간의 대화를 통한 완벽한 이해는 거의 불가능하다고 할 것이다. 왜냐하면, 서로의 사상적 출발점과 그 근본 바탕이 다르기 때문이다. 따라서 우리는 다만 서로에 대한 성실하고 진지한 대화를 통하여 서로에 대한 이해도를 높여가게 되고, 결과적으로 자신의 신앙적 실존에 대한 성숙이라는 귀한 열매를 얻음으로써 그 나름의 만족감을 획득할 수 있을 것으로 보인다.

3. 대화를 위한 출발점

그렇다면 칼뱅의 신학 사상과 퇴계의 유학 사상 간의 대화는 어디서, 어떻게 시작해야 하는가? 김흡영의 지적대로, "기독교는 전통적으로 신-역사적 비전(Theo-Historical Vision)을 지향해 온 반면 유교는 인간-우주적 비전(Anthropo-Cosmic Vision)을 지향해 왔다는 점에서, 대화 초점은 처음부터 어긋난다"고 볼 수 있다.[16] 따라서 대화를 위한 공통적인 사상적 지평을 먼저 찾아야 하는데, 이것은 무엇보다 양자의 "공통적 주제인 인간(Humanity) 또는 인간화(Humanization) 문제"에서 발견될 수 있다는 것이다.[17] 그렇지만 이 문제는 각자의 형이상학적 주제와도 무관하지 않다. 양자 모두 대화의 주제로 삼게 될 인간 존재 자체가 하나님(기독교) 혹은 하늘(유교)과의 상응 관계에 있는 인간을 말하기 때문이다. 그러므로 양자의 궁극적 목표인 철저한 인간화 문제, 즉 참된 인간화의 문제를[18] 바탕으로 대화를 풀어가기 전에, 그들의 형이상학적 주제에 대한 문제를 먼저 살피고 가는 것이 필요하다.

그렇다면 양자가 견지하는 철저한 인간화 문제의 궁극적 지향점은 어디인가? 이에 대해 칼뱅은 성화를 통한 하나님 형상의 회복에, 퇴계는 수신을 통한 성인 됨의 실현에 궁극적인 목표가 있다. 그런데 그들의 사상적 바탕에는 그 목표의 방향과 내용을 결정짓는 매우 중요한 문제가 자리하고 있는데, 바로 경건(pietas—칼뱅/ 敬—퇴계)에 대한 문제이다. 전술한 바와 같이, 이 경건 문제야말로 칼뱅과 퇴계의 사상적 핵심을 이루는 매우 중요한 근본 메타포(the Root Metaphor)라고 할 수 있기 때문이다. 특히 이

16 김흡영(2001), 234.

17 Heup Young Kim, *Christ & the Tao*(2003), 90; 줄리아 칭 역시 유교와 기독교 간의 대화의 지평은 인간 문제에서 가능하다고 주장한다(J. Ching, 1994, 60).

18 철저한 인간화(radical humanization)에서 '철저한'(radical)은 라틴어 '뿌리'(*radix*)에서 왔지만, 본의인 '근원성'의 의미가 다소 약화되었다. 철저한 인간화의 문제는 유학에서는 수신으로, 기독교에서는 성화로 각각 주제화되어 나타난다(김흡영, 2001, 187, 각주 22). 그리고 이 문제를 중심으로 유학과 신학의 대화는 기독론에 이르게 되고, 이것은 신-인간-우주의 지평에서 새로운 인간 이해를 모색하게 된다(김흡영, 2000, 449; Heup Young Kim, "Toward a Christotao: Christ as the Theoanthropocosmic Tao," *Studies in Interreligious Dialogue*, Belgium: Peters Publishers, 2000; "Toward a Theotao: An East Asian Theology in the 21st Century," *Theology of Korea Culture,* Seoul: CLSK, 2002; "The Comming of Yin Christ," *CTC Bulletin*, 2003).

문제는 인간학적인 문제로서 칼뱅은 하나님 앞에서의 경건한 인간성 회복(그리스도의 인간성)에, 퇴계는 하늘 이치(天理/ 天命)에 상응하는 본래적 인간성의 실현에 그 학문적 방향을 두고 있다.

그리하여 양자는 결국 경건 사상이라는 근본적인 바탕에서 만나게 되는데, 우리는 그 경건 사상을 단초로 삼아 그들의 경건의 바탕이 되는 형이상학적인 문제(신/하늘)를 들여다보고 그들이 지향하는 인간화(사람/사람됨)의 문제를 재고한 뒤, 그러한 논의들을 기반으로 삼아 한국 교회라는 독특한 기독교 공동체의 영성 신학 구성을 위한 신학적 담론을 제시하게 될 것이다. 특히 우리는 양자의 대화에 대해 단순히 서구 신학 사상과 동양 철학 사상에 대한 비교 자체를 목적으로 삼지 않고, 한국 교회라는 독특한 맥락 안에서 양자의 사상적, 영성적 측면에서의 실존적인 만남이라는 바탕을 염두에 두고 있음을 견지해야 한다. 양자의 사상에 대한 단순 비교는 우리의 관심사가 아니라 하나의 철학적인 과제에 속한 것이다. 우리의 주된 관심은 양자 간에 경건의 영성을 바탕으로 하는 실존적인 만남에 대한 것이기 때문이다. 이를 위해 우리는 한국 교회라는 독특한 영성적 공동체의 심성적 바탕에 관심을 두게 되고, 한국 교회가 구체적으로 지향해야 할 영성적 방향에 대해 고심하게 된다.

II. 경건: 근본 메타포

파울 틸리히에 따르면 신학은 인간의 실존적 삶의 자리에서 발생하는 질문들을 분석하고 그에 대한 답변을 찾아가는 과정인바, 이 작업은 무엇보다 그 시대적 맥락에서 메시지를 해석하는 것 그리고 인간 실존에 자리잡은 다양한 문제들에 대한 답변을 종교적 상징들로 예증해나가는 노력이기도 하다.[1] 바로 이 과정에서 이른바 메타포(Metaphor: 은유) 문제가 등장한다. 메타포는 어떤 대상을 본래적 관념으로는 전달되기 어려운 의미를 알기 쉽게 표현하기 위해 다른 사물의 유사 개념으로 표현하는 비유법이다. 이때 중요한 것은 은유의 본질이 원래 표현하려는 원관념(*tenor*)과 매개를 위해 동원하는 보조 관념(*vehivle*) 사이의 유사성이다. 어찌 보면, 신학 작업은 절대자의 자기 계시에 뿌리를 두고서 실존 상황에서 제기되는 질문들과의 메타포적 대화를 의미한다고 할 수 있다. 즉, 하나님의 말씀을 실존적 상황에서 묵상함으로써, 자신의 삶의 자리에서 발생하는 문제들에 대한 답변을 찾아가는 학문적 노력이 바로 신학이다. 이것은 기독교와 유교의 대화에서도 마찬가지이다.

전술한 바와 같이 퇴계와 칼뱅의 대화를 위한 근본 메타포(the Root Metaphor)는 경건 문제이다. 경건이야말로 두 사람의 사상이 대화의 채널에서 만날 수 있는 구체적-보편적 주제이고, 그들의 사상적 본류를 이루는 매우 중요한 주제이기 때문이다. 칼뱅의 경우는 하나님 앞에서 경건한 인간에 관한 문제가 그의 신학 사상 전체를 꿰뚫는 핵심 요소이고, 퇴계의 경우 역시 성인을 지향하는 존재로서 경을 실행하는 인간이 사상적 바탕을

1 황민효, 『폴 틸리히의 신학』I(서울: 한국장로교출판사, 2008), 159.

이루고 있다. 그런 의미에서 경건은 양자의 사상을 이해하는 중요한 키워드인 동시에 근본 메타포로서 다가온다. 곧 그들의 사상은 경건이라는 근본적인 주제를 따라 전개되고 있다. 따라서 그들의 경건 개념을 올바로 이해할 때 그들 사상의 전반적인 이해의 바탕에 도달할 수 있다. 그렇다면 근본 메타포로서 그들의 경건은 서로 어떻게 만나게 되는가?

1. 내재적 초월의식: 경건의 의미

칼뱅과 퇴계의 경건 개념은 각각 서로 다른 종교·문화적 전통에서 형성되었지만, 양자 모두 인간성의 완성 혹은 철저한 인간화에 대한 근본 메타포라는 점에서 서로를 향한 대화의 채널로 다가설 수 있다. 우선 칼뱅의 경건은 절대자 하나님과의 관계에서 비롯되는 초월적·자각적 경험에서 출발하여 자신에 대한 참된 이해를 포괄하는 기독교 신앙인의 원초적 자의식(Primal Self-Consciousness) 혹은 원초적 영성(Primal Spirituality)의 핵심 개념이다. 이러한 칼뱅의 경건은 일차적으로 절대자 하나님과의 수직적 관계에 대한 내면적 자각으로서, 피조물인 인간이 창조주요 구속주인 하나님과의 만남에서 비롯된 두려움(Fear)과 경외(Reverence) 그리고 그분을 향한 사랑(Love)과 순종(Obedience)이라는 독특한 영적, 정신적, 심리적인 요소들을 내포한다. 칼뱅은 다음과 같이 말한다.

> 참된 경건이란 오히려 하나님을 아버지로 사랑하며 주로서 두려워하고 경외할 뿐만 아니라, 그분의 의로움을 받아들이고 그분을 거역하는 것을 죽음보다도 더 무서워하는 신실한 감정이다.[2]

곧 칼뱅의 경건은 근본적으로 창조주요 구속주인 하나님과의 관계에서 경험하는 두려움(敬畏)과 공경(恭敬)의 태도이다. 이러한 경건한 마음은 구체적으로 하나님의 은총에 대한 응답으로서 그분을 향한 사랑과 순종으로 이어지며, 나아가 그분을 향한 예배와 헌신의 삶을 형성하게 된다. 그리하여 칼뱅의 경건은 창조주이며 구속주이자 성화의 주님이신 엄위하신 하나님과의 관계에서의 두려움과 떨림의 경험을 바탕으로 하는 실존적 자의식인 동시에 하나님을 향한 사람의 마땅하고 신실한 삶의 자세 문제라는 점에서, 하나님-인간의 만남에 의한 원초적 영성으로 부를 수 있다.

따라서 칼뱅의 경건은 특별히 절대자 하나님과의 인격적인 만남을 전제하는 개념으로, 특히 하나님과의 만남을 통해 경험되는 두려움과 떨림이라는 실존적인 신 의식에서 시작된다. 칼뱅에 따르면, 엄위하신 아버지 하나님의 이름을 부르는 첫걸음이 곧 "하나님이 우리 아버지임을 아는 것"이라고 말한다(*Inst.*, II/6-4). 그렇게 하나님을 아버지로 인식할 때, 사람은 그분을 사랑하고 예배하게 되며 사랑과 순종의 경건한 삶을 살게 된다(*Comm. on Act.* 10:2). 이러한 차원에서 칼뱅은 『기독교 강요』를 시작하면서, "우리가 지닌 지혜 즉, 모든 건전한 지혜는 두 부분으로 되어 있으니, 곧 하나님을 아는 지식과 우리 자신을 아는 지식이다"(*Inst.*, I/1-1) 라고 선언했다.

이에 비해 퇴계의 경敬은 칼뱅처럼 초월적이고 인격적인 절대자와의 만남을 통한 초월 경험에서 출발하지 않는다. 곧 퇴계의 경은 칼뱅처럼 하늘을 의식하는 마음의 태도와 관계되는 사람의 특별한 심리 상태를

---

2 F. L. Battles, ed., *The Piety of John Calvin*(1998), 25, 재인용.

가리키지만, 그것은 일차적으로 절대자와의 만남과 같은 어떤 외부적 충격(External Impulse)에 의한 실존적 자의식이 아니라 인간 자신의 내재적 초월의 맥락에서 자신을 새롭게 인식하는 일종의 내면적 각성(Internal Awakening)이다. 다시 말해서 퇴계의 경은 현실 세계를 위해 이미 존재하고 있고(所以然) 마땅히 존재할 수밖에 없는(所當然) 이치인 동시에, 초월적이면서도 인격적인 면모를 지니는 도, 태극 혹은 상제를 대하는 성인군자의 마땅한 심신의 상태이자 삶의 자세를 뜻한다(所能然). 그리하여 퇴계의 경은 사람이 자신이 하늘 이치를 부여받은 존재임을 자각함에서 출발한다. 그리고 이러한 존재에 대한 인식과 체득 과정 자체가 경 공부요 성학이다. 퇴계는 다음과 같이 말한다.

> 군자의 공부는 마음이 발하지 않은 때는 반드시 경을 주로 하면서 존양 공부를 하고, 마음이 드러난 때도 경을 주로 하면서 성찰 공부를 해야 한다. 이것이 경학의 시작과 끝이며 체용을 관통하는 것이다.[3]

이처럼 퇴계의 경은 성인을 지향하는 수신의 실천으로서, 자신 안에 내재된 보편적 이치를 체인하려는 마음공부를 의미한다. 곧 퇴계의 경은 마음을 주재하여 내면에 천리를 보존하고(存養, 涵養, 培養) 자신을 성찰하는 가운데, 하늘 명령을 따르는 사람다운 삶의 실천이며 하늘 이치를 보존하고 인간의 욕심을 버리는 태도(存天理去人欲)이다. 이처럼 퇴계의 경은 기독교 경건처럼 초월자에 대한 누멘적 경험에서 유래하는 종교적

---

3 이상은, 『퇴계의 생애와 학문』(서울: 예문서원, 2002), 168, 재인용: "君子之學 當此心未發之時 必主敬而加存養工夫 當此心已發之際 亦必主敬而省察工夫 此敬學之所以成始成終 而通貫體用者也."

자의식이 아니라 인간 자신의 내면적 자각에서 출발하는 내재적 초월개념이라는 점에서 기독교적 경건과는 다르다.[4]

그렇다면 퇴계의 경은 칼뱅의 경건과의 대화가 어떻게 가능한가? 양자는 우선 인식론적 측면에서는 직접적인 대화가 쉽지 않다. 칼뱅의 경우 경건 의식의 출발점이 절대자이신 하나님과의 만남에 의한 초월 경험이지만, 퇴계의 경우는 하늘 이치에 대한 사람의 내면적 자각이기 때문이다. 그렇지만 양자는 구조적 측면에서는 서로 만날 수 있다. 칼뱅의 경건은 초월적 신神 의식에서 출발하지만, 단지 신비적·초월적 경험 혹은 관념적 차원에만 머물지 않는다. 다시 말해서 그것은 오토처럼 절대자에 대한 형언 불가능한 두렵고 전율하는 경험 혹은 신비적이고 매혹적이며 황홀한 누멘적 존재에 대한 종교적 감정만이 아니라,[5] 오히려 누멘적 경험을 바탕으로 자신의 실존을 인식하고 하나님에 대한 경외와 두려움 그리고 사랑과 순종이라는 진실한 신앙으로 연결된다. 그리하여 칼뱅의 경건은 구조적으로는 진리를 구하는 사람의 겸허한 태도를 보여주며, 궁극적으로는 엄위하신 하나님 앞에 서 있는 사람의 실존적 자의식으로 나타난다. 다시 말해서 칼뱅의 경건 개념에는 하나님을 향한 경외(敬)와 사랑(愛)을 바탕으로 하는 사람의 실존적 자의식과 결단(신앙)의 요소가 함께 어우러

4 양자의 경건을 서구 신학에 비한다면, 칼뱅의 경건은 오토의 누멘적 경험에, 퇴계의 경우는 슐라이어마허의 절대 의존 감정에 견줄 수 있을 것 같다. 특히 슐라이어마허의 절대 의존 감정으로서의 신앙 개념은 몰트만에 의하면, 심리학적으로 확증할 수 있는 감정(*Emotionen*)이 아니라 직접적 자기의식의 한 특수성, 곧 직관적 자기의식을 뜻한다(J. Moltmann, *Trinität und Reich Gottes*, 김균진 역, 『삼위일체와 하나님 나라』, 서울: 대한기독교출판사, 1988, 14-15 참조)는 점에서, 퇴계에게 근접하는데, 이는 퇴계의 천명에 대한 자각으로서의 경(敬)이 인간이 자기 스스로를 천명을 품수한 존재로 인식하고, 천리(天理)를 따라 자기를 완성해나가는 인간상을 지향한다는 점에서 그렇다는 것이다.

5 R. Otto, *Das Heilige*(2003), 47-118.

져 있다.

이것은 퇴계의 경우도 마찬가지이다. 퇴계의 경은 사람이 자기 내면에 각인된 초월적인 하늘 이치를 자각하고 그 이치를 내면화하는 가운데, 그 하늘 이치에 따라 자신의 인격적 수신의 삶을 완성해나가는 데에 그 중심이 있다. 하지만 그것은 단순히 사람의 어떤 심미적인 인식의 과정만을 뜻하지 않는다. 퇴계 또한 칼뱅처럼 초월에 대한 인식은 자신에 대한 실존적 자의식으로 나타난다. 그리하여 퇴계에게도 칼뱅처럼 구조적으로는 진리를 추구하는 인간의 겸허하고도 진실한 태도가 드러난다. 특히 퇴계의 경은 사람의 절도 있고 흐트러짐 없는 마음 자세를 바탕으로 하는 집중과 자신에 대한 신실한 각성의 태도이자[6] 언제나 하늘을 경외하는 마음으로 살아가는 엄숙정제된 삶으로서, 그 본질적인 핵심은 어디까지나 하늘에 대한 외경의 태도에 있기 때문이다. 이러한 퇴계의 경은 칼뱅처럼 "절대적 존재인 하늘(天/上帝)에 대한 인간의 원초적 태도"와 연결되며[7] 절대 존재로서의 하늘의 실체성과 항구성을 인정하는 가운데, 그 하늘에 대한 감사와 경외를 나타내는 인간의 자각적인 태도이자[8] 궁극적으로는 절대 존재(하늘)에 상응하는 존재로서의 자기 자신에 대한 진실한 인식으로부터 시작되는 내면적인 자기초월적인 삶이라고 할 수 있다.

요컨대 양자의 경건에 대한 개념은 분명히 불일치한 측면이 존재하지

6 금장태, 『퇴계의 삶과 철학』(2003), 180.

7 김하태, "敬의 現象學"(1983), 12-13.

8 이동희는 퇴계의 경이 비록 주일무적, 정제엄숙, 항상성 등의 개념으로 표현되지만, 단순히 정신 집중 혹은 각성과 같은 인간의 자의식 정도에 그치는 것은 아니라면서, "도덕적 양심의 발현"과 거의 본능에 가까울 정도로 기초적인 도덕적 가치 판단, 즉 是非之心의 발동 등의 종교적 개념을 내포한다고 본다. 그리하여 이동희는 성리학이 단지 하나의 철학에 머무는 유학(儒學)만이 아니라 이미 종교적 성격을 띠는 유교(儒敎)임을 변증한다(이동희, "유교의 종교적 성격과 종교적 수행에의 응용방안," 2004, 123-145, 특히 142).

만,[9] 형식적 · 구조적 차원에서는 각각 하나님 혹은 하늘에 대한 내재적 초월에 대한 경험 혹은 자의식을 바탕으로 하는 절대자 혹은 하늘에 대한 경외의 태도(主一無適), 엄숙한 마음 자세(整齊嚴肅) 그리고 그러한 하나님 혹은 하늘을 향한 지속적인 사랑의 태도(常惺惺法)를 동반하는 자기 초월의 태도라는 공동의 장에서 함께 만날 수 있다. 그리하여 양자는 경건이라는 내재적 초월 경험과 그에 따르는 실존적 자의식이라는 이중 구조 속에서, 오늘도 한국 그리스도인의 영성 생활을 더 풍요롭게 할 수 있는 요소를 안고 있다. 기독교 신앙이란 결국 현실적 자기 실존을 넘어 절대적 초월자를 향한 자기 부정적인 결단인바, 이것은 곧 자기 실존에 대한 겸허한 의식을 바탕으로 하기 때문이다. 이에 따라 양자의 경건에 관한 대화는 결국 참된 신앙의 의미와 방향에 대한 분명한 지향점을 제시한다고 할 수 있다.

2. 초월을 향한 결단: 경건의 실천

칼뱅의 경건과 퇴계의 경은 실천적 차원에서도 서로에게 다가설 수 있다. 칼뱅의 경건은 근본적으로 초월자 하나님에 대한 경험으로부터의 실존 의식을 함의하지만, 그것은 단지 자기 안에 머무는 내면적 자의식이 아니다. 오히려 그것은 자기 실존을 넘어 살아 계시는 하나님 앞에서의 거룩한 삶을 지향하는 초월적 실존 곧 성화聖化에 이르게 한다. 이러한

9 칼뱅은 처음부터 절대자와의 관계, 즉 절대자의 계시에 의한 신 인식에서 출발하기에 그의 경건은 종교적 의미가 강하다. 그러나 퇴계의 경우, 인간의 자각에서 시작하기에 종교적 의미가 모호하다. 그렇지만 퇴계도 경의 실행 과정에서 이미 절대적 존재에 대한 인식의 길을 여는 듯한 태도를 보인다는 점에서, 퇴계의 경건은 인간학적 기점에서 시작하여 종교적 방향으로 선회하는 듯하다.

성격은 칼뱅이 경건에 대해 그리스도인의 삶의 시작이요 중간이며 끝(*Comm. on 1Tim.* 4:8), 혹은 그리스도인의 삶의 진정성(*Comm. on the Luk.* 2:25) 또는 삶을 본래대로 잘 정돈하는 것(*Comm. on Act.* 10:2) 등으로 규정하는 태도에서 분명히 드러난다. 곧 그에 따르면 경건이란 다름 아닌 경건한 삶을 향한 갈망, 곧 자기 실존을 넘어서 초월자에게로의 향하는 인간의 진솔한 태도로서 하나님을 향한 경외와 사랑이며, 그분 앞에서의 겸허하고 거룩한 삶을 향한 신앙적 결단을 뜻한다. 이러한 경건의 의의에 대해 칼뱅은 이렇게 말한다.

> 그리스도인의 삶 전체는 경건을 향한 일종의 갈망(aspiration)이어야 마땅하다. 왜냐하면, 그리스도인은 거룩을 위하여 부르심을 받은 자들이기 때문이다(*Inst.*, III/19-2).

요컨대 칼뱅의 경건은 타락한 인간의 비천한 실존적 현실을 넘어 하나님 앞에서의 경건한 인간성에 대한 추구, 즉 구원자 예수 그리스도의 구원 은총을 근거로 삼아 자신의 비참한 실존 상황을 넘어 자신의 본질을 향한 초월에 그 방향성이 있다. 이것은 결국 하나님 앞에서의 본질적 인간성(the Essential Humanity) 혹은 근원적 인간성(the Root Humanity)에 대한 물음에 대한 응답으로서 나타나게 된다. 그리고 이러한 자기 초월은 '내가 거룩하니 너희도 거룩하라'(레 11:44-45)는 하나님의 말씀을 따라 하나님을 닮은 존재로서의 거룩한 인간상을 지향한다는 점에서, 결국 성화론으로 연결된다. 칼뱅에 따르면, 인간은 "하나님을 아는 지식이 있다면, 그것으로 하나님을 경외하고 선을 추구하기를 배워야 하며"(*Inst.*, I-2/2), "하나님의 명령대로 거룩함과 경건과 순종과 순결과 사랑과 온유함을 실천하는 것이 마땅하기 때문"이다(*Inst.*, II/5-6). 칼뱅에게는 경건한 인간이야말로 하나님의 창조 목적에 올바로 응답하는 존재이다(*Comm. on Gen.* 1:26-27, 2:7 참조).

이처럼 칼뱅의 경건은 근본적으로 모순된 자기 실존을 넘어서 참된 인간화를 추구할 뿐만 아니라,[10] 하나님을 향한 갈망 혹은 초월에로의 나아감을 함의한다. 더욱이 칼뱅은 『기독교 강요』에서 본래적 인간을 지배하는 진정한 질서(*rectitudo*)를 진술하는데, 그것은 곧 하나님을 경외하고 인간을 사랑하는 삶이다. 그리고 그 목표는 어디까지나 비참한 실존을 넘어 본래적 인간성 회복에 있다. 이러한 칼뱅의 경건 신학은 현실적 실존을 넘어 궁극적 존재이신 하나님을 향한 경외와 사랑을 내포하며,[11] 초월자에 대한 누멘적 경험을 바탕으로 한다.

그렇지만 경건은 사람의 노력이 아닌 하나님의 초월적 은혜, 곧 하나님께서 아들을 통해 파송하신 성령의 인도하심에 기인한다.[12] 칼뱅에 따르면 '내가 거룩하니 너희도 거룩하라'(레 19:2 ff.)는 하나님의 요구는 성화의 삶에 대한 최종적 당위이며, 이를 위해 성령은 우리를 중생과 칭의의 자리로 부르시며 거룩한 삶에 이르도록 이끄신다. 그리하여 우리는 이제 노예로서의 경건이 아니라 오히려 자녀로서의 경건 곧 하나님을 향한 자발적 경건을 추구하게 되고,[13] 마침내 성령 안에서 현실적인 자신

10 F. Wendel, *Calvin: The Origins andDevelopment of His Religious Thought* (2002), 289.

11 R. Otto(2003), 65-74.

12 성령의 발원 문제는 논외 주제이나, 필자는 '아버지와 아들로부터(*filioque*) 오신다'는 서방 교회 전통보다 동·서방 교회의 성령론적 화해를 지향하는 몰트만의 '성령은 성부로부터 성자를 통하여 오신다'는 입장을 선호한다(J. Moltmann, 1988, 196-206).

13 A. Göhler, *Calvins Lehre von der Heiligung*(2001), 20-21.

을 넘어서게 됨에 칼뱅의 경건 실천에 대한 의의가 있다.

그렇다면 퇴계의 경우는 어떠한가? 퇴계의 경 철학의 관심 역시 어떻게 하면 인간답게 살 수 있을까? 즉, 어떻게 하면 성인이 될 수 있을까?에 있는바[14] 이것은 곧 인간의 본질에 대한 물음이자 삶의 태도에 관한 고민으로서, 그의 핵심적 과제가 바로 인간 윤리에 있음을 보여준다.[15] 즉, 퇴계의 경 철학은 하늘 이치에 대한 문제의식, 곧 사람이 행해야 할 마땅한 도리에 관한 관심 또는 올바른 삶에 관한 관심으로부터 시작되었다.[16] 이에 대해 퇴계는 하늘을 리로 전제하고 하늘의 덕인 원형이정元亨利貞이[17] 사람 안에 자리한 것이 인간의 본성이며 이것의 구체적인 덕목을 인의예지신仁義禮智信으로 보면서, 인간의 도덕 문제를 하늘과의 관계성 속에서 찾으려 했었다. 이것은 그가 "윤리의 절대성을 어떻게 확보할 것인가?"에 대한 관심으로부터 시작된 문제의식이며,[18] 그의 이기론에 그대로 투사되어 나타난다.

---

14 "우리도 노력하면 성인(聖人)이 될 수 있다" 또는 "학문의 목적은 성학이다"라는 생각은 한당(漢唐) 유학이 아니라 송대(宋代)의 주렴계로부터 출발한다. 이것은 송학의 기반이 되었고, 결국 유학은 성학이라는 명제가 가능하게 되었다(유명종, "退溪의 聖學," 1972, 238).

15 퇴계가 이토록 윤리 문제를 핵심적 학문 과제로 삼은 것은 시대적 상황과 밀접한 관계가 있다. 그의 시대에는 가장 비극적인 4대 사화(士禍) 중 3개가 발생했다. 이러한 시대적 맥락은 그의 격물치지론이나 인간 이해에까지 깊은 영향력을 미치게 되었다(최정묵, "퇴계 사상에 있어 善의 가능 근거와 그 실현의 문제," 2004, 211; 박충석, "退溪政治思想의 特質,"「退溪學硏究」 제2집, 1988), 63-78.

16 퇴계는 리(理)를 "그렇게 하는 것이 마땅함"(所當然)과 "그렇게 된 이유"(所以然)로 설명하기도 하고, "그렇게 할 수 있음"(能然), "반드시 그래야 함"(必然), "저절로 그러함"(自然) 등으로 설명한다(이광호, "理의 自發性과 인간의 修養問題,"「大同文化硏究」 제25집, 1990, 195-197). 특히 퇴계는 리의 능동성을 강조한다(최정묵, "퇴계 사상에 있어 善의 가능근거와 그 실현의 문제," 2004, 241).

17 원형이정(元亨利貞)은 <주역>에 등장하는 사자성어로서, 만물이 처음 생겨나서 자라고 삶을 이루고 완성되는, 사물의 근본 원리, 곧 하늘의 사덕을 의미한다.

18 왕경(王更)은 이러한 퇴계의 문제의식을 우환 의식(憂患意識)이라고 규정하고, 퇴계의

하지만 아무리 사람이 본성의 선함을 주장하고 그것을 열심히 추구할지라도, 현실적인 악의 문제를 피해 갈 수는 없다. 인간 삶의 현실에서는 항상 인욕人欲이 도심道心을 거슬러 끊임없이 악을 조장하기 때문이다. 퇴계는 바로 이러한 현실적인 상황으로부터 선의 실현과 악의 제거를 위한 수신 방법론인 경을 들고 나왔고, 그것은 궁극적으로 존천리멸인욕存天理滅人欲으로 귀결되는바, 이것은 곧 하늘 이치를 받들어 내면화하고 사사로운 욕망을 몰아내는 철저한 자기 절제의 삶 혹은 자기 부정의 삶을 의미한다. 이러한 퇴계의 실행 유학은 단순한 호학好學 혹은 위학爲學이 아니라 참된 인학人學이요 성학聖學으로서, 결국 사람다운 인간, 진정한 인자仁者로서의 인간성 완성 곧 사람 자신의 실존적 현실에서의 자기 초월을 지향한다. 이에 따라 퇴계의 성학은 결국 하늘(天理, 天命, 天道)을 인간 삶 안에 구체화하는 선의 가능 근거와 그 실현의 문제이며, 인간성의 완성을 지향하는 길이다. 그는 <무진육조소>에서 임금에게 "수성修省(수신과 성찰)을 정성스럽게 하여 하늘의 사랑을 이어받을 것"(誠修省以承天愛)을 강조하였다.

천지의 대덕은 생生이라 생각합니다. 무릇 천지 사이에 생명을 가진 종류가 빽빽하니 움직이는 것, 땅에 박힌 것, 크고 작은 것이 모두 하늘이 덮어주고 사랑해 줍니다. 하물며 우리 사람에게 있어서는 형상이 닮았고 가장 영특하여 천지의 핵심이 되어있는 것이니, 그 인애는 더욱 말할 것도 없습니다. 그러나 하늘은 이 마음이 있어도 스스로 베풀지 못하고, 반드시 가장 영특한 가운데서도 성철聖哲한 원량元良으로서 덕이 신과 사람에게 화협和協한 자를 돌보아 임금으로 삼고 백성을 기르는 일을 부탁하여 인애의 정치를 행하게 하는

거경궁리 철학은 바로 퇴계의 이러한 우환 의식에서 비롯되었다고 주장한다(王更, "退溪의 憂患哲學," 「退溪學報」 제36집, 1982, 175-214, 특히 176-187).

것입니다.[19]

곧 퇴계는 사람은 하늘의 형상天命을 닮아 가장 신령하며 만물 중에서 가장 영특한 존재인바, 이는 사람이 하늘을 경외함으로써 참된 인간성을 함양할 수 있어서 참된 인간의 길道(禮)을 갈 수 있기 때문이다. 이러한 퇴계의 성학은 결국 성인 됨을 추구하는 수신론으로서 사람됨을 위한 성도聖道를 제시하는 것이고, 궁극적으로 자신의 실존을 넘어 초월로의 나아감이다. 그때 사람은 존재 의미와 가치를 올바로 실현할 수 있기 때문이다.

그렇다면 칼뱅의 경건과 퇴계의 경은 수신론에서 어떻게 만나게 되는가? 칼뱅의 경건이 구원과 성화의 도에 이르려는 성도의 진실한 삶의 자세正道(聖道)를 가리키고 퇴계의 경 또한 성인에 이르려는 마음의 태도를 뜻한다正道(聖道)는 점에서, 양자는 가까이에 있다. 그러나 역시 내용적 측면에서는 거리가 있다. 칼뱅의 경우 성화는 성령의 초자연적 은혜라는 절대적·초월적 차원과 그 은혜에 따른 사람의 자발적 순종이라는 이중 구도를 갖지만, 퇴계의 경우 어디까지나 사람의 부단한 노력에 의존한다는 점에서 철저히 인간의 자기 결단적 차원이다. 따라서 양자는 내용적으로 볼 때는 조우가 쉽지 않다. 한쪽은 종교적·신앙적 차원이지만, 다른 한쪽은 인간 자신의 자각적인 의지의 문제이기 때문이다.

그렇지만 양자는 역시 구조적 차원에서는 대화가 가능하다. 성화론

---

19 『퇴계』 제3권, 83: "竊謂天地之大德曰生 凡天地之間 含生之類 總總林林 若動若植 若洪若纖 皆天所悶覆而仁愛 而況於吾民之肖像而最靈 爲天地之心者乎 然天有是心 而不能以自施 必就夫最靈之中 而尤眷其聖哲元良 德協于神人者爲之君付之司牧 以行其仁愛之政."

(칼뱅)이든 수신론(퇴계)이든 함께 실존을 넘어서는 자기 초월의 구조를 갖고 있기 때문이다. 즉, 경을 통해서 만나는 퇴계의 초월의 개념(太極, 理, 上帝)은 칼뱅의 신 개념과는 구별되고, 칼뱅의 경건(*pietas*)을 지향하는 성화론과 퇴계의 경을 지향하는 수신론 역시 내용상으로는 차이가 있다. 그럴지라도 사람 내면의 경건한 자기의식 속에서 궁극적 실재를 향한 지극한 마음에 대한 문제는 같은 맥락에 서 있다는 것이다. 이러한 구조적 측면에서 볼 때, 칼뱅의 경건 신학의 성화론이나 퇴계의 경 철학의 수신론은 모두 자신의 현실적 실존을 넘어 새로운 존재를 추구하는 결단으로서의 의미를 지니며, 이것은 결국 사람됨 혹은 성인 됨의 길을 향한 자기 초월의 의의를 지니고 있다.[20]

이러한 성화론 혹은 수신론이라는 구조적, 형식적 측면에서의 양자의 만남은 한국 교회의 영성 신학을 위한 중요한 모티브를 제공해줄 수 있다. 곧 퇴계의 경 철학을 바탕으로 하는 수신론은 이미 한국인의 심성 속에 실존하는 하나의 종교·문화적 모체(Religio-Cultural Matrix) 혹은 종교·문화적 영성(Religio-Cultural-Spirituality)으로서, 한국 기독교인들의 영성을 더 풍성케 할 뿐만 아니라 진정한 한국적 그리스도인이 되게 할 것이다.[21] 즉,

20 Heup Young Kim, "Imago-Dei and T'ien-ming: John Calvin and Yi T'oegye on Humanity," *Christian Study Centre on Chinese Religion and Culture* (Hong Kong: Ching Feng, 1998).

21 이장식은 기독교 토착화 운동에 대해, "자고로 종교는 한민족 문화의 정수(精髓)의 보유자이며 동시에 창조자이기도 하였다. 한국의 기독교가 한국 문화의 좋은 유산의 보존자가 되고 새 문화의 창조자가 되어 기독교가 명실상부한 국민의 종교가 되도록 하려는 것"이라고 전제하면서, '선비로서의 목회자' 혹은 '도인으로서의 목회자' 상을 제시하는데, 이것은 지도자들뿐만 아니라 평신도들에게도 해당하는 문제이다. 성화나 수신 자체가 모든 인간에게 해당하는 경건의 삶을 위한 모티브이기 때문이다(이장식, 『韓國敎會의 어제와 오늘』, 서울: 대한기독교출판사, 1982, 269-288).

한국인의 경우 이미 종교적 심성 혹은 영성 안에 유학의 천명에 대한 전(前)이해가 실존적으로 살아 있다는 점에서,[22] 기독교의 성화론은 한국인에게 더 친근할 수 있으며, 이러한 현실은 이미 오랜 세월 한국 교회의 영성 생활에서 더 구체적으로 현실화되어 왔음을 부인하기 어렵다. 다시 말하면 성화론적 측면에서 볼 때, 한국 기독교는 다분히 유교적 수양론에 가까이 접근해 왔고, 한국 그리스도인의 삶 역시 "유교적 그리스도인"(선비적 그리스도인)으로서 실존적 현실을 이루어 온 것이다.

이처럼 퇴계의 성리학적 경 철학과 칼뱅의 기독교적 경건 사상은 모두 현실적 자기 실존을 넘어서 초월적인 존재에로의 고양을 지향하려는 인간 존재의 방향성과 연관된다. 이것은 결국 한국인들의 종교·문화적 영성에서 하나님(하늘)의 부르심을 입은 인간의 초월적 자기 결단을 위한 지속적인 에너지원으로 살아있을 수 있으며, 이미 그러한 힘을 발휘해 왔다고 할 수 있다. 그러므로 한국 교회는 이러한 독특한 한국적 영성에 대한 본질 규명과 그 발전적 방향을 모색하는 데에 새로운 역량을 모아야 할 것이다.

3. 자기 초월의 실현: 경건의 목표

칼뱅의 경건의 성화론이나 퇴계의 경의 수신론 모두 현실적 인간 존재

---

22 유교의 천명 사상 이전에 한국인의 심성에는 무교적 영성을 통한 초월 사상이 깔려있었고, 이것이 유학과 만나면서 실존적 천명 사상으로 구체화되었을 것이다. 특히 하늘 경외 사상은 비단 유교만의 것이 아니라 일종의 동양 특유의 집단 무의식적 영성이라고 할 수 있다. 이러한 동양인의 보편적 하늘 경외 사상이 유학에서 경천(敬天)사상으로 구체화되었고, 이것은 후기 유학에서 천명 사상으로 더욱 현실화되었다(김경재, 『韓國文化神學』, 1986, 9-13; 박학래, "인간 삶의 지표와 이상," 2006, 140ff.).

를 넘어 본래성 회복을 지향한다. 즉, 양자 모두 학문적 출발점을 참 사람됨의 길에 두었고, 궁극적 목표 역시 본질적 인간성의 추구에 두었다. 그들에게 사람과 무관한 학문은 그 자체가 무의미했다. 왜냐하면, 그들 사상의 바탕에는 고도의 휴머니즘이 흐르기 때문이다. 특히 칼뱅은 신학자가 아니라 휴머니스트로 출발했고, 그러한 칼뱅의 인문주의자적 초상은 그가 종교 개혁자로서 활동하는 중에도 완전히 사라지지 않았다. 그는 오히려 끝까지 복음주의자(신학자)인 동시에 인문주의자로서의 정체성을 유지했다.[23] 즉, 칼뱅의 가슴에는 하나님에 대한 열정과 사람에 관한 관심이 늘 함께 있었다. 그러기에 칼뱅에게 있어서 신 지식은 영원한 초월적 실재로 독존하시는 절대자에 대한 것이 아니었다. 그것은 어디까지나 인간과의 관계 안에 계시는 하나님에 관한 지식이고, 인간에 대한 지식 역시 순수 인간학이 아니라 하나님과의 관계 안에서 존재하는 사람에 대한 지식이었다. 따라서 칼뱅에게 논리적으로는 신 지식이 앞설지라도, 그것은 결코 인간에 관한 지식과 분리된 순수 형이상학이 아니다.[24] 곧 칼뱅에게 있어서는 혼자 독립적으로 자존하시는 신적 본질에 관한 지식은 별 의미가 없었다. 그가 진술하는 하나님은 어디까지나 세상과 인간의 창조주이고, 언제나 사람과 대화하시는 아버지로서의 하나님이시다.[25]

---

23 이양호, 『칼빈, 생애와 사상』(2001), 24-47.

24 이오갑은 칼뱅의 하나님에 대해 초월과 임재의 변증법적 하나님으로 이해하면서, 그분은 존엄하신 하나님(*Deus maiestatis*)인 동시에 우리와 함께 계시는 하나님(*Deus nobiscum*)으로 해석한다. 그리하여 칼뱅이 이해하는 하나님은 언제나 영원한 절대적 초월자로서 독존하기보다 인간을 비롯한 당신이 창조하신 자연 만물과 관계를 맺으시는 하나님, 곧 초월과 임재의 변증법적 역설로 다가오시는 분임을 보여준다(이오갑, 『칼뱅의 신과 세계』, 2010, 19-58).

25 몰트만은 하나님의 경험이라는 표현은 하나님에 대한 우리의 경험을 뜻할 뿐만 아니라 우리에 대한 하나님의 경험을 뜻한다. 하나님은 인간이 그를 경험하는 것과는 다른 방법

> '하나님이란 대체 어떤 존재일까?' 이런 질문을 제기하는 이들은 그저 한가한 사색 거리를 놓고서 이리저리 장난하는 것에 지나지 않는다. 우리에게 중요한 문제는 하나님이 과연 어떤 분이시고 그의 본성에 합당한 것이 무엇인가를 아는 것이다. 에피쿠로스처럼 세상 문제에서 물러나 홀로 한가하게 노닥거리는 그런 유의 신을 고백한다면, 그것이 대체 무슨 유익이 있겠는가? 요컨대 우리에게 전혀 관계가 없는 그런 하나님을 안다는 것이 무슨 도움이 될까(*Inst.*, I/2-2)?

그러므로 칼뱅에게 있어서 사람에 관한 관심은 결코 신 지식에 부차적으로 따라오는 그 무엇이 아니다. 오히려 그의 신학적 인간학은 신 지식과 함께 통합적으로 다가오는 신학 주제요, 퇴계식으로 말하면 상호호진相互互進하는 주제이다. 그리고 그의 사람에 관한 관심은 곧 참된 인간성의 본질과 그 실존이 어떠하며 그것의 궁극적인 목표가 무엇인가를 밝힐 뿐만 아니라, 그것을 구체적으로 실천하고 실현하는 데에 집중되어 있다. 즉, 그의 신학적 관심은 어디까지나 본래적인 인간성의 추구, 곧 창조주인 동시에 구속주이신 하나님 앞에서의 경건한 인간성(the Pious Humanity)의 실현에 그 지향점이 있었다.

그렇다면 그가 목표한 경건한 인간성은 어떤 것인가? 그것은 바로 아담이 창조 시에 하나님에게서 부여받은 사람됨의 본래성, 곧 하나님께서 인간 본성에 주신 고유한 질서(*rectitudo*)를 회복한 사람이었다.[26] 그런

으로, 다시 말하여 그의 신적인 방법으로 인간을 경험하시는데 그것은 곧 사랑이며, 이 사랑은 바로 인간을 위한 하나님의 고난이고 이것이 삼위일체 하나님의 비밀이라고 주장한다. 그리하여 몰트만은 철저하게 인간과의 관계 안에 계시는 하나님을 주목한다(J. Moltmann, 1988, 14-17). 칼뱅 역시 『기독교 강요』에서 하나님에 관한 지식과 인간에 관한 지식은 따로 존재하지 않음을 천명한다(*Inst.*, I/1-1).

데 그 질서란 다름 아닌 하나님의 형상을 품수한 인간성, 즉 영혼 안에 주어진 내적인 선善을 의미한다(*Inst.*, I-15/4). 그리하여 칼뱅에 의하면, 피조된 인간이 참된 주인이신 하나님과의 관계 안에 바르게 설 때 자신 안에 신적인 영광이 반사되며, 그는 지상에서 하나님의 형상으로 존재하게 된다. 그런 면에서 칼뱅이 추구한 하나님의 형상이란 일차적으로 사람 안에 주어진 존재론적인 그 무엇 즉, 어떤 신적인 요소(*substantia Dei*)이기보다 피조물인 인간이 창조주와의 관계에 있어서 취해야 할 마땅한 태도를 뜻한다. 이에 대해 칼뱅은 다음과 같이 말한다.

> 나는 하나님의 형상이 인간 본성을 모든 생물보다 뛰어나게 만드는 그의 탁월함 전체에까지 확대된다는 원리를 그대로 고수한다. 그러므로 아담이 올바른 이해를 충만히 소유했고, 그의 감성을 이성의 경계 내에 유지하였고, 그의 모든 감각들을 올바른 질서대로 통제하였고, 자신의 탁월함을 진실로 창조주 하나님께서 베풀어주신 특별한 은사에서 비롯되는 것으로 여기고 있을 당시에 아담에게 부여된 완전성을 하나님의 형상이라는 단어로 표현하는 것이다(*Inst.*, I/15-3).

곧 하나님의 형상은 다른 피조물과의 관계에서 드러나는 탁월성

26 칼뱅은 이렇게 말한다. "아담이 올바른 판단력을 하나님께 부여받고 이성과 조화를 이루는 사랑의 감정과 건전하고 정돈된 감성으로써 선한 일에 열심일 때, 더 온전한 하나님 형상을 갖춘 모습이었을 것이다. 따라서 하나님 형상이 주로 거하는 곳은 사람의 정신과 마음이었다. 하나님 형상은 바로 사람의 정신과 마음속에서 영롱하게 빛났다. 아담에게서는 하나님의 모든 형상이 빛을 발했다. 그의 영혼의 각 부분은 다양한 기능이 서로 잘 연결되어 조화를 이루었다. 정신 속에는 완전한 지성이 충만해 있었고, 정직이 지성의 동반자로서 함께 있었으며, 모든 감성은 이성에 순종하도록 준비되어있었다. 그리고 육체는 이와 같은 내적 질서(*rectitudo*)와 잘 부합되어 있었다"(*Comm. on Gen.* 1:26).

(Excellence: 尊)인 동시에, 하나님과의 관계 안에서 부여된 완전성(Integrity: 誠)을 의미한다. 따라서 칼뱅이 이해하는 하나님의 형상은 어디까지나 관계적이고, 이것은 또한 하나님과의 수직적 관계만이 아니라 인간을 포함한 다른 피조물에 대한 수평적 관계까지를 포괄함을 함의한다. 이러한 인간의 모습은 특히 첫 사람들이 "서로 돕는 배필"(창 2:18)로서 존재하도록 부르심을 받은 사실에서 확연하게 드러난다. 그런 면에서 첫 사람 아담이 부여받은 하나님의 형상이라는 옷은 근본적으로 인간이 사회적 존재(*Comm. on Gen.* 2:18; *Inst.*, II/2-2)라는 것과 인간은 서로 돕고 섬기는 상호 호혜적인 존재로 창조되었음을 뜻한다.[27]

따라서 칼뱅의 경건한 인간상은 위로 하나님을 섬기는 드높은 존재로서의 인간임과 동시에 사람을 포함한 온 우주를 가슴에 품고 사랑할 수 있는 드넓은 존재로서, 이른바 하늘과 땅 그리고 사람에 두루 통하는 거룩한 인간, 즉 천·지·인을 아우르는 전 포괄적인 관계 안에 존재하는 거룩한 형상이다. 바로 여기에 칼뱅이 말하는 인간성 본질이 있고, 비참한 현실에 깊이 빠진 인간 실존을 넘어서 본질적인 인간성 회복을 지향하는 데에 그의 경건 신학의 최종 목표가 있다.[28] 그것은 천·지·인을 아우르는 전 포괄적 관계성을 지닌 인간성이다. 바로 여기서 하나님의 성품(아가페: 愛)을 닮은 사람다움의 삶, 즉 서로 존경(尊)하고 사랑(愛)하는 인간성이 드러난다. 이런 점에서 칼뱅의 신학은 경건한 인문주의(Pious Humanism)를 함의한다.

퇴계의 성리학적 유교의 관심 역시 처음부터 사람의 본성과 그 완전함에 대한 추구, 곧 인간의 참된 본성(性)으로서 하늘 이치(天理: 理, 太極)에

27 김흡영(2001), 241.

28 W. Niesel(1991), 63-65.

의 지향에 있다. 그리하여 하늘 이치인 천명을 품수한 존재로서의 인간 본성과 그것을 추구하기 위한 구체적인 방법론을 묻는 것이 퇴계의 학문적 관심이었고, 그 핵심에 바로 그의 경건 철학이 자리하고 있다. 그리고 그의 철학을 특징짓는 사단칠정론, 거경궁리, 성학, 심성론, 인설 등의 주제들은 바로 그의 "인간이란 무엇인가?" 또는 "참된 사람이 되는 길은 무엇인가?" 등에 대한 물음들과 관계가 있다.[29] 즉, 퇴계에 따르면, 인간 안에는 보편적이고 필연적인 하늘 이치가 선천적으로 내재해 있다(性). 그런데 현실적으로는 개인의 기질 탓에 본연의 조리條理가 일그러진 상태(情)가 되기 때문에, 그것이 순리대로 발휘되는 정회情懷 즉, 성실의 극치, 사랑의 근원에서 연유한 본연의 정회를 늘 견지하면 마침내 유학의 이념인 이상적 인격의 경지에 들어가게 된다는 것이다.[30] 이러한 퇴계의 인성론에 있어서 참된 인간성이란 다름 아닌 하늘 이치인 천명을 담지한 존재로서의 인간 곧 성현의 경지에 이른 인간이다.

천지의 태극이 사람에게 있어서는 성性이요, 천지의 동정음양이 사람에게 있어서는 곧 마음이요, 천지의 금목수화토가 사람에게 있어서는 곧 인의예지신이요, 천지의 화생만물化生萬物이 사람에게 있어서는 곧 만사입니다. 대개 일음일양 유행조화一陰一陽流行造化가 곧 천지의 마음이기 때문에 사람이 이것을 얻어 태어나니, 이것으로 마음을 삼는 것입니다.[31]

---

29 박홍식, "退溪哲學에 나타난 自我發見의 問題"(1993), 153.

30 전두하, "李退溪의 存在論과 人性論에 投影시켜본 東西哲學의 自然觀과 人間觀의 連結點,"「退溪學報」제75·76집(1992), 82-8.

31『퇴계』제6권, 211 <이강이에게 답함>: "天地之太極 在人便是性 天地之動靜陰陽 在人便是心 天地之金木水火土 在人便是仁義禮智信 天地之化生萬物 在人便是萬事 蓋一陰一陽流行造化 卽是天地之心 故人得是以生 亦以是爲心."

말하자면 인간은 궁극적인 존재인 동시에 모든 만물의 존재의 근원인 하늘로부터 우주의 보편적 원리인 하늘 이치를 받았는데, 그것이 사람의 본성(性)이라는 것이다. 그리고 인간 본성으로서의 하늘 이치는 곧 천명인바, 그것은 사람과 사물이 마땅히 수행해야 할 직분으로서의 참된 인간의 마땅한 삶의 원리이자 사람됨의 도리를 가리킨다.[32] 그런 면에서 인간은 비록 금수와 함께 이치를 나눴지만, 금수와는 전혀 다른 지극히 존엄한 인격을 지닌 존재로서 언제나 하늘과의 관계 속에 서 있다는 것이다. 퇴계는 다음과 같이 말한다.

> 대개 저것은 태극으로 이름하였고 이것은 천명으로 이름하였으니, 태극으로 이름한 것은 조화 자연의 지분을 추리한 의사이고, 천명으로 이름한 것은 인물이 받은 바의 직분이 있는 도리이며, 자연의 지분을 추리한 것이란 본래 수위의 일로 참여할 수 없습니다.[33]

이제 인간은 천명을 받은 존재인 동시에 자기 현실에서 천명의 유행을 자각하는 존재이며, 이 점에서 인간은 다른 사물보다 귀하다. 즉, 사람은 자신에게 부여된 우주의 조화 질서의 보편 원리(理: 天命)를 인식하고, 그것을 수행하는 존재라는 점에서 특별한 존재 가치를 함의한다. 그렇지만 인간 현실은 사욕의 발동으로 인해 본연지성을 따르지 못하고(逆天者)

32 여기서 퇴계는 태극은 우주의 조화 질서를 내포하는 천리로서 수신에 참여하지는 않지만, 천명은 인간과 사물이 부여받은 성품으로서 그 실현을 위해 수신을 지향하게 하는 인도(人道)라고 보았다(금장태, 2003, 80).

33 『퇴계』 제9권, 225 <신계숙에게 답함>: "蓋彼以太極爲名 · 此以天命爲名 名以太極者 占造化自然地分意思 名以天命者 有人物所受之職分道理 占自然地分者 固不當參以修爲之事."

성현의 길에서 멀어질 수밖에 없다.

따라서 사욕을 극복하고 천명에 순응하려면(順天者) 지경을 통한 수신이 요청되며, 그 최종 목표는 성현의 완성이다. 그런데 이러한 완성은 곧 유교의 최상 덕목인 인仁을 따르는 삶에 있다. 인仁이라는 한자어를 풀이하면, 사람 '인(人)자'와 '숫자 2'를 뜻하는 이二로 이뤄져 있다. 이것은 곧 인이란 근본적으로 두 사람 이상의 관계를 전제하는 개념이고, 결국 공동적 인간(Co-Humanity)이 본래적 의미라 할 수 있다.[34] 그러므로 유교에서의 인仁은 근본적인 인간성 패러다임이고, 그러한 인은 "본래적인 인간 주체성의 명시적 구조일 뿐만 아니라 화해적 교제를 가능케 하는 영적인 매개체이므로 우주적 공존뿐만 아니라 생명을 주는 영성을 의미"한다.[35] 줄리아 칭(J. Ching) 역시 유교에서 "결국 인간이 된다는 것은 완전한 자애의 덕목인 인간 됨(仁)을 얻을 수 있다는 말"이라고 주장한다.[36]

요컨대 칼뱅이 경건 신학을 통해 제시하는 본래적 인간성이란 곧 경건한 인간성이며, 그것의 근본 패러다임은 하나님의 형상으로서의 그리스도의 인간성에 있다. 그리고 퇴계가 제시하는 본래적 인간성은 천명의 담지자이자 실현자로서의 인간, 곧 철저한 인간화를 지향하는 인간성에서 찾을 수 있고, 이에 대한 근본 패러다임은 곧 인간성의 완성자로서의 성현에 있다.[37] 그런데 이러한 인간성의 근본 패러다임에 대한 실천적

---

34 김흡영(2001), 241.

35 Heup Young Kim(1996), 44.

36 J. Ching(1994), 107.

37 자기 초월이란 기독교에서는 본질적으로 하나님을 닮아가는 것 혹은 거룩해지는 것으로서 하나님의 형상을 회복하는 것을 의미한다면, 유교에서는 성인(聖人) 혹은 성현(聖賢)의 완성을 뜻한다. 그런데 유교의 성인이란 유사 신격(semi-divine)적 의미를 띠고, 그의 성격을 표현함에 있어서 특별히 자연이라는 의미를 부여해 왔다(J. Ching, 1994, 117). 그리고 이러한 자기 초월의 극치에서 만나게 되는 존재는 기독교의 경우 예수 그리

메타포(the Practical Metaphor)는 칼뱅의 경우에는 사랑(Agape)으로 나타나고, 퇴계의 경우는 인仁으로 나타나게 된다.

그렇다면 양자는 경건 목표에 관해서 서로 대화가 가능한가? 만약 가능하다면 어떻게 가능한가? 우선 양자는 인간 이해에 있어서 서로 다른 측면에서 접근하고 있음을 인정해야 한다. 칼뱅의 경우는 신학적 인간(Theological Humanity)에 주된 관심이 있고, 퇴계의 경우는 철학적 인간(Philosophical Humanity)이 주된 관심이다. 즉, 칼뱅의 경우 사람이 추구해야 할 본질적 인간성이란 어디까지나 하나님의 형상이며, 그것은 일차적으로 하나님과의 관계 안에 그 뿌리를 두고 있다. 그런 면에서 칼뱅의 인간상은 근본적으로 신학적 인간이다. 반면 퇴계의 경우 참된 인간성은 천명, 즉 추상적 의미가 강한 하늘의 이치로부터 유래한다는 점에서 여전히 철학적 범주에 머물러 있다. 이처럼 양자는 근본적으로 서로 다른 바탕에서 출발한다는 점에서 직접적인 대화에는 어려움이 따를 수 있다. 왜냐하면, 인격적이고 종교적인 의미의 하나님과 추상적이고 본체론적인 하늘과의 만남 자체가 쉽지 않기 때문이다.

그렇지만 양자는 전술한 바와 같이, 형식적·구조적 차원에서는 대화의 가능성이 있다.[38] 즉, 하나님(칼뱅)과 하늘(퇴계)은 다 같이 인간 존재에 상응하는 초월적 존재이며, 인간은 그 초월적 존재에 자신의 존재론적 근거를 갖고 있다. 칼뱅에게 있어서 하나님은 자신의 형상대로 사람을 창조하신다. 퇴계에게 있어서 하늘은 참 이치인 천리(天理)를 사람의 마

스도이고, 유교의 경우 공자이다.

38 김광식 역시 기독교의 하나님 형상과 유교의 천명과의 비교의 가능성을 역설한다. 그에 따르면, 양자에 대한 비교는 인간의 존엄성의 근거 문제와 관련하여 중요한 의미를 갖는다는 것이다(김광식, 1991, 366).

음에 내재적으로 끼친다.[39] 그리고 이러한 초월적인 은총에 의해 사람은 하나님의 형상(*Imago Dei*)을 담지한 존재로서(칼뱅) 혹은 천명(天命)을 품수한 존재로서(퇴계) 자신의 본질을 추구해 나가며, 이 과정에서 아가페(Agape)와 인仁으로써 타인과의 상호 호혜적 관계 안에서 공동적 인간성(Co-Humanity)을 실현한다. 그리하여 양자의 인간 이해는 함께 거룩하고 경건한 존재로서 하나님 혹은 하늘과의 관계 안에서 살아갈 뿐만 아니라, 서로 사랑하고(Agape) 섬길 때(仁) 자신을 완성해나가는 존재로 등장한다. 여기서 함께 근본적인 인간성 패러다임 즉, 본질적인 인간상은 상호 호혜적인 인간성으로서 아가페(尊, 愛, 仁)를 바탕으로 실현될 수 있다.

이처럼 칼뱅과 퇴계는 공히 존재에 대한 불안으로 인해 고뇌로 가득한 실존적 현실에서 자기 초월에 대한 소망을 품고 사는 한국인들에게[40] 현실적인 자기 존재를 부정함으로써 하나님/하늘과 하나됨을 지향하는 자기 초월적인 신앙적 패러다임을 새롭게 제공할 수 있다. 기독교적 경건이나 유교적 경건이나 결국 사람의 본성 안에 잠재하는 참된 자기를 실현하려는 것은 같은 맥락이기 때문이다.[41] 특히 칼뱅의 경건이 말하는 참된 인간성이란 하나님 형상의 회복이므로, 이것은 예수 그리스도를 통하여 성령의 은혜 안에 새롭게 인간 안에 주어진 낯선 의에 해당하는 개념이자 새로운 피조물로서의 자기실현이다. 그리고 퇴계가 말하는 참된 인간성

39 김흡영은 칼뱅의 신학적 인간론에 있어서 하나님의 형상 교리가 중심인 것처럼, 퇴계의 신유학적 인간론에 있어서 천명에 대한 가르침이 핵심이라고 본다(Heup Young Kim, 2003, 92-94).

40 인간의 실존적 현실이란 칼뱅이나 퇴계 공히 자신의 본래성(하나님의 형상과 천명)을 온전하게 실현하지 못하고 있는 현실, 곧 칼뱅의 경우는 죄인이라는 현실적 실존을 의미하고, 퇴계의 경우 마음의 작용에 따라 선과 악이 표출되는 양가적 실존을 의미한다.

41 김흡영(2001), 446.

역시 하늘을 통하여 존재론적으로 내재하는 천명을 담지한 인간이다. 그러기에 두 패러다임은 그 형식상 실존적인 현실을 극복하고 새로운 실존을 향한 초월적 패러다임을 기반으로 한다는 점에서, 그 근본 패러다임에서 만남이 가능하다는 것이다.

그리고 그렇게 초월을 지향하는 패러다임은 구체적으로 기독교의 경우 하나님의 형상이 궁극적 목표인바, 그것은 이미 지상에 현존하신 하나님의 형상으로서의 그리스도의 인간성을 통해 구체화되었다(엡 4:13-15; 골 1:15; 고후 4:4).[42] 그리스도는 우리 안에 주어진 내재적 본질이 아니라 우리 밖에 계시는 하나님의 형상(*Imago Dei*)이다. 그렇지만 그것은 우리가 지향하는 궁극적 목표라는 점에서 유학의 천명에 상응한다. 퇴계 역시 천명을 실현하는 이상적 인간(聖人)이 궁극적 목표라는 점에서, 칼뱅의 하나님 형상으로서 그리스도의 인간성에 상응한다. 이때 천명은 인간 안에 내재된 하늘 이치이지만, 의미상 인간 자신의 것이 아닌 외래적 측면을 내포한다. 이렇게 보면 양자는 구조적 측면에서 하나님의 형상(내용)과 그리스도(형식) 그리고 천명(내용)과 성현(형식)에서 만날 수 있고, 서로 깊은 이해를 지향할 수 있다.

---

42 칼뱅은 골로새서 1장 15절을 이렇게 주석한다. "그리스도를 보이지 아니하시는 하나님의 형상이라고 한 말씀의 의미는, 하나님은 오직 그리스도를 통해서만 우리에게 나타나시고 다른 방도로는 보이지 아니하신다는 뜻이다. [...] 형상이라는 말은 하나님의 본질에 관한 말이 아니라 우리와의 관계에서 사용된 말이다. 그리스도가 하나님의 형상이신 것은 그가 우리에게 하나님을 볼 수 있게 해주는 수단이 되었기 때문이다"(*Comm. on Col.* 1:15).

III. 하나님과 하늘: 경건의 바탕

기독교 신학은 처음부터 형이상학적 문제, 곧 신앙 대상인 하나님에 대한 이해 문제를 기반으로 시작된다. 신학을 뜻하는 그리스어 'θεολογία'라는 용어는 본래 신들의 이야기를 뜻하는데, 그리스어 데오스(θέος)와 로고스(λόγος)의 합성어이다. 데오스(*Theos*)는 신을 뜻하고, 로고스(*Logos*)는 본래 '말' 또는 '원리'를 뜻하였으나 후대에 '학문'을 의미하는 논리적 진술, 설명, 해설을 뜻하게 되었고, 이것은 사실상 플라톤의 철학 강좌에서 정립된 학문적 방법론이었다. 특히 로고스(*Logos*)라는 말에서 로기아(*Logia*)라는 말이 나왔는데, 이것은 본래 '말하다'(Speaking)는 뜻이며 '탐구하다'(Investigating)는 개념이 함의된 것은 훨씬 후대에 이르러서였다.[1]

이러한 데오스(*Theos*)와 로기아(*Logia*)의 합성어 *'Theologia'*(Theology)는 플라톤의 공화 정치와 아리스토텔레스의 형이상학에서는 신神에 대한 논설과 교의의 뜻으로 사용되었다. 따라서 그리스어를 사용하던 고전 시대에 규정된 전통적인 신학 개념은 하나님에 대한 논리적 진술, 하나님에 관한 이론적 설명 등으로 이해되었고, 이것을 기독교가 일찍부터 채용하여, 자신의 진리를 변증하는 데 사용해온 것이다. 기독교에서 신학(Theology)은 특히 신(*Theos*)에 관한 이론(*Logia*) 혹은 신에 관한 학문을 의미하였고, 결국 하나님에 관한 인간의 이해를 의미하는 것이었다. 이러한 신학에서의 하나님에 대한 이해는 기독교 신학 전반의 기반이 되는 것이었고, 오늘날도 그러한 전통은 계속 이어지고 있다.

---

1 A. Kuyper, *Principles of Sacred Theology*, tr. J. Hendrick De Vries(Grand Rapids: Baker, 1980), 229.

이처럼 기독교에서 모든 신학 논의는 하나님에 대한 이해를 기반으로 한다는 점에서, 언제나 하나님에 대한 이해 문제인 신론(Doctrine of God)으로 환원될 수밖에 없다. 따라서 우리가 경건 문제나 인간 문제를 중심으로 유학과의 대화를 시도할지라도, 그 바탕에는 언제나 하나님에 대한 이해가 전제될 수밖에 없다. 더구나 기독교 신학에서 인간이란 어디까지나 하나님 앞에서 존재하는 인간 즉, 하나님과의 관계 안에 있는 인간을 말한다는 점에서, 기독교의 인간학은 처음부터 신학적 인간학이다.

이것은 유학의 경우도 마찬가지이다. 유학이 이해하는 인간이란 근본적으로 하늘로부터 그 본성을 부여받은 존재를 의미한다.[2] 그러므로 유학 역시 하늘과의 관계 안에 있는 인간을 말하며, 하늘이 부여한 본성을 추구하는 데서 사람됨의 가치와 존재 의미를 찾는다. 그러므로 유학의 인간상은 사실상 하늘과의 관계를 떠나서는 그 존재 의미와 존재 가치를 설명하기가 힘들어진다. 그래서 퇴계의 경 철학도 어디까지나 주재자인 하늘을 전제하는 개념으로 등장한다. 퇴계에게 있어서 하늘을 부정하는 인간은 진정한 인간일 수 없다. 왜냐하면, 사람은 모든 것을 하늘로부터 부여받기 때문이다.

이러한 측면에서 경건을 중심으로 하는 신학과 성리학 간의 대화 역시 난점은 있지만 형이상학적 측면을 간과할 수 없다.[3] 칼뱅의 경건이나 퇴계의 경은 어디까지나 초월자(하나님/하늘)와의 관계를 전제하기 때문이다. 그래서 우리는 칼뱅의 신학과 퇴계의 성리학 간의 대화 문제에 있어서

2 J. Ching(1994), 106.

3 김흡영은, 신학과 유학의 대화에 있어서 형이상학적인 측면은 대화 주제로서 부적절하므로 괄호 안에 묶어 둘 것을 제안한다(Heup Young Kim, 2003, 92-94); 송영배 역시 같은 맥락에서 기독교와 유교의 대화 문제를 바라본다(송영배, "기독교와 유교의 충돌과 대화의 모색," 1997, 153-180).

근본 메타포로서 경건/경에 대한 부분을 먼저 살폈고, 그러한 경건/경의 담지자로서의 인간론에 관한 대화를 시도하기 전에 형이상학적인 문제, 곧 칼뱅의 하나님과 퇴계의 하늘의 문제를 먼저 살펴보려고 한다. 하나님 혹은 하늘과의 관계를 기반으로 하지 않는 경건/경과 인간에 관한 논의는 결국 인간 존재의 근본을 부정하는 것이 되기 때문이다.

특히 현금에 와서는 유학자와 신학자들 가운데 많은 이들이 유학과 신학의 대화에 관심을 보이고 있으며, 그들에 의해 실제로 퇴계의 형이상학적 측면에 관한 논의들이 활발하게 진행되고 있다.[4] 이것은 그동안 서로를 경원시해 온 신학과 유학이 오늘에 와서 벽을 허물고 대화하려는 움직임과 무관하지 않다는 점에서 매우 고무적인 일이라고 할 수 있다. 그렇다면 칼뱅의 하나님과 퇴계의 하늘에 관한 대화는 어떻게 이어질 수 있는가? 우선 양자의 절대자에 관한 서술은 체계적으로 정리된 것이 아니라 산발적으로 그러면서도 총체적으로 등장하기 때문에, 그 개념을 소주제로 정리하는 것이 이해하기에 훨씬 용이하다. 그래서 여기서도 앞서와 같이 세 가지 주제로 접근하려고 한다.

---

4 이에 대해, 윤사순, "退溪에서의 宗教的 傾向"(1992), 7-17; 이종우, "退溪 李滉의 理와 上帝의 관계에 대한 연구"(2005), 7-22; 최신한, "슐라이어마허와 퇴계: 직접적 자기의식과 경(敬)을 중심으로,"「철학 논총」 제44집(2006), 465-486; 이광호, "上帝觀을 중심으로 본 儒學과 基督教의 만남"(2011), 534-566; 조성환, "바깥에서 보는 퇴계의 하늘 섬김 사상,"「퇴계학논집」 제10호(2012), 307-333; 배요한, "이퇴계와 이수정의 종교성에 대한 비교 연구"(2013), 233-258; 이관호, "退溪 李滉의 天則理와 스피노자의 實體一元論 비교,"「퇴계학보」 제135집(2014), 55-93; 성희경, "스피노자와 퇴계의 능동성 논고,"「철학 연구」 제137집(2016), 225-247; 황상희, "퇴계 사상의 종교성에 관하여"(2017), 5-38; 안유경, "퇴계의 理와 아리스토텔레스의 神과의 접점,"「동서인문학」 제56집(2019), 241-272 등을 들 수 있다.

1. 초월적 주재자

칼뱅과 퇴계의 사상에서 등장하는 절대자, 즉 주재자에 관한 서술은 무엇보다 사람을 포함하는 만물 혹은 피조 세계와 구분되는 초월적인 존재로 제시된다. 이 주재자에 대해, 칼뱅은 하나님으로 퇴계는 상제上帝로 표현한다. 특히 칼뱅에 따르면, 그분은 우선 무한한 영적인 본질로서 등장한다: "하나님의 무한하심은 우리로 하여금 우리 자신의 잣대로 그분을 재지 못하도록 우리에게 두려움을 주며, 그가 영이라는 사실은 그에 관한 어떤 세속적이며 육신적인 망상에 빠지지 못하도록 만드시는 것이다"(*Inst.*, I/13-1). 즉, 하나님은 영이시기에 시공간의 제한을 받지 않으시며, 존재 자체로서 무한하고 자유로우시다. 그분은 어디에든 존재하시며 그분의 영광은 온 세상에 가득하다. 그러기에 사람은 그 자신의 어떤 지성과 능력으로도 그분에게 도달할 수 없다. 곧 성서에 따르면, 그분은 존재 자체로서 스스로를 계시하신다. 이러한 칼뱅의 신 이해에 대해, 이오갑은 이렇게 설명한다.

> 칼뱅에 따른 하나님의 존재, 혹은 존재로서의 하나님은 이렇게 설명된다. 하나님은 영적이고 초월적이고 무한한 존재이다. 그래서 자유롭고 순수하며, 어디든 존재한다. 그분은 더는 분할되거나 환원될 수 없는 존재 자체이다. 그분은 유일하고 참된 한 분 하나님이다. 동시에 그분은 존재하는 모든 존재자와 그 모든 재화의 근원이다. 그분은 존재 자체로서 말씀으로서나 영원하며 불변하며 동일하다. 인간이나 세계는 존재의 이유와 원인이 있지만, 하나님은 그 스스로가 존재의 근원이고, 존재자로서 인간이나 세계와는 다른 전적인 타자이다. 하나님은 즉,자적인 존재로서, 실로 그 스스로 존재하는 분이다.[5]

칼뱅의 신관에 대한 이오갑의 설명은 정곡을 찌른다고 할 수 있다. 하나님은 우리의 지성으로는 파악할 수 없는 절대적 초월자이기 때문에, 타락한 우리는 다만 그분의 창조 세계를 통해 그분의 존재와 능력을 희미하게 짐작할 뿐이다. 그분에 대한 진정한 앎은 오직 그분의 자기 계시에 대한 증언인 성서를 통해서만 가능하다. "성서(*Scriptura*)는 우리의 마음속에 담겨 있는 하나님에 관한 혼란한 지식을 올바르게 정돈해 줄 뿐만 아니라 우리의 우둔함을 깨닫게 하며, 또한 이를 통하여 우리에게 참되신 하나님을 분명히 보여 준다"(*Inst.*, I/6-1). 말하자면, 칼뱅은 하나님의 계시 개념을 통해 우리와 다른 초월자로서의 하나님에 대한 이해를 피력한다. 즉, 칼뱅의 인간 지성이 파악할 수 없는 하나님, 곧 사람 스스로는 이해할 수 없는 하나님이라는 개념은 하나님의 초월성을 더욱 깊이 드러낸다. 참으로 그분은, 존엄 자체이신 하나님(*Deus maiestas ipsa*), 곧 전적으로 존엄하신 하나님(*Deus maiestas*)으로서 사람이 감히 가까이할 수 없는 분이며[6] 인간과 그의 세계를 무한히 초월하기에, 사람은 스스로의 능력으로는 결코 도달할 수 없는 절대적인 초월성을 견지하신다.

그렇다면 퇴계가 말하는 하늘(天)은 어떤 존재인가? 유학에서 하늘은 역사적 과정에서 통치자 개념인 상제와 결부됨으로써 모든 것을 주재하는 절대적 권능의 상제천 혹은 주재천 개념이 자리 잡았고, 가치 중립적이던 하늘이 의지를 가진 절대적 초월자로 수용되기에 이르렀다. 그리하여 하늘은 사람과 그의 세상의 생사와 길흉화복을 주재하는 종교적 의미를 띠게 되었다. 그뿐 아니라 하늘은 상제와의 관련 하에 제왕 임면권을 행사하는 정치적 의미까지도 함의하게 되면서, 제왕이 자신의 통치권을 하늘

5 이오갑, 『칼뱅의 신과 세계』(2010), 23-24.

6 이오갑(2010), 45.

에 두고서 이른바 천명 사상을 제시하기에 이르렀다. 이러한 하늘은 송대의 이학(理學)에 의해 우주 만물의 생성 원리인 리로 이해되었고, 리는 우주를 생성하는 동적 실체로서 인간 세상에 천명을 발하는 존재로 인식되기에 이르렀다. 곧 송대 이학은 인격신으로서 상제천이 가졌던 주재성을 소이연所以然(근본적인 이치-존재론)이라는 표현을 통해 하늘의 초인적 능력을 지닌 상제인 천을 리로 대치하였던 것이다.

퇴계는 이러한 성리학의 초월적 리 개념을 받아들여서 천즉리天卽理를 말하였고, 하늘 이치로서의 리는 만물의 주재자이며 생성력을 지닌 절대적 존재로서 인간성을 초월하는 성격을 갖고 있다고 보았던 것이다. 즉, 퇴계에게 있어서 리는 단지 소이연所以然(마땅히 그렇게 되는 까닭-존재론)에 그치지 않고 소당연所當然(마땅히 그래야 하는 이치-윤리론)의 의미를 함유함으로써, 하늘 이치로 등장하여 인간에게 사람다움의 삶의 가치를 요구한다는 것이다.[7]

그런데 퇴계의 리는 거기서 멈추지 않고, 소이연과 소당연의 경지를 넘어 소능연所能然(그렇게 할 수 있는 자—형이상학/종교론)으로 진일보한다. 이것은 전술한 바와 같이, 이발理發, 이동理動, 이도理到 등의 개념과 연관된다. 이러한 소능연으로서의 리 개념은 리로서의 하늘이 주재자의 성격을 갖게 됨을 함의한다.[8] 물론 퇴계의 초월적 주재자로서의 하늘 개념을 존재 자체로만 보면 자칫 관념적이고 추상적인 논의로 빠질 수 있다. 따라서 우리는 하늘을 현실에서 비춰주는 거울인 인간 존재에 대한 분석과 이해를 요청할 수밖에 없다. 이것은 퇴계뿐 아니라 유학에서 하늘 개념 자체가

---

7 윤사순, "退溪 天槪念의 多樣性에 대한 檢討"(2000), 16-17.

8 송긍섭, "退溪哲學에서의 理의 槪念"(1978), 45-45; 김성범, "퇴계 이기론의 존재론적 접근"(1995), 205-218.

인간 존재와의 관계에서 비로소 생생하게 해명될 수 있기에, 하늘에 대한 이해는 늘 천인 관계론을 바탕으로 이뤄져야 함을 간과해서는 안 된다.

그렇다면 칼뱅의 절대적인 초월자 하나님과 퇴계의 주재적인 초월자로서의 하늘 개념은 서로 만날 수 있으며, 대화가 가능한가? 사실 이것은 기독교 신학과 유교 철학과의 만남에 있어서 참으로 풀기 어려운 문제이다. 칼뱅의 하나님에 대한 이해는 이스라엘 민족의 역사적 과정에서 구체적으로 사람을 찾아오시고 그들과의 만남을 통해 그들의 역사를 열어가셨던 하나님에 대한 이해를 바탕으로 하지만, 퇴계나 유학의 하늘에 대한 이해는 그러한 구체적인 신앙 경험을 이끌어오기가 쉽지 않다는 것이다. 물론 선대 유학에서는 나름대로 하늘 혹은 상제에 대한 이해가 있었지만, 기독교의 성서만큼 분명한 신적 존재로서의 하늘에 대한 이해는 찾기 어렵다. 따라서 양자의 대화 문제는 출발부터가 쉽지 않다.

하지만 유교는 유학의 경전과 사상에 종교를 구성하는 핵심적인 요소인 궁극적 실체에 대한 궁극적 관심 그리고 그 궁극적 관심을 실천하는 중요한 종교적 양식인 제례祭禮와 제례의 실천 주체인 신앙적 공동체에 대한 풍부한 종교성을 함의한다는 점에서,[9] 그 나름대로 종교적인 특성을 견지하고 있다. 여기에 초월적인 주재자로서의 하늘에 대한 이해가 살아있다는 점에서, 유교와 기독교 신학과의 대화의 가능성은 남아있다고 할 것이다. 특히 다음과 같은 퇴계의 말은 의미심장하다.

> (제자가) 물었다: 사람이 방 한구석에 있으면서, 어떻게 푸른 하늘을 대할 수 있습니까? (퇴계가) 말했다: 땅 위는 모두 하늘이다. (『시경』에서) "그대와

9 황상희, "퇴계 사상의 종교성에 대하여"(2017), 32.

함께 노닌다"라고 한 것처럼, 어디 간들 하늘이 아니겠는가? 내가 생각하기에 하늘은 곧 理이다. 진실로 理가 없는 사물이 없고 理가 없는 때가 없음을 안다면, 上帝가 잠시도 (우리 곁을) 떠날 수 없음을 알 것이다.[10]

의관을 바로 하고 눈매를 존엄하게 하고 마음을 가라앉히고 거처하면서, 상제上帝를 대해 모시듯 하라. 발걸음은 무겁게 하고 손짓을 공손하게 하며, 땅을 골라 밟되 개미집도 피하여 가라. 문을 나서면 손님같이 하고, 일을 받들면 제사를 지내는 것같이 하여, 조심조심 두려워하여 잠시도 안이하게 말라. 입을 지키기를 병마개 막듯 하고 잡생각 막기를 성문 지키듯 하여, 성실하고 진실하여 감히 잠시도 경솔히 하지 말라.[11]

곧 퇴계에 따르면 사람은 언제 어디서든 상제(하늘)의 실존을 느낄 수 있으며, 그런 의미에서 사람은 언제나 상제의 현존 앞에 살아 있다는 것이다. 따라서 비록 많은 이들이 퇴계 혹은 유학적 전통에서는 기독교 신학이 제시하는 전적인 타자로서의 절대적인 신, 곧 신과 인간의 엄격한 단절 또는 질적 차이를 강조하는 흐름은 들어설 자리가 없다고 보지만,[12] 퇴계의 하늘에 관한 서술을 살펴보면 그런 시각은 기우에 불과한 것 같다. 오히려 위에 인용한 퇴계의 상제(하늘)에 대한 담론에는 인간과 구분되는

---

10 『艮齊先生續集』, 卷3 <問目 · 上退溪先生>: "問: 人在屋漏 如何對蒼蒼之天?" "曰: 地上皆天 及爾流行 安往而非天乎? 蓋天卽理也 苟知理之無物不有 無時不然 則知上帝之不可須臾離也"(황상희, 2017, 32, 재인용).

11 『퇴계』 제3권, 149 <경재잠도>: "正其衣冠 尊其瞻視 潛心以居 對越上帝 足容必重 手容必恭 擇地而蹈 折旋蟻封 出門如賓 承事如祭 戰戰兢兢 罔敢或易 守口如甁 防意如城 洞洞屬屬 罔敢或輕."

12 배요한, "이퇴계와 이수정의 종교성에 대한 비교 연구"(2013), 250.

상제(리)가 분명하게 등장하기 때문이다.

그렇다면 초월적인 주재자 개념을 중심으로 한 칼뱅과 퇴계의 대화는 어떻게 이뤄질 수 있을까? 일단 양자는 개념상의 일치는 어렵다고 보는 것이 옳다. 칼뱅의 하나님은 이스라엘 역사를 통해 구체적이고 인격적인 측면이 분명하게 드러나지만, 퇴계의 경우는 하늘에 대해 많은 이야기가 가능할지라도 여전히 모호한 성격을 내포하기 때문이다. 따라서 양자 간의 직접적인 일치는 어렵고, 다만 개념상의 구조적 측면에서는 서로 공명할 수 있는 자리가 엿보인다. 가령 칼뱅이 "하나님은 온 우주에 충만하시지만, 사람이 그 본질에는 도달할 수 없다"고 말한 것처럼,[13] 퇴계 역시도 하늘(천, 리, 태극)은 사람이 구체적으로 경험하거나 사람의 지성으로써 파악하기 어려운 형이상학적 실재로서 이해하고 있다. 그러한 하늘에 대해, 퇴계는 전통적인 성리학의 가르침을 따라 리理라는 말로 표현하였다. 퇴계는 하늘(天/理)에 대해 다음과 같이 설명한다.

> 하늘(天)을 포괄적으로 말하면 도道라고 한다. 그것을 형체의 관점에서는 천天이라 하고, 성정의 관점에서는 건乾이라 하고, 주재의 관점에서는 제帝라고 하고, 공용功用의 관점에서는 귀신鬼神이라고 하고, 묘용妙用의 관점에서는 신神이라 한다. 모두 천지의 조화造化이지만, 가리키는 바에 따라 말이 다른 것일 뿐이다.[14]

---

13 J. Calvin, *Inst.*, I/2-2 참조.

14 『定本退溪全書』, 제9책, 253, <答寯姪問目>: "夫天 專言之則道也 以形體言 謂之天 以性情謂之乾 以主宰謂之帝 以功用謂之鬼神 以妙用謂之神 今按只是天地造化 但所指而言有異耳."

> 태극에 동정이 있는 까닭은 태극이 스스로 동정하는 것이고, 천명이 유행하는 것은 천명이 스스로 유행하는 것이니, 어찌 다시 그렇게 시키는 것이 있겠는가? 다만 무극과 음양오행이 묘합하여 엉기고 만물을 화생시키는 곳에서 보면, 마치 주재하고 운용하여 이와 같이 하게 하는 것이 있는 것 같다. 『서경』이 말한 바와 같이, "오직 높으신 상제께서 백성에게 속마음을 내리신다"는 것이 이것이다. 대개 리와 기가 합하여 사물에게 명령하니 그 신묘한 작용이 스스로 이와 같을 뿐이요, 천명이 유행하는 곳에 또한 따로 시키는 자가 있다고 말할 수는 없다. 이러한 리는 지극히 높아서 상대가 없으니, 사물에게 명령하고 사물로부터 명령을 받지 않기 때문이다.[15]

곧 퇴계는 마치 상제가 세상사를 주관하듯이 리의 주재와 운용에 의해 만물이 존재하고 움직이는 것으로 이해하면서, 결국 리가 하늘(상제)과 상통하는 개념임을 천명한다. 이렇게 보면, 퇴계는 직접적으로 우주 창조설을 말하지 않을지라도 우주 만물이 모두 리에 의해 생겨나고 움직이고 있다고 생각한 것으로 보인다. 그리하여 리는 한갓 우주 만물의 운동 원리 정도의 의미에서 그치는 것이 아니라, 우주의 시원으로서 모든 존재를 낳게 하는 근원적인 실재자이며 초월적이고 절대적인 의미를 갖는다고 할 것이다.[16]

이렇게 본다면, 칼뱅의 초월자 하나님에 대한 신학적 이해는 퇴계의

---

15 『定本退溪全書』 제1책, 462, <答李達李天機>: "太極之有動靜 太極自動靜也 天命之流行 天命之自流行也 豈復有使之者歟? 但就無極 · 二五妙合而凝 化生萬物處看 若有主宰運用而使其如此者 即書所謂 '惟皇上帝 降衷于下民.' 程子所謂 '以主宰謂之帝 是也.' 蓋理氣合而命物 其神用自如此耳 不可謂天命流行處亦別有使之者也 此理極尊無對 命物而不命於物故也."

16 안유경, "退溪의 理와 아리스토텔레스의 神과의 접점"(2019), 260.

주재자로서의 하늘 개념과 구조상으로는 서로 공명할 수 있고, 실제로 이 땅에 기독교가 전해질 때 사람들이 유학이 함의하는 하늘 개념을 통해 기독교가 말하는 하나님께 더 쉽게 접근할 수 있었을 것이다.[17] 사실 우리 민족은 유학의 전래 이전부터 하늘을 숭배해온 삶의 형태가 살아 있었다(부여의 영고, 동예의 무천 등). 그 후 여말 선초 유학자들에 의해 성리학이 도입되면서 우리 민족 고유의 하늘 숭배 의식은 유학 안으로 스며들었고, 조선 중기의 퇴계에게 이르러 더 구체적으로 철학적 주제로 등장하게 되었으며(특히 對越上帝 사상), 조선 후기의 실학자인 다산 정약용에게 이르러서는 더 인격적인 상제 개념으로 부각되었다고 볼 수 있다.[18]

말하자면, 우리 민족의 하늘 개념은 비록 기독교 신학처럼 절대자 하나님에 대해 창조주, 구속주 등으로 확연하게 정리된 개념은 없을지라도, 언제나 절대적 주재자로서의 하늘 개념은 가슴 속에 살아있었다. 그 점에서 중국의 하늘 개념과는 또 다른 성격을 지니는바 이것이 여말 선초麗末鮮初부터 서서히 민족의 하늘 개념과 결합하게 되었고(특히 牧隱 이색의 사상), 조선 중기에 이르러 퇴계의 사상 안에 확고하게 자리 잡게 되었다. 이것은 퇴계의 하늘 사상 자체가 중국의 그것과는 차이가 있을 뿐 아니라 진일보한 측면이 있다는 점에서 그 의의가 더욱 크다고 할 것이다.[19] 이러한 퇴계

17 이에 대한 하나의 예로, 마테오 리치의 『천주실의』를 들 수 있다. 그것은 비록 중국에서 이뤄진 기독교와 유교의 대화로서의 의미를 담고 있지만, 조선에 전래됨으로써 한국인들이 천주교 신앙을 수용하는 데 결정적인 역할을 했다. 이러한 구조적인 맥락은 훗날 전래된 개신교 신앙과 한국인들의 만남에도 그대로 적용되었을 것으로 보인다. 물론 개신교 신앙이 제시한 하나님에 대한 개념이 곧 칼뱅의 하나님 개념과 일치한다는 뜻은 아니지만, 그만큼 한국 유학이 함의한 하늘 개념과 기독교의 하나님 개념 사이에는 유의미한 접촉점이 있었던 것으로 보인다.

18 정순우, "다산에 있어서의 천과 상제," 「다산학」 제9호(2006), 5-39.

19 황상희, "퇴계 사상의 종교성에 대하여"(2017), 5-38.

의 하늘 사상은 은연중에 조선 사회 전반에 깊이 뿌리내리게 되었고, 기독교의 하나님 개념과의 만남을 통해 한국인들의 신 개념 형성에 나름대로 영향력을 미쳤을 것으로 보인다. 특히 장로교 계통의 교회에서는 자연스럽게 칼뱅의 신 개념과의 만남이 이뤄졌을 것으로 보인다.

2. 내재적 주재자

신학은 신앙 대상인 하나님에 대해 초월성만을 말하지 않는다. 그분은 사람과 피조 세계에 대해 절대적인 초월자이지만, 피조 세계와 유리된 존재가 아니다. 곧 그분은 천지를 창조하신 전능하신 절대자이지만, 오히려 자신을 비우시고 낮추셔서 사람과 그의 세계 안으로 들어오셨고 사람과 세계를 위한 구원 역사를 펼치시며 지금도 여전히 우리 안에 살아 계신다. 이처럼 초월적인 하나님께서 사람과 세계 안으로, 즉 인간과 인간의 역사 안으로 들어오신 결정적인 사건이 바로 예수 그리스도의 성육신 사건이다. 그리고 세상에 오신 그분은 인간과 세계를 위해 고난을 받으셨고 십자가 위에서 죽임을 당하셨으며, 여느 사람들처럼 장례를 치른 후 3일 만에 죽음에서 부활하셔서 오늘도 인간과 그의 세계의 역사와 함께하시며 역사의 주인으로 살아 계신다는 것이다. 바로 이것이 기독교 신앙의 핵심적인 내용이다.

칼뱅 역시 이러한 기독교 신학의 하나님에 대한 전통적인 이해를 수용한다. 그에 따르면, 하나님은 절대적인 초월자인 동시에 내재자라는 양극성을 가진 분으로 나타난다. 이오갑은 칼뱅이 이해하는 하나님에 대해, 존엄하신 하나님(*Deus maiestatis*)과 우리와 함께하시는 하나님(*Deus nobiscom*)이라는 초월과 임재의 변증법적인 양극성으로 설명한다. 그리하여 그분은 헤겔적인 총체적 종합의 절대정신(*das Geist*)으로 존재하는 분이 아니라 오히려 키에르케고르적인 변증법적 역설(Dialectic Paradox)로서 매 순간 우리에게 다가오시는 살아 계시는 하나님이라는 것이다.[20] 이처럼 칼뱅은 변증법적 역설로서 다가오시는 하나님께서 언제나 피조 세계와 그 역사 안에 살아 계시고 우리 안에도 임재하시며, 우리의 모든 것을 친히 인도하시고 이끌어 가신다고 본다. 칼뱅은 이러한 하나님의 내재성에 대해, 특히 하나님의 섭리론에서 다음과 같이 명확하게 설명한다.

> 하나님을 가리켜 '단번에 자기 일을 다 이루신 순간적인 창조주'로 규정해버린다면, 그것은 참으로 냉담하고 메마른 사고일 것이다. 우리는 특히 이 점에서 세속의 사람들과 다를 수밖에 없다. 왜냐하면, 하나님의 능력(*divinae virtutis*)이 처음 세상의 창조 때에 못지않게 그 후 계속 이어지는 우주의 상태에서도 그대로 빛나고 있기 때문이다. [...] 그러나 믿음은 이보다 더 깊이 파고 들어가야 한다. 즉, 하나님이 만물의 창조주이심을 발견한 다음에는 곧바로 그가 영원하신 통치자요 보존자이시라고 결론을 내리는 것이다(*Inst.*, I/16-1).

> 섭리란, 땅에서 벌어지는 일을 하나님께서 하늘에서 한가하게 구경하시는 것이 아니라 하나님께서 친히 열쇠를 쥐고 계신 분으로서 모든 사건을 지배하신다는 뜻이다(*Inst.*, I/16-4).

곧 칼뱅이 이해하는 하나님은 온 세상의 창조주인 동시에 온 세상을

---

20 이오갑(2010), 45, 47.

다스리시는 섭리의 주님이다. 다시 말해서 그분은 이신론(Deism)이 말하는 것처럼 세상과는 유리된 채 세상과는 멀리 떨어져 우주에 독존하는 존재가 아니라, 인간의 역사 속으로 친히 들어오셔서 인간의 아픔과 고통과 슬픔에 동참하시며 세상 끝날까지 함께하시는 임마누엘의 하나님이라는 것이다. 그리하여 인간은 오늘도 그분의 창조 세계와 역사적 현실에서 하나님의 현존하시는 손길(*praesenti Dei manu*)을 매 순간 경험하게 된다는 것이다. 이러한 칼뱅의 하나님은 곧 오늘의 역사적 현실 안에 살아계시는 하나님이라고 말할 수 있다. 그리고 그러한 하나님의 모습은 구체적으로 예수 그리스도의 역사적 현실에서 발견하게 된다.

그렇다면, 퇴계의 내재적 주재자로서의 하늘 개념은 어떠한가? 퇴계의 하늘 개념 기반에는 하늘에 대한 성리학의 일반적 인식이 깔려있다. 곧 전통적인 성리학은 성즉리性卽理의 원리를 견지하는바, 인간의 마음에는 하늘 이치가 본성적으로 내재한다는 인식을 바탕으로 인성론을 전개하고 있다. 퇴계의 주리 철학 역시 기 이전의 리의 궁극성과 편재성을 치밀하게 사유함을 통해 그리고 리의 작용성을 통해, 경의 주재성과 마음의 주체성의 관계를 세우고 마음 안팎으로 하늘이 내려준 사람됨의 본성을 자연스레 실현하는 수양론적 체계를 견지한다.[21] 그런 점에서, 퇴계는 전통 유학의 천인 관계론에 입각하여 자신의 성리학을 펼쳐나가고 있음을 볼 수 있다.

우선 퇴계는 전통 유학이 주제적 주체로 인식해온 상제와 초월적 대상으로 수용해온 하늘을 동일한 존재의 다른 명칭으로 인정하여 하나의 초월적 궁극 존재로 확인할 뿐 아니라, 하늘은 리요 태극도 리로 규정함으

21 김주한, “퇴계 주리 철학의 천리 인식,” 「한국사상과 문화」 제98집(2019), 150.

로써 하늘과 태극을 보편적 이치인 리의 개념 안에 환원시킨다.[22] 이러한 퇴계의 리 개념에는 이중적 성격 즉, 절대성(초월성)과 상대성(내재성)이 동시에 살아 있다. 곧 리가 있으면 기가 있고, 기가 있으면 리가 있는바, 리와 기를 함께 말하면 리는 기에 내재한다. 그런데 리가 기 안에 내재하면 리는 기의 영향을 받지 않을 수 없다. 따라서 리는 상대적일 수밖에 없다. 그러나 반대로 양자를 따로 떨어뜨리면 리는 기의 영향을 받지 않기 때문에, 리는 절대적 성격으로 등장하게 된다.[23] 이러한 초월적인 주재자로서 태극太極(주렴계) 혹은 리理(정·주)로서의 하늘은 인간 안에서 인간의 도덕적인 삶의 원리인 하늘 이치로서 살아 있는바, 사람은 그것을 자각하고 그것을 기반으로 사람다운 삶을 펼쳐 나가며 마침내 성인聖人의 경지에 이르게 된다는 것이다.

이처럼 퇴계는 천인 관계론에 입각하여 하늘은 사람에게 인간성을 부여할 뿐만 아니라 진정한 사람됨의 길을 걷도록 명령하고 있는바, 사람은 하늘이 내려준 사람의 본성을 구현함으로써 참된 인간 가치를 드러내게 됨을 역설한다. 퇴계에게 있어서 하늘은 본체론적 시각에서 보면 리이지만 그 유행에서 보면 원·형·이·정元·亨·利·貞의 사덕이요, 이 사덕은 하늘이 인간과 사물에 부여하는 명령天命의 근원적 모형을 이루는 것이 된다. 따라서 하늘(명령하는 자)과 인간(명령을 받는 자)의 존재를 통하여 나타나는 사덕의 구조에서 하늘의 성품과 인간의 성품에 대한 존재론적인 공통성이 드러난다.[24] 그러기에 하늘과 사람 사이에는 논리적으로 틈이 존재하지 않는다(天人無隔). 하늘의 본성(理: 天道)과 인간의 본성(理: 人道)이

22 금장태, "退溪의 天概念과 天人關係論"(1990), 301-302.

23 안유경, "退溪의 理와 아리스토텔레스의 神과의 접점"(2019), 267.

24 금장태, "退溪의 天概念과 天人關係論"(1990), 302.

다르지 않기 때문이다. 그리하여 "퇴계의 하늘에 대한 이해는 전통 성리학이 하늘의 존재와 인간 존재, 하늘의 운행 법칙인 천도와 인간의 행위 규범인 인도가 일치한다고 주장해온 천인합일 사상을 전제하고 있다."[25]

이러한 유학 전통의 천인 관계론을 바탕으로 한 퇴계의 하늘에 대한 인식은 이른바 초월적 주재자일 뿐만 아니라 내재적 주재자, 곧 내재천內在天의 의미를 함께 갖고 있다. 말하자면 퇴계의 하늘 개념에는 자연 만물을 생성시키는 총체적 원리로서, 만물의 존재 근거가 되는 초월적인 태극으로서의 리의 의미를 함의하는 동시에(초월적인 주재천), 다른 한편으로는 사람 안에 내재하는 도덕적 실천 규범(人極)으로서의 하늘 이치, 곧 내재적 주재천으로 등장한다는 것이다.[26] 그리하여 퇴계에게 있어서 주재적 하늘로서의 상제는 사람의 마음에 도덕 원리로 내재하면서, 사람의 삶을 감시하고 진정한 사람됨의 가치가 무엇인지를 비춰준다는 것이다. 퇴계의 경敬은 바로 이러한 상제(하늘)의 밝고 영명한 도덕적 감시 능력을 받아서, 그 마음이 기에 이끌리지 않도록 항상 각성 상태를 유지하는 수신의 방법론이라고 할 수 있다.

그렇다면 칼뱅의 내재적인 하나님 개념과 퇴계의 내재천으로서의 하늘 개념은 서로 만날 수 있는가? 두 사람의 절대자에 대한 인식과 대화는 사실상 초월적인 주재자의 개념보다 내재적인 주재자 개념에서 비교적 용이할 수 있다. 왜냐하면, 퇴계의 하늘 사상의 무게 중심이 초월적인 주재자로서의 하늘보다는 오히려 내재적인 주재자로서의 하늘에 있는 것으로 보이기 때문이다. 말하자면, 퇴계의 주된 관심은 형이상학적인 하늘보다는 그 하늘이 내려준 인간성의 본질과 그것의 실현에 있었다.

---

25 손홍철, "天人合一의 性理學的 特性과 意味," 「동서철학 연구」 제23호(2002), 317.
26 엄연석, "퇴계의 중층적 천관(天觀)으로 보는 경(敬)의 주재성"(2016), 229.

그가 초월적인 하늘에 관해 관심을 둔 이유도 사실은 불안하고 어두운 사회 현실에서 인간의 본성과 그 실현 가능성을 찾으려는 데에 있었다. 그리하여 퇴계는 맹목적인 형이상학으로서의 성리학이 아니라 모순으로 가득한 현실 사회에서도 사람들이 내면에 살아 있는 참된 인간성을 자각하고 실현함으로써, 사람됨의 진정한 삶의 의미와 가치를 발견하려는 방향에 서 있다. 칼뱅 역시 하나님에 관한 서술에서, 인간과의 무한한 질적 차이를 가지신 절대자 하나님(*Gott an sich*)에 대한 관심보다는 인간과의 관계 안에 계시는 하나님 곧 우리를 위한 하나님(*Gott für uns*)에 대한 관심이 더 큰 것으로 나타난다(*Inst.*, I/5-1). 그런데 우리를 위한 하나님은 사실상 우리의 세계와 역사 안에 함께하시는 임마누엘의 하나님일 뿐만 아니라, 우리에게 자신을 알려 주시며(계시) 언제나 우리와 동행하시는 아버지 하나님이라고 할 수 있다. 이러한 측면에서 칼뱅과 퇴계는 내재적인 주재자로서의 하나님/하늘에 대해 서로 공명할 수 있는 측면이 존재하는 것으로 보인다.

그런데 내재적 주재자에 대한 이해에서도 역시 칼뱅과 퇴계는 그 입사각이 다르다는 점이 근본적인 문제로 등장한다. 즉, 칼뱅의 내재적인 하나님에 대한 이해는 어디까지나 신적인 축점(a viewpoint of Divinity)에 뿌리를 둔 신학적인 하나님에 대한 이해를 견지하는 반면, 퇴계의 경우는 인간적인 축점(a viewpoint of Humanity)에 뿌리를 둔 철학적인 하늘 개념을 견지한다는 점이다. 그런 측면에서 양자의 하나님/하늘의 내재적 측면에 대한 개념 간에는 간격이 클 수밖에 없다. 게다가 칼뱅이 소개하는 하나님은 자신이 창조하신 피조 세계 안에 내재하시면서, 거기서 살아가는 인간들을 찾아오시고 그들과 만나고 대화하시는 분명한 인격적인 존재로 등장한다. 하지만 퇴계가 말하는 하늘은 여전히 추상적 측면이 강하다. 물론 퇴계의 하늘에 대한 표현 안에도 인격적인 개념이 함의되어 있지만, 칼뱅의 하나님 개념에는 미치지 못하고 여전히 '리, 태극, 도' 등의 철학적 개념과 잘 어울린다는 것이다. 따라서 양자의 만남에는 적잖은 난점이 존재한다.[27]

다만 앞에서 언급한 것처럼, 양자의 대화는 구조적인 측면에서는 나름대로 논의가 가능할 것으로 보인다. 우선 칼뱅의 신인식론 자체가 신-인관계神-人關係를 전제하는 개념이듯, 퇴계의 성즉리 개념 역시 천-인 관계天-人關係를 전제하는 주제이다. 칼뱅의 경우 하나님은 자기 세계 안에 독존하면서 스스로 만족하는 신적 존재가 아니라, 자신을 열어 세상과 인간을 창조하시고 그들과 함께하시는 관계의 하나님이시다. 하나님의 내재성은 바로 이 관계의 하나님에 대한 표상과 깊은 연관을 갖는다.

퇴계의 하늘 개념 역시 사람과 그의 세계에 참된 이치를 부여하며, 사람과 그들의 역사를 통해 자신의 원리가 실현되는 것을 원하는 관계론적 개념을 함의한다. 곧 퇴계의 천인 관계론은 하늘의 존재와 우주 만물의 운행 법칙인 천도가 일치한다는 전통적인 시각, 곧 우주의 존재 원리와 운행 법칙이 인간의 존재와 도덕적 당위 규범과 일치한다는 전통 유학의 입장을 견지함으로써,[28] 결국 천인 합일론으로 이어진다. 이러한 퇴계의 내재적 주재천으로서의 하늘 개념과 칼뱅의 창조주이자 섭리의 주님으로서의 하나님에 대한 개념은 일차적으로 존재론적·구조적 시각에서 보면 서로 공명할 수 있는 자리가 엿보인다.

또한 칼뱅의 하나님의 섭리 및 통치 개념과 퇴계의 리의 주재성 개념 사이에도 공명하는 부분이 있는 것으로 보인다. 칼뱅에 따르면, 하나님은

27 윤사순, "退溪 天槪念의 多樣性에 대한 검토"(2000), 7-26.

28 손흥철, "천인합일의 성리학적 특성과 의미"(2002), 319-320.

천지 만물의 창조주이신 동시에 자신의 피조 세계를 다스리고 그 본래의 존재 목적대로 이끌어가시는바, 그런 측면에서 하나님은 이 세상과 밀접한 관계 안에 계시며 사람을 포함한 온 우주 만물은 창조주께 존재를 의탁하고 있다. 이것은 만물에 대한 하나님의 절대 주권 개념으로서, 온 세상의 주님이신 하나님의 통치와 섭리에 대한 신학적인 이해이다.

> 우리에게는 우연인 것처럼 보이는 일일지라도, 믿음은 그것이 하나님께로부터 비롯된 은밀한 충동으로 이해하고 있다. 이유가 언제나 똑같을 수는 없지만, 우리는 세상에서 일어나는 모든 변화가 하나님의 손길에 의한(*exsecreta manus Dei*) 은밀한 활동에서 비롯된다는 것을 의심 없이 받아들여야 할 것이다(*Inst.*, I/ 6-9).

곧 칼뱅에게 있어서 사람을 포함한 만물은 존재와 운동 전체를 창조주께 의존하며, 그분께서는 만물을 계획과 목적대로 이끌어가신다는 섭리론적 시각에서 사람과 역사를 이해한다. 그리하여 사람과 그가 속한 세상은 창조주이신 동시에 통치자이신 하나님과 깊은 관계 안에서 존재하되, 인간 역사의 모든 것이 그분의 통치와 섭리 안에 있다는 것이다. 예수께서 "하늘 아버지이신 하나님은 너희 머리카락까지도 일일이 세신다"(눅 12:7)고 말씀하신 것은 그분의 통치와 섭리에 대한 결정적인 설명이다. 이러한 차원에서 기독교 신앙은 하나님의 내재적인 주재권을 인정하며, 칼뱅은 이러한 성서의 가르침을 그대로 수용한다.

이것은 퇴계에게서도 유사한 구조로 나타난다. 주지하는 바와 같이 유학에서 하늘은 인간 존재의 의미와 가치의 기반이자 중심 원리이다. 이것은 인간 밖에서는 하늘, 태극 혹은 리 등으로 불리지만, 인간 안에서는 하늘 이치, 하늘의 명령 등으로 불리며 인간 삶의 가치의 핵심적 원리가 된다. 이러한 리는 형이상학적으로는 만물의 생성과 변화를 총괄하는 자연의 섭리라고 할 수 있다. 즉, 리는 자연 만물의 생성과 조화와 질서와 통일성을 부여하는 자연의 거대한 에너지의 집합체라는 것이다. 퇴계는 <천명도설天命圖說> 제1절에서 다음과 같이 말한다.

> 묻기를 천명의 뜻을 들을 수 있는가? 선생이 이렇게 답하였다. 천은 즉, 리다. 거기에는 덕이 네 가지가 있으니, 원元 · 형亨 · 이利 · 정貞이다. 네 가지의 결실(實)을 성誠이라고 한다. 원이란 시작의 이치요, 형은 형통의 이치이며, 이는 수행의 이치이고, 정은 성공의 이치이다. 그것이 순환하여 쉬지 않음이 모두 진실하여 거짓이 없는 묘함이 이른바 성誠이라 한다. 그러므로 음양과 오행이 유행할 때 이 네 가지가 항상 그중에 있어서 만물을 명하는 근원이 되었다. 이리하여, 대개 만물의 음양오행의 기운을 받아 형상이 된 것은 원 · 형 · 이 · 정의 이치를 갖추어 성性으로 삼지 않은 것이 없다. 그 성의 조목은 또 다섯 가지가 있으니, 인仁 · 의義 · 예禮 · 지智 · 신信이다. 그러므로 이 사덕, 오상은 상하가 같은 이치요 하늘과 사람 간에 구분이 있은 적이 없었다. 그러나 성인聖人과 우인愚人과 물物이 다르게 된 것은 기가 그렇게 함이요, 원 · 형 · 이 · 정이 본래 그러한 것은 아니다. 그러므로 자사子思는 "하늘이 명한 것을 성이라 한다"고 하였으니, 대개 만물의 음양과 오행이 묘하게 합한 근원이며 사덕을 가리켜 말한 것이다. 리는 본래 하나인데 그 덕은 넷이나 되는 것은 어째서인가? 리는 태극이다. 태극 가운데 본래 아무것도 없는 것이니, 애초에 어찌 사덕이라고 명명할 만한 것이 있겠는가? 다만 그 유행한 뒤에 보면, 반드시 그 시작이 있고, 시작이 있으면 반드시 그 통함이 있고, 통함이 있으면 반드시 그 수행함이 있고, 수행함이 있으면 반드시 그 성공함이 있을 것이다. 그러므

로 비롯하여 통하고, 통하여 이룩하고, 이룩하여 성공됨으로써 사덕의 이름이 세워진 것이다. 이 때문에 합하여 말하면 하나의 리일 뿐인데, 나누어 말하면 이 네 가지 리가 있다. 그러므로 "하늘은 한 이치로 만물에 명하고, 만물은 각각 한 이치가 있다"는 것이 그 까닭이다.[29]

곧 칼뱅과 퇴계는 하나님/하늘의 초월적 주재성과 함께 내재적 주재성을 견지하는 가운데, 통치와 섭리의 개념에서 구조적인 유사성을 보이면서 서로 공명하는 것으로 보인다. 칼뱅에게 있어서 하나님의 섭리와 통치는 하나님의 내재적 주재성을 반영하는 주제이고, 퇴계에게 있어서도 하늘 섭리의 개념은 인간 안에 내재하는 하늘 이치의 발현과 연결되는 주제이기 때문이다. 그리하여 두 사람은 섭리의 개념에서 함께 만날 수 있을 것으로 보인다. 두 사람 모두 섭리의 개념 자체가 내재적 주재자로서의 하나님/하늘을 말하기 때문이다.

나아가 퇴계의 천명 사상 또한 신학의 로고스 기독론(Logos-Christology)과 유사한 구조를 이루고 있다. 칼뱅에 따르면, 살아 계시는 하나님의 아들이자 말씀(Logos)이신 그분이 사람의 아들이 되어 이 땅에 오셨다는

29 『退全』 卷8, <천명도설> 圖與序: "問: 天命之義 可得聞歟. 曰: 天卽理也 而其德有四 曰元亨利貞是也四者之實曰誠 蓋元者 始之理亨者 通之理利者 遂之理貞者 成之理而其所以循環不息者 莫非眞實無妄之妙 乃所謂誠也 故當二五流行之際 此四者常寓於其中 而爲命物之源 是以 凡物受陰陽五行之氣以爲形者 莫不具元亨利貞之理以爲性 其性目有五 曰仁義禮智信 故四德五常 上下一理 未嘗有間於天人之分 然其所以有聖愚人物之異者 氣爲之也 非元亨利貞之本然 故子思 直曰天命之謂性 蓋二五妙合之源 而指四德言之者也 理本一也 其德至於四者 何也 曰理太極也 太極中本無物事 初豈有四德之可名乎 但以流行後觀之 則必有其 始有始則必有其通 有通則必有其遂 有遂則必有其成 故其始而通通而遂 遂而成 而四德之名立焉 是以合而言之 則一理而已 分而言之 則有此四箇理 故天以一理命萬物 而萬物之各有一理者此也."

성서의 증언은 하나님의 내재성에 대한 결정적인 가르침이다: "우리는 동정녀에게서 태어난 중보자는 원래 하나님의 아들이라고 고백한다. [...] 즉, 그가 하나님의 아들로 믿어지는 것은 만세 전에 아버지에게서 태어난 말씀이 위격적 연합 가운데 인성을 취하셨기 때문이다"(*Inst.*, II/4-2). 곧 하나님의 말씀이 사람이 된 사건이 바로 하나님께서 인간 세상에 들어오신 구체적인 사건이며, 이것은 성리학의 하늘의 이치가 사람의 성품人性이 되어 그 본질적 인간성이 실현되도록 주재하는 하늘의 명령으로서 살아 있는 것과 유사한 구조를 이루고 있다는 것이다.

물론 신학이 말하는 성육신 사건은 예수 그리스도라는 구체적·실존적 인격을 말한다는 점에서, 성리학의 천명 사상과는 다른 측면이 있다. 왜냐하면 칼뱅이 말하는 그리스도의 성육신 사건은 역사 안에 실존하셨던 예수 그리스도라는 구체적인 인간을 말하지만, 퇴계의 천명 사상은 아무래도 추상적·형이상학적 개념이 강하기 때문이다.

한편, 칼뱅이 말하는 그리스도의 인간성(*humanitatis Christi*)은 단지 개별자로서의 예수 그리스도라는 한 인격을 지칭함에서 그치는 것이 아니다. 그분은 오히려 보이지 아니하는 하나님의 형상(골 1:15)으로서의 본질적 인간성을 함의한다는 점에서, 퇴계의 천명 사상과 구조적 측면에서 서로 공명할 수 있다. 곧 성육신 사상과 천명 사상은 외견상으로는 별개의 것이지만, 그 내면적 의미를 주목한다면 양자는 함께 대화할 수 있는 측면이 있다는 것이다. 그리스도의 성육신은 하나님의 구원 사건이지만 한편으로는 하나님께서 외아들 예수 그리스도를 통해 스스로 하나님의 형상으로서 인간 됨의 본질을 제시하는 것이고, 천명 사상 역시 결국 참된 인간성 문제로 귀결되기 때문이다.

요컨대, 칼뱅과 퇴계의 내재적 주재자 개념을 중심으로 하는 대화는 주지하는 바와 같이 양자의 개념적 일치의 측면에서보다는 구조적인 공명이라는 시각에서 바라본다면 적잖은 논의가 가능할 수 있다. 사실, 인간 존재가 하나님 또는 하늘과의 관계 안에서 존재하는 독특한 존재론적 측면을 함의하고 있다. 눈부신 과학·기술 혁명 시대라는 현대 사회는 풍부함과 편리함이라는 표면적 상황과 함께 그 배면에 인간성 상실이라는 아픔도 공존한다. 이러한 모순적 현실에서, 특히 사람이 하나님 혹은 하늘이 부여하는 본질을 따라서 살아갈 때 인간성의 참된 실현의 경지에 나아갈 수 있다는 양자의 개념적 구조 자체가 그것이 기독교 신학이든 성리학적 유교든 간에 인간성 회복이라는 시대적 과제에 대한 진지한 고민을 요청한다. 그리하여 양자는 함께 내재적인 주재자로서의 하나님/하늘에 대한 인식을 바탕으로, 신-인 관계 혹은 천-인 관계 안에 존재하는 인간의 존재 의미와 그 가치에 대한 진지한 물음을 불러오게 된다고 할 것이다.

3. 인격적 주재자

초월적 주재자인 동시에 내재적인 주재자에 대한 개념은 결국 인격적인 주재자에 관한 문제로 이어진다. 왜냐하면, 초월적인 동시에 내재적인 주재자에 관한 문제는 그런 절대자와의 관계 안에 있는 인간의 문제 즉, 신인 관계神人關係, 곧 천인 관계天人關係를 전제하며, 결국 절대자의 인격성 문제로 연결되기 때문이다. 특히 신학과 유학은 사람에 대해, 스스로 존재하는 존재자가 아니라 하나님/하늘에 의해 그 존재가 시작되며 언제나 하나님/하늘에 존재를 의존하는 존재로 이해한다. 그리고 신학과 유학은 사람의 성품에 대한 이해 역시 하나님/하늘과의 관계에서 인식하고 있다. 이러한 인간 존재에 대해 신학은 사람을 하나님의 형상(*Imago Dei*)으로,

유학은 천명의 담지자로 이해한다. 그러므로 신학과 유학의 사람에 대한 이러한 시각은 결국 그러한 인간 존재를 존재할 수 있게 한 하나님/하늘에 대해 처음부터 인격성을 전제할 수밖에 없다.

그렇다면 기독교 신학자로서의 칼뱅과 성리학자로서의 퇴계는 인격적 주재자로서의 하나님/하늘에 대해 어떻게 이해하는가? 그런데 문제는 칼뱅이나 퇴계 모두 다 자신들의 저작물들에서 인격적인 존재로서의 하나님 혹은 인격적인 하늘이라는 표현을 명시적으로 밝히지 않는다는 점이다. 따라서 양자의 인격적 주재자에 관한 대화 문제는 그들이 이해하는 주재자에 대한 인격성의 문제에 대한 논의가 먼저 필요하다.

칼뱅과 퇴계는 자신들이 이해하는 주재자의 인격성에 대해 어떻게 이해하고 있는가? 우선 인격(Personality)이란 일반적으로 인간으로서의 품격을 뜻하는바, 인격을 최초로 철학적·신학적 방향에서 정의한 사람은 보에티우스(Boethius, 470~524)였다. 그는 인격을 이성적 본성의 개별적 실체라고 정의하였다. 여기서 이성적 본성이라는 말은 정신의 본성이나 정신적 본질을 의미하며, 개별적 실체라는 말은 궁극적이고 대치될 수 없고 나눌 수도 없는 자립을 의미한다. 이에 비해 토마스 아퀴나스(T. Aquians)는 인격을 이성의 본성 안에서 다른 것과 분별되는 자주체로 정의하였다. 두 사람의 견해를 종합해 보면 인격은 무엇보다 우연을 배제한 개별적 실체를 전제하며, 무엇보다 지·정·의를 갖춘 이성적인 존재를 의미하는 것으로 보인다.[30]

그렇지만 『현대 세계의 인간 운명』(1934)을 쓴 베르댜예프(Николай A. Бердяев, 1874~1948)에 따르면, 인격(Personality)은 내적 중심을 갖춘 통합

30 https://100.daum.net/encyclopedia/view/24XXXXX64667 (2021. 6. 11).

적인 존재로서의 사람됨의 참된 모습이며, 실존주의자들이 말하는 실존(Existence)과는 다르다. 20세기 최고의 철학자로 불리는 마르틴 하이데거(M. Heidegger, 1889~1976)가 "던져져 있으면서 앞으로 내던지는"(*geworfener Entwurf*) 실존을 말했다면, 베르댜예프는 이러한 하이데거의 철학에서 절망의 철학이자 절대적인 비관론을 보았다. 베르댜예프는 종종 기독교 실존주의 철학자로 불리지만, 사실 그는 실존주의 범주에만 머물러 있지 않았다. 오히려 그는 막스 셸러(Max Scheler, 1874~1928)나 자크 마리탱(Jacques Maritain, 1881~1973)과 같은 세계적인 철학자들과 교유하면서, 실존주의 철학을 넘어선 독특한 인격주의 철학을 발전시켰다. 그에 따르면, 인격은 신의 형상을 닮은 모습이면서도 자유를 그 본질로 삼고 있다. 여기서 그가 말하는 자유는 정치적인 차원이나 사회 경제적 차원으로 국한될 수 없는 인간 정신의 영원한 근거였다.[31]

그런데 이처럼 사람의 인격성 문제를 신학적 차원에서 접근하게 되면, 신神의 인격성에 대한 문제로 이어지게 된다. 신의 인격성을 말하는 것에 대해, 쟈크 마리탱은 『앎의 등급들』(*Les degrés du savoir*)에서 인격적인 신을 말하는 것은 신에게 인간적인 어떤 특성을 부여하는 것을 뜻하지 않고, 인간의 어떤 특성들을 신성으로부터 규정하려는 것이라고 밝힌다. 즉, 인간에게서 인격성이라는 특정 개념을 산출하는 것은 사람을 규정할 때 신의 신성을 통해서 유추함을 의미한다는 것이다. 신이 사람을 닮은 것이 아니라 사람이 신을 닮았기 때문이다. 그래서 쟈크 마리탱은 신을 최상의 인격적인 존재로 본다. 그런데 신이 그런 존재라는 것은 신이 곧 창조주라는 뜻이다. 왜냐하면, 인격의 첫째 특성이 개별자인바 이 개별자

31 https://ko.wikipedia.org/wiki/니콜라이_베르댜예프 (2021. 6. 11).

는 다른 존재들과 구분되거나 분리되어 있음을 뜻하기 때문이다. 모든 존재가 개별자이지만 의존하는 존재들이라면, 신은 절대적으로 개별적인 존재 즉, 절대적으로 분리된 존재로서 다른 의존적 존재들의 원인일 수밖에 없기 때문이다. 따라서 마리텡에 따르면, 더 인격적인 존재는 더 개별적인 존재이다. 최상의 인격적인 존재는 최상으로 분리된 자이다. 그 어떤 것에도 의존하지 않고 존재하는 자, 즉 완전히 혹은 절대적으로 자립적인 존재가 신이다. 더 자립적인 존재는 더 창조적이고 더 신비적이다. 분리된 존재는 타자에게 없는 것을 산출하는 자이고 타자가 알 수 없는 실존을 지니고 있기 때문이다. 그리하여 사람이 인격적 존재라는 것은 곧 자립적이고 창조적이며 깊은 심연을 가진 신비로운 존재라는 것이다.[32]

결국 사람이 인격적 존재라는 말은 지·정·의를 가진 이성적·개별적·자의적인 자유로운 존재를 의미한다고 말할 수 있다. 이것을 신에게 적용하면, 절대적이고 창조적인 존재로서 사람과 세계에 대해 무한히 초월적인 동시에 내재적이며 사람과 만나고 대화하며 사람의 삶과 역사에 자신의 의지를 행사하시는 가운데, 사람과 세계에 대한 진정한 주재자로서의 하나님 혹은 하늘로서의 개념을 함의한다고 볼 수 있다. 이러한 인격적 존재로서의 신에 대한 개념을 우리는 신학적·철학적으로 수용하면서, 칼뱅과 퇴계의 절대적 주재자에 대한 개념에 더 가까이 접근하게 된다.

그런데 파울 틸리히(P. Tillich)에 따르면, 신학에서 하나님의 인격성에 대한 개념은 사실상 19세기의 현대 신학에 이르러서 비로소 확립되었다는 것이다. 그에 따르면, 고대 신학자들은 하나님을 인격적으로 이해하지

32 https://m.cafe.daum.net/expo-philo/pNlE/7 (2021. 6. 11).

않았다. 그들은 인격이란 용어를 하나님 자체가 아닌 삼위일체의 각 개성에 대해 사용했을 뿐이다. 하나님을 오늘날과 같은 인격적인 존재로 간주하게 된 것은 물리적인 법칙이 지배하는 자연을 도덕적인 법칙이 지배하는 인격성으로부터 분리했던 칸트 철학과 밀접한 연관 속에서 등장하게 되었다는 것이다. 그래서 틸리히는 하나님에 대해 하나의 인격을 가진 존재로 표현하기보다는 존재의 근원, 존재의 힘, 존재 자체 등 상징적으로 표현하였다. 왜냐하면, 하나님은 다른 존재들과 병존하는 하나의 존재자가 아니기 때문이다. 그래서 그는 "신은 하나의 인격이 아니다. 하지만 그는 인격 이하의 존재도 아니다. 신은 모든 인격적 존재들의 존재 근거가 된다"고 주장하였다. 그리고 전통적으로 기독교가 견지해온 유신론적 신 개념 역시 하나의 상징으로 이해해야 한다고 보았다. 그리하여 틸리히는 전통 유신론의 신 개념을 넘어, 하나님을 존재의 근원, 존재의 힘, 존재 자체라고 설명했다. 물론 그는 하나님의 인격성에 대한 표상이 그분이 하나의 인격이기보다는 모든 인격적인 것의 근거이며 신은 자신 안에 인격성의 존재론적인 힘을 지니고 있음을 의미한다는 차원에서는, 하나님의 인격성을 인정한다.[33] 아무튼 하나님의 인격성에 대해, 틸리히처럼 모든 인격적 존재들의 근원으로서의 의미를 갖게 되든 아니면 전통적인 견해를 견지하든, 인간과 관계하시는 하나님이라는 차원에서 하나님의 인격성에 대한 개념은 여전히 유용하다고 할 것이다.

이러한 하나님의 인격성에 대한 신학적 진술은 사실 종교 개혁자들에게서 분명하게 드러나는바, 특히 칼뱅의 하나님에 대한 진술은 이미 그분의 인격성을 전제하고 있다. 그분은 인격적이기에 사람에게 말을 걸어오

33 P. Tillich, *Systematic Theology*, 유장환 역, 『조직신학』 II(서울: 한들, 2003), 147-148.

시고, 사람의 예배와 기도에 응답하시며, 그들의 삶의 과정에 개입하실 수 있다. 칼뱅에게 있어서 하나님의 인격성은 특히 구원자 하나님에 대한 표상에서 나타난다. 그분은 세상 만물을 창조하셨지만, 자신을 낮추시고 유한한 피조물의 세계에 참여하시고 그들의 역사에 친히 관여하신다. 그뿐만 아니라 죄로 인해 비참 상태에 빠진 인류와 그들의 역사를 포기하지 않고 사랑하시며 그들을 거룩한 구원의 자리로 불러주시는, 한없는 자비와 긍휼의 하나님이시다. 이러한 하나님은 오늘도 우리에게 특히 주님(*Dominus*)과 아버지(*Patreus*)로서 다가오신다.[34] 그리고 그런 하나님을 사랑하고 공경하는 태도가 바로 경건이다. 곧 경건은 인격적인 하나님에 대한 사람의 인격적 응답을 의미한다. 칼뱅은 이와 관련하여 경건을 다음과 같이 설명하는데, 그것은 곧 하나님을 향한 인격적인 태도를 함의한다. 그분이 인격적인 하나님이기에 사람 또한 그렇게 응답한다는 것이다.

> 경건한 사람은 하나님을 주님이자 아버지로 인정하기 때문에, 매사에 그분의 권위를 높여드리며 그분의 영광을 드러내기에 진력하고 그분의 명령에 순종한다. 또한 경건한 사람은 하나님에 대해 악을 벌하시는 의로운 재판장임을 알기 때문에, 그분의 심판대를 항상 자신 앞에 두며 그분을 두려워하며 그분의 진노를 촉발하지 않도록 언제나 자신을 가다듬는다. 그렇지만 그는 하나님의 심판을 알고 두려워하기는 하지만, 그분의 심판을 지나치게 두려워하지는 않는다. 경건한 사람은 하나님께서 악인을 벌하시는 것을 보는 동시에 당신을 경외하는 자에게 영생의 상급을 베푸시는 것이 모두 하나님께 영광을 돌리는

34 *Inst.*, I/2-2.

일에 속한다는 것을 잘 알고 있다. 그뿐 아니라 경건한 사람이 죄를 범하지 않도록 자신을 가다듬는 것은 그저 형벌에 대한 두려움 때문이 아니라, 하나님을 아버지로서 사랑하고 존경함으로써 그분을 주님으로 예배하고 경외하기 때문이다. [...] 이것이 바로 순수하고 참된 경건이다. 즉, 이 경건은 하나님을 진심으로 경외하는 마음과 서로 밀접하게 연결된 신앙을 의미한다(*Inst.*, I/1-2).

즉, 칼뱅은 주와 아버지이신 하나님께서 언제나 인격적으로 다가오시기에, 그분께서 사랑하시는 자녀인 사람은 그분 앞에서의 진실하고 진지한 태도인 경건으로 응답한다는 것이다. 이러한 칼뱅의 신-인 관계는 그분이 인류와 모든 피조 세계에 대한 창조주라는 존재론적 측면에서만이 아니라, 예수 그리스도의 구속 은총 안에서 이뤄지는 독특한 관계론적 특성을 갖는다. 곧 사람은 예수 그리스도 안에서 구원자이신 하나님과의 인격적인 관계를 맺고 그분의 자녀로서 살아가게 되며, 그분은 언제나 당신의 그 자녀들에게 인격적인 존재로 다가오신다는 것이다. 곧 칼뱅에게 하나님의 인격성에 대한 구체적인 언급은 없지만, 그의 신학적 진술들은 이미 하나님의 인격성을 전제하고 있다고 할 것이다. 칼뱅의 하나님에 대한 심오한 설명은 하나님의 인격성을 전제하지 않고는 이해될 수 없다는 것이다.

그렇다면 퇴계에게도 하늘(天)의 인격성에 대한 이해가 나타나는가? 퇴계는 기본적으로 전통 유학이 견지하는 대로, 하늘은 자연 만물을 생성하고 모든 것을 조화롭게 이끌어 가는 총체적인 원리와 근거로서 태극(리)을 함의하는 자연천自然天인 동시에 인간 존재의 도덕적 실천 규범으로서의 의리천義理天의 개념을 수용한다. 그렇지만 퇴계는 거기서 멈추지 않는다. 그는 전통 유학에서 진일보하여, 태극(리)을 사람의 마음에 주어진 인극人極으로 이해함으로써 인성 안에 내재하는 도덕적 주재자로서의 주재천主宰天으로 인식의 지평을 확대하였다. 이러한 하늘은 사람의 마음에 내재하는 리로서 인사의 모든 의리를 비추어보는 영명한 빛인 동시에 마음의 능동적 주체자가 됨으로써, 인격성과 주재성을 함의하게 된다.

그리하여 퇴계에게 있어서도 하늘 곧 상제는 사람의 마음에 내재하지만, 기와 분리되어 밝은 영명성을 가지고 도덕적 주재와 감시자인 리를 관장하는 인격적인 주재자로서 등장한다. 왜냐하면, 퇴계에게 있어서 하늘로부터 받은 사람됨의 이치天理는 사물死物 즉, 기 안에 고정된 법칙, 곧 현실을 벗어나 죽은 관념적인 리가 아니라 역동적으로 사람의 선한 본성을 추동하고 사람의 마음과 함께하는 활발하게 살아 있는 리이다. 이러한 리의 초월성이 온전히 인간의 본성으로 자리를 잡은 것이 바로 사람의 마음이다. 사람의 마음만이 그 초월을 실존적으로 파악하여 인극人極을 만들 수 있다. 사람은 하늘 이치를 부여받을 뿐 아니라 그 이치의 활동에 참여하기 때문이다. 현실 세계는 리의 자기 현현이며 기의 세계에는 리의 조화와 움직임이 아닌 것이 없기에, 리의 작용 곳곳에 사람의 마음이 스며들 때 사람은 하늘이 내려준 자신의 본성을 온전하게 실현하게 되는 가장 자연스럽고 선한 존재로 살아가게 된다는 것이다.[35] 퇴계는 바로 그러한 인간의 자기 본성의 실현 과정에 대해 경의 문제를 들고 나온다. 퇴계 성리학의 핵심 문제인 경은 이처럼 상제(하늘)의 밝고 영명한 도덕적 감시 능력을 받아서 마음이 기에 이끌리지 않고 리를 따르는 각성 상태를 유지하는 것을 뜻한다.[36]

---

35 김주한, "퇴계 주리 철학의 천리 인식"(2019), 146-157.

36 엄연석, "퇴계의 중층적 천관(天觀)으로 보는 경(敬)의 주재성"(2016), 229-263.

말하자면 사람은 자신 안에 내재하는 인격적 주재자로서의 하늘(天, 理, 上帝, 太極)의 가르침을 따라서 하늘로부터 받은 본질인 인간성을 하늘의 수준에 이르도록 실현함으로써, 하늘이 요구하는 성인의 이상을 실천하는 것이 본질적인 직분이라는 것이다. 이러한 인간이 하늘과의 관계 안에서 존재를 실현하는 문제가 곧 퇴계 성리학의 근본이다. 이렇게 볼 때 퇴계의 하늘 개념에는 하늘의 인격성 문제가 전제될 수밖에 없다. 이러한 퇴계의 인격적인 하늘에 대한 문제는 그의 저술 곳곳에서 드러나는데, 특히 앞에서 언급한 대월상제對越上帝적 태도를 강조하는 경의 실천론에서 드러난다.[37]

곧 퇴계에게서도 하늘 곧 상제는 사람의 마음에 내재해 있으면서 사람됨의 의미와 가치를 밝혀주는 가운데 사람을 도덕적으로 감시하는 주재자로 살아 있다. 그런 점에서, 하늘의 인격성을 전제하지 않을 수 없다. 물론 퇴계는 그 하늘이 인격적이라고 구체적으로 밝히지는 않는다. 그렇지만 그가 이해하는 하늘에 관한 여러 개념(天, 理, 上帝, 太極)은 하나같이 인간과 사물 안에 내재하는 중요한 존재 원리인 동시에 가치의 핵심, 즉 사람과 사물의 소이연所以然과 소당연所當然으로서의 의의를 지닌다. 또한 그것이 참으로 소이연所以然과 소당연所當然일 수 있게 하는 소능연所能然으로서 활동성을 함의한다는 점에서, 이미 인격성을 드러낸다고 말할 수 있다. 그렇지만 퇴계의 하늘에 대한 인격성 문제는 여전히 많은 이들이 의문을 표시하고 있다는 점에서, 불확실한 측면이 존재한다고 할 것이다.

그렇다면 이 문제에 대해 칼뱅과 퇴계의 대화는 가능한 것인가? 전술

---

37 『퇴계』 제3권, 149 <경재잠도>: "의관을 바로 하고 눈매를 존엄하게 하고 마음을 가라앉히고 거처하면서, 상제(上帝)를 대해 모시듯 하라"(正其衣冠 尊其瞻視 潛心以居 對越上帝).

한 바와 같이 양자는 역시 개념적 측면에서는 이질적인 면이 존재하지만, 구조적인 측면에서는 대화의 가능성이 있는 것으로 보인다. 양자가 이해하는 인간과 만물에 대한 주재자는 신-인 관계 / 천-인 관계를 전제하는바, 사람은 어디까지나 그 절대적 주재자와의 관계 안에서 존재할 뿐만 아니라 그 주재자의 성품을 수용하여 자신 안에서 실현한다. 그리고 이를 통해 진정한 사람됨의 가치를 추구해 나간다는 점에서, 양자의 주재자에 대한 이해는 서로 공명한다고 할 것이다.

곧 칼뱅의 경우 사람은 그리스도 안에서 성령의 은혜를 통해 창조주 하나님의 형상을 회복하고 그분의 형상을 따라 살아감으로써 진정한 사람됨의 의미와 가치를 실현하게 되고, 퇴계 역시 하늘 이치 혹은 하늘 명령으로서의 인간성을 부여받은 사람이 그 하늘의 이치(理: 仁)를 따르면서 성인의 경지를 이루라는 하늘의 명을 수행할 때 비로소 사람됨의 본질을 실현하게 되는 구조를 형성하고 있다. 다시 말해서, 그들이 제시하는 주재자의 인격성은 인간이 그 주재자로부터 받은 자신의 본질적인 인격성을 실현함에서 주재자의 진정한 인격성을 드러내는 구조를 이루고 있다. 그런 측면에서, 양자는 함께 대화의 장으로 나갈 수 있을 것으로 보인다.

그렇지만 두 사람의 시각에는 분명한 차이점도 드러난다. 칼뱅의 경우, 주재자의 인격성이 인간에 의해 간접적으로 드러나는 퇴계의 입장과는 달리 이미 주재자 자신이 계시를 통해 자신의 인격성을 직접 드러내신다. 곧 칼뱅에 따르면 하나님은 스스로 사람에게 자신을 드러내시고 말을 걸어오시며, 사람과 그의 세계를 구원하시며, 사람과의 깊은 교제의 삶을 주도해 나가신다(*Inst.*, I/5-7, 8 참조). 이에 대해 칼뱅은 이렇게 말한다.

> 하나님께서 한 사람도 예외가 없이 모두에게 자신의 임재를 당신의 피조물들 속에서 보여주셔서, 온 인류를 통하여 동일한 정죄 아래에 두신다. 그렇지만 사람이 우주의 창조주이신 하나님께로 올바로 이끌려지기 위해서는 그보다 더 나은 또 다른 도움이 필요하다. 그러므로 하나님께서 그의 말씀이라는 빛을 덧붙여 주셔서 사람에게 그 자신을 알게 하시며 구원에 이르도록 하시고, 그로 말미암아 하나님께로 더 가까이 친근하게 나아오는 자들에게 특권을 베푸신 것이 전혀 헛된 일이 아니다(*Inst.*, I/6-1).

즉, 칼뱅에 따르면, 하나님 자신이 사람과 관계를 맺으시고 그들에게 자신을 드러내시며 구원의 은총을 통하여 사람과의 관계를 더욱 풍성하게 하심으로써, 사람에게 자신을 알리시고 그들과 깊은 교제의 삶으로 이끌어 가신다는 것이다. 이처럼 칼뱅의 시각에서 볼 때, 온 세상 만물의 진정한 주재자로서의 하나님은 처음부터 인격적인 분이시고, 그러한 자신의 인격성을 창조 과정을 통해 사람에게 부여하셨다는 것이다. 그리고 그렇게 부여된 인간의 인격성에 대한 표상은 무엇보다 사람이 하나님의 형상(*Imago Dei*)이라는 사실에서 드러나게 된다.

반면에 퇴계에 따르면, 사람을 포함한 모든 사물의 존재 근거와 그것들의 당연한 법칙인 동시에 만물을 주재하는 존재론적 근본 원리로서의 하늘(天)의 인격성은 주재자인 하늘 스스로 드러낼 수 없다. 하늘의 인격적 특성(天理/天命)은 사람에 의해서 실현됨을 통해 간접적으로 그 실체가 드러나게 된다. 그렇게 되기 전까지 주재자로서의 하늘은 다만 만물의 주재 원리로서 존재할 뿐이다. 그래서 사실상 퇴계에게서 주재자의 인격성은 그 실체성마저 뚜렷하지 않을 때도 있다. 그것은 아마도 성리학이 서구 형이상학과는 달리 존재론적 사유를 하지 않기 때문으로 보인다.[38]

하지만 그렇다고 하늘의 인격성이 부정되는 것은 아니다.

적어도 퇴계의 시각은 기존의 성리학과는 달리 리의 발동發動, 발현發顯, 혹은 도래到來의 개념을 함의함으로써 리의 능동성과 운동성을 인정하고 있다는 점에서, 칼뱅만큼 선명하지는 않을지라도 리로서의 하늘의 인격성이 드러난다고 할 것이다. 즉, 퇴계가 하늘 이치를 인간 안에 내재하는 도덕적 규범의 근거가 되는 측면을 강조한 것 자체가 하늘이 도덕적 원리로써 지상 세계를 주재하는 주재자로서의 인격성을 밝히는 것이라고 말할 수 있다.[39] 그리하여 퇴계는 그 주재자로서의 하늘 앞에서 사람은 마치 황제를 대하듯 늘 자신을 돌아보고 경계하면서 하늘 이치를 따르는 삶을 실천하기를 원했고, 그것을 힘써 가르쳤다. 이러한 측면에서 퇴계의 성리학은 이미 종교성을 띠고 있다는 점에서, 신학과의 대화가 가능하다고 볼 수 있다.[40] 이러한 퇴계의 시각은 특히 조선 후기에 이르러, 퇴계 학통을 잇는 학자들이 서양의 천주교를 수용하는 데에 그 나름대로 영향을 끼친 것으로 보인다.[41]

요컨대 칼뱅과 퇴계의 하나님/하늘에 관한 대화는 한국 교회적 영성에 대한 논의를 이해서는 반드시 필요한 부분이지만, 그 안에는 적지 않은 한계와 난점이 존재한다고 할 것이다. 무엇보다 칼뱅의 하나님과 퇴계의 하늘은 개념부터 차이가 있으며 처음부터 입사각이 다르기 때문에, 서로에 대한 접근이 쉽지는 않다. 그렇지만 신학적 지평과는 달리 한국 교회의 목회 현장에서는 이것이 거의 문제가 되지 않은 것으로 보인다. 한국 교인

38 양명수(2016), 316.

39 엄연석, "퇴계의 중층적 천관(天觀)으로 보는 경(敬)의 주재성"(2016), 259.

40 이종우, "退溪 李滉의 理와 上帝의 관계에 대한 연구,"(2005), 7-22.

41 조성환, "바깥에서 보는 퇴계의 하늘 섬김 사상,"(2012), 307-333.

들은 처음부터 하늘과 하나님의 개념 차이를 극복하고, 과거 유학의 지평에서 상통되던 하늘을 성서의 하나님으로 수용하는 데 큰 어려움이 없었던 것으로 보인다. 더욱이 유학에서 통용되던 하늘 개념은 사실상 오랜 한민족 전통에서 수용되어오던 하늘과 다른 개념이었음에도 불구하고, 한민족은 별 무리 없이 수용하여 자신의 것으로 삼았다. 이것은 유학과 신학의 관계에서도 유사한 해석학적 지평이 열린 것으로 볼 수 있다. 이에 따라 한국 교회는 신학적으로도 이 문제에 대한 깊은 숙고를 통하여 한국 교회적 영성의 지평을 새롭게 펼쳐나갈 필요가 있는 것으로 보인다.

IV. 인간성 패러다임: 경건의 담지자

앞에서 우리는 칼뱅과 퇴계의 경건 문제는 단지 현학적인 어떤 것이 아니라 근본적으로 실천 지향적 성격을 띠고 있음을 알았다.[1] 그리고 그것의 실천 과정은 궁극적으로 인간성 패러다임(the Paradigm of Humanity)에 그 뿌리를 두고 있음도 보았다. 칼뱅이나 퇴계에게 있어서 경건의 실천이란 곧 참사람이 되는 문제 곧 참된 인간화의 문제로 귀결되기 때문이다. 여기서는 두 사람의 인간성 패러다임에 관한 대화의 가능성을 찾아보려고 한다.

1. 본질적 인간성

칼뱅의 경건 이해는 무엇보다 사람은 하나님의 형상(*Imago Dei*)이라는 대전제에서 시작된다. 그에 따르면 사람은 하나님의 형상대로 창조되었고, 그러한 측면에서 사람은 다른 모든 피조물과 구분된다. 이처럼 독특한 인간 존재에 대한 칼뱅의 깊은 통찰은 그의 인간론의 핵심을 이루고 있다. 그는 하나님의 형상에 관하여 다음과 같은 논지를 펼친다.

---

1 기독교 신앙이나 유학은 처음부터 실천적 성격을 띠는 종교·문화적 패러다임임에도 불구하고, 그 실천 과정에는 적잖은 문제점들이 있었다. 특히 조선 유학의 경우, 임금의 주요 통치 수단이면서도 그것 자체가 임금의 정치 행보를 규제하는 모순을 가져왔고, 일반 백성들 또한 국법뿐 아니라 향약과 미풍양속의 유지를 위해 유교적 예법의 울타리 안에 제한됨으로써 자기실현에 적잖은 장애 요소가 되었다. 비록 퇴계가 선조 임금께 성학십도를 올리면서 항상 경계로 삼을 것을 요구했지만, 선조가 퇴계의 충언을 얼마나 실천했는지는 알 수 없다(김승혜, "人間化를 통한 解放: 儒敎的 自由의 追求,"「종교 신학 연구」 제4집, 1991, 116-120). 이것은 기독교에 있어서도 마찬가지이다. 인간 구원을 제시하는 기독교 신앙이 오히려 인간 해방의 장애 요소로 작용한 예가 적지 않기 때문이다. 따라서 유학이든 기독교든 그 종교·문화가 인간 해방에 얼마나 기여했는지에 대해서는 각자의 자기반성이 필요하다.

최초의 인간 상태는 탁월한 기능들이 뛰어나게 능력을 발휘하였다. 그는 이성과 오성, 분별력과 판단력 등을 소유하고 있었고, 그것은 이 땅의 삶을 다스리기 위해서일 뿐 아니라 그를 하나님과 영원한 복락에까지 이르게 하기 위해서였다. [...] 이러한 완전함(integrity)의 상태에서, 사람은 원하기만 하면 자유의지로써 영생에 도달했을 것이다. [...] 선악을 선택하는 일은 전적으로 그의 자유 의지에 속해 있었다. 그뿐만 아니라 그의 정신과 의지가 완벽한 질서(*rectitudo*)를 유지하고 있었고 모든 기관이 순종하도록 올바로 정비되어 있었다. 인간 스스로의 타락에 의해 자신의 모든 탁월한 것들을 타락시키기 전까지는 모든 것이 그러했다(*Inst.*, I/15-8).

곧 칼뱅은 인간 본질이 무엇인가를 밝힘과 동시에 상실한 인간의 본래성 회복의 당위성을 밝힌다. 그에 따르면 사람의 본성은 한마디로 총체적 완전성(Integrity)이고(*Comm. on Gen.* 1:26),[2] 그것은 하나님의 창조 질서(*rectitudo*)를 실현하는 삶에서 그 본질을 드러낸다는 것이다. 즉, 칼뱅에게 있어서 경건한 인간이란 본래적으로 주어진 질서를 따르는 존재이다. 그리고 사람이 자신을 안다는 것은 그러한 자기 정체성을 아는 것이고, 그런 의미에서 사람이 자신에 대해 무지함은 매우 치욕스러운 일이다(*Inst.*, II/1-1). 특히 하나님 형상이란 창조로부터 사람에게 주어진 인간 존재의 본질이며, 이것 때문에 사람은 다른 피조물과 구별된다.[3] 따라서

2 이 완전성(integrity)은 하나님과의 관계 안에서의 성실성으로도 번역이 가능하다. 이렇게 번역된다면, 퇴계의 천명과 더욱 가까워질 수 있다. 퇴계는 천명이 부여된 상태를 천도의 사덕인 원(元), 형(亨), 이(利), 정(貞)으로 구성된 성(誠)으로 말하기 때문이다. 이런 차원에서, 칼뱅이 말하는 하나님 형상으로서의 인간성의 완전성 혹은 성실성은 퇴계의 성과 더욱 공명한다(김흡영, 2001, 240).

3 몰트만은 하나님 형상을 사람에 대한 본래적 규정으로 이해하면서, 하나님 형상인 사람은

하나님 형상의 상실은 곧 인간성 자체의 상실과도 같다(*Inst.*, II/1-1, 5).

이것은 퇴계의 경우도 마찬가지이다. 경의 실천으로서의 수양론의 핵심 개념은 사람 안에 내재하는 천명이다. 『중용』은 그 첫머리에서 "하늘이 부여한 것을 일컬어 본성이라고 한다"(天命之謂性)고 밝힌다. 이것은 곧 인간이 참으로 인간일 수 있는 것은 천명을 부여받은 사실에 기인함을 의미한다. 이러한 전통에 근거하여,[4] 퇴계는 천명을 사람과 사물이 하늘로부터 함께 부여받은바 거룩한 성품이자 마땅히 수행해야 할 인간의 본질적인 직분이며, 나아가 참된 인간으로서의 삶을 위한 도리라고 이해한다. 그리고 이러한 천명은 우주 보편적 원리인 태극처럼 사람과 사물의 일상 현장에 늘 유행하는데, 인간만이 유일하게 이것을 알 수 있다. 그리하여 사람은 하늘 이치인 천명을 안다는 점에서 사물보다 귀하고 탁월하며, 무엇보다 사람됨의 의미가 있다. 이에 대해 퇴계는 다음과 같이 말한다.

> 대개 저것은 태극으로 이름을 붙였고 이것은 천명으로 이름했으니, 태극으로 이름을 붙인 것은 조화 자연의 지분地分을 추리(占)한 의사이고, 천명으로 이름한 것은 인물이 받은 바의 직분이 있는 도리이며, 자연의 지분을 추리한

땅 위에서 하나님을 대리하며 그를 닮음으로써 그를 반사한다. 이는 인간 속에 하나님의 현현 방식, 곧 땅 위에 있는 하나님의 간접적 자기 계시를 뜻한다고 봤다(J. Moltmann, 1985, 215ff.).

4 천명 사상은 농경 사회에서 연원한다. 옛 중국인들은 하늘에 대해 경외와 은혜를 동시에 느끼면서 경천(敬天) 혹은 외천(畏天)의 신앙을 보유했으며, 이러한 천인 상관 신앙에 근거하여 인간 도덕의 연원을 하늘 명령에 두는 천명 사상이 발달하였다. 여기서 천은 주재천으로서 의인화된 상제와 같다. 이러한 천명 사상은 유덕자가 하늘을 대신하여 사람을 통치한다는 유덕자 집정의 천수설과 천명이 인간의 성정 속에 선천적으로 주어졌다는 도덕성 천수설을 낳았다. 그 후 공자에 이르러 천명 사상은 인간 중심 사고로 전회하여 인간 존중 사상으로 발전하고, 덕치와 인을 위주로 하는 도덕 사상으로 발전하게 되었다(서용화, "退溪의 性理學的 人間觀," 1991, 461).

> 것이란 본래 수위修爲의 일로 참여할 수 없습니다. [...] 직분을 받은 자가 진실로 수위의 일이 없다면 천명이 수행되지 않습니다. 그러므로 자사가 천명을 말함에 있어서 본성을 따르고(率性) 도를 품절하고(修道) 존양성찰存養省察로부터 중화의 극공에 이른 뒤에야 그만두었으니, 이것이 곧 <천명도>의 근본이 되는 뜻입니다.[5]

곧 퇴계에 따르면, 사람은 천명의 담지자이므로 인간 윤리의 궁극 목표는 천명의 완전한 수행과 실현에 있다. 즉, 사람은 천명의 성에 따라 선을 발휘할 수 있는 본래적 능력을 갖고 있으며, 이를 위해 끊임없이 사욕을 극복하고 하늘 이치를 따라야 한다는 것이다.[6] 그리고 이러한 성인을 향하는 길이 바로 경의 삶이요, 거경궁리의 도道이며, 자기 안에 선천적으로 주어진 본성의 이치를 따르는 삶이다.[7] 이때 천명은 일상에서의 예禮의 실천으로 그 구체적인 성격을 드러내는데(仁), 이러한 예의 실천이 유교의 종교적 수행의 성격을 띠게 한다. 이를 위해 사람은 수행에 필수적인 경건 훈련이 필요하며, 이것이 바로 거경궁리의 삶으로서 유교의 수신론에 해당하고 "유교를 교리적 도그마로부터 지켜주는 통로"이다.[8]

그렇다면 칼뱅과 퇴계는 인간 존재의 본질 문제에서 서로 만날 수 있는가? 우선 내용적 측면에서 볼 때 양자에게는 다른 점이 있다. 칼뱅의

5 『퇴계』 제9권, 225 <신계숙에게 답함>: "蓋彼以太極爲名 此以天命爲名 名以太極者 占造化自然之地分意思 名以天命者 有人物所受之職分道理 占自然地分者 固不當參以修爲之事 [...] 有所受織分者 苟無修爲之事 則天命不行矣 故子思之言天命 自率性修道存養省察 以至於中和之極功以後已 卽此圖所本之意也."

6 김태영, "退溪의 聖學十圖에 나타난 道德的 人間觀"(1992), 169, 171.

7 길희성 외(토론), "유교 전통에서 보는 그리스도교에 대하여," 「宗教神學硏究」 제6집 (1993), 60.

8 이동희, "儒教의 宗教的 性格과 오늘날 宗教的 修行에의 應用方案"(2004), 133.

경우 사람이 하나님의 형상이라는 명제는 어디까지나 창조주 하나님과의 특별한 관계를 전제하는 개념이다. 즉, 하나님과 인간 사이에 창조라는 매우 중요한 하나님의 행동이 존재한다. 그러나 퇴계의 인간에서 천명의 담지자라는 명제는 단지 하늘과 인간 사이에 유비적이고 추상적인 일치성만을 말할 뿐, 기독교의 가르침처럼 하늘과 인간 사이에 어떤 직접적이고 인격적인 관계성이 전제되지 않는다는 점에서 기독교의 인간론과는 거리가 멀다. 따라서 내용상으로는 양자 간의 대화에 난점이 있다.

그렇지만 역시 구조적 측면에서는 양자의 대화 가능성이 있다. 우선 양자는 인간 본질 문제를 하나님/하늘과의 상응 관계에서 이해한다. 칼뱅은 성서에 따라, 인간 존재를 하나님의 형상으로 이해한다(*Inst.*, I/15-3). 이것은 사람은 거룩한 하나님의 존재를 반사하는 거울로서,[9] 특히 하나님과의 관계 안에 있는 사람은 하나님의 은총에 대한 응답적 존재임을 전제한다. 특히 칼뱅은 하나님과의 상응 관계를 떠난 인간을 알지 못한다. 그에게 있어서 사람은 어디까지나 하나님과의 관계 안에서 그분의 은총에 응답하며, 그분의 거룩한 영광을 반사하는 청명한 거울로서의 하나님의 형상이다. 이것은 퇴계에게도 마찬가지이다. 그 역시 인간 존재를 하늘을 비춰주는 거울로 인식한다. "그는 특히 <천명도>에서 사람을 하늘 품성을 투명한 거울처럼 비춰주는 만물 중의 유일한 종으로 그린다."[10] 즉, 퇴계는 사람을 하늘의 모습을 닮은 가장 신령한 존재(肖象而最靈)로서 천지의 마음으로 보았다. 이에 따라 그는 천·인 관계를 부자 관계로 이해하여

---

9 B. A. Gerish, "The Mirror of God's Goodness: A Key Metaphor in Calvin's View of Man," *Readings in Calvin's Theology*, ed. by Donald Mckim(Grand Rapids: Baker Book House, 1984), 108.

10 김흡영(2001), 240.

"부모를 섬기는 마음을 미루어 하늘을 섬기는 도를 온전히 실현할 것이며, 모든 일에 수신, 성찰하고 어느 때나 두려워하라"(推事親之心고 以盡事天之道 無事而不修省 無時而不恐懼, 『退全』 권6, 56, <무진육조소>)고 말함으로써, 부모에 대한 효도와 하늘에 대한 외경을 같은 마음으로 제시한다. 그리고 그때 사람은 참으로 하늘 이치를 따르는 천명의 수행자가 된다는 것이다. 이렇게 본다면, 칼뱅과 퇴계의 하나님 혹은 하늘과의 상응 관계에 있는 존재로서의 인간 이해는 서로에게 사상적 풍성함을 가져올 수 있을 것이다.

또한, 칼뱅과 퇴계는 인간의 구원 문제에 대해서도 함께 대화할 수 있을 것으로 보인다. 칼뱅의 경우, 구원이란 상실된 하나님 형상의 회복이라는 의미를 내포한다(*Comm. on Gen.* 1:26). 즉, 칼뱅에 따르면, 구원이란 곧 참된 인간이 되는 것을 의미하며, 이 참된 사람이 된다는 것은 총체적 인간 본성인 완전성(Integrity)과 근원적인 질서(*rectitudo*)를 회복하는 것을 뜻한다.[11] 이에 대해 칼뱅은 다음과 같이 말한다.

> 인간이 타락함으로써 우리 안에 있는 하나님의 형상이 파괴되었기 때문에, 그것을 다시 회복함으로써 그것이 본래 어떤 것이었는지를 판단할 수 있을 것이다. 바울은 우리가 복음에 의해 하나님의 형상으로 변화되었다고 말한다. 또한 그는 성령으로 거듭나는 것이 하나님과 똑같은 형상을 회복하는 것이라고 말한다(골 3:10; 엡 4:23). 그는 이 형상을 '의와 진리의 거룩함'에 있다고 말하는데, 이것은 제유법적인 표현이다. 왜냐하면 '의와 진리의 거룩함'이란 하나님 형상의 주요 속성이기는 하지만, 그것이 전부는 아니기 때문이다.

11 *Ibid.*, 94.

그러므로 이 말은 온전해진 우리의 성품을 의미한다고 할 것이다(*Comm. on Gen.* 1:26).

이것은 퇴계에게도 마찬가지이다. 사람은 하늘 이치인 천명天命을 따름으로써 하늘 원리에 동참하게 되고, 그리하여 자신 안에 총체적 본성(性: 誠)과 본래적 질서(理)의 회복을 이루게 된다. 그리고 그때 사람은 철저한 인간화를 이루게 되며 성현의 경지에 이른다는 것이다. 이것은 곧 유학의 인간론에 대한 궁극적 목표인 천인합일과 물아일체의 경지에[12] 이르는 인간성의 완전한 실현을 의미한다. 그리하여 퇴계에 있어서 구원이란 참된 사람이 되는 것이며, 이것은 곧 천명에 대한 수행을 뜻한다.

이렇게 본다면 칼뱅과 퇴계는 참된 인간성 회복의 측면에서 대화가 가능해진다. 곧 그들은 인간성의 근본 패러다임인 하나님의 형상(*Imago Dei*)과 천명天命에서 함께 만날 수 있으며, 한국 교회의 영성 신학에 중요한 모티브를 제공할 수 있을 것이다. 이에 대해 김흡영은 "만약 하나님과 하늘 사이에 있는 개념적 특수성을 괄호로 묶는다면, 칼뱅의 신형상론과 퇴계의 천명 사상은 그 구조와 내용에 있어서 거의 상호 교환적이라고 할 수 있을 정도로 공명한다"면서,[13] 양자의 대화에 큰 관심을 보인다. 실제로 양자의 대화에 있어서, 내용적으로도 서로 간에 가장 가까이 접근할 수 있는 부분이 바로 하나님의 형상과 천명에 관한 부분이다.

12 이는 인간의 윤리 행위란 천리라는 자연 이치와 일치함에 인간 됨의 참된 가치가 실현된다는 사고로서 자연이나 하늘이 인간과 유리될 수 없으며, 그렇게 인간이 자연 혹은 하늘과 하나로 될 때 인간은 참으로 인간일 수 있다고 보는 유교식의 구원을 뜻한다(서용화, "退溪의 性理學的 人間觀," 1991, 460-461).

13 김흡영(2001), 242.

2. 현실적 인간성

칼뱅의 인간 이해는 하나님의 특별한 피조물이라는 긍정적 차원과 함께 하나님 앞에서 죄인이라는 부정적 차원을 함께 지닌다. 즉, 칼뱅은 본래적 인간성(*Inst.*, I/15)과 타락 후의 실존적 인간성을 동시에 견지하는데(*Inst.*, II/1-5), "하나님의 형상대로의 인간 존재는 신의 선함에 상응하는 감사로 정의되고, 죄에 빠진 인간 존재는 하나님의 선함에 반명제적인 교만 또는 자기애(Self-love)로 정의된다."[14] 이러한 본질적 인간성과 실존적 인간성 사이의 괴리 현상은 다름 아닌 인간 타락에 기인한다. 칼뱅에 따르면, 사람은 본래 "자신이 어떠한 목적으로 창조되었는지를 그리고 어떠한 목적으로 고귀한 은사들을 부여받았는지를 생각하며, 자신을 창조하신 절대자 하나님을 경배하고 미래의 생명에 대해 묵상해야 하는 존재"(*Inst.*, II/1-3)였으나, 스스로 교만하여 하나님께 대한 불순종과 불신앙으로 돌아섰고 결국 정욕이 이끄는 대로 범죄했으며, 그런 의미에서 인간은 죄인이다. 그런데 이것은 비단 아담 혼자만의 범죄가 아니라 그의 후손들 역시 같은 비참에 잠기게 되었다.[15] 그뿐 아니라, 인간의 타락은

14 B. A. Gerish, "The Mirror of God's Goodness: A Key Metaphor in Calvin's View of Man"(1984), 108.

15 칼뱅은 전통적 원죄론을 수용하지만, 단순한 답습이 아닌 수정의 길에 서 있다. 전통적으로 원죄론에 대한 강력한 지지 기반인 시편 51편 5절에 대한 주석에서, 그는 이렇게 말한다. "이 말은 우리가 복중에 있게 된 첫 순간부터 죄 중에서 자라났음을 넌지시 암시한다. 이처럼 다윗은 하나의 과실을 깊이 생각함으로써 자신의 지난 생애를 되돌아보았고, 자기 생애에는 죄밖에 없음을 인식한다. 이 구절은 아담에 의해 인간 가족 전체 위에 임한 원죄에 대한 증거를 분명하게 증언한다. 그 죄는 질병이 몸속에 박혀 있는 것 같이 우리 속에 있음을 밝힌다. 다윗은 그 죄를 자기 부모 탓이라고 말하지 않는다. 즉, 자기가 범한 죄의 근원을 부모에게서 찾지 않는다. 그는 스스로 하나님의 심판대 앞에서 자기가 죄악 중에 태어났으며, 이 세상의 빛을 보기도 전에 이미 죄인이었음을 고백한다. 그러므로 죄

아담의 어느 한 부분만의 타락이 아니라 전 존재의 타락이요 전인격의 타락이었다(*Inst.*, II/1-9).[16] 그렇지만 사람은 일반 은총으로 인해 타락 후에도 어느 정도는 선을 행할 수 있다는 측면에서(*Inst.*, II/3-3, 4), 선과 악에 대해 양가적 존재이다.

퇴계는 비록 칼뱅처럼 인간의 부패성에 대해 분명하게 말하지는 않지만, 암울한 시대적 상황에서 사람의 마음의 현실적 불완전성과 실재적 부도덕성을 충분히 인식하고 있었다. 그리하여 퇴계는 인간 마음의 모호성과 악독함을 규명하고 참된 사람이 되는 길을 모색하기 위해 심리적 차원을 더욱 심화했다. 그는 사람의 마음을 외부 자극에 움직인 경우(已發)와 그 이전의 마음으로(未發) 구분하고, 후자를 하늘 성품이 순수하게 드러나는 순선한 마음, 전자를 하늘 이치가 기질에 따라 가려지는 양가적 상태라고 하였다. 곧 퇴계는 미발 시의 마음은 리가 주동적으로 발동하는

는 오염되어 인간 가족 속에서 전해 내려오는 유전임을 부인하려는 펠라기우스는 큰 잘못을 범한 것이다. [...] 여기서 죄가 어떻게 부모로부터 어린이들에게 전해지는지 의문이 생긴다. [...] 이 의문은 또 하나의 의문인 영혼 전달에 관한 의문으로 이끌어간다. [...] 이 같은 토론을 시작할 필요도 없이, 우리는 아담이 타락하자마자 그가 원래 가졌던 의를 빼앗겼고 이성이 어두워졌으며 의지도 잘못되어 이같이 부패된 상태로 떨어졌기 때문에, 그는 성격에 있어서 자기를 닮은 아이들을 낳았다고 주장하면 된다. [...] 아담은 창조될 때 성령의 은사들을 받았는데, 그는 자기 한 사람의 사적인 특성을 갖지 않았으며 온 인류의 대표자였다. 그리고 그 역시 자신의 개성 안에 같은 은사들을 받았을 것이다. 이러한 차원에서 볼 때, 그가 타락했을 때 우리는 모두 원래의 완전성을 그와 함께 빼앗기고 말았다는 결론에 이를 수밖에 없다"(*Comm. on Ps.* 51:5). 이처럼 칼뱅은 원죄에 대해, 생물학적인 유전보다는 오염 혹은 아담의 대표성에 무게를 둔다. 봐이저(Weiser)는 이 구절을 "심판과 은혜로 표현되는 신적 의지의 절대적인 엄위함과 불가침성 앞에서 자기 생애 전체가 죄로 인한 오염되었음을 바라보는 예배자의 시각"이라고 주석한다(A. Weiser, *The Psalms,* OTL, London: SCM Press, 1962, 405).

16 칼뱅의 전적 타락설의 의도는 선과 악에 대한 인간의 양가성을 신정론(Theodicy)의 오류에 빠지지 않고 신학적으로 해명하려는 의도에서 구성된 것으로 보인다(김흡영, 2001, 244).

사단의 상태이고 이발 시의 마음은 기가 주동적으로 발동함을 통해 칠정의 상태임을 주장하면서, 마음의 발동 현상으로서 감정의 양상에 따라 선의 확고한 근원을 정립하고 악의 가능성을 분별하여 경계할 것을 주장하였다.

그렇다면 양자는 인간 실존 문제에서 어떻게 만나는가? 우선 칼뱅이 원죄론을 옹호하고 타락한 인간의 부정적 실체를 치밀하게 분석한 반면, 퇴계는 사람의 마음에 대해 조심스럽게 접근하였다. 그렇지만 그들은 인간 실존에 대한 심층적 이해에서는 서로 공명한다. 무엇보다 두 사람 모두 실존적 인간 현실은 인간의 본래성이 아님을 분명히 한다. 칼뱅은 이 현실을 인간성의 타락으로, 퇴계는 형기에 의한 인심 발로人心發露 상황으로 이해한다. 이 모두가 하나님의 형상 혹은 하늘 이치를 거부하는 탐욕에서 비롯된 현상이요, 사욕私欲 혹은 인욕人欲에 사로잡힌 현실이라는 점에서 양자는 같은 인식을 갖는다.[17] 또한 그들이 악의 존재론적 실재를 거부하고, 인간의 실존적 모호성 혹은 양가적 현실은 본래적 선의 왜곡 혹은 굴절로부터 생겨났다고 보는 점도 같은 시각이다.[18] 즉, 칼뱅의 경우 인간의 죄성에 대해, 전통적인 존재론적 원죄론을 넘어서 은총론과 기독론에 수반되는 실존 현실에 눈을 돌린다.[19] 퇴계 역시 인간 악의 문제를 하늘 이치가 아닌 사욕을 따르는 삶에서 비롯되는 실존 현실에서 그 원인을 찾는다는

17 김흡영(2001), 248.

18 *Ibid.*, 246.

19 토랜스는 칼뱅의 전적 타락설에 대해, '살아 계신 하나님과의 계속적 관계의 은총에 의지해야 할 인간 존재가 하나님께 끊임없이 등을 돌리는 실존적 존재로 전락하자, 하나님께서 부여하신 재능으로써 할 수 있는 일이란 고작 하나님께 대항하는 일뿐이라는 현실을 뜻한다'고 보았다(T.F. Torrance, *Calvin's Doctrine of Man*, Westport Connecticut: Greenwood Press, 1979, 106).

점에서 악에 대한 존재론적 이해를 극복한다.

요컨대 칼뱅이나 퇴계 모두 실존적인 인간 현실에 대한 이해는 본래적 인간성의 의미를 더 분명하게 밝혀주고, 사람으로 하여금 자신의 실존적 현실을 넘어서는 참된 자기 초월의 궁극적인 목표가 무엇인지를 제시하며, 철저한 인간화를 지향하는 존재로서의 삶을 긍정하는 데에 그 의의가 있다고 할 것이다. 이러한 양자의 인간 실존에 대한 이해는 한국 그리스도인들로 하여금 자신의 실존 현실을 인식하게 할 뿐만 아니라, 하나님과의 관계 안에 있는 자신의 존재를 새롭게 긍정하고 하나님 앞에서의 새로운 실존을 지향하는 종말론적이고 성화론적 삶을 살게 하는 신앙적 실존을 위한 긍정적인 에너지원이 될 수 있다.

3. 궁극적 인간성

전술한 바와 같이, 비록 차이는 있을지라도 칼뱅과 퇴계의 인간 이해는 모두 실존 현실에 머물지 않고 오늘의 실존을 넘어 새로운 인간성을 지향하는 데에 그 의의가 있으며, 그 궁극적 목표는 어디까지나 인간성의 완전한 실현에 있다. 이는 주지하는 바와 같이 그들의 신학적 혹은 철학적 관심이 처음부터 참된 인간이 되는 길에 그 중심이 있었기 때문이다. 그렇다면 그들이 추구하는 참된 인간성 혹은 실현된 인간성의 근본적인 패러다임은 무엇인가?

칼뱅의 경우 그것은 하나님의 참된 형상인 예수 그리스도의 인간성(*humanitas Christi*)에 집중된다. 그분은 보이지 않는 하나님의 형상으로서 참된 인간성을 자신 안에 드러내기 때문이다(*Inst.*, I/15-4; *Comm. on 1Cor.* 15:49). 특히 그분은 십자가와 부활을 통해 자신이 하나님의 형상임을 드러내심으로써, 모든 인간이 자신을 통해 드러나는 하나님의 형상을 지향하게 했다. 그렇지만 참된 인간성의 실현은 사람의 노력이 아닌 성령에 의한 그리스도와의 신비한 연합을 통해 날마다 그 은혜에 참여하는 성화의 삶에서 이루어진다. 이러한 측면에서 그리스도의 인간성은 참된 인간성 실현을 위한 근본 패러다임이 된다. 사람은 이제 예수 그리스도 안에서 성령의 은혜로 인하여 날마다 참된 인간성을 회복하게 된다.

반면 퇴계의 경우, 참된 인간성 실현을 위한 근본 패러다임은 하늘 이치를 완전하게 실현하는 성인 혹은 성현에게서 찾는다. 즉, 만물 가운데 가장 빼어난 "사람은 자신에게 부여된 하늘의 도를 행함으로써, 스스로 도를 넓혀 가는 도덕적 존재"이며(人能弘道非道弘人, 『논어』, <위령공편>), 또한 "예로서 사람다운 사람이 되어 가는"(凡人之所以爲人者禮義也, 『예기』, <관의편>) 특별한 존재이다.[20] 이러한 이상적 인간상의 완전한 실현은 성인에게서 드러난다. 그의 불후의 저작 『성학십도』는 이러한 유가적 이상의 표현인바, 여기서 그는 이상적 인간상을 성인에 두고 이를 위한 학문을 성학聖學으로 불렀다. 그에 따르면, 성인은 도덕적 최고선을 실현한 이상적 존재인바 범인은 그 경지에 도달하기 위해 무한한 도덕적 수양을 쌓아야 한다. 이를 위해 그는 성학에 대한 체계적 설명을 통해 심법心法을 밝히려고 하였다.[21]

그렇다면 인간성에 대한 근본 패러다임인 그리스도와 성인을 바탕으로 한 양자의 대화는 어떻게 가능한가? 우선 그들 간에는 근본적인 차이가 있다. 퇴계의 성인으로서의 인간성의 근본 모형은 내재적 초월성의 인간-우주적 비전에 근거하지만, 칼뱅의 그리스도의 인간성은 하나님의 구속

20 송석구, "退溪의 人間觀"(1992), 120-121.

21 김태영, "退溪의 聖學十圖에 나타난 道德的 人間觀"(1992), 169.

에 대한 신앙을 근본으로 한다. 또한 퇴계의 성인으로서의 인간성은 인간의 내재적 초월성으로 주제화되지만, 칼뱅의 그리스도의 인간성은 신적 로고스의 역사적·인격적 갱신으로 표명된다. 그리하여 칼뱅이 제시하는 그리스도의 인간성에 바탕을 둔 인간상人間像이 "역사적 초월성"(Historic Transcendence)을 함의한다면, 퇴계가 제시하는 성인상聖人像은 일종의 "내재적 초월성"(Immanent Transcendence)을 함의한다.[22] 따라서 그들이 제시하는 인간성에는 적잖은 인식론적인 거리가 존재한다.

하지만 양자는 구조적 측면에서 "어떻게 완전한 사람이 될 수 있는가?"라는 통전적 주제를 지향한다는 점에서 대화 가능성이 있다. 즉, 칼뱅이나 퇴계 모두 존재론적 지식과 윤리적 행동의 불이성不二性을 주장한다. 칼뱅이 그리스도의 존재와 사역을 통해 로고스와 에토스, 이론과 실제, 신학과 윤리의 합일성에 대한 최상의 역사적 패러다임을 보인다면, 퇴계의 성인상이 보여주는 지행합일 원리는 유학이 지향하는 인간 이상에 대한 원-패러다임(Proto-Paradigm)이 무엇인지를 말해준다.[23] 그리하여 양자가 제시하는 근원적 인간성 패러다임은 지행합일이라는 구체-보편적 원리(the Concrete-Universal Principle)에서 만나게 된다. 따라서 사람은 자신 안에 주어진 구체-보편적인 원리인 그리스도의 인성(성인)에서 자신의 존재

---

22 김흡영은 바르트의 그리스도의 인간성을 역사적 초월성(historic transcendence)으로 왕양명의 양지를 내재적 초월성(immanent transcendence)으로 해석하는데, 이것은 칼뱅과 퇴계의 경우에도 적용될 수 있을 것으로 보인다(김흡영, 2001, 171-172).

23 김흡영은 왕양명의 양지(良知: 마음의 본체)를 지행합일의 원-패러다임으로 해석하는바 정통 성리학의 경우는 리가 여기에 해당되나, 퇴계의 경우는 이기호발설을 말했다는 점에서 기에 대한 관심이 다소 있었다고 볼 수 있다(물론 퇴계의 사상적 기반은 어디까지나 리였다). 특히 김흡영은 양지를 바르트의 그리스도에 대한 지식과 연결함으로써 양자의 대화를 이끌었다(김흡영, *Ibid.*, 171). 그런데 원-패러다임은 칼뱅과 퇴계의 인간성 패러다임의 내면적 원리인 신 형상과 천명에서도 드러난다.

의미와 방향을 발견하게 되며, 참된 인간성 실현을 지향하게 된다. 이러한 양자의 인간성에 대한 이해는 깊은 대화를 통해 서로 간에 풍성한 교훈을 얻을 수 있으며, 특히 한국 기독교적 영성 생활을 위한 좋은 터전으로 자리 잡을 수 있을 것으로 보인다.

그렇다면 칼뱅의 그리스도의 인간성과 퇴계의 성인상의 만남을 기반으로 하는 한국적 기독교 영성을 위한 궁극적인 휴먼 모델을 위한 적절한 패러다임은 무엇인가? 이에 대해 김흡영은 도 패러다임(Tao-Paradigm)을 제시한다. 그에 따르면, 유교의 인간-우주적 비전과 기독교의 신-역사적 비전이 예수 그리스도 안에서 만날 수 있기 때문이다. 그는 다음과 같이 말한다.

> 성화와 수신은 결국 공동적 인간성을 모색하는 인간화의 도를 말한다. 궁극적으로 유교와 기독교의 대화는 새로운 휴머니즘을 향한 공동적 추구에의 진정한 대화적 참여를 의미한다. 기독교인들에게 있어서 휴머니즘의 궁극적 모형은 결국 하나님의 형상이요 공동적 인간성(Co-Humanity)의 완성이신 예수 그리스도라는 점에서, 철저한 인간화는 결국 예수 그리스도와 연결된다. 이제 유교 문화권의 기독교인들은 근본적 인간성 패러다임인 예수 그리스도 안에서 인간화의 완성, 곧 수신과 성화의 완전한 합일을 바라보게 된다. 유교의 인간-우주적 비전과 기독교의 신-역사적 비전은 그리스도 안에서 만나고 그 근원적 차이마저 극복하게 됨으로써, 유교적 기독교인은 이제 신-인간-우주적 비전 안에서 예수 그리스도를 다시 만난다. 그때 유교 문화권에서의 기독교 영성은 마침내 천인합일의 장으로서의 근본 메타포인 도의 패러다임을 말하게 된다. 그리고 바로 이러한 측면에서, 한국 기독교적 상황에서는 도의 신학적 패러다임(Theo-Tao Paradigm)이 신학의 전통적 주제인 기독

론(Christology)이라는 표현보다 적절하다.[24]

그런데 김흡영에 따르면, 도의 패러다임이 한국 기독교 사상사에서 전혀 새로운 것은 아니어서, 일찍이 한국 천주교회가 터득한 한국적 기독교의 신학 원리였다는 것이다. 즉, 광암 이벽의 저술로 알려진 『성교요지』에는 바로 이러한 방식으로 예수 그리스도가 이해되었는데, 광암은 『성교요지』에서 예수 그리스도를 공동적 인간화의 완성이요, 천도天道와 인도人道가 만나는 정도正道요, 인간성의 완성자인 성인으로 묘사한 것이다.[25] 이런 사실은 한국 기독교 영성의 실체는 외부적, 제도적, 상상적 영향력이 전무한 상황에서, 유교와 기독교가 자연스럽게 어우러진 가운데 제기되었던 신학 구조와 내용으로부터 재검토되어야 함을 강력하게 시사한다. 이처럼 한국 기독교적 영성에서 새롭게 제시해야 할 궁극적 인간성은 이미 한국적 실존 현실에서 기독교적 경건과 유교적 종교·문화의 만남이라는 독특한 해석학적 지평을 통해 그 실마리를 찾을 수 있다. 이것은 다시 성서가 제시하는 예수 그리스도의 인간성에 기반을 두고서 서구 신학적 기독론의 "그리스도 인간성"과 유교의 이상적 존재로서의 "성인상의 인간성"의 만남에서 늘 새롭게 제기될 인간 존재에 관한 질문일 수 있다. 여기서 우리는 예수 그리스도 안에서 하늘의 도(天道)와 인간의 도(人道)가 만나고 신(하나님/하늘-天)과 인간(세계-地)이 만나는 진정한 신인 합일神人合一의 비전을 새롭게 바라볼 수 있을 것이다.

24 *Ibid.*, 315-317.

25 *Ibid.*, 320-322; 이성배, 『유교와 그리스도교』(왜관: 분도출판사, 1990), 182-189.

V. 인간화의 길: 경건의 실행

주지하는 대로 칼뱅과 퇴계의 학문적 목표는 참된 인간성 곧 경건한 인간성의 실현에 있다. 칼뱅의 경우 하나님의 형상으로서의 경건한 인간성 실현에, 퇴계의 경우 성현의 경지에 이르는 경건한 인간성 실현에 각각 학문적·실천적 목표가 있었다. 그리고 이러한 그들의 목표는 결국 하나님의 형상으로서의 그리스도의 인간성과 천명의 실현자로서의 성인에게서 드러나게 된다. 그렇다면 그 최종 목표로서의 인간화의 방법론에 대한 논의는 어떻게 이루어지는가? 그리고 그들의 인간화의 방법론에 대한 양자 간의 대화는 어떻게 이뤄질 수 있는가?

1. 경건한 인간: 신앙(信仰)과 경(敬)

칼뱅에 있어서 경건의 실천은 무엇보다 신앙과 연결된다. 그에 따르면, 경건은 일차적으로 하나님 앞에서의 두려움과 떨림의 영성 곧 외경심畏敬心이다. 그렇지만 인간은 그분을 두려움으로만 대하지 않는다. 그분은 인간을 사랑하시는 아버지 하나님이기 때문이며, 이에 인간은 그분의 은총에 대해 사랑으로써 응답하며 인애심仁愛心을 갖게 된다.[1] 바로 여기서 신앙의 문제가 대두된다. 이 신앙은 창조주요 구속주인 하나님을 경외하고 사랑하는 인간의 실존적인 자의식과 연결된다. 그래서 칼뱅에게 있어서 경건과 신앙은 언제나 함께 있는 개념이다. 특히 칼뱅은 신앙(*fides*)과 종교(*religio*)를 거의 같은 의미로 사용하는데, 그는 경건을 논하면서 양자

1 김이태, “칼빈 신학에 있어서 경건과 학문의 상관성 연구”(1980), 37-38.

를 나란히 배치한다는 점에서(*cf. Comm. on Act.* 10:2, 17:4; *Inst.*, I/2-1, 2) 하나님께 대한 신앙이란 곧 경건한 종교 생활을 의미한다고 볼 수 있다.

물론 그에게 "경건에서 종교가 생겨나며"(*Inst.*, I/2-1, 2), "종교의 원천은 경건이다"(*Inst.*, I/4-4) 혹은 "경건은 믿음과 기도를 포함한다"(*Comm. 1Tim.* 4:8) 등의 표현도 있지만, 결국 신앙(경건)과 종교는 깊이 연관된다는 것이 칼뱅의 근본적인 이해로 보인다는 것이다.[2] 그러기에 칼뱅에게 있어서 경건의 실천은 참된 신앙 없이는 불가능하다. 특히 신앙은 "경건한 자의 마음을 그대로 유지하게 하며, 마치 억누르는 온갖 무게를 이기고 위를 향해 뻗어가는 종려나무와 같은 효과를 내게 한다"는 것이다(*Inst.*, III/2-17). 말하자면, 칼뱅에게 있어서 하나님을 향한 진실한 신앙은 신자들로 하여금 온갖 갈등과 재난 앞에서도 경건한 삶을 유지하게 하는 에너지로 작용한다(*Inst.*, III/2-18, 21, 23). 그렇지만 칼뱅이 이해하는 신앙이란 인간 내면에서 비롯되는 단순한 종교·심리적 현상이 아니다. 그가 말하는 경건 자체가 하나님과의 관계 안에서의 실존적 자의식이듯, 신앙 또한 하나님과의 관계 안에서 성령의 초자연적 은혜에 의해 이뤄진 그리스도와의 신비적 연합을 기반으로 하는 그리스도인의 특별한 내면적 자의식이기 때문이다. 칼뱅은 이렇게 말한다.

> 신앙은 그리스도를 아는 지식에 근거하는 것이며, 그의 성령의 거룩하게 하시는 역사를 함께 알지 않고서는 그리스도를 알 수 없다. 그러므로 신앙은 경건한 기질과 결코 분리될 수 없다(*Inst.*, III/2-8).

2 이수영, "칼뱅에 있어서의 경건의 개념"(1995), 369.

그리스도께서는 그의 성령의 능력으로 우리를 조명하셔서 신앙을 갖게 하시며, 동시에 우리를 그의 몸에 접붙이셔서 모든 축복에 참여하게 하신다(*Inst.*, III/2-35).

요컨대 기독교 신앙은 하나님을 향한 인간의 종교·심리적 자각이 아니라 하나님의 초자연적 은혜에 속하는 문제이다(*Inst.*, III/2-33, 34, 35). 즉, 신앙은 하나님의 은총에 대한 수동적 수용을 함의한다. 이것은 그렇게도 믿음을 강조한 루터에게서도 동일하다.[3] 그렇다면, 기독교적 경건에서 사람의 결단과 책임은 무시되는가? 그렇지 않다. 칼뱅이 바라보는 경건한 인간은 거룩한 하나님의 현존 앞에서 강렬하고도 생생한 신 의식으로 충만한 존재이다. 즉, 그는 "엄위하신 하나님에 대해 경외심으로 설 수밖에 없는 경이로운 신비(*mysterium tremendum*)에 대한 감각"으로 충만하다.[4] 따라서 경건한 사람은 하나님께 대한 경외심(畏)을 바탕으로, 그분께 대한 사랑과 헌신의 삶(愛)으로 나아가게 된다. 칼뱅은 다음과 같이 말한다.

마음이 일깨움을 받아 하나님의 선하심을 맛보면서 어찌 하나님을 사랑하는 마음이 동시에 생겨나지 않을 수 있을까? 하나님을 경외하는 자들을 위해 예비해 두신 그 풍성한 기쁨을 알게 되면 그와 동시에 우리가 크게 감동하지 않을 수 없기 때문이다. [...] 우리는 그런 감동으로 말미암아 하늘에까지 이끌려 들어가 거기서 하나님의 감춰진 보배들을 접하고 그 나라의 가장 거룩한 곳곳을 보게 된다. 그곳은 부정한 마음이 들어가서 더럽힐 수 없는 곳이다(*Inst.*, III/2-41).

---

3 P. Tillich, *A History of Christian Thought*(1972), 236.

4 J. H. Leith, *John Calvin's Doctrine of the Christian Life*(1996), 22.

즉, 경건한 신앙인은 경건의 과제에 게으를 수 없다. 칼뱅에 따르면, 경건의 실천은 신앙을 통해 이뤄지며 그 신앙이란 하나님의 초월적 은총에 근거하지만, 그렇다고 인간의 책임성이 제거되지는 않는다. 사람은 하나님의 은총을 입은 존재이지만, 자신 안에 하나님의 형상이 이뤄지기까지 성령의 인도하심을 따라 날마다 자신을 부정하고 하나님께 순종하며 그분의 거룩하라는 명령에 따르는 삶, 곧 성화의 삶을 지향하는 경건한 갈망이 요구된다.

이러한 경건의 극치는 그리스도의 인간성(*humanitas Christi*)에서 발견하게 된다. 왜냐하면 "그리스도는 완전한 하나님의 형상"이며, 이에 따라 "우리가 그리스도의 형상과 일치하도록 새롭게 될 때 지식과 순전함과 의와 참된 거룩함으로 하나님의 형상을 드러내기"(*Inst.*, I/15-4) 때문이다. 그러므로 경건한 신자들은 이 궁극적 목표에 도달하기까지 날마다 사욕에 매인 자신을 부정하고, 그리스도 안에서 자신을 새롭게 발견하는 실존적 자각이 요청된다. 바로 여기서 칼뱅은 절대자 하나님 앞에서의 거룩한 삶을 지향하는 성화의 삶을 말하고 있다.

퇴계의 경의 실천론 역시 인식과 실천이라는 방향에 서 있지만, 내용에는 차이가 있다. 퇴계의 경건에서 중요한 개념은 배움(學)이다. 『논어』의 첫머리는 배움의 실천에서 오는 기쁨을 말하면서, 유학의 길이 배움에 있음을 암시한다(學而時習之不亦說乎). 즉, 『논어』가 말하는 배움이란 지적인 앎과 덕성의 배양을 결합(知行合一)한 것이다.[5] 그리하여 유교의 인간화는 인격의 완성인바 그 길은 배움에서 시작된다. 퇴계 또한 같은 방향이지만, 그는 주자의 단순한 지행병진知行竝進에서 진일보하여 통합적

---

5 김승혜, 『논어의 그리스도교적 이해』(서울: 영성생활, 1991), 137.

인 지행호진知行互進을 말한다. 그런 면에서 퇴계의 수신론은 주자보다 강력하다. 퇴계 수신론의 핵심은 거경궁리에 있다. 그중 궁리는 인식론, 거경은 실천론에 해당한다. 사람은 궁리를 통해 자신 안에 내재하는 하늘 이치를 인식하고 성인에의 목표를 자각하면서 자신 안에 하늘의 덕을 배양하게 되는데, 이것을 존양 또는 함양이라고 한다. 또한 사람은 그러한 존재 의식을 바탕으로 자신을 성찰하게 되는데, 이것을 거경이라고 한다. 특히 퇴계에 있어서 존양과 성찰은 분리가 아닌 통전적 성격이기에, 그의 경의 실천론을 이른바 지행호진론이라고 말한다. 결국 퇴계에 있어서는 경이 존덕성尊德性의 길이며 존양성찰의 길인바,[6] 경 자체가 실천 원리인 동시에 실천 방법론이다.

여기서 퇴계의 경은 인식론과 실천론을 통전하는 핵심 개념으로 떠오른다. 즉, 퇴계의 경은 하늘이 부여한 천리를 마음이 활성화되기 이전이나 활성화된 이후에도 인욕을 막고 천리를 보존하는 활연관통豁然貫通(사물에 대한 현상과 본질, 상세한 내용과 전체의 대강을 환히 꿰뚫어 앎)하는 개념이다. 그리하여 그는 "경이 성학의 시작과 끝을 이루는 요체"(『퇴계』 제3권, 151)라고 하거나 "마음을 집중하여 만 가지의 변화를 살피라. 이것에 종사함이 경을 지킴이니, 작용함에나 머묾에나 어기지 말고 밖이나 안이나 서로 바르게 하라"(『퇴계』 제3권, 149)고 가르쳤다. 이러한 경은 매사에 경건함과 진지함으로써 마음의 중심을 잡는 태도인바 이것은 내면적인 도덕의식에서 비롯되는데, 『주역』이 말하는 이른바 우환 의식憂患意識(사회에 관한 책임 의식을 갖고 걱정함)과도 통한다.[7] 이러한 함의를 담은 퇴계의 경이

---

6 하영철, "退溪의 性理學과 칸트哲學의 比較硏究,"「한국의 철학」 제14집(1986), 21. 특히 그는 퇴계와 칸트를 비교하면서 양자 간의 대화 가능성을 제시한다.

7 우환 의식이란 "남들이 보지 않더라도 경계하며 삼가며, 남들이 듣지 않더라고 두려워하고

목표하는 바는 사람됨의 본질인 성인성聖人性의 실현에 있다.[8]

요컨대 칼뱅이 하나님의 형상인 그리스도를 닮아가는 실천적 원리로서 경건한 신앙을 제시한다면, 퇴계는 성현을 지향하는 실천적 원리로서의 경을 제시한다. 이러한 칼뱅의 경건과 퇴계의 경은 함께 인간성 실현을 위한 실천적 원리이다. 그렇다면 양자는 서로 대화가 가능한가? 양자의 대화에 있어서 일단 직접적 대치 개념으로는 보기는 어렵다. 칼뱅의 신앙은 처음부터 절대자와의 관계의 문제이고 신적 측면에 우선을 두기 때문에, 인간의 자각 개념인 퇴계의 경과는 개념상 차이가 있다. 물론 칼뱅의 신앙 개념에도 신의 은총에 대한 자발적 응답을 함의하는 책임 윤리적인 측면은 있지만, 그것은 일차적으로 하나님과의 관계를 전제한다는 점에서 퇴계의 경과 일치되기는 어렵다.

그렇다면 양자 간의 대화는 전혀 불가능한가? 여기에 대한 답변은 퇴계의 경 개념에서 다시 출발할 수 있다. 퇴계의 경은 하늘 이치에 대한 사람의 자각과 순응이라는 내면적 자의식에만 그치지 않는다. 그의 경에도 보편적인 우주 원리로서 하늘 이치라는 초월적 개념이 전제된다. 다만

근심하는 태도"로서(김수청, 2006, 30), 『中庸』의 신독(愼獨)과도 통하는 개념이며, 그 근저에는 자기 존재에 대한 자각과 자기완성에 대한 책임감이 놓여있다. 특히 왕경(王更)은 퇴계의 학문, 특히 거경궁리가 바로 우환 의식에서 비롯된 것이라고 평가한다(王更, "退溪의 憂患哲學," 1982, 184).

8 성인이란 하늘 이치에 완전히 부합하는 이상적 인간으로서, 현대적 개념으로는 사회적 관계에서 친사회성을 실현하면서도 개인의 욕구와 갈등을 유발하지 않는 이상적 인간을 뜻한다. 곧 성인이란 개인적 삶에서나 사회적 관계에서나 윤리 도덕적으로 완전한 존재를 의미하며, 이러한 측면에서 유학은 천리 사상(天理思想)에 근거를 두는 일종의 종교성을 띤다(한덕웅, 『한국 유학심리학』, 서울: 시그마프레스, 2003, 53); 유교의 종교성에 대한 문제는 오랫동안 제기되었다. 칭에 따르면 유교는 비록 기독교와 같은 제의가 없다는 점에서는 비종교로 비판받을 수 있지만, 인(仁)이라는 가르침을 바탕으로 성현을 지향하는 자기 수양론적 측면에서는 분명히 종교라 할 수 있고, 실제로 과거 중국에서 마르크스주의자들이 유교를 박해한 근본 원인도 여기에 있다고 주장한다(J. Ching, 32-37).

그것이 사람 안에 본래적으로 그리고 보편적으로 내재된 원리라는 점에서, 기독교 신앙과 차이가 있을 뿐이다.[9] 아무튼, 퇴계의 경에는 사람이 마음에 주어진 초월적 원리를 함양하고 성찰함을 통해 성인의 길로 나아감을 주장한다는 점에서, 구조적 측면에서는 칼뱅의 신앙 개념과의 대화의 가능성이 있다.

그렇다면 양자는 어떻게 대화가 가능한가? 퇴계의 경은 자신 안에 내재한 천리를 자각하고 자신의 전 실존으로 하여금 성현을 지향하는 구체적 자기 결단이며, 천리를 보전하고 사욕을 제거하는(存天理去人欲) 자기 부정의 삶의 원리이다. 이것은 칼뱅의 경우도 마찬가지다. 칼뱅의 신앙은 하나님을 향한 인간의 자의식적 결단으로서, 참된 하나님의 형상이신 그리스도를 신뢰함에서 그가 제시하는 삶의 원리를 자신의 전인격에 뿌리내리게 하고 자신을 부정하면서 날마다 그리스도를 통한 자기 초월을 지향하는 삶의 원리라 할 수 있다. 이처럼 칼뱅의 신앙과 퇴계의 경은 내용적으로는 차이가 있을지라도, 구조상으로는 함께 이상적인 인간상人間像을 지향하는 자의식적 자기 부정의 삶을 말한다는 점에서 서로 간의 대화가 가능하며, 한국 기독교 영성 신학을 새로운 이해의 장으로 이끌 수 있다.

더욱이 양자 모두 학문적 목표를 인간성에 대한 완전한 실현 곧 철저한 인간화에 두었다. 그런데 신학에서 인간화는 말씀에 청종하면서 그리스도를 성취하는 성화이고, 유학에서는 하늘 이치를 궁리하면서 태극을 체인(Embodiment)하는 것을 의미한다(修身). 그리하여 양자는 참된 인간

9 기독교에서는 하나님 형상이 본질적으로 외적 요소지만, 그것이 성령의 작용에 의해 그리스도와의 신비적 합일을 통해 인간 안에 주어진 원리라는 점에서는 구조적 유사성이 있다고 할 것이다.

성 추구라는 사람됨의 궁극적 목표에서도 만날 수 있다. 이 궁극적 목표가 기독교 신앙에서는 그리스도의 인간성이고, 유교에서는 성인이다. 그리고 이러한 그리스도의 인간성과 유학의 성인의 만남은 전술한 바와 같이 한국 기독교 역사에서 이미 그리스도-도의 패러다임(Christo-Tao paradigm)으로 드러났음을 볼 수 있다.[10] 이 도는 천도天道와 인도人道의 합일이자 만남의 패러다임이며, 한국적 기독론의 핵심이다. 이에 따라 인간은 이 도를 지향하는 존재로서 자신 안에서의 도의 실현을 위해 날마다 자신을 부인하면서, 도 자체이신 그리스도(요 14:6)를 따르는 삶을 살게 된다. 이것이 바로 하늘의 도(하나님 형상, 천명)를 지향하는 삶이며(성화, 수신), 실존 현실을 넘어 자신을 초월하는 자기완성 혹은 자기실현의 길이라 할 수 있다. 그리하여 양자 간에는 서로 공명하는 측면이 존재한다고 볼 수 있다.

2. 진실한 인간: 사랑(愛)과 인(仁)

기독교 신앙의 궁극 목표는 하나님의 형상으로서의 인간 본질의 회복이다. 그렇다면 인간 본질이란 어떤 것인가? 몰트만은 하나님의 형상에 대해 그리스도의 메시아적 복음에 근거한 하나님 나라의 최종적인 영화와 관련되는 것으로 이해하며, 서방 교회의 유일신론적 경향의 개인주의적 편향을 비판하고 삼위일체에 상응하는 공동체적 인간을 제시한다.[11] 기독교의 구원 역시 상실한 하나님 형상에 대한 회복이자 그것의 실제적

10 이성배(1990), 273-303.

11 몰트만은 하나님 형상을 특히 사회적 하나님 형상으로 이해한다(J. Moltmann, 1988), 29-35.

인 실현과 성취이며, 그러한 회복에로의 초청과 소명에 대한 응답이 곧 신앙생활이다.[12] 그런데 하나님의 형상은 하나님과의 수직적 관계뿐만 아니라 사람을 포함한 다른 피조물과의 수평적 관계까지도 함의하는 개념이다.[13] 그렇다면 피조물로서 사람이 하나님과의 관계에서 갖는 경건의 태도 역시 자기 존재를 넘어서는 포괄적 개념이어야 한다. 우리는 앞에서, 칼뱅이 사람을 위한 완전한 덕德이란 하나님과의 관계에서는 경건이고, 인간과의 관계에서는 사랑과 의임을 천명하고 있음을 살폈다. 그리하여 칼뱅은 하나님을 향한 수직적 차원의 경건과 그것의 실천에 있어서 사람을 향한 수평적 차원의 경건을 함께 말하는 신학자임을 밝혔다. 칼뱅은 다음과 같이 말한다.

> 율법의 가르침의 목표는 곧 거룩한 삶을 통하여 사람을 그의 하나님과 연결시키며, 다른 것에 나타나는 모세의 말씀처럼 사람을 하나님께 밀착되도록 만드는 데 있다. 더 나아가서 이러한 거룩한 삶은 두 가지로 압축된다. 곧 "너는 마음을 다하고 뜻을 다하고 힘을 다하여 네 하나님 야웨를 사랑하라"(신 6:5, 참조 11:13)는 것과 "네 이웃 사랑하기를 네 자신과 같이 사랑하라"(레 19:18,

12 서창원, "현대 신학적 인간론: 하나님의 형상 이해," 「신학과 세계」 제46호(2003), 272.

13 김균진 역시 몰트만을 이어 사회적 하나님의 형상론을 전개한다(김균진, 『생태계의 위기와 신학』, 서울: 대한기독교서회, 1995, 204-208; 김균진, 1987). 더욱이 틸리히는 하나님의 존재 자체가 관계 속에 계신 하나님이시며, "존재 자체인 하나님은 모든 관계의 근거이다. 그의 삶 속에는 모든 관계가 잠재성과 현실성 사이의 구별을 넘어서 현존하고 있다"면서, "신의 사랑은 거룩한 사랑이다. 인간은 결코 신의 영광을 위한 수단이 아니며, 인간 또한 목적이다. 인간은 신적인 삶 속에 뿌리를 두고 있고 신적인 삶으로 되돌아가는 존재"라고 말함에서, 관계의 하나님 영광이 피조물인 인간에까지 미치고, 이것은 신의 사랑까지도 마찬가지임을 밝힌다(P. Tillich, *Systematic Theology* II, 유장환 역, 『조직신학』(서울: 한들출판사, 2001, 190-209).

참조 마 22:37, 39)는 것이 바로 그것이다. 먼저 우리의 영혼이 하나님을 향한 사랑으로 가득해야 한다. 그래야 거기서 이웃에 대한 사랑이 직접 흘러나올 수 있다. [....] 이것이 바로 참된 경건이며 그것으로부터 사랑이 나오게 된다(*Inst.*, II/8-51).

경건에 있어서 인간에 대한 선한 양심과 하나님께 대한 경외심뿐 아니라 신앙과 기도도 포함된다는 것을 주목하자(*Comm. on 1Tim.* 4:8).

이러한 칼뱅의 언급들은 하나님의 형상 회복을 지향하는 경건의 발걸음 자체가 편협한 수직적 차원에서 그치지 않고, 하나님과 이웃을 함께 사랑하고 섬기는 포괄적 개념임을 보여준다.[14] 즉, 칼뱅이 제시하는 경건은 절대자 하나님을 향한 초월적 경건인 동시에 세계 내적 경건으로서, 이웃을 향한 섬김과 헌신을 실천하는 영성이라 할 수 있다. 바로 여기서 칼뱅은 경건한 삶의 원리로서 사랑(*caritas: agape*)을 말하는데, 이것은 공동적 인간성(Co-Humanity)을 위한 필수적인 능력이다. 다음과 같은 칼뱅의 말을 주목해 보자.

만일 우리가 서로 사랑하면 "하나님이 우리 안에 거하신다"라고 말할 때, 그는 사랑에 대하여 말하고 있다. 왜냐하면, 그때 비로소 하나님의 사랑이 완전해지며 참으로 사랑이 우리 안에 있음이 드러나기 때문이다. 이것은 하나님의 성령께서 우리 마음이 형제를 사랑하게 하실 때 하나님께서 실제적으로 친히 임재하신다는 말과 같다(*Comm. on 1 Jon.* 4:12).

14 칼뱅은 창세기 2:18 주석에서 하나님께서는 "그들 사이에 상호 호혜적인 사회를 이루어 나갈 수 있도록" 인간을 창조하셨다고 밝힌다.

특히 칼뱅은 『기독교 강요』에서 경건(*pietas*)을 기독교 최상의 덕목인 사랑(*caritas*)의 근본으로 이해한다. 피에타스는 하나님을 떨림으로 경외하는 것이고(제1서판), 카리타스는 하나님을 두려워하는 이들이 이웃에게 공의와 사랑을 실천하는 것(제2서판)이다.[15] 그리하여 칼뱅의 카리타스로서 경건이란 혼자 고립된 삶이 아닌 공동체를 지향하는 삶이요, 결국 교회론적 차원을 함의한다. 따라서 경건한 신자는 고독에서 벗어나 하나님을 아버지로 모시는 하나님의 가족 공동체를 형성함으로써 사회적 영성을 지향하게 된다. 즉, 칼뱅의 경건은 우리를 개인적 수양에 머물지 않고, 하나님의 영광을 위한 아가페적 섬김에 동참하게 한다.

그렇다면 퇴계의 경은 어떤 성격인가? 성리학적 유교 자체가 원리상 개인주의를 용납하지 않는다. 왜냐하면, 사람이 부여받은 하늘 이치 자체가 본질상 우주-보편적 존재 원리이기 때문이다. 따라서 유교적 시각에서 볼 때, 인간 존재 자체가 이미 우주-보편적 원리에 동참하고 있다는 점에서 사람은 결코 혼자 살아가는 고립된 존재가 아니다. 이러한 원리의 실천을 지향하는 경은 존재론적 측면뿐 아니라 실천적 측면에서도 이미 공동적 인간성을 지향한다. 곧 사람됨(人)이란 곧 하늘 덕성인 인仁을 품수하고 그것을 실현하는 것을 뜻하며, 그것의 완전한 경지가 바로 성인이다. 그런 점에서 성인을 지향함은 곧 인仁의 덕성을 함양하는 수신의 길이며, 곧바로 사람됨의 길이다. 즉, 인仁이란 결국 사람(人)이 됨을 뜻하며, 그것은 곧 사람됨의 가치(仁)에 대한 실현을 함의한다. 그래서 『중용』은 인仁의 뜻은 사람됨에 있다고 말한다.[16] 다시 말해서, 유학이 말하는 인仁의 개념 자체가 "인간의 공존성(Togetherness), 공동적 인간성(Co-Humanity), 공동

15 김흡영(2001), 261; 마태복음 22장 37-40절.

16 J. Ching(1994), 107.

적 인간(Co-Human), 공동적 인간화(Co-Humanizing) 등을 함의한다"는 것이다.[17] 이처럼 유학이 추구하는 이상적 인간상은 개인적 자아를 넘어 공동적 자아 또는 관계성 중심의 자아를 의미한다. 퇴계의 경 역시 개인적 수신론이 아니라, '수신-제가-치국-평천하'라는 『대학』의 근본 원리에 따라 자기 존재를 개방하고 인과 어울릴뿐더러 궁극적으로는 이상 사회 건설에의 동참을 추구한다. 이러한 공동체에 대한 퇴계의 일반적 관심에는 가정과 서원 그리고 향촌과 국가를 들 수 있다.[18]

그렇다면 칼뱅과 퇴계는 관계적 인간성에서 서로 만날 수 있는가? 역시 내용적 측면에서는 개념 차가 크기 때문에 대화가 힘들 수 있겠지만, 구조적 측면에서 양자가 바라보는 인간성이란 자기 존재의 초월적 근원(神/天)과 분리될 수 없을 정도로 관계적 존재임을 말한다는 점에서 좋은 대화의 파트너가 될 수 있다. 곧 칼뱅은 처음부터 하나님에 대한 지식과 인간에 대한 지식은 서로 분리될 수 없는 하나의 지혜임을 천명하였고(*Inst.*, I/1-1), 이것은 그의 신학 사상 전체에 그대로 반영된다. 즉, 관계적인 인간성(Relative Humanity)은 처음부터 칼뱅의 주요 관심사이고, 이것은 하나님과의 관계를 바탕으로 하는 인간관계(이웃 사랑—율법의 둘째 서판)에 관한 서술에서도 드러난다. 이는 그의 경건이 하나님과의 수직적 관계에

17 김흡영(1994), 150.

18 퇴계의 인간 공동체에 관한 관심을 논한 연구들에는 다음과 같은 것들이 있다. 高橋進, "李退溪의 政治思想,"「퇴계학국제학술논문집」(1978), 383-405; 배상현, "退溪 李滉先生의 禮學思想,"「退溪學報」 제85집(1995), 7-33; 김충실·최문식, "퇴계의 <禮安鄕約>에서 표현된 孝와 현대교육"(1990), 149-163; 박익환, "退溪의 禮安鄕約考,"『南都泳華甲紀念, 史學論叢』(1984), 419-434; 이우성, "李退溪와 書院創設運動,"「退溪學報」 제19집(1978), 91-92; 周何, "李退溪의 禮學,"『퇴계학국제학술회의논문집』(1978), 285-305; 홍순창, "退溪先生과 陶山書院,"「신라가야문화」 제9·10집(1978).

서 출발하여 수평적 인간관계에서 아름다운 완성에 이르게 됨을 의미한다. 이것은 퇴계에게서도 마찬가지이다. 유명한 고봉과의 사칠논변도 사실 <천명도>를 중심한 천인 관계론에서 비롯되었다. 즉, <천명도>의 중심 문제가 곧 천인 관계론이었고, 하늘 이치를 받은 존재로서 하늘을 비추는 인간 존재 문제에 그 핵심이 있었다. 그리고 퇴계의 경 사상의 마지막 목표는 역시 경의 생활화를 통한 이상적인 인간상의 완성과 함께 유교적 이상 사회 실현에 그 중심이 있었다. 그에게 있어서 실천을 전제하지 않는 학문이란 무가치한 호학에 불과하기 때문이었다.

이러한 칼뱅과 퇴계의 관계론적 인간상에 관한 대화는 건강한 교회론 형성에 기여할 수 있으며, 나아가 교회 공동체의 참된 섬김의 문제에 새로운 전기를 마련해 줄 수 있다. 그동안 한국 교회는 지나치게 개별 교회 중심으로 흘러왔고, 개별 교회 성장 일변도로 달려왔으며, 결국 교단 분열을 비롯한 적잖은 사회 문제의 단초가 되었다.[19] 이제 한국 교회는 개별 교회 중심적인 교리 논쟁과 양적 성장 일변도의 신학에서 벗어나, 교회 일치와 참된 섬김을 지향하는 에큐메니컬한 교회 공동체에 관심을 두어야 한다. 그리고 분열된 민족과 민족 교회 회복을 위한 통일 영성의 문제에도 관심을 기울여야 한다. 이러한 한국 교회의 시대적 과제의 완성과 그것을 뒷받침할 경건한 신학의 수립을 위해, 성서의 핵심적 메시지인 사랑(Agape/ 仁)을 바탕으로 하는 한국 교회적 영성에 관한 관심은 이 시대가 요구하는 필수적인 문제이다.

---

19 이러한 한국 교회의 현실은 특히 1970년대 이후 성장 일변도의 목회 패러다임 형성에 앞장선 <풀러신학교>와 그곳을 거점으로, 맥가브란(D. A. McGavran)에 의해 주도된 소위 교회 성장학파의 영향을 지적하지 않을 수 없다. 물론 교회 성장학은 한국 교회의 양적 성장에 기여한 바가 적지 않지만, 세속적 물량주의와 결탁하였다는 비판을 피할 수는 없을 것이다.

3. 거룩한 인간: 새로운 비전

기독교 신앙은 하나님의 창조와 구속 완성의 날 즉, 하나님 나라의 도래를 바라보며, 그 나라에 대한 소망을 기반으로 새로운 내일을 희망하는 기다림의 신앙이라는 점에서 이해를 추구하는 희망(*spes quaerens intellectum*)으로 규정될 수 있다.[20] 그렇지만 그 기다림은 단순한 묵시적 희망이 아니라 하나님의 새로운 창조로서의 의미를 갖는다.

이러한 기독교 종말론은 십자가에 달려 죽은 예수 그리스도의 부활을 회상함에서 비롯된 희망이고, 언제나 참된 시작을 뜻한다. 이러한 기독교 종말론은 모든 인격적, 역사적, 우주적 차원에 있어서, 마지막 안에 새로운 시작이 있다는 기독론적 모델에 근거하고 있다.[21] 즉, 기독교의 종말론은 예수 그리스도의 십자가와 부활 사건과 그 의미에 깊이 뿌리내리고 있으며, 나아가 그분의 재림과 함께 이뤄질 하나님 나라의 완성에 궁극적인 목표를 두고 있다.

칼뱅 역시 종말론에 관심을 두고 있었다. 물론 외견상 그는 종말론에 관한 언급은 『기독교 강요』 제3권 25장 <최후의 부활>에서 잠깐 보일 뿐이다. 그렇다고 해서 그것이 그가 종말론에 무관심했거나 그 중요성을 인식하지 못했다는 뜻은 아니다. 그의 저술들은 이미 종말론을 전제하기 때문이다.[22] 특히 그에게 있어서 종말론 문제는 경건한 신자들의 마땅한

---

20 D. L. Migliore, *Faith Seeking Understanding*, 장경철 역, 『기독교조직신학개론』(서울: 한국장로교출판사, 1991), 237-238 참조.

21 J. Moltmann, *Das Kommen Gottes-Christliche Eschatologie,* 김균진 역, 『오시는 하나님』(서울: 대한기독교서회, 1997), 15.

22 칼뱅의 종말론은 성서를 그대로 수용한다는 점에서 묵시적 측면이 남아있지만, 그는 당시 급진적 개혁자나(T. Münzer, 1488~1525) 신비주의자들(M. Hoffman, J. Matthys, J.

희망이다. 그것은 "경건한 자들의 믿음과 사랑이 하늘에 쌓아둔 소망과 연관되는 것"(*Inst.*, III/25-1)이기 때문이다. 그렇다면 그가 이해하는 종말론은 어떠한 성격을 갖고 있는가? 『기독교 강요』에 따르면, 그의 종말론에 대한 이해는 예수 그리스도의 부활에 근거한다.

> 부활을 생각할 때마다 우리는 항상 그리스도의 형상을 바라보아야 한다. 그는 인간의 본성을 취하신 상태로 완전한 삶을 사셨고, 그리하여 영원한 불멸의 상태에 이르셨으니, 그분이야말로 장차 올 우리의 부활의 보증이시다(*Inst.*, III/25-3).

곧 종말론에 대한 칼뱅의 이해는 종말론적 부활을 전제한다. 그런데 그는 부활과 함께 그리스도의 형상을 말한다. 또한 그는 그리스도의 형상에 대해, 그분은 인간의 본성을 취하신 상태로 완전한 삶을 사셨다고 말한다. 어째서일까? 이런 그의 사고들은 결국 그가 종말론을 사람됨의 완성으로 이해하는 것이 아닐까? 그렇다면 그의 종말론은 초자연적·묵시적 종말을 넘어, 그리스도 안에서의 인간성 완성이라는 측면으로 귀결될 수 있을 것이다. 물론 그는 성서를 따라 묵시적·역사적 종말론을 견지한다(*Inst.*, III/25-5, 7). 하지만 그에게 더욱 중요한 것은 인간성에 대한 종말론적 완성이 아니었을까? 그리고 역사적인 최후의 부활 역시 이런 측면에서 이해하지 않았을까(*Inst.*, III/25-8)? 다음과 같은 설명은 의미심장하다.

Leiden)에게 동조하지 않고 성서에 중심을 두었다(*Inst.*, III-25/1, 12; J. L. Gonzalez, *a History of Christian Thought* III, 이형기 외 공역, 『基督教思想史』 III, 서울: 대한예수교장로회총회출판국. 1988, 11-134).

나는 바울과 함께 죄에서 비롯된 그런 결함 상태가 원상태로 회복되기를 기다린다. 피조물들이 그렇게 되기 위하여 '속으로 탄식하는 것'(롬 8:22)이다(*Inst.*, III/25-11).

사실상 칼뱅의 주된 관심은 경건한 인간성 완성이었다. 그래서 칼뱅은 종말론을 언급하는 자리에서도 인간 본질로서의 하나님의 형상에 깊은 관심을 갖는다. 칼뱅은 비록 인간이 타락하여 불경건한 존재가 되었지만, 하나님의 은총으로 다시 회복되어 전인격적인 완성(부활)의 소망을 실현할 것으로 내다본다. 이런 측면에서 칼뱅은 『기독교 강요』 제3권 25장을 최후의 부활이라는 주제 아래 종말론적 희망을 서술했을 것이다. 그렇다면 그의 종말론의 중심은 어디까지나 사람됨의 완성, 곧 하나님의 형상을 회복한 완전한 인간성의 출현에 있다고 할 것이다(*Inst.*, III/1-1). 이러한 소망은 이미 "그리스도의 모범"(*Inst.*, III/25-4)에서 드러나는데, 그 영광의 날은 "하나님과 완전한 연합에 의하지 아니하고는 어떠한 완전함도 지복도 영광도 존재하지 않는다"(*Inst.*, III/25-6)는 것이다. 그리하여 칼뱅의 종말론적 지평은 그 자체 안에 인간성 완성이라는 심원한 모티브를 담고 있다. 곧 칼뱅은 종말에 대해, 사람을 포함한 자연 만물 안에 참된 하나님의 질서(*rectitudo*)가 회복되고 창조의 아름다움이 완전히 드러나게 되는 진정한 완성의 날로 기대했던 것이다(*Inst.*, III/25-10). 이러한 그의 사색은 결국 종말론적인 신-인간-우주적 지평(Theo-Anthropo- Universal Horizon)으로 확대되고 있다. 그리하여 칼뱅은 개인적인 종말론이나 우주적인 종말론을 아우르는 통전적인 종말론을 제시한다.

그렇다면 퇴계에게도 이러한 종말론적 지평이 있을까? 사실 유학은 기독교와 같은 종말론적 사고가 불가능하다. 그 중심이 어디까지나 인간 사회 현실에 있기 때문이다. 그러나 한편 유학은 더 넓은 우주적 지평을 내포한다. 즉, 동양적 사고가 서양처럼 기계적 자연관이 아니라 유기적 자연관이라는 점에서, 유학은 그 안에 이미 인간 현실을 넘어 우주적 지평으로 나아가는 모티브가 내재되어 있다. 이것은 퇴계에게서도 마찬가지이다. 특히 퇴계의 우주론적 지평은 『성학십도』 제1도인 <태극도설>에서 나타난다.[23] 거기서 퇴계는 우주와 자연이 유기적 구조와 질료를 갖고 있을 뿐만 아니라 유기적 운동과 생성 변화를 일으키고 있음을 파악한다. 그리고 이러한 우주와 자연 속에 사물은 물론 사람까지도 함께 조화를 이루며 존재하는 것이고,[24] 그렇게 될 때 참된 인간성도 발현될 수 있다. 즉, 퇴계에 따르면, 사람은 우주의 보편적 내재 원리(天理)인 인성人性을 비롯한 사물의 이치(理) 사이의 자연적 합일을 지향하고 날마다 천인합일의 희망 속에서 자신을 가다듬는 존재들이다.[25] 곧 천명을 받은 존재인 사람은 온 우주와 유기적으로 연결되며, 그 지평 속에서 자신을 완성해 나간다.[26] 이러한 사람에게 있어서 자연 만물은 정복과 착취의 대상이 아니라, 하늘 이치를 함께 나눈 형제요 우주의 운명을 함께 책임져야 할 창조적 동료이다. 바로 여기에 퇴계의 천인합일 사상의 절정이 있다. 그리

---

23 퇴계의 우주관 및 <태극도설>에 관한 자세한 설명은, 금장태(2001, 3-26; "退溪의 天概念과 天人關係論," 1990, 301-321); 김두헌, "退溪의 聖學十圖," 「東洋學」 제5집(1975); 신귀현, "퇴계의 자연철학" 「退溪學報」 제75 · 76집(1992), 31-40 등을 참조하라.

24 신귀현, "퇴계의 자연철학"(1992), 40.

25 이애희, "退溪의 人性 · 物性論에 대한 硏究," 「退溪學報」 제76집(1992), 144.

26 이러한 수신에 대해, '마음을 닦는 것'이라 하여 정심(正心)으로 부르기도 한다. 정심이란 바른 마음의 상태를 터득하기 위한 과정을 뜻하며, 심지미발(心之未發)일 때 성(性)을 잘 간직(存性, 中)해서 존양(存養)하고, 심지이발(心之已發)일 때 성을 절도에 맞도록(和) 성찰하는 공부를 뜻한다는 점에서, 결국 경의 수양론과 같은 의미이다(김태안, "退溪의 正心論," 「退溪學」 제3집, 1991, 53-54).

하여 퇴계의 경 사상은 본체本體(天理)→인간人性→우주宇宙적 지평으로 확대되어 나아가는 천·지·인 조화天地人調和라는 방향성을 자신 안에 내포하고 있다.

그렇다면 칼뱅과 퇴계는 종말론적-우주론적 지평에서 함께 대화할 수 있는가? 물론 양자의 근본 개념은 처음부터 맥을 달리하고 있다. 칼뱅의 종말론은 신적 사건으로서 인간을 포함한 전 우주적인 하나님의 통치에 대한 완성을 의미한다. 그런 면에서 단지 추상적 설명에 머무는 유학과는 달리 실재적 측면에서 접근한다. 이에 비해 퇴계의 우주론은 자연 철학적 개념일 뿐 아니라 그 주체는 어디까지나 사람 자신이다. 즉, 모든 것이 인간 안에서 인간을 통하여 그리고 인간 사회 안에서 발생하는 개념들이라는 점에서 철학적 성격을 전제하고 있다.[27]

그렇지만 양자는 역시 구조적 차원에서 함께 만날 수 있다. 칼뱅이나 퇴계에게 있어서 종말론 혹은 우주론은 그 중심이 인간성의 완성에 있다는 점에서 실존적 주제로 떠오른다. 칼뱅의 경우 부활에 초점이 맞춰져 있지만, 그것은 어디까지나 하나님의 형상에 대한 회복으로서 결국 인간성 완성의 문제로 귀결된다. 사실상 기독교 종말론 자체가 사람을 포함한 하나님의 창조 세계에 대한 회복에 그 의의가 있지 않은가? 더욱이 인간성의 완성을 전제하지 않는 종말론이란 또 하나의 유토피아(Utopia)일 뿐이다. 이것은 퇴계의 경우도 마찬가지이다. 그의 지행(知行)의 궁극 목표가 성인 됨의 실현에 있다는 점에서, 그의 경 철학 역시 인간성 완성으로 귀결된다. 그리하여 퇴계의 경우 기독교 종말론처럼 극적인 측면은 없을지라도,[28] 인간성의 완성 혹은 실현이라는 대전제에서는 칼뱅과 맥을

---

27 물론 퇴계에게서도 주재천 개념을 통하여 어렴풋하게나마 우주 만상의 조화에 대한 하늘의 주체성이 암시되고는 있으나, 그 개념은 여전히 추상적 성격이 강하다.

같이한다. 이처럼 양자는 인간성 완성의 문제로부터 하나님의 창조에 대한 완성의 그날 혹은 인간의 성인 됨의 완성과 함께 천인합일의 꿈이 실현되는 그날을 기대하고 있다.

따라서 우리는 김흡영의 설명처럼 칼뱅과 퇴계에게서 "신-인간-우주적 지평"에 대한 꿈을 함께 꾸게 되고, 하늘(신)과 인간과 우주(자연)가 어우러지고 함께 조화를 이루는 종말론적 "신-인간-우주적 비전"(Theo-Anthropo-Cosmic Vision)을 함께 말할 수 있을 것이다. 이렇게 보면, "인간은 자연과 우주에 대한 파괴자가 아닐뿐더러 직선적인 우주에서 고립된 역사의 주체도 아니며, 영광스러운 하나님의 우주적 드라마를 증언하는 상호 의존적 목격자들이자 신-인간-우주적 극장에서 하늘의 황홀한 궤적을 조화시켜 나가는 생태학적 청지기들"로서 나타나게 될 것이다.[29] 그리고 그때에야 비로소 하나님의 거룩한 창조는 그 본래적 의미를 분명하게 드러내며 하나님의 영광은 새롭게 나타날 것이다.

28 특히 유학에는 요순시대(堯舜時代)라는 이상 사회에 대한 원형(archetype)에 바탕을 둔 '수신→제가→치국→평천하'라는 일종의 우주적 지평을 내포하는 요소가 있다는 점에서, 비록 기독교만큼은 아닐지라도 나름대로의 종말론적 드라마를 내포하고 있다고 볼 수 있다. 또한 그것을 추구해 나가는 에토스를 지향한다는 점에서, 분명히 종말론적인 지평을 지향하고 있다고 할 것이다.

29 김흡영(2001), 277.

VI. 요약과 정리

서로 다른 종교·문화적 전통 간의 대화는 단순한 호교론적 변증론이나 선교론적 성취론으로 흐를 때는 그 의미가 퇴색될 수밖에 없기에, 실존적-종교 내적인 대화를 통해 서로에 대한 이해의 방향으로 나아가야 한다. 이것은 칼뱅과 퇴계의 경건 사상에 있어서도 마찬가지이다. 양자는 서로 다른 종교·문화적 전통에서 성장해 왔다. 따라서 단순히 유비론적 일치점만을 추구한다면, 진정한 대화는 불가능하다. 서로의 근본적 차이점을 규명하고, 거기서부터 구조적 측면에서 대화의 장을 열어가야 한다. 즉, 칼뱅의 경건 사상은 신-역사적 비전을 바탕으로 하는 기독교적 경건이라는 점에서, 인간-우주적 비전을 바탕으로 하는 퇴계의 유교적 경건과는 근본적으로 차이가 있다. 기독교적 경건은 인격적 절대자와의 관계를 바탕으로 하나, 유교적 경건은 근본적으로 휴머니즘적 바탕 위에 서 있기 때문이다. 하지만 두 전통이 말하는 경건은 한국이라는 사회·역사적 맥락에서 이미 실존적 대화를 이뤘다는 점에 우리의 관심이 있다.

그렇다면 두 전통 사이에 어떻게 그런 해석학적 사건이 발생했을까? 그것은 양자의 궁극적 목표에 대한 구조적 유사성 때문으로 보인다. 칼뱅의 경건은 창조주요 구속주인 하나님과의 만남에서 비롯된 절대자에 대한 자의식이자 그분을 향한 경외와 사랑 그리고 순종에 대한 자각인 동시에 타인에 대한 책임적 윤리의식이다. 이러한 경건은 하나님에 대한 실존적 신앙으로 표현되며, 궁극적으로 하나님의 참된 형상인 그리스도의 인간성을 지향한다는 점에서 결국 철저한 인간화 문제와 연관된다. 퇴계의 경 역시 같은 맥락에서 설명될 수 있는데, 곧 하늘 이치(天理/天命)를 품수한 인간이 자신의 존재론적 자각을 통해 우주적 보편 원리를 자신 안에서 완전히 실현한 존재인 성현聖賢이라는 이상적 인간상을 추구하는 실존적인 수양론의 문제이다. 이러한 퇴계의 경 사상 역시 철저한 인간화를 지향한다는 점에서, 칼뱅(기독교)과 퇴계(신유학)는 함께 실존적인 대화와 만남의 장으로 나아갈 수 있었던 것이다.

기독교 신학의 기반인 성서는 단지 과거의 신앙적 유산의 전승에만 그 목적이 있지 않다.[1] 오히려 오늘의 삶의 현장에서 절대자 하나님을 아버지로 고백하며 진실하게 그분께 순종하는 삶을 가르친다. 신학 작업 역시 마찬가지이다. 신학은 단지 과거의 신학적 유산에 대한 호기심의 표현이 아니라 오늘의 상황에서 하나님의 구원을 말하는 데에 그 의의가 있다. 그러므로 신학은 언제나 자신의 실존적 맥락, 곧 현재의 역사와 종교·문화적 맥락 안에서 자신의 정체성과 존재 가치를 물어야 한다. 그렇게 될 때 비로소 신학의 게토(*Ghetto*)화를 극복할 수 있다. 이제 한국 교회는 자신을 돌아볼 때가 되었다. "종교의 중요성은 상징을 통하여 삶에 궁극적인 의미를 부여하는 데 있는바",[2] 그동안 한국 기독교는 한국인들의 삶에 궁극적 의미를 제대로 부여하지 못했다. 단지 신-역사적 비전을 중심으로 하는 서구적 의미의 교리 신학에만 매달려 왔다. 그 결과 자신을 모르는 동시에 자신과 무관한 상아탑 신학 혹은 한국인의 삶의 현장에 뿌리를 내리지 못하는 형이상학적 신학에 머무는 실정이다.

이제 한국 교회는 참으로 한국인들의 존재와 삶에 궁극적 의미를 규명하고, 성서를 한국적인 종교·문화적 언어로 읽어야 한다. 그리고 오늘의

---

1 가령, 신약성서의 전승 목적은 역사적 인물로서 "예수가 누구였는가(was)?"를 말하기보다 "오늘 여기서 예수는 누구인가(is)?"를 선포하고, 오늘 여기에 현존하는 그분을 경배하려는 데에 있었다.

2 김흡영(2001), 32.

한국 교회와 사회를 위한 한국 신학은 신-역사적 비전으로서의 서구 기독교적 영성과 인간-우주적 비전으로서의 유교적 영성을 아우르는 신-인간-우주적 비전에 바탕을 두는 한국 신학적 영성 혹은 한국 교회적 영성이라는 패러다임에서 새로운 가능성을 찾을 수 있다. 그때 비로소 한국 교회는 예수 그리스도를 역사적인 주님인 동시에 오늘 우리의 주님으로 고백할 수 있고, 성육신하신 로고스(*Logos incarnatus*)로서 인류 역사 한가운데 오셨으며 오늘도 성령의 능력을 통하여 우리에게 성육신하시는 로고스(*Logos incarnandus*)이신 예수 그리스도를 한국인의 궁극적 삶의 의미로 선포할 수 있게 된다. 그리고 그때 우리는 그분에 대해 이렇게 고백할 수 있다: 선재하신 그리스도는 이스라엘의 역사적 과정에 원초적으로 오셨고, 오늘 우리에게 다시 오신다. 즉, 그분은 유대인으로 오셨지만, 이제 한국인으로 우리에게 오신다. 그래서 "그리스도는 유대인인 동시에 이방인이요, 또한 유대인인 동시에 한국인이다"(*Christus est simul Judaeus et paganus, simul Judaeus et Coreanus*).[3] 그리고 그때 비로소 그분을 자신의 주님으로 고백하는 우리는 진실로 한국인인 동시에 그리스도인(*simul Christianus et Coreanus*)으로서 존재하며, 한국 기독교인으로서의 참된 영성을 형성하게 될 것이다.

3 Kwang Shik Kim, "Simul Christianus et Paganus," *Theologische Zeitschrift*. Universität Basel. Jahrgang 54. 1998, 241. 그렇다고 성서의 하나님과 한국 종교의 신적 존재에 대한 무조건적 동일화를 뜻하는 것은 아니다. 다만 성서의 표현대로 "하나님이 우주 만물의 창조주요 참된 주재(主宰)시며 유일한 구원자"라면, 그분은 당연히 "한민족의 창조주와 구원자"가 될 수밖에 없다는 측면에서 "성서의 하나님이 곧 한민족의 하나님"이라 말할 수 있고(롬 3:29-30) 그렇게 해야 한다는 뜻이다.

5 장

책을 닫으며: 한국 영성 신학을 위한 담론

짧은 역사임에도 한국 교회의 눈부신 성장은 칼뱅주의적 기독교와 퇴계의 성리학적 유교와의 만남이라는 독특한 맥락에서 설명될 수 있다. 그런데 실존적 측면에서 이것은 한국 성리학적 유교의 영성인 퇴계의 경 사상과 서구 기독교의 영성인 칼뱅의 경건 사이의 만남이기도 하다. 그렇지만 한국 교회는 이에 대해 거의 무관심해 왔다. 선교 제2세기를 맞이한 한국 교회는 새로운 세기를 위한 영성 신학 정립이 절실한데, 이를 위해서는 한국 교회적 신학의 기반이 된 칼뱅의 기독교적 영성과 퇴계 성리학의 경에 대한 주목이 요청될 수밖에 없다.

칼뱅에게 있어서 경건은 하나님에 대한 두려움과 사랑이 결합된 기독교 영성으로서, 하나님에 대한 경외심에서 출발하여 하나님과 이웃을 사랑하는 적극적-실천적 개념이다. 이러한 경건은 하나님과의 만남을 통한 원초적 영성으로서의 자의식이며, 관계론적인 성격을 띤다. 퇴계의 경 역시 근본적으로 하늘에 대한 두려움과 사랑이 결합되어 있다. 그런데 양자의 경건은 단지 내면적 정서가 아니라 사람으로 하여금 하나님의 형상 혹은 천명을 의식하며, 궁극적으로 사람됨(*humanitas Christi* vs. 聖人)의 완성을 지향하게 하는 영적·정신적 에너지다. 이러한 그들의 경건은 상이함 가운데서도 서로 공명하며, 특히 구조적 측면에서 대화의 가능성이 발견된다. 특히 양자는 함께 한국 교회라는 독특한 영성의 장에서 이미 실존적으로 깊은 만남을 이루어왔다. 따라서 칼뱅의 기독교적 경건은 퇴계의 성리학적 경 사상과 대화할 수 있는 충분조건을 갖추었다.[1] 그렇다면 우리는 양자의 만남과 대화를 바탕으로 어떠한 한국적 신학 담론을 이끌어올 수 있는가?

첫째, 참된 인간화를 지향하는 영성 신학 구성에 관한 담론을 불러온다. 기독교 전통에서 영성은 대체로 신과의 합일(Union)을 추구하는 수직적인 방향으로 흘러왔고, 이에 따라 영성 신학은 주로 하나님과의 관계에 관심을 가져왔다. 이것은 중세 교회가 신학에 대해, 대학을 중심한 교리 신학(스콜라신학)과 수도원을 중심한 수덕 신학(영성 신학)으로 구분하면서부터 시작된 흐름이라고 볼 수 있다.[2] 그렇지만 성서가 말하는 기독교 영성은 하나님과의 관계에 뿌리를 둔 수직적 측면과 함께 인간 및 자연과의 관계에 뿌리를 둔 수평적 측면을 통전하는 방향에 서 있다. 다시 말해서 기독교 영성은 "보이지 않는 절대 타자와의 간격을 유지하면서도 친밀한 관계를 맺는 일이고, 그 관계가 자신과 세상을 구원하며 새로운 창조의 역사를 만들어가는 일"이라는 점에서,[3] 시작부터 신-인 관계라는 통전적 방향을 견지한다.

따라서 기독교 영성은 신과의 신비적 합일이나 인간성의 신성화(Deification)에 치중하는 수덕 신학이 아니라, 참된 하나님의 형상이신 예수 그리스도의 인간성을 기반으로 하는 철저한 인간화를 지향하는 통

1 김흡영은 "존 칼뱅과 이 퇴계의 인간론에 관한 비교 연구"(1999)라는 논문에서 두 사람의 사상을 인간론적 측면에서 비교하였고, 그것을 『道의 神學』(서울: 다산글방, 2001, 231-291)에 전재하였다.

2 김광묵, "장 칼뱅의 경건과 현대 신학적 과제"(2013), 56.

3 김화영, 『영성, 삶으로 풀어내기』(서울: 대한기독교서회, 2013), 19.

전적 영성 신학, 곧 참된 하나님의 형상 회복에 궁극적 방향을 두는 영성을 지향할 때 그 본래성에 이를 수 있다. 칼뱅의 경건과 퇴계의 경 사상의 만남에 관한 연구는 이처럼 잃어버린 기독교 영성의 통전적 성격을 일깨우고 성서에 뿌리를 둔 기독교 영성 신학의 정립을 위한 계기가 된다는 점에서, 매우 중요한 의의가 있다. 즉, 칼뱅과 퇴계가 추구하는 경건의 삶이란 궁극적으로 비천한 인간성이 하나님과의 합일을 통해 인간성 자체의 신성화를 추구하는 것이 아니라, 거룩하신 하나님 앞에서 하나님을 경외하는 참된 인간상 곧 경건하고 거룩한 인간성 회복에 초점이 있다. 바로 이것이 성서의 가르침을 따라 하나님을 경외하는 동시에 형제를 사랑하고 섬기는 영성, 즉 경건한 하나님 형상의 회복을 지향하는 통전적 영성을 추구하는 성서의 영성과 맥을 같이한다는 점에서, 경건에 관한 양자의 대화는 참된 인간화를 지향하는 영성 신학 구성을 위한 새로운 전기가 될 수 있다는 것이다.

둘째, 참된 공동체를 지향하는 영성 신학 구성에 관한 담론을 불러온다. 서양 전통에서 기독교 영성에 대한 논의들은 대체로 개인적 성향이 강하다. 특히 공동체 생활을 기반으로 하는 수도원에서조차 영성은 공동체적 특성보다는 대개 개별적 수덕 생활 위주로 흘러온 점은 아이러니하다. 하지만 성서가 말하는 인간, 곧 하나님께서 창조하신 인간은 처음부터 "공동적 인간"(the Co-Humanity) 즉, 이웃과 "더불어 사는 존재"(Being-in-Togetherness)였다.[4] 칼뱅은 하나님께서 태초에 인간을 남성과 여성으로 창조하신 것은 "부부애의 결합을 바탕으로 인간 사회가 보존됨"을 보이

4 김흡영은 하나님께서 창조하신 인간은 처음부터 공동적 존재였으며, 이러한 인간의 공동성에 하나님의 사랑인 아가페가 상응하는바, "아가페는 공동적 인간성으로서의 인간 본질을 드러낸다"고 본다(Heup Young Kim, 1996, 119).

심이라고 주장한다(*Comm, Gen.* 1:27). 그리하여 인간성의 본질은 창조주와의 수직적 관계를 근본 바탕으로 하지만, 다른 사람과의 관계 그리고 자연과의 수평적 관계 역시 매우 중요한 틀로 설정된다. 말하자면 사람은 어디까지나 관계들 안에 서 있는 사이의 존재이다. 인간人間이라는 글자 자체가 이미 사람과 사람 사이를 뜻한다는 점에서 다른 존재와의 관계성이 인간의 본질적 존재 구조임을 말해준다. "그래서 인간의 존재성도 사람과 사람 사이에서 결정된다."[5] 이러한 공동적 인간성은 사랑과 섬김을 통한 일치를 지향하며, 이것은 곧 하나님의 형상과 연관된다(창 1:26-27). 특히 칼뱅의 경건한 인간은 신-인 사이의 공동체적 질서를 회복한 존재를 뜻한다. 이러한 인간의 본래적 공동체성은 김흡영에 따르면, "하나님과 함께 그리고 인간과 함께 계시는 그리스도의 인간성이 참된 사랑에서 드러나는바 아가페는 수직적으로는 하나님께 상응하고, 수평적으로는 더불어 사는 존재로서의 근본적 인간성에 상응한다."[6] 이에 따라, 공동적 인간성(the Co-Humanity)은 자연히 **공동체적 영성**(the Co-Spirituality)을 불러오게 된다.

이러한 영성적 성격은 퇴계의 인성론에서도 드러난다. 특히 유교는 애당초 개인주의적 경건을 불허한다. 인간이 부여받은 하늘 이치 자체가 우주·보편적 존재 원리이기 때문이다. 경敬은 바로 그러한 사람의 자기실현 과정인바, 사람이 됨은 곧 완전한 인간 됨仁을 얻는 것이고 사람됨의 실천을 뜻한다. 이러한 인仁의 덕성 자체가 공동적 인간성 혹은 공동적 인간화를 뜻한다.[7] 그리하여 사람은 개인적 수신만이 아니라, 자기 존재 개방을 통해 궁극적으로 이상 사회 건설에 참여하게 된다.[8] 이처럼 양자가

---

5 송기득(1989), 56.

6 Heup Young Kim(1996), 119 참조.

7 김흡영, 『한국 교회의 미래와 평신도』(서울: 대한기독교서회, 1994), 150.

추구하는 공동적 인간성이 우리가 회복해야 할 인간의 본질이다. 교회 공동체는 바로 이러한 빛 아래에서 새롭게 이해되어야 한다.[9]

그동안 한국 교회는 성聖-속俗 이분법적 사고를 바탕으로 교회-사회 간의 극단적 대립 구도를 취해왔으며, 지나친 개교회주의로 인해 그 폐해 역시 적지 않다.[10] 그리하여 그리스도의 몸(엡 1:23)으로서의 교회의 유기적 공동체성이 큰 상처를 입었고 교회 일치 정신(엡 2:13-14)을 왜곡시켰으며 분열의 아픔을 가져왔다. 이제 교회에 대한 새로운 시각이 필요하다. 즉, 기독교의 공동체적 영성을 재발견해야 한다. 개혁 교회의 참된 본질은 하나님의 말씀에 의해 자신을 계속하여 개혁하는 교회(*ecclesia est reformata semper reformanda verban Dei*)에 있고,[11] 그 방향은 교회의 본래적 공동체성 회복에 있다.[12] 그리고 그때 비로소 교회의 교회 됨이 회복되고,

---

8 김영관은 "기독교 전래 당시 한국 사회는 유교적 가치관과 미덕에 따르는 대가족 형태의 공동체성이 강한 사회였고, 이러한 사회체계는 기독교가 빨리 정착할 수 있게 해주었다"고 본다. 이러한 현실은 18세기 한국 천주교회의 발아기에 열성적으로 활동한 광암의 주변 인물들과 천주교 정착 과정을 통해서 드러난다(Kim Young Gwan, 2003, 42-52).

9 물론 교회는 그리스도의 구속 사건에 기초를 둔 하나님의 구속 사건으로서의 교회이며, 성령의 능력 안에 있는 종말론적 공동체이다. 따라서 교회에 대한 가르침은 자연히 기독론과 종말론으로부터, 즉 세계에 대한 삼위일체 하나님의 역사에 대한 통찰로부터 이해되어야 한다. 그렇지만 이 땅에 존재하는 교회는 무엇보다 "하나님의 백성"이요, 하나님의 백성의 공동체라는 점이다(J. Moltmann, *Kirche in der Kraft des Geistes*, 1988, chap. 1).

10 이원규는 그동안의 한국 교회가 교회의 위치를 지키지 못한 채 개인적으로나 사회적으로 역기능을 수행해왔음을 지적하면서, 한국 교회에 대한 여러 학자들의 비판적인 시각을 제시하고 있다(이원규 편저, 『한국 교회와 사회』, 서울: 나단, 1991).

11 큉은 "교회의 본질은 플라톤적 불변의 이데아 세계에 있는 것이 아니라, 오직 교회의 역사 속에서만 발견될 수 있다. 실제적인 교회는 역사를 갖고 있을 뿐 아니라 역사가 될 때만 실존한다. 불변의 형이상학적, 존재론적 체계로서의 교회론은 존재하지 않는다. 교회론은 항상 교회사·교리사·신학사의 맥락 속에서 역사적으로 한정된 이론으로서만 존재한다"고 말한다(H. Küng, *Die Kriche*, 2007, 16).

12 개혁이 중단되는 곳에는 교권화·제도화가 필요악처럼 나타나며, 그것은 결국 생명력 있

역동적인 하나님 나라의 실현을 바라보게 되며, 진정한 하늘과 인간의 합일(天人合一)과 함께 인간과 인간의 합일(人人合一), 인간과 자연의 합일(人自合一)을 지향하는 종말론적 공동체가 될 수 있고, 나아가 진정한 공동체적 영성의 회복이 가능해진다. 이에 따라 우리는 칼뱅과 퇴계의 경건 사상에서 이러한 공동체적 영성의 기초를 재발견할 수 있고, 그것을 바탕으로 한국 교회의 진정한 공동체적 영성을 재건할 수 있을 것으로 보인다.

셋째, 경건한 신학적 인간학에 근거한 영성 신학의 정립을 말할 수 있다. 칼뱅의 기독교적 경건이나 퇴계의 성리학적 경건은 철저한 인간화를 지향한다. 칼뱅의 경우, 인간화의 근본 패러다임으로서 참된 하나님의 형상인 그리스도의 인간성이 본질적인 인간성 패러다임이다. 퇴계의 경우도 본성 안에 내재된 하늘 이치로서 천명이 인간화의 근본 패러다임이고, 사람됨의 궁극적 목표로서의 성인이 본질적인 인간성 패러다임이다. 양자 모두 철저한 인간화는 자기 초월을 함의하며, 이를 위한 궁극적 근거는 초월적 존재(하나님-칼뱅 vs. 天-퇴계)에게서 발견한다. 바로 여기서 초월적-관계적 인간성을 지향하는 신학적 인간학에 대한 담론이 시작될 수 있다. 그동안 한국 교회는 초월적-관계적 인간성을 말하면서도 실제로는 수직적 경건에 치우쳐왔고, 결국 한국 교회를 신비주의적 기복 신앙으로 이끄는 과오를 남겼다. 그리고 오늘날 한국 사회가 도덕적 아노미 현상으로 치달으며 각종 갈등과 아픔을 양산하는 현실에도 한국 교회에 그 일말의 책임이 있다고 할 것이다. 이제 한국 교회는 칼뱅과 퇴계가 제시하는

는 삶과 신앙을 함께 나누고 섬기는 하나님 백성의 공동체를 약화 혹은 쇠퇴시키게 된다. 그래서 교회의 위기는 예수 그리스도에 대한 신앙의 변질과 함께 공동체의 부재에도 나타난다(은준관, 1995, 25).

통전적 영성인으로서의 경건한 인간상에 관심을 두어야 할 것이다. 그리하여 우리는 이제 하나님을 향한 경건에서 인간 됨의 가치와 존재 의미를 찾는 거룩한 인간성(Holy Humanity)에서 신학적 인간학의 새로운 지평을 열어갈 수 있을 것이다. 이러한 측면에서 우리는 인간상(Image of Humanity)에 대한 새로운 시각을 발견하게 된다.

김흡영에 따르면, "한국 교회는 대체로 서구적 유전적 원죄론에 의거하여 인간성에 대해 지나치게 부정적이다. 그리하여 하나님을 닮은 존재로서의 인간상人間像이 매우 약화되었다."[13] 게다가 칼뱅주의의 이중 예정론은 선택과 유기 사이에서 방황하는 비참한 인간 현실에 집중한다. 물론 인간은 하나님 앞에서 죄인이다. 그러나 한편 그런 인간도 여전히 하나님의 형상이다. 그런 면에서 사람은 아직도 희망적 존재이다. 사실 칼뱅도 죄의 존재론적 이해를 넘어선다. 즉, "칼뱅에게서 죄는 하나님과의 존재론적 단절을 의미하지 않는다"는 것이다.[14] 따라서 칼뱅 자신도 강한 원죄론적 시각에서 비관적인 인간상만을 그리지는 않았다. 그렇다면 한국 교회의 강력한 원죄론적 인간 이해는 어디서 왔는가? 이것은 아무래도

---

13 아우구스티누스에서 시작된 원죄론은 그의 실존적 경험과 펠라기우스에 대한 반론에서 출발했다. 따라서 핵심은 인간의 죄된 현실보다 신정론(theodicy)이었다. 즉, 인간과 그의 사회의 비참한 현실에 대한 책임이 전적으로 인간에게 있으며, 그것은 인간 존재에 깊이 침투해있는 죄성이 원인이라는 것이다. 그러나 성서의 가르침은 원죄론보다 인간 죄악의 현실성 또는 실존성에 무게를 둔다(김흡영, 2001, 20-23). 특히 원죄론의 문제점은 인간의 죄된 현실에 대한 책임성의 약화에 있다(김균진, 『基督敎組織神學』, 1987, 117). 칼뱅 역시 아우구스티누스의 원죄론을 수정한다. 그에게 있어 타락은 인간 본성의 상실이며, 그것은 곧 본래 상태로부터의 타락(*Inst.*, II/1-1) 혹은 본래적 고귀성, 불멸성, 선과 의에 대한 열정의 상실이다(*Inst.*, II/1-3). 그 결과 인간은 전적 부패 상태가 되었고(*Inst.*, II/1-9), 경건한 존재로서의 인간성의 파괴를 불러왔다(*Inst.*, II/8-8, 16, 22). 칼뱅은 이 현실을 죄의 생물학적 유전보다는 본성의 오염으로 이해한다(*Inst.*, II/1-7).

14 T. F. Torrance(1979), 83.

화란 계통의 칼뱅주의적인 시각의 뿌리라고 볼 수 있다. 특히 한반도에서 활동한 초기 선교사들은 신학적 경향 자체가 보수적인 칼뱅주의적인 시각이었던 것으로 보인다.

그렇다면 이제 한국 교회는 지나친 원죄론적 인간 이해를 넘어서 칼뱅이 성서에서 발견한 경건한 인간상으로 나아갈 필요가 있다. 사실 과거 한국 사회의 기본적 가치관은 의리와 신용에 그 뿌리가 있었다. 이러한 태도는 성선설에 기초한다. 천리를 품수한 인간은 본래적으로 선하다. 이것은 성서의 선하신 하나님의 선한 피조물로서의 인간관과 상통한다. 그런데 김흡영에 따르면, "기독교의 원죄론이 이러한 전통적 인간관에 큰 상처를 입혔다"는 것이다.[15] 그래서 한국 사회에는 어느덧 불신 풍조가 만연하게 되었다. 그렇지만 한국 교회는 대안을 제시하지 못한 채 여전히 원죄론만을 되풀이한다는 데에 문제가 있다.[16] 사실상 칼뱅의 비참한 죄인으로서의 현실적 인간상도 그 자체에 목적이 있지 않다. 그것은 오히려 하나님의 형상이라는 본질적 인간상을 바탕으로 그리스도의 구속을 통하여 성령의 은혜로 새롭게 회복되어가는 인간 곧 거룩하고 경건한 인간상, 말하자면 하나님의 형상이신 그리스도의 인간성(*humanitas*

15 김흡영(2001), 23.

16 한국 교회가 서구 신학적 유산에 따라 원죄론을 강조하지만, 실제로 한국 교인들에게 원죄론은 하나의 관념일 뿐 실존적인 죄의식으로 드러나지 못한다. 한국 교인들에게 아우구스티누스나 종교 개혁자들만큼의 죄의식을 요구한다는 것은 한국인의 정서적, 영성적 측면에서 쉽지 않다. 이것은 유교의 성선설적 영향력 때문이 아닐까? 특히 김광식은 한민족 문화 아프리오리(Korean cultural *a priori*)로서의 한국 문화의 고유성(*Prorium Coreanum*)의 시각에서 곧 한국적 종교성에 기초하여 복음을 이해할 때, 구원이란 죄로부터의 해방의 방식이 아니라 언행일치의 인격적 완전성과 불완전성이라는 범주에서 이해하는 것이 바람직하다고 본다(김광식, 『언행일치의 신학』, 서울: 종로서적, 2000, 163).

Christi)을 실현해 나가는 경건한 인간상을 제시하기 위함에 궁극적인 목표가 있었던 것이다.

이제 한국 교회는 칼뱅이 성서에서 새롭게 발견한 거룩하고 경건한 인간상을 새롭게 주목할 필요가 있다. 그것은 곧 화해-성화론적 인간 이해이다. 바르트(K. Barth)에 따르면, 하나님은 예수 그리스도를 통해 자신과 인류를 화목하게 하신다.[17] 이를 위해 하나님께서는 우리를 영원한 은총 안으로 선택하셨고,[18] 우리를 예수 그리스도 안에서 화해와 성화의 자리로 부르신다.[19] 이러한 바르트의 인간 이해는 칼뱅의 인간 이해에 뿌리를 두고 있다.[20] 그래서 바르트는 칼뱅을 성화의 신학자로 이해한다. 특히 칼뱅은 루터의 율법→복음 패러다임을 넘어 복음→율법 패러다임을 지향하면서, 복음의 은총 안에 있는 인간을 바라보았다.

그리하여 인간은 정죄에 앞서 은총의 대상이다. 이것은 곧 유전적 원죄론 중심의 인간 이해에 대한 극복인 동시에 화해-성화론적 인간 이해로의 출발이다. 성서는 인간이 비록 타락했지만, 여전히 하나님의 형상이고 하나님-이웃-자연과의 관계 속에 존재하는 특별한 피조물이자 하나님 앞에서 자신을 책임지는 존재로 이해한다.[21] 특히 인간이 죄인이라는

---

17 K. Barth, *CD.*, IV-1, 128.

18 K. Barth, *CD.*, IV-2, 31.

19 K. Barth, *CD.*, IV-2, 449-500.

20 물론 칼뱅과 바르트는 예정론에서는 견해를 달리한다. 칼뱅은 아우구스티누스를 수용하면서 이중 예정설을 주장하는 반면, 바르트는 그리스도 중심의 예정론을 주장한다. 즉, 모든 인간은 예수 그리스도 안에 선택을 받았고, 화해의 은총을 입도록 부르심을 받았다는 것이다. 이를 위해 그리스도께서 친히 버림을 받으셨으며, 이제 모든 인류는 그리스도 안에서 화해의 자리로 나아가게 되었다는 것이다.

21 창세기 9장 6절은 타락한 인간에게도 하나님 형상이 남아 있음을 전제한다. 그래서 인간 생명은 하나님 형상이기 때문에 절대로 해칠 수 없음을 말한다(G. von Rad, *Das erste Buch Mose: Genesis,* 『국제 비평주석, 창세기』, 서울: 한국 신학 연구소, 1990, 142; 김

고백은 계시된 하나님의 형상으로서 예수 그리스도의 인간성에 비추어 미완성의 존재임과 함께 연약함과 모순됨에 대한 실존적인 자기 고백이다. 인간은 하나님과 이웃을 사랑으로 섬겨야 할 하나님의 형상임에도 불구하고,[22] 자기 사랑이라는 모순에 빠진 비참한 존재라는 것이다.[23] 물론 그 화해의 은총을 수용하는 것은 인간의 결단과 책임에 달려있다고 본다. 이것을 퇴계식으로 말하면, 사람이 사욕에 빠져있는 상태라는 것이다.

그렇지만 예수 그리스도는 구원 행동을 통해 비참한 인간 안에 새로운 가능성을 심어주셨다(중생, 칭의). 이제 우리는 그리스도 안에서 거듭났을 뿐만 아니라, 의인인 동시에 죄인(*simul justis et peccator*)으로서 하나님의 나라를 지향하는 존재이다. 이러한 인간성 패러다임은 이미 퇴계에게서도 발견된다. 성령에 의해 새 생명의 원리가 심기듯(중생, 칭의) 사람 안에 천명이 내재하고, 경을 통한 수신으로써 사욕을 벗어나 성인을 지향하듯

균진, 1987, 64-66).

22 그렇다고 아벨라르의 '모범설'을 따르자는 것은 결코 아니다. 다만 아우구스티누스식의 원죄론이 아닌 칼뱅의 원죄론적 입장에 머물더라도, 하나님의 구원 은총에 대한 감사와 감격으로서 하나님과 이웃을 향한 아가페적인 응답은 분명히 중요하다는 것이다.

23 인간 타락에 대해 바르트는 "그의 비참함은 이러한 최상의 부패에 있다. 그의 불경한 이용은 즉,시 그의 부패한 상태 즉, 최악의 상태를 수반한다. 스스로 빛나는 사물들은 모두 그에게는 어두울 뿐이다. 그가 욕망하는 것들은 그의 통제를 벗어난다. 그의 참된 영광은 그의 수치가 된다. 순수가 비순수가 된다. 환희는 아주 깊은 슬픔에 휩싸인다. 고개를 드는 것은 유혹이 된다. 모든 축복은 저주가 되고, 구원은 멸망이 된다. 만일 우리가 여기에 단지 어두움, 궁핍, 수치, 순수하지 못함, 슬픔, 유혹, 저주 그리고 멸망만 있다는 것을 생각하고 말한다면, 우리는 충분히 깊이 보지 못한다. 엄밀한 의미에서 인간의 비참함은 하나의 상황이나 연속성이 아니라 어떤 추상적 '오직'도 있을 수 없는, 그의 역사 속의 존재일 뿐이다. 그처럼 빛이 여전히 거기에 머물고 있지만 꺼져 있고 부는 슬그머니 사라지고 영광은 수치로 변하고 순수는 비순수로 변하고 기쁨은 슬픔으로 변한다"고 말했다(*CD.*, IV-2, 489).

사람은 성령 안에서 그리스도께 참여함으로써, 자신 안에 주어진 하나님의 형상을 완성해나간다. 이제 사람은 원죄에 허덕이는 비참한 존재가 아니라 그리스도 안에서 하나님의 부르심을 받은 새로운 존재이자 하나님의 명령을 수행해 나가는 거룩한 존재로 등장한다. 이제 한국 교회는 경건한 인간상을 바탕으로 하는 신학적 인간학에 뿌리를 둔 영성 신학을 구성할 필요가 있다.

넷째, 생태학적 비전에 뿌리를 둔 영성 신학 정립을 말할 수 있다. 현대 사회의 한 특징은 과학 문명에 따른 생태학적 위기이다.[24] 몰트만은 과학기술 문명에 모든 운명을 거는 듯한 오늘 사회의 방향이 변하지 않을 경우, 이 위기는 총체적 재난으로 끝날 수 있다고 경고한다.[25] 한국 사회 역시 크게 다르지 않다. 한반도 생태계는 이미 회복이 불가능할 정도로 많은 상처를 입었고, 지금도 정치·경제 논리에 의해 계속 파괴되고 있다. 이 생태계 위기의 원인을 어디에서 찾아야 하는가? 혹자는 기독교의 인간 중심적 세계관이 근본 원인이라고 말한다.[26] 이것을 그대로 수용하기는

---

24 Heup Young Kim, "Christianity and Ecology: Seeking the Well-Being of Earth and Humans," *Religions of the World and Ecology Conference Series*(Harvard University Press, 2000); "Life, Ecology and Theotao: Towards an Ecumenism of the Theoanthropocosmic Tao," *Windows into Ecumenism: Essays in Honor of Ahn Jae Woong*(Christian Conference of Asia, 2005); "The Science and the Religions: Some Preliminary East Asian Reflections on Christian Theology of Nature," *God's Action in Nature's World: Essays in Honor of Robert John Russell* (Ashgate Publishing, 2006) 등을 참조하라.

25 J. Moltmann(1988), chap. 2.

26 대표적 인물로는 린 화이트(Lynn White, Jr.)를 들 수 있다, 그는 기독교가 현재의 생태학적 위기에 대해 '거대한 죄의식의 짐'을 지고 있다고 주장한다(D. Migliore, 129). 김균진은 이러한 비판에 대해, 생태계 위기는 결코 기독교의 인간 중심적 세계관(창조 신앙) 때문이 아니라 오히려 데카르트의 왜곡된 인간관이며, 더 근본적 원인은 곧 "하나님을 거부하는 인간의 욕심" 자체라고 일축한다(김균진, 『생태계의 위기와 신학』, 서울: 대한기

어렵지만, 어느 정도 타당성은 있다.[27] 그렇다면 오늘날, 신학은 무엇을 해야 하는가? 이 논의 역시 인간론에서 다시 시작해야 한다. 왜냐하면, 생태계의 위기에 대한 원인 제공자는 결국 인간이기 때문이다. 근대 이후 사상계는 인간 이성의 능력을 극대화하면서도, 한편으로는 인간 존재와 그 가치를 비하하는 모순을 양산해 왔다.[28] 그러나 성서는 처음부터 인간을 하나님을 닮은 존재로 소개한다. 사람의 하나님 형상성은 사람이 종을 넘어 다른 피조물과도 깊은 관계를 갖는 존재임을 드러내며(창 1:26-28), 바로 여기에 생태학적 비전을 품은 인간상이 나타난다. 특히 사람은 하나님을 대리하는 만물을 지배하는 통치자다.

그런데 만물의 통치자로서의 인간상은 사람을 포함한 모든 피조물계의 행복과 평화를 전제하는 개념이다. 이것은 특히 칼뱅의 신학 사상에서 풍성하게 나타난다. 그에 따르면, 사람이 존재론적으로 고귀한 이유는 하나님과의 특별한 관계 때문이고, 그런 사람은 만물의 대표자로 하나님과 마주하면서 하나님의 영광을 반사하고 그분께 경배하는 존재이다. 퇴계 역시 생태계 문제에 대한 중요한 에토스를 제시한다. 성리학은 사람을 포함한 모든 만물이 한 이치에서 발생되었음을 전제함에서, 만물을

독교서회, 1995, 20-54).

27 사실상 서구 신학은 하나님의 형상을 '땅에 대한 지배권'으로 해석한 이들도 적지 않았다. 즉, 인간이 다른 피조물을 다스리는 힘을 행사한다는 점에서 인간은 하나님의 형상이라는 것이다. 하나님의 형상에 대한 이러한 해석은 모든 관계를 위계 서열적으로 이해하는 세계관을 갖게 되고, 결국 어느 정도 생태계 파괴와 연관이 있을 수밖에 없다(D. Miglore, 1991, 183).

28 가령 코페르니쿠스는 인간을 우주의 중심에서 추방하였고, 다윈은 인간이 하나님 창조의 면류관이 아닌 진화 과정의 한 산물로 치부했다. 프로이트 역시 인간 삶의 근본 동기를 리비도에서 찾았고, 인간의 하나님을 향한 신앙마저 심리적인 현상으로 일축했다. 결국 이들의 주장은 인간이 더 이상 특별한 존재가 아닌 자연의 일부, 우주 변두리의 집시 정도로 치부한다(김균진, 1995, 58).

하나의 가족 관계로 본다(理一分殊). 사람과 동물은 이치상으로 동일하지만, 다만 사람이 동물보다 뛰어나고 동물들과 구별되는 이유는 특출한 인지 능력 때문이라는 것이다.[29] 이러한 사람은 내재된 우주의 보편 원리를 자각하고 수신을 통해 자신에 대한 완성과 함께 자연과의 합일(物我一體)의 경지에 이르는 것을 목표로 한다는 것이다. 이처럼 성리학은 근본적으로 사람과 자연을 한 가족으로 보기 때문에, 그 원리상 자연 친화적 사상으로 풍부한 특성을 띠고 있다.

따라서 칼뱅과 퇴계는 함께 초월자-인간-자연(天-人-地)이 만나는 신-인간-우주적 비전(Theo-Anthropo-Cosmic Vision)을 말할 수 있다.[30] 그리하여 그들은 하나님과 화해를 이루며 인간과 자연이 조화되는 비전 곧 신-인간-우주적 비전이라는 새로운 패러다임을 그리스도 안에서 새롭게 발견하며, 함께 참된 인간성 완성의 꿈을 꿀 수 있다. 특히 이 놀라운 비전에 대해, 김흡영은 도의 신학적 패러다임(the Tao Paradigm)으로 설명한다. 예수 그리스도는 하늘·땅·사람을 연결하는 도의 패러다임의 근본이기 때문에(요 14:6), 그분 안에서 신-인간-우주적 비전이 실현된다는 것이다.[31] 이러한 종말론적 패러다임은 분석-종합적인 서구적 사고 패턴이

---

29 김흡영, 『현대 과학과 그리스도교』(서울: 대한기독교서회, 2006), 233. 김흡영은 특히 과학과 신학과의 대화를 통하여 현대 신학과 과학이 서로 분리될 것이 아니라 인류의 공영을 위해 함께 공헌할 수 있어야 하며, 이를 위해 서로가 깊은 대화를 나눌 것을 천명한다. 특히 그는 여기서 현대 과학, 동양 사상 그리고 기독교 신학 간의 삼중적 대화를 제안한다(238-240).

30 김흡영, "종교와 자연과학 간의 대화를 통해 본 인간: 사회생물학의 도전과 종교적 대응"(「철학 연구」, 2003), 277.

31 Heup Young Kim(2003), 76-81; "Toward a Theotao: An East Asian Theology in the 21st Century"(2002), 78-81. 윤철호는 '통전적 또는 통합적 기독론'을 지향하면서, 기독론에 관한 책을 출판했다. 그러나 사실상 서구적 로고스 패러다임에 머물고 있다. 또한 말미에 한국 토착화 신학적 기독론 유형들을 소개했으나, 자신만의 통합적 기독론을

아니라 조화-전개적인 동양적 사고 패턴에서[32] 가능하며, 결국 칼뱅-퇴계의 대화에서 구체적 방향을 발견하게 된다. 그리고 바로 그때 우리는 창조의 궁극적 완성으로서 인간 상호 간의 조화로운 공동적 인간성은 물론이고, 다른 피조물과 공동으로 피조된 존재로서 자리매김하는 인간 본질을 발견하게 된다.[33] 바로 여기서 우리는 참된 생태학적 구원의 비전을 꿈꾸며, 생태학적 비전에 뿌리를 둔 영성 신학의 출현을 기대할 수 있다.[34]

다섯째, 하나님의 나라를 지향하는 종말론적 영성 신학의 정립을 말할 수 있다. 칼뱅과 퇴계 모두 현재적 인간 실존을 넘어 새로운 존재를 향한 실천적 영성을 펼친다. 이것은 현실적인 인간 실존은 곧 잠재적임을 암시한다. 칼뱅은 하나님의 형상이라는 사람됨의 본래성을 지향하는 근본적인 신학적 패러다임으로서 성화론을 제시하였고, 퇴계는 내재된 천리에 대한 자각을 바탕으로 성현聖賢을 실현하는 패러다임으로서 경(敬)의 수신론을 제시하였다. 그런데 양자 모두 여기서 멈추지 않고 함께 종말론으로 중심 이동을 하면서 종말론적 완성을 지향하는 새로운 인간상을 바라본다. 바로 여기에서 칼뱅과 퇴계의 천인합일 사상은 절정을 이루며, 우주(본체: 하나님/하늘-출발)→ 인간(性)→ 우주(본체: 하나님/하늘-완성)라는 순환적 지평이 등장하게 된다. 두 사람에게 종말론적 사고란 역사-우주적 종말의 측면보다는 특히 인간성 완성의 문제에 집중된다. 그 나라는 만물

제시하지는 못했다(윤철호, 『예수 그리스도』 상/하, 서울: 한국장로교출판사, 1998).

32 김광식은 서구적 사고 구조를 "분석-종합적인 사고"로, 동양적 사고 구조를 "조화-전개적인 사고"로 규정한다(Kwang-Shik Kim, "Harmony and Unfolding Versus Analysis and Synthesis," *YJOT*, vol. 1, 1996, 97-106).

33 이정배, 『토착화와 생명 문화』(서울: 종로서적, 1991), 268-269.

34 이러한 시각에서, 토마스 베리와 브라이언 스윔은 비록 부족하나마 생태학적 영성을 다루었다(T. Berry & B. Swimme, *The Universe Story*, 맹영선 역, 『우주 이야기』, 서울: 대화문화아카데미, 2010).

의 회복과 더불어 인간 본질이 완전히 회복되는 나라이다. 그런데 인간의 궁극적인 소망인 그 하나님의 나라는 인간에 의한 성취가 아니라 하나님께서 스스로 완성하신다는 점에서 어디까지나 하나님의 은총에 속한다. 오늘도 사람은 여전히 미완의 존재이며, 날마다 오늘을 부정함으로써 내일이라는 궁극적 목표를 향한다. 그 사람됨의 마지막 목표에 대해, 칼뱅은 하나님의 형상이라고 보았고 퇴계는 천명이라고 보았다.

이러한 인간 이해는 예수 그리스도의 종말론적 인격과 연결된다. 그는 묵시적·역사적 측면의 종말론과 함께 인간의 덕성으로서의 그 나라에 대한 말씀을 선포하셨다. 그분은 그 나라의 주인으로서, 우리를 그 나라의 현실 안으로 부르신다. '가난한 마음, 애통함, 온유함, 의에 대한 갈망, 긍휼히 여김, 화평하게 함, 의를 위해 박해당함' 등의 덕성은 곧바로 하나님 나라 백성의 성품이요, 칼뱅식으로 말하면, 경건한 인간성이다. 그리고 이것은 또한 천명을 자각하고 수양을 쌓는 군자와 성인의 성품, 즉 인仁의 덕성이기도 하다. 여기서 칼뱅과 퇴계는 새로운 종말론적 인간성에 대한 비전을 보여준다. 곧 우리는 그들에게서 다가오는 하나님 나라의 비전을 바라보면서 참된 하나님의 형상에 대한 완성의 날을 기대하게 되고, 오늘도 그 나라의 백성으로서의 존재 가치와 존재 의미를 종말론적인 소망 가운데서 이뤄지는 삶을 통해 드러내며 그 나라의 실현을 기대하게 된다.

요컨대 칼뱅과 퇴계의 근본 메타포로서의 경건敬虔을 중심한 대화는 우리에게 참된 그리스도인인 동시에 참된 한국인에 대한 표상이라는 통전적 영성에 대한 비전을 보여준다. 그것은 그 내면에 그리스도의 인간성 혹은 하늘 이치로서의 천명을 근본 패러다임으로 삼고, 그것을 바탕으로 부단한 성화 혹은 수신의 삶을 통한 하나님 형상의 회복 혹은 성인 됨의 실현이라는 궁극적 목표를 지향하는 인간, 곧 철저한 인간화를 지향하는 인간 존재를 핵심 내용으로 한다. 이러한 인간상을 지향하는 한국 교회적 영성은 무엇보다 선비-크리스천 혹은 선비적 기독교에서 그 방향을 발견하게 된다. 그리고 우리는 이에 대한 더 구체적인 메타포의 뿌리를 일찍이 성리학적 유교 영성을 바탕으로 기독교 복음을 이해하기 위해 온몸을 불살랐던 선진들과 1907년 평양 대부흥 운동의 주역들을 비롯한 수많은 선각자들에게서 발견할 수 있다.[35] 바로 그들에게서 한국 교회의 원초적 영성의 구체적인 형태가 드러나기 때문이다.

이러한 경건은 곧 하늘과 땅과 사람(天 · 地 · 人)을 연결하며 하나님과 사람과 자연을 사랑하고 섬기는 신-인간-우주적 비전을 지향하는 영성을 의미한다. 이 영성이야말로 한민족의 새로운 미래를 열어갈 힘찬 생명을 담은 한국 기독교 공동체의 생명력이라 할 수 있다. 이제 한국 교회는 신-인간-우주적 비전을 지향하는 한국적 영성의 바탕 위에서 복음을 새롭게 해석하고, 참된 인간성에 대한 근본 패러다임으로서 예수 그리스도 안에 있는 하나님의 형상으로서의 인간 본질을 새롭게 바라보아야 한다. 그분은 참으로 하늘과 땅과 인간(天 · 地 · 人: 三才)을 아우르는 진정한 하늘 이치이자 도道로서 우리에게 다가오신다. 그때 우리는 비로소 한국인인 동시에 그리스도인으로서 자신의 정체성을 새롭게 발견하고, 자신의 삶의 자리에서 그 참 생명의 도道이신 그리스도를 닮아가는 삶을 실천할 수 있을 것이다. 예수 그리스도는 오늘도 한국인인 동시에 그리스도인으로서의 우리의 존재와 삶을 규정하신다.

35 이덕주는 최근 여러 토종 영성가들에 대한 자료들을 모아서 『한국 영성 새로 보기』라는 책을 출판하였다. 그는 역사적인 시각으로 여러 토종 영성가들을 간략하게 소개한다(이덕주, 『한국 영성 새로 보기』, 서울: 신앙과지성사, 2013).

참고문헌

I. 장 칼뱅의 경건

1. 칼뱅 문헌

Calvin, John. *Christanae Religionis Institio*(1536). Trans. F. L. Battles. Atlanta: John Knox Press, 1975.

______. *Instruction in Faith*(1537). tr. J. H. Leith. Atlanta: John Knox Press, 1992.

______. *Institutes of The Christian Religion,* 2vols. Ed. John T. McNeil. trans. Ford Lewis Battles. Philadelphia: The Westminster Press, 1960.

______. Commentaries. 45 vols. The Ages Digital Library Commentaries. Various translators. Albany: Ages Software, 1998.

______. *Commentry on Seneca's De Clementia.* Ed. F.L. Battles and A.M. Hugo. Leiden, 1969.

______. *Opera quae Supersunt Omminia,* 59 vols. Eds. G. Baum, E. Cuniz, E. Reuss. Brunsvigae(OC), 1863-1900.

______. *Theological Tractates.* 김기수·김진수 공역. 『존 칼빈의 신학논문』. 서울: 생명의말씀사, 1991.

______. 『칼뱅작품 선집』 I-VII. 박건택 편역. 서울: 총신대학교출판부, 1998.

______. 『칼뱅 서간집』 I. 박건택 편역. 서울: 크리스천 르네상스, 2014.

2. 연구자료

1) 단행본

김재성. 『칼빈의 삶과 종교개혁』. 서울: 이레서원, 2001.

박경수. 『교회의 신학자 칼뱅』. 서울: 대한기독교서회, 2009.

박해경. 『칼빈의 신론』. 서울: 이컴비즈넷, 2006.

라은성 외. 『칼빈과 영성』. 부산: 고신대학교개혁주의학술원, 2010.

이경용. 『칼빈과 이냐시오의 영성』. 서울: 대한기독교서회, 2010.

이양호. 『칼빈, 생애와 사상』. 서울: 한국 신학 연구소, 2001.

이오갑. 『칼뱅의 신과 세계』. 서울: 대한기독교서회, 2010.

______. 『칼뱅의 인간』. 서울: 대한기독교서회, 2010.

이형기.『종교 개혁 신학 사상』. 서울: 장신대출판부, 1984.
전광식 편.『칼빈과 21세기』. 서울: 부흥과개혁사, 2009.
정승훈.『종교 개혁과 칼빈의 영성』. 서울: 대한기독교서회, 2000.
최윤배.『깔뱅 신학 입문』. 서울: 장로회신학대학교출판부, 2012.
한국칼빈학회 편.『칼빈 신학 개요』. 서울: 두란노아카데미, 2009.
______.『칼빈 그후 500년』. 서울: 두란노아카데미, 2009.
황정욱.『칼빈의 초기 사상 이해』. 서울: 선학사, 1998.
Battles, Ford L. ed. *The Piety of John Calvin.* 이형기 역.『칼빈의 경건』. 서울: 크리스찬 다이제스트, 1998.
Bieler, Andre. *L'humanisme social de Calvin.* 박성원 역.『칼빈의 사회적 휴머니즘』. 서울: 대한기독교서회, 2003.
Bouwsma, William J. *John Calvin: A Sixteenth Century Portrait.* New York: Oxford University Press, 1988.
Cadier, Jean. *Calvin, I'homme que Dieu a dompt'e.* 이오갑 역.『칼빈, 하나님이 길들인 사람』. 서울: 대한기독교서회, 2002.
Dowey, E. A. *The Knowledge of God in Calvin's Theology.* New York: Colombia University Press, 1964.
Engel, M. P. *John Calvin's Perspectival Anthropology.* Atlanta Gorgia: Schoars Press, 1988.
Gerrish, Brian A. *Grace and Gratitude: The Eucharistic Theology of John Calvin.* Minneapolis: Fortress Press, 1993.
Göhler, Alfred. *Calvins Lehre von der Heiligung.* 유정우 역.『칼빈의 성화론』. 서울: 한국장로교출판사, 2001.
Leith, John H. *John Calvin's Doctrine of the Christian Life.* 이용원 역.『칼빈의 삶의 신학』. 서울: 한국장로교출판사, 1996.
Mckim, D. K. ed. *Readings in Calvin's Theology.* Grand Rapids: Baker Book House, 1984.
_______. ed. *The Cambridge Companion to John Calvin.* Cambridge University Press, 2004.
McNeill, John T. *The History and Character of Calvinism.* 정성구·양낙홍 공역.『칼빈주의 역사와 성격』. 고양: 크리스천 다이제스트, 1991.
Muller, Richard A. *The Unaccommodated Calvin: Studies in the Foundation of a*

Theological Tradition. 이은선 역. 『진정한 칼빈 신학』. 서울: 나눔과 섬김, 2003.

Niesel, W. *Die Theologie Calvins.* 이종성 역. 『칼빈의 신학』. 서울: 대한기독교서회, 1991.

Selderhuis, H.J. *Gott in der Mitte: Calvins Theplogie der Psalmen.* 장호광 역. 『중심에 계신 하나님』. 서울: 대한기독교서회, 2009.

Stickelberger, Emanuel. *John Calvin.* 박종숙·이은재 공역. 『하나님의 사람 칼빈』. 서울: 나단, 2006.

Torrance, T. F. *Calvin's Doctrine of Man.* Westport, Connecticut: Greenwood Press, 1979.

Wendel, Francois. *Calvin: The Origins andDevelopment of His Religious Thought.* 김재성 역. 『칼빈, 그의 신학 사상의 근원과 발전』. 고양: 크리스챤다이제스트, 2002.

Wulfert, de Greef. *The Writings of John Calvin: an Introductory Guide.* 황대우·김미정 공역. 『칼빈의 생애와 저서들』. 서울: SFC, 2006.

2) 논문

Beeke, J. R. "Calvin on Piety." *The Cambridge Companion to John Calvin,* ed. D. K. Mckim. Lodon: Cambridge University Press (2004): 125-152.

Bouwsma, W. J. "The Spirituality of John Calvin." *Articles on Calvin and Calvinism,* I. ed. Richard C. Gamble. New York & London: Garland Publishing Inc. (1992): 108-123.

Gerish, Brain A. "The Mirror of God's Goodness: A Key Metaphor in Calvin's View of Man." *Concordia Theological Quarterly* vol. 45-3(1981. 7), 211-222.

Olson, J."Calvin as Pastor-Administrator during the Reformation in Geneva." ed. Richard C. Gamble, *Articles on Calvin and Calvinism,* vol. 3. New York & London: Garland Publishing, Inc. (1992): 2-9.

Sou-young Lee. "La notion d'experience chez Calvin d'apre's institution de la Religion Chrestienne." Thèse. Strasbourg University, 1984.

김광묵. "장 칼뱅과 퇴계 이황의 경건 사상에 대한 비교 연구." 강남대학교대학원 박사학위논문, 2009.

______. "장 칼뱅의 경건과 현대신학적 과제." 「한국 조직신학 논총」 제36집(2013): 43-79.

______. "장 칼뱅의 기도신학과 한국 교회의 영성적 과제." 「한국 조직신학 논총」 제42집(2015): 121-160.

김광묵·안석. "칼뱅(Jean Calvin)의 인간 이해와 목회적 돌봄." 「신학과 실천」 제31호 (2012): 227-258.

김이태. "칼빈신학에 있어서 경건과 학문의 상관성 연구." 「教會와 神學」 제12집 (1980): 30-45.

김진섭. "칼빈과 경건." 전광식 편, 『칼빈과 21세기』. 서울: 부흥과 개혁사(2009): 149-194.

박해경. "칼빈의 신론." 한국칼빈학회, 『칼빈 신학 개요』, 서울: 두란노아카데미 (2009): 31-48.

연규홍. "한국 장로교회의 칼빈 신학 사상 이해에 관한 연구." 한신대학교대학원 박사학위논문, 1995.

유해룡. "칼빈의 영성학 소고." 「장신 논단」 제16집(장로회신학대학교. 2000): 544-563.

이수영. "깔뱅에 있어서의 경건의 개념." 「教會와 神學」 제27집(1995): 346-371.

______. "칼뱅의 경건." 한국칼빈학회편, 『칼빈 그 후 500년』. 서울: 두란노아카데미 (2000): 15-37.

이신열. "칼빈의 예배론." 『칼빈과 교회』. 서울: 고신대학교출판부(2007): 196-222.

이양호. "칼빈의 영성"(I/II). 「기독교사상」 제419·420집(1993): 226-233/ 236-244.

______. "칼빈의 목회관." 「神學論壇」 제22집(1994): 131-146.

이오갑. "칼빈의 하나님의 형상론." 「組織神學論叢」 제3집(1998): 109-128.

______. "인간론, 칼빈에 따른 창조의 빛에서 본 인간." 『칼빈신학해설』. 서울: 대한기독교서회(1998).

______. "칼빈의 경건해석과 현대적 의의." 「말씀과 교회」 제23호(2000).

이은선. "『기독교 강요』 초판에서 종교와 경건의 관계." 개혁주의학술원. <종교개혁500주년월례기도회기념강연자료집. 2013>, 1-21.

이종성. "칼빈의 경건 신학" 「말씀과 교회」 제24호(2001).

최태영. "칼빈의 신학과 영성." 「한국 조직신학 논총」 제7집(2002): 31-52.

II. 퇴계 이황의 경 사상

1. 퇴계 문헌 및 경서

李滉.『退溪全書』. 서울: 성균관대학교 대동문화연구원, 1978.
______.『국역 퇴계전서』, 퇴계학연구원 역. 서울: 퇴계학연구원, 1994.
______.『퇴계선집』, 윤사순 역주. 서울: 현암사, 2005.
______.『古鏡重磨方』, 박상주 역해. 서울: 예문서원, 2004.
______.『定本退溪全書』. 서울: 퇴계학연구원, 2008.
『論語』. 서울: 성균관대학교 대동문화연구원, 1965.
『論語』, 이기동 역해. 서울: 성균관대학교 출판부, 2005.
『孟子』. 서울: 성균관대학교 대동문화연구원, 1965.
『孟子』, 이기동 역해. 서울: 성균관대학교 출판부, 2004.
『中庸』. 서울: 성균관대학교 대동문화연구원, 1965.
『中庸』, 김학주 역주. 서울: 서울대학교출판부, 2006.
『大學』. 서울: 성균관대학교 대동문화연구원, 1965.
『大學』, 김학주 역주. 서울: 서울대학교출판부, 2006.
『禮記集說大全』. 서울: 學民文化社, 1990.
『朱子大典』. 서울: 保景文化社, 1984.
『性理大全』. 서울: 保景文化社, 1984.
『朱子語類』. 北京: 中華書局, 1983.
『朱文公文集』. 北京: 国家图书馆出版社, 2006.
『道德經』, 오강남 역주. 서울: 현암사, 1995.
『傳習錄』 I/II, 정인재 · 한정길 역주. 서울: 청계, 2001.
『心經附註』, 성백효 역주. 서울: 전통문화연구회, 2002.

2. 연구 자료

1) 단행본

권오봉.『이 퇴계의 실행 유학』. 서울: 학사원, 1997.
금장태.『한국 유학의 心說』. 서울: 서울대학교출판부, 2002.
______.『퇴계의 삶과 철학』. 서울: 서울대학교출판부, 2003.
______.『朝鮮 前期의 儒學思想』. 서울: 서울대학교출판부, 2003.
______.『조선 후기 儒敎와 西學』. 서울: 서울대학교출판부, 2004.

______.『한국 유교의 과제』. 서울: 서울대학교출판부, 2004.
______.『聖學十圖와 퇴계 철학의 구조』. 서울: 서울대학교출판부, 2005.
김수청.『송대 신유학의 인격 수양론』. 부산: 신지서원, 2006.
민족과사상연구회.『四端七情論』. 서울: 서광사, 1992.
송래희.『性理論辯』, 정성희·함현찬 역주. 서울: 심산, 2006.
이상은.『퇴계의 생애와 학문』. 서울: 예문서원, 2002.
유정동 편.『退溪의 生涯와 思想』. 서울: 박영사, 1978.
윤사순.『退溪哲學의 硏究』. 서울: 고려대출판부, 1980.
______.『한국 유학 사상사』. 서울: 예문서원, 1997.
______.『한국 유학 논구』. 서울: 현암사, 1997.
풍우란.『중국 철학사』 상/하, 박성규 역. 서울: 까치, 2000.
풍우.『천인 관계론』, 김갑수 역. 부산: 신지서원, 1993.
한국사상연구회.『조선 유학의 개념들』. 서울: 예문서원, 2002.
한덕웅.『퇴계 심리학』. 서울: 성균관대학교출판부, 1996.
______.『한국 유학 심리학』. 서울: 시그마프레스, 2003.
황의동.『한국의 유학 사상』. 서울: 서광사, 1995.
Chan Wing-tsit. *Neo-Confucianism.* Hanover N.H.: Oriental Society, 1969.
De Bary, Wm Theodore. *Neo-Confucian Orthodoxy and the Learning of the mind-and-Heart.* N.Y.: Columbia University Press, 1981.
M. Kalton, C. *To become a Sage: The Ten Diagrams on Sage Learning by Yi Toegye.* N.Y.: Columbia University, 1988.
Tu Wei-ming. *Confucian Thought: Selfhood As Creative Transformation.* Albany: State University of New York Press, 1985.
______. ed. *Confucianism in a Historical Perspective.* Singapore: The Institute of East Asian Philosophies, 1989.

2) 논문

______. "주자학에 대한 퇴계의 독창적 해석."「퇴계학연구논총」 제9집(1997): 77-99.
강경현. "퇴계 이황의 수양론: 천명을 중심으로."「안동학」 제17집(2018): 205-222.
高橋進. "李退溪의 政治思想." 퇴계학회,『퇴계학 국제학술회의 논문집』(1978): 383-405.
______. "聖學十道의 思想體系."「退溪學硏究」 제1집(1987): 61-91.

금장태. "退溪의 天概念과 天人關係論." 「석당논총」 제16집(1990): 301-321.

______. "退溪에 있어서 太極圖와 天命新圖의 解釋과 相關性." 「退溪學報」 제87·88집(1995): 214-234.

김기현. "退溪의 理철학에 내재된 세계관적 함의." 「退溪學報」 제116집(2004): 1-66.

______. "퇴계의 敬사상; 외경의 삶의 정신." 「退溪學報」 제122집(2007): 59-108.

______. "퇴계의 修養學." 「退溪學報」 제129집(2011): 5-59.

김두헌. "退溪의 聖學十圖." 「東洋學」 제5집(1975): 455-476.

김성범. "退溪 理氣論의 存在論的 接近." 「退溪學論叢」 創刊號(1995): 205-218.

김시균. "退溪의 心性論에 관한研究." 「東洋哲學」 제1집(1990): 77-103.

김영식. "李滉의 理氣論과 新儒學. 傳統上에서의 그 位置." 「退溪學報」 제81집(1994): 70-101.

김영호. "李退溪의 學問方法에 있어서 思惟와 經驗의 相互性에 관한研究." 「東洋哲學研究」 제10집(1989): 235-269.

김용헌. "16세기 조선의 정치 권력의 지형과 퇴계 이황의 철학." 「한국학논집」 제56집(2014. 9): 141-175.

김유혁. "退溪의 人間像이 오늘에 주는 教訓." 「退溪學研究」 제4집(1990): 54-68.

김정진·이영경. "退溪 太極概念의 倫理的 指向性." 「韓國의 哲學」 제20집(1992): 33-52.

김종문. "退溪의 敬思想과 Schrag 解釋學과의 比較研究." 「韓國의 哲學」 제18집(1990): 85-93.

김종석. "退溪哲學 研究의 現況과 課題." 「韓國의 哲學」 제23집(1995): 101-122.

김주한. "퇴계 주리철학(主理哲學)의 천리인식(天理認識)." 「한국사상과 문화」 제98집(2019): 130-154.

김충실·최문식. "退溪의 禮安鄕約에서 표현된 孝와 現代教育." 「退溪學研究」 제4집(1990): 149-163.

김충렬. "동양 인성론의 서설." 한국동양철학회편. 『東洋哲學의 本體論과 人性論』. 서울: 연세대학교출판부(1994): 169-184.

김태안. "退溪의 認識論的 方法考." 「안동대논문집」 제7집(1985): 113-126.

______. "退溪의 正心論."「退溪學」 제3집(1991): 3-27.

김태영. "退溪의 聖學十圖에 나타난 道德的 人間觀." 「退溪學報」 제75·76집(1992): 169-174.

김하태. "敬의 現象學." 「목원대논문집」 제6집(1983): 7-23.

김형찬. “내성외왕(內聖外王)을 향한 두 가지 길.” 「철학 연구」 제34집(2007): 4-28.
______. “조선 유학의 리 개념에 나타난 종교적 성격 연구.” 「철학 연구」 제39집(2010): 67-99.
葛榮晋. “李退溪의 朱子 理氣說의 受用과 發展.” 벽사이우성교수정년퇴직기념논총간행위원회편, 『民族史의 展開와 그 文化』. 서울: 창작과비평사. 1975, 555-588.
도민재. “退溪 禮學思想의 特性.” 「儒學硏究」 제19집(2009): 183-207.
문석윤. “퇴계에서 리발(理發)과 리동(理動), 리도(理到)의 의미에 대하여.” 「退溪學報」 제110집(2001): 161-201.
박익환. “退溪의 禮安鄕約考.” 『南都泳華甲紀念 史學論叢』. 서울: 태학사(1984): 419-434.
박충석. “退溪政治思想의 特質.” 「退溪學硏究」 제2집(1988): 63-78.
박홍식. “退溪哲學에 나타난 自我發見의 問題.” 「東洋哲學硏究」 제14집(1993): 151-175.
배상현. “退溪 李滉先生의 禮學思想.” 「退溪學報」 제85집(1995): 7-33.
배종호. “李退溪 哲學의 方法論.” 「東洋文化硏究」 제10집(1983): 1-14.
______. “退溪의 宇宙觀: 理氣論을 中心으로.” 「退溪學硏究」 제1집(1987): 17-37.
步近智. “退溪學과 孔孟儒學.” 「退溪學報」 제87 · 88집(1995): 334-371.
서용화. “退溪의 性理學的 人間觀.” 한종만박사회갑기념논문집간행위원회. 『韓國思想史』. 익산: 원광대출판부(1991): 1-23.
선우미정. “퇴계 수양론에서 敬과 禮의 상관성에 관한 연구.” 「양명학」 제44집(2016): 227-254.
송긍섭. “退溪哲學에서의 理의 槪念-朱子說과의 比較.” 「한국의 철학」 제7집(1978): 23-53.
______. “退溪思想에서의 學의 槪念.” 「퇴계학연구」 제6집(1979): 51-66.
송석구. “退溪의 人間觀.” 「退溪學報」 제75 · 76집(1992): 119-126.
신귀현. “李退溪의 自然哲學, 「退溪學報」 제75 · 76집(1992): 31-40.
신일철. “李退溪의 天譴 · 天愛의 政治思想.” 「退溪學報」 제68집(1990): 142-148.
양재혁. “李滉의 敬哲學의 淵源과 그 變化.” 「大同文化硏究」 제25집(1990): 181-192.
양조한. “退溪와 朱子의 持敬工夫論의 涵義.” 「退溪學報」 제87집(1995): 381-401.
엄연석. “퇴계의 중층적 천관(天觀)으로 보는 경(敬)의 주재성.” 「퇴계학논집」 제19호

(2016): 229-263.
오석원. “退溪의 聖學에 관한 考察.” 「大同文化硏究」 제24집(1989): 185-200.
______. “退溪 李滉의 聖學과 義理思想.” 「儒學思想硏究」 제21집(2004): 5-36.
王更. “退溪의 憂患哲學.” 「退溪學報」 제36집(1982): 175-217.
유명종. “退溪의 聖學.” 간행위원회편, 『虛有 河岐落博士 회갑기념논문집』. 서울: 형설출판사(1972): 1-54.
______. “退溪四七論辯과 高峯의 論據—高峯의 羅整庵說 折衷與否.” 「退溪學報」 제8집(1975): 70-112.
유인희. “退 · 栗 이전 朝鮮性理學의 문제발전.” 「東方學誌」 제42집(1984): 185-203.
______. “人間化의 實踐과 退溪哲學의 役割.” 「退溪學報」 제68집(1990): 34-53.
유정동. “退溪先生의 敬에 관한 倫理的 考察—黃仲擧의 利義質疑를 中心으로.” 퇴계선생사백주년기념사업회편. 『退溪學硏究: 이퇴계선생사백주년기념논문집』. 서울: 퇴계선생사백주년기념사업회(1972): 337-370.
______. “四七論辨의 전말과 미해결 문제.” 「大同文化硏究」 제13집(1979): 21-33.
육영해. “退溪의 心性理論.” 「退溪學硏究」 제11집(1991): 58-78.
윤노빈. “退溪와 栗谷의 皇極觀과 心性論.” 「문리대논문집」 제14집(1975): 393-409.
윤사순. “四端七情을 논하는 글.” 「退溪學報」 제8집(1975): 7-111.
______. “退溪에서의 自然觀과 人間觀.” 「退溪學報」 제75집(1992): 21-30.
______. “退溪에서의 宗教的 傾向.”「退溪學報」 제76집(1992): 7-17.
______. “退溪의 自然觀이 지닌 生態學的 含意.” 「退溪學報」 제87 · 88집(1995): 33-45.
______. “退溪 天 概念의 多樣性에 대한 檢討.” 「退溪學報」 제107 · 108집(2000): 7-26.
윤성범. “退溪와 栗谷의 天思想 理解.” 한국정신문화연구원, 「한국학국제학술대회 논문집」. 서울: 한국정신문화연구원(1980): 554-562
이계학. “敬槪念의 分析的 考察.” 「退溪學硏究」 제9집(1996): 5-28.
이광호. “理의 自發性과 人間의 修養問題.” 「大同文化硏究」 제25집(1990): 193-203.
이동준. “退溪學的 人間像의 探索과 展望.” 「退溪學報」 제 87 · 88집(1995): 61-92.
이동희. “儒教의 宗教的 性格과 오늘날 宗教的 修行에의 應用方案-퇴계 이황의 『성학십도』의 경우.” 「儒學思想硏究」 제20집(2004): 121-147.
이상익. “退溪와 栗谷의 政治에 대한 認識.” 「退溪學報」 제110집(2001): 383-425.

이상은. "退溪의 格物 · 物格性 變의 解釋."「退溪學報」 제3집(1974): 46-65.
이성춘. "조선조 유가의 천 사상." 한종만박사회갑기념논문집간행위원회편. 『韓國思想史』. 익산: 원광대출판부(1996): 1-25.
이애희. "退溪의 人性 · 物性論에 대한 硏究."「退溪學報」 제75·76집(2992): 142-145.
이완재. "退溪의 人間觀."「哲學會誌」 제7집(1992): 3-17.
이우성. "李退溪와 書院創設運動."「退溪學報」 제19집(1987): 91-92.
이운구. "퇴계의 斥異論 小考."「退溪學報」 제33집(1981): 36-47.
이종우. "退溪 李滉의 理와 上帝의 관계에 대한 연구."「철학」 제82집(2005): 7-22.
장윤수. "퇴계철학에 있어서 理의 능동성 이론과 그 연원."「퇴계학과 유교문화」 제51호(2012): 1-38.
전두하. "理發而氣隨之에 대한 論議."「退溪學報」 제11 · 12집(1976): 124-140.
______. "李退溪哲學에 있어서의 實在觀."「한국학논총」 제1집(1978): 55-81.
______. "李退溪의 存在論과 人性論에 投影시켜본 東西哲學의 自然觀과 人間觀의 連結點."「退溪學報」 제75 · 76집(1992): 82-89.
전병재. "退溪·高峯의 四七辯考."「東方學誌」 제21집(1979): 19-54.
정순목. "敬을 志向하는 義理學으로서의 退溪學."「아카데미논총」 제3집(1975): 1-20.
______. "退·栗 心性論에 있어서 關心의 志向性." 한국정신문화연구원. 『세계 속의 한국문화』. 제3회국제학술회의논문집. 서울: 한국정신문화연구원(1985): 954-971.
______. "退溪學의 一經三緯說."「退溪學硏究」 제5집(1991): 115-136.
조성환. "바깥에서 바라보는 퇴계의 하늘 섬김 사상."「퇴계학논집」 제10호(2012): 307-333.
周何. "李退溪의 禮學." 『퇴계학국제학술회의논문집』(퇴계학연구소. 1978): 285-305.
최승호. "退溪의 人間學."「동아논총(인문 · 사회)」 제9집(1972): 93-115.
최영찬. "朱子의 心性論." 한종만박사회갑기념논문집간행위원회편, 『韓國思想史』. 익산: 원광대출판부. 1991, 1-16.
최정묵. "퇴계 사상에 있어서 善의 가능근거와 그 실현의 문제."「韓國思想과 文化」 제26집(2004): 207-230.
하영철. "退溪의 性理學과 칸트哲學의 比較硏究."「한국의 철학」 제14집(1986): 7-23.
하창환. "퇴계의 '思' 槪念과 그 哲學的 意味."「동아인문학」 제17집(2010): 235-255.
한명수. "退溪의 忠孝思想."「退溪學硏究」 제4집(1977): 5-22.

______. "現代社會에서의 傳統倫理와 李退溪."「退溪學硏究」 제6집(1979): 5-24
황금중. "퇴계 성리학에서 敬의 의미와 실천법."「퇴계학보」 제144집(2018): 49-94
황경원. "退溪 · 栗谷의 理氣說 比較論."「退溪學報」 제33집(1981): 67-81.
황상희. "퇴계 사상의 종교성에 관하여."「퇴계학보」 제141집(2017): 5-38.
홍순창. "退溪先生과 陶山書院."「신라가야문화」 제9 · 10집(1978).
Charles W. Fu. "주자학 계승자로서의 퇴계 철학의 독창성."「退溪學報」 제49집 (1986): 101-113.
Tu Weiming. "Toegye's Creative Interpretation of Chu Hsi's Philosophy of Principle."「退溪學報」 제35집(1982): 4-15.

III. 칼뱅과 퇴계의 비교

1. 단행본

김승혜. 『논어의 그리스도교적 이해』. 서울: 영성생활, 2002.
김흡영. 『道의 神學』. 서울: 다산글방, 2001.
______. 『현대과학과 그리스도교』. 서울: 대한기독교서회, 2006.
______. 『道의 신학』 II. 서울: 동연, 2012.
양명수. 『퇴계 사상의 신학적 이해』. 서울: 이화여자대학교출판부, 2016.
윤성범. 『基督教와 韓國宗教』. 서울: 대한기독교서회, 1964.
______. 『韓國的 神學』. 서울: 선명문화사, 1972.
______. 『孝』. 서울: 서울문화사, 1974.
이동희 편역. 『라이프니츠가 만난 중국』. 서울: 이학사, 2003.
이은선. 『유교, 기독교 그리고 페미니즘』. 서울: 지식산업사, 2003.
이성배. 『유교와 그리스도교』. 왜관: 분도출판사, 1990.
이정배. 『토착화와 생명문화』. 서울: 종로서적, 1991.
Ching, Julia. *Confucianism and Christianity.* Tokyo: Sophia University, 1977.
______. *Christendum und Chinesische Religion.* München: Pieper, 1988.
Ching, Julia & Hans Küng. *Philosophy of Chines and Christianity.* 이낙연 역. 『중국철학과 기독교』. 왜관: 분도출판사, 1994).
De Bary, Wm Theodore. *Neo-Confucian Orthodoxy and the Learning of the mind-and-hart.* New York: Colombia University Press, 1981.
Kim, Young Gwan. *Karl Barth's Reception in Korea: focusing an Ecclesiology in*

Relation to Korean ChristianThought. Berne: Peter Lang, 2003.

Kim, Yung-Jae. *Der Protestantismus in Korea und die Calvinistsche Tradition-Eine geschitelicle Untersuchung über Entstehung und Entwickiung der presbyterianischer Kirche in Korea.* Frankfurt am Main: Peter Lang, 1981.

Kim, Heup Young. *Wang Yang-ming and Karl Barth: A Cunfucian-Christian Dialogue.* Durhan: University of Press of America, 1996.

______. *Christ & the Tao.* Hong Kong: Christian Conference of Asia, 2003.

Ricci, Matteo. 『天主實義』, 송영배외 5인 공역. 서울: 서울대학교출판부, 2003.

2. 논문

Kim, Heup Young. "Two Concrete-Universal Ways: Their Convergence and Divergence." *Ching Feng* 35(Hong Kong, 1992): 4-12.

______. "The Study of Confucianism as a Theological Task." *Korea Journal of Theology* (1995): 257-274.

______. "Imago-Dei and T'ien-ming: John Calvin and Yi T'oegye on Humanity." *Christian Study Centre on Chinese Religion and Culture* (Hong Kong: Ching Feng. 1998): 275-308.

______. "Christianity and Ecology: Seeking the Well-Being of Earth and Humans." *Religions of the World and Ecology Conference Series.* Harvard University Press, 2000.

______. "Toward a Christotao: Christ as the Theoanthropo-cosmic Tao." *Studies in Interreligious Dialogue* 10(2000): 5-29.

______. "Owning Up to One's Own Metaphors: A Christian Journey in the Neo-Confucian Wilderness." *Third Millennium* 4-1(2001): 31-40.

______. "Liang-Chi and Humanitas Christi: An Encounter of Wang Yang-mig and Karl Barth." *Korea Journal of Theology* (2001).

______. "Toward a Theotao: An East Asian Theology in the 21st Century." *Theology of Korean Culture.* Seoul: CLSK. 2002.

______. "The Word Made Flesh: A Korean Perspective on Ryu Young-Mo's Christotao." *One Gospel-Many Cultures: Case Studies and Reflection on Cross-Cultural Theology. Currents of Encounter* (Radopi Publishing. 2003).

______. "The Coming of Yin Christ." *CTC Bulletin* (2003).

______. “A Tao of Interreligious Dialogue in an Age of Globalization: An East Asian Perspective.” *Political Theology* (Equinox Publishing, 2005).

______. “Christianity's View of Confucianism: An East Asian Theology of Religions.” *Currents of Encounter* (Radopi Publishing, 2005)

______. “Sanctity of Life from a Confucian-Christian Perspective: A Preliminary Reflection on Human Embryonic Stem Cell Debate.” *Indian Journal of Science and Religion* (2005).

______. “Christianity's View of Confucianism: An East Asian Theology of Religions.” *Religions View Religions: Exploration in Pursuit of Understanding Currents of Encounter* (Radopi Publishing, 2005).

______. “Life, Ecology and Theotao: Towards an Ecumenism of the Theoanthropocosmic Tao.” *Windows into Ecumenism: Essays in Honor of Ahn Jae Woong. Christian Conference of Asia*, 2005. : 140-156.

______. “The Science and the Religions: Some Preliminary East Asian Reflections on Christian Theology of Nature.” *God's Action in Nature's World: Essays in Honor of Robert John Russell.* Ashgate Publishing, 2006.

Jae-Buhm Hwang. “The Influence of John Calvin and Calvinism in Korea under Japanese Rule and the Early Korean Presbyterian Church in Korea.” 「교회와 사회적 책임」, 조직신학자전국대회자료집, 2009.

Germet, Jacques. “유교와 그리스도교 사상”(송영배 역). 「宗教神學研究」 제5집 (1992): 275-288.

김광묵. “장 칼뱅과 퇴계 이황의 경건사상에 대한 비교 연구.” 강남대학교대학원 박사학위논문, 2008.

김광식. “종교 다원주의와 토착화.” 「현대와 신학」 제18집(1994): 18-32.

______. “교회의 에큐메니칼 차원과 토착화.” 「현대와 신학」 제19집(1995): 31-50.

______. “기독교인인 동시에 타종교인.” 「현대와 신학」. 제21집(1996): 41-61.

김승혜. “人間化를 통한 解放: 儒教的 自由의 追求.” 「宗教神學研究」 제4집(1991): 115-142.

김치완. “다산의 상제관과 서학의 상제관.” 「교회사 연구」 제39집(2011): 163-197.

김흡영. “인과 아가페: 유교적 그리스도론의 탐구.” 「神學思想」 제84집(1994): 137-176.

______. “양지와 그리스도의 인성”(I·II). 「基督教思想」 제427·428호(1994): 78-90/

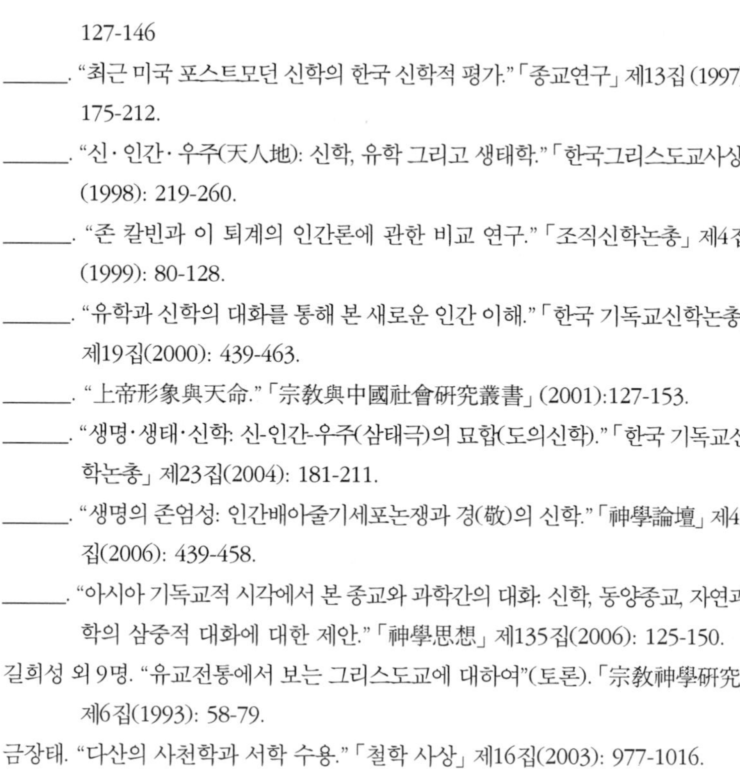

127-146

______. "최근 미국 포스트모던 신학의 한국 신학적 평가." 「종교연구」 제13집 (1997): 175-212.

______. "신 · 인간 · 우주(天人地): 신학, 유학 그리고 생태학." 「한국그리스도교사상」 (1998): 219-260.

______. "존 칼빈과 이 퇴계의 인간론에 관한 비교 연구." 「조직신학논총」 제4집 (1999): 80-128.

______. "유학과 신학의 대화를 통해 본 새로운 인간 이해." 「한국 기독교신학논총」 제19집(2000): 439-463.

______. "上帝形象與天命." 「宗教與中國社會研究叢書」 (2001):127-153.

______. "생명·생태·신학: 신-인간-우주(삼태극)의 묘합(도의신학)." 「한국 기독교신학논총」 제23집(2004): 181-211.

______. "생명의 존엄성: 인간배아줄기세포논쟁과 경(敬)의 신학." 「神學論壇」 제43집(2006): 439-458.

______. "아시아 기독교적 시각에서 본 종교와 과학간의 대화: 신학, 동양종교, 자연과학의 삼중적 대화에 대한 제안." 「神學思想」 제135집(2006): 125-150.

길희성 외 9명. "유교전통에서 보는 그리스도교에 대하여"(토론). 「宗教神學研究」 제6집(1993): 58-79.

금장태. "다산의 사천학과 서학 수용." 「철학 사상」 제16집(2003): 977-1016.

문석윤. "유교와 기독교." 「헤겔 연구」 제8집(1999): 1-18.

배요한. "이퇴계와 이수정의 종교성에 대한 비교 연구." 「장신논단」 제45집(2013): 233-258.

변규룡. "라이프니츠의 철학과 중국사상 논고." 「성곡 논총」 제28집(1997): 125-161.

성희경. "스피노자와 퇴계의 능동성 논고." 「철학 연구」 제137집(2016): 225-247.

송성진. "율곡의 신유학적 인간론과 신학적 만남." 「신학과 세계」 제45집(2002): 141-161.

송영배. "기독교와 유교의 충돌과 대화의 모색." 「철학과 현실」 (1997): 153-180.

심일섭. "다석 유영모의 종교 다원사상과 토착신앙." 「基督教思想」 제420호(1993): 85-105.

안유경. "退溪의 理와 아리스토텔레스의 神과의 접점." 「동서인문학」 제56집(2019): 241-272.

안종수. "라이프니츠와 유학." 「철학 연구」 제97집(2006): 117-141.

______. “理에 대한 말브랑슈와 라이프니츠의 견해.” 「철학 논총」 제48집(2007): 207-228.
______. “마테오 리치의 이기관.” 「철학 논총」 제60집(2010): 37-58.
______. “라이프니츠와 중국철학.” 「철학 논총」 제73집(2013): 159-182.
오강남. “유교와 기독교의 만남.” 「基督教思想」 제395호(1991): 144-180.
이관호. “退溪 李滉의 天則理와 스피노자의 實體一元論 비교.” 「퇴계학보」 제135집(2014): 55-93.
이동희. “라이프니츠에 있어서 중국철학 수용과정에 대한 연구.” 「철학 연구」 제58집(2002): 187-206.
이은선. “유교와 기독교 그 만남의 필요성과 의미에 대하여.” 「神學思想」 제82집(1993): 220-250.
이정배. “퇴계의 敬의 철학과 칸트적 신학(W. Hermann) 인식론.” 「감신 학보」 제26집(1987): 31-53.
______. “유교와 기독교의 대화, 그 한국적 전개 평가와 전망을 중심으로.” 「神學과 世界」 제49호(2004): 74-110.
최신한. “슐라이어마허와 퇴계: 직접적 자기의식과 경(敬)을 중심으로.” 「철학 논총」 제44집(2006): 465-486
한형조. “주자 神學 논고 시론.” 「한국실학연구」 제8권(2004): 153-182.
허호익. “슐라이어마허의 경건과 퇴계의 지경(持敬)에 관한 연구: 아는 것과 행하는 것을 넘어서.” 『다문화·다종교 시대의 교회의 선택』, 한국조직신학회전국대회자료집(2012): 376-391.

IV. 일반자료

1. 단행본

국사편찬위원회. 『한국사』, 제31권. 과천: 국사편찬위원회, 1988.
금장태. 『韓國宗教思想史』 II. 서울: 연세대학교 출판부, 1994.
김광식. 『토착화와 해석학』. 서울: 대한기독교서회, 1987.
______. 『언행일치의 신학』. 서울: 종로서적출판사, 2000.
______. 『조직신학』 I-V. 서울: 대한기독교서회, 2003.
김경재. 『韓國文化神學』. 서울: 한국 신학 연구소, 1986.
______. 『解釋學과 宗教神學』. 서울: 한국 신학 연구소, 1994.

김균진. 『기독교조직신학』 I-V. 서울: 연세대학교출판부, 1987.
______. 『생태계의 위기와 신학』. 서울: 대한기독교서회, 1995.
김명용. 『이 시대의 바른 기독교사상』. 서울: 장로회신학대학교출판부, 2001.
김영일. 『丁若鏞의 上帝思想』. 서울: 경인문화사, 2003.
김이곤. 『神의 약속은 破棄될 수 없다』. 서울: 한국 신학 연구소, 1987.
김인수. 『史料, 韓國基督教思想史』. 서울: 장신대출판부, 2003.
김택영. 『韓史綮』, 조남권 외 2명 공역. 서울: 태학사, 2001.
김홍기. 『존 웨슬리신학의 재발견』. 서울: 대한기독교서회, 1996.
김화영. 『영성, 삶으로 풀어내기』. 서울: 대한기독교서회, 2013.
김흥호 외. 『다석 유영모의 동양 사상과 신학』. 서울: 솔, 2002.
김흡영. 『한국 교회의 미래와 평신도』. 서울: 대한기독교서회, 1994.
______. 『현대과학과 그리스도교』. 서울: 대한기독교서회, 2006.
______. 『가온찍기: 다석 유영모의 글로벌 한국 신학 서설』. 서울: 동연, 2013.
길희성. 『보살 예수』. 서울: 현암사, 2004.
노영상. 『영성과 윤리』. 서울: 한국장로교출판사, 2001.
다석학회. 『다석 유영모의 동양 사상과 신학』. 서울: 솔, 2002.
______. 『다석강의』. 서울: 현암사, 2006.
목창균. 『슐라이에르마허의 신학사상』. 서울: 한국 신학 연구소, 1991.
민경배. 『韓國基督教會史』. 서울: 연세대학교출판부, 1994.
박준서. 『구약 세계의 이해』. 서울: 한들출판사, 2001.
변선환. 『변선환 종교 신학』. 서울: 한국 신학 연구소, 1996.
서중석. 『복음서 해석』. 서울: 대한기독교서회, 1991.
______. 『복음서의 예수와 공동체의 형태』. 서울: 이레서원, 2007.
송기득. 『인간』. 서울: 한국 신학 연구소, 1989.
송길섭. 『한국 신학 사상사』. 서울: 대한기독교출판사, 1987.
유동식. 『韓國宗教와 基督教』. 서울: 대한기독교서회, 1965.
______. 『韓國巫教의 歷史와 構造』. 서울: 연세대학교출판부, 1975.
______. 『民俗宗教와 韓國文化』. 서울: 현대사상사, 1977.
______. 『道와 로고스』. 서울: 대한기독교출판사, 1978.
______. 『韓國神學의 鑛脈』. 서울: 전망사, 1986.
______. 『風流神學으로의 旅路』. 서울: 전망사, 1988.
______. 『風流道와 韓國神學』. 서울: 전망사, 1992.

______. 『한국 감리교회 사상사』. 서울: 전망사, 1993.
______. 『風流道와 韓國의 宗敎思想』. 서울: 연세대학교출판부, 1997.
유미림. 『조선 후기의 정치사상』. 서울: 지식산업사, 2002.
유재신. 『佛敎와 基督敎의 比較硏究』. 서울: 대한기독교출판사, 1985.
유해룡. 『영성의 발자취』. 서울: 장로회신학대학교출판부, 2011.
윤철호. 『예수 그리스도』 상/하. 서울: 한국장로교출판사, 1997.
은준관. 『신학적 교회론』. 서울: 연세대학교 출판부, 1995.
이덕주. 『한국영성 새로 보기』. 서울: 신앙과지성사, 2013.
이양호. 『루터의 생애와 사상』. 서울: 대한기독교서회,. 2003.
이원규 편저. 『한국 교회와 사회』. 서울: 나단, 1991.
이장식. 『韓國敎會의 어제와 오늘』. 서울: 대한기독교출판사, 1982.
이정배. 『토착화와 생명 문화』. 서울: 종로서적, 1991.
이종성. 『신학적 인간학』. 서울: 대한기독교서회, 1987.
이태진 편. 『조선 시대의 정치사의 재조명』. 서울: 범조사, 1985.
이형기. 『宗敎改革神學思想』. 서울: 장로회신학대학출판부, 1984.
조명기 외. 『韓國思想의 深層』. 서울: 우석, 1994.
주재용. 『한국 그리스도교 사상사』. 서울: 대한기독교서회, 1998.
최윤배. 『잊혀진 종교개혁자, 마르틴 부처』. 서울: 대한기독교출판사, 2012.
최인식. 『다원주의시대의 교회와 신학』. 서울: 한국 신학 연구소, 1996.
한국 기독교문화연구소. 『한국 기독교와 신앙』. 서울: 풍만, 1985.
한국 기독교역사연구소. 『한국 기독교의 역사』 I. 서울: 기독교문사, 1995.
한국문화신학회. 『한국종교문화와 그리스도』. 서울: 한들, 1996.
______. 『한국 종교 문화와 문화 신학』. 서울: 한들, 1998.
황민효. 『폴 틸리히의 신학』 I. 서울: 한국장로교출판사, 2008.
Althaus, P. *Die Theologie Martin Luthers.* 구영철 역. 『마르틴 루터의 신학』. 서울: 성광문화사, 1994.
Barth, K. *Der Römerbrief.* 조남홍 역. 『로마서 강해』. 서울: 한들, 2000.
______. *Church Dogmatics* I, II-1, III, IV, IV-1, 2, 3. Edinburgh: T. & T. Clark, 1980.
Berry, Thomas & Swimme, Brian. *The Universe Story.* 맹영선 역. 『우주 이야기』. 서울: 대화문화아카데미, 2010.
Brown, Colin. *Philosophy & The Christian Faith*. Downers Grove: IVP, 1979.
Brown, Dale. *Understanding Pietism.* Grand Rapids: Wm. B. Eerdmans Publishing.

Co., 1978.

Brunner, E. & Barth, K. *Natural Theology*. Trans. Peter Fraenkel. London: The Centenary Press, 1946.

Cell, George Croft. *The Rediscovery of John Wesley*. 송홍국 역. 『웨슬리의 재발견』. 서울: 대한기독교출판사, 1992.

Dillenberger, J. ed. *Martin Luther Selection From His Writings*. 이형기 역. 『루터 저작선』. 서울: 크리스찬다이제스트, 1999.

Eliade, M. *The Sacred and the Profane, The Nature of Religion*. New York: Harcourt, Brace & World, 1959.

Engel, M. P. *John Calvin's Perspectival Anthropology*. Atlanta. Georgia: Scholars Press, 1988.

Gadamer, H. G. *Truth and Method*. Trans. G. Barden & J. Cumminge. New York: The Crossroad. 1982.

Gonzalez, Justo. *The History of Christianity*. 서영일 역. 『중세 교회사』. 서울: 은성문화사, 1993.

______. *A History of Christian Thought* III. 이형기·차종순 공역. 『基督教思想史』 III. 서울: 대한예수교장로회총회출판국, 1988.

Hodgson, Peter C. & King, R. H. eds. *Christian Theology : An Introduction to Its Traditions and Task*. Philadelphia: Fortress Press, 1994.

Hodgson, Peter C. *Wind of the Spirit: Constructive Christian Theology*. Kentucky: John Knox Press, 1994.

Holmes Urban T. *A History of Christian Spirituality*. 홍순원 역. 『그리스도교 영성의 역사』. 서울: 대한기독교서회, 2013.

Kasper, W. *Jesus Der Christus*. 박상래 역. 『예수 그리스도』. 왜관: 분도출판사, 1994.

Kee, H. C. *Understanding the New testament*. New York: Prentice-Hall, 1983.

Kim, Kwang Shik. *God in Humanity: The Belief in Hananim and The Faith in God*. Seoul: Chungmyung Verlag Seoul, 1992.

Kuhn, T.S. *The Structure of Scientific Revolution*. Chicago: University of Chicago Press, 1962.

Küng, H. & Tracy, D. *Theologie-wohin?* Brauschweig: Benziger Verlag, 1984.

Küng, Hans. *Die Kirche*. 정지련 역. 『교회』. 서울: 한들, 2007.

Kuyper, A. *Principles of Sacred Theology*. Tr. J. Hendrick De Vries. Grand Rapids:

Baker, 1980.

Lamprecht, S. P. *Our Philosophical Traditions.* 김태길 외 공역. 『서양철학사』. 서울: 을유문화사, 1992.

Lohse, E. *Umwelt des Neuen Testaments.* Göttingen: Vandenhoeck & Ruprecht, 1971.

Migliore, D. L. *Faith Seeking Understanding: a Introduction to Christian Theology.* 장경철 역. 『조직신학 개론』. 서울: 한국장로교출판사, 1991.

Moltmann, J. *Kirche in der Kraft des Geistes.* 박봉랑 외 4인 공역. 『성령의 능력 안에 있는 교회』. 서울: 대한기독교서회, 1988.

______. *Gott in der Schöpfung: Ökologiche Schöpfungslehre.* 김균진 역. 『창조 안에 계신 하느님』. 서울: 한국 신학 연구소, 1987.

______. *Trinität und Reich Gottes.* 김균진 역. 『三位一體와 하나님의 나라』. 서울: 대한기독교출판사, 1988.

______. *Das Kommen Gottes-Christliche Eschatologie.* 김균진 역. 『오시는 하나님』. 서울: 대한기독교서회, 1997.

Niebuhr, H. R. *Christ and Culture.* 김재준 역. 『그리스도와 문화』. 서울: 대한기독교서회, 1983.

Otto, R. *Das Heilige.* 길희성 역. 『성스러움의 의미』. 왜관: 분도출판사. 2003.

Pannenberg, W. *Anthropology in Theological Perspective.* Philadelphia: Westminster Press, 1985.

Panikker, R. *The Intrareligious Dialogue.* 김승철 역. 『종교 간의 대화』. 서울: 서광사, 1992.

______. *The cosmothenandric Experience: Emerging Religious Consciousness.* Maryknoll, N.Y.: Oribis Book, 1993.

Peters, Ted. *God-The World's Future: Systematic Theology for a New Era.* 이세형 역. 『하나님, 세계의 미래』. 서울: 컨콜디아사, 2006.

Platon. 최명관 역. 『플라톤의 대화』. 서울: 종로서적, 1992.

Ringgren, H. *Israelitsche Religion.* 김성애 역. 『이스라엘의 종교사』. 서울: 성바오로출판사, 1990.

Schleiermacher, F. *Über die Religion Reden an die Gebildeten unter ihren Verächtern.* 최신한 역. 『종교론』. 서울: 한들, 1997.

______. *Der Chistliche Glaube.* 최신한 역. 『기독교 신앙』. 서울: 한길사, 2006.

Smith, W. C. *The meaning and End of religion*. London: Harper & Row, 1978.
Spener, Ph. J. *Pia Desideria*. Philadelphia: Fortress Press, 1980.
Thiselton, A.C. . *The Two Horizon*. Grand Rapids: W.B. Eerdmans Publishing, 1980.
Tillich, Paul. *Theology of Culture*. London: Oxford University Press, 1959.
______. *A History of Christian Thought*. Ed. Carl E. Braaten. New York: Simon & Schuster, 1972.
______. *Systematic Theology* I, II. 유장환 역. 『조직신학』. 서울: 한들출판사, 2000.
Tracy David. *Plurality and Ambiguity*. Chicago: The University of Chicago Press, 1987.
von Rad, Gerhard. *Das erste Buch Mose: Genesis*. 번역실 역. 『창세기』. 서울: 한국 신학 연구소, 1990.
Weiser, Artur. *The Psalms,* OTL. London: SCM Press, 1962.
Whitley, D. F. *The Genius of Israel*. Amsterdam: Philo Press, 1969.

2. 논문

국사편찬위원회. "성리학의 발달." 『한국사』 31: 조선 중기의 사회와 문화. 과천: 국사편찬위원회, 1998.
김광묵. "土着化神學으로서의 誠의 神學研究." 연세대학교연합신학대학원 석사학위논문, 1998.
김근호. "우주만물의 근원." 한국사상사연구회, 『조선 유학의 개념들』. 서울: 예문서원, 2006, 27-46.
김기현. "주자 성리학의 공부론 중, 함양에 관한 연구."「윤리교육연구」 제18집(2009): 123-144.
김상래, "동중서(董仲舒)의 천인합일설(天人合一說)과 그 윤리적 함의."「퇴계학논총」 제30권(2017): 275-300.
김승혜. "한국 유교의 종교학적 이해와 서술을 위한 제언."「국학연구」 제3집(2003): 331-368.
김영일. "茶山의 上帝思想 研究." 건국대학교대학원 박사학위논문, 2000.
______. "韓國教會 成長과 儒教文化."「한국 기독교학회 제37차 정기학술대회자료집」 上 (2008): 189-215.
김이곤. "토착화 신학의 성서적 전거." 안병무박사고희기념논문집출판위원회 편, 『예수·민중·민족』. 서울: 한국 신학 연구소(1992): 94-114.

김중은. “성서신학에서 본 토착화 신학.” 「基督敎思想」 제390호(1991): 16-27.
김충렬. “朝鮮朝 性理學의 形成과 그 正脈.” 「大同文化硏究」 제13집(1979): 8-20.
김항수. “16세기 士林의 性理學 理解.” 「한국사론」 제7집(1981): 122-177.
김홍기. “존 웨슬리의 구원론에 있어서 믿음과 사랑/선행의 관계 .” 「신학과 세계」 제46집(2003): 232-253.
______. “존 웨슬리의 성화론 재발견.” 「신학과 세계」 제50집(2004): 122-167.
김흡영. “칼 바르트의 성화론.” 「조직신학논총」 제1집(1995): 181-216.
______. “최근 포스트-모던 구성신학의 한국 신학적 평가.” 「宗敎硏究」 제13집 (1997): 175-212.
______. “한국 기독교신학에 대한 소고.” 「조직신학논총」 제5집(2000): 121-139.
______. “현대과학과 동양 사상.” 「基督敎思想」 6월호(2002): 161-170.
______. “생태계의 위기와 한국 신학.” 「基督敎思想」 8월호(2002): 176-185.
______. “종교와 자연과학간의 대화를 통해 본 인간: 사회생물학의 도전과 종교적 대응.” 「철학 연구」 (2003): 368-412.
______. “한국조직신학 50년: 간문화적 고찰.” 이화여자대학교 한국문화연구원편, 『신학 연구50년』. 서울: 혜안, 2003, 141-188.
김흥호. “유영모, 기독교의 동양적 이해.” 『다석 유영모의 동양 사상과 신학』. 서울: 솔, 2002, 11-37.
박학래. “인간 삶의 지표와 이상.” 한국사상연구회 편, 『조선유학의 개념들』. 서울: 예문서원(2006): 140-168.
빈동철. “고대 중국의 ‘天’은 ‘上帝’와 동일한 개념인가?.” 「공자학」 제30호(2016): 5-45.
서창원. “현대적 인간론: 하나님의 형상이해.” 「신학과 세계」 제46호(2003): 254-272.
손병욱. “마음을 다스리는 공부.” 한국사상사연구회 편. 『조선 유학의 개념들』. 서울: 예문서원(2006): 325-349.
손흥철. “天人合一의 性理學的 特性과 意味.” 「동서철학 연구」 제23호(2002): 315-334.
송성진. “율곡의 신유학적 인간론과의 신학적 만남.” 「신학과 세계」 제45집(2002): 141-161.
______. “존 웨슬리의 구원론.” 「신학과 세계」 제48집(2003): 184-210.
송영배. “기독교와 유교의 충돌과 대화의 모색.” 「철학과 현실」 제35호(1997. 12): 153-180.

안영상. "인간성의 두 측면." 한국사상연구회 편. 『조선 유학의 개념들』. 서울: 예문서원(2006): 169-193.

오영석. "칼 바르트의 인간이해." 「신학 연구」 제41집(2000): 178-262.

유권종. "유교의 종교적 역할." 「철학 연구」 제12집(2000): 117-151.

유동식. "한국종교와 신학적 과제." 한국 기독교학회 편. 『종교 다원주의와 신학적 과제』. 서울: 대한기독교서회(1993): 11-22.

유명종. "고대중국의 상제와 천." 「철학 연구」 제25집(1978): 63-80.

______. "朝鮮時代의 性理學派." 한만종박사회갑기념논문집간행위원회 편. 『韓國思想史』. 익산: 원광대출판부(1991): 1-22.

유인희. "程·朱의 人性論." 한국동양철학회. 『동양철학의 본체론과 인성론』. 서울: 연세대학교출판부(1994): 250-276.

유토마스. "조선 후기 천주교의 수용과 갈등: 七極을 중심으로." 동국대교육대학원 석사학위논문, 1994.

윤사순. "한국 성리학의 전개와 특징." 「월간조선」(1987): 73-83.

______. "性理學과 禮." 「한국사상사학」 제4·5집(1993): 509-524.

윤성범. "韓國의 神概念 生成." 「基督教思想」 제133호(1969): 104-125.

______. "韓國的 神學—名 誠의 神學." 「基督教思想」 제150호(1970): 134-151.

______. "韓國的 神學—誠의 神學." 「基督教思想」 제154호(1971): 132-148.

______. "韓國的 神學—基督論." 『홍현설박사회갑기념논문집』. 서울: 감신. 1971, 9-52.

______. "誠의 神學이란 무엇인가?" 「基督教思想」 제177호(1973): 83-91.

윤인영. "초기천주교서적이 조선천주교회성립에 미친영향: Diego de Pantoja의 七極을 중심으로." 경남대대학원 석사학위논문, 2001.

이강수. "원시 유가의 인간관." 한국동양철학회. 『東洋哲學의 本體論과 人性論』. 서울: 연세대학교출판부(1994): 185-219.

이광호. "上帝觀을 중심으로 본 儒學과 基督教의 만남." 「유학사상연구」 제19집(2011): 534-566.

이기상. "태양을 꺼라!—존재 중심의 사유로부터의 해방—다석 사상의 철학사적 의미." 「인문학연구」 제4집(1999): 1-18.

이성춘. "조선조 유가의 천사상." 한만종박사 회갑기념논문집 간행위원회편. 『韓國思想史』. 익산: 원광대출판부(1991): 1-25.

이재훈. "한국인의 집단무의식과 한국 기독교." 기독교사상편집부 편. 『한국의 문화의 신학』. 서울: 대한기독교서회(1993): 45-55.
이후정. "존 웨슬리의 기독교적 삶의 양식."「신학과 세계」 제41집(2000): 149-165.
임헌규. "주희의 이기론."「동방학」 제3집(1997): 177-234.
정순우. "다산에 있어서의 천과 상제."「다산학」 제9호(2006): 5-39.
최정묵. "朱子 格物致知論에 대한 考察."「大同哲學」 제6집(1999): 233-253.
최해숙. "주희와 스피노자의 내재관."「동양철학 연구」 제23집(2000): 379-406.
한덕웅. "조선성리학의 심리학설."『한국 유학 심리학』. 서울: 시그마프레스(2003): 47-120.
한형조. "주자 神學논고 시론."「한국실학연구」 제8권(2004): 153-182.
현요한. "성령사역의 공동체성."「교회와 신학」 제26집(1994): 348-372.
Conn, H. M. "Studies in the Theology of the Korean Presbyterian Church: An Historical Outline." *Westminster Theological Journal* (1966. 11): 28-29.
Kim, Kwang Shik. "Harmony and Unfolding Versus Analysis and Synthesis." *Yonsei Journal of Theology* (1996): 97-106.
______. "Simul Christianus et Paganus." *Theologische Zeitschrift* 54(1998): 241-258.
______. "Koreanische Auseinandersetzung mit Postmodernismus und Religionspluralismus." *Korea Journal of Systematic Theology* (1997): 85-92.
______. "Christological Foundation and Pneumatological Actalization." *Korea Journal of Systematic Theology* (1997): 51-60.
______. "Nonduality of God and Earth." *Korea Journal of Systematic Theology* (1998): 45-55.
______. "Nonduality of Body and Earth—Four Model of Indigenization." *Yonsei Journal of Theology* (1998): 81-94.
______. "Nonduality of Faith and Earth." *Korea Journal of Systematic Theology* (1999): 155-166.
______. "Nonduality of Novum and Earth." *Yonsei Journal of Theology* (1999): 85-96.
Kim, Nam-sik. "A Study on the Mission Principles and Theology of the Presbyterian Church in Korea." Disst. Reformed Theological Seminary, 1985.

3. 기타

김형효. “공간과 시간.” 「진리의 빛이 되어」. 성천문화재단(2008. 봄): 6-7.

민중서림 편. 『엣센스 국어사전』 제4판. 서울: 민중서림, 1996.

홍원식·김중순. “해외 퇴계철학 연구의 대가, 칼튼 교수”(대담). 「오늘의 동양 사상」 제7집(2007): 205-217.

<가톨릭신문>. 제 2903호(2014. 07.13).

<가톨릭신문>. 제 2905호(2014. 07.27).

<가톨릭신문>. 제 2907호(2014. 08.10).

<가톨릭신문>. 제 2908호(2014. 08.17).

https://blog.daum.net/garisan/15749606 (2021. 2. 7).

https://blog.naver.com/loynis17/80111940841 (2021. 4. 28).

https://blog.naver.com/qqq3153/221663144147 (2021. 4. 28).

https://cafe.daum.net/anrndghkcpdbrghl/p4As/129?q=고대중국의%20천%20개념 (2021. 5.1).

https://100.daum.net/encyclopedia/view/14XXE0027577 (2021. 5. 2).

https://blog.naver.com/yuys3047/222331327957 (2021. 5. 3).

https://takentext.tistory.com/237 (2021. 5. 9).

https://cafe.daum.net/youmawon/Bkpi/371?q=선함양후찰식(先涵養後察識) (2021. 5. 18).

https://www.eswn.kr/news/articleView.html?idxno=4357 (2021. 5. 21).

https://100.daum.net/encyclopedia/view/24XXXXX64667 (2021. 6. 11).

https://ko.wikipedia.org/wiki/니콜라이_베르댜예프 (2021. 6. 11).

https://m.cafe.daum.net/expo-philo/pNlE/7 (2021. 6. 11).

찾아보기

인명

(ㄱ)

공자(孔子, BC. 551~479) 22, 45, 46, 47. 236, 264, 265, 279, 285, 293, 294, 316, 326, 340, 357, 366, 381, 384, 386, 417, 455, 495, 544

기대승(奇大升, 호 高峰, 1527~1572) 254

김돈서(金惇叙, 호 雪月堂, 1531~1598) 360, 361, 408, 410, 413

김성일(金誠一, 호 鶴峯, 1538~1593) 255, 268

(ㄹ)

류영모(柳永模, 호 多夕, 1890~1981) 37, 46, 47, 563, 564

(ㅁ)

마르틴 루터(M. Luther, 1483~1546) 59, 65, 66

마테오 리치(Matteo Ricci, 1552~1610) 23, 39, 41, 46, 468

맹자(孟子, BC. 372~289) 236, 255, 282, 284, 316, 339, 357, 377, 387

(ㅇ)

왕수인((王守仁, 호 陽明, 1472~1529) 50, 239

이벽(李蘗 호는 廣巖, 1754~1786) 40, 45, 207,

이승훈(李承薰, 1756~1801) 22, 40

이이(李珥, 호 栗谷, 1536~1584) 44, 239,

(ㅈ)

장식(張栻, 호 南軒, 1133~1180) 336, 350, 392

장재(張載 호 橫渠, 1020~1077) 250, 373

정이(程頤, 호 伊川, 1033~1107) 339, 340, 351, 373, 405, 406, 409-411

정호(程顥 호 明道, 1032~1085) 373

주돈이(周敦頤, 호 濂溪, 1017~1073) 258

주희(朱熹, 호 晦庵, 1130~1200) / 주자(朱子) 45, 236, 238, 251, 253, 305, 570, 571

(ㅊ)

최병헌(崔炳憲, 호 濯斯, 1858~1927) 42, 45

(ㅍ)

판토하(Didacus de Pantoja, 1571~1618) 39

주제